제6판

변화와 혁신

CHANGE & INNOVATION

안영진

박영사

머리말

2008년 금융위기를 예측하여 이름이 널리 알려진 Nassim Nicholas Taleb은 2007
년 『흑조』라는 책에서 예측이 어렵고 실현하기가 거의 불가능한 사건들이 자주 발생하
는 '흑조현상'을 소개하였다. 그리고 '흑조현상'은 우리가 보고 들은 경험에 의하여 해결
하는 것이 거의 불가능하다고 하였다. 제5판을 출판한지 4년이 지난 최근까지 발생한
변화는 Taleb의 예언에 신뢰를 보내고 있다. 2019년 COVID-19, 2021년 미국과 중국
의 무역전쟁, 2022년 러시아와 우크라이나 전쟁, 2023년 이스라엘과 하마스 전쟁은 불
확실성의 강도를 더 높여 기업의 경영자들에게 의사결정의 어려움을 가중시켰다. 이러
한 불확실성의 시대에 변화와 혁신의 중요성은 말할 필요가 없다.

제5판이 2020년 3월에 출판되었으니, 정확하게 3년 11개월 만에 제6판을 선보인
다. 변화와 혁신은 우리의 상상을 뛰어넘어 너무 빠르게 진행되기 때문에 다른 주제들
과 비교할때 보다 신속한 개정이 필요하다. 제6판의 목차는 제5판과 큰 차이가 없지만,
다음처럼 몇 가지 변화가 있다.

첫째, 새로운 개념 및 이론들을 추가하였다. 3장 3절에서 경영철학, 5절에서 창의
성과 전략, 6절에서 마케팅의 변화, 7절에서 애질평가, 10절에서 B.E. 2.0과 플라스틱,
11절 녹색경영을 자연환경으로 바꾸었고, 13절에 ESG를 추가하였다. 4장 7절에서는 파
괴하는 혁신의 내용을 일부 수정하고 조정하였으며, 8절에 비파괴 창조를 추가하였다.
5장에서는 디지털 연구개발, 데이터센터, DTE(Digital Twin Engineering)를 추가하였으며,
AI를 인공지능의 진화, 딥러닝, 선두 글로벌 기업들, AI의 미래, AI와 대학교 등으로 분
류하여 강조하였다. 또 Pervasive Computing과 블록체인, 로봇공학, 생명공학을 추가하
였다. 7장에서는 N=1, R=G혁신을 삭제하고, 시장창출혁신, 디지털혁신, 4차 산업혁

명과 서비스혁신을 추가하였고, 전자상거래 시장과 B2P 모델을 강화하였다. 8장에서는 질문과 디지털마인드셋, 그리고 애자일 혁신팀을 추가하였다.

둘째, 기업들의 사례를 대폭 강화하였고, 연구개발 등 모든 통계를 최신의 데이터로 업데이트하였다. 새로 추가한 사례로는 Starbucks의 경영철학, Apple의 전문가 조직, BASF와 Hitachi의 디지털 연구, Tesla의 디지털 혁신, Chipotle, Pfizer의 혁신과 가치관, Amazon과 Wal Mart 그리고 United Way의 비즈니스모델 혁신, Marvel Studios의 성공 등이다. 그리고 내용을 강화한 사례로는 Apple, Outback Steakhouse의 파트너 존중, Nokia 혁신, 3M, P&G의 CD혁신, Amazon, Pixar의 창의성 등이다. 그리고 삭제하거나 축소한 사례들로는, GE의 위기관리, Johnson & Johnson의 변화, Toyota 자동차의 가치혁신, GE의 현장경영, AMD, 3M 치과용품 사업부, Kaiser Permanente의 서비스 혁신, Tetra Pak, Amway, IBM의 혁신문화, Home Depot의 가치관, GE의 혁신문화, Apple과 Procter&Gamble의 혁신문화 등이다.

셋째, 점점 더 중요성이 강화되는 분야에 대해 내용을 확대하였다. 즉, 미래예측에서 Collins와 Lazier의 『B.E. 2.0』을 소개하였고, 리더십에서 신뢰, 대화 리더십, 전략에서 전략의 범위, 고객욕구, 비고객, 학습조직, 정보의 가치창출, 빅데이터, 기업의 사회적 책임에서 지구온난화 등을 확대하였다. 그리고 9장에서는 통계를 최신 데이터로 업데이트하고, 전기차와 자율주행차에 대한 내용을 확대하였다.

이 책은 제5판과 마찬가지로 총 9장으로 구성되었다. 제1장에서 제3장까지는 변화, 제4장부터 제8장까지는 혁신에 대한 장이다. 제9장은 우리나라 핵심산업에 대한 개요이다.

이 책은 저자가 오랜 기간 대학, 대학원, 기업체에서 강의하고 연구한 자료들을 집약한 내용으로, 외국과 우리나라 저널, 다양한 저서, 많은 기업들의 홈페이지 등을 참조하여 작성되었다. 다른 책과는 달리 이 책은 이론과 사례를 동일하게 중요시하여 다양한 사례들을 소개하고 있다. 그러므로 이 책은 대학교뿐만 아니라 변화와 혁신에 관심이 있는 기업에게 현실을 분석하고 미래의 방향을 결정하는데 유익한 자료가 될 것이다.

이 책은 여러 차례의 교정을 거쳤지만, 오자와 잘못된 문맥들이 발생할 수 있다. 이것은 온전히 저자의 책임으로 계속 노력하여 최고의 품질을 달성하도록 노력할 것이다.

이 책이 출판되기까지 이 책의 내용과 구성의 높은 품질을 위해 계속 격려해 주시고, 많은 시간과 노력을 저자에게 아낌없이 할애해주신 박영사의 안종만 회장, 전채린

차장, 그리고 장규식 팀장에게 이 지면을 통하여 진심으로 감사를 드린다.

　　또 항상 기도로 그리고 묵묵히 성원해 주는 사랑하는 아내에게 고맙다는 말을 전한다.

2024년 2월

서울 잠실에서

저　자

머리말

변화와 혁신은 이제 비즈니스의 명제이다. 변화와 혁신은 지속적인 기업의 과제이다. 그리고 많은 기업은 변화와 혁신을 강조하며 실행에 옮기고 있다. 사실 변화와 혁신은 기업에게 국한된 것이 아니다. 변화와 혁신은 개인, 국가, 비영리조직에게도 필수적인 용어가 되었다.

그러면 왜 변화와 혁신을 하여야 하는가? 사실 이 질문은 적절한 질문이 아니다. 왜냐하면 이제 변화를 하느냐 마느냐가 아니라, 누가 더 빨리 변화하는가가 중요한 과제가 되었기 때문이다. "왜 일본이 장기간 침체에 빠졌는가?" "글로벌 초일류 기업인 IBM이 어떻게 해서 세계 1위에서 파산하기 일보직전까지 갔을까?" "우리나라가 어떻게 해서 최대 극빈국가에서 탈출한 유일한 국가가 되었는가?" 그러면 왜 변화하지 않으면 안 되는가? 내가 변화하지 않아도 다른 사람들이 변화하기 때문이다. 기업도 변화하지 않으면 시장에서 퇴출당한다. 왜냐하면 다른 기업이 변하여 결국에는 시장이 변하기 때문이다.

이미 변화와 혁신에 관련된 다양한 논문들과 책들이 많이 나와 있다. 일반적인 개론 책들도 많이 출판되었고, 다양한 혁신과 변화에 대한 논문들도 많이 있다. 하버드 비즈니스 리뷰에도 변화와 혁신을 주제로 하는 논문들이 상당히 많다. 그러나 변화와 혁신은 이제 더 이상 비즈니스 분야의 전유물이 아니다. 공공기관에도 변화와 혁신의 바람이 불고 있고, 심지어 종교기관에도 변화와 혁신의 필요성이 대두되고 있다. 사실 종교의 핵심은 변화라고 생각한다. 그러므로 종교계에서 변화의 바람이 부는 것은 때늦은 감이 없지 않아 있다고 볼 수 있다.

지금 기업을 둘러싼 환경의 변화는 그 어느 때보다도 비교할 수 없을 정도로 빠르게 변화한다. 이 변화는 경영의 패러다임의 변화를 가져오고 있다. 즉, 경영에 관련된 개념, 철학, 기법 등 그 모든 것들이 빠르게 변화하고 있다. 20세기 후반에 들어서면서 불어닥친 정보, 지식, 기술, 인터넷 등의 발달은 이러한 변화를 더욱더 가속화시켰다. 지식근로자와 지식경영도 조직의 구성원에 대한 개념을 송두리째 바꾸어 놓고 있다. 고객 증시의 개념은 기업의 전략을 완전히 바꾸어 놓고 있다. 한 가지만 잘 하면 성공할 수 있었던 몇 년 전과는 달리 이제는 모든 분야에서 잘 하여야 한다.

그래서 어제 성공하였던 기법이 내일 또 성공할 확률은 상당히 희박해지고 있다. 그래서 경영자는 너무도 빠르게 변하는 이런 환경을 파악하고 대처할 수 있는 경영 능력을 길러야 한다. 그렇게 하기 위해서는 변화와 혁신을 게을리하지 말고 지속적으로 추진하여야 한다.

이 책의 특징은 다음과 같다. 첫째, 변화와 혁신에 관련된 다양한 저서와 눈문들을 참조하여 변화와 혁신을 체계적으로 정리하였다. 둘째, 다양한 국내와 해외 기업 사례들을 제시하여 변화와 혁신을 추진하고자 하는 조직들에게 하나의 가이드라인을 제시하였다. 셋째, 급속한 변화로 인한 경영패러다임의 변화를 다양한 부분에서 평가하였다. 넷째, 기술에 관련된 부문을 첨부하여 기술이 우리에게 끼치는 영양과 기술혁신에 대해 설명하였다. 다섯째, 우리나라의 핵심 산업의 발전과 현황을 제시하고, 우리나라 산업이 어떻게 급속도로 발전하였는지를 관련 기업의 변화와 혁신의 사례를 통해 설명하였다. 여섯째, 글로벌 초일류 기업에 관한 저서를 통하여 변화와 혁신이 가지는 중요성을 재음미하였다.

이 책은 총 9장으로 구성되어 있다. 제1장은 글로벌 초일류 기업들의 특성을 다루었다. 제2장은 변화의 기본적인 개념에 대해 그리고, 제3장은 변화관리에 대해 기술하였다. 제4장은 경영 패러다임의 변화를 기업의 중요한 13개 부문에서 다루었다. 제5장은 혁신의 기본적인 개념에 대해, 그리고 제6장은 기술의 기본적인 개념에 대해 각각 설명하였다. 제7장은 기업에서 발생하는 혁신의 유형을 구분하여 각각 세밀하게 설명하였다. 제8장은 혁신이 기업의 문화로 정착되어야 한다는 혁신 문화를 다루었다. 마지막 장인 제9장은 우리나라 핵심 산업을 기준으로 어떻게 세계 리더가 되었는지 살펴보았다.

이 책은 변화와 혁신에 관한 책이다. 기업은 많지만 모든 기업이 전부 성공할 수 없다. 사람은 많으나 모든 사람이 다 성공할 수 없다. 이 책은 저자가 수년간 대학과 기업에서 강의한 자료와 또 참고문헌에 기재된 수많은 눈문과 저서 그리고 전문 잡지들을 참고하여 만들어졌다. 이 책은 경영학의 흐름과 변화와 혁신을 알고자 하는 사람들에게 가장 유익하다. 그래서 경영에 대해 초보적인 지식을 가진 사람, 전문적인 지식을 가진 사람들 모두에게 유익하다. 그래서 대학 교재로, 또는 기업체 교재로 사용될 수 있다.

몇 차례의 교정을 통해 오자와 문맥을 수정하였지만, 오자와 잘못된 문맥들이 나올 수도 있다. 이것은 전적으로 저자의 책임으로서 앞으로 이러한 오류가 없도록 부단히 노력할 것이다. 이 책이 출판되기까지 이 책의 품질을 위해 계속 격려해 주시고, 많은 시간과 노력을 저자에게 아낌없이 할애해 주신 박영사의 안종만 회장, 마찬옥 부장, 그리고 이구만 부장께 지면을 통하여 진심으로 감사를 드린다.

또 몇 년 동안 휴가다운 휴가를 한 번도 가지 못하고 집에서 묵묵히 성원해 준 사랑하는 아내와 두 아들들에게 미안하고 고맙다는 말을 전한다.

2007년 9월
서울 한남동에서
저 자

차 례

01 변화

02 변화관리

03 MAPASHI

04 혁신

05 기술

06 기술전통적 혁신

07 최근의 혁신

08   창의성

09   우리나라 핵심산업

QR코드를 스캔하시면 참고문헌을 확인할 수 있습니다.

CHAPTER

01

변화

세상에는
세 종류의 사람이 산다.
보려는 사람들,
보여주면 보는 사람들,
그래도 안 보는 사람들.

- Leonardo di ser Piero Da Vinch -

CHAPTER

01

변화

과거에는 변화의 속도가 거의 없었거나 느려 사람과 조직은 대부분 안정성을 추구
하였다. 그래서 과거의 자료에 의거해 미래를 잘 예측하는 것이 중요하였고, 과거에 효
과적이었던 개념과 기법을 계속 사용하였다. 그러나 변화는 필수적이다.

Alvin Toffler (1980)는 『제3의 물
결(The Third Wave)』에서 지금까지 우
리가 경험하지 못한 정치, 경제, 사회,
문화의 색다른 물결에 대해 언급하였
고, 그러한 물결에 어떻게 대처하여야
하는지에 대해 설명하였다. 그는 1만
년 전 신석기 시대의 수렵에서 농업으
로 전환한 '제1물결', 영국에서 산업혁

Alvin Toffler (1928-2016)
이미지 출처: www.usatoday.com

명으로 시작하여 '대량~'과 핵무기 등으로 전환한 '제2물결', 그리고
1950년대 이후 컴퓨터와 인터넷의 정보시대를 '제3물결'로 규정하였
다. 이렇게 Toffler는 다가올 정보사회와 정보혁명을 예견하였다. 미래
학자인 Toffler는 1970년 『미래충격(Future Shock)』, 1990년 『권력이동
(Power Shift)』, 그리고 2006년 『제3의 물결』을 보완한 『혁명적 부
(Revolutionary Wealth)』를 출판하였다.

이미지 출처:
www.amazon.com

이렇게 모든 것이 변하고 있다. 오직 변하지 않는 것은 모든 것이

변한다는 사실이다. 그래서 발명가, 철학가, 정치인인 Benjamin Franklin(1706~1790)은 "죽음과 세금을 빼놓고는 확실한 것은 아무것도 없다"고 하였다.

변화의 속도도 과거 그 어느 때보다 빨라지고 있다. Intel의 전 CEO인 Andrew Grove(1999)는 요즈음의 변화를 '10x'로 표시하였다. 변화의 속도(speed), 폭(width) 그리고 깊이(depth)가 과거에 비해 10배 이상 더 변화한다는 것이다. 즉, '10x'는 비즈니스 환경의 어떤 부문에서 엄청난 변화가 일어나는 것을 의미한다. 이러한 '10x' 변화는 다양한 곳에서 발생할 수 있다. 포스코도 PI(Process Innovation)를 추구할 때 '모든 사물은 변화한다'는 기본적인 가정에서 출발하였다(포스코 PI 프로젝트 추진팀, 2002).

가장 큰 변화 중 하나는 공급과 수요의 관계이다. 이것은 지난 수 세기 동안 기업을 이끌어 왔던 모든 가정들을 완전히 파괴하였다. 과거의 통제 지향, 관료주의, 부서 간 이기주의, 생산량 위주 전략, 현상유지, 안전 위주 문화에 변화가 발생하였다. 지역도 확대되어 세계화 또는 글로벌시대가 되었다. 인터넷으로 인하여 시장의 경계가 사라지고, 고객의 범위도 확대되었다. 이러한 변화는 궁극적으로 가치의 변화를 가져왔다. 기업은 가치가 높은 곳에 투자한다. 그런데 가치의 기준이 바뀌기 때문에 기업의 전략과 행동이 바뀌게 된다.

왜 한때 세계를 호령하였던 기업들이 역사 속으로 사라지고 있는가? 그것은 이들 기업들이 변화의 중요성을 인지하지 못하고, 혁신을 게을리하였기 때문이다. Shibata와 Kaneda(2001)는 "변화란 국제화시대의 변화 속도에 대응할 수 있는 유연성을 가지고 경쟁력과 높은 수익성을 겸비한 기업으로 바뀌어 가는 것을 의미한다"고 하였다. 그래서 기업은 이제 변화를 거부해서는 안 된다. 변화에 적응하지 못하는 최고경영자는 그 자리에서 물러나야 한다.

2007년 4월 한국과 미국 간에 FTA 협상이 타결되었고, 2012년 3월 15일 발효되었다. 산업에 따라 득실 차이는 있겠지만, 이러한 득실을 떠나 한국의 기업들은 커다란 변화를 맞게 되었다. FTA 발효 1개월 후인 2012년 4월 미국 상무부는 미국의 대 한국 무역적자가 증가하였다고 발표하였다. 이제 새로운 시장이 떠오르고, 새로운 경쟁자가 생긴 것이다. 세계에서 가장 큰 미국시장과 자유무역협정을 체결한 것은 경쟁이 달라졌다는 것을 의미한다. 또 국내시장에서 보호를 받던 규약 조건들이 제거됨으로써 새로운 경쟁을 맞게 되었다. 그리고 2017년 3월 2일 미국의 Trump 대통령은 한미 FTA 재협상을 주장하고 나섰다. 미국에게 불리하다는 이유 때문이었다. 그래서 2018년 1월부터 개

정협상이 시작되었고, 결국 3월 29일 한미 FTA 재협상이 타결되었다.

2022년 5월 23일 일본 도쿄에서 IPEF가 결성되었다. 한국이 창립멤버로 참가한 인도 태평양 경제 프레임워크인 IPEF(Indo-Pacific Economic Framework)에는 우리나라를 비롯하여 미국, 일본 등 13개 국가가 참여하였다. IPEF는 무역원활화, 디지털 경제·기술표준, 공급망, 탈탄소·친환경 에너지, 인프라, 노동 표준의 6개 요소를 선택하였다.

이렇게 급변하는 시대에 우리나라 기업들은 글로벌 표준을 이해하고 적응해 나가야 하며, 더 나아가서는 표준을 창출하는 능력을 배양하여야 한다.

제1장에서는 다음과 같은 주제에 대해 설명하도록 한다.

1.1 변화의 중요성

1.2 경영이론의 변화

1.3 불확실성

1.4 왜 변화하여야 하는가?

1.5 변화의 주체와 속도

1.6 변화의 어려움

1.7 전략적 변곡점

사례 I Siemens의 변화

유럽 최대 엔지니어링 회사인 Siemens는 1847년 10월 독일의 베를린에서 Ernst Werner von Siemens와 Johann Georg Halske에 의해 설립되었다. 당시 그들은 전기충격으로 바늘을 움직여 글씨를 새기는 지침전신기(pointer telegraph) 기술로 출발하였다. 이후 계속 유럽에서 사세를 확장하였다. 1879년 세계 최초로 전기차 개발을 시작으로, 1905년 백열등 첫 대량생산, 1958년 세계 최초 인공심장 박동기 개발, 1997년 세계 최초 컬러 액정 핸드폰 개발 등 세계 혁신 기술의 선구자로 자리를 잡았다. 이후 보

이미지 출처: www.siemens.com

청기, 승강기, 철도차량, 빌딩 자동화, 송·배전 설비, 플랜트 건설 등 다양한 사업 포트폴리오를 구성하였다.

제1차 세계대전으로 40%의 자산을 잃어버렸지만, '세계 톱(top) 5'의 지위를 유지하였다. 제2차 세계대전 중에는 군수산업에 몰두하였지만, 종전 후 반도체와 데이터 기술에 집중하였다. 1970년대 Siemens는 전기산업 분야에서 경쟁력을 갖추고 동력, 데이터, 커뮤니케이션 분야에서 세계적인 경쟁력을 구비하였다. 2001년 NYSE에 상장하였고, 2008년 인더스트리(Industry), 에너지, 인프라&도시, 그리고 의료 등 4개의 핵심분야에 치중하는 전략을 수립하였다. 그러나 최근 2020+에서는 인더스트리, 인프라, 운송, 그리고 의료 등 4개의 핵심사업을 제시하였다. Siemens는 고객에게 진정한 가치를 전달하기 위한 기술중심회사로 현실세계와 디지털세계를 결합하여 고객에게 봉사하는 회사이다. 2023년 현재 전 세계 200여개 국가에 32만 명의 직원들이 있으며, 연구개발 인력 수는 약 5만명이다. 그리고 조직의 단순화 및 간소화를 통하여 경쟁력을 강화하고 있다.

Ernst Werner von Siemens
이미지 출처:
www.siemens.com

오랜 역사와 글로벌 경쟁력을 구비한 Siemens에게도 위기가 있었다. 바로 2006년의 뇌물 사건이다. 1990년대부터 2006년까지 아르헨티나 4천만 달러, 이스라엘 2천만 달러 등 세계 여러 국가에서 각국의 업체와 공공기관, 그리고 정치인 및 고위관료 등을 대상으로 약 4억 6천만 유로의 뇌물수수 유죄혐의로 판결을 받았다. 그런데 사실 뇌물은 놀랍게도 즉흥적으로 발생한 우발적이 아닌 Siemens의 사업모델 중 한 부분, 즉 직원들의 조직적인 활동이었다. 물론 이러한 뇌물은 Siemens만 하지 않고, 독일의 오랜 관행에서 비롯되었다고 말하는 사람들도 있다. 사실 1999년 『해외뇌물금지 국제협약』에 가입하기 전에는 해외사업의 일부로 간주되었다. 이렇게 하여 Siemens는 16억 달러의 벌금을, 추가로 분식회계에 대해서도 10억 달러의 벌금을 지불하였다. Siemens의 이미지는 땅에 떨어질 대로 떨어졌으며, 다수의 경영학 교재에 나쁜 사례로 소개되기도 하였다. 이에 Siemens 이사회는 정말로 변화가 필요하다고 보고, 창업이래 처음으로 CEO를 외부에서 구하였다. 이때 발탁된 사람이 Peter Löscher이다.

Löscher는 Merck의 전 CEO였다. 한때는 GE의 의료기기사업부에서 일을 하며 Siemens와 경쟁한 적도 있었다. 이때 Siemens는 내부가 아닌 외부에서 Siemens를 상대한 경험이 Siemens의 CEO인 Löscher에게 큰 도움이 되었다. Löscher는 "위기는 항상 기회를 동반한다(Never miss the opportunities that come from a good crisis)"고 믿었다. 이러한 위

기야 말로 Siemens에서 변화를 실천할 수 있는 절호의 기회라고 생각하였다. 이런 위기가 아니면 CEO가 누구든 변화를 하기가 훨씬 어려웠을 것이다. 창업 때부터 혁신과 자부심으로 가득 찬 Siemens는 이런 위기가 아니었다면 변화를 수용하지 않았을 것이다.

Löscher는 어떤 조직이든 변화하기 위해서는 전략보다 실행이 중요하다고 생각하였다. 즉, 변화는 환경에 지속적으로 대처하는 실행능력이 중요하다고 믿었다. 이런 점에서 Löscher는 Siemens의 조직구조와 인적자원이 환경에 적응하는 역량을 중요하게 보았다. 그래서 Löscher는 가장 먼저 Siemens의 문제점을 파악하기 위해 Siemens의 조직구조와 사람들의 역량을 조사하고자 전 세계에 있는 Siemens 지사를 직접 방문하였다. 그리고 다음과 같은 순서를 따랐다. 조찬은 고객들과 한다. 다음 오전에는 고객(개인) 또는 정치인들을 만난다. 점심은 Siemens의 유망한 젊은 사원들과 한다. 오후에는 지역팀들과 함께 비즈니스를 분석하고, 타운홀(town hall) 회의를 한다. 다음 그 지역의 임원진과 저녁을 한 후, 비행기로 다른 지역으로 이동한다. 다음 날에는 이 과정을 반복한다.

이러한 만남을 통해 다음과 같은 사실을 알게 되었다. 첫째, 직원들이 관료주의를 싫어하며, 독립적이며 자율적인 의사결정을 원한다. 둘째, 뇌물 사건을 리더십의 상실로 본다. 그들은 충격을 받았으며, Siemens의 명예가 훼손되었다고 느끼고 있었다. 셋째, 경영위원회가 올바른 의사결정을 하지 않고 거수기 역할을 한다. 미리 정해진 결정을 단순히 통과시키는 의례적인 회의를 하고 있었다. 넷째, 조직이 방만하게 운영된다. 다섯째, 고객과의 접촉이 미미하다. 여섯째, 남자, 백인, 독일 사람이 주종이다.

Löscher는 12명으로 구성된 경영위원회의 4/5를 해직시키고, 8명으로 감소하였다. 오래 근무한 사람을 해고한다는 것은 쉽지 않았으며, 반발도 많았다. 그래서 Egon Zehnder라는 외부 컨설턴트기업을 고용하여 투명하게 직무 역량에 대한 평가를 실시하였다. 이러한 과정에 반발하는 사람들이 Löscher에게 찾아와 불만을 터뜨렸다. "내가 20여 년 동안 비즈니스를 성공적으로 잘 해 왔는데, 왜 당신이 와서 당신 마음대로 평가하고 그러는가? 나는 동의할 수가 없다." 그때 Löscher는 단호하게 말하였다. "평가를 받든지 아니면 회사를 떠나시오."

본사의 조직구조를 단행한 후 Löscher는 해외조직에도 손을 대었다. Siemens 조직은 세계적으로 가장 넓게 분포되어 있었다. Siemens와 유사한 조직은 전 세계적으로 Coca-Cola, 교황청, 그리고 FIFA 정도이다. Löscher가 오기 전 190개 해외조직이 이미 70개로 축소되었다. Löscher는 70개 조직을 다시 20개로 축소하였다. 그리고 운영위원회를 두었고, 정기적으로 만나 정보를 공유하도록 하였다. 그리고 다시 14개로 축소하였다.

Löscher는 고객과의 접촉을 강화하기로 하였다. 고객의 중요성을 매번 회의에서 강조하였으

며, 모든 결정에서 최우선이 바로 고객만족이라고 강조하였다. 그래도 효과가 없자, 다음과 같은 방법을 사용하였다. Siemens에서는 매년 베를린에서 6~7백명의 경영자들이 모여 리더십 컨퍼런스를 한다. 2008년 Löscher가 처음으로 이 컨퍼런스에 참석하였을 때 하나의 도표를 보여주었다. 이 도표는 모든 임원들이 고객과 보낸 시간의 비율을 표시하고 있었다. 이 자료를 Löscher는 미리 준비해 왔다. 1위는 50% 이상 고객과 만난 Löscher이었다. 그리고 고객과 만나라고 재차 강조하였다. 2009년부터 2011년까지 계속 이 자료를 보여주었다. 그러자 도표에 변화가 발생하였다. Löscher를 앞지르는 임원이 나왔다. 그리고 대부분의 사람들이 Löscher와 근접하게 나왔다. 다양성에도 변화를 주었다. 경영위원회에 2명의 여성이 참가하였다. 여성이기 때문에 참여시킨 것이 아니고, 능력이 있기 때문에 참여시켰다. 여성들은 이제 승진에 한계가 없다고 느끼게 되었다.

이 사례는 변화의 중요성을 강조한 사례이다. 아무리 경쟁력이 강한 기업이라 하더라도 위기는 반드시 온다. 이때 변화하지 않는 기업은 시장에서 사라진다.

이 사례는 다음과 같은 자료를 참고하여 저자가 재구성하였다.

① Peter Löscher, "The CEO of Siemens on Using a Scandal to Drive Change," Harvard Business Review, November 2012, 39-42.

② www.siemens.com

<동영상> Siemens - more than just business

1.1 변화의 중요성

반감기(半減期)라는 용어가 있다. 반감기(half-life)는 물리학자들이 방사능 반응실험에서 사용하는 용어로서, 어떤 개체에서 방사성 원소가 내뿜는 방사선이 절반으로 감소하는 데 걸리는 시간을 말한다. 이 용어는 변화를 다루는 우리에게 또 다른 의미를 제공한다. 즉, 반감기는 대학을 졸업할 당시 그 학생의 머릿속에 있는 지식의 절반이 무용지물이 되는 시간을 말한다. 일반적으로 전기공학도의 반감기는 18개월, Microsoft의 소프트웨어 코드 반감기는 4개월, 경영학도의 반감기는 3년 정도로 보고 있다. 이것은 우리에게 무엇을 말하고 있는가?

1908년 9월 16일 Durant에 의해 미국 미시간주 Flint시에서 출범한 그리고 76년간

자동차시장 세계 1위였던 GM(General Motors)은 창립한 지 101년 만인 2009년 6월 1일 뉴욕파산법원에 파산보호(Chapter11) 신청을 하였다. 강성노조와 경영진의 무능으로 파산하기에 이른 것이다. 2023년 상반기 세계 자동차시장은 시가총액 기준 Tesla, Toyota, Volkswagen 등이 선두권을 유지하고 있다. 그러면 앞으로 세계 자동차시장은 누가 주도할 것으로 예측하는가? 위에서 언급한 3개 기업 이외에 Benz와 BMW, 그리고 한국과 중국 기업들이 그 주인공이 될 수도 있다. 이것은 자동차시장의 엄청난 경쟁을 말해 주고 있다. 여기에 대해서는 9.2.2를 참조하기 바란다.

1998년 9월에 Larry Page와 Sergey Brin에 의해 창업된 미국의 Google은 1999년 16억원에 시장에 나왔는데 매각되지 못하였다. 그 가격에 Google을 원하는 사람이 없었기 때문이다. 그런데 2023년 6월 직원 수가 181,798명이나 되었고, 세계 검색시장의 93.37%를 차지하고 있다. 수익도 지속적으로 증가하여 2003년 15억 달러, 2016년 894.6억 달러, 2018년 1,362억 달러, 2020년 1,817억 달러, 2021년 2,576억 달러, 그리고 2022년 2,828억 달러로 증가하였다.

120년간 콜라시장을 장악한 Coca-Cola는 만년 2위였던 Pepsi에게 2005년 추월당하였다. Pepsi는 2005년 말 시가총액 978억 달러로 955억 달러인 Coca-Cola를 앞질렀다. 1997년 Coca-Cola의 시가총액은 1,648억 달러로 522억 달러인 Pepsi보다 3배 이상 높았다. Pepsi는 인수합병이 아닌 건강음료와 스낵 등의 제품다각화를 통하여 이러한 성장을 이끌었다. Coca-Cola는 탄산음료가 매출의 80%를 차지하고 있는 데 비해, Pepsi는 탄산음료 이외의 상품들이 매출의 80%를 차지하고 있다.

1888년 세계 최초의 대중용 카메라 제조회사인 Kodak도 디지털(digital) 카메라를 최초로 개발하고도 소홀히 하여 큰 위기에 처하였다. Lucent도 외부 환경의 변화를 잘 읽지 못해 경쟁력이 크게 약화되었다(Bossidy & Charan, 2004). 1997년에 Lucent의 엔지니어들은 광섬유 상품의 개발을 경영진에게 요구하였다. 그러나 경영진은 과거 Lucent의 모기업이었던 AT&T와 Baby Bells 등의 욕구만 충족하기로 결정을 하였고, 실패를 맛보았다.

미국 경제지인 포브스(Forbes)는 『글로벌(Global) 100대 기업 명단』에서 1917년과 1987년을 비교하면서 1917년의 100대 기업 중에서 61개 기업이 사라졌다고 하였다. 그리고 남은 39개 기업 중 오직 18개 기업만이 상위 100대 기업에 속하였다고 하였다. 『S&P 500대 기업』도 1957년의 '500대 기업' 중 74개 기업만이 1997년 명단에 남았다고 하였다.

이 현상은 공기업에도 적용된다. Reeves 등(2016)은 지난 50년간 미국의 3만개 이상의 공기업을 조사한 결과, 공기업의 수명이 점차로 단축되고 있다고 하였다. 그리고 앞으로 5년 이내에 3개 공기업 중 1개는 사라진다고 예측하였다. 이 수치는 40년 전에 비하면 6배가 빠른 수치이다. 이러한 이유로 Reeves 등은 공기업들이 점차로 복잡해지는 환경에 적응을 잘 못하는 데 있다고 하였다.

일본의 경우를 보자. 일본비즈니스(1983)는 1896년부터 1982년까지의 기간을 약 10년 간격으로 나누어 매출액 순위 100위에 든 기업을 조사하였더니, 모든 기간 동안 상위 100개에 지속적으로 남아 있는 기업은 2개 회사뿐이었다. 첫 번째 조사할 때 10위 이내에 들었던 기업 가운데 9개 기업이 설립 후 30년을 넘기지 못하였다.

한국중소기업상담협의회에 의하면, 한국 중소기업은 창업한 후 2년 이내에 28%가, 그리고 5년 이내에 78%가 도산한다고 하였다. 미국에서는 57%가, 그리고 일본에서는 71%가 5년 이내에 도산한다고 한다. 이러한 사실들은 우리에게 무엇을 말하고 있는가?

국가별로도 글로벌 기업들의 순위가 상당히 빠르게 변하고 있다. 포춘(Fortune)에 의하면, 1995년부터 2022년까지 지난 26년간 포춘이 선정한 매출 기준『글로벌 500대 기업』의 국가별 숫자가 급격히 변화하는 것을 볼 수 있다(〈표 1-1〉 참조).

〈표 1-1〉을 보면 가장 크게 감소한 국가는 일본이다. 일본은 지난 26년간『글로벌 500대 기업』이 126개에서 41개로 무려 85개나 감소하였다. 이것은 지난 10년간 일본이 겪은 불황 때문인 것으로 보인다. 미국도 일본만큼은 아니지만, 서서히 감소하고

표 1-1 국가별 『글로벌 500대 기업』의 변화

	1996	2005	2010	2018	2019	2020	2021	2022
한 국	13	12	10	17	14	15	16	18
일 본	126	70	71	52	52	53	47	41
미 국	162	170	139	126	121	122	124	136
중 국	3	20	46	98	129	143	145	135
프랑스	35	34	31	28	31	26	25	24
독일	38	35	34	32	29	27	28	30
영국	34	37	30	21	18	22	18	15
인 도	1	6	8	7	7			
러시아	1	5	6	5	4			

출처: money.cnn.com/magazines/fortune

있었는데, 2022년 1위를 탈환하였다. 또 영국, 프랑스도 지속적으로 감소 추세를 보여주고 있다. 한국은 2021년 16개, 2022년 처음으로 18개로 증가하였다. 인도, 러시아는 점차로 증가하다가 주춤해졌다. 그러나 중국의 성장세는 놀랍다. 2019년 미국을 누르고 1995년 조사를 한 이래 사상 처음으로 1위에 올랐다. 그러나 2022년에는 미국에 다시 뒤쳐졌다. 물론 대부분의 기업들이 국영기업이긴 하지만, 이제 중국의 성장세가 너무 커 한국의 기업들은 중국에 대한 선입견을 바꿔야 한다. 그러나 중국은 양적규모에 비하여 수익성 같은 질적인 면에서는 아직까지는 미국에 비해 많이 미흡하다고 볼 수 있다.

참고로 2010년 우리나라 10개 기업은 삼성전자(32위), LG(67위), 현대자동차(78위), SK지주회사(104위), 포스코(272위), GS지주회사(300위), 한국전력(306위), 삼성생명(316위), 한화(358위), 그리고 현대중공업(375위)이었다. 2020년 14개 기업은 삼성전자(19위), 현대자동차(84위), SK(97위), 포스코(194위), LG전자(207위), 한전(227위), 기아자동차(229위), 한화(277위), 현대모비스(385위), KB금융(426위), CJ(437위), GS칼텍스(447위), 삼성생명(467위), 삼성물산(481위) 등이다. 2021년 15개 기업은 삼성전자(15위), 현대자동차(83위), SK(129위), LG전자(192위), 기아자동차(215위), 한전(222위), 포스코(226위), 한화(271위), KB금융(366위), 현대모비스(398위), 삼성생명(416위), CJ(450위), SK하이닉스(452위), LG화학(461위), 삼성물산(472위) 등이다. 작년 GS칼텍스는 탈락하였다. 2022년 18개 기업은 삼성전자(25위), 현대자동차(85위), SK(92위), 기아자동차(196위), 포스코홀딩스(201위), LG전자(204위), 한전(258위), 한화(296위), HD현대(305위), GS칼텍스(322위), KB금융(339위), LG화학(371위), 현대모비스(372위), 한국가스공사(374위), SK하이닉스(437위), 삼성물산(457위), CJ(481위), 삼성생명(496위)이다.

또 하나 볼 수 있는 중요한 현상은 시가총액 기준으로 상위기업들을 보면 이전과 달리 플랫폼(platform)기업들이 많아졌다는 것이다. Apple, Alphabet, Amazon 등이 대표적인 예이다. 또 상위 스타트업(start-up) 기업들도 플랫폼기업들이 대세이다. Uber, Airbnb, WeWork 등이 대표적인 예이다. 바야흐로 플랫폼 비즈니스의 시대가 열린 것이다. 플랫폼 비즈니스는 생산자 시장과 소비자 시장에 참여하는 사람들의 상호작용을 통한 네트워크 효과를 극대화하여 고객가치 창출을 향상하는 개념이다. 즉, 플랫폼은 개방된 비즈니스 시장에서 다양한 이해관계자들이 상호작용하면서 가치를 창출하는 비즈니스이다(황혜정, 2018). 여기에서 중요한 단어는 네트워크이다. 네트워크(network)는 플랫폼 비즈니스의 핵심이다. 그러므로 네트워크에 많은 사람들이 있어야 한다. 그래서 제조산업의 전통적인 글로벌 강자들도 플랫폼 비즈니스 분야에 진출하고 있다. 예로 Toyota 자동차는 전기자동차 e-pallet를 개발하여 모빌리티 서비스 플랫폼을 활용하고 있다. 이렇게 플랫폼은 제품의 물리적 가치에 정보적 가치를 추가함으로써 고객가치를 향상한다.

지금은 모든 면에 있어서 변화의 속도가 빠르다. 우리의 일상생활부터 우리의 가치관까지 모든 면에 있어서 변화가 상당히 빠르게 진행되고 있다. 그래서 삼성의 이건희 전 회장은 1990년대 초 이미 변화의 중요성을 강하게 역설하였다. 이것이 아마 오늘날의 삼성을 만들었는지도 모른다. 2007년 3월 삼성전자 월례회에서 윤종용 부회장은 창조적 혁신을 역설하였다. 윤부회장은 "변수가 많고 예측이 어려운 전쟁터에서도 기존 방식으로 훈련한 병사들보다 창의적인 사고를 가지고 생존방법을 찾아낸 병사들의 생존율이 훨씬 높았다. 그래서 과거의 익숙한 것들로부터 탈피하여 창조적 혁신을 추구하여야 한다"고 하였다. 2016년 4월 15일 한국을 방문한 GE의 Jeff Immelt 회장은 GE Korea가 개최한 「2016 GE Innovation Forum」에서 다음처럼 말하였다. "21세기는 변동성과 저성장의 시대이다. 이러한 환경에서 성장하려면 경영자는 리스크를 감수할 수밖에 없고, 이를 위해 변화와 혁신을 이끌어야 한다."

2006년에 은퇴한 일본 Toyota 자동차 회장 Okuda에 대해 일본 언론들은 다음처럼 그의 말들을 인용하며 그의 은퇴 기사를 장식하였다. "변하지 않는 것이 가장 나쁘다(1995년)," "타도 Toyota(2001년)," "변화가 안주하는 것보다 위험이 적다(2004년)." 이것은 전부 변화에 대한 언급이다. Toyota 자동차는 수십 년간 적자가 없었지만 변화를 항상 주장하고, 또 변화를 체험하였다. 이것은 우리에게 무엇을 말하고 있다고 보는가? 변화는 위기에 처한 기업에게만 적용되는 말인가? 변화는 성장률이 감소하는 기업에게만 적용되는 단어인가? 잘 나가는 기업에게는 변화가 필요 없다는 것인가?

일본 전자기업들은 지난 수 세기 동안 세계 전자시장을 지배해 왔다. 그러나 최근 일본의 대표적인 전자기업들은 변화에 대응하지 못하여 최악의 시간을 보내고 있다. 이들은 지난 날의 영광을 되찾기 위하여 인력을 감축하고, 자산을 매각하고 있지만 결과는 신통치 않았다. 4년 연속 적자에 있는 Sony는 2012년 10월 도쿄시 시나가와 기술센터를 폐쇄하였고, 2013년 뉴욕시에 있는 미국 본사 건물을 약 11억 달러에 매각하였다. Sharp는 중국 난징 LCD TV 공장과 말레이시아 공장을 매각하였다. Panasonic도 최근 PDP 수요의 감소로 중국 상하이 PDP TV 공장을 폐쇄하였다.

이렇게 기업을 둘러싼 새로운 환경은 기업과 경영자들에게 새로운 과제를 부여하게 되었다. Volvo 회장인 Leif Johansson은 1999년 그룹의 상징인 승용차 사업부문을 미국의 Ford 자동차에 매각하였다. 정서적으로 매우 어려운 결정이었지만, 승용차시장에서 리드를 하기엔 너무 규모가 작은 것이 이유였다. 일본의 Seven-Eleven에서는 전체 3천개 품목 중 70%가 1년 이내에 바뀐다. 그래서 Seven-Eleven의 경영목표는 과거의 정보인 POS 시스템에 근거해 어떻게 환경변화에 대응하는가 하는 것이다. 이제 여기에서는 위에서 언급한 요소 이외의 경영의 흐름을 바꾼 기업 환경의 변화를 살펴보기로 한다.

가장 중요한 현상은 수요와 공급의 역전 현상이다. 과거에는 수요에 비해 공급이 부족하였다. 그러나 이제는 거꾸로 되었다. 즉, 공급에 비해 수요가 적게 되었다. Hammer(2002)는 이 현상을 '새로운 경제'라고 불렀다.

제품의 수명도 점점 짧아지고 있다. 과거에는 수명이 몇 십 년이나 되는 제품들이 많았다. 하지만 지금은 그런 제품을 찾기가 거의 힘들어졌다. 아무리 우수한 신제품이라 할지라도 조만간 시장에서 사라질 확률이 과거에 비해 상당히 높아졌다. 기술의 급격한 변화는 이렇게 새로운 제품의 시장수명을 급격하게 단축시켰다. 새로운 제품이 시장에 출시되면 경쟁업체들은 바로 이 제품을 모방한 새로운 제품을 시장에 내놓는다. 모방제품은 원래 제품보다 기능이 더 우수한 것들이 보통이다.

또 중요한 것은 급속한 글로벌 변화이다. 지금 세계는 그 어느 때보다 변화의 속도가 빠르다. 특히 2008년 말 미국에서의 금융위기는 전 세계의 모든 것을 뒤바꾸어 놓을 만큼 변화의 속도를 배가시켰다. 초일류를 지향하였던 금융기업들이 순식간에 무너져 월스트리트(Wall Street)의 명성을 추락시켰다. 금융위기는 다시 서비스업체와 제조업체의 위기를 불러왔다. 그래서 비즈니스계의 전설들이 무너지기 시작하였다. 대표적인 기업이 미국의 GM과 Chrysler이었다. 특히 100여 년 가까이 세계 자동차시장을 석권하였던 GM의 몰락은 전 세계에 큰 영향을 끼쳤다. 이런 여파로 미국 중심의 세계경제는 급속도로 다른 지역으로 이전하게 되었다. 그 중 중요한 지역 중 하나가 아시아이다.

아시아에서도 가장 주목받고 있으며 변화가 가장 빠르게 일어나고 있는 국가는 중국과 인도이다. 먼저 중국이다. 일본의 Shiba 교수(2009)는 전 세계에서 가장 빠르게 변화하고 있는 국가로 중국을 꼽았다. "중국의 성장 속도는 1960~1970년대에 일본이 경험하였던 성장속도보다 더 빠르다"고 하였다. 인도는 특히 소프트웨어 분야에서 눈부신

성장을 하고 있다. 인도에서 2000년도에 비해 2004년도의 소프트웨어 수출이 2배로 증가하였다. 이러한 이유는 인도가 국가별 가용 인적자원의 수준과 소프트웨어 서비스 공급업체들의 전반적인 수준이 세계급이라는 사실에 기인한다. 인도는 소프트웨어 분야만 잘 하는 것이 아니고, 제조업체들도 상당히 강하다. 이것은 잘 알려진 사실이 아니다. 인도는 일본 데밍상을 가장 많이 받은 외국기업이고, 국제품질분임조대회에 가장 많은 인원을 파견하는 국가이기도 하다. 또 인도는 기업 간에 서로 정보를 잘 교환하는 국가로도 유명하다. 이러한 점은 우리나라와 크게 비교되는 점이다.

미국도 예외는 아니다. 전통적으로 미국은 전략에 강하였지만 실행에 약한 면이 있었다. 20세기 들어와 미국 기업들은 전략뿐 아니라 실행에도 집중하기 시작하였다.

1.2 경영이론의 변화

경영이론도 과거와 비교할 때 너무나 빨리 변하고 있다. 그런데 그 이론들은 그 시대에 대단히 효과적인 이론들이었다. 그러나 시대가 바뀜에 따라 이론의 효과도 약해져 사라졌다. 20세기는 공급과 수요에 있어서 공급자의 힘이 강한 시대였다. 그래서 싸게 많이 생산하는 것이 기업의 주 목적이었다. 이것은 기업들로 하여금 비용에 관심을 갖게 하였다. 그러나 21세기에는 공급자에 비해 소비자의 힘이 강해졌다. 그래서 과거 효과적이었던 모든 원리는 폐기되었다. 그리고 더 나아가 변화의 속도가 점차로 빨라지기 시작하였다.

경영이론은 프랑스 Henri Fayol에서 시작되었다고 할 수 있다. Fayol(1979)은 '경영의 보편적인 14가지 원칙'을 제시하였다. 그리고 "이 원칙들을 경영자들이 효과적으로 실행하기 위해서는 '계획－조직－명령－협력－통제'의 5개 과정이 필요하다"고 하였다. 그리고 그 이후 경영이론은 수많은 사람들에 의해 제시되었다.

최초의 경영 컨설턴트인 Frederick Taylor의 '과학적 관리법', 대량생산시스템을 창안한 Henry Ford의 '이동식 조립라인,' Alfred Pritchard Sloan의 조직모델인 '전략적 비즈니스 단위,' Elton Mayo의 '호손(Hawthorne) 실험,' 통계를 품질관리에 적용한 Walter Shewhart의 '통계적 공정관리,' Abraham Maslow의 '욕구단계설,' Douglas McGregor의 'XY 이론,' Frederick Herzberg의 '이요인 이론,' Armand Feigenbaum의 '종합적 품질관

리,' 현대경영사상의 대부인 Peter Drucker의 '경영의 실천,' '분권화,' '목표관리,' Henry Minzberg의 '경영노동의 본질,' Jerome McCarthy의 '마케팅 믹스와 4P(product, price, place, promotion), Alfred Chandler의 '전략구조론,' 마케팅 대가 Philip Kotler의 '마케팅 관리론,' IBM Joe Orlicky의 '자재소요계획시스템(MRP),' Taiichi Ohno의 'Toyota 생산 시스템,' Chris Argris의 '조직학습론,' Michael Porter의 '경쟁전략,' Alvin Toffler의 '제3 의 물결,' 일본 국가품질상 데밍(Deming)상의 주역인 Edward Deming의 '품질향상을 위한 14가지 단계 이론,' Joseph Juran의 '품질삼분법,' UCLA 교수인 William Ouchi의 'Z 이론,' 최초의 비즈니스 베스트셀러를 만든 Tom Peters와 Robert Waterman의 '초일류 기업론,' Rosabeth Moss Kanter의 '변화론,' Michael Hammer와 James Champy의 'Business Process Reengineering,' Mikel Harry와 Richard Schroeder의 '식스 시그마' 등은 지난 세기 동안 제시된 비즈니스계의 대표적인 이론들이다.

Fortune지 2006년도 7월 첫째 주 판에서는 미국 GE의 전 회장 Jack Welch의 경영기법을 비판하는 기사를 게재하였다. 즉, 'Jack Welch의 경영지침서를 찢어버려라'는 제목의 기사를 통해 Welch의 경영기법이 이제 더 이상 빨리 변화하는 현실에 맞지 않다고 주장하였다. 먼저 Fortune은 Welch의 경영방식을 다음처럼 일곱 가지로 요약하였다.

① 대형업체를 만들어라.
② 시장에서 1, 2위를 차지하라.
③ 그렇지 못하는 부문은 과감히 버려라.
④ 카리스마 있는 최고경영자를 중심으로 사업을 키워라.
⑤ 주주 이익을 최우선으로 하라.
⑥ 우수한 인재를 선발하여 신상필벌을 적용하라.
⑦ 능력을 경배하라.

Fortune은 Welch의 일곱 가지 기법에 대해 각각 비판을 가하였다. 예를 들어, 주주를 만족시키는 경영은 오히려 장기적으로 기업의 경쟁력을 약화시킨다고 하였다. 또 외형적 성장보다 더 중요한 것은 누구도 따라올 수 없는 경쟁역량이라고 하였다. 물론 Welch의 일곱 가지 경영기법이 전부 틀린 것은 아니지만, 이제 환경의 변화에 맞게 버

표 1-2 Welch의 경영방식과 새로운 경영방식

Welch 경영기법	새로운 경영기법
대형업체를 만들어라	민첩한 조직을 만들어라
시장에서 1, 2위 업체가 되라	틈새 시장을 찾아라
그렇지 못하는 부문은 과감히 버려라	안이 아니라 밖을 보라
카리스마 있는 최고경영자를 중심으로 사업을 키워라	용기 있는 최고경영자를 택하라
주주 이익을 최우선으로 하라	고객 이익을 최우선으로 하라
우수한 인재를 선발하여 신상필벌을 하라	열정적인 사람을 고용하라
능력을 경배하라	영혼을 경배하라

Fortune, "Jack Welch의 경영지침서를 찢어버려라," July, 2006.

릴 것은 버려야 한다는 지혜가 필요하다고 밝혔다. 〈표 1-2〉는 Fortune이 제시한 Welch의 경영기법에 대한 새로운 규칙이다.

이 기사는 무엇을 말하고 있는가? 변화는 이제 너무 빨라 경영이론도 빠르게 변하여야 한다는 사실을 보여주고 있다. 이런 변화로 최근 경영대학원에 대한 수요가 급증하고 있다. 세계 최초의 경영대학원은 1881년 미국 펜실베이니아대학교에 세워진 와튼(Wharton) 경영대학원이다. 그로부터 8년 뒤인 1889년에는 미국 시카고대학교와 캘리포니아대학교에 경영대학원이 설립되었다. 그 후 경영대학원은 영국, 프랑스, 싱가포르, 한국 등으로 확대되었다. 그리고 최근에는 경영학 석사학위인 MBA(Master of Business Administration)가 출세를 보장하는 지름길로 인식되고 있다.

1.3 불확실성

2016년 영국에서 국민투표로 통과한 Brexit는 세계 경제의 불확실성을 더 증가시켰다. 이것은 영국이 독자적으로 관세정책을 실행할 수 있지만, 단기적으로 영국 및 유럽 증시를 폭락시키고, 유럽과 일본 국채가격을 상승시켰다. 같은 해 4차 산업혁명이 세계를 강타하였다. 차세대 산업혁명인 4차 산업혁명은 이전의 산업혁명과는 차원이 다른 혁명으로 사회와 인간에게 끼치는 영향이 엄청 크다. 2019년에는 COVID-19가 발생하여 지구를 강타하였다. 불완전한 백신과 치료제 그리고 마스크로 인간은 코로나 바이러스와 투쟁하였지만, 너무나 큰 희생을 치렀다. 전염력은 강하지만 이전의 바이러스보다 약한 오미크론의 등장으로 일상생활로 돌아가고는 있지만, 위험성은 여전히 남아 있다. 세계 경제는 침체되었고, 업종별로 수익에 큰 차이가 있었다. 4~5년마다 인류의 목숨을 위해하는 바이러스는 앞으로 또 어떤 모습으로 인간에게 나타날지 심히 우려스럽다.

미국과 중국의 무역전쟁은 세계의 패권경쟁으로 세계화의 문을 닫아버렸다. 더구나 2022년 러시아의 우크라이나 침략으로 자원전쟁이 발생하여 코로나로 침체된 세계 경제를 또 강타하였다. 이어 2023년 발발한 이스라엘과 하마스와의 전쟁은 지구촌을 원유의 가파른 상승과 인플레 공포에 시달리게 하였다. 글로벌 공급사슬의 생태계를 파괴하였다.

이렇게 미래는 과거에 비해 엄청나게 불확실하다. 더 구체적으로 말하면 미래의 변화는 과거의 변화에 비해 더 불연속적이다. 여기에 대해서 이의가 없을 것이다. 경영자들이 가장 두렵고 싫어하는 용어를 말하라 하면 아마 '불확실성(不確實性, uncertainty)'이라는 단어일 것이다. 그래서 이렇게 극심한 환경변화를 Peter Drucker는 환경의 '비연속성', Gilbreth는 '불확실성', 그리고 Ansoff(1970)는 '난기류'라 불렀다.

Foster, Ven Beneden 그리고 Kaplan(2001)은 미국의 Standard & Poor's의 90개 기업을 선정하여 경영환경의 급속한 변화와 불확실성을 설명하였다. 1920년대와 1930년에는 『90대 기업 명단』에서 탈락하는 비율이 1.5%이었지만, 1998년에는 그 수치가 10%로 6배나 증가하였다.

Alvin Toffler(1990)는 4개월 동안 뉴욕타임즈(New York Times) 베스트셀러였던 『권력 이동(Powershift)』이란 책에서 미래를 '미지의 땅(terra incognita)'이라고 불렀다. '미지의 땅'은 그 누구도 모르는 땅이며, 희망 또는 두려움이 되기도 하는 땅이다. 이제 세계는 점차로 전보다 혼돈과 불확실성의 세계로 들어가고 있다. 시간이 지나가면 갈수록 혼돈과 불확실성은 점차로 확대되고 심화될 것이다. 그래서 이제 정보와 지식에 근거한 부의 이동이 발생할 것이라고 예언하였다.

그러면 불확실성이 왜 문제가 되는가? Intel의 전 회장인 Andrew Grove는 "과거에 효과적인 경영은 이제 더 이상 효과적이지 않다"라고 하였다. 과거의 경험과 자료를 가지고 미래를 예측할 수 있었던 시기에는 전략과 계획을 수립하기에 그리 큰 문제가 없었다. 그러나 이제는 과거의 경험과 데이터가 그리 큰 도움이 되지 못한다. 이전에는 과거, 현재, 미래가 일직선이었다. 즉, 변화가 연속적이었다. 그래서 미래를 잘 예측할 수 있었다. 그러나 이제는 직선이 곡선이 되었으며, 또 곡선이 럭비공처럼 어디로 갈지 모르는 자유방임형 곡선이 되어 버렸다. 그래서 이제는 직선적인 사고방식을 버려야 한다. 물론 과거의 경험과 데이터가 무용지물은 아니다. 없는 것보다는 훨씬 유리하다. 그러나 과거의 영광만 믿고 따르면 오히려 없는 것만도 못할 수 있다.

이미 30여 년 전에 Peter Drucker(1993)도 "미래의 불확실성에 대비한 계획을 수립하여야 한다"고 하면서, "미래에 발생할 세 가지 기본적인 변화를 인지하여야 한다"고 하였다. 즉, 인구구조, 산업, 그리고 지배적인 성장 분야에 대한 변화이다. 첫 번째 인구구조의 변화는 고등교육의 성장과 여성 사회 진출의 확대이다. 두 번째 산업의 변화는 산업계, 시장구조, 근본적인 가치, 과학, 기술에 있어서의 변화이다. 그리고 세 번째는 미래의 지배적인 성장 분야로 여가, 교육, 그리고 건강 분야를 꼽았다.

불확실성은 경영자의 모든 의사결정에 영향을 끼친다. 불확실한 시대에 의사결정은 경영자에게 엄청난 위험을 준다. 잘못 결정된 의사결정은 조직에게 엄청난 손실을 주고, 경영자의 직위를 빼앗아간다. 그러므로 이제 경영자는 혼돈의 시대에 불확실성과 같이 사는 법을 배워야 한다. 그래서 Intel의 Andrew Grove(1999)는 "우리 모두 항상 변화의 바람에 스스로를 열어두고 있어야 한다"고 하였다. 이런 불확실한 시대에 혁신을 강조하는 기업이 있다. 바로 독일 레버쿠젠(Leverkusen)에 위치한 Bayer이다. 이 회사의 Werner 회장은 세계 최초로 혁신만을 전담하는 자회사 「Bayer 혁신주식회사」를 2003년에 만들었다. 직원은 20명이지만 이 회사는 Bayer 그룹의 두뇌집단으로서, 10년 후에 먹고 살 분야를 선정한다. 그래서 하루 종일 연구개발 네트워크에만 몰두한다. 직원들은 거의 회사에 있지 않고, 세계 곳곳을 돌아다니며 최고의 인재들을 만나 아이디어를 파악한다.

그런데 높은 불확실성이 기업을 반드시 위기에 처하게 하는 것은 아니다. 1990년대 말 Nike는 성장률이 낮아지는 것을 보고 경쟁자가 반드시 동종업계에 있지 않다는 사실을 깨닫게 되었다. 오히려 Nintendo와 같은 게임업체가 새로운 경쟁자로 부상하였다는 사실을 인지하게 되었다. 사람들이 여가시간에 운동화를 신고 실외에서 운동하는 대신 실내에서 게임을 즐기게 되어 운동화에 대한 수요가 감소하였기 때문이다. 새로운 경쟁자가 전혀 생각하지 않았던 다른 업종에서 나오게 된 것이다. 이러한 것은 Nike에만 국한되지 않고 모든 업종에 발생하는 것이다.

여기에서 최근 경영환경을 둘러싼 불확실성의 위협을 오히려 기회로 삼아야 한다는 하나의 개념을 소개하고자 한다. 월스트리트의 투자전문가이며 2008년 금융위기를 예측하여 유명해진 Nassim Nicholas Taleb(2007)은 『흑조(The Black Swan)』라는 책에서 예측이 어렵고 실현하기가 거의 불가능한 사건들이 일단 발생하면 조직에 엄청난 영향을 끼친다는 '흑조 현상'을 설명하였다. 이러한 사건들은 과거에 비해 점차로 빈번하게 발생한다. 우리들은 이러한 사건을 우리가 일반적으로 지니고 있는 가정, 즉 우리가 보고 들은 경험에 의해 주로 해결하려고 한다. 그러나 현실은 우리가 생각하는 것보다 훨씬 복잡하고 불확실하여, 이러한 방법으로는 해결이 거의 불가능하다. '흑조'의 대표적인 현상들은 2001년 9.11사태, 2008년 월스트리트 금융위기, 인터넷과 Google의 등장, 제1차 세계대전 등이다. 사실 '흑조'라는 용어는 유럽에서 사용되어 온 단어이다. 유럽인들은 17세기 말까지 모든 백조는 전부 하얗다고 믿었다. 그러나 어떤 네덜란드 탐험가가 호주에서 '흑조(Black Swan)'를 발견한 이후, 지금까지의 통념이 완전히 무너지게 되었다. 그래서 과거의 경험에 의한 분석이 미래를 예측할 수 없을 때를 지칭하는 용어로 사용되게 되었다(임지아, 2013).

이미지 출처:
www.randomhouse.com

그리고 '흑조 현상'에 대한 해법으로 '안티프래질(antifragile)'이라는 새로운 개념을 제시하였다(Taleb, 2012). '안티프래질(antifragile)'은 말 그대로 연약함의 반대라는 의미이다. 연약함의 반대는 강함인데, Taleb은 단순히 강함이 아니고 충격을 받으면 받을수록 더 강해지는 것을 의미한다. 이 개념은 질서가 없고 불확실한 상황에 있어서 의사결정을 보다 용이하게 하도록 도와준다. 우리가 사는 세상은 불확실성과 예외적인 현상으로 가득 차 있다. 즉, '흑조 현상'이 내재되어 있다. 이러한 불확실과 예외적인 현상을 두려워하고 그러한 요소들을 제거하면 할수록 우리는 오히려 더 약해진다. 해법은 오히려 그러한 불확실성, 무작위성을 적극적으로 활용하는 것이다. 아니 오히려 불확실과 무작위를 기다리는 것이다. 이 개념은 우리가 세상에 대해 생각하는 사고를 전환시켜 준다. Taleb은 안티프래질의 개념을 다음처럼 요약하였다. '촛불은 바람에 꺼지지만, 모닥불은 활활 타오른다. 무작위성, 불확실성, 카오스도 마찬가지이다. 여러분

이미지 출처:
www.randomhouse.com

은 이런 것들을 회피하지 않고 이용하기를 원한다. 그래서 모닥불이 되어 바람을 기다려라(Wind extinguishes a candle and energizes fire. Likewise with randomness uncertainty, chaos, you want to use them, not hide from them).

앞에서 잠시 언급한 COVID−19, 러시아의 우크라이나 침략, 그리고 이스라엘과 하마스 전쟁은 불확실성을 증가시켜 세계의 기업들에게 엄청난 영향을 끼쳤다. 심지어 그동안 사용되어 왔던 개념들에 대해 다시 생각하게 만들었다. 하나의 예로 Toyota 자동차의 JIT와 미국의 린개념은 가급적 불필요한 재고를 보관하지 않는 것이었다. 그러나 자원시장의 동요와 전통적인 글로벌 공급사슬의 붕괴로 재고를 유지하여 비상시에 대비하여야 한다는 주장이 제기되었다(Shih, 2020). 반도체 부족으로 자동차 생산을 중단하는 것도 여기에 해당되는 사례이다. 2022년 초 현대자동차는 반도체 부족으로 자동차 생산을 감축하여야 했다. 석유의 공급 감축과 미국 연준의 금리 인상으로 세계 경제는 인플레 공포에 떨고 있다. 그러므로 기업들은 이러한 불확실성에 대비하고, 대처하는 능력을 구축하여야 할 것이다.

1.4 왜 변화하여야 하는가?

세계시장에서 경쟁력이 강력한 글로벌기업들의 평균 수명은 어떻게 될 것으로 보는가? 〈그림 1−1〉에 의하면, 「Standard & Poors 500대 기업」의 평균 수명은 1950년대에 약 60년, 1980년대에 약 35년, 2000년대에 약 20년, 그리고 2025년에는 약 15년 수준까지 낮아질 전망이다(www.accenture.com, 2010). 또 Forbes(2011)도 「글로벌 100대 기업」의 평균 수명은 약 30년에 불과하고, 해당 기업들이 70년간 존속할 확률은 18%에 불과하다고 하였다. 이렇게 글로벌기업들의 수명이 과거에 비하여 급격히 감소하는 추세이다. 그러니 경쟁력이 약한 기업들의 수명은 어떠할지 그리 어렵지 않게 추정할 수 있다.

과거 수십 년 동안 효과적이었던 방침, 개념, 기법이 이제는 더 이상 효과가 없게

그림 1-1 「S&P 500대 기업」의 평균수명

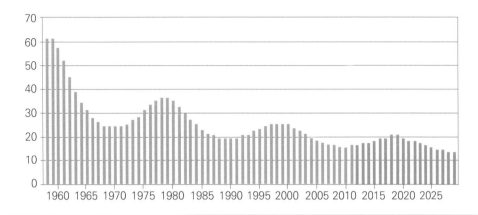

Year(each data point represents a rolling 7−year average of average lifespan)
출처: INNOSIGHT/Richard N. Foster/Standard & Poor's

되었다. 기업을 둘러싼 과거의 환경은 상당히 안정적이었다. 그러나 안정은 이제 더 이상 최근의 현상이 아니다. 불확실성이 지배하는 새로운 시대에서 기존의 방법은 더 이상 통하지 않는다. 그러므로 새로운 질서가 지배하는 시장에서는 새로운 개념과 방침, 그리고 기법을 사용하여야만 한다.

기업들은 다음과 같은 현상이 발생할 때 변화의 필요성을 느낀다. 그러나 사실 이러한 현상이 나타날 때 하는 것은 늦을 수 있다.

- 수익성이 점차로 감소한다.
- 시장점유율이 감소한다.
- 경영자와 직원 간의 신뢰가 떨어진다.
- 책임을 남에게 전가한다.
- 고객만족도가 감소한다.
- 생산성이 떨어진다.
- 신제품 출시율이 감소한다.
- 시스템이 잘 작동하지 않는다.
- 직원의 창의력이 감소한다.
- 불량률이 증가한다.
- 주가가 떨어진다.

그러면 어떤 요소들이 변화를 유발할까? 여기에서는 경쟁, 기술, 고객, 법규 그리고 정보 등 다섯 가지 요소들에 대해 설명하기로 한다.

첫 번째로 경쟁이다. 경쟁은 변화를 유발한다. 경쟁은 과거 그 어느 때보다도 심하여 지금까지 운영해 왔던 모든 방식을 무용지물로 만들고 조직을 완전히 혼란 속에 빠뜨렸다. 이렇게 경쟁은 새로운 질서를 가져오기 때문에 조직은 변화에 적응하기 위하여 변화를 하여야 한다. Canon은 1983년부터 디스플레이 분야에서 강유전성 액정인 FLC 기술에 전폭적으로 투자를 하였다. 1984년 미국 콜로라도(Colorado) 대학교에서 기본 특허를 취득하고, 1991년 10월에 FLC 사업화 계획을 발표하였다. 그러나 1998년 FLC 디스플레이 생산을 완전 중지한다는 결정을 내렸다. 이것은 디스플레이의 다른 기술인 LCD 기술이 훨씬 더 경쟁적인 가격에 제품을 시장에 내놓아 FLC의 경쟁력이 급격히 약화되었기 때문이다. 그래서 시장에서 LCD 기술과 경쟁할 수 없었다. 이것은 무엇을 말하고 있는가? 경쟁은 새로운 변화를 가져온다는 사실을 확실하게 보여주는 것이다. 더구나 경쟁은 동종 기술에서의 경쟁뿐만 아니라, 다른 기술에 의해서도 발생한다는 것이다.

두 번째로 기술이다. 기술은 항상 발전하기 마련이다. 대부분의 기술은 점진적으로 발전하지만, 가끔 급진적으로 발전하기도 한다. 변화는 이때 전부 발생하지만 급진적인 기술이 발생하면 변화는 필수적이다. 무선통신 기술은 유선통신 시장에 큰 변화를 가져다주었고 Apple과 삼성전자의 스마트폰 기술은 휴대전화 산업에 큰 변화를 가져다주었다.

세 번째로 고객이다. 고객의 구매 행태는 수시로 변한다. 1930년대 Ford 자동차의 'T 자동차'는 고객의 구매관습을 소홀히 하였기 때문에 몰락하지는 않았지만, GM에 추월당하였다. IBM은 고객을 소홀히 하여 1990년대 큰 위기에 처하였다. Apple도 1990년대 자기 기술만 고집하고 고객을 등한시하여 엄청난 위기에 처하였다.

네 번째로 법규이다. 정부의 법규는 산업의 구조를 바꾸어 버린다. 한국정부의 통신규제는 통신산업에 속한 기업들에게 엄청난 영향을 끼친다. 1968년 미국 연방통신위원회의 결정은 AT&T에 엄청난 영향을 끼쳤다.

다섯 번째로 정보이다. 1970년대 말과 1980년대 초에 발생한 정보기술은 인간의 생활뿐만 아니라 조직의 운영에까지 엄청난 변화를 주었다. 이제 정보를 획득하고 저장하는 비용은 과거에 비해 상상할 수 없을 만큼 내려갔다. 그래서 정보는 과거의 소수

권력자의 손에서 많은 사람들에게 내려갔다. 고객에게는 다양한 경쟁자들을 평가하는 힘을 주었고, 조직의 직원들에게는 회사에 대해 보다 잘 알게 되었다. 정보기술은 다시 소프트웨어 시대를 열었다.

변화를 거부하면 어떻게 되나? 그것은 기업의 역사가 말해 주듯이 기업의 몰락을 가져다준다. 이것은 그 기업의 규모에 관계없이 나타난다.

사례 l 변화를 거부한 IBM의 위기

「빅블루(Big Blue)」라는 애칭을 가진 IBM은 캐나다 북극지대의 조기경보시스템에 대한 정부의 발주로 세계 최초로 실용 컴퓨터를 대량생산했던 기업이다. 1970-1980년대에는 세계 최고의 컴퓨터 기업이었지만, 1980년대 말부터 파산 직전에 이르기 시작하였다. <표 1-3>은 이 사실을 입증하고 있다.

표 1-3 IBM의 1984년과 1994년

연도	세후 수익	직원 수	기업 가치
1984	50억 달러	40만 명	750억 달러
1994	50억 달러 손실	20만 명	360억 달러

1984년의 IBM과 1994년의 IBM은 너무나 극명하게 비교된다. 어쩌다가 IBM이 여기까지 오게 되었을까? IBM은 원래 컴퓨터를 개발하지 않았다. 그러나 1950년 IBM의 융통성, 신속성, 공격정신으로 인해 IBM은 컴퓨터산업에 뛰어들었고, 컴퓨터산업의 리더가 되었다. 1960년대에는 360 System을 개발하여 메인프레임(mainframe) 분야의 선두주자가 되었다. 1962년 컴퓨터를 만드는 회사는 IBM을 비롯하여 8개사 밖에 되지 않았다. 당시 컴퓨터는 단순히 사무기기 중 하나에 불과하였다. 1967년 IBM의 시장점유율은 55%였으며, 순이익이 업계 전체의 80%를 차지하고 있었다. 그러나 1988년에 순이익이 업계 전체의 50%로 감소되었다. 어찌 되었든 1970년대와 1980년대에는 모든 기업들이 컴퓨터 운영체제 때문에 IBM 규칙을 따라야 했다. 결과적으로 RCA와 GE는 컴퓨터 산업에서 퇴장하였다.

그러나 IBM은 점차로 시장의 흐름에 역행하였다. 소비자의 욕구를 제대로 PC(Personal Computer)에 반영하지 못하였다. 그래서 Compaq, Dell, 그리고 Hewlett Packard와 같은 후발주자들의 추격을 허락하게 되었다. 또 컴퓨터산업이 하드웨어 중심이라는 '연속성의 가정'을 고수하였다. 그런 와중에 Intel과 Sun Microsystem은 microchip을 개발하여 소프트웨어 시장의 새로운 강자가 되었다. IBM은 Microsoft와 손잡고 PC 운영체제인 MS/DOS를 개발하였다. 그리고 더 나아가 OS/2 통합시스템을 개발하고자 하였으나 Microsoft가 거절하였다. IBM은 후에 막대한 자금을 들여 Warp를 개발하였으나 Microsoft 제품에 밀려 결국 실패로 끝나고 말았다.

그러면 IBM은 왜 이런 실패를 계속해서 저질렀을까? 우선 IBM은 메인프레임의 강자임에 틀림없다. 메인프레임은 IBM을 성장시키는 원동력이 되었다. 그리고 시장의 표준으로 자리잡았다. 그러나 1980년대 CPU는 Intel에게, OS는 Microsoft에게 넘겨주어 IBM은 스스로의 입지를 좁게 만들었다. 더 중요한 것은 IBM이 변화를 거부하였다는 것이다. 사업환경이 바뀌었는데도 불구하고 현실을 직시하지 못하고, 미래 대비에 소홀하였다. 즉, 대기업병에 걸린 것이다. IBM은 오만하였고, 자만심에 빠져 있었다. 당시 CEO인 John Akers는 연속성의 믿음을 가졌다. 그러다가 1990년대 초 Fujitsu, Digital Equipment, 그리고 Compaq에 시장점유율을 상실하였다.

1.5 변화의 주체와 속도

1.5.1 변화의 주체

사람들은 변화하여야 한다는 것을 알지만, 어려운 점은 스스로 변화하지 않는다는 것이다. 남들은 변화를 않는다고 비판하지만, 자기 자신도 과거와 똑같이 행동하는 것이다. 이것은 변화의 첫 걸음이 자기 자신부터 변하여야 한다는 가장 기본적인 원리를 잊은 행위이다. 이제 스스로 다음과 같이 한 번 질문을 해보자.

- 나는 그동안 얼마나 변하였는가?
- 무엇이 변하였는가?
- 내향적으로 변하였는가 아니면 외향적으로 변하였는가?
- 변한 효과가 있는가?
- 작년과 비교하여 무엇이 변하였는가?

이런 질문을 가지고 한 번 자기 자신의 변화를 생각해 보아야 한다. 그 전과 똑같다면 당신은 경쟁의 대열에서 점차 탈락하게 될 것이다. 나는 변화하지 않지만 다른 사람은 변화하므로 새로운 경쟁의 패러다임에서 적응하기가 힘들어지게 된다. 사실 변화하는 것은 쉬운 일이 아니다. 그러므로 이렇게 생각해야 한다. "사실 나의 적은 바로 나이다. 나의 성공을 가로 막는 최대의 방해물은 환경도, 타인도, 물질도 아닌 바로 나 자신이다."

그래서 IBM의 전 CEO Louis V. Gerstner(2003)도 "변화를 좋아하는 사람은 아무도 없다. 고위경영자나 신입사원 모두에게 변화는 불확실성과 잠재적인 고통을 뜻한다"고 하였다. Shibata와 Kaneda(2001)도 기업이 변화하지 못하는 이유를 "기업이 단순히 지시와 명령으로 창조적인 변화를 이루고자 하는, 그리고 인간은 훈련시키지 않으면 안 된다는 기존의 사고방식을 고수하는 모순을 가지고 있기 때문"이라고 말하였다. 그러므로 경영자는 경영환경의 변화를 읽고 경영 패러다임의 변화를 인지하여야 한다.

그런데 스스로의 변화는 외부변화가 아니고 내부의 변화인 점을 알아야 한다. 『성경』에서도 사도 바울(Paul)은 로마서 12장 2절에서 "마음을 새롭게 함으로 변화를 받으라"고 말하였다. 즉, 마음의 변화를 말하였다. 이것은 내부변화인 것이다. 내부의 변화가 아니면 진정한 변화가 아니라는 것이다. 그래서 "변화는 오직 내부에서만 열릴 수 있는 문이다"라는 프랑스 속담이 있다. 역시 성경의 말씀을 따온 속담이 아닌가 싶다. 동양에서도 공자가 '어리석은 사람은 변하지 않는다'라고 『논어』에서 이야기하였다. 이것은 변화의 중요성과 필요성을 역설하는 몇 가지 예이다. Goodson(2001)도 "변화가 성공하기 위해서는 사람의 믿음 안에서 내적인 변화가 발생하여야 한다"고 주장하였다.

자기가 변하여야 한다는 것에 있어서 중요한 점이 또 하나 있다. 그것은 자기가 변하지 않으면 남도 변화시킬 수 없다는 점이다. 내가 변하지 않고 다른 사람들에게 변화하라고 하는 것은 효과가 없다. 그러므로 특히 경영자는 먼저 자기가 변하고 솔선수범을 보여주어야만, 다른 사람들에게 변화를 말할 수 있는 자격이 있다. 그러므로 변화의 주체는 항상 나로부터 시작한다고 하는 사실을 기억하고 있어야 한다.

1.5.2 변화의 속도

변화의 속도는 조직의 구성원들에게 영향을 끼친다. 변화의 속도가 너무 빠르면 구성원들의 불만이 발생할 것이다. 그러나 속도가 너무 느리면, 변화를 추진하는 사람들의 불만이 생길 것이다.

그러면 변화는 빠르게 하는 것이 좋을까? 아니면 천천히 하는 것이 좋을까? 사실 어떤 것이 더 중요하다고 말하기는 어렵다. 중요한 것은 시장의 변화 속도에 따라 변하여야 한다는 것이다. 특히 변화의 속도와 규모를 잘 결정하여야 한다. 물론 이것은 기업의 특성 및 상황 또는 문화에 따라 다르다. 변화의 속도를 너무 빠르게 하여서는 안 된다고 주장하는 사람들도 있고, 급격한 변화를 주장하는 사람들도 있다.

Abrahamson(2000)은 "너무 급격한 변화를 추구하는 기업은 성공하지 못한다"고 하였다. 너무 잦은 변화는 구성원들로 하여금 변화에 무관심하게 하고, 냉소적이 되며, 무기력증에 빠지게 한다. Abrahamson(2003)은 이러한 현상을 '반복성 변화증후군'이라 불렀다. '반복성 변화증후군(repetitive-change syndrome)'은 변화를 위한 변화를 하기 때문에 변화가 실패하기 쉽다는 것이다. 대부분의 구성원들은 '변화'라는 소리만 들어도 귀를 닫아 버린다. 그래서 변화를 시도하는 기간이 짧으면 짧을수록 변화가 성공할 확률은 감소한다. 그래서 완만한 변화를 꾀하는 '동적 안정성'을 가지고 변화를 추구하여야 한다고 하였다. '동적 안정성(dynamic stability)'이란 기존의 비즈니스 모델을 유지하면서 지속적으로 그러나 조금씩 변화를 추구하는 프로세스이다. 물론 '동적 안전성'을 추구하는 것이 급격한 방법보다 훨씬 어렵다. 하지만 이 방법이야말로 고통 없는 변화를 약속한다고 주장하였다.

미국 RAND 연구소(2005)와 Palmer(2004)도 Abrahamson의 의견에 동의하고 있다. RAND 연구소는 지나치게 빠른 변화를 경계하라고 경고하였다. Palmer는 동시에 많은 변화를 추구하면 실패한다고 하였다.

Aetna의 사례도 Abrahamson의 의견에 동조하고 있다. Katzenbach 등(2012)은 2000년대 초 위기에 봉착한 Aetna가 어떻게 문화의 갈등을 극복하고 변화를 성공적으로 시도하였는지 설명하고 있다. 위험을 기피하고 보수적인 기존의 가치관은 시대의 흐름에 맞지 않아 매년 손실을 보고 있는 Aetna에 새로 취임한 CEO들은 급격한 변화를 시도하였지만, 매번 실패하였다. 그러다가 2000년대 말 새로 취임한 CEO Rowe는 기존의 CEO들과는 다른 방법을 시도하였다. 기존문화의 강점을 최대한 살리면서 직원들의 자존심을 지켜주고, 모든 직원들을 의사결정과정에 참여시켜 동기부여를 강화하면서 서서히 새로운 가치관을 기존의 가치관에 접목하였다. 이것은 Aetna에게 큰 성공을 주었다.

Meyerson(2001)은 조금 다른 변화 방법을 지지하였다. 즉, 조용히 변화를 추구하며 엄청난 성과를 내는 방법이다. Meyerson에 의하면, 사람들은 대부분 급격한 변화에 저항한다고 한다. 그래서 너무 공식적으로 시끄럽게 변화를 추구하면 변화가 실패하기 쉽기 때문에 조용히 소리 내지 않고 변화를 추구하여야 한다고 하였다. 이렇게 조직 내에서 소리를 내지 않으면서 엄청난 성과를 달성하는 사람들을 Meyerson은 '절제된 급진주의자(tempered radicals)'라고 불렀다. 이들은 현장 업무에 밝으며, 현장의 문제점들을 대부분 파악하고 있는 사람들로서, 최고경영자에게 있어서 엄청나게 힘이 되는 사람들이다.

그러나 완만한 변화에 반대하는 사람들도 많다. 예를 들어 BPR(Business Process Re-engineering)을 창안한 Champy(2002)는 서서히 점진적으로 변화를 추구하는 것은 변화가 성공할 확률을 낮춘다고 하였다. 그래서 극적인 변화를 주장하였다.

Toyota 자동차는 변화를 빠르게 추진하는 것을 우려한다. 빠른 변화는 고통이 크기 때문이다. 즉, '고통 없는 구조개혁'을 추구한다. 그래서 Toyota 자동차는 직원들의 동의 없는 위에서 아래로 강압적으로 이루어지는 빠른 변화를 원하지 않는다. 그래서 모든 직원들의 동의를 얻고, 그들의 의견을 수렴하여 천천히 변화를 시도하는 대표적인 회사이다. 이것은 직원들이 움직이지 않으면 변화가 성공하지 못한다는 기업의 철학과 강력한 신념 때문이다. 또 직원들의 일방적인 희생을 전제로 하는 변화를 원하지 않기 때문이다. 그래서 Toyota 자동차는 위가 아닌 아래로부터의 변화를 중시한다. 미국의 Corning도 변화에 대해 너무 급격한 변화를 경계하고 있다. 그래서 서서히 직원들을 설득하고 참여시켜 변화를 추구하는 것이 바람직하다고 하였다.

그러므로 기업은 그 기업의 상황에 맞게 변화의 속도를 조절하여야 한다. 왜냐하면 여기에 대한 현실적인 답이 없기 때문이다. 이것은 조직의 문화와 산업의 특성에 따라 달라지기 때문이다.

1.6 변화의 어려움

사람들은 변화의 필요성에는 대부분 공감하는 것 같다. 누구에게 물어보아도 변화는 해야 한다고 말한다. 그러나 실질적으로 변화를 하는 사람은 그리 많지 않다. 이것은 변화를 좋아하는 사람은 아무도 없으며, 변화가 말로는 쉬워도 행동은 상당히 어렵기 때문이다. 그러므로 변화하는 것은 쉽지 않다. 그리고 어떤 형태의 변화든 변화는 고통을 수반한다.

변화는 왜 이렇게 힘든가? 사실 변화가 힘든 이유를 전부 알기는 어렵다. 왜냐하면 확실한 이유들도 있지만 그렇지 않은 이유들도 많기 때문이다. 예를 들어, 변화에 적극적이고 능력도 있고 한데, 성과가 없는 경우도 많다.

Robert Kegan과 Lisa Laskow Lahey(2001)는 "사람들이 꼭 반대하기 때문에 변화에 저항하지는 않는다"고 하였다. 즉, 저항이 꼭 반대를 의미하지는 않는다고 하였다. 오히려 변화를 지지하지만 개인적인 이유로 변화에 동참하지 않는 사람들도 있다고 하였다. 이들은 이런 현상을 심리학적으로 '경쟁적 헌신(competing commitment)'이라고 불렀다. 경쟁적이라는 것은 서로 갈등을 일으키는 두 가지 요소들이 경쟁을 한다는 것이다. 맡겨진 일을 너무 잘 하면 다음에 더 힘든 일을 줄까봐 일을 적당히 하는 것은 '경쟁적 헌신'의 예이다. 임원진 가운데 유일한 흑인 임원이 백인 임원들과 협조를 잘 하면, 개인과 기업의 성과는 올라가겠지만, 흑인 집단으로부터 백인들에게 너무 협조한다는 비난을 받을까 적극적인지 못한 것도 '경쟁적 헌신'의 예이다. 오래전에 한 기업체를 자문하면서, 직원들이 생산성을 더 향상할 수 있는데도 불구하고 그렇게 하지 않는 것을 본 적이 있다. 생산성을 향상하면, 다음에 더 높은 목표치를 부과하기 때문이다. 이렇게 인간은 심리적으로 상호 갈등적인 그리고 공존하는 요소들을 지니고 있다. 그래서 성공적인 변화를 위해서 경영자는 직원들의 이러한 심리적인 '경쟁적 헌신'을 잘 파악하고, 이해하고, 해결해 주도록 노력하여야 한다.

여기에서는 일반적으로 변화가 왜 어려운지 몇 가지 핵심적인 이유들을 설명하도록 한다.

첫째, 인간은 원래 변화에 익숙하지 않은 동물이다. 인간은 기존의 사고, 습관, 방법에 얽매여 하던 그 방식대로 하기를 좋아한다. 그냥 과거에 했던 그 방법으로 충분하다. 왜냐하면 그 방법으로 오늘날의 성공을 가져왔기 때문이다. 기존의 방법을 변경한다는 것은 지금까지 사용하였던 그 방법을 부정하는 것이다. 그래서 사람들은 자기가 지금까지 사용해 왔던 그 방법이 잘못되었다는 것을 인정하고 싶지 않아 한다. 인간의 고정관념이라고 할까, 이것은 일종의 관성의 법칙이다. 그리고 변화를 하려면 새로운 과업을 배워야 한다. 가치관을 바꿔야 한다. 조직의 문화가 바뀔지도 모른다.

둘째, 변화는 고통과 아픔을 수반한다. 자기의 권력과 권한이 없어질 수 있다. 자기의 일이 없어질 수도 있다. 그래서 사람들은 변화를 두려워한다. 또 변화한다고 해서 그 결과가 반드시 좋다고 확신을 못한다. 설령 변화의 결과가 좋다 하더라도 변화를 하는 힘들고 고통스러운 과정을 싫어한다. 그래서 사람들은 가급적 현재를 정당화하면서 변화하기를 미룬다.

셋째, 변화는 시간을 요구한다. Hall과 Hord(2001)는 "변화는 이벤트가 아니라 프로세스"라고 하였다. 그래서 변화는 시간을 요구한다. 단순한 어떤 이벤트에 의해서 사람을 변화시키려고 하는 것은 효과가 없다. 그리고 개인보다는 조직의 변화에 있어서 시간이 더 걸린다. 미래에 대한 확신이 없으면 변화하기 어렵다. 특히 현재에 적응하는 데 소요되는 시간이 길면 길수록 변화에 걸리는 시간도 길어진다.

넷째, 변화에 대한 조직의 관성이다. 인간의 습관과 마찬가지로 조직에도 잘못된 다양한 관성이 있다. Garvin과 Roberto(2005)는 조직에는 여섯 가지 유형의 관성이 있다고 하였다. 첫 번째 유형은 가장 보편적으로 기업에 있는 '아니오'라고 말하는 기업문화이다. 이런 조직에는 항상 비판과 냉소가 지배한다. '아니오'라는 말은 사실 가장 쉽게 책임을 회피할 수 있는 말이다. 개혁하기 위해 IBM에 도착한 Lou Gerstner는 IBM의 문화를 '아니오'로 규정하였다. 이런 문화는 비판과 분석을 너무 중시하거나 중복된 결재를 요구하는 다양한 의사결정 프로세스를 가진 조직에서 발생한다. 두 번째 유형은 목적과 수단을 혼용하는 관성이다. 예를 들면, 발표의 핵심 주제보다 발표 과정을 중시하는 '파워포인트(Power Point) 중시 문화'이다. 알맹이 없는 겉치레만 요란한 것을 중시하는 관성이다. Toyota 자동차의 전 CEO Watanabe는 파워포인트의 폐해를 제거하기 위하여 2008년 파워포인트를 가급적 자제하라는 명령을 내렸다. 세 번째 유형은 실제 핵심문제를 회피하는 전술이다. 많은 경영자들은 다양화라는 이름으로 새로운 제품, 새로운 서비스, 새로운 사업을 추구하는데, 사실 이것은 현재의 핵심문제를 회피하기 위한 수단으로 많이 사용된다는 것이다. 네 번째 유형은 회의에서는 가만히 있다가 회의가 끝나면 비판하는 문화이다. 심지어 조직적으로 변화를 반대하는 경우도 있다. 다섯 번째 유형은 분석 중시이다. 이런 조직에서는 하루 종일 분석만 하고, 결론은 없다. 실패를 두려워하는 조직에서 흔히 볼 수 있는 문화이다. 마지막으로 변화를 수도 없이 강조하면서 아무런 계획도 내놓지 못하는 경영진의 무능이다. 이런 조직에서는 경영진에 대한 구성원들의 불신이 높아진다. 그래서 어떤 말을 해도 귀담아듣지 않게 된다.

다섯째, 핵심변화요소에 대한 공감대가 조직 내에서 형성되지 않기 때문이다. 변화가 필요하다는 것은 인정하면서도 무엇이 가장 중요한지는 서로 간에 다르다.

여섯째, 변화를 갈망하지만, 그 방법론이 부적절하기 때문이다. 새 술은 새 부대에

담아야 한다고 하였다. 그런데 과거의 낡은 사고 방식으로 새로운 것을 창조하려 하고 있다. Shibata와 Kaneda(2001)는 기업이 변화하지 못하는 중요한 이유는 단순히 지시와 명령으로 새로운 것을 창조하려고 한다고 지적하였다. 그리고 이들은 기업이 변하기 위해서는 사람들이 '생각하는 능력'을 가지고 있어야 한다고 하였다. 사실 이 말은 상당히 중요한 지적이다. 변화는 창조적이다. 그러므로 변화를 하려면 새로운 것을 창출하여야 한다. 이것은 생각에 의해서 나온다. 그러므로 기업은 직원들에게 생각하는 훈련을 시키고, 관습을 갖도록 하여야 한다.

일곱째, 변화는 밑져 봐야 본전이라는 생각을 사람들이 가지고 있다. 변화가 실패하면 벌을 받고, 성공하여도 벌을 받는다. 즉 성공하면 일거리가 증가한다는 것이다. 이런 생각은 사람들로 하여금 변화에 능동적으로 대하지 않게 만든다. Quinn(1995)은 교육부문에 있어서 변화가 이런 이유로 어렵다는 사실을 언급하였다. Quinn은 이것을 「관료주의적 문화」라고 칭하였다. 대부분의 변화는 톱다운(top-down)으로 이루어지는데, 한 선생님이 변화에 성공하는 것은 다른 선생님들에게 더 많은 과업을 주는 것이라고 하였다. 그래서 변화에 대한 호응이 선생님들 간에 잘 이루어지지 않는다고 하였다.

그러므로 변화를 하는 인간 또는 조직은 변화의 어려움을 이해하고 변화를 하여야 한다. 무조건 변화만을 요구하는 것은 바람직하지 않다. 왜 변화가 필요한지 그리고 변화로 인해 어떤 결과가 나오는지 설명하고 설득하는 노력이 필요하다. 무조건 위에서 밀고 나가는 변화는 성공하기보다는 실패할 확률이 높다고 볼 수 있다. 그것보다는 변화의 대상이 되는 사람들에게 변화의 필요성을 인지시키고, 그들을 변화에 동참하도록 하는 것이 변화가 성공할 확률을 높게 한다.

Toyota 자동차가 1996년 새로운 인사개혁인 『Challenge Program』을 도입하였을 때, 무조건 실시하지 않고 직원들에게 지금의 인사제도의 문제점, 인사제도가 변화하지 않으면 안 되는 점, 새로운 인사제도의 기대 효과 등을 충분히 설명하고, 직원들의 이해를 구한 다음 실시하였다. 즉, 회사와 직원이 회사의 비전을 공유하고, 충분히 서로 대화하고 합의한 다음에 실시하였다. 이렇게 해서 새로운 변화를 회사가 강제적으로 추진하는 모양이 아니고, 직원이 자발적으로 참여하는 모양을 취하였다. 그리고 그 인사개혁은 성공하였다. 이렇게 신뢰를 쌓은 다음에 변화를 하는 것이 성공할 확률이 높다.

변화를 하지 않는 인간과 조직은 새로운 패러다임에 적응하지 못하기 때문에 시장에서 살아남을 수 없다. 그러므로 변화가 어렵지만 변화를 하여야 한다. 그것도 남보다 빨리 하여야 한다. 또 변화는 위기에 닥쳤을 때만 하는 것이 아니다. 위기에 닥쳤을 때 하는 변화는 이미 늦은 변화이다. 조직이 만신창이가 되고, 고객이 버린 조직에 변화를 하는 것은 아무 의미가 없다. 그러므로 변화는 기업이 잘 나갈 때 지속적으로 추구하여야 한다. 이것은 경영의 패러다임이 꾸준히 변하고 있기 때문이다. 이것은 역사가 증명하고 있다.

1.7 전략적 변곡점

변화는 기업에 영향을 끼친다. 그 중에서도 기업의 핵심사업 자체를 뒤 흔드는 근본적인 변화가 있다. 이 변화는 사업의 유형에 관계없이 모두 적용된다. 이 변화를 Andrew Grove(1999)는 '전략적 변곡점'이라고 불렀다. 1980년대 중반 Intel은 잘 나가는 메모리 반도체 회사였다. 그러나 일본의 메모리 반도체 회사들 때문에 큰 위기를 맞게 되었다. 여기서 Intel은 '전략적 변곡점'을 맞게 된 것이다. Intel은 이제 어떻게 하여야 하는가? 그들의 정체성인 메모리 반도체를 계속 생산하여야 하는가? 아니면 새로운 사업에 뛰어 들어가야 하는가? 이것은 Intel에게 근본적인 변화를 요구하는 질문이다. Intel의 경영진은 결단을 내렸다. 그들의 상징인 메모리를 포기하고, 마이크로 프로세서(micro processor) 회사가 되기로 결심한 것이다.

Walmart가 진출하자 그 중소도시의 조그만 상점들은 새로운 거대한 경쟁자를 만나게 되었다. 이들도 '전략적 변곡점'을 만나게 된 것이다. 어떻게 하여야 하나? 그냥 기존의 상점을 운영하여야 하나? 아니면 다른 도시로 이전하여야 하나? 아니면 다른 사업으로 전환하여야 하나? 이 모두 조그만 상점의 주인에게는 근본적인 질문이다.

그러면 '전략적 변곡점'이란 무엇인가? Grove는 '전략적 변곡점(strategic inflection point)'은 "기존의 모든 구조, 즉 경영방식과 경쟁방식 등을 이루던 영향력 사이에 새로운 균형이 등장하는 지점이라고 정의"하였다. 그래서 '전략적 변곡점'을 사이에 두고 기업에 완전히 새로운 상황이 전개된다고 하였다. 그런데 문제는 일반적으로 기업이 '전략적 변곡점'을 잘 모른다는 점이다. 예를 들면, 새로운 테크놀로지의 잠재적인 힘, 지속적으로 변하는 소비자의 힘, 경쟁자의 힘 등을 파악하는 것이 그리 쉽지 않다고 하였다. 그래서 Steve Jobs는 대량생산방식의 Window PC를 소홀히 하였다가 NeXT 회사를 거의 망하게 할 뻔하였다.

1888년 George Eastman에 의해 설립된 Kodak은 1980년대까지 아날로그(analog) 카메라와 필름을 가지고 카메라시장을 선도하였으며, 1981년 매출 100억 달러를 달성하였다. 그러나 1990년대 말 디지털(digital) 카메라가 등장하였는데 이것을 Kodak은 소홀히 하였다. 즉, '전략적 변곡점'을 인지하지 못한 것이다. 다른 모든 사람들은 필름 카메라가 없어질 것을 알고 있는데, 놀랍게도 Kodak 사람들만 모르고 있었다. 아마 인정하고 싶지 않았던 것인가 보다. 그런데 더 놀라운 사실은 디지털 기술을 Kodak이 제일 먼저 개발하였다는 것이다. 그리고 내부기사로부터 조만간 필름을 사용하지 않는 카메라, 즉 디지털 카메라 시대에 대한 대비를 해야 된다는 보고를 받았다. 그러나 최고경영진은 이 보고를 무시하였다. 결국 매출액이 급감하여 회사의 존폐가 문제가 되었다. 이미 디지털 카메라시장은 Sony, Canon, Fuji가 주요 경쟁자가 되었다. Kodak은 경쟁력을 회복하기 위하여 2003년 말 HP의 Perez를 영입하였다. Perez는 즉시 아날로그 기업에서 디지털 기업으로 Kodak을 변화하고자 하였다. 그래서 주력사업을 완전히 바꾸었다. 그런데도 아직 Kodak은 미련을 버리지 못하였다. 2005년 Kodak의 총매출액 중에서 필름 부문에서의 매출이 약 20% 수준을 유지하고 있었으며, 또 필름이 필요한 디지털 카메라 Advantix Preview를 출시한 것이다. 이것은 필름을 결합한 디지털 카메라였다. 결국 Kodak은 2012년 1월 법정에 파산보호신청을 하기에 이르렀다.

그러면 Kodak은 왜 실패하였는가? 첫째, 시대를 꿰뚫는 통찰력 부족과 과거의 정체성에 안주하였다. 이미 앞에서도 설명하였듯이, 1975년 세계 최초로 디지털 카메라를 개발하였으나, 이 디지털 카메라가 향후 아날로그 필름시장 전체를 바꿔놓을 것이라 예상하고, 필름시장의 붕괴를 우려해 상용화를 중지하기로 결정하였다. 그래서 디지털 카메라의 출현을 고의로 지연시켰다. 둘째, 과거의 기술과 비즈니스 모델에 집착하였다. Kodak은 저가의 카메라(1900년 1달러짜리 '브라우니' 카메라)에 고가의 필름을 끼워 파는 전략으로 성공하였다. 그리고 시장의 변화가 계속 있음에도 불구하고, 당시에 수익을 내는 기존의 성공 모델에 집착하였다. 셋째, 소비자의 사진사용 패턴 변화를 적극 이용하는 데 실패하였다. 1990년대까지 소비자는 필름을 사용해서 카메라로 찍고 인화소에서 필름 전체를 인화하였다. 그러나 디지털 카메라 시대가 되면서 소비자는 찍은 사진의 극히 일부만 인화하고, 대부분은 인터넷을 통하여 공유하였다. 마지막으로, 시장에 기반한 다각화로 내부 핵심역량에 기반한 다각화가 실패하였다.

Kodak은 시장변화에 대응하기 위하여 이미지 및 화학기술을 활용한 제약, 욕실용 측정장치 등 사업의 다각화를 시도했으며, M&A를 통해 외부역량을 흡수하는 전략을 구사하였다. 그러나 내부 핵심역량과의 연계없이 외부역량을 단순 조합하려는 데 그쳤으며, 막대한 투자는 결국 실패하였다.

Kodak과 비교할 때 Fuji는 이러한 위기를 성공으로 전환시킨 기업이다. 디지털이라는 새로운 산업의 변화에 신속하게 대응하여 구조조정을 단행하고, 핵심역량을 감안하여 제약, display, 화장품 등의 새로운 산업으로 진출하였다.

AT&T도 1980년대에 이미 휴대폰을 개발하였다. 그러나 휴대폰의 가치를 과소평가하여 휴대전화 제조기술을 Motorola에 판매하였다. 그리고 Motorola는 후에 거대한 휴대폰 회사로 성장하게 되었다.

CHAPTER

02 변화관리

지구상에
살아남은 종은
가장 강한 종이나
가장 똑똑한 종이 아니라
변화에 가장 잘 적응한 종이다.

- Charles Darwin -

02

변화관리

개인이든 조직이든 변화는 쉽지 않다. 어떤 조직에서 변화를 추구할 때 개인, 집단 또는 조직으로부터 많은 저항이 있다. 저항은 어떻게 보면 본능적으로 나온다고 할 수 있다. 왜냐하면 변화는 지금까지 해 오던 방식을 부정해야 하고, 기존의 균형 잡힌 구조를 바꿔야 하기 때문이다. 그렇다고 변화의 대열에 동참하지 않을 수도 없다. 변화하지 않는 개인, 집단, 그리고 조직은 시장에서 살아남을 수 없기 때문이다. 그러므로 기업은 가장 효과적으로 변화를 추구하고, 변화의 목적을 달성하여야 한다. 이것은 효율적이고 능률적인 변화에 대한 관리를 필요로 한다.

제2장에서는 다음과 같은 주제들에 대해 설명하고자 한다.

2.1 변화에 대한 반응

2.2 변화관리

2.3 변화관리를 할 때 고려하여야 할 요소들

2.4 변화관리 접근 방법

2.5 Positive Deviance Approach

2.6 기업환경과 변화방법

사례 ㅣ Apple의 변화와 혁신

이미지 출처: www.apple.com

Apple은 21세기 세계 최고의 기업으로 군림하고 있다. 최근 미국 대다수의 경제지에서 지면을 가장 많이 차지하고 있는 회사가 Apple이다. Apple은 40년이 채 안 되는 역사를 지니고 있다. 그러나 일약 세계 최고의 기업으로 떠올랐다. Apple은 소프트웨어와 하드웨어뿐만 아니라 서비스에서도 탁월한 혁신을 하는 기업이다. Apple은 어떤 회사인데 그러는가?

1976년 4월 1일 미국 캘리포니아주 쿠퍼티노(Cupertino)에서 Stephen Wozniak, Steve Jobs, 그리고 Ronald Wayne이 세계 최초의 PC(Personal Computer)인 'Apple 1'을 Jobs의 차고에서 발표하였다. 'Apple 1'은 키보드와 단말기를 장착한 세계 최초의 컴퓨터이다. 그리고 1977년 'Apple 2'를 출시하였다. 'Apple 2'는 PC붐을 일으킨 컴퓨터로 키보드, 메인보드, 전원장치가 하나로 연결되었으며, 다양한 주변장치를 사용할 수 있었다. 또 같은 해 1월 A. Markkula를 CEO로 하여 Apple을 상장하였다. 승승장구하던 Apple은 1983년 PC업계 최초로 매출액 10억 달러를 달성하였고, 미국 기업 역사상 가장 빠른 시간에 『포춘 500대 기업』에서 411위로 발표되었다. 1979년 Jobs는 팔로 알토(Palo Alto)에 있는 Xerox를 방문하였다. 그리고 명령어 대신 그래픽 아이콘으로 컴퓨터와 대화하는 것을 보았다. 이 기술이 GUI(Graphic User Interface)였다. 1984년 Jobs는 이 기술을 가져다가 컴퓨터 기술로 전환하였다. 또 같은 해에 마우스(mouse)를 이용하여 아이콘(icon)을 클릭하는 컴퓨터혁명인 최초의 그래픽 기반 PC인 Macintosh를 출시하였다.

그러나 위기도 있었다. 1983년 출시한 Apple LISA는 마우스와 GUI를 장착한 최초의 상업적 PC였지만, 거의 일만 달러에 달하는 높은 가격과 제한적인 소프트웨어로 인해 수익달성에 실패하였다. 1985년 MS의 Window 1.0과 MS-DOS도 Apple에게 큰 위협으로, 새로운 프로그램들과의 경쟁에서 열세를 보이게 되었다. 또 소비자들의 욕구를 등한시하여 Macintosh의

Steve Jobs(1955-2011)
이미지 출처: www.apple.com

판매가 부진하였다. 이러한 부진으로 창업자인 Steve Jobs는 자기가 설립한 회사에서 퇴출당하는 불운을 겪었다. Jobs가 1983년 영입한 John Sculley에 의해 1985년 Apple에서 쫓겨난 것이다. (그러나 2005년 스탠포드(Stanford)대학교 졸업식에서 Jobs는 이 당시를 다음처럼 말하였다. "당시에는 몰랐지만, Apple에서 해고되었던 것은 내 인생 최고의 일이었다. 그 후 나는 성공에 대한 중압감에서 벗어나 초심자의 가벼운 마음으로 돌아갈 수 있었다. 그리고 모든 것이 불확실했지만, 나는 내 인생에서 가장 창조적인 시기로 들어서게 되었다."사실 Steve Jobs는 이전에 Hewlett Packard에 입사지원서를 제출하였지만, 거절당하였다. 당시 HP의 인사 담당자는 Jobs의 학력을 문제 삼았다.) 1989년에는 Apple의 최초 노트북인 Macintosh portable이 실패하였다. 또 Apple의 Mac OS들은 Window에 비하여 경쟁력이 약해 1990년대 중반에 Apple은 큰 위기에 처하였다.

Apple에서 쫓겨난 Jobs는 새로운 기업 NeXT를 창업하여 최첨단 그래픽 기반의 컴퓨터 넥스트를 출시하였지만 가격이 맞지 않아 실패하였다. 그러다가 Jobs는 Lucas Film의 컴퓨터 그래픽 분야를 우연히 인수하게 되었다. 그런데 Jobs가 목표로 하던 하드웨어는 실패하였는데, 소프트웨어에서 성공을 하였다. 즉, Pixar의 'Toy Story'와 'Incredible' 등 출시되는 작품들이 큰 성공을 거두게 되었다. 이 성공은 Jobs가 다시 Apple로 1997년 복귀하는 계기를 만들었다. 이때 Jobs는 재기에 대해 다음처럼 말하였다. "사람들로 하여금 Apple을 팔기 위해서는 생각하는 방법을 바꾸고 미쳐야 한다. 그리고 그 광기 속에서 천재를 발견하게 된다."

Jobs는 1998년 모니터(monitor)와 본체를 일체화한 iMac을 출시하였다. 그리고 경쟁력이 떨어지는 사업군들을 정리하였고, 유통구조도 개선하였으며, iMac의 가격을 낮게 설정하였다. 또 Jobs는 "디자인은 디자이너에게 맡기고, 엔지니어는 그 디자인에 맞게 만든다"라고 하면서 디자인 혁신을 중요시하였다. 그 결과, iMac은 출시 5개월 만에 80만 대가 판매되어, 1993년 이래 처음으로 흑자를 기록하게 되었다. 그러나 PC의 OS 표준 경쟁에서 Microsoft와 Intel에게 패배함으로써 또 위기에 처하게 되었다.

Jobs가 실천한 또 하나의 중요한 업적은 조직구조의 변화이다. 당시 Apple의 조직구조는 대부분의 기업들과 비슷하게 사업단위(business unit) 중심의 구조이었다. 그러나 사업단위 중심의 조직이 혁신을 저해한다는 신념을 가진 Jobs는 오자마자 사업단위를 해체하고 전문가 조직(functional organization)을 구축하였다. 그래서 그때부터 Apple에서는 일반경영자 대신 전문가 조직이 조직을 이끌어가기 시작하였다. 이 혁신은 Apple이 성공하게 된 가장 중요한 원인 중 하나이다.

SteveJobs는 2001년 정식으로 Apple의 CEO로 취임하였다. 5월에 계산대도 수납직원도 없는 직영매장인 '삶을 풍요롭게' 하는 Apple Store를 개장하였고, 9월에는 내부 반대에도 불구하고 기존 제품이 아닌 하드디스크(hard disk) 타입의 휴대용 음악재생기 iPod을 발표하였다. iPod은 음악을 직접 iPod에서 관리하지 않고 iTunes에서 하였으며, 설계는 내부에서 하고 기술개발은 외주에 아웃소싱(outsourcing)을 주었다. 특히 고객의 감성을 중시한 제품을 강조하였다. 이것은 디지털 음반시장을 합법적으로 상업화하기 위해 음반업계 메이저 회사들과 계약해 아이튠즈를 개발하였고 큰 성공을 거두었다. Apple 제국의 서곡이 울린 것이다. iPod은 1년 만에 Apple의 가치를 크게 향상시켰다.

2007년 1월에는 회사 이름을 Apple 컴퓨터에서 Apple로 바꾸었고, 그 이후 iPhone, iPad, iMac 등 혁신적인 기기들을 출시하였다. iPhone은 스마트폰(smart phone)의 선두주자로 단순한 핸드폰이 아닌 걸어 다니는 작은 컴퓨터였다. 2008년에는 세계에서 가장 얇은 노트북인 MacAir를 출시하였다.

Apple은 서비스기업처럼 고객경험을 중요시하였다. 그리고 이것을 인터페이스(interface)를 통하여 실현하였다. 즉, 고객이 일관된 경험을 갖도록 하기 위해 Apple의 어떤 기기에서도 동일한 콘텐츠(contents)를 사용할 수 있도록 하였다. 그리고 2010년 5월에 Apple의 시가총액이 Microsoft를 추월하였다.

이후 스마트폰 시대가 열리면서, Apple은 스마트폰을 축으로 iOS에 기반하여 서비스에서 하드웨어기술 분야에 대한 폐쇄적 생태계를 지속적으로 추구하였다. 이 전략은 Google의 개방형 생태계와 비교된다. 그리고 1989년 시작된 Apple 개발자 컨퍼런스를 통하여 MAC OS를 포함한 Apple의 핵심기술을 공개하였다. 그러나 스마트폰의 성장이 둔화되자, Apple은 신동력을 추구하여야 하였다. 그래서 2018년 개발자 컨퍼런스에서 새로운 OS를 발표하며 새로운 시대에 적응하고자 하였다. Apple은 새로운 기술을 개발하기 보다는 iOS의 완벽함을 목표로 삼았다. 그래서 iOS 12 버전의 성능향상과 보안강화에 중점을 두었다. 또 2011년 발표된 시리(Siri) 기반의 인공지능 생태계를 구축하였다. 그 결과, 2018년 8월 3일, Apple의 기업가치는 세계 최초로 1조 달러를 넘어섰다. 그리고 2년 후인 2020년 8월 19일 Apple은 세계 최초로 시가총액 2조 달러를 상회하였다. Apple이 시가총액 기준으로 1조 달러 기업이 되기까지 42년 걸렸지만, 2조 달러 달성에는 2년이 걸렸다. 2조 달러는 GDP 순위 세계 8위인 이탈리아의 경제규모에 해당한다. Apple의 성장에 기여한 주요 요인으로는 애플워치(Apple Watch)와 AirPot 등과 같은 핵심상품과 Netflix같은 애플의 연계사업이다(매일경제, 2020).

Gallo(2010)는 애플의 큰 성공을 이끈 Jobs의 7가지 원리를 다음처럼 제시하였다.

(1) 자기가 좋아하는 일을 하라(Do what you love).

    Jobs는 그의 전 생애 동안 높은 열정을 가지고 그가 하고 싶은 것을 하였고, 이것이 큰 차이를 만들었다.

(2) 우주에 흔적을 남겨라(Put a dent in the universe).

    비전을 공유하고, 세상을 바꾸는 아이디어를 창출하여야 한다.

    열정은 애플로켓의 연료가 되고, Jobs의 비전은 최종목표에 갈 수 있게 한다.

(3) 두뇌를 가동시켜라(Kick start your brain).

    창의력 없이 혁신은 없다. Jobs에게 모든 것을 연결시키는 것은 창의력이다.

    세상에서의 경험은 그 가치가 있다.

(4) 제품이 아닌 꿈을 팔아라(Sell dreams, not products).

    Jobs에게 애플 제품을 사는 사람은 소비자가 아니고, 꿈과 희망, 그리고 야망을 가진 사람들이다. Jobs는 사람들이 그들의 꿈을 달성할 수 있는 제품을 만든다.

(5) 천 가지 모두 '아니오'라고 답하라(Say no to 1,000 things).

    단순화를 추구한다. iPod과 iPhone의 설계에서 애플 제품의 포장까지 불필요한 요소들을 전부 제거한다.

(6) 미칠 정도의 위대한 경험을 창출하라(Create insanely great experiences).

    Jobs는 애플스토어를 고객 서비스의 황금 표준으로 만들었다.

(7) 메시지의 대가가 되라(Master the messages).

Jobs가 Apple로 복귀하였던 1997년 Apple의 직원수는 약 8천명 그리고 수익은 70억 달러였다. 그리고 글로벌기업으로 아이폰이 출시된 2007년 수익이 245억 달러, 2021년 수익은 3,783.5억 달러, 이익은 1,089.5억 달러였다. 2022년 수익은 3,527억 달러였다. 2022년 직원 수는 154,000명이다. 시가총액은 2020년 8월 2조 달러를 달성하였고, 16개월 후인 2022년 1월에는 3조 달러를 달성하였다.

이렇게 Apple이 기하급수적인 성장을 달성한 이유 중 하나는 CEO인 Tim Cook의 리더십이 있기 때문이다(민세주, 2022). Cook은 주주를 포함한 이해관계자들을 중시하고, 기업윤리, 인류의 보편적 가치와 사회적 이슈에도 큰 관심을 가지고 있다. 그리고 "경영자는 회사를 자기가 처음 접했을 때보다 높은 수준의 기업으로 만들어야 한다"고 강조하였다. 이렇게 일찍부터 Cook은 ESG 경영에 깊은 철학을 가지고 있었다.

주요 제품은 Mac, iPod, iPhone, iPad, Apple TV, OS X, iLife, iWork, 그리고 iOS 등이다.

금세기 최고의 경영자라 불리던 Jobs는 병마와의 싸움 끝에 2011년 10월 타계하였다. 인류는 위대한 혁신가를 다시는 볼 수 없게 된 것이다. Jobs 다음의 CEO로 Tim Cook이 2011년 8월에 임명되었다. 그리고 Apple은 혁신의 역사를 지금도 계속 써 내려가고 있다.

이 사례는 다음과 같은 자료에 의거하여 저자가 재구성하였다.

(1) Carmine Gallo, The Innovation Secrets of Steve Jobs: 7 "Insanely Different" Principles of Breakthrough Success, McGraw-Hill, 2010.

(2) 민세주, 애플이 ESG에 적극적인 이유, POSRI 리포트, 포스코경영연구원, 2022.

(3) 이승훈, 모바일 시대를 이끈 두 기업, 구글과 애플의 미래 준비, LGERI, 2018.9.21.

(4) Podolny, Joel M. and Morten T. Hansen, "How Apple is organized for Innovation," Harvard Business Review, November-December 2020, 86-95.

(5) en.wikipedia.org

(6) www.apple.com

(7) www.mk.co.kr

2.1 변화에 대한 반응

시대는 우리에게 지속적으로 새로운 변화를 요구한다. 그런데 사람들은 대부분 변화를 싫어하고 또 변화에 저항한다. 이것은 이상한 일이 아니고, 인간의 속성이다. 인간은 위기상황이 아닌 이상 본능적으로 변화를 싫어한다. 대부분의 사람들은 현재의 현상을 유지하는 데 만족한다. 잘 알지 못하는 것에 대해 불안감을 느낀다. 지속적인 변화에 짜증을 낸다. 그래서 그 이상 바꾸려고 하는 시도에 저항하거나 또는 그들의 권위에 도전하는 것으로 간주하고 개인적으로 또는 집단으로 심하게 변화에 대항한다. 더 나아가 변화의 폭이 크면 클수록 저항의 강도도 점점 강해진다.

그런데 변화에 대해 대개 사람들은 다음처럼 다섯 가지의 다양한 반응을 보인다. 첫 번째 반응은 변화에 대해 저항하는 것이다. 변화를 잘 이해하지 못하거나, 변화가 유익보다는 손해를 끼치고, 전혀 불필요하고, 그들에게 익숙한 기존의 방법과 너무 다르다고 느끼는 경우에 사람들은 저항한다. 이런 경우 사람들은 냉소적이 되기 쉽다. 냉소는 직원들이 회사가 말만 하지, 절대로 실행에 옮기지 않을 거라고 생각할 때 발생한다. 두 번째 반응은 변화를 무시하는 것이다. 변화가 그들에게 영향을 별로 끼치지 않는다고 생각하는 경우에 사람들은 변화를 무시해 버린다. 세 번째 반응은 새로운 변화를 수용하는 것이다. 변화가 필요하다고 느끼거나 또는 그들에게 이익을 준다고 느끼는 경우에 사람들은 변화를 수용하려고 한다. 그러나 새로운 변화를 수용하는 것이 반드시 새로운 변화를 도입하는 데 적극적으로 참여하는 것과는 다르다. 네 번째 반응은 변화를 격려하는 것이다. 변화가 정말로 필요하다고 강하게 느끼는 사람들은 변화를 적극적으로 찬성한다. 다섯 번째 반응은 오히려 변화를 요구하는 것이다. 이것은 변화를 적극적으로 기업에 알리고, 권장하는 것이다.

여기에서 가장 문제가 되는 것은 첫 번째와 두 번째인 저항과 무시이다. 일반적으로 조직에서의 변화가 성공할 확률은 상당히 낮다. Speculand(2006)는 "구성원의 약 20%만이 변화를 수용하며, 20%는 반대, 그리고 나머지 60%는 관심이 없다"고 하였다. 저항과 무시가 조직 구성원들의 대부분을 차지하고 있다고 볼 수 있다. 그래서 저항과 무시를 어떻게 다루느냐가 대단히 중요하다.

그런데 여기에서 변화에 동조하지 않는 사람들이 왜 변화에 반대하는지 그 이유를 한 번 생각해 보자. 많은 경영자들은 이들이 변화하고자 하는 의욕이 없거나 또는 동기부여가 잘 안 되어 있기 때문이라고 말을 한다. 그러나 이렇게 단순하게 생각하면 안 된다. 왜냐하면 변화에 반대하는 이유가 상당히 다양하기 때문에, 그 이유를 파악하지 못하고 단순히 반대하는 사람들을 비방하는 것은 바람직하지 않기 때문이다. 이런 점에서 Foralon(2005)의 'ADCOM'을 한번 적용하는 것이 좋을 것 같다. Foralon은 "반대하는 진짜 이유를 알아야 반대 이유를 제거하거나 또는 완화할 수 있다"고 하였다. 'ADCOM'은 저항하는 잠재적인 다양한 이유들을 파악하는 모형이다. A(ability)는 능력으로서 변화가 요구하는 과업을 수행하기 위한 육체적인 능력을 말한다. 예로, 무거운 짐을 들고 계단을 올라가야 하는 육체적인 능력이다. D(direction)는 방향으로서 조직의 목적 또는 지향하는 기대치를 말한다. 기대치를 모르면 성과를 낼 수가 없다. C(competence)는 역량으로 과업을 수행하기 위한 새로운 기술 또는 높은 수준의 전문성을 말한다. 새로운 소프트웨어를 개발할 때 필요한 새로운 기술이 없으면 성공할 수 없다. O(opportunity)는 기회로서 새로운 변화를 도입하기 위한 적정한 시간, 자원, 프로세스, 정보, 권한 등을 말한다. M(motivation)은 동기부여로 변화하고자 하는 강한 의욕이다. Foralon은 위의 5가지 이유 중에서 동기부여가 가장 중요한 요소라고 하였다. 이렇게 변화를 거부하는 사람들은 상당히 다양한 이유를 가지고 있다. 그러므로 이러한 이유를 확실히 인지하는 경우에 변화가 성공할 확률은 훨씬 높아지게 된다.

기업은 변화에 저항하고 무시하는 사람들을 설득시켜야 한다. 설득하는 가장 좋은 방법은 변화를 가져오기 전에 그들을 변화 의사결정 과정에 참여시키는 것이다. 그리고 이 변화가 그들과 기업에 모두 좋다는 신념을 심어줘야 한다. 또 변화관리의 성과는 최고경영자의 강력한 리더십에 크게 의존한다(Huggett, 1999; Van der Wiele, 2000).

변화를 추구할 때 구성원들의 동의를 얻는 것은 상당히 중요하다. 그렇지 않으면 성공하기가 쉽지 않다. 어떤 경우에는 변화가 실패할 뿐더러 변화를 추구하는 CEO가 물러날 때도 있다. 하나의 예로 1999년 Procter & Gamble의 CEO인 Durk Jager는 Procter & Gamble의 문화를 바꾸기 위한 'Organization 2005' 프로그램을 발표하였다(Christensen, Marx, and Stevenson, 2006). 그러나 많은 구성원들이 이 변화에 반발하였다. 구성원들의 동의를 획득하지 못한 Jager는 CEO에 취임한 지 17개월 만에 자리에서 물러났다.

2.2 변화관리

2.2.1 변화관리의 의미

기업은 변해야 한다. 그러나 변화를 추구할 때 변화하는 데 따르는 문제점들을 잘 관리하지 못하면, 변화하기도 전에 조직이 먼저 붕괴될 수도 있다. 변화관리(change management)는 변화에 따르는 문제점들을 감소하고, 변화에 적응할 수 있는 능력을 배양하여 변화의 목적을 효과적으로 달성하기 위한 관리이다. Juran Institute(2006)에서는 변화관리를 다음처럼 정의하고 있다. 변화관리는 변화와 변화에 대처하는 조직의 능력을 통합하는 조직화된 방법론이다. 그래서 변화관리는 조직의 전략을 달성하기 위해 변화에 대한 지식, 도구 및 자원을 조직에게 체계적이고 시스템적으로 응용하는 것이다. 그리고 변화관리가 실패하는 중요한 이유로 다음처럼 네 가지를 들었다. 첫째, 미래 상황을 안일하게 정의한다. 둘째, 각각의 활동들을 마스터플랜(master plan)으로 잘 통합하지 못한다. 셋째, 사람의 문제를 소홀히 한다. 넷째, 최고경영자의 협조가 없다.

변화관리는 모든 조직에서 필요하다. 변화관리에 대한 대부분의 논문이나 저서들이 기업체를 다루고 있지만, 사실은 학교, 공기업, 그리고 종교기관 같은 곳에서도 변화관리는 상당히 중요하다. 예를 들어 Roettger(2006)는 학교에서의 변화관리를 다루었다. 그래서 교장과 선생님은 모든 학생들의 욕구를 충족하기 위해서 반드시 변화를 고려하여야 한다고 하였다. 그리고 변화관리를 하기 위해 가장 중요한 점은 먼저 선생님들이 변화의 필요성을 확실하게 인지하고 있는 것이라고 하였다.

2.2.2 변화관리의 어려움

그런데 앞에서도 언급하였지만, 인간은 인간의 속성상 변화하기를 싫어한다. 그리고 인간은 또 타의에 의해 잘 변화되지 않는 속성도 지니고 있다. 이것은 스스로 변화하여야 잘 변화할 수 있다는 것이다. 그러므로 어떤 사람이 다른 사람을 변화시키려고 하는 것은 상당히 어렵다. 오히려 그 사람이 변화할 수 있도록 환경을 만들어 주는 것이 효과적이다. Palmer(2004)도 "변화가 어려운 것은 기술적보다는 인간적인 문제가 훨씬 더 중요하기 때문"이라고 하였다. 그래서 "변화를 추구할 때에는 우선 사람들의 변화에 대한 준비성을 점검하는 것이 중요하다"고 하였다. "준비가 안 된 사람들에게 변화를 강요하는 것은 변화가 실패한다"고 하였다.

2.2.3 변화관리 프로세스

전통적인 변화관리 프로세스는 일반적으로 조직에서 문제점이 무엇인지 파악하고, 문제를 일으키는 근본적인 원인을 분석하여 찾아낸다. 그리고 문제를 해결하기 위해서 대개 외부에서 전문가를 초빙하거나 또는 외부에 있는 최상의 좋은 방법을 도입한다. 그리고 리더를 임명하고 그 리더로 하여금 변화를 주도해 나가게 한다. 이렇게 변화관리는 일련의 프로세스 과정을 거친다.

GE도 워크아웃(Work-out)을 도입하고 추진할 때 12개 단계의 변화 프로세스를 거쳤다. 사실 어떤 조직이 변화를 추구할 때 따라야 하는 명확한 프로세스는 없다. 그러나 변화에 성공한 대규모 조직들의 변화 프로세스를 벤치마킹(benchmarking)하는 것은 바람직하다. 그래서 이 기업들이 어떻게 변화에 성공하였는지 그 공통점을 살펴보고 그들

표 2-1 변화를 성공으로 이끄는 8단계 프로세스

단계	행동	새로운 행동
1	위기감을 고조시킨다.	사람들이 다음과 같이 말하기 시작한다. "자, 가자. 변화해야 한다."
2	변화 선도팀을 구성한다.	변화를 지도하기에 충분한 힘을 가진 사람들로 팀을 구성하여 함께 작업을 시작하도록 한다.
3	비전을 새로이 정립한다.	변화 선도팀은 변화 노력에 필요한 올바른 비전과 전략을 개발한다.
4	의사소통을 실시한다.	사람들이 변화에 동참하기 시작하며, 이는 그들의 행동으로 나타난다.
5	행동을 위한 권한을 부여한다.	많은 사람들이 비전을 달성하기 위해 행동할 수 있다고 느끼며, 실제로 행동한다.
6	단기간에 성공을 이끌어낸다.	사람들이 비전을 달성하기 위해 노력하고 변화에 저항하는 사람들이 점차 감소함에 따라 추진력이 형성된다.
7	속도를 늦추지 않는다.	비전이 충족될 때까지 지속적인 변화의 물결을 만든다.
8	조직에 변화를 정착시킨다.	방해나 변화관리 리더의 교체와 같은 사안이 발생하더라도 새로이 형성된 행동이 지속된다.

출처: John P. Kotter and Dan S. Cohen, The Heart of Change(기업이 원하는 변화의 기술), 김기웅과 김성수 옮김, 김영사, 2003, p.27.

의 성공 프로세스를 분석하는 것이 좋다고 본다.

여기에서는 먼저 Kotter와 Cohen(2003)이 제시한 〈표 2-1〉처럼 대규모 변화를 성공으로 이끄는 8단계 변화 프로세스를 소개하고자 한다. 첫째, 위기감을 고조시킨다. 일반적으로 변화가 처음에 잘 되지 못하는 이유는 다음처럼 네 가지 행동 때문에 발생한다. 즉, 그릇된 자존심과 오만에 의한 자기 만족, 두려움과 공포로부터 오는 현실 회피, 분노에 기인한 옹고집, 그리고 비관주의적 태도이다. 그래서 사람들은 변화에 앞장서기보다는 변화를 추구하는 사람들을 비난한다. 둘째, 변화 선도팀을 구성한다. 이 팀은 올바른 열성을 지닌 올바른 사람들로 구성되고, 기술과 능력을 동시에 지니고 있어야 한다. 셋째, 비전(vision)을 새로이 정립한다. 단순한 비전과 전략을 정립하고, 서비스와 능률을 주도하기에 필요한 열정과 창의적인 행동에 초점을 둔다. 넷째, 의사소통을 실시한다. 될 수 있는 대로 많은 사람을 참여시키며, 핵심을 전달하고, 사람들의 니즈(needs)에 반응한다. 다섯째, 행동을 위한 권한을 부여한다. 장애물을 제거하고, 건설적인 피드백(feed-back)을 주고, 지원을 한다. 그리고 잘 한 것에 대해서는 보상과 격려를 한다. 여섯째, 단기간에 성공을 이끌어낸다. 가장 달성하기 쉬운 목표를 설정하고, 관리할 수 있는 활동을 시행하고, 새로운 것을 시작하기 전에 현재의 것을 끝낸다. 일곱째, 속도를 늦추지 않는다. 지속적인 변화와 인내를 가지고, 성과를 내며, 달성한 것을 공포하고,

미래에 대한 대비책을 세운다. 여덟째, 조직에 변화를 정착시킨다. 성공한 변화의 가치를 인정하고, 격려하고, 그리고 변화를 문화로 만든다.

2.3 변화관리를 할 때 고려하여야 할 요소들

변화관리는 쉽지 않다. 그러므로 경영자는 조직에서 변화를 추구할 때 다음처럼 다양한 요소들을 점검하고 고려하여야 한다.

첫째, 변화의 논리적 근거이다. 이 요소는 기업마다 다를 수 있다. 조직원들의 동의를 구하여 변화하는 기업이 있는가 하면, 그렇지 않고 무작정 변화를 밀고 나가는 기업도 있다. 어떤 방법이 좋은지 해답은 없다. 그러나 많은 전문가들은 조직원들의 동의를 구하는 것을 권장한다. 변화가 우리 조직에 왜 필요한지 그 이유를 명확히 밝히고, 직원들과 이해관계자들에게 그 이유를 설명하고 협조를 구하여야 한다는 것이다. 사실이 논리는 1950년대 인간관계학파들이 주장한 논리이다. 이들은 일찍부터 의사결정 과정에 근로자들을 참여시켜야 한다고 주장하였다. 그래서 변화를 하지 않으면 안 되는 변화의 논리적 당위성을 확보하여야 한다고 하였다. 왜 변화가 필요한가? 왜 변화하지 않으면 안 되는가? 변화의 논리적 근거를 확보하지 않으면 변화는 실패하기 쉽다. 왜냐하면 구성원들이 동의를 하지 않기 때문이다. 또 구성원뿐만 아니라 이해관계자에게도 동의를 구하여야 한다. 긍정적인 동의를 구하기 위해서는 원만한 의사소통 네트워크 (network)와 피드백(feed-back)이 필요하다. 그리고 그들의 의견을 경청하고, 그들의 의견을 의사결정에 반영하는 것도 중요하다.

이때 또 중요한 것은 변화를 주도하는 사람들의 신뢰성이다. 신뢰가 없으면 변화가 실패한다. 그래서 조직을 공평하고 솔직하게 스스로 평가하여, 구성원에게 설명하여야 한다. 그래야 그들로부터 신뢰를 얻을 수 있다. 그래서 변화를 할 때에는 모든 사람들이 솔직하여야 한다. 그렇지 않고 속이면 신뢰성을 잃고 변화를 하지 못한다.

David Garvin과 Michael Roberto(2005)는 "경영자가 변화를 추구할 때 무조건 밀고 나가면 안 되고, 먼저 변화가 왜 필요한지 구성원들을 설득해야 한다"고 주장하였다. 이들은 "변화가 성공하기 위해서는 구체적인 변화 프로그램을 실행에 옮기기 이전에, 몇 개월이 걸린다 할지라도 리더들이 효과적인 설득 캠페인(campaign)을 반드시 설계하고 실행해야 한다"고 하였다. "특히 지금의 변화가 이전의 변화와 다르다는 것을 강력하게 주지시켜야 한다"고 하였다. 이것은 씨를 뿌리기 이전에 토양을 가꾸는 것과 같은 이치이다. 그래서 "구성원들로 하여금 변화에 귀를 기울이고, 기존의 낡은 가정에 의문을 제기하고, 일하는 새로운 방법을 고려하도록 만들어야 한다"고 하였다. 그러기 위해서는 조직이 변화하지 않으면 죽는다는 것을 명확하게 밝혀야 한다. 즉, 위기의 심각성을 인지시켜야 한다. 이때 가장 중요한 점은 변화를 주도하는 사람들의 신뢰성과 솔직함, 그리고 변화의 방향이다. 구성원들로부터 신뢰를 받지 못하는 사람들이 이끄는 변화는 실패한다. 또 변화를 추구하는 리더는 솔직하여야 한다. 그래야만 구성원들로부터 신뢰를 받고, 그들의 마음을 열 수 있다. 또 변화의 방향이 옳지 않다고 생각되면 변화는 실패한다. 이들은 "대부분의 변화 프로그램은 계획 개발과 실행이라는 두 가지 단계로 이루어진다"고 하였다. 그러나 구성원들을 설득하지 않고, 또 그들의 의견을 수렴하지 않은 채 무조건 강행하여 실패하는 경우가 많다고 한다. 그러므로 이전에 별도로 설득 캠페인을 하여야 한다고 주장하였다. 그리고 이 설득 캠페인은 변화가 공식적으로 실행되기 이전에 실행되어야 한다고 하였다. 이들은 설득 캠페인의 네 가지 단계를 다음처럼 제시하였다. 이 네 가지 단계는 미국 Boston에 있는 BIDMC(Beth Israel Deaconess Medical Center)의 사례에서 나온 연구 결과이다. BIDMC는 1996년 Beth Israel과 Deaconess의 두 개 병원이 합병한 병원인데, 합병한 이후로 많은 문제점이 발생하여 파산 위기에 다다른 회사였다. 첫째는 급격한 변화는 필연적이며, 새로운 변화 방향의 정당성을 구성원에게 확신시키는 것이다. 둘째는 예비계획을 수립하고, 이 예비계획에 대한 피드백을 구성원들로부터 수집하고, 최종계획을 수립하는 것이다. 셋째는 지속적인 커뮤니케이션을 활용하여 변화의 분위기를 조성하는 것이다. 넷째는 구체적인 행동 변화의 가이드라인을 설정하여 구성원들로 하여금 새로운 변화에 적응하도록 하는 것이다.

둘째, 변화의 범위와 규모이다. 무엇을 변화에 포함할 것인지, 그리고 어떤 규모로 할 것인지 명확하게 설정하여야 한다. 프로세스인지, 아니면 조직인지 분명히 변화의 범위를 규명하는 것이 좋다. 일반적으로 변화의 범위가 크면 클수록, 그리고 규모가 크면 클수록, 변화가 성공할 확률은 올라간다.

셋째, 변화의 주체이다. 누가 변화를 이끌 것이며, 계획과 책임을 질 사람이 누구인지 결정한다. 그러나 여기에서 가장 중요한 변화의 주체는 그 누구보다도 최고경영자인 것을 명심하여야 한다. 변화는 위에서 강력한 신념을 가지고 실천에 옮겨야 한다. 이미 이 점에 있어서 Drucker(2001)는 "최고경영자가 변화의 리더가 되어야 한다"고 강조하였다. "최고경영자는 변화에 수동적으로 끌려 다니지 말고, 변화를 능동적으로 이끌어가야 한다"고 하였다. 또 중간관리자들의 협조도 변화가 성공하기 위해서 상당히 중요하다. 이미 앞에서도 언급하였지만, 1999년 Procter & Gamble사의 CEO인 Jager는 중간관리자들의 협조를 구하지 못해 개혁에 실패하였다고 하였다. 중간관리자들은 Jager가 제안한 혁신 방안에 동의하지 않았다. 또 Jager도 그들의 협조를 구하는 데 실패하였다. 변화의 주체가 누구일지라도 최고경영자와 중간관리자의 헌신은 중요하다.

넷째, 변화 프로젝트를 추구하는 기간이다. 변화 프로젝트를 어떤 기한 내에 마칠 것인지 그 기간을 결정하는 것은 중요하다. 일반적으로 경영자들은 변화 프로젝트에 걸리는 시간이 길면 길수록, 변화 프로젝트가 실패할 확률이 높다고 말한다. 이것은 초기의 변화하겠다는 정신이 점차로 감소되고, 변화의 목표가 희미해지고, 프로젝트를 지지하는 사람들이 점차로 조직을 떠나기 때문이라고 한다. 그러나 Sirkin, Keenan, 그리고 Jackson(2005)은 조금 다른 의견을 제시하였다. 이들은 변화 프로젝트를 수행하는 기간이 중요한 것이 아니고, 검토하는 횟수가 훨씬 중요하다고 하였다. 그래서 자주 검토되지 않는 단기 프로젝트가 자주 검토되는 장기 프로젝트에 비해 실패할 확률이 높다고 하였다. 더 나아가 이들은 변화 프로젝트는 격주 단위, 또는 6~8주간 평가 이정표를 수립하고 경영진들이 검토하는 것이 좋다고 주장하였다. 물론 중요한 프로젝트는 이보다 훨씬 더 자주 검토되어야 한다. 검토할 요소는 계획, 지금까지의 경과 및 성과, 계획과의 비교, 차이 분석, 새로운 위험성 등이다. 특히 검토할 때 중요한 것은 프로젝트의 일상적인 활동보다는 주요한 성과에 초점을 두어야 한다.

다섯째, 조직이 앞으로 나아가야 할 비전과 방향이다. 비전이 없는 조직은 나아갈 방향을 모른다. 그러므로 조직은 미래에 조직이 어떤 방향으로 가고자 하는지 확실한 비전을 수립하고 이 비전에 맞는 변화를 추구하여야 한다.

여섯째, 변화를 관리하기 위한 측정 지표의 선정이다. 현재 상황이 어떻게 이루어지고 있고, 어떤 성과가 나왔는지, 그리고 어떤 문제점들이 나왔는지 주기적으로 체크하는 측정 지표를 설정하여야 한다.

일곱째, 프로젝트를 수행하는 팀 및 팀원들의 역량이다. 먼저 팀의 구성이다. 누구로 팀을 구성하고, 팀장은 누가 할 것인지를 결정하여야 한다. 또 이들이 변화 업무를 수행하는 시간을 결정하여야 한다. 이 시간은 정상적인 업무에 지장을 주지 않는 범위 내에서, 또 팀원들에게 전체적으로 너무 과부하가 걸리지 않는 범위 내에서 결정되어야 한다. 특히 팀원들은 다양한 과업을 수행하기 때문에 의사소통과 동기부여, 그리고 협동정신 능력을 지니고 있어야 한다. 그래서 아무나 팀원으로 선발해서는 안 되고, 어떤 기준을 충족하는 능력 있고 신뢰가 있는 사람으로 선정하여야 한다. 또 이들은 새로운 변화에 도전하는 헌신과 열정, 지속적인 노력, 프로젝트 관리 능력 및 의사소통 능력을 지니고 있어야 한다.

여덟째, 비전을 달성하기 위한 역량과 현재의 역량을 비교한 다음 그 차이를 극복하기 위한 계획을 수립하여야 한다. 그리고 이러한 계획을 모든 직원들에게 공지하고 공유하도록 하여야 한다.

아홉째, 실천에 옮긴다. 그리고 성과가 있을 때에 격려를 하여 동기부여를 강화하여야 한다. 성과는 가급적 빠르게 나타나는 것이 좋다. 많은 전문가들은 보통 6개월을 최종 기한으로 잡고 있다. 변화에 대한 실적이 어느 정도 시간이 지났는데도 발생하지 않으면 사람들은 변화관리에 대해 회의감을 느끼게 된다. 대부분 사람들은 어떤 기간 내에 실적을 눈으로 보지 못하면, 그것을 포기한다. 특히 변화에 대해 의문을 갖고 있거나 별로 호응이 없을 때에는 신속하고 가시적인 성과가 정말로 중요하다. 가시적인 성과가 없어 불만이 조직 내에 발생하면 변화는 성공하기 더욱더 어려워진다.

2.4 변화관리 접근 방법

1.5.2에서 변화의 속도에 대해 언급하였다. 변화의 속도는 조직의 처한 상황에 따라 달라진다고 하였다. 이와 마찬가지로 변화관리도 다양한 접근방법이 있으며, 조직이 처한 환경에 따라 적용되어야 한다. 여기에서는 변화관리의 접근 방법을 다음처럼 3가지로 구분하고자 한다. 대규모이며 급진적 변화관리, 프로젝트급 변화관리, 그리고 그 중간인 점진적 변화관리이다

2011년 말 Nokia의 CEO인 Stephen Elop는 Apple과 Google에 밀려난 Nokia를 이전의 위치에 올려놓기 위하여 「Transformation」이라는 변화 프로그램을 선언하였다. 2012년 초 Lufthansa의 CEO인 Christoph Franz는 생산성 향상과 Lufthansa 비즈니스를 효과적으

로 통합하기 위하여 「SCORE」라는 변화 프로그램을 구축하였다. SCORE는 Synergies, Costs, Organisation, Revenue, 그리고 Execution의 약어이다(www.luftansagroup.com). 대규모이며 급진적 변화관리는 일시에 급격하게 그리고 대규모로 조직의 변화를 추구하는 변화관리로서, 주로 조직이 큰 위기에 처하였을 때 또는 새로운 CEO가 취임하였을 때 많이 사용된다. 그래서 기존의 진부한 사고방식이나 시스템을 완전히 타파하고 새로운 개념이 조직에 필요할 때 사용된다. 그러나 대부분의 조직 구성원들은 변화를 잘 하려고 하지 않기 때문에 최고경영자는 위기감을 조성하여 급격하게 변화를 추구한다. Light(2005)도 변화를 하기 위한 교훈을 언급하면서, 그 중 첫 번째로 긴박감을 조성하라고 하였다. 하나의 예로, 현재 시스템이 얼마나 형편없는지 보여줘야 한다고 하였다.

프로젝트 변화관리는 개별 프로젝트 등을 통하여 부분적으로 조직의 변화를 시도하는 방법이다. 가장 대표적인 방법이 경영혁신인 6시그마(Six Sigma)이다. Motorola에서 창안된 6시그마는 프로젝트 중심으로 프로세스를 혁신하는 경영혁신으로서, 세계의 많은 기업들이 도입하고 있는 개념이다. 각각의 프로젝트를 통하여 개선된 표준을 만들고, 이러한 부분적인 개선을 시스템적으로 통합하여 보다 큰 개선 표준을 만들어 기업의 경쟁력을 강화한다. 특히 6시그마는 DMAIC(develop−measure−analysis−improve−control)라는 혁신방법론을 사용하여 기업의 수준을 거의 완벽에 가까운 6시그마 수준으로 올리는 것이다.

점진적 변화관리는 대규모이며 급진적 변화관리와는 달리 각 부서의 문제점을 파악하고 점진적으로 개선하고, 그리고 조직 전체 차원에서 통합하여 기업의 경쟁력을 향상하는 변화관리이다. 이것은 목표와 성과의 차이를 분석하여 지속적으로 성과를 개선하는 방법이다. 이 방법은 부서 간의 벽이 두꺼워 의사소통이 어려울 때에는 사용하기가 어려웠다. 하지만 최근 기업을 둘러싼 환경의 변화로 가능하게 되었다. Golden−Biddle (2013)도 점진적 변화관리를 주장하였으며, 보다 효율적인 관리를 위하여 다음처럼 3가지 방법을 제시하였다. 첫째, 실제 작업을 분석한다. 작업이 설계대로 이루어진다고 가정하지 말고, 작업이 실제로 어떻게 이루어지고 있는지 조사하고 개선한다. 둘째, 조직의 BP(Best Practices)를 활용한다. 단순히 다른 기업들의 BP를 사용하지 말고, 당신 기업에서 실제로 발생한 BP들을 사용한다. 그리고 지속적으로 BP를 업그레이드(up−grade)한다. 셋째, 훈련을 실험화한다. 훈련과정에서 단순히 SOP(standard operating procedures)를 주입시키지 말고, 보다 우수한 방법을 지속적으로 파악하는 실험을 추구한다.

2.5 Positive Deviance Approach

최근 전통적인 변화관리 프로세스보다 더 좋은 방법이 있다는 연구가 나왔다. 이 방법은 조직 내의 변화전도사들을 활용하는 PDA(Positive Deviance Approach)로서, Pascale과 Sternin(2005)이 제시하였다. PDA는 변화관리에 대한 전통적인 방법과는 차이가 많다. 전통적 방법은 문제를 해결하기 위해 분석을 한다. 그러나 PDA에서는 조직 내에 있는 최상의 해결책을 활용하는 것이다. 대부분 조직에는 남들보다 창의적이고 높은 성과를 내는 집단 또는 사람들이 있다. 이들은 남들과는 다른 방법을 통하여 높은 성과를 창출한다. 이들은 공식적은 아니지만 숨어 있는 조직의 변화전도사들이다. PDA는 이들의 방법을 조직으로 끌어내어 변화를 추구한다. 전통적인 방법도 물론 BP(Best Practice)를 찾아내어 조직 내에 전파한다. 그러나 대부분 BP가 어떤 집단에 잘 전파되지 않는다. 그것은 BP가 보다 나은 모델을 대부분 그 집단이 아닌 외부로부터 구하고 추진되기 때문이다. 그래서 BP는 그 집단에게 "왜 너희는 다른 사람처럼 잘 하고 있지 못하는가?"라는 질문을 던져주게 된다. 그리고 그 집단은 이런 핑계를 자주 댄다. "그 집단과 우리 집단은 서로 다른 환경을 가지고 있다. 그래서 그 BP를 우리 집단에 사용하는 것은 바람직하지 않다." 이런 이유로 BP의 성공률은 그리 높지 않다. PDA는 BP와는 다른 접근방법을 사용한다. PDA는 구성원들로 하여금 직접 변화의 현장에 뛰어들게 한다. 그래서 그들로 하여금 직접 몸으로 체험하고, 그 체험을 전파하는 변화전도사들로 만드는 것이다. 이것은 변화를 주도하는 리더들에게 전통적인 변화관리와 비교할 때 상당히 다른 역할을 준다.

Pascale과 Sternin는 PDA를 기업뿐만 아니라, 다양한 문화를 가진 사회에도 아주 효과적으로 적용되고 있다고 하였다. 이들은 Goldman Sachs, Hewlett-Packard, Novatis, Merck, Coca-Cola, Ford, BP, 그리고 Shell과 같은 기업들이 효과적으로 PDA를 적용하여 높은 성과를 달성하였다고 하였다. 또 Mali에서의 어린아이들의 영양결핍, 아르헨티나 초등학교에서의 낮은 졸업률, 인도네시아에서 여자 아이들의 가출, 미얀마(Myanmar)에서의 AIDS, 그리고 이집트의 FGM(female genital multilation)과 같은 국가적이고 사회적인 문제 등을 PDA를 이용하여 효과적으로 해결하였다고 하였다.

〈표 2-2〉는 전통적인 변화관리 방법과 PDA를 비교한 표이다. 전통적인 방법은 대개 톱다운(top-down)으로 진행되며, 아이디어가 외부로부터 내부로 들어오고, 관점

표 2-2 전통적인 변화관리와 PDA 비교

전통적인 변화관리 방법	항목	PDA
위로부터 아래로의 변화이다.	변화방향	아래로부터 위로의 방향이다.
전문가가 BP를 파악하고 전파한다.	주체	집단이 기존의 최상의 방법을 파악하고 개선한다.
왜 우리 집단은 다른 집단에 뒤떨어지는가?	관점	우리 조직에서 나온 방법을 적용한다.
새롭게 활동하는 법을 배운다.	주도	새롭게 사고하는 방법을 배운다.
외부의 아이디어에 대한 저항이 강하게 나타난다.	수용도	내부의 잠재능력에 대해 새롭게 생각한다.
문제해결로부터 해결책 파악으로 흐른다.	문제해결	해결책 파악으로부터 문제해결로 흐른다.
관련된 사람만 관심을 가진다.	초점	관련된 사람 이외로 확대된다.

출처: Richard Tanner Pascale and Jerry Sternin, "Your Company's Secret Change Agents," Harvard Business Review, May 2005, p.75.

이 비판적이다. 또 변화를 주도하는 힘이 내부보다는 외부에 있다. 그래서 전통적 방법은 무엇이 잘못되었고, 왜 적용이 안 되는지에 초점을 둔다. 또 해결책이 선정되면, 변화 프로그램을 조직에 선포하고 실천에 옮겨진다. 여기에 비해 PDA는 보텀업(bottom-up)이고, 아이디어가 내부에서 외부로 가고, 관점이 긍정적이다. 또 변화를 주도하는 힘이 외부가 아닌 내부에 있다. 그래서 변화에 저항하는 갈등이 상대적으로 상당히 적다.

2.6 기업환경과 변화방법

변화는 모든 조직에게 필요하다. 2.4에서 변화관리의 접근방법에 대하여 설명하였다. 여기에서는 조금 다른 접근방법을 소개하고자 한다. Michael Beer와 Nitin Nohria(2000)는 변화에 대한 접근방식을 'E 이론'과 'O 이론'의 두 가지 이론으로 구분하였다. 'E(economy) 이론'은 경제적 접근방식으로 현금의 흐름을 개선하고 주주가치를 증대시키는 것을 목표로 하고 있다. 그래서 성과급, 인원감축, 사업구조조정 등을 중시한다. 또 'E 이론'은 톱다운 방식으로 최고경영자로부터 시작된다. 여기에 비해 'O(organization) 이론'은 조직역량 접근방식으로 개인학습과 조직학습을 중시하고, 바람직한 기업문화를 개발하는 것을 목표로 하고 있다. 그래서 경영에 구성원의 적극적인 참여를 장려하며, 수평적인 조직구조를 강조한다. 특히 구성원들과의 관계를 중요하게 여기기 때문에 구성원

표 2-3 E 이론과 O 이론에 의한 변화의 핵심 요소

변화의 양상	E 이론	O 이론	혼합방식
목표	주주가치의 최대화	조직역량 개발	경제적 가치와 조직역량 사이의 패러독스 인정
리더십	위에서부터 변화 추진	구성원들의 자발적 참여 유도	위에서 먼저 방향 설정하고 구성원 참여
초점	조직구조와 시스템 강조	기업 문화 구축	두 가지 동시 추구
프로세스	먼저 계획 수립하고 프로그램 만듦	실험적 시도 통해 서서히 발전	자발적 참여 유도할 수 있도록 계획 수립
보상체계	경제적 인세티브로 동기부여	권한이양 통해 동기부여	인센티브 사용하지만 지나친 인센티브 자제
컨설턴트의 활용	컨설턴트가 문제를 분석하고 해결	컨설턴트의 도움을 받아 경영진이 스스로 해결	컨설턴트는 구성원을 도와줌

출처: Michael Beer and Nitin Nohria, "Cracking the Code of Change," Harvard Business Review, May-June, 2000, p.137.

들을 쉽사리 해고하지 않는다. Beer와 Nohria는 "조직에 어떤 접근방식이 중요하다고 말하지 않고, 조직의 특성에 맞도록 두 가지 접근방식을 잘 결합하여 사용하는 것이 중요하다"고 하였다. 〈표 2-3〉은 이들이 언급한 'E 이론'과 'O 이론'에 의한 변화의 핵심 요소들을 설명한 표이다.

또 기업이 처한 환경에 따라 변화 방법은 다를 것이다. 앞에서도 언급하였지만, 위기에 처한 기업과 그렇지 않은 기업에 있어서 변화를 추구하는 방법은 다르다. 외부 환경에 의해 변화를 추구하는 기업과 내부 환경에 의해 변화를 추구하는 기업에서의 변화 방법은 다르다. 동일한 방법을 모든 기업에게 똑같이 적용하는 것은 변화가 성공하기보다는 실패할 확률이 높다.

CHAPTER

03   MAPASHI

변화는 오직
내부에서만
열릴 수 있는 문이다.

- 프랑스 속담 -

03   **MAPASHI**

기업은 항상 어떻게 하면 시장에서 성공할 수 있을까 생각한다. 그래서 과거의 경영성공 사례를 수집하고, 초일류기업들의 전략과 행동을 배운다. 그런데 이 모든 것을 파악하고 주지하여도 성공하는 것은 쉽지 않다. 이것은 앞에서 이미 수차례 언급하였듯이, 모든 것들이 항상 변하고 있기 때문이다. 즉, 기업을 둘러싼 환경이 변하고, 경영 패러다임(paradigm)이 변하고 있기 때문이다. 패러다임이 변하면 거기에 따르는 모든 것들이 변한다. 그래서 과거에 탁월한 전략도 새로운 환경에서는 적용되지 않는다. Intel도 경영 패러다임을 인지하지 못하여 1990년대 초 큰 위기를 겪었다. 이때 Intel은 "기존 질서의 변화를 인지하지 못하였고, 더 나아가 새롭게 등장한 질서를 몰랐다"고 언급하였다. Sony도 아날로그(analog)인 Walkman에 너무 집착한 나머지 디지털(digital)로 변화하는 데 실패하였다. IBM도 메인프레임(mainframe)에 너무 집착하여 PC(Personal Computer) 흐름에 늦게 참여하는 우를 범하였다.

그러므로 이제 기업은 경영 패러다임의 변화를 주지하여야 한다. 그래서 시장이 어떻게 변하고, 경쟁자가 어떻게 변하고, 고객이 어떻게 변하고 있는지 잘 알아야 한다. 제3장에서는 경영 패러다임의 변화(MAPASHI: Management Paradigm Shift)에 대해 설명하도록 한다. 특히 여기에서는 다음과 같은 주제에 대해 설명하고자 한다.

3.1 경영 패러다임
3.2 미래 예측

사례 ㅣ IBM의 ValuesJam

IBM의 ValuesJam

2003년 7월 IBM에서는 IBM의 가치를 결정하기 위하여 모든 직원들을 대상으로 72시간 동안 인트라넷(intranet)을 이용한 포럼을 전개하였다. 이 포럼의 목적은 IBM이 기존의 어떤 가치를 보유하고, 어떤 가치를 바꾸어야 하는가였다. 그것은 사상 유례 없는 일이었다. 이 포럼의 공식적인 명칭은 'ValuesJam'이었다. 이 포럼에는 CEO인 Sam Palmisano를 포함한 약 5만 명의 직원들이 참여하여, IBM의 가치에 대해 치열한 공방을 벌였다. 그리고 약 만여 개의 의견들이 수합되었다. 일부 냉소적이고 비난적인 그리고 부정적인 의견도 있었지만, 대부분 성의 있는 답변들이었다.

사실 IBM에는 IBM의 가치가 존재하고 있었다. 1914년 당시 CEO인 Thomas Watson, Sr.는 '기본적 믿음'이라고 불리는 IBM의 「3가지 원칙」을 공포하였다. 이 「3가지 원칙」은 '개인 존중', '최상의 고객 서비스', 그리고 '최고 추구'이었다. 이 「3가지 원칙」은 이후 50년간 IBM의 문화를 형성하였고, IBM의 성공을 가져왔다. 그러나 1990년대 초 IBM은 창립 이래 최대의 위기에 처하였는데, 다행히 Lou Gerstner의 혁신으로 회생하였다. 사실 Lou Gerstner는 IT(Information Technology)와는 전혀 무관한 사람이었다. IBM에 오기 전 그는 제과회사인 RJR Nabisco의 CEO이었다.

Lou Gerstner의 뒤를 이어 2002년 CEO에 취임한 Sam Palmisano는 이제 새로운 IBM의 가치를 설정할 시기가 되었다고 생각하였다(Palmisano는 1973년에 영업직으로 IBM에 입사한 완전한 IBM 사람이었다). Palmisano는 "조직에 있어서 강력한 가치시스템은 IBM처럼 규모가 크고 다양한 인적자원을 하나로 뭉치게 하고 동기를 부여하기 때문에 매우 중요하다"고 하였다. IBM 총 직원의 약 40%는 재택근무 또는 모바일(mobile) 근무로 IBM에 매일 보고하지 않는 사람들이며, 또 상당히 많은 직원들이 IBM에서 5년 미만 근무한 사람들이다. 그러면 어떻게 이들에게 동일한 목적의식을 갖게 할 수 있는가? 여기에 기업 가치의 중요성이 존재한다.

Palmisano는 "과거의 '기본적 믿음'이 지금도 IBM에 영향을 줄 수 있지만, 이제는 직원들에게 새로운 활력을 넣어 줄 새로운 차원의 가치가 필요하다"고 결정하였다. 그리고 3백 명의 임원들에게 그의 생각에 대한 의견을 듣고, 수천 명의 직원들로부터 설문지를 이용하여 IBM의 가치에 대한 의견을 들었다. 그래서 ValuesJam을 시행하게 되었다.

ValuesJam을 시행하기 이전인 2003년 2월 IBM은 '기본적 믿음'의 「3가지 원칙」을 포함하여 4가지 개념을 새로 만들었다. 즉, '존경', '고객', '최고', 그리고 '혁신'이다. 다시 이 4가지 개념은 1천여 명의 직원들에 대한 설문지와 포커스 그룹(focus group) 기법을 통하여 테스트(test)되었다. 그리고 너무 낡았다는 이유로 '존경'이라는 단어를 사용하지 않기로 하였다. 또 강조하기 위해서는 단순한 단어보다는 문장이 좋겠다고 결정하였다. 그리고 다음처럼 3개의 가치가 결정되어 ValuesJam 포럼에 상정되었다. '고객에 대한 헌신,' '혁신을 통한 최고 추구,' 그리고 '신뢰를 주는 통합.' 그 이후 IBM의 가치를 결정하기 위한 소규모 팀이 결성되었다. 물론 Palmisano도 이 팀의 일원이었다. 다시 여러 번의 과정을 거쳐 가치를 변경하였다. '신뢰를 주는 통합'은 너무 추상적이라는 이유로 문제가 제기되었다. 또 '신뢰'라는 단어는 너무 내부적이라는 의견도 제기되었다. 그래서 새로운 가치가 다음처럼 확정되었다. '모든 클라이언트(client)의 성공에 대한 헌신,' '회사와 세계를 위한 혁신,' 그리고 '신뢰와 모든 당사자들의 개인적 책임.' 그리고 공식적으로 2003년 11월에 공포되었다.

이렇게 IBM처럼 기업의 가치를 조직의 모든 구성원과 협의하여 결정하는 회사는 상당히 드물다. 그러나 IBM은 경영 패러다임의 변화를 잘 파악하고 실천에 옮기고 있다. 이것은 구성원들의 사기는 물론 가치관이 훨씬 효과적으로 실행되어 기업의 성과가 좋아질 것이다. IBM의 ValuesJam에 대해서는 동영상 www.collaborationjam.com/을 참조하기 바란다.

이 사례는 다음과 같은 자료를 참고하여 저자가 재구성하였다.

(1) Paul Hemp and Thomas A. Stewart, "Leading Change When Business is

Good," Harvard Business Review, December 2004, 61-70.

(2) www.ibm.com

(3) www.collaborationjam.com/

3.1 경영 패러다임

패러다임(paradigm)은 규범 또는 현실에 대한 기본적인 가정들이다. Satoshi Hino(2003)는 패러다임이란 "사물에 대한 사람들의 견해 및 개념을 근본적으로 규정한 개념적 가이드라인(guide-line)"이라고 하였다. 그런데 패러다임은 고정되어 있지 않고 시대에 따라 변한다. 과학 철학자 Kuhn(1996)은 "패러다임은 스스로 변하지 않고, 과거의 패러다임에 부합하지 않는 새로운 문제, 기능적인 장애, 또는 갈등 등이 복합적으로 축적되어 변화된다"고 하였다. 그리고 "과학적인 관점에서 과학발전은 연속적으로 그리고 오류에서 진리로 진행되는 그런 흐름이 아니라, 패러다임의 이동으로 표현되는 일련의 혁명"이라고 하였다. 그러므로 패러다임은 새로운 변화를 수용하기 위하여 지속적으로 변화한다.

패러다임은 자연과학에도 있고, 사회과학에도 존재한다. 그런데 자연과학보다 사회과학의 패러다임이 훨씬 의미가 있다. 왜냐하면 자연과학의 패러다임은 자연 세계에 그리 큰 영향을 끼치지 않기 때문이다. 자연의 법칙은 잘 변하지 않는다. 설령 변한다 하더라도 변하는 데 시간이 오래 걸린다. 여기에 비해 경영학과 같은 사회과학은 사회 시스템의 작용을 연구하기 때문에 변화가 심하다. 특히 지금처럼 변화가 심한 비즈니스 세계에서는 현실에 대한 기본적인 가정들이 수시로 변한다. 그래서 과거에 통하였던 그리고 효과적이었던 개념들이 더 이상 통하지 않게 된다. 통하지 않는 것이 아니라, 오히려 역효과를 낼 수도 있다. 조직 또는 산업의 유형에 관계없이 지금의 경영방식은 미래에 전부 사라진다. 그러므로 비즈니스의 세계에서는 지속적으로 현실에 대한 가정들을 살펴보아야 한다.

지금 경영 패러다임은 과거 인류가 경험하지 않은 속도로 급격히 변하고 있다. 경영 패러다임의 변화를 MAPASHI라 부르고자 한다(안영진, 2004). MAPASHI를 읽지 못하는 기업은 위험하다. 하나의 예로 Tom Peters와 Robert Waterman이 미국 초우량기업으로 제시한 42개 기업들 중 2/3가 MAPASHI를 인지하지 못하여 5년 이내에 시장에서 없어지거나 또는 다른 기업에게 합병 당하였다.

모든 것은 변한다. Peter Drucker(1994)는 이러한 현상을 '비즈니스 이론(the theory of the business)'으로 설명하였다. Drucker는 "기업이 설정한 '비즈니스 이론'은 한계가 있어, 어느 정도 시간이 지나면 더 이상 유효하지 않다"고 하였다. 이것은 '비즈니스 이론'을 설정할 당시의 환경이 크게 변하였기 때문이다. 이것을 인지하지 못하는 기업은 그 규모에 관계없이 큰 어려움을 겪는다. 그 전처럼 똑같이 열심히 일하는데 성과가 없는 것이다. 이것은 우리가 무엇을 잘못 하였는가 하는 것이 아니고, 우리의 가정이 현실에 적합하지 않기 때문이다. 즉, 변화에 적응하지 못하였기 때문이다. 여기에서 가정의 대상은 고객, 경쟁자, 기술, 기업의 강점과 약점 등이다. 이러한 상황에 처한 대부분의 기업들은 그러한 사실을 잘 인정하지 않고 애써 외면하려고 하는데, 이것은 그 기업의 쇠퇴를 촉진할 뿐이다. PC(Personal Computer)가 처음 나왔을 때 대부분의 메인프레임(mainframe) 기업들은 PC가 실패할 것이라고 가정하였다. 그리고 그런 기업들은 전부 실패하였다. 이런 결과를 예방하기 위해 기업은 '비즈니스 이론'을 체계적으로 추적하고 시험하는 시스템을 만들어 예방조치를 취하는 것이 좋다. 그래서 기업은 매 3년마다 스스로 설정한 '비즈니스 이론'을 점검하여야 한다. 즉, 환경, 사명, 핵심역량 등이 현실에 적합한지 진단하여야 한다. 또 비고객에 대해서도 관심을 가져야 한다. 왜냐하면 초기의 징조는 고객이 아닌 비고객에서 발생할 확률이 높기 때문이다. 또 기업이 기억해야 할 것은 예기치 못한 성공 및 실패이다. 예기치 못한 성공 및 실패는 기업의 '비즈니스 이론'을 수정할 필요가 있다는 것을 암시한다. 이것은 기존의 시스템이 더 이상 적용되지 않기 때문이다. 그래서 새로운 이론을 구축하여야 한다. Xerox도 이러한 기업 환경의 변화를 탐지하기 위하여 1998년에 「The Review Xerox 2000」이라는 분석을 하였다. 이것은 다가오는 10년 동안 기술, 시장, 고객, 경쟁자 등에 대한 가정을 설정하고 검토하는 프로그램이다. 그리고 여기에서 나온 가정에 의거하여 기업의 활동을 결정한다.

James Collins와 Jerry Porras(1994)가 제시한 비전(vision) 기업들의 공통점 중 하나는 기업 창업 시의 기본 이념 외에 늘 시대 상황에 맞추어 빠른 변화를 추구한 것이다. 그것은 현재의 이익에 만족하지 않고, 앞으로의 상황을 예측하고 빠른 변화를 보인 것이라 하겠다. Walt Disney는 디즈니대학을 설립해서 기업의 핵심으로 삼았다. Hewlett Packard는 제도화된 내부승진과 구성원 평가제를 도입하였다. Motorola는 6시그마를 추구하였다. 3M 역시 프로젝트를 활성화시키고 벤처 자금을 지원해서 회사 구성원들의 아이디어 창출을 촉진시켰다. 이처럼 비전 기업들은 시계를 만들고, 지속적으로 유지해 나갈 수 있는 변화에 초점을 맞추어서 핵심의 보존과 발전의 두 마리 새를 잡을 수 있었다.

    1918년 '경영의 신'이라 불리는 일본의 Matsushita Konosuke는 Matsushita 전기산업을 창설하였다. 그리고 일본의 가장 모범적인 회사가 되었다. 그런데 2008년 10월부터 회사 이름을 Matsushita 전기에서 Panasonic으로 바꾸었다. 이것은 MAPASHI를 반영한 고육지책이었다. 창업 당시는 공업화시대이었지만, 지금은 정보와 글로벌시대이다. 한 명의 카리스마에 의존하던 시대에서 모든 사람이 주역이 되는 시대로 바뀌었기 때문이다. 그래서 전 CEO인 Nakamura Kunio는 Matsushita 전기의 모든 유전자를 완전히 바꾸는 대혁신을 추구하였다(www.panasonic.com). 회사명을 바꾼 이후에도 Panasonic은 고전을 면치 못하였다. 2008년에 적자를 낸 후, 2011년과 2012년 연속 7조 이상의 적자를 기록하였다. 그래서 Panasonic의 주가는 폭락하고, 국제적 신용도 엄청나게 하락하였다. 그래서 2012년 새로운 CEO 쓰가 가즈히로가 전환점을 찾기 위해 구조개혁을 단행하였다. 구조개혁은 보통회사화, 성장추진, 그리고 전략투자의 3단계를 통하여 진행되었다(감덕식, 2015). 먼저 B2C를 B2B로 전환하여 기업의 업 자체를 바꾸었다. 이것은 그동안 통하였던 모노주쿠리(Monozukuri) 식 사업모델이 전자산업의 디지털 시대에서는 효과가 없었기 때문이다. 모노주쿠리는 '제품 만들기'라는 의미이다. 또 PDP 기술의 실패를 자인하고, TV 사업에 대한 대대적인 구조조정을 실시하였다. 또 본사조직을 슬림화하고 사업부제를 실시하였다. 이런 노력으로 2014년과 2015년 연속 흑자로 돌아섰으며, 인원도 2012년 7천여 명의 본사 인력이 2015년 3천여 명으로 감소하였다.

3.2 미래 예측

    미래를 정확하게 예측한다는 것은 사실 어렵다. 아니 어렵다기보다는 불가능하다. 그러나 과거에는 예측의 정확도가 지금보다는 훨씬 높았다. 그것은 변화가 적었기 때문이다. 그래서 어떤 법칙을 발견하고, 그 법칙을 따랐다. 그러나 이제 미래를 잘 예측한다는 것은 점점 더 어려워졌다. 불확실성이 점차로 높아졌기 때문이다. 지금은 확실한 것이 아무것도 없다.

미래학자인 Alvin Toffler와 Heidi Toffler(2006)는 미래에 부(富)의 중요성을 예견하고, 부가 인류에게 끼치는 영향을 경제적 관점뿐만 아니라, 문화와 문명의 관점에서 조명하였다. 그리고 부를 창출하는 중요한 요소로 시간과 공간, 그리고 지식을 꼽았다. 시간에 있어서는 '속도의 충돌'을 하지 말고, '동시화'하라고 충고하였다. 즉, 낡은 사회의 제도와 조직으로는 미래를 향해 나갈 수 없다고 하였다. 정부 조직과 법이 경제 성장의 속도를 따라잡지 못하고 있다는 것이다. 공간에서는 '공간의 철폐'를 주장하였다. 영원히 번영하는 공간은 없다는 것이다. 그리고 앞으로 중국이 세계의 부를 지배할 것이라고 예언하였다. 지식은 다시 사용할 수 있는 부의 원천을 말한다. 그리고 무용지식을 구별할 수 있는 능력을 길러야 한다고 하였다. 또 앞으로 세계의 중심이 아시아로 이전된다고 하면서 대한민국도 언급하였다.

그러나 미래를 잘 예측한다는 것은 상당히 어렵다. 더구나 오늘날처럼 변화가 빠른 시대에 정확한 예측은 훨씬 더 어렵다. 그래서 Gary Hamel(2006)은 "이제는 미래를 잘 예측하는 것이 중요한 것이 아니고 미래를 창조하는 것이 중요하다"고 하였다. 그렇다. 미래를 너무 정확하게 예측하려고 해서는 안 된다. 그것은 아마 시간 낭비이고, 자원 낭비가 될 것이다. 이제 그 시간과 자원을 미래를 창조하는 데 사용하여야 할 것이다.

2008년 미국 월스트리트에서 출발한 글로벌 경제위기는 우리에게 새로운 경제질서를 가져왔다. 당시 세계에서 가장 규모가 큰 채권회사 Pimco(www.pimco.com)의 CEO인 El-Erian(2008)은 이러한 새로운 경제질서를 「뉴노멀(New Normal)」이라는 개념을 사용하여 표현하였다. 과거의 '노멀'은 우리에게 지속적인 고성장, 고소비를 가져왔다. 그러나 글로벌 금융위기는 과거에 있었던 지속적인 성장을 멈추게 하고 저성장, 저소비, 높은 실업률, 고위험, 그리고 규제강화 등을 가져다줄 것으로 보고 있다. 사실 이전에도 경기 침체는 있었다. 그러나 곧 반등하여 이전의 소득보다 더 높은 소득을 달성하게 해 주었다. 그러나 「뉴노멀」에서는 이러한 성장의 반등이 사라지고, 이전보다 낮은 성장이 지속적으로 이루어진다고 하였다. 이 책은 2008년 파이낸셜타임즈(Financial Times)의 '올해의 책'으로 선정되었다. Pimco는 2014년 4월 「새로운 NN(New Neutral)」을 제시하였다. 「새로운 NN」은 저성장 시대가 지속되지만, 자동차 중립기어처럼 더 이상 성장이 없는 보다 비관적인 저성장시대가 당분간 유지될 것으로 예측하였다.

그러나 불확실하다고 해서 기업이 위기에 있는 것만은 아니다. 기업은 이 위기를

이미지 출처:
www.amazon.com

기회로 만들어야 한다. 즉, 기업은 새로운 사업을 찾아 영역의 경계를 허물어야 한다. 이것은 불확실성이 높아지면 높아질수록 업종간 영역의 경계도 점점 사라지기 때문이다. 불확실성이 많아지면 새로운 개념과 혁신이 많이 나오게 된다. 이것은 경영에 있어서 새로운 사고와 패러다임을 요구하게 된다. Collins와 Lazier(2020)는 함께 저술한 『B.E. 2.0』에서 위대한 기업의 3가지 조건을 제시하였다. 그 중 마지막 조건이 경쟁력의 유지(lasting endurance)이다. 즉, 어떤 위기에서도 위기를 극복하고 경쟁력을 회복하는 역량이다. 지속적으로 완벽하여야 한다는 것이 아니고, 위기에서도 원래의 모습으로 회복하는 역량이다.

3.9.3에서 빅데이터를 설명한다. 과거와 달리 빅데이터는 미래예측에 중요한 요소가 될 것이다. 빅데이터를 활용하면 예측의 독립변수들을 작위적으로 정하지 않게 되고, 자연스럽게 결정된다. 그래서 미래 예측을 훨씬 정확하게 하게 된다. 여기에 딥러닝 같은 인공지능이 더하게 되면 예측성의 정확도는 더 향상될 것이다.

3.3 기업의 목적, 사명, 핵심가치, 경영철학

최근 경영에서 눈에 보이지 않는 요소들의 중요성이 부각되었다. 과거의 물리적인 요소에서 기업의 목적, 사명, 핵심가치, 경영철학 등과 같은 요소들이 중요해진 것이다. United Way의 CEO인 Gallagher는 "기업, 정부 그리고 비영리조직에 있어서 가장 효과적인 리더는 전부 사명과 목적의식이 뚜렷하다"는 점이라고 하였다(2018). 그리고 이어 "수행하는 일들이 세상을 더 좋게 만드는 일"이라는 확신을 가지고 있다고 하였다.

3.3.1 기업의 목적

기업을 경영하는 목적은 무엇인가? 아직도 많은 사람들은 수익성, 또는 이윤의 극대화라고 답한다. 그러나 이 답은 낡은 답이다. 최근 많은 연구들은 이윤추구에 대해 문제점을 제기하고 있다. 먼저 여기에서 이윤에 대해 알아보기로 한다.

Henry Ford(1926)는 이윤에 대해 다음처럼 말하였다. "기업은 생명체이다. 그래서 생명이 있어야 성장할 수 있다. 이렇게 하기 위해서는 바로 이윤이 필요하다. 이윤은 기업에 비상사태가 발생하였을 때 지불하여야 하는 비용으로 항상 준비되어 있어야 한다." 이윤을 창출하는 방법은 다양하다. 그런데 한 가지 확실한 것은 이윤은 반드시 고객을 통해서만이 가능하다는 사실이다. 그러므로 이윤을 획득하기 위해서는 반드시 고객을 만족시켜야 한다.

Peter Drucker(2001)는 "이윤추구가 기업이 수행하는 다양한 경영활동들을 설명해 주지 못한다"고 하였다. "이윤의 극대화는 기업의 목적이 아니라 제약조건"이라고 하였다. 물론 이윤은 기업의 존속을 위한 필수적 요소이다. 그러므로 기업은 이윤이 있어야 한다. 그러나 이윤은 최대가 아니고, 최소한의 이윤이어야 한다. 즉, 이익은 기업의 능력을 유지시키는 잉여분이다. 이렇게 Drucker는 이익을 기업의 존속과 혁신을 가능하게 만드는 코스트(cost)로 보고 있다. 그래서 "기업의 목적이 수익성이라는 것은 잘못되었고, 또 관련도 없다"고 하였다. Drucker는 경영자의 초점을 단순한 수익성에서 기업외부인 고객으로 전환하였다.

Barnard도 "조직의 객관적인 목적은 이윤이 아니고 서비스"라고 하였다(Miyata, 2001). 그래서 기존의 많은 경영자들의 주장과 다른 목적을 제시하였다. 이렇게 Barnard도 경영자의 초점을 수익성에서 서비스로 돌렸다.

Blanchard(2008)는 "이익은 고객을 만족시키고 직원들의 환경을 개선함으로써 받는 찬사"라고 정의하였다. 그래서 돈을 버는 것에만 중점을 두고 고객과 직원을 무시한다면, 결국 돈을 버는 데도 실패한다고 하였다.

Motorola의 창업자인 Paul Galvin도 "이익은 기업의 최종 목적이 아니고 기업의 목적 달성을 위한 수단에 지나지 않는다"고 하였다(Petrakis, 1965). Merck의 CEO인 Ken Frazier는 "기업의 목적은 주주의 가치뿐만 아니라, 사회의 가치를 창출하는 것"이라고 하였다(Ignatius, 2018). 그리고 이어 "Merck가 지난 126년간 존속하여 왔던 근본적인 이유는 바로 인간에게 중요한 백신과 약품을 지속적으로 개발하였기 때문"이라고 하였다. John Kotter와 Jim Heskett 교수(1992)가 지은 『기업문화와 성과』라는 책에서도 "구성원들이 가치를 공유하고, 그에 기초한 강력한 조직문화를 갖고 있는 조직은 이윤추구를 목적으로 삼았던 회사보다 성과가 높다"는 연구결과를 제시하였다. 총수입은 4배가 많았고, 일자리 수는 7배가 늘어났으며, 주식가격은 12배, 이윤은 750배가 높았다. James Collins와 Jerry Porras(1994), 그리고 Arie de Geus(1997)도 그들의 저서에서 기업의 목적이 영리 극대화가 아니라고 실증적으로 입증하였다.

위의 사례와 언급은 이제 이윤이 기업의 절대적인 목적이 아니라는 것을 분명하게 말해 준다. 단지 이윤은 기업의 보다 중요한 목표를 달성하기 위한 중요한 수단일 뿐이다. 이런 점에서 Gary Hamel의 말을 음미할 필요가 있다. Hamel(2009)은 "기업이 이익 극대화만을 목표로 한다면, 인간의 에너지를 최대로 창출할 수가 없다"고 하였다. 그래서 "기업은 사회의 의미 있고 중요한 목표를 달성하기 위해 집중하여야 한다"고 하였다. 그래서 경영전략도 최소한의 이익을 위한 전략이어야 한다.

기업의 목적을 알려면 기업 내부가 아닌 외부에서 출발하여야 한다. 기업이 왜 존재하는가? 이 질문은 여기에 대한 답을 줄 수 있다. 기업은 누구를 위해 존재하는가? 바로 고객을 위해 존재한다. 그리고 그 고객이 기업의 목적을 결정한다. 이런 점에 있어서 기업을 경영하는 사람들은 비영리조직을 벤치마킹(benchmarking)하여야 한다. 비영리조직은 사명을 중요시한다. 그래서 비영리조직은 조직의 외부를 보며, 내부적인 이익에서 출발하지 않는다.

Henry Ford도 기업의 목적에 대해 Peter Drucker와 유사한 주장을 Drucker보다 훨씬 이전부터 하였다. Ford(1926)는 "진정한 기업은 운을 바라고 도박을 하지 않는다"고 하였다. 그래서 "기업의 진정한 목적은 스스로 고객을 창조하는 것"이라고 하였다. 그래서 "고객이 무엇을 원하는지 신속하게 파악하여 그것을 적정한 가격으로 생산하여야 한다"고 하였다. 또 "충분한 임금을 구성원들에게 지불하여 그들이 물건을 살 수 있도록 하여야만 비로소 고객이 창조되는 것"이라고 하였다.

Walmart의 창시자 Sam Walton은 경영의 방식을 비교적 단순하게 설명하고 있다. 즉, "물건을 싸게 사서 진열대에 잘 놓은 다음 고객에게 친절하고 정중하게 대하고, 싸게 팔면 된다"고 하였다(Slater, 2003). 이것은 세계 최대 유통업체 창시자의 말이기 때문에 의미가 있다고 본다. 왜냐하면 Sam Walton은 이 방식을 이용하여 엄청난 성공을 달성하였기 때문이다.

삼성은 기업의 목적을 고객가치 창출로 규정하고 있다. 이렇게 기업의 목적은 고객을 창출하고, 고객에게 봉사하는 것이다. 고객을 창출하지 않고는 기업의 영속성을 보장할 수가 없다.

Toyota 자동차는 "기업의 목적은 고객에게 더 싸고 더 좋은 제품을 제공하는 것"이라고 하였다(Hino, 2003). 그래서 "지속적인 품질개선과 가격인하는 Toyota의 영원한

과제"라고 하였다.

기업은 가치를 창출하여야 한다. 그런데 최근 가치창출에 있어서 무형자산이 점차로 중요시되고 있다. 하나의 예로 Coca-Cola를 들 수 있다. 과거에는 건물, 설비, 기계 등과 같은 유형자산이 기업가치 창출의 주 원천이었지만, 이제는 무형자산도 상당히 중요하다. Jonathan Low와 Pam Kalafut(2004)는 무형자산의 유형으로 지식, 정보, 고객과의 관계, 브랜드가치, 조직, 기업문화, 이념·철학·비전, 신뢰성, 팀워크, 특허권, 경영시스템, 프로세스, 리더십, 환경, 사회적 책임, 인증시스템, 윤리성, 기술혁신, 경영혁신 등과 같은 요소들을 들었다. 그리고 무형자산의 비중이 35% 정도 된다고 하였다. 그래서 월스트리트 전문가들도 기업의 미래를 평가할 때 무형자산을 반드시 고려한다.

사실 기업은 수익성을 추구하는 조직 그 이상이다. 기업이 사회의 일원으로서 사회에 의해 영향을 받고, 또 사회에 많은 영향을 끼친다. 단순하게 제품과 서비스를 판매하여 수익성을 획득하고, 직원들에게 봉급을 주고, 주주들에게 수익을 배분하는 개체가 더 이상 아니다. 기업은 일시적으로 영리 활동을 하고, 중단하는 그런 조직이 아니다. 기업은 지속적으로 수익이 발생하도록 우수한 조직이 되어야 한다. 그렇게 하기 위해서는 단기 이익을 위해 장기적인 기업의 가치를 손상시켜서는 안 된다. 단기적인 이윤만 추구하는 행위는 정말로 단기적인 발상이다. 기업의 사명과 가치에 반하는 장기적이고 전략적인 가치를 훼손하는 것이다. 이것은 기업의 영속성을 훼손시켜, 기업의 존속을 상실시킨다.

그래서 Rosabeth Kanter(2011)도 "이제 기업은 단순히 수익성만을 추구하는 조직이 더 이상 아니다"라고 하였다. 기업은 사회적인 목적을 지니고 있으며, 인간의 집합체이다. 이렇게 기업은 사회의 일부이다. 가정, 종교기관, 정부가 사회의 일부이듯이, 기업도 사회의 일부라는 것이다. 그래서 "기업은 이제 버는 돈의 액수보다 돈을 버는 방법을 신중히 생각하여야 하고, 지속 가능한 기관을 만들어야 한다"고 하였다. 지속 가능한 기관은 재무적인 수익과 공적인 가치를 균형 있게 달성하는 기관이다.

그러므로 이제 기업을 영리기업과 비영리기업으로 구분하는 것도 좋은 분류는 아니라고 본다. 또 기업을 평가하는 방법도 바꾸어야 한다. 사실 이 방법은 이미 바뀌었다고 본다. 과거의 재무제표와 손익계산서와 같은 재무적 평가에서 이미 BSC(Balanced Score Card)로 전환하였다. BSC를 보면 기업의 목적이 수익성이 아니라는 사실이 더 확실해진다.

3.3.2 기업의 사명

조직을 설립하는 이유가 있다. 조직에 속한 모든 구성원들은 조직의 목적을 달성하기 위하여 모든 자원과 노력을 아끼지 않는다. 그런데 구성원들이 조직의 목적을 확실하게 이해하고 나가는 것과 그렇지 않은 조직에는 그 성과에 엄청난 차이가 있다.

사명(mission)은 조직이 존재하는 이유를 말해 준다. 사명은 조직의 모든 구성원들이 반드시 공유하여야 한다. 그래야 조직의 목표를 효과적으로 달성할 수 있다. 사명은 비전과 다르다. 사명은 존재 이유를 말하며, 비전은 가야 할 방향을 말한다. 예를 들어, 어부의 사명은 이전이나 지금이나 동일하다. 그러나 어부의 비전은 시대의 상황에 따라 변할 수 있다. 그래서 사명은 조직의 구성원들에게 우리는 누구이며, 무엇을 하여야 하는지를 말해준다. 즉, 업(業)을 말해준다. 그래서 가치관과 전략 등을 설정해 준다.

Merck의 전 회장인 George Merck는 "약은 돈을 벌기 위해 만들어지는 것이 아니고, 환자를 위해 만들어지는 것"이라고 하였다(Collins와 Porras, 1994). Merck의 사명은 '인간의 삶을 유지하고 개선하는 것이며, 아울러 동물의 건강도 개선하는 것이다(Our business is preserving and improving human life. We also work to improve animal health).' 3M의 사명은 '미해결된 문제의 혁신적 해결'이라고 하였다(Collins와 Porras, 1994).

James Collins와 Jerry Porras(1994)는 '사명'을 '이념'이라는 용어로 표현하였으며, 이념의 중요성을 실증적으로 입증하였다. 여기에서 '이념'이란 단순한 이익 만들기를 초월한 기업의 존재 이유를 의미한다. 기업은 이념을 확실하게 규정하고, 구성원들이 그 이념을 충실히 따라야 한다고 하였다. 그러면 이념에 충실한 조직이 그렇지 않은 조직에 비해서 수익이 훨씬 높다고 하였다.

3.3.3 핵심가치

앞의 IBM 사례에서도 언급하였듯이, 기업에 있어서 핵심가치는 기업의 경쟁력에 상당히 중요하다. 왜냐하면 이것들은 기업을 운영할 때 의사결정의 축이 되기 때문이다. Toyota 자동차에는 '농부정신'이 있다. '농부정신'이란 "농부처럼 오직 앞으로 전진하고, 몸을 아끼지 않고, 고생을 기꺼이 감수하고, 남다른 노력을 하는 정신"이다(Hino, 2003).

일본 택시회사인 MK의 「우리의 신념」은 MK의 사원들이 임하여야 하는 자세를 분명하게 말해주고 있다. MK는 「우리의 신념」을 회사 내부가 아닌 길거리에서 복창하도

일본택시
회사 MK

록 하며, 직원들로 하여금 직접 실전에 적응할 수 있도록 하고 있다.

MK의 「우리의 신념」

- 우리는 노동이 최고이며 신성하다는 것을 믿는다.

- 우리는 회사와 함께 있다는 것을 믿는다.

- 우리의 책무는 손님에 대한 것임을 믿는다.

- 우리는 사회에 봉사하지 않으면 안 된다.

- 우리는 건전한 이익을 올리지 않으면 안 된다.

- 우리는 학습에 전념하고 인격의 완성에 노력하지 않으면 안 된다.

GE는 GE의 가치를 1980년대 후반에 만들었으며, 계속 이어져 내려오고 있다. 이 가치는 휴대용 카드로 만들어져 직원들이 항상 몸에 지니고 다닌다. GE의 가치는 GE의 기업문화와 연결되어 있으며, 직원들이 이 가치를 항상 생각하도록 권유하고 있다. GE 의 가치는 〈표 3-1〉과 같다.

이전에는 기업의 핵심가치가 최고경영자에 의해 홀로 결정되었다. 그래서 기업의 핵심가치는 최고경영진에 의해 수립되어 전 직원들에게 일방적으로 통보되고, 공유되도 록 하였다. 그런데 최근 이러한 추세에 변화가 일어나고 있다. 이것은 MAPASHI를 반영 하는 것이다. 즉, 모든 사원들이 공유하여야 하는 기업의 가치가 어떤 한 사람 또는 일 부 집단에 의해 설정되어 강압적으로 모든 사원들이 공유하도록 하는 것은 시대 정신에

표 3-1 GE의 가치

- GE 리더들은 항상 변하지 않는 정도 경영과 함께 다음과 같은 특징을 지닌다.
- 최고에 대한 열정을 가지며 관료주의를 증오한다.
- 모든 아이디어를 개방적으로 수용한다. 워크아웃(Work-out)에 전념한다.
- 경쟁력을 제고하기 위하여 품질 향상에 전념하며, 비용 절감과 속도를 추구한다.
- 모든 사람을 설득할 수 있다는 자신감을 가지고 벽 없이 행동한다.
- 분명함, 단순성, 현실성 있는 비전을 세워 모든 구성원들에게 전달하고 공유한다.
- 대단한 에너지를 보유하며, 다른 사람에게 활력을 줄 수 있는 능력을 가지고 있다.
- 가장 높은 목표를 설정하고 이에 도전하며 성과에 따른 보상을 한다. 아울러 책임과 의무를 확실히 이해 한다.
- 변화를 위기가 아닌 기회로 여긴다.
- 세계화된 생각을 가진다. 그리고 다양한 범세계적인 팀을 육성한다.

출처: Robert Slater, 잭 웰치와 GE 방식 필드북, 물푸레, 2000, p.343.

맞지 않기 때문이다. 전문적인 지식과 개인적인 가치를 중시하는 그리고 무조건 복종하지 않는 현 시대의 사람들에게 일방적인 선포를 하고 강요하는 것은 그리 바람직하지 않다.

　　그러므로 이제 기업은 기업의 핵심가치를 중시하여, 모든 구성원들이 이러한 핵심가치를 확실하게 공유하도록 하여야 한다. 알기는 알지만 서로 다르게 이해한다든지, 또는 그냥 액자에 걸려 있는 것으로 안다면 아무 쓸모가 없다. 그래서 모든 구성원들이 우리 조직이 어디로 가고, 어떤 자세로 과업에 임하여야 하며, 의사결정의 근본이 무엇인지를 확실하게 알아야 한다. 또 최고경영자는 수시로 이러한 핵심가치를 전파하여야 한다. 특히 신입사원들에게 교육을 시켜야 한다. 핵심가치의 공유가 대기업의 유연성을 높인다는 주장이 Rosabeth Kanter(2008)에 의해 제기되었다. Kanter는 "이제 대기업이 유연성 없이는 경쟁에서 이길 수가 없다"고 하였다. 그리고 IBM, Procter & Gamble, Omron, 그리고 Cisco 기업들의 사례를 들었다. "이런 기업들에서는 구성원들이 단순한 규정에 의해서보다는 핵심가치의 공유를 통하여 유연성을 실천하고 있으며, 소집단 모임에서는 매번 조직의 핵심가치와 사명에 대해 열정적으로 토론하고 있다"고 하였다. IBM에서는 2003년에 설정한 핵심가치인 고객, 혁신, 사회적 책임을 수없이 강조하고 있다. Kanter는 "전 구성원들에 의한 가치관과 이념의 공유는 다양한 사람들을 통합시키고, 다양한 장소에서 수행되는 의사결정의 일관성을 유지하고, 보다 창조성이 있는 구성원들을 만든다"고 하였다.

3.3.4 경영철학

　　최고경영자의 경영철학은 기업의 문화와 성과에 지대한 영향을 끼친다. 여기에서는 최근 한국에서 선풍적인 인기를 끌고 있는 Starbucks의 예를 가지고 경영철학의 중요성을 설명하고자 한다.

이미지 출처:
www.starbucks.co.kr

　　사람과 마찬가지로 모든 기업에게도 위기가 온다. 2017년 Starbucks에게도 위기가 왔다. 품질하락과 서비스부재로 고객이 감소하고 매출이 급감하였다. 당시 Starbucks를 구한 사람은 전 CEO인 Howard Schultz이었다. 뉴욕의 빈민가 브루클린(Bruklin)에서 태어났으며, 어릴 적 너무 가난하여 학비를 위해 피를 판 Schultz는 그의 책 『From the Ground Up』에서 자신의 삶의 태도와 경영인의 의무, 그리고 희망에 대한 설명을 하였다. Schultz는 "현재의 Starbucks를 만든 건 특별한 경영

전략이나 마케팅이 아니라, 위기가 닥칠 때 마다 최고경영자가 지닌 철학과 신념, 즉 돈을 버는 회사보다 위대한 회사가 되는 것"이라고 하였다.

Starbucks는 창립할 때부터 학비 지원과 의료비 보조 등 직원들의 복지에 큰 관심을 가졌으며, 직장에서 사회의 중요한 현안문제들에 대해 토론을 하는 등 사회적 책임을 중시하였다. 예로, 토론에서는 인종차별, 전역 장병의 처우, 청년 실업 등의 주제들을 다루었다. 이런 모두가 Schultz의 경영철학에서 비롯된 것이다. 대부분의 기업들은 수익에 중점을 두지만, Schultz는 수익과 직원의 존엄성의 균형을 중시하였다. 그러나 인간의 존엄성을 저해하는 이익을 추구하지 않았다. 이런 것도 사회와 기업이 함께 노력하여야 좋은 세상이 이루어진다는 Schultz의 경영철학에서 비롯된 것이다. 또 Schultz는 이 책을 통하여 기업가는 살아가면서 무엇을 해야 하는지, 그리고 평등, 공정, 안전한 미래를 위해, 그리고 청년들에게 희망을 주기 위해 기업이 무엇을 하여야 하는지 등에 대해서도 언급하였다.

3.4 리더십

최고경영자의 리더십(leadership)은 아무리 강조하여도 지나치지 않다. 위기에 직면한 회사가 재기하는 과정을 보면 반드시 거기에 항상 최고경영자의 강력한 리더십이 존재한다. 이때 최고경영자는 조직의 목표를 분명하게 설정하고, 조직원들에게 조직이 나아가야 할 방향을 명확하게 제시한다.

2002년 Lou Gerstner의 뒤를 이어 Sam Palmisano가 IBM의 CEO에 취임하였을 때, Palmisano는 "IBM은 더 이상 컴퓨터 회사가 아니다"라고 선언하며, IBM의 위상을 재정립하였다. 즉, 하드웨어 중심의 컴퓨터회사에서 IT 서비스와 컨설팅 중심의 토털서비스(Total Service)를 고객에게 제공하는 회사로 변모한 것이다. 이 선언은 IBM의 정체성을 바꾸는 것이었다. 그리고 실제로 IBM의 핵심사업인 PC사업을 중국의 Lenovo에 매각하고, 컨설팅사업을 강화하기 위해 Price Waterhouse Coopers를 35억 달러에 인수하였다. 그래서 IT 서비스와 컨설팅이 전체 매출액의 절반 이상을 차지하고, 하드웨어 사업은 전체 매출의 25% 정도가 되었다.

3.4.1 패러다임의 변화

최고경영자의 역할도 상당히 변하였다. 과거 최고경영자는 주로 관리 및 운영에 중점을 두었다. 그래서 현상유지를 중시하고, 안정을 추구하였다. 또 이해관계자 중 특히 주주의 권리를 위해 많은 노력을 하여 왔다. 그래서 주주 권익을 위해서 어떤 대가를 치르더라도 수익을 높이고자 하였다. 이것은 CEO로 하여금 단기적인 목적에 치중하게 하였고, 주주를 제외한 기업의 다른 이해관계자들의 권익을 소홀하게 하였다.

신뢰, 진실성, 모범

MIT Sloan 경영대학원은 설립 50주년을 기념하기 위하여 「경영의 미래」라는 주제를 가지고 토론회를 개최하였다. 특히 최고경영자에 대한 주제가 집중적으로 논의되었다. 이 토론회에서 나온 결론은 '신뢰'였다. 이들은 '신뢰(trust)'를 아무도 감시하지 않더라도 올바른 일을 한다는 믿음을 주는 것"이라고 정의하였다. 그리고 미래에 경영자의 세 가지 원칙을 다음처럼 설정하였다(Kochan과 Schmalensee, 2003). 첫째, 경영자는 공개성, 투명성, 책임의식을 통해 광범위한 이해관계자의 신뢰를 구축하여야 한다. 둘째, 경영자는 이해관계자의 확산 등 갈수록 복잡해지는 문제에 대비하여야 한다. 셋째, 경영자는 기업과 시장을 변혁시킬 과학기술을 활용해야 한다.

한자어 신뢰(信賴)는 '믿고 부탁한다'라는 의미이다. 누가 나를 믿으면 힘이 생긴다. 이것은 사람의 본성이다. 그래서 신뢰 없이 직위만을 이용한 리더는 오래 갈 수 없다. 한때 조직원들은 리더의 직위 때문에 리더를 형식적으로 추종하였지만, 리더와 부하 직원들 간에 신뢰감이 형성되어 있지 않으면 그러한 추종도 오래 가지 못한다. 그러므로 리더는 자기 말 한마디에 신경을 쓰고, 확실하게 행동으로 보여줌으로써 조직원들의 신뢰를 획득하여야 한다.

신뢰는 얻기는 힘들지만, 잃기는 쉽다. 그러면 신뢰는 어떻게 구축되는가? Chng 등(2018)은 신뢰를 얻는 중심에 2가지 요소가 있다고 하였다. 첫 번째 요소는 인지된 숙련도(perceived competence)이다. 이것은 리더의 지식과 기술, 그리고 과업을 수행하는 능력 등을 의미한다. 인지된 숙련도는 다음과 같은 경우에 향상된다. 즉, 리더가 미래, 조직의 성과, 그리고 구성원을 강조하거나, 또 강한 결단력을 보여주고, 소통을 효과적으로 수행할 때이다. 두 번째 요소는 신용도(trustworthiness)이다. 이것은 리더의 가치관과 믿을 수 있는 정도를 의미한다. 신용도는 다음과 같은 경우에 향상된다. 일관된 행동, 조직 및 구성원 보호, 조직의 비전과 가치관 구축, 주요 이해관계자들과의 긴밀한 소통, 공개적인 대화, 인간 중시, 그리고 구성원과 이해관계자 지원 등이다. 그러나 이들은 이 두개 요소 중에서 더 중요한 요소는 신용도라고 하였다. 왜냐하면, 인지된 숙련도는 취득하면 되지만, 신용도는 한 번 깨지면 회복하기가 어렵기 때문이라고 하였다.

리더는 진실성이 있으며, 스스로 모범을 보여야 한다. 진실성은 말과 행동의 일치이다. 말과 행동이 다른 최고경영자는 조직 내에서 신뢰를 잃고, 권위를 상실하여 기업을 이끌고 나갈 수가 없다. 말만 강조하고, 다른 행동을 하는 최고경영자는 리더로서의 자격이 없다는 것이다. 인디언 부족들이 인디오 추장에게 물었다. "추장님의 특권은 무엇인가요?" 추장이 말하였다. "내 특권은 전쟁이 났을 때 가장 앞에 서는 것이다."

최고경영자는 열정과 헌신을 가지고 경영을 하여야 한다. 그래서 모든 조직원들의 귀감이 되어야 한다. IBM의 전 CEO Louis Gerstner(2003)는 "최고경영자는 조직의 전면에서 확신을 가지고 조직적인 행동을 이끌어내야 한다"고 하였다. 그래서 "최고경영자의 헌신 없이는 어떤 변화도 만들어낼 수 없다"고 하였다.

카리스마 리더십

리더(leader)는 과거처럼 군림하여 모든 사람들을 독단적으로 이끌고 가려고 해서는 안 된다. 특히 우수한 인재들은 이러한 리더들을 가장 싫어한다. 자기 마음대로 결정하고 모든 사람들이 무조건 이에 따르라는 식의 리더는 이 시대가 요구하는 리더가 아니다. 그래서 이제 리더는 우수한 사람들의 말에 귀를 기울이고, 그들이 일을 효과적으로 할 수 있도록 보호해 주고 도와줘야 한다. 이것이 '봉사하는(servant) 리더십'이다. Walmart의 리더들은 '봉사하는 리더십'을 강조한다. 그리고 경영자들에게 동료들과의 대화를 가급적 많이 갖도록 한다. 이것은 대화의 양이 많으면 많을수록, 회사의 가치관이나 방침을 더 잘 이해할 수 있기 때문이다. 한천업계 세계 1위인 일본 Ina 식품공업의 Hiroshi Tsukakoshi 회장은 「나이테 경영」을 주장하고 있다(Tsukakoshi, 2010). 「나이테 경영」의 핵심 중 하나는 직원들의 사기를 이끌어 내는 것이다. "기계는 스펙(spec)

이상의 일을 할 수 없지만, 사람은 동기가 부여되면 3배 이상의 일을 할 수 있다"는 것이다.

또 과거 중요하게 간주되었던 '카리스마 리더십'은 최근 많은 도전을 받고 있다. James Collins와 Jerry Porras(1994)는 비전 있는 기업들을 조사하면서 "리더의 카리스마는 기업의 성공에 그리 중요하지 않다"고 하였다. 이들은 우수한 기업에는 반드시 뛰어난 카리스마 리더가 있다는 사실을 사례를 통하여 부정하고 있다. 이러한 기업들로 이들은 P&G, Sony, 3M, Hewlett Packard, Merck 등을 예로 들었다. 또 Satoshi Hino(2003)도 카리스마 리더는 기업의 영속적인 성장을 달성하지 못한다고 하였다. 카리스마 리더는 자신을 특별한 존재로 생각하고, 따르는 사람들을 무능하다고 보기 때문에 영속적인 성장을 이루지 못한다고 주장하였다.

공감형 리더십

프랑스 INSEAD 교수인 De Vries(2016)는 카리스마 리더의 위험성을 지적하고, '공감형(empathic) 리더십'의 시대를 주장하였다. De Vries 교수는 "카리스마형 리더 곁에는 진실한 조언 대신 그의 주장에 맞장구만 쳐주는 예스맨(Yesman)만 남을 위험이 크다"면서 "혼자 생각하고 행동하는 리더보다는 함께 객관적으로 상황을 판단하고 위험을 헤쳐 나갈 수 있는 조언을 주고받는 '팀플레이어'야말로 이 시대가 필요로 하는 리더"라고 강조했다. 계속 그는 "카리스마 리더는 지칠줄 모르는 에너지, 자신감, 투지를 소유하고 있지만, 자신의 한계를 인식하지 못하고 잘못된 선택을 하게 되는 경우가 많다. 그래서 조직 전체가 리더의 그릇된 판단 때문에 위기에 빠지게 된다"고 하였다. 이렇게 카리스마형 리더는 단기적인 성과를 달성하기는 하지만, 장기적인 성과를 달성하기 어려우며, 건강한 기업문화가 형성되지 않는다. 그래서 리더는 직원들의 말을 잘 듣고, 조직원에게 확실한 방향을 제시할 수 있어야 한다. 그래서 중요한 것이 경청이다. 이렇게 지금 시대는 개인의 리더십이 아닌 팀워크를 이끄는 리더십을 요구한다.

대화 리더십

리더십에 대한 패러다임은 그 어떤 주제보다도 빨리 변하고 있다. 효과적인 리더십은 당시 그때그때의 상황에 따라 바뀐다. 한 가지 분명한 사실은 효과적인 리더십의 유형이 지속적으로 변하고 있다는 것이다. 지금은 과거와 어떻게 다른가? 인터넷, 세계화, 지식창출 등의 시대가 아닌가? 이런 시대에 어떻게 한 사람이 생각하고, 명령하고, 통제할 수 있는가? 조직원 모두가 한 사람만을 바라보며 있을 수 있는가? 이제는 소통과 대화로 서로 의견을 나누며 정보를 공유하는 시대이다.

그래서 Boris Groysberg와 Michael Slind(2012)는 '리더십은 대화이다'라고 하였다. 리더는 조직 내에서 소통을 잘 관리하여야 한다. 소통은 정보의 흐름과 대화이다. 혼자 상대방에게 일방적으로 말하는 것은 소통이 아니다. 대화는 쌍방통행이어야 한다. 특히 직원들과의 일대일 대화는 매우 중요하다. 그냥 지속적인 명령과 지시를 내리기보다는 일대일의 대화는 효과가 상당히 크다. 즉, 구성원의 동기부여를 강화하고, 전략의 일체성을 꾀하며, 경영의 유연성을 강화한다. 또 조직의 문화를 대화하는 문화로 바꿔, 대규모의 조직이라도 하나로 뭉치게 하는 효과가 있다. 그러면 왜 조직에서의 소통이 효과적인가? 소통은 사람들을 친하게 만들며, 신뢰가 쌓이며, 경청하게 만들며, 그리고 개인적으로 만들기 때문이다.

Finkelstein(2018)도 "최고의 리더는 위대한 선생"이라고 하였다. 10여 년의 연구를 통하여 그는 계속 일대일로 업무에 대해 직원을 지도하는 리더 중에 위대한 리더들이 많다고 하였다. 그러나 대부분의 기업 리더들은 공식적인 차원에서 직원들과 접촉을 하고 있다. 상사와 부하의 관계에서 공적인 명령과 보고의 만남이 주를 이루고 있다. 그러나 지속적으로 직원을 지도하는 리더는 기술적인 능력, 일반적인 전술, 비즈니스 원칙, 그리고 인생에 대한 지도를 한다.

글로벌 HR 컨설팅회사인 Hay Group의 보고에 따르면, 한국 기업 임원들이 가장 많이 사용하는 소통의 방법은 부하 직원들의 의견을 경청하지 않은 채 독단적으로 앞으로 나아갈 방향을 알려주고, 부정적인 단어와 표현으로 잘못된 것과 시정하여야 할 것을 말해주는 피드백을 하고 있다고 하였다(강진구, 2014). 이들은 높은 자리에 다다르면 어떤 것이든지 부하직원들이 알고 있지 않은 것들을 화려한 말로 가르쳐 주어야 한다고 생각한다고 하였다. 그러나 이러한 방식의 소통은 아무리 많아도 조직의 긍정적 변화로 이어지기 어렵다.

3.4.2 중간관리자 리더십

이제 리더십은 오직 최고경영자에게만 국한된 용어가 아니다. 리더십은 조직의 모든 리더들에게 필요하다. 조직에 리더는 1명이고, 나머지 사람들은 전부 추종자라는 인식을 바꿔야 한다. 리더는 곳곳에 있다. 부서가 있는 곳에 리더가 있고, 팀이 있는 곳에 리더가 있다. 심지어 나 혼자서도 리더가 될 수 있다. 바로 '셀프 리더(self leader)'이다. 이런 점에서 중간 경영자는 리더가 되어야 한다. 권한의 이양이 이루어지고, 무조건 위에서 하달된 명령을 수행하는 인간 로봇이 되어서는 안 된다. 이런 기업은 희망이 없다.

3.4.3 적극적 활동주의자

모든 것이 변함에 따라, CEO들의 행동도 변하는 것은 이상하지 않다. 과거 CEO들은 주주들의 이익을 향상하는 데 주로 전념하였다. 그러나 최근 CEO들은 정치, 사회, 종교적인 문제에도 신념을 가지고 목소리를 높이고 있다. 일종의 여론리더가 되어 회사의 경제적인 문제뿐만 아니라 다양한 이슈에도 관심을 보임으로써 과거 CEO들에 비하면 상당히 적극적인 여론을 조성하고 있다.

Chatterji와 Toffel(2018)은 CEO들이 이렇게 적극적인 활동을 하는 이유로 다음처럼 2가지 이유를 들었다. 첫째, 어떤 이슈에 대한 회사의 의견을 강하게 표현하여 사회적인 호응을 불러일으킨다. 예를 들면, Chickfil−A의 CEO Dan Cathy는 동성애 결혼을 반대하였다. 이것은 Chickfil−A가 기독교 가치관을 존중하는 회사이기 때문이다. 또 어떤 경우에는 많은 CEO들이 효과를 극대화하기 위하여 집단으로 의견을 표명한다. 예로, 2015년 UN의 파리 기후협약협상을 각 국가들이 강력하게 실천하라고 주요 14개 식품회사(Coca−Cola, PepsiCo, Kellogg, Unilever, Mars, Danone 등)들의 CEO들이 집단으로 서명하였다. 두 번째로는 경제적인 힘을 과시하여 영향력을 행사한다. 예로, Lyft는 Trump의 이민정책에 반대하는 ACLU(American Civil Liberties Union)에 백만 달러의 기부금을 주었다.

3.5 전략

전략(strategy)은 처음에 군사적 용어로 사용되었지만, 시간이 흘러감에 따라 기업의 전문적인 용어가 되었다. 비즈니스에서 가장 먼저 전략이라는 용어를 사용한 사람은 Alfred Chandler(1962)이다. Chandler는 「전략과 구조(Strategy and Structure)」 세미나에서 처음으로 근대 기업이 성장하고 변화하기 위한 체계적인 전략을 제시하였다. 그리고 "전략은 설정한 기업의 장기 목적을 달성하기 위해 기업의 자원을 할당하는 것"이라고 정의하였다. 이어서 Chandler(1990)는 2차 산업혁명시대에 있어서 규모와 범위의 경제가 기업의 성장에 주는 영향을 설명하였다. Chandler로부터 영향을 받은 Igor Ansoff(1988)는 "전략이란 기회와 위험의 환경에서 조직의 발전을 이끄는 새로운 의사결정 규칙과 가이드라인"이라고 정의하였다. Kenneth Andrews(1987)는 처음으로 비즈니스 전략과 기업전략을 구분하였다. "비즈니스 전략(business strategy)은 제품과 시장의 선택이고, 기업전략(corporate strategy)은 미래를 보는 상위의 전략"이라고 하였다. 그래서 "기업에는 1개의 기업전략과 여러 개의 비즈니스 전략이 있을 수 있다"고 하였다. 실무적으로 Nokia에서는 "전략은 계속 발전하고 변화된 환경에 적응하는 것"이라 하였다(Gottert, 2003).

지금까지 세계에서 가장 오랫동안 효과적이었던 전략은 GM의 '브랜드 포트폴리오 전략(brand portfolio strategy)'이다. 1920년대 Alfred Sloan에 의해서 개발된 GM의 제품경쟁 전략은 그 후 약 70년간 세계 자동차시장을 지배해 왔다. GM의 제품경쟁 전략은 다음과 같다. 첫째, GM은 고객의 욕구를 적극적으로 반영하여 당시 Ford 자동차의 단일차종 전략에 대항하여 제품라인을 Chevrolet, Pontiac, Buick, Oldsmobile, 그리고 Cadillac 등 5가지 차종으로 설정하였다. 둘째, 중고차시장을 중시하여 최하급 자동차인 Chevrolet의 가격을 포드의 T형 자동차보다 높게 설정하고, 대신 1년 지난 Chevrolet 중고차의 가격을 포드의 T형 신형차보다 낮게 책정하여 포드의 T형 자동차에 도전하였다. 셋째, GM 차종별로 서로 경쟁을 실시하였다.

3.5.1 패러다임의 변화

과거에는 비교적 산업이 안정되어 전략을 잘 수립하는 것이 중요하였다. 어떻게 하면 미래를 잘 예측하여 효과적인 전략을 수립할 것인가 하는 것이 중요하였다. 그래서 효과적인 전략을 개발하기 위해 조직의 내부와 외부에서 많은 자료를 수집하고 많은 시간을 투자하였다. 그리고 최고경영자의 임무는 좋은 전략을 수립하는 것이었다. 그러나 환경이 바뀌었다.

미래 예측의 부정확성

Michael Hammer(2002)는 한 세미나에서 전략을 수립하는 사람들에게 "5년 전 전략을 수립할 때 지금 발생하는 일들을 조금이라도 예측해 본 적이 있냐"고 질문하였을 때, '그렇다'고 답한 사람은 한 사람도 없었다. 그래서 Hammer는 "많은 기업들이 의미가 없는 장기적인 전략을 무의식적으로 수립한다"고 하였다. 이렇게 전략을 수립하는 사람들이 미래를 정확하게 예측하지도 못하면서 습관적으로 전략을 수립하고 있지 않은지 경영자들은 한 번 생각해 보아야 한다. 사실 기업은 5년 후가 아니라, 일 년 후도 잘 보지 못할 수도 있다.

3.2에서도 이미 언급하였듯이, 미래는 점차로 예측하기가 힘들어졌다. 시장환경이 급격히 변하였다. 고객도 변하였다. 경쟁자의 전략도 급격하게 변하였다. 이런 시대에 전략을 잘 수립하는 것은 어려운 과제가 되었다. 불확실성이 급격히 증가하는 시대에 미래의 안정성도 따라서 낮아지게 되었다. 그러므로 특히 변화가 심한 산업에 있어서 전략을 잘 수립하는 것은 상당히 어렵게 되었다. 즉, 전략의 수립과 전개가 과거에 비해 점차로 덜 중요하게 되었다.

Reeves 등(2016)은 미래의 불확실성이 점차로 커지는 환경 속에서 기업들은 안정된 환경에서 하였던 전략을 계속 사용하고 있다고 비판하였다. 즉, 장기적인 안정을 구하기보다는 단기적인 수익 창출에 더 중점을 두고 있다고 하였다. 그래서 이들은 점차로 복잡해지는 환경 속에서 공기업의 영속성을 유지하기 위해서는 사업의 다각화, 안정성 추구, 실패 가능성에 대한 중복적인 방지시스템, 불확실성 감소, 피드백 시스템 강화와 적응 메커니즘 개발 등을 주장하였다.

창의성과 전략

이제 혁신은 모든 기업의 중요한 업무이다. 기업이 사느냐 사라지냐를 결정하는 근본적인 활동이다. 그런데 혁신은 창의성에 의해 나오기 때문에 전략을 수립할 때부터 창의성이 구성원들로부터 잘 수렴되도록 하여야 한다. 새로운 전략이 기업의 구성원들에게 이전보다 무엇인가 더 잘 해야겠다는 의욕을 불러 일으키지 못한다면, 구성원들은 굳이 새로운 아이디어를 창안할 필요가 없을지도 모른다. 물론 환경에 따라 차이가 있겠지만, 진부한 전략수립으로 성공할 수 있는 기업은 그리 많지 않을 것이다. 그래서 전략은 결국 혁신이 되고, 혁신은 전략이 될 것이다. 설계와 혁신을 잘 하는 IDEO는 설계 사고(design thinking) 기법을 이미 전략수립에 적용하고 있다(Brandenburger, 2019). IDEO에서는 전략과 혁신의 경계가 허물어졌다.

전략기획부서의 재조명

과거 대부분 기업들에게는 전략만을 전문적으로 수립하는 부서들이 있었다. 아니 지금도 전략만을 전문적으로 수립하는 전략부서 또는 기획부서가 있는 기업들이 상당수 있다. 이 부서는 오직 전략을 기획하고 수립한다. 그리고 실천은 다른 부서들이 한다. 이것은 최근 많은 비판을 받고 있다. 회사에서 어떤 일을 가장 잘 아는 사람은 현장에 있는 사람들이다. 그러므로 전략을 수립할 때 이 사람들의 의견을 들어야 한다. 그런데 현장에 있는 사람들은 대개 전략수립 과정에서 제외된다. 그리고 현장이 아닌 사무실에서 숫자와 씨름하는 사람들에 의해 전략이 수립된다. 이런 제도는 행동과 사고를 분리시킨다. 행동하는 사람 따로 있고, 실천하는 사람 따로 있다는 것이다. 머리와 발이 따로 있다는 이야기이다. 이것은 과거의 과학적 경영과 유사하다. 그래서 이제는 전략을 수립할 때에는 조직의 모든 사람들을 전부 포함시켜야 한다.

Southwest Airlines는 전략을 수립할 때 톱다운(top-down) 방식의 의사결정을 하지 않는다. 그것은 현장 직원, 감독관, 관리자들 모두가 중요하다고 보기 때문이다. 그래서 경영진 모두가 TFT(Task Force Team)나 위원회 등을 통해 전략수립 프로세스에 참여하여, 의사를 표현하고 피드백을 받는다. 물론 최종 결정은 CEO가 내리지만 그 선택 과정에 모두가 함께 참여한다(Barrett, 2012).

비고객 전략

이제 기업은 과거에 집중하지 않았던 시장에 투자하는 전략을 최근 보여주고 있다. 기업이 과거에 서비스하지 못하였던 고객들을 찾아 서비스하는 전략이다. Clayton Christensen(2009)은 시장에 진출하는 기업은 3가지 전략을 사용할 수 있다고 하였다. 첫째, 최고의 품질로 시장에 진출한다. 둘째, 저가 시장을 공략한다. 셋째, 비소비자들을 공략한다. 2004년 네덜란드에 본사를 두고 있는 Unilever를 저자가 방문하였을 때, Unilever는 앞으로 저소득층 고객에 대한 전략을 수립하고 있다고 하였다(안영진, 2006). 이것은 선진국에서 시장의 한계를 느끼고 있어, 새로운 시장을 창출할 필요가 있었기 때문이다. Unilever는 이 전략을 2007년에 보다 구체화하였다. 그래서 유럽 지역의 연구소와 인력을 점차로 감소하고, 인도와 같은 신흥개발국에서의 연구소와 인력은 점차로 증가하고 있다. 제품도 기존제품을 조금 변형한 제품을 신흥개발국가 시장에 내놓는 것이 아니고, 완전히 저소득층에 맞춘 제품을 디자인하여 출시하고 있다. 이것이 고소득층과 저소득층의 욕구가 상이하기 때문이다. 이것은 Christensen의 비소비자 공략이다. Dell 컴퓨터도 초저가 컴퓨터를 출시하여 중국과 인도와 같은 새로운 시장에 진출하고 있다. CEO인 Michael Dell은 2007년 중국 상하이에서 개최된 신제품 발표회에서 "앞으로 중국에서 260~400달러짜리 초저가 컴퓨터를 출시하겠다"고 발표하였다.

공개전략

또 하나 인식하여야 할 중요한 MAPASHI는 전략이 과거의 폐쇄에서 공개로 바뀌었다는 사실이다. 과거에는 조직의 내부자원만을 이용하여 수익을 창출하는 것이 일반적인 전략이었다. 그래서 모든 새로운 제품과 서비스에 대한 아이디어나 개발은 그 조직의 연구개발부서에 의해서만 이루어졌다. 때문에 조직의 모든 기술, 시스템, 프로세스 등은 완전히 장막에 가려 외부에 잘 노출되지 않았다. 우리 기술은 오직 우리 기술이기 때문에 비록 유용성이 없다 할지라도 절대로 외부에 공개하지 않는다. 투자액이 많이 소요되어도 우리 자금으로만 우리의 독창적인 기술을 개발하는 것이 중요하였다. 그러나 시대가 변하였다. 공개전략으로 변한 것이다. 내부자원만으로 경쟁력을 유지하기에는 그리고 더 나아가 향상시키기에는 한계가 있게 된 것이다. 그래서 이제는 내부와 외부자원 전부를 이용하여 가치사슬의 가치를 향상시키게 되었다. 독창성이 중요한 것이 아니라, 공개가 중요하게 되었다. 제품 및 서비스 사용자들은 단순히 사용자에서 제품과 서비스품질을 향상하는 사람들이 된 것이다. 이들을 아이디어의 자원으로 만든 것이다.

전략의 범위

앞에서 여러 번 설명하였지만, 기업환경은 너무 심하게 변화하고 있다. 그런데 전략은 이전의 관습대로 행하고 있다. 그래서 기존의 거대기업이 벤처기업에게 시장을 빼앗기며, 또 벤처기업은 그 성장이 일시에 머물며 오래 가지를 못하고 있다. 이렇게 되는 주요한 이유는 기업이 전략을 너무 협소하게 개발한다는 것이다. 그래서 전략이 일시적인 수익을 기업에게 주지만, 장기적으로는 오래 가지 못한다는 것이다. 이런 점에서 Collis(2021)는 기업이 전략을 수립하고 실행할 때, 다양한 요소들을 포함한 그래서 장기적으로 기업의 수익성과 지속가능성을 보장하는 전략을 짜야 한다고 주장하였다.

3.5.2 조직의 유연성

미래를 보다 정확하게 예측하는 것이 어려워질수록 환경변화에 신속히 대응할 수 있는 조직의 유연성이 중요하게 되었다. 아무리 잘 예측하여도 분명한 사실은 예측은 틀린다는 사실이다. 그리고 예측을 잘 하는데 많은 시간과 돈을 투자하는 것은 자원의 낭비이다. 그러므로 보다 더 효과적인 일은 환경 변화에 신속하게 대처할 수 있는 유연한 조직을 구축하는 것이다. 이것은 조직의 부문과 중복되는 이야기이지만, 미래의 불확실성을 조직의 유연함으로 대처하는 것이 최근의 추세이다.

이런 유연하고 적응력이 뛰어난 조직을 만들기 위해서 Michael Hammer(2002)는 3가지 구체적인 절차를 제시하였다. 첫째, 신속하게 대응하기 위한 초기 경보 시스템을 만든다. 대개 기업은 변화가 발생하고 있는 현상을 잘 알지 못한다. 이것은 대부분의 기업들이 변화를 하나의 예외적인 사건으로 간주하려는 경향을 가지고 있기 때문이다. 그리고 변화를 가장 먼저 감지하는 사람들은 최고경영자가 아니라 바로 현장에서 일하는 사람들이다. 그래서 이 사람들로부터 살아 있는 정보를 입수하고, 이런 변화를 신속하게 감지할 수 있는 프로세스를 설계하고 실행하여야 한다. 이러한 프로세스의 3가지 요소는 고객들에 대한 깊은 통찰력을 개발하고, 기존의 경쟁업체는 물론이고 잠재적인 경쟁업체를 분석하고, 그리고 마지막으로 현재에서 미래의 씨앗을 찾는 것이다. 둘째, 변화의 반응에 통달하는 것이다. 그렇게 하기 위해서는 기업의 새로운 변화를 담당하는 핵심인물을 개발하고, 또 변화에 대처하기 위한 프로세스를 개발하는 것이다. 셋째, 지원조직의 하부구조를 만든다. 그래서 변화를 환영하는 기업문화와 구조를 정립하도록 하여야 한다. 문화에 대해서는 추후에 설명하도록 한다.

3.5.3 신사업 전략

변화가 너무 심한 환경에서는 기존의 사업으로 지속가능한 조직을 유지하기가 점차로 어렵다. 여기에 대한 설명은 본 책의 곳곳에서 언급된다. 이렇게 볼 때, 기업은 투자할 신사업을 지혜롭게 구상하고 실천하여야 한다. 1990년대 파산할 뻔한 IBM은 지속적인 변신을 하여 왔다. IBM은 2018년 현재 800억 달러나 되는 수익의 45%가 5년 전에는 하지 않았던 사업에서 창출되고 있다(Burrell, 2018). 이것은 지속적인 변화와 혁신의 산물인 것은 말할 필요가 없다.

3.5.4 개인 인생의 전략

여기에서는 전략에 있어서 패러다임의 변화라기보다는 개인 인생의 전략을 어떻게 수립하는 것이 좋은지 언급하고자 한다. 특히 Clayton Christensen(2010) 교수가 Harvard 경영대학원생들에게 조언한 내용을 소개하고자 한다. 그것은 우리 독자들도 한 번 이 내용을 음미하면 독자들의 인생을 설계하는 데 크게 도움이 될 것으로 확신하기 때문이다. Christensen 교수에 대해서는 www.claytonchristensen.com을 참조하기 바란다.

Christensen 교수는 학생들에게 다음처럼 3가지 질문을 던졌다. 첫째, 나의 미래 경력에 있어서 내가 행복할 것이라는 것을 어떻게 확신할 수 있는가? 둘째, 나의 배우자와 가족과의 관계가 행복의 근원적 원천이라는 것을 어떻게 확신할 수 있는가? 셋째, 감옥에 가지 않을 것이라는 것을 어떻게 확신할 수 있는가?

첫 번째 질문에 대하여는 Frederick Winslow의 이론을 들었다. Winslow는 우리의 강력한 동기부여가 돈이 아니고, 학습욕구, 책임감, 봉사, 성취감 등이라고 하였다. 비즈니스 경력은 사고, 팔고, 투자하는 것이라고 생각하는 MBA 과정에 입학하는 학생들이 점점 늘고 있다. 그러나 사실 이것은 불행한 일이다. 이러한 거래는 사람들과의 관계에서 오는 깊은 보상을 주지 않는다. 두 번째 질문에 대하여는 다음처럼 말하였다. 재상봉 행사에 오는 졸업생들을 보면 점점 이혼하거나, 불행하거나, 자식들과 사이가 좋지 않은 사람들이 많아지는 것을 볼 수 있다. 이것은 인생의 행복에 가장 영향을 많이 끼치는 가족들보다는 회사 일에 훨씬 더 많은 시간을 투자하기 때문이라고 본다. 그래서 가족과의 행복을 원한다면, 분명하게 인생의 목적을 설정하고 지켜야 한다. 또 매일 한 시간씩 자기 인생의 목표를 생각하고, 기도하여야 한다. MBA 과정에서 배우는 개념과 기법에 수많은 시간을 투자하면서, 훨씬 더 중요한 인생의 목표에 대해서는 시간을 주지 않는 것은 모순이다. 그러므로 자기 인생을 설계하는 데에 있어서도 기업처럼 자원을 현명하게 분배하여야 한다. 우리는 할 일이 너무나도 많다. 그러므로 한정된 시간과 자원을 잘 분배하는 것이 중요하다. 가족, 회사, 연구, 인간관계, 종교, 친구, 사회, 국가 등에 우선순위를 두어 자원을 분배하여야 한다. 세 번째 질문에 대하여는 분명한 가치관과 문화를 언급하였다. 이것은 어렸을 적 가정에서부터 형성된다. 그리고 '이번 한 번만 하고 다음부터는 절대로 안 한다'는 것을 적용해서는 안 된다. 어떤 신조를 100% 지키기는 쉬워도 98% 지키기는 어려운 것이다.

3.6 고객

고객은 경영 패러다임의 변화를 이끈 가장 중요한 요소이다. 20세기 중반을 넘어서면서 생산자시대가 소비자시대로 변하였다. 품질에 있어서도 과거에는 생산자가 품질의 좋고 나쁨을 결정하였지만, 이제 소비자가 품질을 결정하게 되었다. 생산자는 미리 설정한 품질규격에 적합하면 품질이 좋다고 판정하지만, 소비자가 만족하지 않으면 그 제품 및 서비스의 품질은 더 이상 좋은 것이 아니다. 생산자시대에서 소비자시대로의 이동은 경영에 폭풍을 불러왔다. 또 Toffler가 2006년 생산자이면서 동시에 소비자인 '프로슈머(prosumer)'를 언급하였고, 2010년에는 '창조형 고객(creative consumer)'이라는 용어가 등장하였다.

이제 기업의 모든 의사결정은 소비자로부터 시작하고 소비자에서 끝나야 한다. 포스코가 경영혁신을 하기 위해서 PI(Process Innovation)를 도입하였는데, 그때 가장 먼저 염두에 두었던 요소가 바로 고객이었다. GE에서도 기업의 모든 것은 기업의 외부, 곧 고객에서 출발한다고 하였다.

3.6.1 패러다임의 변화

고객욕구

과거에 고객은 단순히 기업이 생산한 물건을 사는 사람들에 불과하였다. 그러나 20세기 초부터 이러한 인식에 변화가 왔다. 고객의 니즈(needs)와 욕구가 중요시되기 시작한 것이다. 가장 대표적인 예로 1930년대의 Ford 자동차와 GM이다. Ford 자동차는 'T 모델' 하나만을 가지고 무조건 저렴한 자동차를 만들면 잘 팔릴 것이라고 생각하였다. 이 전략은 일시적으로 큰 성공을 거두었지만, 곧 실패하였다. 이것은 고객의 중요성을 소홀히 하였기 때문이다.

GM은 고객의 소득수준이 높아짐에 따라 소비자들이 당연히 보다 나은 자동차를 요구할 것이라고 예측하였다. 그래서 고객의 선택 범위를 확장시켜 주는 '브랜드 포트폴리오(brand portfolio) 전략'을 수립하였다. 이 전략은 고객의 욕구를 충족시켜 주는 전략이 되어 GM이 Ford 자동차를 경쟁에서 이기게 하는 원인이 되었다. 즉, 고객의 욕구를 파악하는 중요한 전략이 되었다.

GE의 전 CEO인 Jack Welch는 1997년 연례회의에서 "기업의 경쟁력은 기업의 내부가 아닌 외부에서 시작된다. 그래서 고객을 만족시키기 위해 어떻게 하여야 하는가에 대한 질문을 중심으로 회사가 나아가야 한다"고 하였다. 그리고 "그것만이 기업의 유일한 관심사이며, 고객은 아이디어를 창출하는 최대의 보고이다"라고 하였다. 아이디어는 조직 내부보다는 외부인 고객으로부터 더 많이 나온다는 것이다. 그래서 기업은 고객과의 관계를 잘 구축하여, 고객을 파트너로 간주하여야 한다.

그리고 고객욕구는 항상 변한다는 사실을 잊어서는 안 된다. Dell의 'Dell Business Model'은 상당히 유명하다. 여기에 대해서는 서비스혁신에서 설명하도록 한다. 그런데 이 모형이 점차로 시장에서 효력을 상실하기 시작하였다. 이것은 고객의 욕구가 변하였기 때문이다. 과거에는 소비자들이 PC를 구매할 때 PC를 보지 않고 그냥 인터넷 또는 전화로 주문하였다. 그러나 점차로 PC를 직접 시험 확인하고 구매하길 원하는 소비자들이 증가하였다. 이러한 현상은 Dell의 시장점유율을 떨어뜨려, 오프라인(off-line) 유통기반이 확고한 Hewlett Packard에게 시장 1위 자리를 내주게 되었다. 그래서 Dell은 이제 온라인(on-line)뿐만 아니라, Walmart와 Dimension과 같은 오프라인에서도 PC를 판매하기 시작하였다. 소비자의 변하는 욕구에 부응하기 위해서이다.

그러나 최근 4차 산업혁명으로 다양한 분야에서 많은 변화가 발생하고 있다. 고객의 욕구도 예외는 아니다. 전통적으로 고객의 욕구는 고객욕구 조사 또는 VOC(Voice of Customer)를 통하여 알 수 있었다. 그러나 최근에는 실시간으로 또는 미리 고객욕구를 파악할 수 있게 되었다. 패러다임이 바뀌고 있는 것이다. 출판회사인 McGraw-Hill의 사례를 통하여 설명하기로 한다(Siggelkow와 Terwiesch, 2019). McGraw-Hill은 학생들에게 수업 교재를 판매한다. 그런데 이 교재는 전자교재로 숙제를 포함하고 있다. 학생들이 교재를 읽고 숙제를 하는 모든 과정이 전부 수집되어 교수와 McGraw-Hill에 피드백된다. 만약 숙제에 어려움을 경험하는 학생이 있다면, 교수는 즉시 그 사실을 파악할 수 있게 된다. 그리고 McGraw-Hill은 그 학생에게 숙제를 푸는데 필요한 내용을 안내하거나 또는 유용한 동영상 자료를 제공한다. 이러한 변화를 Siggelkow와 Terwiesch(2019)는 '연계전략(connected strategy)'이라고 명명하였다. '연계전략'은 4차 산업혁명의 핵심기술을 이용하여 고객의 욕구를 실시간으로 파악하고, 주기적인 패턴을 분석하여 고객의 욕구를 싱시간으로 감지하며, 어떤 경우에는 미리 고객 욕구를 인지할 수도 있다.

고객 리드

그런데 실제 고객의 욕구를 파악하기는 쉽지 않다. 이것은 고객이 자기의 니즈를 잘 표현하지 않기 때문이다. 하버드(Harvard)대학의 Gerald Zaltman 교수는 "말로 표현하는 고객의 니즈는 5%이며 대부분인 나머지 95%는 숨겨져 있다"고 하였다. 이제 기업은 고객을 따라가는 전략에서 고객을 리드하는 전략으로 바뀌져야 한다. 고객만을 무조건 따라가는 전략은 성공하기가 쉽지 않다. Apple의 iPhone은 고객을 리드하는 전략이었다. 고객을 따라가는 전략은 미미한 성공이지만, 고객을 리드하는 전략은 산업을 파괴시키는 효과를 가져온다.

비고객

모든 기업은 고객을 대단히 중요시한다. 잘못된 것이 아니다. 그러나 기업이 성장하기 위해서는 비고객(noncustomer)을 알아야 한다. Drucker(2003)는 "비고객이 대개 고객보다 숫자가 많다. 그래서 기업이 성공하기 위해서는 비고객을 관찰하는 것이 중요하다. 물론 기존 고객을 잘 알고 그들에게 높은 가치의 제품과 서비스를 제공하는 것이 중요하다. 그러나 근본적인 변화의 처음 징후는 고객이 아닌 비교객으로부터 나타난다"고 하였다.

그러면 비고객은 누구인가? "비고객은 우리 제품 대신 경쟁자의 제품을 구매하거나, 우리 업종이 아닌 다른 업종에서 제품을 구매하거나, 또는 우리 제품 자체를 인지하지 못하고 있는 사람들이라 할 수 있다. 그래서 기업은 그들이 왜 비고객인지 그 원인을 파악하고, 비고객을 고객으로 전환시키는 노력이 필요하다.

사실 비고객의 중요성을 가장 빨리 인지하고 있는 분야는 종교이다. 기독교, 불교, 이슬람교, 힌두교 등 모든 종교들은 전도, 선교, 포교 활동을 하여 신자숫자를 확대하고자 한다. 물론 고객이나 비고객이라는 용어를 종교에서 사용하지 않지만, 종교는 비신자인 이방인들을 자기 종교를 믿는 신자들로 만들고 싶어한다. 이런 과정에서 이것은 가끔 종교갈등을 일으켜 종교전쟁이라는 엄청난 사건을 일으키기도 한다.

최근 Clayton Christensen 교수(2009)가 제시한 「파괴하는 혁신」은 주고객이 아닌 비고객까지 포함한 사람들을 중요시하여야 한다는 사실을 일깨워 주었다. 그는 "위대한 기업들이 핵심고객의 소리에 귀를 기울여 왔고, 지속적으로 그들을 만족시키기 위해 노력하였고, 프로세스나 제품을 개선하기 위해 꾸준히 투자하였지만 실패하였다"고 하였다. 그 이유는 바로 이들이 그렇게 하였기 때문이다. 이것을 Christensen 교수는 '혁신기업의 딜레마'라고 하였다. 디스크드라이브(Disk Drive) 산업의 역사를 보면 Christensen이 주장하는 기업의 딜레마를 이해하게 된다. 핵심 고객과 가까이한 기업들이 궁극적으로 성공하지 못하였기 때문이다. 이 주장은 우리가 이야기하고 있는 내용과 어떻게 보면 상당히 상반된 것이라고 할 수 있다. 그러나 시사하는 바가 크며, 자세히 그 내용을 보면 상반되는 개념이 아닌 것을 알 수 있다. 이것 역시 패러다임의 변화이기 때문이다. '파괴하는 혁신'에 대해서는 제4장에서 자세히 설명하도록 한다.

또 소비자들이 항상 올바른 것은 아니라는 사실이다. Sony가 1979년에 출시하였던 Walkman은 소비자들로부터 호응이 별로 없었다. 사실 소비자뿐 아니라 내부에서도 반대가 많았다. 처음에 3만 개를 생산하였지만 출시 1개월 동안 3천 개밖에 팔지 못하였다. 그러나 입소문으로 다음 달에 전부 팔았다. 앞에서도 언급하였듯이, 소비자가 인지하고 표현하는 수요는 5%밖에 되지 않는다. 이것은 소비자들의 의견이 항상 올바르지 않다는 사실을 말해 주고 있다.

그러므로 기업은 고객의 소리에 귀를 기울여야 하지만, 비고객들에게도 관심을 가져야 하고, 또 고객의 소리가 항상 올바르다고 생각해서도 안 된다. 이것은 고객에 대한 패러다임의 변화가 얼마나 빨리 변하고 있는지를 보여주는 것이다.

3.6.2 고객가치

이제 기업은 고객에게 단순히 제품과 서비스를 판다는 생각을 버리고, 고객의 가치를 향상시켜야 한다. Steve Jobs는 "제품이 아닌 꿈을 팔아라"라고 하였다(Gallo, 2010). "즉, 고객의 관심은 제품, 브랜드, 기업명이 아닌 자신의 꿈이다. 그러므로 기업은 고객이 자신의 꿈을 달성하도록 도와줘야 한다"고 하였다. 그래서 Apple은 포커스그룹을 활용하지 않는다. 더 나아가 고객은 IT 기술의 발달로 구매하고자 하는 제품과 서비스에 대한 정보를 과거 그 어느 때보다 많이 가지고 있다. 인터넷 서핑(Internet surfing)을 통하여 비교적 쉽게 제품 및 서비스에 대한 가격, 품질, 평가를 다른 제품 및 서비스와 비교할 수 있다. 또 수시로 광고와 홍보에 노출되며, 많은 정보를 원하든 원하지 않든 획득하게 된다. 이렇게 힘은 이제 생산자에서 소비자로 옮겨졌다.

기업은 이제 고객의 문제를 해결하는, 그래서 고객의 가치를 향상하는 방향으로 나가야 한다. 그래서 기업의 초점을 단순히 판매하는 제품과 서비스로부터 고객과 시장으로 돌려야 한다. 기업의 기술과 설비로 제품과 서비스를 생산하고, 그 생산한 제품과 서비스를 무작정 판매하려고 하는 것은 과거의 방식이다. 이제는 우리가 만든 제품과 서비스를 누가 왜 사는지 분석하여야 한다. 우리 기업의 제품과 서비스를 구매하는 사람은 누구인지, 무슨 목적으로 구매하는지, 어떤 가격과 품질 수준을 요구하는지 보다 과학적으로 분석하여야 한다. 그리고 그들을 기업의 프로세스에 참여시키고, 혁신에 참여시켜야 한다. 그래서 궁극적으로 고객의 가치를 향상하여야 한다.

안영진(2006)은 『백신』에서 글로벌 초일류기업들은 고객을 파트너로 생각한다고 하였다. 글로벌 초일류기업들은 고객만족을 넘어 고객을 파트너로 생각한다. 그래서 고객과의 관계를 상당히 중요시한다. 고객에게 단지 한 번 판매하고 끝나는 것이 아니라, 고객과의 장기적인 관계가 기업의 성공에 필수적이라는 사실을 확실하게 인식하고 직접 실천에 옮기고 있다. 이것은 고객과의 파트너십이 있어야만 가능하다. IBM, Microsoft, Canon, GE, AMD, 3M, Sony, 그리고 Walmart 등 많은 초일류기업들은 고객을 파트너로 생각하고 기업을 운영하고 있다.

GE는 고객을 도와주고 고객과 장기적인 관계를 수립하는 것이 궁극적으로 GE로 하여금 장기적으로 승리자가 된다는 것을 철칙으로 삼고 있다. 고객을 파트너로 생각하는 GE의 가장 대표적인 방법이 「대시보드(Dashboard)」이다. 대시보드란 고객이 생산자의 품질 특성을 직접 평가하는 것이다. 즉, 고객의 요구사항이 제품의 개발과정에서 충분히 검토 및 반영되었고, 생산자의 프로세스 개선활동들이 6시그마 프로젝트와 연계되어 있고, 고객이 생산자가 공급하는 제품이나 서비스에서의 품질 개선 정도를 실제로 느낄 수 있도록 영업담당자가 주기적으로 고객 방문을 통해서 성취도를 갱신하도록 하는 도표이다. 이것은 자동차의 계기판과 유사한 기능을 한다고 볼 수 있다.

Microsoft는 소프트웨어 회사이다. 그래서 다른 어떤 기업보다도 고객과의 파트너십(partnership) 개념이 회사에 강하게 배여 있다. 그래서 제품에 대한 고객의 평가를 제품개발과정 전반에 걸쳐 확실하게 반영하고 있다. 또 제품개발과정에서 고객과 함께 직접 제품을 검증하며 디자인을 수정하고 있다. 후에는 고객이 직접 제품개발부서에 피드백까지 하고 있다. 이렇게 Microsoft는 제품개발공정 내내 고객의 의견을 청취하고 있다. 이러한 고객과의 파트너 유대관계는 Microsoft의 성공에 절대적으로 영향을 끼치고 있다.

고객의 가치를 향상하는 개념 중 하나가 'MVA(more value-added) 전략'이다. 사실 고객은 기업이 무슨 혁신 활동을 하든 관심이 별로 없다. 고객은 기업의 내부활동에 전혀 관심이 없다. 기업이 새로운 경영혁신을 하든, 원가를 절감하든, 최고경영자가 교체되든, 고객은 별 관심이 없다. 고객은 본질적으로 자기 자신에만 관심을 가질 뿐이다. 그러므로 고객의 욕구를 충족시킬 때에만 기업은 고객의 관심대상이 되는 것이다. 여기에서 기업은 고객이 자기의 문제를 해결하기 위해 제품이나 서비스를 구매한다는 사실을 명심하여야 한다.

그러므로 기업이 생산하는 제품이나 서비스는 고객의 문제점을 해결하는 하나의 방법에 지나지 않는다. 그러므로 다른 방법을 찾으면 고객은 언제든지 그 방법을 따라간다. 그래서 단순히 제품이나 서비스를 고객에게 판매하지 말고, 고객의 문제점을 해결해 줘야 한다. 즉, 시스템 해결책(system solution)을 찾아줘야 한다. 그래야만 기업을 경쟁자들과 차별화시켜 경쟁에서 이길 수가 있다.

Southwest Airline은 고객가치를 'Fun Loving Energy'로 설명하고 있다(Barrett, 2012). 'Fun Loving Energy'는 개별 고객을 개별적으로 배려하고 도와주려 노력하는 것이다. 직원들에게는 스스로를 표현할 수 있는 자유와 고객과 즐기는 자유를 주는 것이다. 고객에게는 회사가 그들을 최우선의 관심대상으로 생각하고 있다는 것을 알게 하고, 필요할 때 회사에서 지원을 해준다. Southwest Airline은 매년 천 통이 넘는 감사편지를 고객들로부터 받고 있다. 이것이 고객 가치의 징표이다.

CAT 스캐너(scanner)를 종합병원의 방사선과에 공급하는 GE Medical Systems는 단순하게 기업의 임무를 스캐너를 판매하는 것이라고 생각하였다. 그러나 이러한 시각이 잘못되었다는 것을 깨달았다. MVA 전략을 사용하여 GE Medical Systems는 단순하게 장비를 파는 데 그치지 않고 병원이 이러한 장비를 환자를 위하여 가장 효과적으로 사용하게끔 도와주는 것이라고 결정하였다. 그래서 모든 장비에 시스템 상태 감시기능 장비를 부착하여 항상 시스템의 상태를 확인할 수 있었다. 그리고 이상 징후가 발견되면 병원에서 채 인식하기도 전에 즉시 병원으로 가 장비를 정상으로 환원시켜 놓았다. 그리고 장비 사용에 관한 모든 정보도 병원에게 제공한다.

3.6.3 PWYW

일반적으로 가격은 생산자가 정한다. 지금도 대부분 그렇게 하고 있다. 그런데 가격을 소비자가 정하는 사례가 나오고 있다. 이것은 인터넷 환경의 산물이다. 우리도 지금 사고자 하는 품목에 대해 다양한 기업들의 가격에 대한 정보를 인터넷을 통하여 손쉽게 비교할 수 있다. 이제 소비자들은 가격에 대한 정보를 가지고 있기 때문에 가격이 가장 저렴한 상품을 구매할 수가 있게 된 것이다. 이것은 가격의 결정이 생산자로부터 점점 소비자로 이전되는 것을 의미한다.

Weisstein 등(2016)은 이러한 현상을 PWYW(Pay What You Want)이라 하였다. 즉, 고객이 원하는 가격을 지불하는 방식이다. 이들은 영국 록밴드 Radiohead의 앨범판매를 대표적인 사례로 들었다. Radiohead는 7집 엘범을 인터넷 홈사이트에서 판매할 때 방문객이 원하는 가격을 지불하고 다운로드하는 파격적인 방식을 실행하였다. 물론 무료도 가능하였다. 단 '0'이라는 숫자를 표기하는 조건으로. 전체 방문객 180만여 명 중 40%가 돈을 지불하였지만, 전체적으로 역대 가장 많은 수익을 올리는 대성과를 거두었다. 더 나아가 Radiohead에 대한 큰 홍보 효과를 거두었다. 물론 PWYW가 모든 영역에서 효과적이지는 않다. 예로 인지도가 낮은 기업에서 사용하는 것은 부적절할 수도 있다. 또 전자책, 음원 등 일부 제한된 상품에서만 적용될 수 있다.

3.6.4 마케팅의 변화

마케팅은 원래 대량생산을 충족시키기 위한 대량판매를 목표로 이루어졌다. 그러나 점차로 소비자들의 감성을 중요시하는 새로운 방식의 마케팅으로 바뀌었다. 그러다가 21세기에 들어와 인터넷환경이 급속도로 발전하게 되자 디지털 마케팅이 나오게 되었다. 디지털 마케팅은 특히 고객맞춤형 마케팅을 가능하게 했다. 그러다 4차 산업혁명으로 개별 소비자의 기호에 맞는 실시간 맞춤마케팅이 가능하게 되었다. 특별히 인공지능, IOT, VR(Virtual Reality) 등의 기술은 마케팅의 새로운 장을 열고 있다(정이선, 2022). 이러한 기술로 기업은 마케팅 기능을 강화하여야 한다.

3.7 창조적 인재 경영

동양 철학은 아주 오래전부터 인간을 중시하여 왔다. 하나의 예로, 공자는 인간을 근본으로 하는 인본주의를 강조하였다. 그런데 인류의 역사를 보면 인본주의를 찾아보기가 그리 쉽지 않은 사실을 볼 수 있다. 오히려 그 반대인 것 같다.

과거에는 인간을 단순노동자로 보고 수동적이며 통제와 감시를 받아야 하는 사람들로 보았다. 또 사람을 자원으로 보지 않고 비용의 관점에서 보았다. 이것은 군대조직의 영향을 많이 받았기 때문이다. 그래서 경영자는 명령하는 사람으로, 종업원은 명령에 따르는 사람으로 간주되었다. 거기다가 많은 종업원들은 명령을 받고 그대로 따르는 것을 선호하였다. 왜냐하면 그렇게 하는 것이 종업원의 책임을 경감하고 그들에게 스트레스를 덜 준다고 생각하였기 때문이다. 그래서 종업원은 창의적이며 도전적이 되지 않고, 단순히 상사의 명령에 따라 복종하는 수동적인 부하로서의 역할만 열심히 하게 되었다. 대신 상사는 부하 직원의 직장 생활을 보장하게 되었다.

사례 Ⅰ Outback Steakhouse의 파트너 존중

호주말로 '오지 또는 벽지'를 뜻하는 아웃백스테이크하우스(Outback Steakhouse)는 미국 플로리다주 탬파(Tampa)시에서 설립된 이래 고속성장을 하고 있다. 1988년 3월 Chris Sullivan, Bob Basham, Tim Gannon, 그리고 Trudy Cooper 등 4명이 자신들만의 식당을 갖고자 캐쥬얼(casual)한 분위기에 질 좋은 스테이크를 취급하는 호주풍 레스토랑인 첫 번째 아웃백을 개점한 이래 지속적인 성장을 하였다. 2004년 체인점이 120개였는데, 2015년에는 978개로 확대되었으며, 2021년에는 20개 국가에서 1,000여 개의 점포를 운영하고 있다. 우리나라에는 1997년 서울 등촌동에 들어와 2021년 현재 80여 개의 매장이 있으며, 전 세계 아웃백 중 미국을 제외하고 가장 높은 점유율을 가지고 있다.

이미지 출처: www.outback.com

그러면, 이렇게 급성장한 아웃백의 성공비결은 무엇인가? 이 비결은 구성원에 대한 각별한 관심과 배려이다. 이 관심과 배려는 다른 회사들과 비교하였을 때 상당히 독특하며 강렬하다. 아웃백에서는 '다른 무엇보다도 항상 사람을 가장 먼저 생각한다'는 철저한 신념을 가지고 있다. 창업자 중 한 명인 Sullivan은 사람에 대한 기본적인 원칙을 다음처럼 말하였다. "파트너에게 일하기 좋은 환경을 제공하면, 그들은 계속 일하고자 할 것이다. 또 그들이 원하면 직접 체인점 주인이 될 수 있는 기회를 줄 것이다."

아웃백에서는 핵심가치인 'P&B(principles and beliefs)'라는 원칙과 신념을 가지고 있다. 예를 들어, "비용보다는 품질을 먼저," 또는 "결과에 대해서는 엄하게 그러나 사람에 대해서는 친절하게" 등이다. 그리고 P&B를 조직의 모든 파트너들에게 교육시키고, 주입시킨다. 그리고 P&B를 강력하게 지지하는 사람들의 이직률이 그렇지 않은 사람들보다 훨씬 낮게 나왔다. 또 P&B에 대한 지지도가 높은 식당의 수익과 이익이 그렇지 않은 식당보다 높게 나왔다.

아웃백의 계층구조는 4개로 상당히 단순하다. 즉, 본사 6명의 임원, 10-20개의 매장을 관할하는 지역책임자 JVP(joint venture partner), 매장 점장인 MP(managing partner), 그리고 현장 직원들인 파트너(partner)들이다. 모든 MP는 전부 현장 파트너를 거쳐 승진하게 되어 있다. 즉, 현장에서의 풍부한 경험을 가지고 있다. 이것이 다른 조직과 비교하였을 때 상당히 독특한 점이다.

아웃백의 파트너에 대한 각별한 관심과 정책은 다음처럼 이루어지고 있다. 첫째, 강력한 자율경영을 실시한다. 체인점에서의 모든 의사결정은 완전히 MP에게 달려 있다. 그가 모든 것을 결정하고, 보상을 실시하며, 모든 것에 대한 책임을 진다. 교육도 경험이 풍부한 MP가 직접 시킨다. 또 P&B에 대한 교육과 홍보도 MP에게 전적으로 일임하였다. 그래서 각 매장의 특성과 환경에 따라 MP가 자율적으로 판단하여 실시한다. 이것은 MP에 대한 확실한 신뢰와 현장은 MP가 가장 잘 안다는 신념이 있기 때문에 가능하다. 더 나아가 본사에서 엄선한 우수한 아이디어를 채택하는 권한도 전적으로 MP에게 달려 있다. 그래서 우리 매장에 적절치 않다고 생각하면 아이디어를 채택하지 않을 수 있다. 둘째, 모든 경영자는 매장에 직접 투자를 하게 되어 있다. MP는 2만 5천 달러를, 그리고 JVP는 5만 달러를 매장에 투자하여야 한다. 이것은 아웃백이 돈이 없어서가 아니고, 직접 투자를 하게 함으로써 경영자를 투자자로 만들고자 하는 이유 때문이다. 셋째, 본사의 소수 인원을 제외하고는, 인력자원부서가 따로 없으며, JVP와 MP가 인력자원부서의 역할을 하고 있다. 넷째, 서버(server)가 3개 이상의 테이블을 담당하지 않는다. 대개 다른 식당들은 한 명의 서버가 5~6개의 테이블을 담당하고 있다. 이것은 고객만족을 위해서 그리고 서버가 항상 활기찬 상태에 있게 하기 위한 정책이다. 다섯째, 'walkabout' 제도를 실시한다. 'walkabout' 제도는 아웃백의 모든 경영자는 근무하는 동안 적어도 한 번은 본사를 방문하게 하는 제도이다. 그리고 본사에서 'P&B'에 대해 설명을 듣고, 창업자들을 만나며, 저녁 식사에는 반드시 창업자 중 1명의 집으로 초대받아 저녁을 함께 한다. 여섯째, 시간제 근로자들에게도 수익 분배를 실시하고 있다.

그래서 아웃백의 황금률은 다음과 같다. "네가 다른 사람들로부터 대접받고 싶은 만큼 너도 다른 사람에게 대접하라. 여기에서 다른 사람들은 고객과 협력업체이다. 특별히 직원들에게 그래라." 성경 말씀을 인용한 아웃백의 금언이다.

이 사례는 다음과 같은 자료를 참고하여 저자가 재구성하였다.

(1) Chris T. Sullivan, "A Stake in the Business," Harvard Business Review, September 2005, 57-64.

(2) www.outback.com

3.7.1 패러다임의 변화

인식의 변화

이제 시대가 바뀌었다. 단순노동자가 인적자원으로 바뀌었고, 다시 지식인으로 바뀌었다. 사람을 단순한 육체적 노동력으로 보지 않고 지식을 창출하는 인격적인 사람으로 보게 되었다. 그러므로 직원도 조직의 일원으로서, 기업의 자산을 사용하고 관리하며, 고객과 지속적인 관계를 가지며, 계획을 수립하고 집행하고 통제하는 아주 중요한 인적자원이다. 과거에는 직원을 단순히 상사의 지휘와 통제를 받는 사람으로 생각하여, 항상 모든 것을 상사로부터 지시받고 또 상사에게 보고하여야 했다. 그래서 직원은 지시받은 일만 하지, 다른 일들은 하려고 하지도 않았고, 할 필요도 없었다. 또 직원의 권한도 상당히 제약되어 있었다. 경영자들도 직원을 의사결정에 참여시켜 그들의 의견을 듣기보다는 일방적으로 지시를 내리는 데 익숙해 있었다. 그래서 일찍부터 조립라인시스템을 강하게 비판하였던 Peter Drucker(1964)도 GM의 경영자들에게 "인간을 비용이 아닌 자원으로 간주하라"고 충고하였다. 그래서 Drucker(2001)는 "인적자원관리란 사람을 관리하는 것이 아니고, 사람을 리드하는 것"이라 하였다. 그리고 "그 목표는 각 개인이 가지고 있는 특유의 강점과 지식을 생산적으로 만드는 것"이라 하였다. 그래서 사람을 부르는 명칭도 바뀌었다. 과거에는 종업원이라 하였지만, 지금은 더 이상 종업원이라 부르지 않고 다양한 명칭을 사용하고 있다.

예를 들어, Starbucks(1999)에서는 '종업원'이라는 말 대신 '동업자(associates)'라는 말을 사용한다. Toyota 자동차에서는 1997년 '장'이라는 명칭을 없애버리고, 리더 (leader)라는 명칭을 사용하였다. Walmart에서는 모든 사람들을 '동반자'라고 부르고, 더 나아가 직원들을 가족처럼 여기고 있다. Canon은 「신가족주의」를 유지하고 있다. 「나이테 경영」을 주장하는 일본 Ina 식품의 Tsukakoshi 회장은 「나이테 경영」의 핵심 중 하나로 '직원들을 가족처럼 생각하라'는 것이다. 그래서 주식을 주는 것으로 만족하지 말고, 모든 정보를 공유하라고 하였다. Southwest Airlines는 창업 때부터 모든 직원을 가족처럼 대하며, 부모와 같은 역할을 하고 있다(Barrett, 2012). 그래서 노동조합이 생기기도 전인 1973년 회사가 처음으로 흑자를 기록했을 때부터 업계 최초로 수익분배 (Profit Sharing)제도를 도입했다. 현재 직원들은 법적으로 회사의 주인이며, 12%의 소유권을 가지고 있다. 직원 개개인이 회사의 소유주로 대우받고 있는 것이다. 그리고 Southwest Airlines는 직원들에게 회사가 무엇을 기대하고, 어떤 행동을 바라는지, 그리고 회사와 함께 하고 싶다면 행동을 어떻게 해야 하는지를 계속 알려준다. 그래서 지속적으로 직원들에게 신뢰를 쌓고, 마찬가지로 직원들에게도 회사에 대한 신뢰를 요구한다. Starbucks도 직원들이 경영에 참여할 수 있도록 빈스톡(Bean Stock) 제도와 Benefit Committee를 운영하고 있다. 일종의 스톡옵션인 빈스톡 제도는 정규직과 비정규직 직원들에게도 스톡옵션을 주어 직원들을 동업자로 인식시키는 제도이다. Benefit Committee는 경영진이 직원들에게 기업의 정책이나 전략을 설명하고, 여기에 대해 의견을 수렴하는 제도로서 직원들을 의사결정과정에 참여시킬 뿐만 아니라 회사의 정책과 전략에 대해 자유롭게 비판할 수 있도록 하고 있다.

더 나아가 이제 조직의 우수한 사람들은 조직으로부터 그들이 특별히 대우받기를 원한다. 과거의 정형화된 규범과 양식을 따르기 거부하며, 그들의 욕구를 충족시켜 주는 기업을 원한다. 그들의 욕구가 충족되지 아니하면 과감히 그 조직을 떠나, 그들의 능력을 인정하고 대우를 해주는 조직으로 이동한다. Prahalad와 Krishnan(2008)는 더 나아가 "이제는 기업이 직원들을 고유한 존재로서 대우해 줘야 한다"고 하였다.

이러한 변화로 FedEx는 역피라미드 조직구조를 개발하였다. 역피라미드 구조는 전형적인 구조와 달리 조직구조의 제일 아래에 CEO가 있고, 제일 위에 현장의 직원이 있는 조직구조이다. 즉, 직원을 제일로 아는 철학이 반영된 조직이다.

직무의 변화

직원들이 수행하는 업무 자체도 변하고 있다. 글로벌경영, IT의 급속한 발전, 부서 간의 협동체제 강화, 경쟁의 확대 등으로 인하여 이제 업무는 단순하고 반복적인 틀을 벗어나, 창의적이고 가치중심적인 업무로 바뀌고 있다. 단순히 실행하는 업무가 아니라 생각하는 업무로 바뀌게 된 것이다. 그래서 Toyota 자동차는 '관리하는 관리자' 대신 '생각하는 관리자'를 원한다.

아직도 많은 경영자들은 부하 직원에게 직무를 어떻게 하라고 지시하곤 한다. 이제 직원들에게 '일을 이렇게 하라'고 명령을 내리는 것은 바람직하지 않다. 왜냐하면 직무 자체가 창의적으로 바뀌었고, 명령과 지시는 사람의 동기부여와 창의력을 감소시켜 성과를 크게 저하시키기 때문이다. 직무를 '어떻게 하라'고 지시하면, 후에 책임도 전가되며 생각하지도 않는다. 그래서 '어떻게 하라' 하는 대신 목적을 말해 주는 것이 효과적이다. 그러면 사람은 생각하게 된다. 어떻게 하여야 이 목적을 가장 효과적으로 달성할 수 있을까 하고 창의적인 사고를 하게 된다. Yale 대학교의 신경과학 교수인 Amy Arnsten은 "과업을 수행하는 방법을 지시받는 사람은 스스로 통제하는 사람에 비해 덜 효과적"이라고 주장하였다(Cohen, 2013). "왜냐하면 지시받는 사람 두뇌의 감성신경이 열심히 하려는 의욕을 저하시키기 때문이며, 다른 사람에 의해 통제받는 느낌을 가지면 생산성이 감소한다"고 하였다. 그래서 경영자는 일을 어떻게 하라고 지시하기보다는 단순히 달성하여야 할 목표를 말해 주는 것이 바람직하다. 그러면 사람은 목표에 도달하기 위한 최선의 방법을 스스로 강구할 것이다.

이제 직원은 미래의 변화에 과감히 대처할 수 있는 능력을 지닌 사람들이 되어야 한다. 위험을 잘 관리하고, 창업가 정신을 지니고, 의사소통을 잘 하고, 또 글로벌 지향적인 사람들이 되어야 한다. 이렇게 직원들이 수행하는 업무도 끊임없이 개선되고 새로 창출되고 있다.

교육의 변화

교육도 바뀌었다. 이전에는 조직에 충성하는 것을 중요시하였다. 개인의 목표보다는 조직의 목표달성이 중요하였다. 대신 직원의 안정된 직장생활을 보장하였다. 그러나 1970년대부터 인간의 독립성을 중요시하는 교육이 시작되었다. 인간의 존엄성과 여성의 권리에 대한 새로운 교육이 시작되었으며, 여성의 사회참여의 확대로 과거의 패러다임이 점차로 붕괴되기 시작하였다. 그래서 조직에 대한 충성심은 점차로 낮아지고, 무조건 복종하는 것보다는 합리적인 사고방식이 중요하게 되었다. 더구나 상사에 무조건 복종하는 것은 새로운 시대가 요구하는 신속성과 유연성을 발휘할 수 없게 만든다.

또 최근 우리나라에서 볼 수 있듯이 한창 일할 나이인 30~40대에 대한 잦은 해고는 평생직장에 대한 관념을 없애 버렸다. 언제 해고될지 모르는 상황에서 직장에 대한 충성심은 과거와 달랐다. 이렇게 새로운 교육을 받은 신세대는 그 이전의 세대와 다르다. 그러므로 이제 인간 중심의 경영은 더 중요하게 되었다.

그러므로 이런 변화 속에서 이제 기업은 그 기업의 미래 인재상을 확실하게 설정하고, 그 인재상에 맞는 사람들을 양육하여야 한다.

2016년 초 WEF(World Economic Forum)은 글로벌기업 CEO와 임원들을 대상으로 2020년까지 HR의 주요과제가 무엇인지 물었다. 응답 중 하나는 인재차이(Talent Gap)를 신속하게 보충하는 것이었다(황인경, 2016). 이것은 기업에 있어서 역량있는 사람의 중요성을 분명하게 말해 주고 있다. 그래서 미래에 필요한 기술과 역량을 예측하고, 거기에 맞는 교육 프로그램을 개발하여 우수한 인재들을 육성하여야 한다. 또 직원의 소리를 많이 경청하고 의사결정에 반영하여야 한다. 하나의 예로 BP는 정유업계 최초로 환경경영을 선포하였다. 이것은 상당한 반응을 일으켰다. 이 비전은 최고경영자인 Brown이 직원의 제안을 통해 회사의 비전을 '그린(green)'으로 한데서 비롯되었다. 이렇게 해서 큰 성공을 거두게 되었다.

그런데 최근 직원들의 교육시스템도 큰 변화를 맞고 있다. 여기에서는 IBM의 예를 들어 설명하겠다(Burrel, 2018). IBM은 과거의 획일화되고 집단체제적인 교육시스템을 버리고, 각 개인에게 적합한 맞춤형 교육 플랫홈을 구축하였다. 물론 이 맞춤형 교육 플랫홈은 각 개인과 협조하여 설계되며, 지속적으로 업데이트되는 인공지능(Watson Analytics)의 추천에 의하여 이루어진다.

기업에 있어서 교육은 투자를 필요로 한다. 그래서 교육에 대한 투자를 기피하는 기업들이 많다. 또 과거에 비하여 투자비율도 점차로 감소하고 있다. Hamori(2018)에 의하면, 미국에서 직원들의 교육에 대해 교육비를 지급하는 기업의 수가 2001년 21%였는데, 2009년에는 15%로 감소하였다고 하였다. 그러나 온라인으로 외부의 표준화된 강의를 낮은 비용에 교육을 실시할 수 있다고 Hamori는 주장하였다. 즉, 원격교육에 기반을 둔 온라인공개수업인 MOOCs(Massive Open Online Courses)를 언급하였다. MOOCs는 비용이 낮고, 일상에서 필요한 다양한 주제에 대한 프로그램을 주로 대학에서 개발하여 높은 성과를 달성하고 있다고 하였다. MOOCs를 사용하는 주요 회사로 Microsoft, AT&T, GE, Marks&Spencer 등을 예로 들었다.

평가의 변화

평가는 많은 자원과 시간을 요구한다. CEB(Corporate Executive Board)에서는 한 명의 사람을 평가하기 위해 미국 기업이 평균 사용하는 돈이 약 3천 달러라고 하였다. 그런데 대부분 사람들은 평가받는 것을 싫어한다고 한다(Buckingham과 Goodal, 2019). 왜냐하면, 대부분의 사람들은 평가결과에 만족하지 않고, 평가하는 요소들이 직무와 무관하고, 또 공정하지 않다고 생각하는 사람들이 많기 때문이다. 저자가 기업체를 컨설팅하면서 평가에 대해 느낀 점은 많은 직원들이 자기와 무관한 요소들에 대해 평가를 받는다는 것에 대하여 가장 불만이 많았다는 점이었다.

과거에 가장 많이 사용된 평가는 연공서열형 평가이다. 연공서열형은 회사에 대한 직원의 귀속성을 높이지만, 장점보다는 단점이 많다. 가장 큰 단점은 개개인의 역량과 성과를 철저하게 무시한다는 것이다. 그래서 나온 제도가 성과제이다. 성과제는 처음에 생산직에서 시작되었다. 이것은 생산직에서 생산성을 측정하는 것이 비교적 용이하였기 때문이었다. 그러나 점차로 사무직으로 확대되었다. 예로, 1993년 Fujitsu가 일본에서는 처음으로 관리직에 성과주의를 도입한 이래, 많은 기업들이 성과주의를 관리직에 도입하였다. 성과주의는 미국에서 처음으로 개발되었다. 물론 Fujitsu는 결과를 중시하는 성과주의이고, Toyota 자동차는 프로세스를 중시하는 성과주의로 서로 다르다. 이렇게 평가가 모든 부문에 다양하게 적용되고 있다.

그러나 최근 시장의 불확실성이 커지고, 기술의 발전이 급격하게 향상된 시장의 구조에서 인적자원에 대한 평가도 바뀌어야 한다는 주장이 제기되었다. 대표적인 개념이 애자일 평가(agile evaluation)인데 Cappelli와 Tavis(2018)에 의해 제기된 개념으로 미국 실리컨밸리와 소프트웨어 기업들이 이미 사용하고 있는 개념이다. 미래에 대한 불확실성으로 중장기 목표를 수립하기도 실천하기도 어려운 환경에서 평가는 점차로 단기화되어야 한다고 주장하였다. 그래서 이들은 연간평가를 폐지하고 수시로 필요할 때마다 즉각적인 피드백을 하여야 한다고 하였다. 또 의사결정도 개인의 단독적인 결정이 아닌 팀의 합의에 의한 의사결정을 하여야 한다고 주장하였다. 이어 한 명의 상사에 의하지 않고, 다양한 계층의 다양한 사람들에 의해 평가가 상호 간 이루어져야 한다고 하였다. 애자일 평가는 이미 GE, Microsoft, Cisco, GAP, Cigna, Intuit 등에서 활발하게 실시되고 있다.

애자일 평가에 대한 몇 개 기업들의 사례를 소개하겠다. GE와 Microsoft는 직원에 대한 연간 성과평가를 하지 않겠다고 선언하였다(황인경, 2016). 첫 번째 이유는 먼저 너무나 빠르게 변하는 환경에서 1년 단위로 평가하는 것은 적절하지 않다는 것이다. 다음으로는 사람들의 지적 창의성이 중요한데 사람들을 줄세우는 방식으로 평가하는 것은 적합하지 않다는 것이다. 세 번째는 사람들의 협업을 방해한다는 것이다. GE는 이미 Jack Welch의 전매특허인 '하위 10% 자르기' 제도를 폐기하였다. Cisco도 기존의 '순위 매기기' 방식을 버리고 팀워크를 중시하는 새로운 평가제도를 도입하였다. Microsoft는 한발짝 더 나아가 절대평가를 하겠다고 선언하였다. 또 1년에 한 번 평가하는 대신 수시로 평가하고 피드백하는 기업들이 증가하고 있다. GE는 수시 피드백의 활성화로 PD@GE(Performance Development at GE)라는 앱을 도입하였다. 이 앱은 직원들을 점수로 평가하는 대신 격려하고 코칭하는 것에 중점을 두고 있다. 그래서 기존의 문서가 아닌 직원과 관리자가 사내 전용 앱을 통하여 아무때나 대화를 주고받고, 첨부파일 등 형식에 얽매이지 않고 자유롭게 소통하는 것이다. 이렇게 축적된 자료는 연말에 이 직원에 대한 평가자료로 사용된다. 특히, 앞에서도 언급하였지만, 기존의 1년에 한 번 평가하는 것보다 다양한 자료에 의한 다면적이고 실질적인 평가가 가능하게 된다.

또 최근 평가의 영역에 인공지능이 사용되기 시작하였다. 앞에서 언급한 Watson Analytics는 개인의 역량을 전부 시스템에 입력하고, 이 사람이 달성한 성과와 달성하여야 할 성과를 비교한다. 그리고 무엇이 부족하고, 그 부족한 것을 어떻게 보충하여야 하는가를 추천해 준다.

평가할 때 또 하나 중요한 요소는 공정성이다. 그런데 공정성을 어떻게 인지하여야 하는가? Chun, Brockner, Cremer(2018)의 연구에 의하면, 공정성은 기준을 정하는데, 2가지 유형이 있다고 하였다. 하나는 이전의 자신의 성과로, 일시적(temporal) 기준이고, 다른 기준은 다른 사람들의 성과로, 사회적(social) 기준이다. 이들은 직원들이 일시적 기준을 사회적 기준에 비하여 보다 공정하게 느낀다고 주장하였다. 즉, 내가 일정 기간 동안에 얼마나 성장하였는지 또는 퇴보하였는지에 대한 평가가 중요하다는 것이다. 그래서 직원들을 다른 사람과 비교하는 것보다는 자기 자신의 역량과 개성을 존중하여 얼마나 성장하였는지를 평가하는 것에 대하여 직원들의 만족감이 훨씬 높아진다는 것이다. 사례로 중국의 거대통신기업인 Huawei를 들었다. 설립자인 Ren Zhengfei는 "다른 사람들과 비교하여 높은 성과를 달성한 사람은 영웅이지만, 그렇지 못하여도 계속 성장하는 사람이 저성과자는 아니다"라고 하였다. 그래서 사회적이 아닌 일시적 평가가 직원들의 사기를 높이고, 장기적으로 기업의 성과를 향상한다고 주장하였다.

3.7.2 IT와 권한이양

또 하나 중요한 변화는 IT의 발전이다. IT의 발전은 직원들에게 더 많은 정보를 제공한다. 그래서 의사결정에 대한 권한도 그들에게 많이 이전되었다. 이것이 권한이양 (empowerment)이다. 고객의 중요성으로 권한이양이 또 중요해졌다. 고객에게 신속한 서비스를 제공하기 위해서는 현장직원의 신속한 의사결정이 필요하게 되었다. 이것은 권한이양 없이는 이루어질 수 없다. Panasonic의 전 대표인 Nakamura Kunio는 취임 초부터 권한이양의 중요성을 역설하였다(Mori, 2005). Kunio는 "과거의 상의하달식의 조직은 현 시대에 적합하지 않으므로 각 부서에서 전문적인 인재가 주체적으로 일을 하도록 권한이양을 강화하는 것이 기업의 성과에 상당히 중요하다"고 하였다.

몇 년 전 컨설팅 때문에 경남 창원시에 간 일이 있다. 창원시의 한 호텔에서 아침 식사를 하던 중 직원의 잘못으로 내 양복이 주스에 흠뻑 젖었다. 그때 그 직원은 놀라서 그냥 울고 있었다. 아무런 조치도 없이 울고만 있었다. 도대체 나보고 어떻게 하라는 것인가?

미국 Starbucks에서 있던 일이다. 사람들이 커피를 주문하려고 줄을 섰는데, 금전등록기가 고장이 났다. 그때 직원이 다음처럼 소리쳤다. "지금부터 금전등록기를 고칠 때까지 커피 값은 무료입니다." 고객들은 어떤 커피숍을 가겠는가? 고객의 만족을 향상하기 위해서는 권한이양은 이제 절대적으로 필요하게 되었다.

미국의 Ritz Carlton 호텔에서는 호텔에서 직급이 가장 낮은 벨보이(Bell Boy)에게도 2천 달러의 재량권을 부여하고 있다. 3M도 권한이양을 확실하게 하고 있다. CEO인 McKnight는 "권한이양이 조직에서 절대적으로 필요하다"고 하였다(Gundling, 2001). 그리고 "우리의 사업이 성장을 계속하게 되면 우리 직원들이 그들의 자발성을 충분히 발휘할 수 있도록 권한을 위임하고, 그들을 격려할 필요성이 대단히 중요하게 대두될 것입니다. 이를 위해서는 상당한 포용력이 필요합니다. 우리가 책임과 권한을 위임한 사람들이 선의의 사람들이라면, 그들은 자신들이 원하는 방식으로 일하기를 바랄 것입니다"라고 말하였다. 3M은 새로운 아이디어를 표현할 뿐 아니라, 그 아이디어를 실현하고 개발할 수 있는 기회까지 부여하고 있다. 그래서 권한이양을 위험 감수와 연계시키고 있다. 또 분권적 조직을 실시하여 사업부별로 독립된 운영을 하고 있다.

3.7.3 4차 산업혁명시대의 인재

4차 산업혁명은 인재에 대한 기준을 바꾸었다. 먼저 인재는 '지식근로자'들이여야 한다. '지식근로자'라는 용어는 Peter Drucker에 의해 1969년 「불연속의 시대(The Age of Discontinuity)」라는 책에서 처음으로 소개되었다. 2000년 영국에는 지식근로자가 약 1천만 명, 육체근로자가 7백만 명이 있다고 Stuart Crainer(2000)는 말하였다. 또 미국에서도 1980년대에서 1990년대 말까지 지식근로자의 수가 지속적인 구조조정 속에서도 약 37% 증가하였다고 하였다. Butler(1997)는 1900년에는 전체 직업 중에서 약 17% 정도만이 지식근로자를 필요로 하였지만, 1990년대 말에는 그 비율이 약 60%로 증가하였다고 하였다. 이렇게 지식근로자는 피할 수 없는 하나의 흐름이 되어 가고 있다. 지식근로자는 일반 근로자에 비해 창출하는 가치가 엄청나다. 그래서 Cisco의 CEO인 John Chambers는 "세계적 수준의 지식근로자 5명이 일반의 평범한 근로자 2백명보다 훨씬 낫다"고 하였다.

그러면 '지식근로자'란 누구인가? Peter Drucker(2001)는 '지식근로자'란 "자신의 과업에 있어서 조직 내의 그 누구보다도 과업을 가장 잘 아는 사람"이라고 정의하였다. 지식근로자는 과거의 폐쇄된 지식과 관습에 얽매이지 않는다. 지식은 상당히 빨리 변한다. 과거에 비해 훨씬 빠르게 변화한다. 그래서 지식근로자는 지속적으로 새로운 지식을 습득한다. Drucker는 매 5년마다 새로운 지식을 연마하라고 하였다.

지식근로자의 등장은 부하와 상사의 관계를 동반자의 관계로 변화시켰다. 지식 근로자는 더 이상 부하가 아니다. 그리고 이들은 전문적인 범주 안에서 이동성이 매우 높다. 즉, 스포츠 분야의 프로선수들처럼 이동성이 매우 높아진다. 그래서 상사와 부하의 관계로 조직에 얽매여 있지 않는다. 이것은 외부고용의 증가와 맞물려 이동성의 확대를 더욱더 재촉할 것이다.

다음으로 4차 산업혁명시대에서의 인재는 빅데이터를 분석하고 해석하는 능력이 중요해진다. 그리고 이 해석을 실제로 경영에 적용하여 탁월한 성과를 창출하여야 한다. 빅데이터는 집단의 욕구는 물론이고 개개인의 욕구도 과학적으로 분석하여 과거에 가능하지 않았던 새로운 시장을 창출할 수 있게 된다.

그래서 4차 산업혁명시대에서 인재는 새로운 아이디어를 제안하고 문제를 새롭게 해결하는 창조적인 능력을 지녀야 한다. 상사로부터의 지시와 통제를 싫어하며, 스스로 판단하고 결정하는 능력을 지녀야 한다. 즉, 프로정신을 가지고 스스로의 능력을 개발하여 일 그 자체의 프로가 되어야 한다.

3.7.4 변화의 방법

사람들은 MAPASHI를 인지하고 스스로 변화하여야 한다. 그러나 앞의 변화관리에서 이미 설명하였지만, 사람은 근본적으로 변화하기를 싫어한다. 그리고 사람들을 명령에 의해서 변화시키는 것은 정말로 어렵다. 그러므로 사람을 변화시키기 위해서는 그 사람이 변화할 수 있는 환경을 만들어 주는 것이 중요하다. 동기부여의 이론이 바뀌고 있는 것이다. 요즈음 사람들은 개성이 강하고, 집단적인 명령에 따르는 것을 싫어한다. 그러므로 가장 좋은 방법은 그들이 스스로 변화할 수 있도록 유도하여야 한다. 그래야만 효과가 크다.

사례 l Toyota 자동차의 인적자원 혁신

TOYOTA
www.toyota.com

1986년 Toyota 자동차 직원의 평균 연령은 33세였다. 그런데 점차로 실무인력이 감소하고, 사무직 중간관리자 계층이 두터워졌다. 실무인력의 감소는 Toyota에 경종이었다. 그리고 지금과 같은 연공서열식의 인사제도는 관리직을 지속적으로 양산할 것이 틀림없었다. 그래서 Toyota 자동차는 1989년 인사개혁을 시작하였다. 고도의 성장시대에 적합하였던 연공서열제도가 저성장시대에 맞지 않았기 때문이다. 모든 사람들에게 연수만 채운다고 승진을 보장할 수가 없었다.

1989년의 조직수평화는 조직과 인사에 있어서 낡은 제도와 풍토, 그리고 가치관 등을 제거하고자 하였다. 특히 조직 계층을 단순화하였다. 계장의 일이 완전히 제거되었다. 이제 계장은 앉아 도장 찍는 사람이 아니고, 전문성을 발휘하여 기업에 공헌하여야 하였다. 1990년에는 임원의 수평화로 확대하였다.

1996년에는 새로운 조직, 인사제도, 가치관을 추진하기 위한 Challenge Program을 시작하였다. 이 프로그램은 Toyota가 수십 년 동안 해왔던 인사제도를 부정하는 것이었다. 이 프로그램은 다음처럼 앞으로의 5가지 바람직한 인사제도를 천명하였다.

첫째, 과장직 이상부터 연공서열을 제거한다. 이것은 과장직까지는 연공서열이 적용된다는 것이다. 둘째, '담당직'을 전제로 육성을 활용한다. 여기에서 담당직이란 단독으로 일을 수행하는 특별한 사람을 지칭하는 것이 아니고, 회사 밖이나 해외에서도 활용할 수 있는 고도의 전문성을 지닌 프로젝트 리더를 말한다. 셋째, 계획적인 인재 육성과 육성 책임의 명확화이다. 이것은 피라미드형 조직의 붕괴에 따른 인재육성의 재정의이다. 넷째, 새로운 관리자 모델을 제시한다. 새로운 관리자란 부하 직원들에게 자발적으로 새로운 방향성을 제시하고, 부하 직원들이 나아가야 할 과정을 제시하는 사람이다. 다섯째, 적극적으로 인재를 유동화시켜 사내·외에서의 활약의 장을 제공하고 지원한다. 환경 적응에 어려운 사람도 그냥 조직에 방치하게 놔두지 않고 그의 능력을 발휘할 수 있도록 적극적으로 활용한다.

Challenge Program을 선포한 다음 Toyota는 '직함'과 '임금의 등급'을 개선하였다. 그래서 이제 임금이 호칭에 따라 자동적으로 상향되지 않고, 사람의 능력에 따라 올라가게 되었다. 즉, 성과주의를 도입한 것이다. 그러나 Toyota는 미국식의 성과주의를 여과 없이 도입하지 않고, Toyota 문화에 맞도록 개정한 성과주의를 개발하였다. 이제 성과주의는 Toyota에서 회사와 직원 간의 새로운 관계를 정립하게 되었다.

1997년에는 기능계 신인사제도인 '생생 액션 프로그램'을 추구하였다. 이 프로그램은 직원이 각자 활기차게 직장에서 일하도록 하는 프로그램이다. 그래서 '장'이라는 명칭을 없애버렸다. 이것은 '장'이 관리하고 감독하는 이미지가 강하였기 때문이었다.

1999년에는 '프로 인재 개발 프로그램'을 실시하였다. 그리고 프로 인재에 필요한 7가지 기량을 다음처럼 제시하였다.

① 중장기적으로 생산성을 향상시키는 기량인 vision management
② 업무 담당자들에게 독려하여 성과를 달성하는 능력인 영향력 개발
③ 정보 수집 능력인 정보 개발
④ 정보를 분석하고 실행하는 능력인 가설 구축
⑤ 발표력인 presentation
⑥ 시간 관리인 time management
⑦ 자기 동기부여(self-motivation)

Toyota에서 인적자원 혁신이 성공할 수 있었던 가장 중요한 원인은 위에서 강압적으로 혁신을 추진하지 않고, 직원 스스로 변화할 수 있도록 변화를 추진한 것이다. 즉 직원들에게 개혁의 필요성을 충분히 주지시키고, 그들의 이해와 동참을 구하였기 때문이다.

이 사례는 다음과 같은 자료들을 참고하여 저자가 재구성하였다.

(1) Katayama, Osamu, 최강 인재경영, 박경애 옮김, 무한, 2002.

(2) Katayama, Osamu, 도요타에서 배우는 핵심인재경영, 박경애 옮김, 무한, 2002.

(3) www.toyota.com

3.8 조직

조직이란 무엇인가? Barnard(1938)는 "조직이란 의식적 그리고 계획적이며 목적을 지닌 인간 상호간의 협동시스템"이라고 정의하였다. 그리고 조직을 국가, 기업, 학교 등과 같은 공식조직과 비공식조직으로 구별하였다. 비공식조직은 개인의 인간성을 보전하는 필연적인 조직으로서, 공식조직과 서로 공존하는 관계이다. 그래서 사회는 공식조직에 의해 구성되고, 또 공식조직은 비공식조직에 의해 이루어진다.

Laurence와 Lorsch(1967)는 "조직이란 개방시스템이며, 구성원끼리 상호간 영향을 주고받고, 또 외부 환경에 적응하는 것"이라고 정의하였다. 이들은 특히 환경변화에 대한 기업의 적응과정을 중시하였다. 그러나 환경변화에 대한 적응은 기업의 부서에 따라 차이가 발생한다고 하였다. 이것은 각 부서의 과제와 역할이 서로 다르기 때문이다. 그리고 이것은 다시 부서간의 조정을 어렵게 만들었다. 그래서 Laurence와 Lorsch는 기업 전체의 이익을 창출하고자 하는 '통합'이라는 개념을 창안하였다.

Yahachiro Miyata(2001)는 "조직은 인간의 협동 체계"라고 정의하였고, 조직의 구성 요소를 다음처럼 세 가지로 구분하였다. 일의 분담으로 분업과 협동, 관리 기능의 분담으로 직무 권한과 책임, 그리고 조직의 활성화로 리더십과 동기부여이다.

Peter Drucker(2002)는 "조직의 목적은 사람들의 힘을 효과적으로 활용하고, 동시에 사람들의 약점을 약화시키는 것"이라고 하였다. 또 Drucker(2001)는 "조직은 스스로를 위해 존재하는 것이 아니고, 특수한 사회적인 목적을 달성하기 위해 존재한다"고 하였다. 즉, "사회와 개인의 구체적인 욕구를 충족시키기 위해 존재한다"고 하였다. 그래서 '조직은 무엇인가?'라고 묻지 말고, '조직이 해야 할 일은 무엇인가?' 또는 '조직의 과업은 무엇인가?'라고 물어야 한다고 하였다.

Ricky Griffin(2002)은 사회는 좋든 싫든 상관없이 경영자와 그 조직에 의해 크게 영향을 받고 있다고 하였다. 그리고 "조직을 동일한 목적을 달성하기 위해 협동하여 함께 일하는 사람들의 그룹"이라고 정의하였다.

이렇게 볼 때 조직은 공동의 목적을 달성하기 위해 협동하고자 하는 사람들의 집단이라고 볼 수 있다. 그런데 기존의 전통적인 조직에서는 기업 내에서의 정보의 소통을 차단한다. 그래서 정보의 유통과 공개를 엄격히 통제하고, 필요한 경우에만 정보를 공유한다. 이것은 급격한 환경의 변화에 적응하기가 쉽지 않다.

3.8.1 패러다임의 변화

조직 구조의 변화

가장 최초의 조직은 Henry Fayol과 Andrew Carnegie가 주장한 「기능별 조직」이다. 이어 Alfred Sloan과 Pierre DuPont은 「분권화 조직」을 개발하였다. 그러나 조직도 시대에 따라 변한다. 이제 기업은 집중·분산, 글로벌·지역, 차별·통합 등의 모순과 같이 살아갈 필요가 있다. 기업은 과거의 그 거대한 조직으로는 급격한 변화에 효율적으로 대처하기가 어렵다. 그래서 Jonathan Low와 Pam Kalafut(2004)는 "이제 기업은 환경의 변화에 즉각 대응할 수 있는 유연성을 지녀야 한다"고 하였다. 이제 과거의 규모가 큰 거대 조직으로는 변화에 적응하기가 어렵다. 과거의 대규모의 조직은 대기업 병에 걸리기가 쉽다. 대기업 병에 대해서는 8.4를 참조하기 바란다.

현재 많은 기업들의 조직 구조는 대부분 피라미드(pyramid)형 또는 GM Sloan의 수직적인 조직이다. 이런 조직은 상부 소수자가 명령을 내리고 하부 다수가 그 명령에 복종하는 명령과 통제 중심의 조직이며, 기능 중심의 조직으로 의사소통의 단계가 길어 결정이 늦으며, 상명하달의 명령 계통을 고집하여 직원들의 창의성이 개발되지 않는다. 또 프로세스 경영을 효과적으로 할 수 없으며, 비용도 많이 들고, 시간도 많이 소요되고, 또 고객에게 좋은 서비스를 제공할 수 없다. 그리고 이런 조직에서는 부서 간의 협조가 잘 이루어지지 않아 프로세스의 성과에 책임을 지려고 하는 사람이 없다. 그러므로 이제 조직의 구조가 기능별로 구성되지 않고, 물자의 흐름에 의해 구성되어야 한다.

Paul Harmon(2003)은 조직도를 가지고 기능별 조직의 문제점들을 다음처럼 지적하였다. 첫째, 기존 조직도는 고객을 보여주지 못할 뿐 아니라, 조직이 고객에게 제공하는 제품 및 서비스를 보여주지 못한다. 둘째, 조직이 원하는 자원의 출처를 보여주지 못한다. 셋째, 전체를 보지 않고 부서의 목적만 달성하려 하여 조직 전체의 목적 달성을 저해한다. 그러므로 이제 조직도는 기업의 고객과 자원의 출처를 보여주어야 한다고 하였다.

다음으로 팀(team)조직이다. 그러나 많은 기업들이 수직적 조직을 그냥 유지한 채 「팀조직」을 활용하곤 한다. 그러므로 근본적으로 조직의 형태는 변하지 않았다고 볼 수 있다.

그러나 몇 년 전부터 조직이 수평적으로 서서히 바뀌기 시작하였다. 이미 앞의 사례에서 설명하였듯이, Toyota 자동차는 1989년에 '조직 수평화'를 실시하여 모든 직원들이 수평적 관계에서 업무를 처리하게 하였다(Katayama, 2002). 그 결과, 계장과 과장이라는 직위를 없애버렸다. 그래서 조직의 구조가 이제는 기능 중심에서 프로세스 중심으로 변하여야 한다. Stephen Shapiro(2002)는 기업이 설정하는 프로세스의 유형을 6가지로 구분하였다. 프로세스 개념이 전혀 반영이 안 된 과거의 전형적인 조직구조에서 외부 파트너와 프로세스를 공유하는 가장 고차원적인 조직구조까지 6가지로 구분하였다. 이 중 가장 대표적인 구조가 기능적 구조, 중간 구조, 그리고 프로세스 주도 구조이다. 기능적 구조는 기능이 기업을 이끄는 위에서 언급한 전통적인 조직이다. 프로세스 주도 구조는 프로세스가 기업을 이끄는 조직이다. 그리고 중간 구조는 기능형조직과 프로세스 주도 구조의 중간형태 구조이다. 그래서 프로세스를 중시하는 조직은 프로세스 주도의 조직 구조로 전환하여야 한다. 그렇지 않으면 프로세스 관리를 효과적으로 할 수 없다.

프로세스 조직에서는 조직원들에게 공통된 목표, 가치관, 그리고 용어를 제공한다. 그래서 조직원들의 사기가 올라가고, 협력을 키워 준다. 또 팀제가 활성화되어 의견의 통합이 잘 이루어지며, 조직원들이 보다 더 큰 기업의 목표를 향해 나아가게 한다. 프로세스 조직은 고객으로부터 출발한다. 프로세스의 모든 활동은 고객가치를 창출하는 것이어야 한다. 그러므로 고객은 모든 프로세스 조직의 근원이다. 프로세스 조직은 원가를 절감하고, 품질수준을 향상하고, 제품 및 서비스 공급시간을 크게 감소한다. 이것은 기업의 수익성, 시장점유율, 고객만족도 등을 향상시켜 기업의 경쟁력을 크게 향상시킨다.

프로세스 조직에서는 프로세스를 총괄적으로 책임지는 경영자가 필요하다. 가끔은 이런 경영자를 CPO(Chief Process Officer)라고 부르기도 한다. CPO는 반드시 기업의 최고책임자 중에서 맡아야 하며, 프로세스 경영에 관한 모든 정책과 규정을 확립하고, 각각의 프로세스의 상호작용과 결과에 대해 책임을 져야 한다. 또 각각의 프로세스 팀들이 목적 의식을 가지고 팀으로서 열심히 일할 수 있도록 사기를 북돋워 줘야 한다.

IBM은 Lou Gerstner 회장을 중심으로 모든 프로세스의 관리와 표준화를 철저히 수행하여 제품개발시간과 주문이행시간을 크게 단축시켜 원가를 수백만 달러나 절감하였다. 1980년대 초 보험료 수입이 약 1억 달러에 불과한 Progressive 보험사는 프로세스 중심 경영을 하여 20년 만인 2000년에 60억 달러로 보험료 수입을 향상시켰다. 이것은 저성장인 보험업계에서는 획기적인 성과이다.

물론 모든 조직에게 프로세스 조직이 필요한 것은 아니다. 성장이 엄청나게 빠른 첨단기술 분야에서는 아마 프로세스 중심보다는 신제품 개발이나 시장점유율이 보다 더 중요할지도 모르겠다. 하지만 이런 기업들도 시간이 지나면 반드시 프로세스 조직으로 변모하여야 한다. 궁극적으로 모든 제품은 수요가 늘어나면 표준화되고, 정형화된 프로세스가 필요하게 되기 때문이다.

이렇게 조직은 과거의 기능적 조직에서 고객의 욕구를 만족시키는 프로세스 조직으로 바뀌고 있다. 그리고 조직은 이제 고객을 창출하는 조직으로 전환되어야 한다. 그래서 Peter Drucker는 "조직의 목적은 고객을 창출하는 것"이라고 하였다(Watson, 2002). 더 나아가 Drucker는 "비즈니스는 가치와 부를 창출하는 조직이 되어야 한다"고 하였다. 여기에서 가치는 고객을 그리고 부는 기업을 위해서 있다. 그리고 기업은 절대로 비용을 통제하는 집단이 되어서는 안 된다고 하였다. 그런데 이것은 현재 기업 회계에 잘 반영이 되고 있지 않다. 그리고 왜 잘 반영이 안 되고 있는지 그 이유도 명확하게 밝히지 못하고 있다.

또 MIT에서는 조직은 피라미드 조직에서 네트워크 조직으로 바뀌어야 한다고 하였다(Kochan과 Schmalensee, 2003). 네트워크 조직은 정보를 통합적으로 활용하여 의사결정을 훨씬 더 효율적으로 할 수 있다. 더 나아가 네트워크 조직이 성공하려면 기업을 둘러싼 이해관계자들로부터 정당한 가치를 끌어내고 동시에 그들에게 가치를 환원해야 한다고 하였다.

Doug Miller(2002)는 미래에 카멜레온(chameleon) 조직이 될 것으로 예측하였다. 카멜레온은 지속적으로 환경에 적응하기 위해 자신을 변형시키는 동물이다. 카멜레온은 본질적으로 다음처럼 다섯 가지 중요한 특성을 가지고 있다고 하였다. 큰 융통성, 개인에 대한 관심, 팀의 충실한 활동, 강한 핵심 역량, 그리고 다양성의 추구 등이다. 융통성이란 환경의 변화가 요구하는 대로 움직이고, 적응하고, 변하는 것이다. 그래서 카멜레온 조직은 변화에 적극적으로 대응하는 조직이라 할 수 있다. 개인에 대한 관심은 이제 조직이 개인의 역량을 향상시킬 수 있는 조직이 되어야 한다는 것이다. 그리고 개인의 노력은 반드시 조직의 성과에 크게 기여하여야 한다. 카멜레온 조직은 기업의 다양한 역량을 총체적으로 발휘하게 만드는 역량을 지니고 있다. 그리고 개인의 다양성을 존중한다.

또 하나 주장되고 있는 미래의 조직으로 가상기업(virtual company)이 있다. 가상기업은 작지만 신속하게 변하는 아메바(amoeba) 조직처럼 하나의 과업을 하기 위해 생겼다가 과업이 끝나면 없어지는 조직이다(Micklethwait와 Wooldridge, 2000). 이제 조직도 규모로 경쟁하는 시대가 끝나고, 오직 유연성과 속도로 경쟁하는 시대가 온 것이다. 그러므로 규모가 큰 조직은 심각하게 조직의 강점과 단점을 생각해 보아야 할 것이다.

사례 I Apple의 전문가 조직

Steve Jobs는 혁신을 통하여 Apple을 세계 톱 기업으로 만들었다. 그러나 Jobs는 Apple의 현 조직구조의 기틀을 구축한 사람이기도 하다. 이 조직 또한 오늘날의 Apple을 만든 중요한 원인 중 하나이다. 1997년 당시 Apple의 조직은 사업부 중심의 조직이었다. 각 사업부는 각자의 손익에 의해 평가받았으며, 모든 권한과 책임은 사업부 담당 임원에게 있었다. 이 유형의 조직에서는 사업부 간의 협조가 어렵고, 혁신이 잘 이루어지지 않는다. 이러한 문제점을 간파한 Jobs는 1997년 NeXT에서 Apple로 오자마자 사업부조직을 해체하고, 전문가조직(functional organization)을 구축하였다. 전문가조직은 앞에서 언급한 기능별조직과는 차이가 있다. 1998년 Jobs는 디자인 혁신을 통하여 모니터(monitor)와 본체를 일체화한 iMac을 출시하였다. 즉, "디자인은 디자이너에게 맡기고, 엔지니어는 그 디자인에 맞게 만든다"라는 디자인 혁신이다. 이것이 전문가조직이다. 디자인 부서가 이전의 하나의 사업부처럼 운영되는 것이다. 이 전문가조직은 당시에는 그리 놀라운 사건이 아니었다. 왜냐하면 다른 비슷한 규모의 기업들도 이 전문가조직을 구축하였기 때문이다. 사실 놀라운 사실은 1997년에 비하여 수십배 규모가 커진 Apple이 지금도 이 전문가조직을 계속 유지하고 있다는 것이다. 그래서 지금도 Apple에서는 임원들이 어떤 제품이 아닌 기능에 대해 책임을 지고 있다. 유일하게 모든 기능에 대해 책임지는 사람은 최고경영자이다. 즉, Tim Cook이다.

사실 대부분의 기업들은 성장함에 따라 기능별조직에서 사업별조직(muiti-divisional organization)으로 전환한다. 이것이 일반적인 현상인데 Apple은 전문가조직을 유지하고 있다. 왜냐하면 Jobs는 급격한 기술의 변화 시대에서 전문가조직이 가장 효과적이라고 확신했기 때문이다. 물론 전문가조직이 계속 고정되어 운영되지 않고, 인공지능같은 기술이 중요해짐에 따라 유동적으로 변한다(Podolny와 Morten, 2020). 전문가조직은 단기 수익 대신 장기 수익을 중요시한다. 그리고 의사결정은 과거에 일반 경영자들이 하였지만 이제는 이 분야에 조예가 깊은 전문가들에 의하여 이루어진다. 전문가조직을 성공하게 하는 중요한 3가지 요인들은 깊은 전문가 지식, 디테일 중시, 그리고 토론중시이다.

사례 Ⅰ 아메바 조직

아메바 조직은 Kyocera 그룹을 설립한 Kazuo Inamori에 의해 나왔다. Kazuo Inamori는 일본에서 가장 존경받는 3대 기업가로, '경영의 신'이라 불린다. Kazuo Inamori의 경영철학은 '항상 공명정대하고, 겸허한 마음으로 업무에 임하며, 하늘을 공경하고, 인간을 사랑하고, 일을 사랑하며, 회사를 사랑하고, 나라를 사랑하는 마음'이다. 즉, 경천애인(敬天愛人)이다. 그가 주장하는 가치는 '손익이 아닌 인간으로서 옳은 것이 무엇인가'에서 출발한다. 그래서 "기업은 경영자의 배를 불리는 도구가 아니며, 인류사회의 발전에 공헌하는 것처럼, 대의명분을 목적으로 삼을 때 그 회사는 건전하게 발전해나갈 수 있을 것"이라고 주장하였다.

그가 주장한 아메바 조직은 기업에게 많은 영향을 끼쳤다. 아메바 조직은 큰 조직을 몇 개의 작은 단위들로 분할하여 모든 구성원들이 경영과 의사결정에 참여할 수 있도록 하는 경영방식이다. 작은 단위들은 각각 하나의 사업을 운영하며, 이에 속한 구성원들은 보다 많은 책임감을 느낄 수 있다. 기업의 규모가 증가하여도 기본적으로 사업단위 조직은 동일하기 때문에, 변화하는 환경에 보다 신속하게 대처하고, 빠른 의사결정을 내릴 수 있다. 또한 단위별로 구체적인 목표를 설정하고, 실시간으로 이를 평가할 수 있다. 이렇게 누구나 경영을 할 수 있는 환경이 구비되면, 이를 통해 구성원의 잠재력을 이끌어낼 수 있다.

아메바 조직은 다음과 같은 효과를 조직에 가져온다. 첫째, 조직 전체가 참여한다. 모든 구성원은 지혜의 원천이다. 이들은 자기의 일에 리더이며, 이를 통해 모든 이들의 지혜를 모을 수 있으며, 이것이 기업의 경쟁력이 된다. 둘째, 목표로서의 수익을 향상한다. 수익은 시간당 창출한 부가가치로, 아메바 조직의 목표이다. 셋째, 잘 보이는 경영을 실현한다. 조직을 아메바로 나누면, 모든 계량적인 집계를 효율적으로 그리고 명확하게 파악할 수 있다. 넷째, 톱다운

(Top-Down)과 바텀업(Bottom-Up)의 조화를 이룬다. 리더는 자신이 하고 싶은 일을 구성원에게 시키지 않고, 구성원으로 하여금 그들이 하고 싶은 일을 하게끔 한다. 이를 위해서는 경영자와 현장에 있는 사람들과의 의사소통이 원활해야 하며, 가치관을 공유해야 한다. 다섯째, 훌륭한 리더를 육성한다. 모든 구성원들이 아메바를 중심으로 경영에 참여하기 때문에 책임감을 가질 수 있다. 또 회사규모가 커지더라도 대기업 병에 걸리지 않고, 훌륭한 리더가 나올 수 있다.

<출처> Kazuo, Inamori, 사장의 도리, 김은경 옮김, 다산북스, 2014.

3.8.2 학습조직

학습조직은 1990년대 Senge(1990)의 「제5경영(The Fifth Discipline)」이 발간된 후 유행되었다. 학습조직(學習組織, learning organization)은 오래된 것들과 제대로 작동하지 않는 것들을 과감히 폐기하고, 지속적으로 변화를 구현하는 조직으로, 조직이 스스로 가르치는 조직(self-educating organization)이 되는 것이다. 이렇게 조직은 과거의 정체된 조직이 아니라 지속적으로 배우는 학습조직이 되어야 한다. 그래서 항상 지식으로 무장하고, 학습하는 혁신적인 조직을 구축하여야 한다.

미국의 MB(Malcolm Baldrige)는 "학습조직은 기존의 방법들을 지속적으로 개선하거나 또는 큰 변화를 일으켜 새로운 목표와 방법을 이끄는 것"이라고 하였다(BNQP, 2022). 여기에서 학습이란 다음처럼 다섯 가지 의미를 지니고 있다.

① 매일 수행하는 일상적 업무

② 개인, 업무, 그리고 조직 단위에서 수행하는 활동

③ 근원적인 뿌리를 해결하는 것

④ 전사적으로 지식을 구축하고 공유하는 데 초점을 맞춤

⑤ 크고 의미 있는 변화를 가져다줌. 그리고 학습의 원천으로는 직원들의 아이디어, 연구개발, 고객, Best Practices, Benchmarking 등

Garvin 등(2008)은 학습조직을 "직원들이 지식을 창조하고, 습득하고, 전파하는 데 아주 탁월한 조직으로 경쟁자들보다 변화하는 환경에 더 신속하게 적응한다"고 하였다. 그리고 "학습조직을 구성하는 3개의 핵심요소로 긍정적 학습 환경 조성, 구체적인 학습

프로세스와 실행 능력, 그리고 학습을 강화하는 리더십"이라고 하였다. 긍정적 학습 환경 조성(a supportive learning environment)은 다시 4개의 차별화된 특성을 지니고 있다. 즉, 정신적인 안도감인 심리적 안정, 차이점의 이해, 새로운 아이디어에 대한 개방성, 그리고 숙고시간이다. 구체적인 학습 프로세스와 실행 능력(concrete learning processes and practices)은 실험, 정보 수집, 분석, 교육과 훈련, 그리고 정보의 전달 등이다. 학습을 강화하는 리더십(leadership that reinforces learning)은 자기의 한계를 인식하고, 부하의 말을 경청하고, 다양한 의견을 수렴하고, 시간을 들여 숙고하는 리더를 의미한다. 이들은 더 나아가 실질적으로 개인, 부서, 조직 등의 학습조직 점수를 측정할 수 있는 도구를 개발하였다(Garvin, 2019).

우수한 학습조직으로 Toyota 자동차를 들 수 있다. Satoshi Hino(2003)는 Toyota 자동차를 지속적으로 배우는 조직이라고 하였다. 그래서 일부 사람들은 Toyota 자동차를 '직무를 개선하는 데 중독된 집단'이라고 부르고 있다. 그리고 지속적으로 배우는 조직의 특성으로 다음처럼 네 가지 요소를 열거하였다.

① 사람들이 최대 한도의 능력을 발휘해서 원하는 결과를 실현시키는 조직
② 혁신적이고 발전지향적인 사고가 발생하는 조직
③ 공통의 목표를 달성하기 위해서 구속받지 않고 자유롭게 행동하는 조직
④ 공동으로 배우는 방법을 지속적으로 추구하는 조직

또 하나 우수한 학습조직으로 GE를 들 수 있다. Jack Welch는 GE의 학습문화를 '통합적인 다양성'이라고 불렀다(Slater, 2000). 이것은 GE의 사업 부문에 대한 지식을 서로 공유하고 학습하여야 하는 것을 말한다. GE의 학습조직으로의 변신은 GE에게 그 다른 어떤 실천 사항보다 괄목할 만한 성과를 가져왔다. 그리고 학습조직이 되기 위한 원칙으로 경계 없는 행동, 속도 그리고 유연성과 같은 세 가지 요소를 들었다. 유연성과 관련해서는 예산 작성의 문제점을 지적하였다. 즉, 예산 작성은 기업의 우둔한 일이며, 기업의 경쟁력을 깎아 내린다고 하였다. 그래서 예산 내에서 직원들이 벌받지 않도록 행동하게 하여야 한다고 주장하였다.

이미지 출처:
www.everland.com

에버랜드는 낡고 오래된 시설물과 빈번한 경영진 교체로 형식적인 서비스만을 제공하고 있었다. 즉, 공감대 형성 부족으로 인한 비효율성, 고객의 기대에 부족한 서비스, 취약한 정보인프라, 전문화된 교육 프로그램의 부족, 그리고 미흡한 서비스 제도 연구 등이다. 이러한 것은 에버랜드로 하여금 새로운 학습조직을 추구하기에 이르렀다. 학습조직에 대한 정의는 David Garvin의 정의를 따랐다. 다음에 기본 이념을 구축하게 되었다. 먼저 고객과 서비스에 대한 직원들의 근본적인 의식에 대한 변화이다. 이러한 의식의 변화 없이는 고객만족이 불가능하다고 보았다. 그래서 현재의 1차 산업형의 제도를 3차 산업형으로 바꾸기로 하였으며, 고객과 서비스 제공자의 원윈(win-win) 가치관을 수립하기로 하였다.

그리고 구체적으로 내부고객의 만족, 경영프로세스 개혁 그리고 고객만족경영 추구라는 3가지 목표를 수립하였다. 내부고객 만족으로 새로운 인사교육제도와 교육방법을 수립하였고, 직원들의 복리후생을 강화하였다. 경영 프로세스 개혁은 의사소통 프로세스와 고객만족경영 프로세스를 개선하였다. 그리고 고객만족경영에서는 나부터 변하기 운동과 현장 서비스 변화 BP를 추진하였다.

그래서 에버랜드의 학습조직은 위로부터의 자발적인 변화, 회사 의사소통 개선, 서비스 아카데미 구축, 독특한 서비스 관리, 그리고 지식학습조직 'Oasis'를 통하여 구축되었다.

위의 사례는 다음과 같은 자료를 참조하여 저자가 재구성하였다.

(1) David Garvin A. and Amy C. Edmonson, and Francesca Gino, "Is Yours a Learning Organization," Harvard Business Review, March 2008, 109-116.

(2) www.everland.com

3.9 지식

Alvin Toffler(1980)는 그의 유명한 저서 『제3의 물결』에서 향후 시대는 정보의 시대라고 말하였다. 또 2006년에도 미래에 부를 창출하는 3가지 요소 중 하나로 지식을 꼽았다. 지식과 정보시대라는 말은 단순히 어떤 자료나 컴퓨터에만 국한되는 용어는 아니다. 그것은 그 이상의 것, 예를 들면 문화, 사회, 경제, 기술 등을 모두 포함하는 포괄적인 용어로 보는 것이 적절하다.

정보(information)는 조직에 절대적으로 필요한 요소로서, 부서와 부서, 사람과 사람, 본부와 사업소 등을 연결하는 중심 역할을 한다. 그래서 모든 의사결정이 정보에 의해 이루어진다. 최근 고객의 기호는 수시로 변한다. 그래서 이전의 대량생산시스템으로는 고객의 까다로운 기호를 충족시킬 수가 없다. 이제 기업은 고객의 독특한 기호와 욕구를 충족시켜야 한다. 이것은 모든 고객에 대한 정보가 있어야 가능하다. 즉, 대량고객맞춤 (mass customization)시대가 되었다. 정보는 대량고객맞춤 시대에 없어서는 안 될 필연적인 요소이다. IT의 발달로 이제 기업은 모든 고객의 특성과 취향을 분류하고, 저장하고, 기록하고, 분석할 수 있다. 그리고 거기에 맞는 제품 및 서비스를 제공하여야 한다.

지식산업이라는 말은 미국 프린스턴(Princeton) 대학교 경제학자 Fritz Machlup이 처음으로 사용하였다. Senge(1990)는 지식을 다음처럼 정의하였다. "지식(knowledge)은 '이해'를 통해 얻은 현상을 실제로 현실에 적용하여 기대하는 결과를 얻었을 때 발생한다." 여기에서 '이해(understanding)'는 정보를 통해 존재하는 어떤 현상을 발견하였을 때 발생한다. 그리고 '정보(information)'는 유용한 방법으로 조직화한 자료이다. '자료(data)'는 정리가 되어 있지 않지만, '정보'는 체계적으로 정리가 되어 있다. 그리고 '지식'은 정보의 학습을 통해 이루어진다. 그리고 지식은 개인뿐만 아니라 조직도 습득할 수 있다.

Peter Drucker(2000)는 경영을 "지식의 적용과 성과에 책임을 지는 사람"이라고 정의하였다. 이렇게 Drucker는 경영의 정의를 지식과 연관시켜 설명하였다. Drucker가 말하는 지식은 정보를 업무나 성과로 연결시키는 것이다. 지식과 정보는 다르다. 어떤 일을 하기 위해 정보를 실제로 적용하면 그것이 지식이 되는 것이다. 그래서 지식은 인간의 두뇌와 기능에 의해 드러난다고 하였다. 그러므로 유능한 경영자가 되기 위해서는 지식을 습득하고 활용하고, 또 지속적으로 갱신하여야 한다.

Satoshi Hino(2003)는 지식경영에서 지식은 3가지 유형으로 구성되어 있다고 하였다. 첫 번째는 미가공의 자료이다. 두 번째는 자료가 1차 가공되어 의미와 가치가 표출된 정보와 기록이다. 세 번째는 많은 정보와 기록을 관철해서 도출한 표준이다. 그리고 Toyota 자동차는 이 중에서 세 번째 지식인 표준을 중요시하고 있다고 하였다.

3.9.1 패러다임의 변화

정보의 공유

과거 산업화시대에 최고경영자를 비롯한 소수의 사람들이 모든 정보를 독점하였다. 그리고 독점은 곧 권력을 의미하였다. 과거에는 정보수집 능력이 부족하였다. 또 정보를 공개하는 것을 꺼렸다. 그러나 지금은 산업화시대에서 정보화시대로 시대가 바뀌었다. 모든 조직들이 IT의 발전과 인터넷으로 인하여 정보의 수집이 과거에 비해 훨씬 수월하게 되었고, 또 이해관계자들 간에 정보의 공유가 상당히 중요하게 되었다. 정보의 공유가 되지 않으면 기업의 목표를 달성하기가 쉽지 않고, 조직이 추구하는 방향을 알기가 쉽지 않다. 이것은 그 조직의 경쟁우위를 저하시킨다. 그래서 지식 네트워크가 생겨나고 있다.

예를 들면 Anderson Consulting은 'Knowledge Xchange'라는 지식관리시스템을 운영하고 있다(Somerville과 Mroz, 2002). 이 시스템은 전 세계 3만여 명의 직원들이 24시간 동안 지속적으로 이 네트워크에 접속하여 지식을 활용하게끔 하는 지식 네트워크이다. 이러한 시스템은 이제 많은 기업들이 설치하고 있다. 이렇게 정보에 대한 공유는 이제 기업의 중요한 핵심 자산이 되었다.

정보는 공유되어야 한다. 내가 아는 지식이 적으면 적을수록 조직에 대한 신뢰감은 떨어진다. 일본 Ina 식품의 츠카코시 회장은 「나이테 경영」을 주장하였다고 하였다. 「나이테 경영」의 핵심 중 하나는 임원이 아는 정보를 모든 직원들도 알아야 한다는 것이다.

가치창출

기업은 가치창출을 통하여 성장하여야 한다. 그러나 기업을 둘러싼 환경은 급격하게 변하여 가치창출을 어렵게 만든다. 또 주주들은 기업의 장기적인 성장보다 단기적인 성과를 중요시한다. 여기에 대한 극단적인 사례를 들어 보기로 한다. 2013년 Dell 컴퓨터는 상장폐지를 하고 비상장기업으로 전환하였다. 당시 언론에서는 모바일 시대에 적응하지 못한 Dell 컴퓨터가 결국 환경의 압력을 견디지 못하고 실패하였다고 하였다. 그러나 Dell은 그런 것이 아니었다. 당시 자금력이 약한 기업을 저렴한 가격에 매입하여 가치를 향상시켜 시장에 다시 매각하는 소위 기업사냥꾼들이 득실거렸다. 그런 무리들에게 이용당하지 않기 위해 Dell은 기업을 비상장한 것이다. 이렇게 Dell 컴퓨터를 상장폐지한 주요한 이유는 주주의 간섭으로부터 벗어나기 위함이었다. 주주의 간섭은 의사결정 속도를 늦추고, 장기투자를 어렵게 하였다. 이미 Dell은 모든 서버는 클라우드화할 것으로 예측하고, 이에 대한 준비를 하였다. 즉, 주주들의 간섭을 받지 않고 클라우드 관련 기업들을 인수하였다. 이렇게 Dell 컴퓨터는 하드웨어 기업을 소프트웨어 기업으로 변모시켜 기업의 가치창출을 극대화하였다(Dell과 Kaplan, 2021).

3.9.2 지식경영

앞에서도 언급하였지만, 이제는 불확실성의 시대이다. 그 누구도 미래를 예측할 수 없다. 변화는 점점 더 불연속적이 되고 있다. 이러한 불확실성의 시대에 중요한 요소로 부각된 것이 바로 지식(knowledge)이다. 그래서 정보는 이제 지식으로 전환되어야 한다. 지식은 현대 사회에서 중요한 용어가 되었다. "이제 선진국가가 구축한 지식 없이는 현대 기업과 경영은 절대로 존재할 수 없다"고 Drucker(2001)는 말하였다.

작업에 지식을 최초로 적용한 사람은 Frederick Winslow Taylor였다. Taylor는 과학적 방법을 경영기술에 접목하여 생산성을 폭발적으로 증가시켰다. 그 당시 작업에 지식의 응용은 금기이었다. 하지만 Taylor는 지식을 응용하였다. Taylor는 보다 열심히 일하는 것보다는 현명하게 일하는 것을 주장하였다. 그래서 Taylor의 과학적 관리법은 마르크스주의(Marxism)의 몰락을 가져왔다. 마르크스주의는 자본주의의 진정한 수혜자는 공장의 프로레타리아(proletariat)가 아닌 부르주아(bourgeois)라고 주장하였다. 그러나 결과는 그렇게 나오지 않았다.

그러면 지식은 무엇인가? 지식은 응용되었을 때만 가치가 있다. 그래서 지식은 전문화되어야 한다. 그러나 단순히 전문화된 지식 그 자체로는 의미가 없다. 그리고 지식은 끊임없이 사용되어야 하며, 다른 전문 지식과 통합되어야 한다. 그래서 자신의 전문 지식을 조직 전체에 연결하여야 한다. 응용되지 않는 지식 그 자체는 오만이며, 오만은 지식을 파괴하고 지식의 아름다움을 파괴한다.

Drucker는 지식은 빨리 변한다고 하였다. 그리고 지식인은 4~5년마다 새로운 지식을 배워야 하며, 그렇지 않으면 시대에 뒤떨어진다고 하였다. 최근의 인터넷이나 위성방송은 이 속도를 더 빠르게 할 것이다. 또 Drucker는 30세 이전까지는 아직 초보자이지만, 30세가 되면 자신의 위치에 대해 책임을 져야 한다고 하였다. 또 Gibson(1998)은 미래에 가장 중요한 자원은 기술, 토지, 자본이 아니라 바로 인간의 지식이라고 하였다. 그래서 그들은 우리의 진정한 자산이라고 강조하였다.

이미 앞에서 언급하였지만, 최근 지식에 관련된 용어 중 중요한 용어가 학습조직이다. 학습조직(learning organization)은 스스로 교육시키는 조직(Self-educating organization)으로서, 배우기 위해서는 우선 낡은 것, 제대로 기능하지 않는 것, 생산성 향상에 걸림돌이 되는 것들을 버리는 일부터 하는 개념이다. 학습조직은 미국 MB(Malcolm Baldrige) 핵심가치 중 하나이다.

지식이 중요한 사회를 지식사회라고 한다. 지식사회는 권위주의적 조직이 아닌 업적지향형 조직이며, 항상 노력하는 조직이다. 또 자신의 업적에 의해 동기를 부여받고, 최고경영자와 지식 노동자와의 일대일로 대화하는 사회이다. 그래서 이제는 단순히 주어진 명령을 따르는 경영자가 아니라, 생각하고 창의적인 개선을 하는 지식 경영인이 필요한 시대이다. 그런데 지식은 경영자가 통제하기 어렵다. 왜냐하면 지식은 사람의 머리 속에 있기 때문이다. 그러므로 경영자가 지식을 잘 경영하기 위해서는 지식을 지닌 사람들을 잘 다루어야 한다.

3.9.3 빅데이터

Google의 무인자동차

Google은 무인자동차 개발에 성공하였다. 그런데 무인자동차를 어떻게 자동차회사가 아닌 IT 기업이 처음으로 만들었는가? 구글은 "많은 사람들이 자동차 운전으로 시간을 허비하고 있다"고 하였다. 저자가 Google Korea를 방문하였을 때 들은 이야기이다. 구글은 미국에서 회사에 출퇴근하는 시간이 한 명당 평균 40분 정도 된다고 하였다. 퇴근까지 합하면 평균 하루에 1시간 20분을 운전 이외에는 아무것도 할 수 없다는 말이다. 이것은 생산성을 엄청나게 떨어뜨린다. 이 시간을 활용한다면, 인간의 생산성은 엄청나게 향상될 것이다. 그래서 무인자동차를 개발하였다고 하였다. 이것은 바로 빅데이터(big data) 때문에 가능하다. 구글은 일찍부터 빅데이터를 활용하였다. 대표적인 사례가 독감 예측이다. 구글은 검색창의 독감증상관련 질문 데이터를 분석하여 미국의 질병통제예방센터보다 2주 앞서 독감유행을 예측하였다.

빅데이터

우리가 일상생활에서 자주 사용하는 인터넷, 스마트폰(smart phone), SNS(Social Network Service), 신용카드, 검색, 교통카드 등은 엄청난 데이터를 양산한다. 이것이 바로 '21세기 원유'로 불리는 빅데이터이다. SNS인 Snapchat에서는 1분마다 28만장 이상의 사진이 생성되고, YouTube에서는 1분마다 300시간 이상의 새로운 동영상이 업로드되고 있다. 또 Facebook에서는 매일 5백 테라바이트 이상의 새로운 데이터가 수집된다.

그런데 이 방대한 빅데이터를 유용한 정보로 전환하기 위해서는 새로운 기술이 필요하다. 빅데이터는 규모도 문제이지만, 다양한 형태와 속도가 너무 빨라 기존의 방식으로는 관리와 분석이 어렵다. 그래서 빅데이터의 특징을 6V로 표현한다. 즉, 거대한 크기(volume), 다양성(variety), 신속한 생성, 유통, 그리고 이용속도(velocity), 데이터의 진실성과 신뢰성을 나타내는 정확성(veracity), 데이터의 가치(value), 그리고 데이터 활용의 가변성(variability)이다. 크기는 전수검사가 가능하여 보통 TB, PB, EB, ZB를 다루고 (제9장 참조), 형태는 비정형 데이터(동영상, social media, 음악 등)가 대부분이고, 속도는 사건의 발생시점과 인지시점의 차이가 없어져 분·초로 단축되었다. 이렇게 빅데이터 기술은 데이터를 해석하는 데서 발생하는 오류와 손실을 방지하여 가치를 증진시킨다.

이렇게 빅데이터 기술은 최근 곳곳에서 형성되는 대용량 데이터를 가치있는 정보로 만드는 것이다. 빅데이터는 미래 사회를 이끌 중요한 요소이며, 그 시장성도 전문가들은 높게 보고 있다. 그래서 최근 빅데이터의 중요성이 부각되고 있다. 통신비용의 하락, 저장매체기기의 하락, 스마트폰의 활용도 증대, 다양한 센서(sensor)의 증가, 데이터 분석기술 향상 등 일련의 현상들은 빅데이터의 활용을 가능하게 만들었다. 이미 Apple, Google, IBM, Facebook, Amazon, SAS, Microsoft 등 IT 기업들은 빅데이터를 엄청나게 축적하고 있다.

빅데이터의 활용

빅데이터는 기업에게 지대한 영향을 끼친다. 국제표준인증기관 DNV GL은(2017) "빅데이터가 통찰력 형성을 향상하고, 조직의 효율성을 증가시킨다"고 하였다. Rubin(2013)은 "빅데이터를 많이 사용하면 할수록 기업의 목적을 달성하기가 용이할 것"이라고 하였다. 특히 빅데이터와 인공지능의 결합은 소비자들의 행동을 이해하고 예측하는 데 대단히 중요한 역할을 할 것이다. 이것은 기업들이 소비자들에 대한 더 많은 데이터를 디지털 형태로 축적하면서 실시간으로 고객들을 상세하게 분류하여 고객의 니즈를 보다 더 확실하게 충족시킬 수 있기 때문이다. 또 자동 알고리즘을 활용하여 의사결정을 보다 신속하고 정확하게 할 수 있다. 이것은 세밀한 분석에 의하여 의사결정의 위험을 감소할 수 있기 때문이다. 또 새로운 상품과 서비스의 개발에도 큰 영향을 끼친다.

하나의 예로, eBay는 소비자 행동, 거래 그리고 고객서비스 등에 관한 데이터를 이용하여 Analytics, 즉 모델을 작성한다(Sundaresan, 2013). 이렇게 하기 위해서 먼저 이베이는 빅데이터를 다룰 수 있는 하드웨어와 소프트웨어 시스템을 구축하였다. 여기에서 소프트웨어는 올바른 데이터를 추출할 수 있는 시스템이어야 한다. 또 여기에서 중요한 점은 좋은 데이터와 나쁜 데이터를 구별할 수 있는 데이터 클리닝(data cleaning) 능력이다. 다음으로는 새로운 도전이지만, 아날로그가 아닌 새로운 디지털 데이터를 처리할 수 있는 능력을 지녀야 한다. 이런 준비가 완료되면, 조직의 모든 사람들은 데이터에 의한 의사결정을 하게 된다.

빅데이터 수집이 어려운 기업이 있다. 이때에는 웹사이트 방문기록처럼 비교적 쉽게 획득할 수 있는 방법을 활용하면 된다. Google Analytics 또는 Naver Analytics는 기업들의 웹사이트 방문에 대한 빅데이터(방문자의 방문횟수, 검색대상, 구매상품, 구매액, 체류시간 등)를 기업에게 제공해 준다. 멕시코의 호텔 체인인 Posadas는 구글 Analytics를 활용하여 웹사이트를 방문하는 고객들의 예약전환율을 분석하여 수익성을 향상하였다(김민희, 2015).

빅데이터는 사실 제5장에서 설명하는 인공지능(Artificial Intelligence)과 연계되어 사용된다. 최근 많은 기업들은 빅데이터를 인공지능과 클라우딩 컴퓨팅과 연계하여 유익한 성과를 많이 도출하고 있다. 그리고 이러한 연계 시스템 구축에 계속 투자하고 있다.

클라우딩 기술

빅데이터는 특히 클라우딩(clouding) 기술의 발전으로 확대되고 있다. 클라우드 트래픽(cloud traffic)은 계속 증가하고 있다. 인터넷을 통하여 쉽게 빅데이터에 접근하여 저장하고 활용할 수 있는 클라우드(cloud)는 점차로 확대될 것이다. 최은정(2013)은 미래에 클라우드가 가져올 변화로 다음처럼 5가지를 꼽았다. ① 과거에 서비스가 불가능하였던 서비스 등장, ② 다양한 형태의 기기 등장, ③ 개인화된 정보 소비, ④ 획기적으로 경영의 효율성 제고, ⑤ 새로운 비즈니스 기회 창출 등이다. 이렇게 기업은 클라우드를 활용함으로써 빅데이터를 실시간으로 저렴하게 이용할 수 있다. 클라우드는 또 새로운 서비스시장을 창출한다. iPhone의 Siri, 구글 안경 등은 몇 개의 예이다. 지금은 빅데이터 시장에서 구글, 아마존, 페이스북 그리고 마이크로소프트가 강자이지만, SAP, IBM, Dell, BT, HP 등 많은 기업들이 클라우드 시장에 도전하고 있다. 그러나 우리나라는 IT 강국이긴 하지만 클라우드 분야에서는 아직 갈 길이 멀다.

우리나라의 현황

우리나라는 IT 인프라가 높고 데이터 대량생산국이지만, 빅데이터를 활용하는 기업은 그리 많지 않았다. 그래서 빅데이터 산업이 기대만큼 빠르게 성장하지 않았다. 이러한 이유로 현장에서 빅데이터가 잘 수집되지 않고, 데이터 활용이 소모적이며, 빅데이터 분석 및 관리에 필요한 지식이 취약한 점을 들 수 있다(채승병 등, 2012). 이 외에 대한상공회의소(2014)는 경험 부족, 예산 부족, 정보 보호 및 안전성에 대한 우려, 기업 문화 등을 추가하였다.

그러나 최근 우리나라에서도 빅데이터에 관심이 급증하고 있다. 그래서 많은 기업들이 빅데이터를 의사결정에 이용하고 있다. 신한은행의 '리테일고객 주거래 지수 모형'은 주거래 고객의 다양한 행동양식을 분석하는 모형이다. 이 모형은 거래방식에 따라 고객이 중요시하는 항목에 가중치를 부여하여 맞춤 서비스를 제공한다. 질병관리본부와 KT는 빅데이터를 이용하여 '해외로부터 유입되는 감염병'을 차단하고 있다. 즉, 해외의 감염병 오염지역 정보를 질병관리본부가 KT에 제공하면 KT는 가입자의 로밍 정보를 확인해 오염지역을 방문한 고객의 정보만을 질병관리본부에 제공한다.

빅데이터로 감염병 차단 현실로 이뤄낸 '황창규 KT회장'

빅데이터는 사회에도 큰 영향을 끼치고 있다. 한국정보진흥화에서는 청소년 자살 트위터 버즈량을 이용하여 빅데이터 분석을 통하여 자살예방을 추구하고 있다. 요일별로는 월화수, 시간은 저녁 10~12시 사이에 자살률이 높은 사실을 파악하였다. 또 빅데이터는 가짜 맛집을 가려내기도 한다. 또 최근 윤리 문제를 야기하는 논문과 음악 표절 검사도 한다. 예를 들어, 논문표절검사 'Copy Killer'라는 소프트웨어는 대학, 도서관, 연구기관 등의 문서를 데이터베이스화(database)해서 6개 단어 이상, 연쇄표현의 일치, 유사한 자료 등의 기준을 가지고 논문의 표절률 결과를 알려준다.

빅데이터, 더 나은 데이터

NETFLIX 1997년 Reed Hastings에 의해 설립된 Netflix는 미국에서 빅데이터를 잘 사용하는 대표적인 동영상 서비스회사이다. Netflix는 1억 5천만 명이나 되는 고객 빅데이터를 분석하여 고객의 행동을 유형별로 분류하고 각각의 니즈에 적합한 맞춤형 온라인 DVD를 제공한다. 그리고 영화정보도 10만 개가 넘는다. 또 빅데이터를 활용하여 컨텐츠 사업에도 투자를 한다. 가장 대표적인 컨텐츠가 큰 성공을 한 'House of Cards'이다. 이것은 매일 접속하는 이용자들의 동영상에 대한 평가, 동영상 재생 기록, 시청률, 검색자료 등을 분석하여 이용자들이 원하는 각본과 배우들을 선정하였다. 그래서 나온 영화가 'House of Cards'이다. 원래 'House of Cards'는 1990년 영국 작품인데, 이 영화를 리메이크(re-make)하였다. (동영상 'House of Cards' 참조.) 참고로 우리나라에는 2016년에 들어왔다.

3.10 기업의 사회적 책임

3.10.1 Built to Last와 B.E. 2.0

Collins와 Porras(1994)는 "세계적으로 크게 성공한 기업들은 수익만을 획득하는 것을 뛰어넘어 사회적인 시각을 갖추고 있으며, 단기적으로는 이윤에서 희생이 있을지라도 핵심적인 가치를 고수할 준비가 되어 있는 기업"이라고 하였다.

Collins와 Lazier(2020)는 함께 저술한 『B.E. 2.0』에서 위대한 기업의 3가지 조건을 제시하였다. 그 중 두 번째가 지역사회에 대한 기업의 사회적 기여이다. 여기에서 사회적 기여는 그 기업만이 담당하는 특출한 기여이다. 그래서 이 기업이 존재하지 않는다면, 그 특정한 사회적 기여가 사라지는 것이다. 즉, 다른 기업이 대체하지 못하는 기여이다. 그래서 지역사회는 이 기업을 존중하게 된다.

3.10.2 우리나라의 존경하는 상인

임상옥

2000년 소설가 최인호는 『상도』란 소설을 출판하였다. 이 소설에서 최인호는 약 2백여 년 전 실재 인물인 의주 상인 임상옥이라는 거상을 통하여 참된 상인정신을 보여주고 있다. 그는 죽기 직전에 가지고 있던 모든 재산을 사회에 환원하였다. 그리고 "재물은 평등하기가 물과 같고, 사람은 바르기가 저울과 같다"라는 유언을 후손들에게 남겼다. 기업인의 사회적 책임은 임상옥과 같은 정신을 가지고 기업을 운영하는 것이다.

경주 최부잣집

또 우리나라에서 유명한 경주 교동 최부잣집이 있다. '해동공자' 최치원이 시조인 최부잣집은 300년 동안 12대에 걸쳐 만석꾼이었다. 임진왜란에 참전하였고, 소작농에게 후한 임금을 줘 함께 잘 사는 길을 택하였고, 노비에게도 제사를 지내도록 도와주었고, 흉년에는 수입의 1/3을 가난한 사람들을 도와주는 데 사용했으며, 일제시대에는 교육과 독립운동에 돈을 투자하였다. 경주 최부잣집의 가훈은 육훈(六訓)과 육연(六然)으로 이루어져 있으며 다음과 같다.

六訓
1. 과거를 보되 진사 이상의 벼슬을 하지 마라.
2. 만 석 이상의 재산을 모으지 말며 만 석이 넘으면 사회에 환원하라.
3. 흉년에는 남의 땅을 사지 마라.
4. 과객(過客)은 후히 대접하라.
5. 며느리들은 시집온 뒤 3년 동안 무명옷을 입어라.
6. 사방 백리 안에 굶어 죽는 사람이 없게 하라.

六然
1. 스스로 초연하게 지내고(자처초연 自處超然)
2. 남에게는 온화하게 대하며(대인애연 對人靄然)
3. 평온할 때에는 마음을 맑게 가지고(무사징연 無事澄然)
4. 일을 당해서는 용감하게 대처하며(유사감연 有事敢然)

5. 성공했을 때에는 담담하게 행동하고(득의담연 得意淡然)

6. 실패했을 때에는 태연히 행동하라(실의태연 失意泰然).

3.10.3 기업의 사회적 책임

식품업체인 미국의 Whole Foods Market은 'Do Right'를 실천하는 기업이다. 여기에서 'Whole Food'의 의미는 인공적인 첨가물을 넣지 않은 자연적인 식품을 말한다. Whole Foods Market은 미국 정부의 기준보다 더 엄격한 잣대를 수립하여 유해한 물질이 첨가된 식품은 절대 구입하지도 않고 팔지도 않는 것을 철칙으로 하고 있다. 사회적 책임을 다 하는 기업문화만이 실천을 가능하게 한다고 믿으며, 올바른 기업문화를 구축하였다.

기업의 사회에 대한 책임은 과거에 그리 중요하지 않았다. 단순히 고용 효과를 통하여 사회에 환원한다는 것으로 만족하였다. 그러나 이것은 기업이 오직 주주와 직원들에 대해서만 책임을 지고 있다는 말이 된다. 그 이외의 것에 대해서는 그리 큰 신경을 쓰지 아니하였다. 그러나 이제는 기업의 사회적 책임이 상당히 중요해졌다. 아니 중요해진 것이 아니고, 기업의 책임이 되었다. 왜냐하면 기업은 이제 원하든 원하지 않든 사회에 영향을 끼치고 있기 때문이다.

또 기업은 당연히 사회에 속한 하나의 조직이다. 그래서 사회를 위해 존재하여야 한다. 홀로 독립적으로 존재하는 것이 아니고, 사회에 속한 조직으로서 사회를 위해 공헌하여야 한다. 그래서 기업은 고객과 사회와 국가와 인류를 위해 존재하여야 한다. 사실 기업은 주주와 직원을 위해 존재하는 것이 아니고, 고객을 위해 존재하는 것이다. 병원은 의사와 간호사들을 위해서가 아니고 아픈 사람들을 위해 존재하며, 공공기관은 공무원들이 아닌 국민을 위해 존재하는 것이다.

1980년대 Nike는 아동노동 문제로 NGO 비판에 직면하였다. 그 결과 Nike는 강압적인 오버타임과 노동자들을 착취하는 기업, 일명 '노예임금(slave wages)' 기업으로 낙인이 찍혔다. NGO는 세계적으로 Nike 제품에 대한 불매운동을 벌였다. 그 결과 1989~1990년 사이에 Nike 주가는 급락하였다. Nike는 이 사건을 계기로 기업의 사회적 책임과 지속가능경영에 대한 중요성을 인식하고, 2001년 이사회에 사회적 책임과 지속가능을 전문적으로 다루는 독립적인 위원회를 설립하였다(Paine, 2014). Walmart도 저임금과 납품업체 단가 인하로 납품업체가 도산하고 지역 상인들이 도산하는 등 사회적인 문제가 되어 곤욕을 치렀다. 역시 사회에서는 Walmart 불매운동을 벌였다. 그러므로 기업은 사회에서 받은 것을 기부를 통해 사회에 환원하여야 한다. 이것이 기업의 사회적 책임이다. Leonard Berry(1999)도 "사회적 봉사(social profit)는 기업이 획득한 사회적 부를 다시 사회에 환원하는 것"이라고 하였다.

그런데 CSR은 기업에 따라 상당히 다양하게 실천되고 있다. Rangan 등(2015)은 여기에 관하여 세 가지 유형을 제시하였다. 첫째, 자선행위(philanthropy)로 기업의 수익성 창출이나 성과 향상과는 거리가 먼 유형이다. 예로 단순한 기부, 봉사, 설비제공 등을 들 수 있다. 둘째, 기업 오퍼레이션을 향상하여 수익을 창출하거나 비용을 감소하는 유형이다. 예로 공해를 감소하는 지속가능 활동 등을 들 수 있다. 셋째, 비즈니스 모델의 변화로 새로운 비즈니스를 창출하는 유형이다. 예로 인도에서 Unilever의 'Shakti' 프로젝트를 들 수 있다. 이 프로젝트는 도매상에서 소매상으로 이동하는 전통적인 비즈니스 모델을 폐기하고 새로운 모델로 전환하였다. 즉, 마을 여인들에게 대출해주고 교육을 시켜 비누나 세제 등을 가가방문하는 모델로 바꾸었다. 여기에 종사하는 사람들이 지금은 약 6만 5천명으로 증가하여 마을 주민들의 소득수준을 크게 향상하였으며, Unilever의 수익도 크게 증가하였다. 그리고 Rangan 등은 기업의 사회적 책임은 아무렇게나 시행되면 안 되고, 반드시 기업의 전략과 정책에 연계되어 기업의 목적을 달성하는 데 기여하는 체계적인 프로세스를 제공하여야 한다고 주장하였다.

3.10.4 ISO 26000

기업의 사회적 책임은 점차로 중요해지고 있다. 2010년 11월 1일 ISO는 ISO 26000을 공포하였다. 이것은 사회적 책임의 중요성에 대한 국제적인 흐름을 반영한 것이다. 사회적 책임에 대한 국제표준규격인 ISO 26000은 그 범위를 기업에만 국한시키지 않고, 국가, 사회단체, NGO까지 포함시키고 있다. 그래서 CSR(Corporate Social Responsibility) 대신 SR(Social Responsibility)을 표기하였다. ISO 26000은 다음처럼 7개의 기준으로 구성되어 있다. 조직의 가버넌스(organizational governance), 인권(human rights), 노동관행(labor practices), 환경(the environment), 공정한 운영 관행(fair operating practices), 소비자 이슈(consumer issues), 그리고 지역사회 참여와 개발(community involvement and development) 등이다.

3.10.5 CSV

　최근 자본주의는 많은 문제점들을 들어내고 있다. 환경을 파괴하고, 저성장 국가들 노동자들의 임금을 착취하며, 윤리성을 잃고, 기업회계를 조작하였다. 이러한 것들은 자본주의의 핵심운영 주체인 기업의 이미지를 크게 떨어뜨렸다. 이러한 시기에 나온 공유가치창출인 CSV(Creating Shared Value) 개념은 한없이 추락한 기업의 이미지를 회복하기에 적합한 개념이다. 왜냐하면 CSV는 기업의 경제적 목적 달성을 넘어선 사회의 목적 달성도 동시에 추구하기 때문이다. 그래서 기업과 사회와의 관계를 회복시킨다.

　이제 기업은 기업의 사회적 목표와 경제적 목표를 일치시키도록 전략을 수립하여야 한다. 여기에 대해서는 Michael Porter와 Mark R. Kramer(2002)가 그들의 연구를 통해 이 점을 강조한 바 있다. 또 Porter 등(2006)은 기업과 사회의 '상호연관성'을 강조하였다. 즉, 명분이 얼마나 가치가 있는가 하는 것이 아니고, 공유가치(shared value) 창출이 중요하다고 하였다. 그래서 단순히 '방어하는 CSR(corporate social responsibility)'에서 '전략적인 CSR'로 전환하여야 한다고 주장하였다. 이것은 단순히 사회적 가치만 추구하는 기부를 해서는 안 되고, 기업의 경제적 가치도 동시에 추구함으로써 사회와 주주에게 동시에 혜택이 가도록 하여야 한다는 것을 의미한다.

　예로, Toyota 자동차의 하이브리드(hybrid) 자동차 Prius와 MS의 WCP를 들 수 있다. Prius는 Toyota의 기술을 세계 표준기술로 만들었고, 환경을 보호하였으며, 사회에 봉사하였다. Microsoft는 미국 커뮤니티(community) 대학들과 함께 WCP(working connections partnership) 프로그램을 실시하였다. Microsoft는 커뮤니티 대학교의 1,160만 학생들에게 5년간 5천만 달러를 투자하여 IT 과목의 교과과정을 체계적으로 재편하는 등 교육지원을 하고 있다. 이렇게 최근 추세는 궁극적으로 기업과 사회를 통합하는 것이다. 물론 기업의 일차적인 사회적 책임은 수익을 올리는 것이다. 즉 성과가 있어야 한다. Drucker(2001)도 "경영은 성과 달성에 책임을 져야 한다"고 말한 바 있다.

　이 개념은 후에 하버드대학교의 Michael Porter와 FSG의 Mark Kramer(2011)에 의해 CSV(Creating Shared Value)라고 불리게 되었다. CSV는 사회적 가치와 동시에 경제적 가치를 창출하여 기업의 성공과 사회적 발전을 연계하는 것이다. 이들은 과거의 CSR과 새로운 개념인 CSV와의 차이를 다음처럼 설명하였다. CSR의 일차적인 초점은 기업의 명성이지만, CSV의 초점은 기업의 경쟁력 강화와 사회적 가치의 향상이다. CSV는 그

그림 3-1 네슬레의 CSV 모형

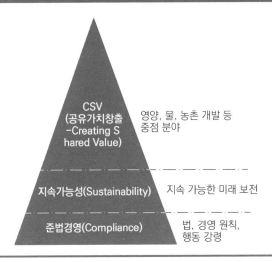

후 미국의 Google, Walmart, IBM, Intel, Johnson & Johnson, 그리고 유럽의 Nestlé와 Unilever 등과 같은 세계의 많은 기업들에 의해 급속도로 채택되고 있다. 사실 CSV는 2002년 이후에 기업들에 의하여 많이 도입된 개념이다.

Dow Chemical이 2005년도에 출시한 'Nexera 커놀라(canola)와 해바라기 씨'라는 제품은 생산성을 크게 향상하고, 진열대에서의 저장기간을 늘렸으며, 높은 영양식품으로 시장에서 크게 성공한 제품이다. 이 제품은 기업의 수익성을 향상하였을 뿐만 아니라 건강식품으로 소비자들의 니즈를 충족시켰다. 또 하나의 사례로 GE는 인도에서 발생하는 높은 영아 사망률을 낮추기 위하여 Embrace와 협조하여 인큐베이터의 생산비용을 획기적으로 낮추었다(Pfitzer 등, 2013). 이러한 사례는 전부 CSV 개념을 실천에 옮긴 제품이다.

CSV 개념이 성공하기 위해서 기업은 사회적 목적과 고객의 니즈, 그리고 여기에 적합한 기업의 사회적 책임에 대한 전략을 구체적으로 수립하여야 한다. 과거처럼 추상적으로 "우리 회사는 앞으로 사회적 책임을 강화하기로 하였다"라는 말은 적절하지 않다. 기업은 더 이상 기업의 전유물이 아니다. 기업은 사회의 한 구성원으로서 그 책임과 의무를 다 하여야 한다.

그러나 최근 CSV에 대한 문제점들이 제기되고 있다. 가장 핵심적 이유는 CSV가 CSR의 기본적인 가치를 소홀히 한다는 것이다. 그래서 이를 보완한 개념이 Nestlé의

CSV이다. Nestlé는 많은 기업들이 CSV를 가장 효과적으로 실천에 옮기는 글로벌기업으로 인정하고 있다. 네슬레는 전 세계적으로 68만 명 이상의 농부들로부터 코코아, 커피, 우유 등을 구매한다. 그리고 구매하는 상품의 품질과 생산성은 Nestlé의 경쟁력과 연계되어 있다. 그런데 가끔 공급업체가 없는 지역이 있다. 이때에는 그 지역에 상품을 재배할 수 있는 인프라를 구축한다. 그리고 Nestlé는 이들이 고품질과 경쟁력 있는 가격으로 이러한 상품들을 공급하도록 협조하고 있다(Hans, 2013). 여기에서 Nestlé의 CSV가 출발한다. 공급업체의 지속가능성과 지역개발로부터. 사실 Nestlé는 2001년 식품산업에서의 지속가능경영인 SAI Platform(the sustainable agriculture initiative of the food industry)를 시작하였다. 그리고 이 플랫폼을 2003년부터 경쟁자인 Unilever 및 Danone과 공유하고 있다. Nestlé가 개발한 CSV 모형은 기본적으로 HACCP 원칙에 의거한다.

어떻게 기업이 사회 문제 해결에 기여할 수 있는가?

왼쪽의 QR코드를 스캔하면 하버드대학교의 Michael Porter 교수의 '어떻게 기업이 사회 문제 해결에 기여할 수 있는가?'에 대한 TED 강연이다.

3.10.6 도덕성

2015년 상반기 자동차시장 세계점유율 1위인 Volkswagen이 대형사고를 쳤다. 배출가스 소프트웨어를 조작한 것이다. 독일의 근면함과 성실을 자랑하던 이미지가 하루아침에 사라졌다. CEO Martin Winterkorn이 사퇴하였지만, 후폭풍이 만만치 않다. 2015년 9월 25일 새로 CEO로 취임한 Matthias Muller는 전 Porsche CEO로 2016년 1월부터 약 950만대의 차량을 리콜하기로 하였다.

과거 도덕성은 수익성 앞에서 그리 중요하지 않았기 때문에 도덕성을 강조하는 기업은 거의 없었다. 왜냐하면 도덕성을 강조하는 것은 그 조직의 모든 시스템과 행동 양식을 바꾸어 놓을 수 있기 때문이다. 그래서 회계장부도 이중장부를 많이 사용하여 분식회계를 하였다. 또 거래업자들에게 뇌물을 주거나 받곤 하였다. 이런 관례들이 나쁜 것인지는 알지만, 그냥 관례라는 이름으로 죄의식 없이 행해졌다.

그러나 이제 기업은 사회의 일원으로서 가치관을 심어 주고, 정직을 강조하여야 한다. Barry(1999)는 도덕성(ethics)을 "태도, 행동, 의사결정의 옳고 그름에 대한 개인적인 믿음"이라고 정의하였다. 도덕성은 사람이 지니고 있는 믿음이며, 조직에게는 도덕성이 존재하지 않는다고 하였다. 그리고 도덕성은 판단의 기준에 의해 정해지지만, 대부분 사회의 규범에 의해 결정된다. 인간은 성장하면서 도덕성을 판단하는 기준을 경험하게 된다. 부모, 학교, 사회, 친구, 집단 등으로부터 지속적으로 무엇이 옳고 그른지를 경험하게 된다. 이렇게 해서 도덕에 대한 가치관이 형성된다. 우리가 흔히 말하는 도덕 불감증은 도덕성이 결여된 상태를 말한다.

일찍부터 Henry Ford는 기업의 도덕성을 강조하였다. Ford(1926)는 "한 가족 또는 한 개인을 위한 기업, 목적이 달성되면 존재가치가 소멸되는 기업, 이런 기업들은 건전한 기반을 갖지 못한 기업들이다. 그래서 이런 기업들은 사회에 해악을 뿌리고 결국에는 시장에서 사라지게 된다"고 하였다.

Barnard(1938)도 일찍부터 경영자의 도덕성을 강조하였다. 그리고 "도덕이란 개인에게 내재된 일반적이고 안정적인 성향"이라고 하였다. 그래서 "도덕성은 개인의 합리적인 판단에 의해서 결정되는 것이 아니고, 개인의 감정 또는 정서에 의해서 결정된다"고 하였다. 그리고 경영자에게 부여되는 다양한 도덕의 규칙을 준수하기 위해서는 경영자의 능력이 높아야 한다고 하였다. 또 조직은 리더십에 의해 결정되고, 리더십의 기반에는 도덕성이 있어야 한다고 하였다. 그래서 도덕성이 낮으면 조직은 오래 가지 못하고 소멸한다고 하였다. 그래서 리더십의 핵심은 바로 도덕성에 있다고 하였다.

Peter Drucker는 1954년에 지은 『경영의 실제』에서 "경영자는 고결한 도덕성을 지니고 있어야 한다"고 하였다. 그리고 "훌륭한 경영자의 자질로서 존경을 받아야 하고, 훌륭한 인격을 지녀야 하고, 인간으로서의 정직, 청렴, 그리고 성실성을 지녀야 한다"고 강조하였다(Kobayashi, 2002). 이렇게 Drucker는 경영자의 인간성, 성실함, 그리고 도덕성을 상당히 중요하게 보고 있다.

일본 Seven-Eleven 회장 Masatoshi Ito(2002)는 기업의 윤리경영을 상당히 중요시하고 있다. 그래서 오래전부터 거래처로부터 접대를 받거나 또는 공적 회사자금을 횡령하거나 유용하는 직원은 지위에 관계없이 무조건 해고하고 있다. 그래서 모든 직원들에게 식사시간에 거래처를 방문하지 말고, 부득이한 경우에는 반드시 자기 음식값은 스스로 내라는 규정을 설정하였다.

Walmart는 구성원들의 도덕성을 유난히 강조하는 회사로 알려져 있다. 그래서 회사의 윤리강령을 제정하였다. 하나의 예로 Walmart의 직원은 지위에 관계없이 협력업체 사람들로부터 절대로 뇌물이나 돈을 받으면 안 된다. 그래서 심지어 음료수 한 잔 먹어도 음료수 값을 주고 가는 습관을 가지고 있다. 이것은 철저한 윤리적인 면을 강조하는 좋은 사례이다.

AlliedSignal의 Larry Bossidy 회장이 관리자를 선발할 때 가장 먼저 강조하는 질문이 바로 도덕성이다(Bossidy와 Charan, 2004). 즉, 청렴성이다. 그래서 청렴성을 말하고, 규정을 어겼을 때에는 무조건 사표를 내야 한다고 한다. 이것은 가장 중요한 구성원의 도덕성을 강조하는 예이다.

3M은 기업윤리지침서(Business Conduct Manual)를 제정하여 정부 관료 접대 및 선물을 금지하는 등 구체적 조항을 규정하였다(Gundling, 2001). 또 이런 규정도 있다. "상대방에게 50달러 이상의 선물이나 금품 제공을 금지한다. 단, 커피와 도넛은 제외한다."

그러므로 이제 기업은 기업의 목적을 수단과 방법을 가리지 않고 달성하면 안 된다. 목적 달성에만 초점을 두어서는 안 되고, 목적을 달성하는 방법에도 관심을 가져야 한다.

사례 I Pepsi와 Coca-Cola

2006년 5월, Pepsi CEO는 Coca-Cola CEO에게 한 통의 편지를 전달했다. 그것은 Coca-Cola의 신상품에 대한 정보를 Pepsi에 넘기겠다는 어떤 제보자의 편지였다. 제보자는 Pepsi에 150만 달러를 요구했다. 만약 Pepsi가 이 제보를 수락하였으면 그 몇 배에 달하는 이익을 챙길 수 있었다. Pepsi는 이 제보를 받자마자 바로 Coca-Cola에 연락하기로 결정하였고, Coca-Cola는 FBI의 협력을 얻어내 범인을 체포하였다. Coca-Cola는 다음처럼 Pepsi에게 감사편지를 보냈다. "저는 Pepsi에서 이러한 제보를 우리에게 알려준 데 대해 진심 어린 감사를 표하고 싶습니다." 이에 Pepsi는 다음처럼 답장을 보냈다. "우리는 책임감 있는 회사라면 응당 했어야 할 일을 한 것뿐입니다. 경쟁은 치열하게 하여야 하지만, 공정하고 합법적인 경쟁이어야 합니다" Coca-Cola와 Pepsi는 100년 이상 극심한 경쟁자 관계에 있다.

3.11 자연환경

기업은 자연환경에 대해 점차로 더 많은 책임을 져야 한다. 자연환경은 지역사회와 인류에 엄청난 영향을 끼친다. 자연을 훼손하면 오랜 기간 복구가 힘들고, 사람들의 건강에 큰 영향을 끼친다. 그러므로 기업은 공장과 사무실, 그리고 제품이 자연환경에 어떤 피해를 주는지 파악하고, 환경오염을 감소하고 폐기하는 방법을 강구하여야 한다.

그런데 몇 년 전만 하더라도 환경에 관심을 가진 기업들은 많지 않았다. 2013년 6월 MIT와 BCG가 1,800 여명의 경영자들을 대상으로 기후변화와 지속가능성에 대해 조사한 서베이에 의하면, 기후변화가 장기적으로 지구와 인간에 엄청난 영향을 끼친다고 생각하고 거기에 준비하는 기업들이 약 1/3정도 된다고 하였다(Kiron 등, 2013). 그리고 앞으로 기후변화가 기업에 심각하게 영향을 끼친다고 생각하는 기업일수록 대책을 세우려고 더 노력하고, 새로운 비즈니스모델로 대응하려고 하고, 지속가능경영을 더 잘 수립하고 있다고 보고하였다.

2019년 지구를 공포에 떨게 한 COVID-19는 환경을 깨끗하게 하였다. 물론 바이러스는 사라져야 하지만, 수 개월간 인간의 생산활동 중단은 하늘을 원래의 파란 모습으로 회복시킨 것을 우리는 보았다. 인간은 환경보호에 대해 심각하게 생각하고 단안을 내려야 한다. 그렇지 않으면 멀지 않아 바이러스와 비교할 수 없을만큼 큰 재앙을 불러올 것이다.

3.11.1 지구온난화

최근 대지진과 쓰나미는 일본을 큰 위험에 빠뜨렸다. 매년 여름 전세계를 강타하는 폭염과 홍수는 인류의 삶에 큰 위협이 되었다. 이전에 비해 자주 발생하는 지진과 해일은 세계를 공포에 떨게 한다. 환경은 이제 인류를 향해 공격하고 있다. 그 중 하나의 현상이 지구온난화이다. 온난화로 지구가 크게 몸살을 앓고 있다. 온난화는 기후변화, 물부족, 그리고 사막화를 초래하여 지구의 생태계에 큰 영향을 끼친다. 며칠 아프다 나으면 좋은데, 상황은 심각하다.

이산화탄소의 증가는 지구 표면 온도를 상승시켜(지난 10년간 0.183도 상승) 빙하의 면적을 계속 감소시키고 있다. 지난 10년 사이 1조 2,300억 톤의 빙하가 감소되었다. 이것은 해양, 육지, 어류, 담수 등에 엄청난 영향을 끼쳐 우리 실생활에 끔찍한 영향을 끼친다. 2021년 YTN Science는 UN 기후변화에 관한 정부간 협의체인 IPCC (Intergovernmental Panel on Climate Change)의 보고서에 기반한 지구온난화에 대한 내용을 방영하였다.

또 기후변화는 세계 양극화를 심하게 하고 있다. New York Times(2019)는 최근 Stanford 대학교의 연구를 발표하면서, 지구온난화가 세계 부국과 빈국의 격차를 더 벌렸다고 하였다. 1961년부터 2010년까지 지난 50년 동안 주요 빈국의 1인당 GDP가

17~30%가량 하락하였고, 반대로 부국은 평균이 상당히 상승하였다고 하였다. 이것은 선진국에 비하여 빈국은 자연재해에 대비할 수 있는 경제적 여유가 없기 때문이라고 하였다.

이제 인간에게 환경, 녹색, eco 등의 단어가 중요하게 되었다. 기업들도 마찬가지이다. 지구를 아프게 한 주범은 이산화탄소와 같은 온실가스 배출량이다. 이산화탄소는 지난 10년간 4.98%나 증가하였다. 지구온난화에 따른 기후변화를 다루기 위해 1988년 UN은 세계기상기구 WMO(World Meteorological Organization)와 UN환경기구 UNEP (United Nations Environment Program)에 IPCC(Intergovernmental Panel on Climate Change)를 설치하였다. 1992년에는 UN환경개발회의인 UNCED(United Nations Conference on Environment and Development)에서 UNFCCC(UN Framework Convention on Climate Change)를 채택하였다. 한국은 1993년 UNFCCC에 세계 47번째로 가입하였으며, 2022년 현재 196개국이 가입하였다.

이미 UN은 「탄소배출권」을 오래전에 제정하였다. 「탄소배출권」은 온실가스 배출량을 많이 감소한 기업 또는 산림자원이 풍부한 국가가 온실가스를 많이 배출하는 국가 또는 기업에게 돈을 받고 팔 수 있도록 UN이 부여한 권리이다. 이 권리는 1997년 12월 일본 교토의 기후변화협약에서 처음으로 합의되었다. 그러나 미국과 호주는 비준하지 않았으며, 미국은 2001년 교토 기후변화협약에서 탈퇴하였다. 2005년 선진국만 온실가스를 감축하는 「교토(Kyoto) 의정서」가 공식으로 채택됨에 따라 EU에서 탄소시장이 처음으로 개설되었다. 2007년 인도네시아 발리(Bali) 기후회의에서 2020년 이후 온실가스 감축안이 합의되었고, 2015년 파리기후협정(세계 온실가스 배출량을 2050년까지 0으로 감소하며, 동시에 선진국들이 개발도상국들의 기후변화 대체산업을 지원)이 채택되었고, 2016년 11월 4일 발효되었다. 그러나 2017년 미국은 파리기후협정 파기를 선언하였다. 2022년 11월 이집트의 Sharm El−Sheikh에서 제27차 기후변화회의인 COP27(the Conference of the Parties)이 열렸다. 이번 회의에서는 탄소배출량감소 목표강화와 기후변화로 인한 손실과 배상이 주제이다.

지구
온난화

이제 지구의 미래는 이산화탄소의 감축에 달려 있다. 그러나 이산화탄소를 줄이는 것은 쉬운 일이 아니다. 아직도 화석연료의 사용, 개발도상국가들의 경제성장 등으로 이산화탄소는 지속적으로 증가하고 있는 현실이다. 최근 이산화탄소를 감축하는 정책에 이어 탄소자원화 기술이 개발되고 있다(진윤정, 김성제, 2019). 탄소자원화 기술은 탄소포집저장과 탄소자원화 기술로 구분된다. 탄소포집저장(Carbon Capture Storage)은 이산화탄소가 대기로 방출되기 이전에 이산화탄소를 포집하여 땅 또는 바다에 저장하는 기술이다. 탄소자원화(Carbon Capture Utilization)은 포집된 이산화탄소를 생물학적 또는 화학적 변화과정을 거쳐 제품 및 바이오 원료로 전환하는 기술이다. 아직까지는 기술개발 단계에 있어 시간이 요구되나, 이산화탄소를 자원화한다는 관점에서 상당히 주목받고 있다.

우리나라도 정부 차원에서 녹색성장을 중요시하고 있다. 2010년 6월에는 녹색성장 이론을 체계화하고 모형화하여 세계에 전파하기 위한 글로벌녹색성장연구소(GGGI: Global Green Growth Institute)를 설립하였다. 또 2016년 11월 3일 파리기후협정을 비준하였다. 그리고 2030년까지 목표치 대비 37%의 온실가스 감축을 목표로 하고 있다. 또 2030년 10대 기술로 탄소자원화 기술을 포함시켜, 투자를 하려고 하고 있다.

2021년 EU는 세계 최초로 탄소국경세를 도입하였다. 탄소국경세(CBAM: the Carbon Border Adjustment Tax)는 탄소배출량이 많은 국가에서 수입하는 제품에 대해 생산과정에서 발생한 탄소배출량에 따라 관세를 부과하는 무역관세이다. 우리나라도 유럽에 철강과 알루미늄을 수출하고 있어 과세 대상이 될 수 있다. 이렇게 탄소배출은 이제 제조원가에 속하는 요소가 되었다.

지구를 보호하기 위한 방법 중 하나는 숲이다. 현재 숲은 지구 면적 전체의 약 9.4% 정도, 그리고 육지 면적 전체의 약 30%를 차지하고 있다. 숲은 인간에게 산소를 제공하며, 오염물질을 제거해 주며, 온도의 상승을 저하하고, 생물들을 보존해 준다. 그러므로 숲을 계속 가꾸고 유지하는 것이 상당히 중요하다 하겠다. 그러나 숲의 면적이 계속 감소하고 있는 실정이다. 2019년에 한반도보다 넓은 약 2,750만 헥타르의 숲이 사라졌다.

Bill Gates(2021)는 현재 매년 510억 톤의 이산화탄소를 지구가 배출하고 있는데, 2050년까지 이 탄소배출을 0으로 만들어야 한다고 주장한다. 현실적으로 달성하기 어렵지만, 녹색혁명을 통하여 반드시 달성하여야 한다고 말하였다. COVID-19 팬데믹은 단기적인 문제이지만 기후변화는 장기적인 문제로 더 심각한 문제라고 하면서, 만약 탄소배출을 감소하지 못하면 COVID-19보다 훨씬 많은 사람들이 목숨을 잃을 것이라고 주장하였다. 그리고 온도 상승으로 산호초나 적도가 사라질 것이라고 하였다. 또 이산화탄소 감소는 전기사용처럼 단순하게 다른 대체 방법을 통하여서는 절대 달성할 수 없다고 하였다. 이것은 관련된 대학교와 연구소의 교수와 과학자들, 정부 그리고 기업이 중지를 모아 이산화탄소 혁신을 통하여 달성하여야 한다고 하였다. 아마 이 프로젝트는 인류 역사상 가장 규모가 큰 프로젝트가 될 것으로 생각하며, Bill Gates 재단도 이 목표를 달성하기 위해 최선을 다 하겠다고 하였다.

사우디아라비아는 세계 최초로 이산화탄소 배출이 0인 도시를 건설하려고 한다. 홍해에 인접한 신도시 Neom의 첫 번째 도시 'The Line'은 총길이 170km에 100만명의 시민이 사는 100% 신재생에너지로 의해 운영되는 도시로 2030년에 완공될 계획으로 있다. 이것은 이산화탄소 배출의 심각성을 인지하고 완전히 탄소 제로의 도시를 만드는 사우디아라비아의 거대한 프로젝트이다.

3.11.2 플라스틱

우리나라에서는 오래 전부터 재활용분리수거를 하고 있다. 주로 플라스틱과 비닐, 철, 그리고 유리 등이다. 이 중 경험으로 볼 때, 가장 자주 많이 쌓이는 재활용 물품이 플라스틱이다. 너무나도 많은 제품의 용기가 플라스틱을 사용하고 있다. 그런데 사용후 대부분의 플라스틱은 리싸이클이 잘 안 되고, 그냥 쓰레기장이나 바다에 매립된다. KBS(2018)에 의하면, 플라스틱이 발명된 이래 생산된 총량은 83억톤이고, 이 중 폐기된 양은 약 50억톤으로 추산된다고 하였다. 그리고 이 중 해양에 버려진 플라스틱 수는 약 5조개라고 하였다. 여기까지는 문제가 없다. 그 다음이 문제이다. 만약 매립된 플라스틱이 시간이 지남에 따라 자연적으로 소멸된다면, 더 이상 문제 삼을 필요가 없다. 그러면 플라스틱이 저절로 없어질까? 우리는 가끔 해변가에서 플라스틱 제품이 둥둥 떠 있는 것을 쉽게 본다. 플라스틱은 수용성도 아니고 쉽게 용해되지 않는다. 전문가들은 나노 크기의 미세 플라스틱이 수천년간 남아 있을 수 있다고 경고한다. 왜냐하면, 플라스틱의 원료는 석유가 주원료이기 때문이다. 이 미세 플라스틱은 인간, 동물, 고기 등에게 치명적인 질병을 야기한다.

우리나라에서도 최근 플라스틱의 사용을 점차로 금지하고 있다. 커피숍 안에서 마시는 음료의 용기는 전부 머그잔으로 하여야 한다는 규정을 공시하였고, 플라스틱 빨대의 사용도 점차로 금지하고 있다. 미국에서는 플라스틱 용기를 유통점으로 가져오면 일정액의 보상금을 지불한다. UN은 일회용 플라스틱의 사용을 금지하자는 제안을 국제사회에 호소하고 있다. 여기에 부응하여 많은 기업들은 혁신을 통하여 일회용 플라스틱의 사용을 점차로 감소하고 있다. 예를 들어, Starbucks와 McDonald's는 공동으로 NextGen Cup 도전 운동을 전개하여 일회용 플라스틱 컵의 사용을 감소하려고 하고 있다(Porto, 2018). 아울러 Starbucks는 플라스틱 빨대를 매장에서 제거하였다. McDonald's는 2025년까지 매장에서 재활용할 수 있는 포장을 한다고 선언하였다. 또 Adidas는 Parley와 공동으로 바다에 있는 플라스틱을 수거하여 재활용할 수 있는 연구 프로젝트를 수행하고 있다. 이제 지구촌은 공동으로 플라스틱 사용을 줄이는 운동을 계속 하여야 한다.

플라스틱 지구

3.11.3 소비자와 환경

최근 한국의 모든 커피숍에서는 커피를 머그잔에 주고 냉음료에는 플라스틱 빨대를 주지 않는다. 물론 테이크아웃(take-out)은 예외이다. 우리들은 법이니까 어쩔 수 없이 받아들이지만 불편한 점들을 느낀다. 사실 환경을 보호하려면 우리들의 희생과 양보가 필요하다.

White, Hardisty, 그리고 Habib(2019)는 환경을 보호하는 정책에 찬성하는 사람들 중 실제로 환경을 보호하는 제품이나 서비스를 구매하려는 사람들이 훨씬 적다는 연구 결과를 발표하였다. 이들은 이것을 소비자들의 '의사-행동 현상'이라 하였다. 즉, '의사-행동(intention-action)' 현상이란 말로는 자연을 보호하여야 한다고 하지만, 실제로는 그러한 제품을 잘 구입하지 않는다는 것이다. 여기에서 기업은 수익성과 친환경 정책의 괴리에 대하여 고민을 하고 대책을 수립하여야 한다. 여기에는 여러 가지 이유가 있을 것이다. 이런 다양한 원인들을 파악하고 변화를 줘야 할 것이다.

예로, 많은 식당들에서는 음료수 빨대를 요청하는 사람에게만 제공한다. 겨울에 난방을 세게 하여 온실가스를 증가시키기보다는 외부 바람이 들어오는 곳을 막는다. 최소한 집에서와 직장에서 일회용 제품을 사용하지 않는다. 이렇게 소비자들의 현명한 판단과 지혜가 요구된다. 자연의 보호는 우리의 오래된 잘못된 관습을 그대로 유지하면서는 절대로 달성할 수가 없다는 것을 깨달아야 한다.

스웨덴의 16살 먹은 Greta Thunberg는 UN에서 연설하기 위해 미국 뉴욕에 왔는데 보트를 타고 왔다. 그는 적극적인 환경 운동주의자로, 기후변화를 막기 위해서는 비행기를 타지 말아야 한다고 주장하고 있다(Winston, 2019). 비행기 운항이 이산화탄소를 배출하는 것은 맞다. 그러나 비행기를 타는 이점도 상당히 있기 때문에 계속 논란의 대상이 될 것이다.

3.11.4 기업 사례

기업들도 당연히 환경에 관심을 많이 가지고 있다. 3M은 전사적 차원의 오염을 관리하기 위하여 3P(Pollution Prevention Pays) 프로그램을 시작하였다. Starbucks는 1998년 이래 환경단체와 파트너십을 맺고, 커피 생산국과 농민들을 위한 기부금을 매년 주고 있다. 이러한 환경을 위한 Starbucks의 활동이 언론 매체를 통해 소개되면서, Starbucks 는 국제상공회의소와 유엔 환경계획이 수여하는 세계지속가능발전 파트너십 상을 수상하였다. Southwest Airlines는 항공회사이지만, 환경에 관심이 많은 회사이다. Southwest Airline는 환경을 보호하는 많은 활동을 하고 있다. 직원 및 전문가로 구성된 그린팀(Green Team), 취항하는 64개 도시에서 지역별로 활동하는 녹색대사(Green Ambassador), 그리고 이해관계자들의 의견을 적극적으로 수렴하는 시스템 등이 있다. 또 녹색필터(Green Filter) 개념 도입, 배기가스 최소화, 재활용과 폐기물 처리, 그리고 기내 재활용시스템 등을 도입하고 있다(Barrett, 2012). 미국 Staples는 Isuzu와 공동으로 사무용품을 배달하는 트럭의 최고속도를 시속 96km 이하로 제한하는 엔진을 개발하여 에너지를 절감하였다. Nike는 버려진 운동화를 재활용해 운동장 바닥재와 기능성 스포츠웨어를 제조하고 있다.

더바디숍
바이오
브릿지
캠페인

The Body Shop은 동물과 식물들의 멸종을 예방하여 지구의 생물다양성을 유지하도록 그들의 서식지를 복원하는 바이오 브릿지 캠페인을 실시하고 있다. 그래서 더바디숍은 복원할 1번째 숲으로 14종의 동식물이 살고 있지만 무분별한 벌목과 개발로 황폐화되어 가고 있는 베트남의 캐누오트롱 숲을 선정하였다.

사례 ㅣ LUSH

1995년 영국에서 Mark and Mo Constantine, Liz Weir, Helen Ambrosen, Rowena Bird and Paul Greaves에 의해 설립된 LUSH (www.lush.com)는 수제 천연화장품 기업이다. 브랜드 LUSH는 신선하고, 푸른색, 신록, 그리고 술에 취한 여성의 상태를 의미한다. 54개 국가에 9백여 개의 매장을 가진 글로벌 브랜드로, 우리나라에는 2005년에 상륙하였다. LUSH의 경영철학의 핵심은 친환경과 윤리경영이다.

LUSH는 다른 기업들과 차별화되는 전략을 구사하고 있다. 첫째, 환경을 보호하는 혁신적인 제품을 출시한다. 예로, 고체 샴푸바(1개 중량이 55g으로 100g짜리 액체 샴푸 3병의 효과를 냄)로 부피를 감소하여 운송비를 15분의 1로 감소하였다. 둘째, 독특한 제품명을 사용한다. 예로, Love lettuce, Angels on bare skin 등이다. 셋째, 이색적인 재료를 사용한다. 예로 Dream cream을 들 수 있다. 넷째, 포장을 혐오한다. 꼭 필요하면 최소한의 포장을 사용하고, 매장 내 제품들의 65%는 전혀 포장없이 진열된다. 다섯째, 매장에 있어서 독특한 인테리어를 고수한다. 즉, 단순한 톤에, 분필로 적은 듯한 필기체로 일관하며, 제품들을 통째로 진열하여 판매한다. 이것은 다양한 과일들을 한꺼번에 내놓고 전시하는 과일가게에서 아이디어를 얻었다는 창업자들에 의하여 결정되었다. 여섯째, 소수자 인권 활동 지지 및 동물실험을 적극적으로 반대한다.

2015년 LUSH가 영국 내 화장품 기업들 중에서 소비자 서비스만족도 1위를 달성했다 (KPMG Nunwood report). LUSH는 전통적 매체 광고에 의존하지 않고, 소비자들의 소문을 더 중요시한다.

<출처> 1. www.lush.com

2. http://sports.chosun.com/news/ntype.htm?id=2015062601003206100231 93&servicedate=20150626

3.12 지속가능성

Coca-Cola는 아프리카와 중국에 학교를 세웠다. 왜 그랬을까? Coca-Cola의 CEO인 Muhtar Kent(2011)는 "지역사회가 지속가능하지 않고서는 그 지역사회에 있는 조직이 지속가능할 수가 없다"고 하였다. 이것은 조직의 지속가능성이 사회의 지속가능과 연계된다는 것을 말한다. '일본 물 포럼(NPO)'의 Takemura Kotaro 사무국장은 '기업이 지속가능성장을 하기 원한다면, 물 문제를 반드시 해결해야 할 것'이라고 하였다 (Nikkei 산업신문, 2012).

1972년 UN의 인간환경에 관한 회의에서 처음으로 지구의 '지속가능'에 대한 논의가 시작되었으며, 1987년 UNEP(United Nations Environment Program)와 WCED(World Committee on Environment & Development)에서 '지속가능발전'이란 용어를 처음으로 사용

하였다. 그리고 이 용어가 1992년 UNCED(UN Conference on Environment and Development)의 '리우환경선언'에서 공식적으로 채택되었다.

3.12.1 지속가능의 중요성

이렇게 최근 지속가능(sustainable)이라는 용어가 중요시되고 있다. MIT와 BCG는 2012년 글로벌 기업 3천 명의 경영자들에게 지속가능경영이 기업의 경쟁력을 강화하는 데 필요한지를 물어보았는데, 약 2/3가 대단히 중요하다고 답하였다. 이제 지속가능경영은 기업의 필수적인 항목이 되었다. 특히 2008년 금융위기와 2012년 EU의 경제 위기는 지속가능경영을 보다 중요하게 했다.

21세기 들어 인류의 소득은 전반적으로 향상되고 있지만, 부유층과 빈곤층의 양극화 현상, 이해관계자들 간의 갈등, 환경파괴의 문제가 점차로 심각하게 대두되고 있다. 조직의 지속가능발전을 저해하는 요소들이 점점 증가하고 심각해지는 것이다. 조직은 조직의 지속가능발전을 저해하는 이러한 요소들에 효과적으로 대처하여야 한다. 그렇게 하기 위해서는 미래에 대한 투자, 이해관계자와 시장과의 관계에 있어서 투명하여야 한다. 투명성이란 영향을 검토하고 이해관계자의 의사결정을 지원하는 데 필요한 주제/지표 정보, 해당 정보의 공개를 위한 프로세스, 절차 및 가정에 대한 완전한 공개를 의미한다. 그러면 투명성을 어떻게 확인할까? 즉, 세계의 조직들이 공유하는 지속가능성을 검증하는 프레임워크(framework)가 필요하게 되었다. 즉, 개념, 일관된 언어와 측정 기준 등에 있어 전 세계적으로 프레임워크가 필요하게 되었다. 그래서 1997년 미국 보스톤에서 GRI가 출범하였다. GRI는 2개의 기관, 즉 CERES(the Coalition for Environmentally Responsible Economies)와 Tellus Institute에 의해 주도되었다.

3.12.2 GRI

GRI(Global Reporting Initiative)는 지속가능한 글로벌 경제를 위해 지속가능경영 가이드라인을 제공하는 비영리조직이다(www.globalreporting.org). GRI는 1997년 비영리단체인 CERES(Coalition for environmentally responsible economics)와 Tellus 연구소에 의해 조직되었다. 이때 이 조직을 UNEP(the United Nations Environment Program)가 도와주었다.

첫 번째 GRI 가이드라인(Guidelines, G1)은 2000년에 발행되었으며, 2001년 CERES는 GRI를 독립기관으로 분리하였다. G2는 2002년에 발행되었으며, UNEP에서 GRI를 회원국가들이 수용하기로 의결하였다.

G3는 2006년에 나왔는데, 산업계, 노동운동가, 시민운동가 등 각계 각층의 3천여 명의 전문가들에 의해 결정되었다. 그리고 이후에 UNGC(the United Nations Global Compact)와 OECD(the Organization for Economic Co-operation and Development) 등 많은 기관들과 공식적인 파트너십을 가지게 되었다. 그리고 다양한 산업을 위한 섹터 가이드라인(Sector Guideline)이 나왔다. GRI가 많은 기업들에 의해 사용된 것은 G3가 공포된 이후라고 볼 수 있다. G3는 사회적 지표 등 몇 분야에서 미흡한 점들이 지적되었다. 그래서 이러한 미흡한 점들을 보완한 G3.1이 2011년 3월 23일 발표되었다. G3.1은 먼저 인권, 지역사회, 성별 분야에서 보완이 많이 이루어져, 지표가 수정되거나 추가되었다(하현주, 2011). 그래서 G3.1에서는 총 지표수가 84개로 확대되었다. 또 사회적 성과 지표의 측정가능성이 강화되었다. 그리고 지역적 범위를 좁히는 등 기업의 부정적인 정보의 공개를 강화하였다.

G4는 2013년 발표되었고, 온라인으로도 무료배포되었다. G4의 핵심 개념은 중대성(Materiality)이다. 즉, 이해관계자들에게 조직의 중요한 경제적, 환경적, 사회적 영향을 목록화하여 설명할 것을 요구하였다. 2014년에는 GRI 내용에 대한 인덱스(Index) 서비스가 시작되었다. 2015년에는 G4에 대한 60개 항의 G4시험(exam)을 시행하여 합격자에게 인증을 주고, 3년간 합격자 이름을 GRI 홈페이지에 공포하기로 하였다. 2016년에는 모든 조직에게 적용될 지속가능경영보고서 글로벌 표준을 최초로 제정하였다. 이것은 GRI에 대한 수요가 급증하였기 때문이다. 그래서 GRI는 가이드라인 발행을 중단하고, GRI 보고서를 글로벌표준으로 전환하였으며, 다루는 영역을 시대의 흐름에 맞게 적용 확대하였있다. G4에 비하여 글로벌 표준은 단순한 단어, 명확한 요구, 그리고 보다 유연한 구조로 작성되었다. 또 암스테르담(Amsterdam)에서 개최된 제5회 글로벌 컨퍼런스에 73개국으로부터 1,200여 명의 리더들이 참여하였다. 이 표준은 4가지 시리즈로 구성되어 있다. 즉, 공통표준인 GRI 100 시리즈, 기본인 GRI 101, 일반공개인 GRI 102, 그리고 경영접근인 GRI 103이다.

GRI는 지속가능발전의 목적을 "미래 세대의 욕구를 약화시키지 않으면서, 현 세대의 욕구를 충족시키는 것"이라고 하였다. 지속가능경영보고서는 크게 경제, 환경, 그리고 사회적 영향에 대한 긍정적인 부분과 부정적인 부분 양쪽 모두 설명하고 있다. 지속가능경영보고서 가이드라인은 보고 원칙, 보고 지침, 그리고 표준 공시안(성과지표 포함)

등 3가지 요소들로 구성되어 있다(GRI, 2006). 가치이자 목표인 투명성의 실현을 추구하는 보고 원칙은 보고 주제 및 지표 결정을 위한 원칙과 보고 대상 정보의 품질 및 적절한 표현의 보증을 위한 원칙 등 2가지 유형으로 구분된다. 첫 번째 원칙에서는 중요성(materiality), 이해관계자 참여(stakeholder inclusiveness), 지속가능성 배경(sustainability context), 그리고 완전성(completeness)에 대해 설명하고 있다. 두 번째 원칙에서는 균형(balance), 비교가능성(comparability), 정확성(accuracy), 적시성(timeliness), 명확성(clarity), 그리고 신뢰성(reliability)을 설명하고 있다.

보고 지침은 보고 대상을 결정할 때 조직이 취할 수 있는 조치 또는 고려할 만한 선택 사항을 설명하는 것이다. 여기에서는 조직의 다양한 상향(upstream) 객체와 하향(downstream) 객체 중에서 통제력이나 중대한 영향력을 행사하는 객체를 포함하는 지속가능경영 보고 경계(Sustainability Report Boundary)가 요구된다.

표준 공시안은 프로필, 경영방식 및 성과지표 등 3가지 유형으로 구성되어 있다. 프로필(profile)은 전략 및 분석, 조직 프로필, 보고 매개변수, 그리고 지배구조·책임·참여 등 조직 전체의 성과를 이해하기 위한 전반적인 배경이다. 경영방식은 특정 영역의 성과에 대한 이해를 돕기 위해 조직이 특정 주제를 다루는 방식이며, 성과지표는 조직의 경제, 환경, 사회 성과와 관련하여 비교 가능한 정보이다. 경영방식과 성과지표는 경제, 환경, 그리고 사회 범주에서 평가된다. 먼저 경제를 살펴보자. 경영방식 공시(Disclosure on Management Approach)에서는 경제성과, 시장지위, 그리고 간접 경제효과 등을 제시한다. 성과지표는 경제성과가 EC1－EC4, 시장지위가 EC5－EC7, 그리고 간접 경제효과가 EC8－EC9로 분류된다. 다음 환경이다. 경영방식 공시에서는 원료, 에너지, 용수, 생물다양성, 대기배출물, 제품 및 서비스, 법규준수, 운송 그리고 전체 등을 제시한다. 성과지표는 EN1부터 EN30으로 분류된다. 다음 사회이다. 경영방식 공시에서는 노동 여건 및 관행, 인권, 사회, 그리고 제품책임 등을 제시한다. 성과지표는 노동여건 및 관행이 LA1－LA14, 인권이 HR1－HR9, 사회가 SO1－SO8, 그리고 제품 책임은 PR1－PR9로 분류된다. G3 가이드라인에 있어서 총 지표수는 79개이다.

지속가능경영보고서를 작성하는 조직은 스스로 보고서 적용수준을 다음처럼 표시하여야 한다. 즉, GRI 프레임워크의 적용과 활용 범위가 증가할수록 C에서 A로 올라간다. 또 외부의 검증을 받았을 때에는 ＋를 추가한다.

영국에서 온 범죄인들과 그들을 감시하던 간수의 후손이 주축이 돼 건국한 나라가 호주이다. 호주의 원주민을 애버리진(aborigine)이라고 부른다. 즉, 호주 영어 Australian origin의 줄임말로서, 호주에서 약 2만 5천년 동안 살아온 사람들이다. 그런데 호주정부는 호주인구의 약 2%를 차지하고 있는 이들을 말살시키기 위한 정책을 유지하여 왔다. 즉, 1970년대까지 호주 정부는 애버리진 아이들을 우수한 환경에서 양육하겠다는 명목하에 그들의 부모로부터 빼앗아 고아원에서 키우는 비행을 저질렀다. 이들은 1960년대까지도 인구조사에 포함되지도 않았다. 드디어 호주 정부는 2008년 애버리진의 땅을 강탈한 것과 차별정책에 대해 공식으로 사과했다. Westpac Group은 애버리진이 지역사회에서 행복한 삶을 지속할 수 있도록 지원을 아끼지 않고 있다.

Westpac Group은 신입사원을 선발할 때 신뢰와 도덕성을 면밀하게 관찰한다. 또 의사결정을 할 때 환경보호 등 사회적 책임을 중요시한다. 이렇게 Westpac Group은 지속가능경영을 중요시한다. 대표적인 사례로 매칭기프트(matching gift)를 들 수 있다. 이 제도는 직원이 NGO에 기부한 액수만큼 Westpac Group이 NGO에 기부하는 제도이다. 이것은 미래가치를 중시하는 Westpac Group의 가치와 관련이 있다. 직원과 기업이 공동으로 기부하면 미래가치가 향상될 것이다. 자원봉사도 직원들의 재능과 지식을 지역사회에 기부함으로써 미래의 가치를 확대창출한다.

이 사례는 다음의 자료를 참고하였다.

(1) 해외 기획취재: 미래가치가 핵심이다, 웨스트팩 금융그룹

http://news.naver.com/main/read.nhn?mode=LSD&mid=sec&sid1=104&oid=262&aid=0000005564

(2) https://www.westpac.com.au/

(3) YouTube, 100 Reasons - Westpac Group's work in Sustainability

https://www.youtube.com/watch?v=eQIpAFNsaz0

3.13 ESG

우리는 앞에서 CSR, SR, CSV, 지구온난화, 지속가능경영 등에 대해 설명하였다. 또

BSC(Balanced Scorecard) 개념으로 기업의 재무적 성과 못지 않게 비재무적 성과도 중요하다는 것을 인지하였다. 이러한 개념들은 기업의 책임이 점차로 확대되고 있는 사실을 강조하고 있다. 기업은 과거에 경제적 목표가 중요하였다. 이에 더 하여 비경제적 또는 비재무적 성과의 중요성이 추가되었다. 거기에 지구온난화 등의 이유로 환경의 중요성이 급부상하였으며, 기업의 투명성과 더불어 거버넌스가 중요시되었다. 그래서 최근 ESG가 나오게 되었다.

그리고 2019년에 돌발한 COVID-19는 우리 생활에 엄청난 영향을 끼쳤다. COVID-19로 불확실성이 증가하였고, 비대면으로 디지털 공간이 중요하게 되었다. ESG는 사실 지속가능경영의 핵심이다. 환경(Environmental), 사회(Social) 그리고 거버넌스(Governance)의 약자로 이미 수십년간 많이 논의되어온 주요 주제들이다. Kell(2014)은 "ESG가 투자의 지속가능성과 사회에 끼치는 영향을 결정하는 3가지 핵심요소"라고 언급하였다.

ESG는 많은 기업들의 화두이다. 그래서 해당 기업이 ESG를 실천하고 있다는 것을 사람들에게 광고를 통하여 알린다. 몇 개의 예를 들겠다(매경, 2021). Volvo는 북극에서의 '극한의 안전 테스트' 캠페인을 통하여 전기차를 선전하고 있다. Ikea는 '쓰레기 행성' 광고를 통하여 일회용 제품 감소가 쓰레기를 감소하는 시각적인 효과를 보여주고 있다. 하나금융그룹은 '애쓰지(ESG) 송'을 통하여 대중의 참여를 권유하고 있다.

일본에서는 경제산업성 주도로 ESG를 기업에게 강조하였다. 이것은 혁신을 통하여 기업으로 하여금 사회적 과제를 이행하려는 의도에서 출발하였다. 또 2015년 발표된 UN-SDGs를 실천하기 위함이었다(류희숙, 2022). 구체적으로 E에서는 Shimiz 건설의 탈탄소와 자원순환, Sumitomo 케미컬의 환경부하저감, 건설회사인 Obayashi의 저탄소 사회를 위한 목조건물 건축 등이다. S에서는 화장품기업인 KAO의 'Recycreation 프로그램,' Honda 자동차의 벤처지원사업, Fujitsu의 'Work Life Shift' 프로그램 등이다. G에서는 KAO의 이사회에 지속가능성위원회 구축, 태양광회사인 KANEKA의 ESG위원회 등이다.

ESG의 등장으로 최근 폐기물업체들의 중요성이 부각되고 있다. 우리나라에서는 2019년 중국에서 폐기물 수입을 중단하여 폐기물업체들의 가치가 향상되고 있다. 폐기물산업의 가치사슬은 폐기물 수집 및 운반, 처분, 재활용으로 구성된다. 그런데 대부분의 폐기물은 재활용되고 있다. 예로, 2018년 86.4%가 재활용되었다. 2019년 집계자료에 의한 우리나라 폐기물시장의 규모는 49.7만톤으로 17.4조원이었고, 2025년에는 23.7조원으로 예측하였다(김성제, 2021). 이렇게 폐기물시장이 지속적으로 성장하는 것은 ESG의 중요성과 공급의 제약 그리고 폐기물 비즈니스의 미래가치를 높게 보기 때문이다.

사례 I 아로마라인의 ESG

이미지 출처: www.aromaline.com

2001년 12월 설립된 아로마라인(Aromaline)은 식품향료 전문기업으로서, 향료를 통한 고객사의 고객만족을 위하여 전 직원 모두가 하나 되어 최선을 다하는 목표를 추구하고 있다. 특별히 아로마라인은 ESG를 실현하기 위해 이동현 회장의 강력한 리더십 아래 전사적으로 노력하고 있다.

먼저 탄소중립에 의한 녹색경제 전환을 위해, 2022년부터 안전관리와 탄소저감에 의한 환경보전 등에 대폭적인 투자를 하였다. 특별히 자동계량장치(HCSD line)를 설치하여 세척수를 2/3 이상 절감하였고, 연구소와 공장에 AC Tower(흡착탑) 2기를 설치하여 대기오염을 방지하였다. 또 탄소절감을 위하여 자동차를 친환경 전기차로만 구입하였고, 모든 전구도 고급 LED 등으로 교체하였다.

그리고 성남시 우리식품협회 회장사인 아로마라인은 지역사회의 자생적 창조경제 역량강화를 적극 지원하고 있다. 매월 월별 간담회를 통하여 회원사간 소통을 강화하고, 설과 추석 명절에 사랑의 식품을 전달하여 국민이 안심하는 식품공급을 약속하고, 지역 자활센터에 청소용역을 의뢰하여 코로나로부터 조기 회복과 완결형 식품 벤처 생태계 구현을 비롯 대·중소기업의 동반성장을 위해 힘쓰고 있다.

특히 아로마라인은 가족친화 직장문화를 조성하고 있으며, 한국사회가 직면하고 있는 저출산 문제와 고용불안을 극복하고자 취업규칙을 통한 육아휴직, 출산 전후 휴가, 육아기 단축시간 등을 보장하고 있다. 또 임직원이 필요한 경우 가족 돌봄 휴가를 사용할 수 있고, 양성평등 일자리 구현을 위해 성별 및 연령 등을 이유로 차별하지 않으며, 고령화 인력정책도 지원하고 있다.

그래서 아로마라인은 중소기업이지만 활발한 ESG 활동으로 정부가 주관하는 2023년도 지속가능경영유공 시상식에서 중소벤처기업부장관 표창을 받았다.

이 자료는 아로마라인 부회장인 김정수 박사로부터 제공받아 작성하였다.

CHAPTER

04 혁신

혁신은
창조적 파괴이다.

- Joseph Schumpeter -

CHAPTER

04

혁신

혁신은 세상을 바꾸고, 우리의 삶을 바꾼다. 그리고 인류의 역사를 바꾼다. 1944년 6월 6일 연합군의 노르망디 상륙작전으로 2차 세계대전에 종말이 왔다는 사실은 모두가 안다. 그런데 이 이면에는 항생제인 페니실린의 혁신이 있었기 때문이라는 사실은 잘 모른다. 페니실린은 세균으로 감염된 부상자들의 패혈증을 완치하여 군인들의 사기를 양양시켰다. 지금은 일반화된 GPS(Global Positioning System)도 우리 삶에 엄청난 영향을 끼치고 있다. 스마트폰만 있으면 우리의 위치를 정확하게 파악할 수 있는 GPS로 우리는 모르는 길과 어떤 장소라도 편하고 안전하게 찾아갈 수 있다. GPS는 현대 고도의 기술들이 집약되어 있는 엄청난 기술이다. 우리나라는 미국의 GPS를 사용하지만, 우리나라도 미래에 독자적으로 이 기술을 사용하기 위한 투자를 하고 있다.

프랑스 INSEAD 경영대학원은 세계 각국의 혁신 순위를 매년 발표한다. (www.insead.edu). 이 순위는 2007년에 시작하여 2009년부터는 매년 발표하고 있다. 순위 기준은 사회, 경영혁신 등 다양한 혁신 분야에 대한 경제적 잠재력에 대해 기관, 인적자원 및 연구, 인프라, 지식 및 기술 산출물 등 7개의 다양한 혁신정책, 경영수준의 평가 등을 이용한다. 우리나라는 2007년 16위, 2009년 6위, 2010년 20위, 2011년 16위, 2012년 21위, 2013년 18위, 2014년 16위, 2015년 14위, 2016년 11위, 2017년 11위, 2018년 12위, 그리고 2019년 11위, 2020년 10위, 그리고 2021년 5위를 하였다. 2021년 1위는 스위스(1), 2위 스웨덴(2), 3위 미국(3), 4위 영국(4), 5위 한국(10), 6위 네덜란드(5), 7위 핀란드(7), 8위 싱가포르(8), 9위 덴마크(6), 그리고 10위는 독일(9)이다. 이어

11위 프랑스(12), 12위 중국(14), 13위 일본(16), 14위 홍콩(11), 15위 이스라엘(13), 16위 캐나다(17), 17위 아이슬란드(21), 18위 오스트리아(19), 19위 아일랜드(15), 그리고 20위는 노르웨이(20)이다. 괄호안 숫자는 2020년 순위이다. 우리나라는 2021년 사상 처음으로 5위를 하였으며, 싱가포르를 제치고 아시아에서도 처음으로 1위를 차지하였다.

LG그룹 구본무 전 회장은 2016년 1월 말 인화원에서 열린 계열사 최고경영자회의에서 "지금의 어려움은 과거와 차원이 다르니 우리가 하는 일을 전부 재점검하고 혁신하여야 한다"고 말하였다. 중국 시진핑 주석은 2015년 발표한 '13차 5개년 경제사회발전 규획'에서 중국 미래를 위해서는 과거 그 어느 때보다 혁신과 개방이 중요하다고 강조하였다(박래정, 2015). 중국은 최근 성장의 한계를 체험하고 있어, 혁신이 국가의 중요한 성장동력으로 등장하였다.

The Global Innovation Index 2021
Effective Innovation Policies for Development

Image Source: www.insead.edu

지금은 모든 것이 변한다. 그리고 변화도 과거 그 어느 때보다 심하다. 이런 극심한 변화에 적절히 대처하고 적응하기 위한 유일한 방법은 지속적으로 개선하고 혁신하는 것이다. 지금 성과가 좋은 기업도 그 성과가 미래에 계속 유지된다는 보장이 없다. 현재의 BP(Best Practices)도 말 그대로 현재에 적용되는 최상의 방법일 뿐이지, 시간이 지나면 더 이상 BP가 될 수 없다. 이것은 기업의 패러다임이 지속적으로 변하기 때문이다. 또 경쟁자들이 항상 선두주자를 모방하고 따라오기 때문이다.

그래서 기업은 지속적으로 창업가적인 분위기를 조성하고, 혁신하여야 한다. 그래서 전략과 전술에 변화를 가하여야 하고, 고객의 욕구를 지속적으로 파악하여야 하고, 새로운 기술을 개발하여야 한다. 혁신은 영리기업에만 적용되는 것이 아니다. 조직의 형태를 갖춘 모든 조직은 그 조직의 유형에 관계없이 혁신을 하여야 한다. 공공기관, 교회, 성당, 사찰, 병원, 학교 등도 지속적으로 혁신을 하여야 한다. 그렇지 않으면 그 조직은 쇠퇴한다. Peter Drucker(2001)는 "기존의 조직이 쇠퇴하는 가장 큰 이유 중 하나는 혁신을 하지 않기 때문이다"라고 하였다.

대개 혁신은 처음에 최고경영자의 큰 소리로 시끄럽게 시작된다. 그러나 실행에 옮겨지면서 관심과 소리가 줄어들고, 아주 미미한 결과로 끝난다. 이렇게 혁신이 성공하기는 쉽지 않다. 왜냐하면 혁신은 고통을 수반하기 때문이다. 가치관의 변화, 행동의 변화, 프로세스의 변화 등 상당히 많은 고통을 동반한다. 이것은 쉬운 일이 아니다. 그러므로 혁신을 하고자 하는 조직과 사람은 성공적인 혁신을 위해 준비를 하여야 한다. 제4장에서는 다음과 같은 주제에 대해 설명하도록 한다.

사례 Ⅰ Google의 혁신

이미지 출처: www.google.com

검색창에서 Google을 치면 Google과 관련된 기업들의 이름들을 볼 수 있다. Google Analytics, Google Earth, Google Drive, Google Translate, YouTube, Google Groups, DeepMind 등 많은 Google 기업들을 볼 수 있다. 그러나 Google이 이 세상에 나온 지는 26년 밖에 안 된다.

Google은 1995년 스탠포드(Stanford)대학교 학생인 Larry Page와 Sergey Brin에 의해서 이 세상에 나오게 되었다. 이들은 1996년 개별 웹페이지(web page)의 중요도를 결정하는 링크(link)를 사용한 검색엔진(초기에는 'BackRub'이라 부름)을 만들었다. 그리고 검색엔진을 'Google'이라고 불렀는데, 이는 10의 100승을 뜻하는 수학 용어인 'googol'을 변형한 것이다. 1998년 Google이 설립되었는데, 이때 창립자금은 Sun의 공동창립자인 Andy Bechtolsheim이 10만 달러를 빌려줌으로써 가능하였다. Google에게 2004년은 의미있는 해였다. 4월에 Gmail을 출시하였고, 8월에는 주식을 상장하였으며, 디지털(digital) 지도 기업인 Keyhole을 인수하였다. 그리고 2005년에 Google Map과 Google Earth를 출시했다. Google Map은 실시간 교통 정보, 대중교통 길찾기, 실제 거리 이미지 등을 제공하고, Google Earth는 해양 및 달 탐사에 사용된다. 또 5천만 달러에 Android(2021년 세계시장점유율 1위)를 인수하였다.

이미지 출처: www.google.com

2006년 YouTube를 16억 5천만 달러에 인수하였고, 2007년에는 모바일(mobile) 기기용 개방형 플랫홈인 Android와 OHA(Open Handset Alliance) 결성을 발표했다. 2008년에는 PC OS인 Chrome이 출시되었고(2020년 세계시장점유율 1위), 2011년 모든 Google 제품을 개선할 목적으로 Google+ 프로젝트를 시작했다. 2013년에는 Boston Dynamics와 DNN Research, 2014년에는 영국의 DeepMind, Jetpac(사진), Dark Blue Labs, 그리고 Vision Factory를 인수하였다.

위의 Google 역사를 보면, 그 자체가 혁신이다. 이것은 Google이 왜 오랫동안 글로벌 혁신 기업 상위 자리를 어떻게 유지하였는지 그 이유를 알 수 있게 해준다. IT 기업 중에서 Google은 성과와 혁신 양 부문에 있어서 탁월하다. 그리고 많은 인재들이 매년 Google에 입사하는데, 경쟁률은 약 100대 1 정도이다. Google은 자체적으로 핵심역량에 엄청난 투자를 한다. 또 미래경쟁력의 향상을 위해서 필요하다고 생각되면 외부의 우수한 기업들을 과감하게 인수하는 전략을 실천한다. 창업 후 약 150여 개의 기업들을 인수하였다. 예를 들어, 사진경영을 위한 Picasa, 온라인(on-line) 비디오를 위한 YouTube, 웹(web) 광고를 위한 DoubleClick, 웹 분석을 위한 Urchin(현재 Google Analytics), 인공위성 사진을 위한 Keyhole(현재 Google Earth), Android 등이다. 인수기준은 '칫솔 테스트 작업(Toothbrush test Framework)'이라고 인수 책임자인 Albert Lee가 말하였다. 즉, 칫솔처럼 인간에게 정말로 필요하고, 누구나 사용하는 기술인지를 본다.

Google은 비즈니스혁신에 있어서 새로운 방법을 적용하는 대표적인 기업이다. 이것은 Google이 확고한 IT infrastructure에 기반하여 기술과 전략의 조합을 중시하기 때문에 가능하다. Bala와 Davenport(2008)는 혁신에 있어서 Google의 강점을 다음처럼 언급하였다. (1) 탁월한 검색엔진, (2) IT infrastructure, (3) 기술 architecture, (4) 전략 등이다. 이 중에서 (1)과 (2)는 다른 기업들이 모방하기 어렵지만, 나머지는 모방할 수 있다고 하였다.

Google은 사명을 중요시한다. Google의 사명은 '전 세계 정보를 체계화하여 모두가 편리하게 이용할 수 있도록 하는 것(to organize the world's information and make it universally accessible and useful)'이다. 사명은 Google의 모든 의사결정에 있어서 기축이 된다. Google은 단기적으로 수익성이 나지 않더라도 미래를 보고 투자한다. 이것은 사명을 철저하게 신봉하는 원칙에서 비롯된다. 이렇게 Google의 경영자들은 전략적으로 인내심이 강하다. 전 CEO인 Eric Schmidt는 "Google이 Google의 사명을 달성하는 데 걸리는 시간이 약 300년 걸릴 것으로 예측한다"고 말하였다. Eric Schmidt는 전 세계 IT 업계에서 가장 존경받는 인물로 Google을 세계 최고의 인터넷 검색엔진 회사로 성장시킨 사람이다. 그래서 Google은 사명을 중요시하고, 사명을 달성하기 위해 세부적인 실행계획에 관심을 갖는다. 그래서 Google을 벤치마킹하고자 하는 기업은 Google이 사명을 어떻게 생각하고 실천에 옮기는지 반드시 이해할 필요가 있다.

여기에 대한 최근 사례를 하나 소개하고자 한다. Google은 IT 기업이지만, 생명과학에도 관심을 가지고 있다. 목적은 인간의 수명을 연장하는 것이다. 하나의 프로젝트로 합성피부를 개발하기 위해 2012년 의학/화학/생물학에 관련된 100여 명의 전문가들로 구성된 생명과학 조직을 창설하였다. 이 조직은 인간질병을 예방하기 위하여 합성피부를 개발하고 있다. 과거에는 질병이 발생한 다음에 치유하였는데, 구글은 질병이 발생하기 전에 질병을 예방하는 전략을 구사하고 있다(이승훈, 2015).

또 하나 인지하여야 할 부분이 Google의 조직문화이다. 첫째, 수평적 조직구조이다. 직위에 관계없이 의사소통이 자유스럽다. 둘째, 업무중심의 문화이다. Google의 직원들은 자유롭게 일하고 철저하게 평가받는다. 윗사람에 대한 스트레스가 없으며, 상사의 눈치를 보지 않는다. 그래서 Google에서는 주변사람들의 직급을 모른다. 셋째, 피어평가이다. 그래서 서로 잘 아는 동료간의 평가를 통해 구체적인 피드백으로 부족한 점을 개선한다. 이렇게 피어평가를 통한 피드백의 다양함으로 평가 대상자의 능력개발 및 문제점 개선에 효과적이다. 넷째, 최고의 인재만을 채용한다. 면접은 5~10회 이어져 지원하는 팀의 모든 팀원과 면접을 볼 정도로 꼼꼼하고 정교하다. 다섯째, 자율성이다. 그래서 업무방식을 스스로 결정한다. 여섯째, 20% 규칙이다. 하루 일과 중 20%의 시간을 자신의 업무 외에 다른 일을 해도 되는 제도이다. 이를 통해 창의적 상품들이 창출되며, 이렇게 해서 나온 상품들이 Gmail, AdSense 그리고 구글 뉴스가 있다.

2007년 Google의 매출액은 160억 달러였다. 이후 Google은 안드로이드를 개방한 개방적 생태계에 중점을 두며 스마트폰 시대를 주도하였다. 그래서 Google은 2017년 매출액이 1천억 달러를 넘어섰고, 주식가치도 주당 1,300달러로 사상 최고치를 기록하였으며, 2018년 매출액은 1,362억 달러. 2020년 매출액은 1,825억 달러, 그리고 2022년 매출액은 2,816억 달러였다.

스마트폰 시대가 열리면서 Google은 Android를 축으로 서비스 제공자와 하드웨어 관계자들이 자유로이 참여하는 개방형 생태계를 추구하였다. Apple의 폐쇄적 생태계와 비교되는 전략이다. 그리고 2008년 시작된 Google 개발자 컨퍼런스를 통하여 Android를 포함한 Google의 핵심기술을 공개하였다. 그러나 스마트폰의 성장이 둔화되자, Google은 신동력을 추구하여야 하였다. 그래서 2015년 Google은 바이오헬스케어산업에 적극적으로 투자하기로 결정하였다. 그리고 Alphabet이라는 모회사를 설립하고, 그 아래 Google 부문과 나머지 신사업 부문들로 분류하였다. Google 부문에는 Google Cloud, Google Maps, YouTube, Android 등의 기업들이 있으며, 나머지 사업들은 Nest, Calico, Verily, Deepmind, Wing(자율주행드론), Waymo(자율주행전문기업) 등의 기업들로 구성되어 있다. 2013년 9월에 설립된 Calico(California Life Company)는 생명과학기업으로서 노화를 방지하여 인간의 수명을 연장하는 기업이다. Verily는 글로벌 제약사들과 공동으로 인간의 수명을 연장하는 의료기기를 개발하고 있다. 또 2018년 개발자 컨퍼런스에서 Google은 앞으로 인공지능에 중점을 두겠다고 선언하였다. 그래서 Google의 핵심연구기관인 'Google Research'를 'Google AI'로 전환하였고, 곧 상용화될 기술들을 소개하였다. 즉, 의료분야에서의 딥러닝(deep learning) 기술, 비디오와 오디오에서의 음성분리기술, 이메일에서의 AI 적용 등이다.

2019년에는 창업자인 Larry Page와 Sergey Brin이 경영에서 물러나고, 4년간 Google의 CEO이었던 Sundar Pichai가 Alphabet의 새로운 CEO로 등장하였다.

이 사례는 다음과 같은 자료에 근거하여 저자가 재구성하였다.

(1) Lyer Bala and Thomas H. Davenport, "Google's Innovation Machine," Harvard Business Review, April 2008, 59-68.

(2) 민세주, 구글이 선택한 바이오 기업들, POSRI 이슈리포트, 포스코경영연구소, 2018.

(3) 이승훈, Moonshot Thinking, LG Business Insight, 2015.3.18., 15-22.

(4) 이승훈, 모바일 시대를 이끈 두 기업, 구글과 애플의 미래 준비, LGERI, 2018.9.21.

(5) www.google.com

4.1 혁신의 정의, 중요성, 필요성

15세기에 처음 등장한 혁신(innovation)이란 용어는 원래 라틴어인 'novus'('새로움(newness)'이라는 의미)라는 단어에서 유래하였다. 그리고 앞에 'in(내부)'가 있다. 즉, 혁신은 안으로부터 새롭게 한다는 의미이다. 또 혁신(革新)은 한자에서 볼 수 있듯이, 가죽을 벗겨 새롭게 하는 것이다. 그런데 가죽을 벗기는 것은 엄청난 아픔을 동반한다. 그래서 혁신은 어렵다.

4.1.1 혁신의 정의

혁신의 정의는 상당히 다양하다. 그래서 사람에 따라 다양하게 정의되고 있다. Joseph Schumpeter는 "혁신은 창조적 파괴(creative destruction)"라고 하였다. 이 말은 상당히 함축적이며 멋있는 말이다. 이 말에 대해서는 잠시 후 설명하도록 한다. Michael Porter는 "혁신이란 전반적인 결합을 전혀 새로운 방식으로 시행하는 것"이라고 하였다 (Gibson, 1998). Leonard Berry(1999)는 "혁신은 지금보다 더 우수한 것을 지속적으로 추구하고, 모방하지 않고 발명에 초점을 두는 것"이라고 하였다. 또 "초일류기업은 전략적 (strategic) 혁신과 운영적(operational) 혁신의 두 가지 관점에서 혁신을 추구하고 있다"고 하였다.

Peter Drucker는 혁신을 다양하게 설명하였다. "이미 일어난 변화(인구통계, 가치관, 기술, 과학)를 체계적으로 확인하고, 그것을 기회로 인식하는 것(2000)," "과거에 의존하는 것이 아니라 과거를 폐기하는 것(2000)," "인간에 대한 생각을 근본적으로 바꾸는 것 (Kobayashi, 2002)," "Schumpeter의 창조적 파괴를 통하여 새로운 가치와 만족을 창조하는 것(2002)"이라고 하였다. 그리고 혁신에 대한 목표로 세 가지를 들었다(Drucker, 2001). 제품 및 서비스의 혁신에 대한 목표; 시장, 소비자 행동, 가치와 관련된 혁신에 대한 목표, 그리고 마지막으로 제품 및 서비스의 시장 공급에 필요한 다양한 기술과 활동에 관련된 혁신에 대한 목표이다. Drucker는 또 "인간은 위험을 무릅쓰고 새로운 질서를 만들어가며, 대개 현상 유지를 좋아하는 반면, 버리는 것은 싫어한다"고 하였다. 그러나 "혁신하기 위해서는 버려야 한다"고 강조하였다. 이렇게 Drucker는 혁신을 상당히 광범위하게 정의하고 있다.

『도요타 최강경영』을 저술한 Shibata와 Kaneda(2001)는 "혁신이란 지금까지의 상식을 부정하고, 새로운 시스템을 구축해 가는 활동"이라고 정의하였다. Richard Foster(2001)는 "경제적 가치를 창출한 발명을 혁신"이라 하였다. Foster는 "경제적 가치가 없으면 혁신이 아니라고 하여, 경제적 가치를 중요시하였다. 그래서 모든 발명을 혁신으로 보지 않았다."

Gary Hamel(2002)은 혁신을 다른 사람들과 좀 다르게 정의하였다. 즉, "혁신은 단순히 경쟁전략에 관한 것이 아니라 치열한 무한경쟁에서 벗어나는 유일한 방법이며, 경쟁자들을 대상으로 자사를 포지셔닝하는 방식이 아니라 그들과 마주치지 않고 주위를 맴돌며 경쟁자들을 난처한 지경에 빠뜨리는 것"이라고 하였다. 그리고 가장 효과적인 혁신은 공격이 아니라 회피에 기반을 둔다고 강조하였다. 또 "효과적인 혁신의 분석 단위는 제품이나 기술이 아니라 비즈니스 개념이며, 동종 산업 또는 경쟁산업 분야에 전략적 다양성을 유발시키는 비즈니스 개념 혁신이 중요하다"고 강조하였다.

이미지 출처:
www.amazon.com

Stephen Shapiro(2002)는 "혁신을 기업에게 월등한 가치를 주는 기업의 핵심역량"이라고 하였다. 여기에서 가치란 성장과 수익성을 말한다. 그리고 혁신은 발명과 다르다고 하였다. 발명(invention)은 과거에 없었던 것을 새로 찾는 프로세스인 데 비하여, 혁신은 가치를 창출하는 새로운 방법을 찾는 것이라고 하였다. Carmine Gallo(2010)도 새로운 제품과 프로세스를 설계, 창출, 그리고 만드는 것이 발명인 데 비해, 혁신은 창조적인 아이디어로 출발하여 궁극적으로는 발명, 서비스, 제품, 프로세스 등으로 전환된다고 하였다. 그리고 더 나아가 아무나 발명가가 될 수는 없지만 혁신가는 될 수 있다고 하였다. Siemens는 '발명의 결과물을 시장에서 효과적인 성과로 전환하는 것이 혁신'이라고 한다.

Stephen Shapiro(2002)는 혁신은 지속적으로 하여야 한다고 하면서 '24/7 혁신'을 주장하였다. 이것은 혁신이 하루 24시간, 일주일 7일 동안 끊임없이 이루어져야 한다는 것을 말한다.

Dell에서는 "혁신은 위험을 감수하고 실패로부터 배우는 것"이라고 하였다(Dell, 2003). Harvard Business School(2004)에서는 "혁신이란 독창적이고 의미가 있으며, 귀중하고 새로운 제품이나 프로세스 또는 서비스에 지식을 구현하거나 결합하거나 합성하는 행동"이라고 정의하였다.

Andrall Pearson(2009)은 혁신을 "새로운 아이디어를 몇 개 더 창출하는 것이 아니고 가치를 크게 전환하는 것"이라고 정의하였다. 즉, 가치를 창출하는 것이 혁신이라고 하였다. John Wolpert(2009)는 혁신을 "순전히 기술적인 개념이 아니고, 완전히 새로운 사업을 추구하고, 새로운 기술을 개발하여 기존의 핵심 개념 자체를 변화시키는 것"이라고 정의하였다. Steve Jobs(2010)는 "혁신은 기술만이 아니고 문제를 해결하기 위해 새로운 아이디어를 창출하는 것"이라고 하였다.

미국국가품질상인 MB(Malcolm Baldrige) 기준에서는 "혁신은 이해관계자들의 새로운 가치를 창출하기 위하여 조직의 제품, 서비스, 프로그램, 프로세스, 오퍼레이션, 그리고 비즈니스 모델을 개선하여 의미 있는 변화를 만드는 것"이라고 정의하였다(BNQP, 2020). 그래서 혁신은 조직을 새로운 차원의 성과로 이끈다고 하였다. 또 혁신은 연구개발에만 의존하지 않고, 조직의 모든 부서와 사람들에 의해 이루어진다고 하였다.

이렇게 볼 때 혁신은 다음처럼 정의할 수 있다.

혁신은 기존의 상식을 부정하고 독창적이며 경제적인

가치가 있는 새로운 제품, 서비스, 프로세스를

창출하는 활동이다.

이렇게 혁신은 과거의 잘못된 것을 폐기하고, 경제적 가치가 있는 새로운 것을 창출하는 것이다. 여기에서 새로운 것은 상당히 다양하게 나타난다. 시스템, 제도, 제품 및 서비스, 프로세스, 가치관 등 다양한 요소들이 포함된다. 그리고 경영 패러다임이 수시로 변하기 때문에 과거 대부분의 것은 거의 혁신의 대상이 된다.

4.1.2 혁신의 중요성

Apple, Google, Intel, Toyota, Starbucks, Hewlett-Packard, Coca-Cola, Procter & Gamble의 공통점은 무엇일까? 이들은 글로벌 초일류기업이며, 지속적으로 혁신을 수행하는 기업이라는 것이다. 특히 21세기 초 최고의 혁신기업인 Apple은 iPhone의 출현으로 당시 기술보유 1위이던 MS를 제치고 세계 1위 기업으로 떠올랐다.

일본의 전자회사들은 미국의 전자기업들을 시장에서 몰아내고 엄청난 경쟁력을 구축하였다. 그런데 20세기 말부터 일본 전자기업들은 예전과 같지 않았다. 그리고 한국의 전자기업들이 서서히 일본 기업들의 자리를 채우기 시작하였다. 이것은 왜 그럴까? 그 이유 중 하나는 일본의 전자회사들이 혁신을 게을리하였기 때문이다. 그들은 IT 산업이 지속적으로 불황일 것으로 예측하고, 투자도 혁신도 하지 않았다. 그리고 단순히 공장을 폐쇄하고, 직원들을 해고하였다. 혁신의 중요성을 소홀히 하여 새로운 강력한 경쟁자를 만나게 되었다.

세계 글로벌기업들의 CEO들이 기업의 가장 중요한 과제로 생각하는 것은 무엇인가? 바로 혁신이다. 2010년 IBM과 Business Week가 공동으로 조사한 '글로벌 혁신 서베이'에서는 CEO의 약 75%가 기업의 성공에 혁신이 대단히 중요하다고 하였다. 혁신은 이렇게 중요하다. 전 뉴욕 시장인 Michael Bloomberg(1999)는 비즈니스위크에서 다음처럼 언급하였다. "당신 기업을 죽이는 것은 누군가가 당신 기업보다 더 잘 하는 것이 아니고, 당신 기업과 다르게 하는 것이다." 우리보다 단순히 조금 더 잘 하는 기업은 곧 따라잡을 수 있지만, 다르게 하는 기업은 따라잡을 수가 없다. 이것이 혁신이 중요한 이유이다.

Procter & Gamble의 CEO인 McDonald는 혁신을 하지 않고 해오던 대로 계속했던 기업들은 사라졌다고 말하였다. 그래서 Gary Hamel(2006)도 경영이념과 프로세스에 있어서의 혁신은 기업에게 장기적으로 높은 경쟁역량을 제공한다고 하였다. Bill Gates(2010)도 지난 20년 동안 혁신만큼 우리 생활에 영향을 끼친 요소들이 없다고 하였다. 또 앞으로 미래 10년 동안 에너지, 건강, 그리고 식료분야에서 혁신을 하지 않으면, 우리의 미래는 암울하다고 하였다. Coca-Cola의 전 CEO인 Muhtar Kent도 2012년 COIN의 연설에서 "기업의 성장과 지속가능성을 위해서는 혁신이 필연적이다"라고 강조하였다.

많은 기업들이 회사의 로고(logo)로 혁신과 관련된 단어를 강조하고 있다. Hewlett Packard는 회사 이름 바로 아래에 '혁신(invent)'을, Toshiba도 회사 이름 아래에 '앞서가는 혁신(Leading Innovation)'을 표시하고 있다. GE는 '상상력(Imagination at Work)'을 사용하고 있다. 그래서 David Aaker(2007)는 기업이 장기적으로 성공을 하려면 위의 기업들처럼 혁신을 기업의 브랜드에 넣어야 한다고 주장하였다. 그러나 단순히 혁신이라는 단어를 로고에 사용하는 것을 의미하는 것은 아니고, 기업 브랜드 구축 프로그램의 일환으로 기업전략의 일환으로 사용되어야 한다고 하였다.

미국 비즈니스위크(www.businessweek.com)는 2005년부터 매년 BCG와 함께 전 세계 1,500명 이상의 각 산업분야 최고임원들을 대상으로 설문조사를 통하여 글로벌 혁신기업을 발표하고 있다. 평가기준은 각 회사의 최근 3년간 총 주주 수익, 매출증가, 이윤 성장 등 재무요소 등을 고려한다. 2023년도에 발표된 자료를 보면(〈표 4-1〉 참조), 테크 하드웨어 및 소프트웨어 기업들의 수가 증가하였다. 미국의 Apple이 2005년부터 2018년까지 14년 연속 부동의 1위를 차지한 것을 볼 수 있다. 하지만 2019년 Alphabet과

표 4-1 글로벌 혁신기업 2005-2023

R	2005	2010	2015	2016	2018	2019	2020	2021	2022	2023
1	Apple	Apple	Apple	Apple	Apple	Alpha	Apple	Apple	Apple	Apple
2	3M	Goo	Goo	Goo	Goo	AZ	Alpha	Alpha	MS	Tesla
3	MS	MS	Tesla	Tesla	MS	Apple	AZ	AZ	AZ	AZ
4	GE	IBM	MS	MS	AZ	MS	MS	MS	Alpha	Alpha
5	Sony	Toyota	SS	AZ	SS	SS	SS	Tesla	Tesla	MS
6	Dell	AZ	Toyota	Net	Tesla	Netflix	Huawei	SS	SS	Moderna
7	IBM	LGE	BMW	SS	Face	IBM	Aliba	IBM	Moderna	SS
8	Goo	BYD	Gil	Toyota	IBM	Face	IBM	Huawei	Huawei	Huawei
9	P&G	GE	AZ	Face	Uber	Tesla	Sony	Sony	Sony	BYD
10	Nokia	Sony	Daimler	IBM	Aliba	Adidas	Face	Pfizer	IBM	Siem
11	Virgin	SS	Bayer	Bayer	Airbnb	Boeing	Tesla	Siemen	Meta	Pfizer
12	SS	Intel	Ten	SW	SpaceX	BASF	Cisco	LGE	Nike	J&J
13	Wal	Ford	IBM	HP	Net	T-mob	Wal	Face	Wal	SpaxeX
14	Toyota	RIM	SB	BMW	Ten	J&J	Ten	Aliba	Dell	nVIDIA
15	eBay	VW	Fast	GE	HP	DuPont	HP	Oracle	nVIDIA	EM
16	Intel	HP	Yahoo	Daim	Cisco	Siemen	Nike	Dell	LGE	Meta
17	AZ	TATA	Biogen	Uber	Toyota	Cisco	Net	Cisco	Target	Nike
18	IDEO	BMW	WD	DuPont	GE	LGE	LGE	Target	Pfizer	IBM
19	Star	Coca	Marrio	Dow	Orange	Vale	Intel	HP	Oracle	3M
20	BMW	Ninten	J&J	BASF	Marrio	Chase	Dell	JJ	Siemen	TATA
	Wal(21) HD(22)		HP(23) GE(27) VW(35)	Airbnb (21)	Siemen (21) Uni(22) BASF(23) Exped (24)	McDon (21) Marri (22) Aliba (23) Bayer (24)	Siemen (21) Target (22) Philips (23) Xiaomi (24) Oracle (25)	Toyota (21) Wal(23) Nike (24) Lenovo (25) HD(39)	Toyota (21) HP(23) HD(33)	Sony(31)

Google＝Goo, Gilead Sciences＝Gil, Coca－Cola＝Coca, Fast Retailing＝Fast,
Dow Chemical＝Dow, JPMorgan Chase＝Chase, Samsung＝SS, Walmart＝Wal,
Amazon＝AZ, Starbucks＝Star, Nintendo＝Ninten, Hyundai＝HD, Facebook＝Face,
Daimler＝Daim, Siemens＝Siemen, Tencent＝Ten, Softbank＝SB, Marriott＝Marrio, Netflix＝Net,
Southwest＝SW, Alibaba＝Aliba, Unilever＝Uni, Expedia＝Exped, Alphabet＝Alpha,
McDonald's＝McDon, T－mobile＝T－mob, Johnson&Johnson＝JJ, Exxon Mobil＝EM
출처: www.businessweek.com

Amazon에 이어 3위로 추락하였다. 그러나 2020년 다시 1위로 등극하였고, 2021부터
2023년까지 계속 1위를 유지하는 저력을 보여주었다. 삼성전자는 2008년 혁신기업 순

위 26위에 그쳤지만 이후 순위가 급등하여 2013년 2위로 올랐다. 그 후 2014년 3위, 2015년 5위, 2016년 7위로 하락하였다. 그러나 2017년부터 5위를 계속 지키고 있다가 2021년과 2022년 6위로 한 단계 하락하였고, 2023년에는 7위로 하락하였다. Google은 5년 연속 2위를 하다가, Alphabet로 된 2019년 드디어 1위로 올라갔다. 그러나 2020년 과 2021년 2위로 다시 밀렸으며, 2022년과 2023년에는 4위로 추락하였다. Amazon이 2019년 2위로 올라갔지만, 2020년부터 2023년까지 계속 3위를 유지하고 있다. MS는 2022년 2위로 상승하였는데 2023년 4위로 추락하였다. 2021년과 2022년 5위인 Tesla는 2023년 2위로 상승하였다. 2020년부터 2022년까지 9위였던 일본의 Sony가 2023년 31 위로 크게 추락하였다. 중국 기업인 Huawei는 2021년부터 3년 연속 8위이며, BYD가

10위 이내로 진입하였다. 2019년 18위로 크게 상승한 LG전자가 2020년 18위, 2021년에는 12위로 6단계나 상 승하였다. 그러나 2022년 16위를 하였는데, 2023년 50 위 밖으로 밀렸다. 코로나 백신으로 Pfizer가 2021년 10 위로 급상승하였으며, Moderna가 2023년 6위로 급상승 하였다.

이미지 출처: www.businessweek.com

4.1.3 혁신의 필요성

혁신은 왜 필요한가? 사실 혁신이나 개선은 문제점이 있기 때문에 필요하다고 생 각하는 사람들이 많다. 즉, 문제점이 없으면 개선이나 혁신을 할 필요가 없다고 생각한 다. 그러나 혁신은 문제점이 있을 때나 없을 때나 필요하다. 물론 문제가 있을 때에는 더 필요하다. 사실 문제점이 없는 인간이나 조직은 아마 이 세상에 없을 것이다. 그러므 로 조직은 혁신을 하여야 한다. 큰 문제가 없어도 혁신은 필요하다. Dell(2003)은 "회사 운영이 순조로울 때에도 혁신을 장려하여야 한다"고 하였다. Osterwalder(2018)는 "기업 들이 일상적으로 '칠면조 현상'을 경험한다고 하였다. 칠면조는 평온하게 삶을 보내고 있지만, 어느 날 갑자기 식탁위에 올라갈 수 있다. 그러나 칠면조는 그러한 것을 모른 다. 잘 나가는 기업도 이 '칠면조 현상'을 인지하고, 잘 나갈 때에도 대비하여야 한다.

그래서 기업은 지속적으로 혁신을 하여야 한다. 이것은 고객이 변하고 시장이 변 하기 때문이다. Andrall Pearson(2009)은 "탁월한 성과를 내는 기업과 그렇지 않은 기업 의 근본적인 차이는 바로 지속적인 혁신에 있다"고 하였다. IBM의 CEO인 Sam

Palmisano는 "100년 역사를 자랑하는 IBM의 원동력은 바로 지속적인 혁신"이라고 하였다. Walmart의 Sam Walton은 지속적으로 변화와 혁신을 시도하였다. Walmart는 변화를 장려하는 환경에서 일하고 있다. 한때 좋은 결과를 달성하였다고 해서 만족해서는 안 된다고 하였다(Slater, 2003). 왜냐하면 주변의 모든 것들이 항상 변하기 때문이다. 그래서 성공하기 위해서는 변화의 최전선에 있어야 한다고 강조하였다.

먼저 여기에서 우리는 기업과 시장을 잘 구분하고 이해하여야 한다. 이것은 변화와 혁신을 하는 데 있어서 상당히 중요하다. 기업과 시장을 구분하는 것이 왜 필요하냐고 반문할지 모른다. 왜냐하면 기업과 시장에 대해서 다들 잘 구분하고 있다고 믿기 때문이다. 이미 여기에 대해서는 오래전에 Adam Smith가 『국부론』에서 '보이지 않는 손'이라는 말로 시장을 잘 표현하였다. 이것이 시장의 강점이다.

기업과 시장을 구분할 때 가장 중요한 점은 시장이 항상 기업보다 빨리 변한다는 점이다. 그래서 기업이 아무리 빨리 변하여도 시장을 따라잡지 못한다. 또 시장은 감정이 없다. 개별기업에는 있지만 시장에는 감정이 없다. 이것은 기업이 아무리 혁신을 잘하여도 시장을 따라잡지 못한다는 의미이다. 시장은 약한 자를 동정하지 않고, 강한 자를 따돌리지 않는다. 시장은 지속적으로 새로운 기업을 창출하고, 부실한 기업을 제거한다. 시장은 기업의 과거 이력을 고려하지 않는다. 부실하면 제거하고, 우수하면 받아들인다. 기업이 성공하면 곧 혁신보다는 운영에 치중하게 된다. 그러나 시장은 운영에 치중하지 않고 항상 앞서 나간다. 그러므로 기업은 한때 시장과 같이 나가지만 장기적으로 볼 때에는 시장에 뒤떨어진다. 그러므로 기업은 혁신을 게을리해서는 안 된다.

이렇게 시장은 기업들보다 훨씬 더 혁신적이다. 왜냐하면 시장은 모든 혁신들로 구성되어 있지만, 기업은 전체 혁신의 일부만을 다루고 있기 때문이다. 그러므로 장기적으로 혁신을 위한 표준은 개별기업이 아니고 시장이 정한다.

이렇게 경쟁력 있는 기업들의 비결은 이들이 지속적으로 혁신을 한다는 것이다. 기업의 나이가 중요한 것이 아니라, 지속적인 혁신 여부가 중요하다. 기업도 세월이 흘러감에 따라 노쇠한다. 강승훈(2015)은 노쇠의 징조를 다음처럼 가지를 언급하였다. 첫째, 복잡한 주름과 두터운 군살이다. 즉, 복잡하고 효과 없는 규정과 절차 그리고 권한과 책임이 불분명한 조직구조이다. 이것은 관료주의를 부르고, 기업을 비효율적인 조직으로 만든다. 둘째, 미래의 발목을 잡는 과거의 성공이다. 이것은 새로운 사업창출을 방해하고, 기업의 경쟁력을 약화시킨다. 셋째, 몸을 묶는 촘촘한 이해관계이다. 즉, 많은

다. 즉, 많은 이해관계자들이 자기들의 이해득실로 합리적인 의사결정이 잘 안 이루어진다.

사례 | Coca-Cola의 혁신

이미지 출처:
www.coca-colacompany.com

2008년에 Coca-Cola의 CEO가 된 Muhtar Kent는 2012년 9월 29일 COIN(Colorado Innovation Network)에서 행한 기조연설에서 Coca-Cola의 혁신에 대한 새로운 전환을 강조하였다. "Coca-Cola에서 혁신은 하나의 긴 여정(journey)이다. 우리는 모든 해결책을 알 수도 없고 더 나아가 모든 문제들도 알 수 없지만, Coca-Cola의 성장과 지속가능을 위해서는 혁신에 집중하지 않을 수 없다는 것은 확실하다. 그리고 혁신을 추진하기 위해서는 다음처럼 5가지에 집중할 것이다."

1. 지속적 투자: 불황기에도 기업의 성장을 위해서는 지속적인 투자를 감행하여야 한다. 앞으로 우리는 5년 동안 브랜드와 인프라(infra)에 300억 달러를 투자할 것이다.
2. 글로벌 지향 인재: 글로벌 기업으로 모든 세계에서 우수한 인재들을 영입한다. 아틀란타(Atlanta) 본사에는 50개국 이상의 국가의 사람들이 근무한다.
3. 전략적 파트너십: 비즈니스, 정부, 그리고 사회를 '금의 삼각형(golden triangle)'이라 부르며, 이 부분에 있어서의 혁신이 중요하다.
4. 개방성: 언제 어디에서 새로운 아이디어가 나올지 모른다. 그러므로 항상 기업은 모든 것에 개방되어야 한다.
5. 지속적인 지속가능경영: 대부분의 비즈니스 급변은 혁신과 지속가능에서 나온다. 그래서 우리는 혁신과 지속가능에 집중적으로 투자할 것이다.

<출처> www.coca-colacompany.com.

4.2 혁신의 범위 및 주체

4.2.1 혁신의 범위

혁신은 기업에만 필요한가? 그렇지 않다. 혁신은 모든 조직에 전부 필요하다. 왜냐하면 모든 것이 전부 변하고 있기 때문이다. 그래서 공공기관, 병원, 종교기관 등 모든 기관에 전부 필요하다. 여기에 대해서는 이미 앞에서 설명하였다.

2001년 6월 일본 고이즈미 내각은 '혁신없이 성장 없다'라는 캐치프레이즈를 내걸고, 혁신을 위한 기본적인 방침을 정하기로 하였다. 이것은 지난 10년간 계속되어 온 일본의 저성장을 깨기 위해서는 개혁이 필요하다는 사실을 일본 정부가 절실히 느꼈기 때문이다. 그리고 일본은 그 이후로 저성장의 경제에서 탈피하게 되었다.

기업에서도 혁신은 모든 부서에 적용된다. 그래서 혁신은 어떤 하나의 독립적인 부서에 의해서만 적용되어서는 안 된다. 예를 들어, 혁신은 연구개발부에서만 하는 것이 아니다. 혁신은 조직의 모든 부서에서 이루어져야 한다. Andrall Pearson(2009)은 기업에서 혁신을 전체적으로 하여야만 기존고객과 잠재고객 모두를 만족시킬 수 있다고 하였다.

그러나 혁신을 할 때에는 혁신의 대상을 확실하게 규정하는 것이 좋다. 어떤 사업 부문에서 할 것인지, 어떤 프로세스를 할 것인지, 조직을 혁신할 것인지, 정보시스템을 할 것인지 구성원들에게 확실히 전달하는 것이 바람직하다. 그리고 혁신의 범위나 대상을 정할 때 직원들의 의견을 듣는 것도 좋은 방법이다. 예를 들어 IBM의 CEO인 Sam Palmisano는 2004년 10월 혁신과 수익 성장에 장애가 되는 요소들이 무엇인지를 파악하기 위하여 인트라넷을 통하여 전체 직원들에게 물었다(Hemp와 Stewart, 2004).

4.2.2 혁신의 주체

과거에 혁신의 주체는 주로 연구 및 실험실 사람들이었거나, 또는 외부의 컨설턴트들이었다. 그러나 혁신의 주체 범위를 확대할 필요가 있다. 사실 혁신을 담당할 사람들은 조직의 구성원들이다. 이들이 혁신에 동참하지 않는다면 어떤 혁신도 성공할 수 없다. 그래서 혁신의 주체는 실험실 사람들을 포함하여 조직의 전 부서와 사람들이다. 그래서 모든 구성원들이 전부 혁신적인 사고방식을 가지고 있어야 한다.

Corning이 BPR(Business Process Reengineering)을 도입하였을 때 다른 기업들처럼 컨설턴트들이 주도하도록 하지 않고, 직원들이 주도적으로 참여할 수 있도록 회사 분위기를 만들어 나갔다. 그리고 모든 사항을 직원들에게 상세하게 설명하고 홍보하였다. 이것은 구성원들에게 신뢰를 주었다. 이렇게 하여 의사결정이 단순화되고, 조직계층이 단축되었다.

IBM
이미지 출처:
www.ibm.com

IBM은 두 가지 혁신제도를 장려하고 있다. 'Think Place'와 'Innovation Jam'이다. 'Think Place'는 인터넷을 통해 혁신 아이디어를 아무 때나 제공하는 제도이다. 여기에서는 'Innovation Jam'에 대해 상세하게 소개하고자 한다. IBM에는 잼(Jam)이 있다. 제3장의 핵심사례에서 이미 IBM의 'Values Jam'에 대해 설명하였다. 잼은 '온라인에서 유사한 목적을 가진 사람들이 대규모로 실행하는 컨퍼런스'라고 IBM은 정의하고 있다(Bjelland와 Wood, 2008). 'Innovation Jam'은 혁신을 증진시키는 것이 목적이다. 잼은 2001년에 조직을 통합하기 위하여 시작되었다. 이것은 21세기 들어와 재택근무가 증가하고, 클라이언트(client) 회사에서 근무하는 직원들의 숫자가 증가하여 함께 의사소통하기가 어려워졌기 때문이다. 그래서 이들을 웹(web)으로 불러 3일 동안 중요한 문제들을 함께 상의하고, 해결하고자 하였다. 잼은 직원들의 소속감을 증진시키고, 아울러 직원들의 중요한 아이디어를 수집할 수 있게 하였다.

'Innovation Jam'은 그 범위를 넓혀 직원뿐만 아니라, 직원의 가족, 더 나아가 고객까지도 참여할 수 있도록 하였다. 이것은 혁신의 주체를 반드시 직원들에게만 국한시킬 필요가 없다는 것이다. 그래서 'Innovation Jam'에는 104개 국가에서 근무하는 15만 명의 직원, 직원들의 가족, 비즈니스 파트너, 67개국에 있는 클라이언트, 대학 연구자들이 참여하였다(Bjelland와 Wood, 2008). 'Innovation Jam'은 세계에서 규모가 가장 큰 온라인 브레인스토밍(brainstorming)이다. 'Innovation Jam'은 자발적으로 이루어진다. 인위적으로 어떤 의도된 목표를 향하여 몰고 가지 않는다. 잼에서는 관련된 그러나 상당히 개방된 아이디어를 자유롭게 제시할 수 있다. 물론 'Innovation Jam'에서 제시된 아이디어가 새로운 것도 있지만, 전부 그런 것은 아니다. 기존의 알고 있는 아이디어가 다시 제시될 수도 있다. 이것은 정보의 공유라는 관점에서 중요하다. 이렇게 수집된 아이디어들은 정교한 소프트웨어(text mining software)에 의해 유사한 아이디어들로 분류되어 그룹화한다. 이것은 다시 50여 명의 고위 임원진들에 의해 일주일동안 세심하게 평가되고, 가장 높은 가치를 창출하는 아이디어만 선정되어 실행단계로 넘어가 상업화된다. '3-D Internet'과 'Big Green'은 'Innovation Jam'의 성과물이다. 이런 잼에 의해 IBM은 세계에서 특허를 가장 많이 소유한 글로벌기업으로 성장하였다. 그리고 매년 격차를 벌리고 있다.

<출처> www.ibm.com

그러나 가장 중요한 혁신의 주체는 리더이다. 어떤 혁신이든 혁신이 성공하기 위해서는 조직의 최고책임자가 총대를 매야 한다. 최고책임자의 말과 행동 하나하나에 구성원들의 눈과 귀가 쏠린다. 최고경영자는 혁신에 대한 확실한 주관과 책임의식을 가지고 변화를 꾀하여야 한다. 그런 임무를 아래 사람에게 위임한다든지 또는 말에만 그치면 혁신은 성공하기가 어렵다. 그래서 최고경영자는 자기의 직위를 걸고 변화와 혁신을 추구하여야 한다. 가장 대표적인 사람으로 GE의 전 회장인 Jack Welch를 들 수 있다.

그런데 여기에서 주의할 점은 혁신의 주체는 관리자형이 아닌 리더형이어야 한다. 리더(leader)와 관리자는 다르다. 일반적으로 관리자란 이성적이며, 조직적이고, 분석적이며, 또 체계적으로 과업을 수행한다. 예를 들면, 어떤 목표를 수립하고, 그 목표를 달성하기 위해 계획을 수립하고, 집행하고, 통제하는 일련의 체계적인 과정에 의해서 과업을 수행한다. 그러나 리더는 비분석적이며 비이성적이다. 리더는 구성원들로 하여금 그들의 능력 이상으로 목표를 초과 달성하도록 강한 동기부여를 불어넣는다. 관리자는 지위를 이용하여 힘을 발휘하지만, 리더는 공식적인 힘이 아니지만 다른 사람들에게 영향을 끼치는 힘을 가지고 있다. 즉, 리더는 비전으로, 그리고 관리자는 명령으로 조직을 다스린다. 또 혁신에 참여하는 리더들은 그 조직의 유능한 사람들로 구성되어야 한다. 그래서 전문적인 지식, 원만한 인간관계, 친화적인 리더십, 높은 신뢰성이 있는 사람이어야 한다.

그런데 기업에서 실제로 혁신을 추구할 때 부딪히는 문제 중 하나는 혁신의 성과가 기대하는 대로 잘 나오지 않는다는 것이다. 이러한 결과를 야기하는 이유 중 하나는 사람들이 혁신과 기존 업무에 동시에 투입되기 때문이다. 그래서 Govindarajan과 Trimble(2010)은 "혁신이 효과적이기 위해서는 먼저 혁신에만 전념하는 팀(dedicated team)과 기존 업무를 수행하는 성과엔진(performance engine)들로 구분하고, 혁신팀은 혁신만, 성과엔진은 기존의 성과향상에 몰두하여야 한다"고 주장하였다. 이들은 지난 몇 십년 동안 수십 개 기업의 혁신활동을 자문해 왔기 때문에 혁신을 수행하는 기업에서는 이들의 주장을 고려할 가치가 있다고 본다.

4.3 혁신 프로세스

그러면 혁신은 어떻게 발생하는가? 즉, 어떤 일련의 단계를 거치는가? 물론 혁신이 어떤 정해진 순서에 의해 꼭 이루어진다고는 할 수 없다. 그러나 4.1.1에서 이미 설명하였듯이, 혁신은 우연적이고 일시적인 현상이 아니고 준비되고 과정지향적이며 지속적인 활동이다. 그래서 혁신활동을 하나의 프로세스로 보는 견해가 많다. Beckman과 Barry(2007)는 혁신을 지속적으로 배우는 프로세스라고 하였다. 여기에서는 하버드 경영대학원(Harvard Business School)에서 제시한 혁신 프로세스를 소개하고자 한다.

하버드 경영대학원(2004)은 혁신 프로세스가 〈그림 4-1〉처럼 4개의 단계로 이루어진다고 하였다. 즉, 아이디어 창출, 기회 인식, 개발, 그리고 상업화 단계이다. 아이디어의 원천은 다양하다. 개인의 통찰력, 고객, 선도 이용자 등으로부터 나온다. 그런데 아이디어는 가끔 어떤 문제 또는 기회로 인한 필요성 때문에 많이 나오는데, 이것을 기회 인식이라 한다. 실리콘 게르마늄 합금을 만든 IBM의 Bernard Meyerson의 예는 기회 인식의 경우를 보여준다. 창안된 아이디어는 그 아이디어의 시장가치가 인정되고, 조직의 전략과 부합되고, 혁신을 성공적으로 이끌 사업 능력과 기술적 능력이 있다면 개발 단계로 접어든다. 그리고 상당히 긴 시간에 걸쳐 마지막 단계인 상업화 단계로 들어간다. 상업화 단계는 시장에서의 경제성을 말한다. 하버드 경영대학원에서는 혁신 프로세스에서 가장 중요한 요소가 아이디어 창출 또는 기회 인식 단계에 있어서의 창의력이라고 하였다. 창의력에 대해서는 제8장에서 설명하도록 한다.

그림 4-1 혁신 프로세스

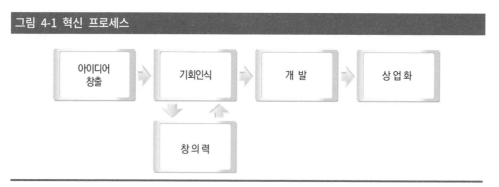

출처: Harvard Business Essentials, Managing Creativity and Innovation(창의와 혁신의 핵심 전략), 현대경제연구원 옮김, 청림출판, 2004, p.11.

4.4 고정관념

4.4.1 고정관념의 문제

"매듭을 푸는 자가 세상의 지배자가 된다"는 'Gordius의 매듭'이란 옛날 전설이 있다. 많은 사람들이 오랜 기간 동안 이 매듭을 풀고 세상의 지배자가 되려고 노력했지만, 그 누구도 성공하지 못하였다. 그런데 어느 날 젊은 Alexander는 칼로 단숨에 매듭을 잘라버렸다. '고디우스의 매듭'을 푼 것이다. 즉, 일반인들의 고정관념을 타파한 Alexander가 세상의 지배자가 된 것이다.

혁신을 하기 위해서는 과거의 잘못된 것을 폐기하여야 한다. 그렇게 하기 위해서는 새로운 아이디어가 필요하다. 그런데 새로운 아이디어를 창출하기 위해서는 새로운 마인드(mind)가 필요하다. 어떤 고정된 틀 안에서는 그 고정된 틀 밖의 새로운 것을 보기가 어렵다. 우물 안 개구리는 우물 속만 볼 수 있으며, 우물 밖을 볼 수 없다. 그러므로 자기를 가두고 있는 고정된 틀을 깨는 노력이 필요하다.

Richard Foster(2001)는 50년 전 Keynes가 "어려움은 새로운 아이디어가 아니라 과거의 생각에서 탈피하는 것"이라고 하였다고 언급하면서, 고정관념이 새로운 아이디어를 가로막는 중요한 장애물이라고 하였다. C. K. Prahalad도 "과거의 중력에서 벗어나고자 한다면 지니고 있는 고정관념을 버려야 한다"고 하였다(Gibson, 1998). Peter Drucker(2001)도 "모든 조직은 기존의 관습을 버려야 한다"고 하였다. 그래서 혁신을 하고, 새로운 아이디어를 창출하려면, 그리고 조직들이 미래에 자신들을 재창조하려면 과거에서 벗어나야 한다.

이미지 출처:
www.kyobobook.co.kr

이런 점에서 우리의 관습적인 상식은 우리를 상식의 틀 안에 가두어 버린다. 그래서 우리는 상식의 고정관념을 과감히 타파하여야 한다. 경영컨설턴트인 Sakamoto Geichi는 상식의 바이러스에 감염된 현대인들에게 '상식은 비즈니스의 적'이라고 충고하였다(Sakamoto, 2007). 상식으로 보면, 값을 내려야 잘 팔리고, 성실하면 성공하고, 규모가 큰 회사가 성공한다고 믿는다. 그러나 그렇지 않은 경우가 상당히 많다. 왜 똑똑한 사람이 성공하기 힘든가? 이들은 머릿속에 상식의 뭉치가 너무 크기 때문이다. 그래서 성공하기 위해서는 지식인이 아닌 교양인이 되어야 한다고 하였다. 그래서 저자는 "원칙을 깨는 것이야말로 성공의 근본적인 원칙"이라고 하였다.

Walmart의 창업자 Sam Walton은 고객에게 물건을 가져다주는 방식에서 고객이 카트를 가지고 직접 원하는 물건을 고르는 방식으로 전환하였다. 이것은 고정관념을 타파한 하나의 조그만 혁신이다(Slater, 2003).

4.4.2 역발상

많은 사람들은 모스(Morse) 부호를 통하여 뜻을 조합하자고 하였다. 그러나 Alexander Bell은 이런 고정관념을 깨고 사람의 목소리를 그대로 전달하자고 하였다. 이렇게 해서 전화기가 탄생하였다. 역발상으로 전화기가 발명된 것이다.

역발상은 아무것도 없는 것에서 새로운 것을 창조하는 최초의 발명이 아니라, 이미 존재하는 생각, 관념, 상식에 대해 거꾸로, 즉 거슬러 생각하는 것이다. 그래서 혁신을 할 때에는 기존의 고정관념을 타파한 역발상이 필요하다. 역발상은 과거의 관념에서 탈피하게 하며, 기존의 지식을 더욱 확대하여 활용할 수 있으며, 일상적으로 하던 일을 새롭게 볼 수 있는 기회를 제공한다.

Twitter의 역발상 문구
이미지 출처: twitter.com

"내일은 더 나은 실수를 하자(Let's make better mistakes tomorrow)"라는 문구는 Twitter의 공동창업자인 Biz Stone이 가장 아끼는 문구이다. Biz Stone은 역발상이라는 화두를 강조하기 위해 이 액자를 사무실 벽에 거꾸로 걸었다.

사례 | Gillette의 일회용 면도기

일회용 면도기는 전 세계 남성들의 면도 시간을 변화시킴으로써 엄청난 시간의 절약을 가져왔다. '생활의 혁명'이다. '면도기는 비쌀수록 좋고, 면도날을 갈면 오래 쓸 수 있다?' 그렇지 않다. 무딘 면도날로 면도하면 시간이 더 걸리고 상처 나기도 쉽다. King Gillette는 이를 시간 절약이란 강점으로 파괴하여, 현재 전 세계 10억 명 이상이 매일 쓰는 필수 생활용품으로 변신하는 데 성공하였다.

PHILIPS
이미지 출처:
www.philips.com

네덜란드 회사인 Philips는 1891년 백열전구로 출발하여, 1892년 탄소필라멘트 전구 출시, 1927년 상업용 라디오, 1939년 세계 최초 회전식 헤드전동 면도기, 1962년 세계 최초 카세트테이프, 1982년 세계 최초 CD player, 그리고 1995년 DVD player를 출시하였다. 전기면도기 세계 1위인 Philips는 전기면도기 신화를 뒷받침하는 '역발상 5원칙'을 가지고 있다.

첫째, 고객은 남자가 아니다. 면도는 남자가 하는데, 전기면도기는 비싸다. 남자들은 자기가 사용하는 생활용품에는 큰 돈을 쓰지 않는다. 그래서 Philips는 마케팅 공략 대상을 남자가 아닌 여자로 삼았다. 사랑하는 남편이나 아버지에게 선물을 고를 때 여자들은 쉽게 지갑을 연다. 현재 Philips 전기면도기 판매량의 많은 판매는 선물용이다.

둘째, 경쟁자를 추종한다. Philips의 성장을 가로막는 가장 큰 장애물은 습식 면도에 익숙해 있는 소비자의 습관이다. 'Gillette' 등 습식면도기를 사용하는 사람들을 고객으로 만들기 위해 필립스는 '차별화 전략'보다는 '경쟁자를 추종하는 전략'을 사용하였다. 이것은 오래 된 습관에 도전한다는 것은 무모하다는 판단에서 나왔다. 그래서 샤워하거나 또는 비누를 묻힌 상태에서도 면도를 할 수 있는 전기면도기를 개발하였다.

셋째, 첨단기술을 감춘다. Philips는 매출액의 약 10% 정도를 신기술 개발에 사용한다. 그런데 제품에 첨단기술을 나타내는 것을 피하고, 단순명료하게 설계한다. 이것은 처음 사용하는 소비자가 사용설명 없이도 전기면도기를 사용할 수 있도록 하기 위해서이다. 그래서 Philips는 '센스와 단순성(sense and simplicity)'이라는 모토를 가지고 있다.

넷째, 유명인 인기에 기대지 않는다. Philips는 가능하면 유명 연예인들을 광고 모델로 기용하지 않는다. 이것은 광고 연예인이 안 좋은 스캔들에 휘말릴 경우에 대비하기 위해서이다.

다섯째, 싸다고 잘 팔리는 게 아니다. Philips는 명품 이미지를 심어주기 위해 노력한다. 그래서 가격이 대체로 비싼 편이다.

코끼리가 사슬에 묶였던 때는 아주 어렸을 때였고, 그 때는 그것을 움직일 만큼 힘이 세지 않았다. 처음에는 말뚝을 뽑아 내려고 여러 번 시도해 봤지만, 얼마 안 가서 그래봐야 소용없다는 것을 깨닫게 되었다. 그러나 그것을 어쩔 수 없는 자기 삶의 조건으로 받아들이기 시작하였다. 그래서 스스로의 힘으로 벗어날 수 있을 만큼 충분히 힘이 강해졌을 때에도 코끼리는 더이상 시도하지 않았다. 물과 이따금의 먹이를 얻을 수 있는 생활에 만족하며 쉽게 움직일 수있는 말뚝에 묶여 있으면서도 불이 날 경우에도 도망가지 못하고 그냥 죽어야 하는 것으로 알고 있다는 것이다(Maltz와 Sommer, 1996).

사례 | 호주의 Japplechutes

Jafflechutes는 호주의 멜버른(Melbourne)에서 샌드위치를 파는 식당이다. 그런데 이 식당은 빌딩의 1층에 있는 것이 아니고, 무려 7층에 있다. 샌드위치 하나 사 먹으려고 7층까지 올라갈 고객이 있을까? 그런데 이 음식점에는 사람들이 길게 줄을 서서 기다리고 있다. 가게에서 기다리는 것이 아니고, 길에서 기다린다. 즉, 고객이 가게까지 올라가지 않는다. 인터넷으로 주문하거나 또는 직접 아래에서 계산하고, 정해진 시간에 X가 표시된 장소에 서 있으면, 샌드위치가 낙하산을 타고 내려온다. 일반적인 상식을 깨 버린 것이다. 이 빌딩에 있는 길은 음식 먹는 장소가 된다. 낙하산이 내려올 때 고객들은 큰 희열을 느낀다고 한다. 이 식당에는 계산하는 사람도, 의자도 식탁도 없다. 단점을 장점으로 바꾼 것이다. 호주에서 jaffle은 샌드위치를, chutes는 낙하산을 일컫는다.

사례 | AlphaGo로 본 고정관념

2016년 3월 우리나라에서 AlphaGo와 이세돌의 바둑 대결은 우리나라 국민은 물론이고 전 세계에 엄청난 열풍을 불러왔다. 이세돌이 1승 4패로 졌지만, AlphaGo와의 게임은 바둑전문가들에게도 고정관념에 대한 교훈을 주었다. 거의 패착이거나 또는 비상식적인 수를 AlphaGo가 두었지만, 후에 묘수로 판정되었기 때문이다. 바둑의 정석이 바꿔야 한다는 결론을 준 대국이었다. 다음 동영상을 참조하기 바란다.

4.5 창조적 파괴

Joseph Alois Schumpeter
(1883-1950)

1883년 오스트리아의 모라비(Morabi)에서 태어났지만 미국으로 귀화한 경제학자 Joseph Alois Schumpeter(1883–1950)는 혁신을 최초로 이론화한 사람이다. 그는 1906년 빈(Vienna) 대학교를 졸업하고, 바로 이듬해인 1907년 이집트에서 변호사를 개업하였다. 1919년 약관 36세에 오스트리아의 재무장관이 되었으며, 1921년에는 빈의 비더만방크 은행의 총재가 되었다. 1932년 미국으로 건너가 하버드대학교 교수가 되었다. 그 후 계량경제학회 회장(1937–1941)과 미국 경제학회 회장(1948)을 역임하였다. Schumpeter는 학문적으로 독일의 영향을 많이 받아 Marx와 독일 역사학파의 정신을 지니고 있었다. 그래서 오스트리아 학파이지만 오스트리아 학파의 한계효용이론에 의문을 품었다. 그는 또 종전에 경제학에서 해결하지 못했던 독과점 및 경제순환과 같은 문제점들을 기업가 개념을 이용하여 해결하고자 하였다. 기업가 개념은 경제발전의 원동력으로 신결합을 주장하고, 신결합으로 기업의 이윤이 발생한다고 하였다. 기업가란 신결합을 스스로 실행하고, 또 스스로 능동적인 경제 주체가 되는 것이다. 또 신결합은 기술의 신규성과 상품성을 말한다.

그는 경제성장은 다양한 생산요소의 새로운 결합, 즉 혁신에 의해 이루어진다고 하였다. 그는 이미 오래전에 "자본주의의 문제는 잘 관리하는 것이 아니고, 구조의 새로운 창조와 파괴에 있을 것이다"라고 예고하였다(Schumpeter, 1976). 이것은 자본주의가 주어진 것을 잘 관리하는 것이 아니고, 기존의 구조를 어떻게 파괴하고 새로운 것을 어떻게 창출하는가 하는 것이 중요하다는 말이다. 더 나아가 Schumpeter는 "창조는 파괴를 동반한다"고 하였다. 파괴는 더 이상 필요하지 않은 것들을 파악하고, 새로운 것으로 바꾸는 것이다. 그러므로 어떻게 보면 파괴는 제거한다고 하기보다는 대체한다는 의미로 보아야 한다. 그리고 Schumpeter는 연속적인 창조와 파괴의 과정을 '창조적 파괴의 폭풍'이라고 불렀다. 이렇게 Schumpeter는 혁신을 더 큰 가치를 창조하기 위해 낡고 오래된 것을 파괴하는 것으로 보았다. 그래서 혁신은 기업 성장의 원동력이며, 자본주의의 핵심이다.

창조와 파괴에서 숙지하여야 할 중요한 점은 창조와 파괴의 균형이다. 이것은 상당히 실질적인 문제이다. 기업은 항상 창조와 파괴를 하기가 쉽지 않다. 창조에 의해 사업이 번창하면 운영에 중점을 두게 된다. 그러나 너무 운영에 중점을 두면 다른 문제점들이 발생한다. 그러므로 창조와 파괴의 균형을 유지하여야 극심한 시장 경쟁 속에서 살아남을 수 있게 된다.

　　Schumpeter는 상당히 오래전에 자본주의의 본질을 상당히 정확하게 꿰뚫었다고 볼 수 있다. 더구나 21세기인 지금은 그 당시보다 변화의 속도가 비교할 수 없을 정도로 빠르다. 시장은 항상 기업보다 빨리 변하며, 시장의 변화를 예측하는 것은 거의 불가능하다. 창조와 파괴 행위는 전보다 더 빈번하게 이루어지고 있다. 특히 이 행위는 기업보다 기업이 속한 시장에서 더 신속하게 이루어지고 있다. 그래서 기업은 시장의 급속한 변화에 따른 지속적인 혁신이 필요하게 되면서 창조적 파괴의 중요성이 점점 커지고 있다.

　　미국의 자동차회사들은 1940년대부터 1970년대까지 미국 외부의 경쟁이 거의 없어 내부의 경쟁자들에게 집중하였다. 그러나 1980년대 들어서면서부터 상황이 급변하였다. 외부의 경쟁자들의 경쟁력이 급격히 향상된 것이었다. 이런 새로운 환경에서 미국의 자동차회사들은 정말로 변화하지 않으면 죽을 수밖에 없는 처지가 되었다. 그래서 창조적 파괴에 집중하였다.

　　창조적 파괴는 생존을 위한 기업의 자연적인 현상이다. Matsushita전기는 오래된 전자업계의 불황에서 살아남기 위하여 21세기를 맞이하는 시점에 회사의 모토를 '창조적 파괴'로 정하였다. 이것은 일본기업에 비교적 약한 혁신을 강력하게 추진하겠다는 의지의 표현이었다. 그 후 4년이 지난 2004년 Matsushita전기는 적자대열에서 탈출하여 흑자를 기록하였다.

　　저서로는 『이론경제학의 본질과 주요 내용(1908)』, 『경제발전의 이론(1912)』, 『경제학사 – 학설 및 방법론사의 여러 시대(1914)』, 『경기 순환론(1939)』, 『자본주의, 사회주의, 민주주의(1942)』 등으로 주로 경제학과 기업이론에 관련된 책들이 있다.

창조적 재조합

　　창조적 파괴는 미국에서 많이 도입되고 실행되어 왔다. 그러나 창조적 파괴를 도입하여 성공한 회사들도 있지만 실패한 회사들도 많았다. 그것은 창조적 파괴에 있어서 파괴가 주는 반작용 때문이다. 즉, 창조적 파괴는 현재를 전부 없애고 새로운 미래를 창조하는 것으로 조직에 혼란과 불안감을 가져올 수 있다. 너무 빈번하고 지속적인 변화에 변화기피자가 생기고, 또 변화에 만족하지 못하는 변화중독자들이 생긴다. 변화기피자와 변화중독자는 조직에 불안감과 무기력증, 그리고 냉소주의를 만들어 혁신을 실패로 이끈다.

Abrahamson(2006)은 창조적 파괴를 대신하는 '창조적 재조합'을 주장하였다. 창조적 재조합은 조직이 이미 지니고 있는 기존의 자산을 활용해서 새롭고 창조적인 방식으로 재조합하는 개념이다. 그래서 창조적 파괴에 따르는 파괴의 영향을 최소화하고자 한다. 즉, 창조적 재조합은 기존의 요소들을 파괴하고 새로운 구조를 창출하는 것이 아니라, 기존의 요소들을 창의적으로 재조합하여 새로운 구조를 창출하는 방법이다. 그래서 창조적 재조합은 과도한 업무, 변화에 관련된 혼란, 직원들의 냉소주의 등을 감소하고자 한다.

그러면 창조적 재조합을 어떻게 이루는가? Abrahamson은 여기에 대해 다음처럼 두 가지를 제시하였다. 첫째, 조직 내부에서 재활용할 수 있는 기존의 요소들을 파악한다. 둘째, 이 기존의 요소들을 어떻게 새로운 방식으로 재사용하고 재조합하는지를 파악한다. 첫 번째 질문에 대해서는 다음처럼 다섯 가지 요소들을 고려하여야 한다고 하였다. 사람, 네트워크, 문화, 프로세스, 그리고 구조이다. 그래서 이것들을 제거하지 말고 재사용하여야 한다고 하였다. 두 번째 질문에 대해서는 다음처럼 세 가지 기술을 제시하였다. 복제, 맞춤화, 그리고 변용이다. 복제(cloning)는 Best Practices처럼 한 부서의 우수한 사항을 다른 조직에 적용하는 것이다. 맞춤화(customization)는 복제할 수 없는 재활용 요소들에 적용되며, 각 부서의 특성에 맞춰 적용한다. 변용(translating)은 맞춤화가 적용되지 않는 환경에서 사용되며, 새로운 환경에 유용한 새로운 수단으로 재개발되어 실행된다.

4.6 연속성의 가정

현대 사회의 가장 큰 특징 중 하나는 불연속이라는 것이다. 과거에는 연속성이 지속적으로 존재할 것으로 믿어 왔다. 그래서 과거와 마찬가지로 모든 것을 똑같이 하면 성공할 수 있다는 믿음과 신념을 가졌다. 그러나 앞에서 수차례 언급하였듯이, 이 가정은 더 이상 적용되지 않는다. 연속성의 가정에 입각하여 의사결정을 하면, 현실을 무시하게 되어 예측을 잘못하게 되고 자원의 낭비를 가져오게 된다. Richard Foster(1996)는 "불연속성은 사업방식이 급격하게 변하는 환경에서는 당연하다고 하면서 이때에는 장기적으로 경영의 성과에 한계가 있다"고 하였다. 그리고 "방어자보다 공격자가 유리하다"고 하였다. 또 Foster(2001)는 "이제 연속성 개념이 더 이상 통하지 않으며, 불연속성 개념이 지배하는 세상이 되었다"고 단언하였다.

Peter Senge는 "우리는 과거에 했던 것을 근거로 미래에 할 일을 결정해서는 안 된다"고 하였다(Gibson, 1998). 또 Gibson(1998)도 "직선적인 사고는 비직선적인 세상에서는 불필요한 것"이라고 하였다. 이렇게 연속성의 가정을 믿으면 사람이나 조직 내에 문화적 폐쇄성이 발생한다. 그래서 자기를 방어하게 되는 틀을 형성하게 된다. 그리고 기업은 환경 변화에 적응하지 못하고 실패하게 된다. Gibson은 대표적인 사례로 앞에서 1980년대의 IBM을 들었다. 이전의 환경과는 판이하게 달라진 환경을 당시 CEO인 John Akers와 IBM은 읽지 못하고, 계속 mainframe 컴퓨터에 집착하는 오류를 범하였다.

사례 ∣ Intel

이미지 출처:
www.intel.com

1985년 Intel의 CEO인 Andy Grove는 DRAM 생산의 중단을 발표하였다. DRAM은 1968년 인텔 설립의 원동력이었다. 1972년 Intel의 1kb 1130 DRAM은 세계에서 가장 많이 팔리는 집적회로였다. 그러나 Fujitsu, NEC, Hitachi, Toshiba와 같은 일본 기업들의 공세로 1983년부터 DRAM 시장에 공급이 넘쳤다. 더구나 1983년 1월 마이크로 프로세서(micro processor) 개발요원 15명이 집단으로 사표를 냈다. Intel이 새로운 병렬처리 응용 프로그램 투자에 등한시한다는 이유 때문이었다. 1984년 여름 3개월 동안에 반도체 메모리칩 가격이 40%나 폭락하였다. 당시 Andy Grove 사장과 Gordon Moore 회장은 이 일 때문에 고심을 하였다. 그러나 메모리 반도체가 Intel 설립의 주역이라는 이유 때문에 쉽게 결단을 내리지 못하였다. 과연 메모리 칩 없이 Intel이 존재할 수 있을까? 이것이 바로 문화적 폐쇄성이다. 스스로 자기 자신을 방어하는 것이다. 그리고 암울한 미래를 애써 무시하는 것이다.

그런 어느 날 Grove 사장이 Moore 회장에게 다음과 같은 질문을 던졌다. "새로운 회장이 만약 온다면 이 회장은 Intel을 위해 가장 먼저 무엇을 할 것 같습니까?" 이런 질문을 주고받으면서 결국 Moore와 Grove는 DRAM 사업을 포기하기로 결정하였다. 후에 Grove는 이 시기를 '전략적 변곡점'이라고 불렀다. 이렇게 하여 Intel의 두 가지 종교적 신념인 Intel의 원동력은 메모리 칩'과 '일괄생산체제'라는 신념을 포기하기에 이르렀다. 그러나 사실 이 두 가지 신념을 포기한다는 것은 말처럼 그리 쉽지 않았다. 이런 결과로 1984년 오레곤(Oregon)주의 조립공장이 유일한 반도체생산 공장이 되었다. 그러나 이것도 회사의 방침과 유리되어 1985년에 유일한 오레곤주의 반도체 공장도 폐쇄하고, 앞으로 Intel은 반도체시장에서 완전히 철수한다는 발표를 하였다.

이렇게 해서 Intel은 구조적 혁신에 과감히 투자하기로 결정하였다. 즉, 마이크로 프로세서에 투자하기로 결정하였다. 1992년 Intel은 마이크로 프로세서의 최대 기업이 되었다. 그러나 1995년 인터넷의 발전으로 Intel은 다시 한 번 문화적 폐쇄성이라는 문제에 직면하게 되었다. 그래서 Intel은 다시 인터넷과 연결한 사업을 강화하였다. 그리고 2001년 Intel은 막대한 수익을 달성하였다. 이것은 문화적 폐쇄성을 극복하고 이룩한 과감한 투자 덕분이었다.

이 사례는 다음과 같은 자료를 참고하여 저자가 재구성하였다.

(1) Richard Foster, 창조적 파괴, 21세기 북스, 2001.

(2) www.intel.com

4.7 파괴하는 혁신

4.7.1 위대한 기업들이 왜 실패하는가?

Clayton Christensen
(1952-2020)
www.christenseninstitute.org

「파괴하는 혁신(disruptive innovation)」은 미국 하버드대학교 Clayton Christensen 교수가 만든 용어이다. 미국 유타(Utah)주 솔트레이크시티(Salt Lake City) 출신인 Christensen 교수는 독실한 몰몬교 신자로서, 1971년부터 1973년까지 우리나라 춘천과 부산에서 선교를 하였으며, 한국과 한국인을 사랑하여 '구창선'이라는 한국 이름도 가지고 있다. 2010년 1월 19일에는 한국을 방문하여 한국의 위기에 대하여 강연도 하였다. 즉, 한국 경제는 이미 위급한 상황이라고 하며, 시급히 해결책을 제시하여야 한다고 하였다. 과거 일본은 미국을 추월하기 위하여 값싼 소형차 및 트랜지스터(transistor)로 미국을 공략하였다. 그리고 저가시장뿐만 아니라 고가시장까지 점령하였다. 그러나 일본의 경제성장이 멈추자 한국의 기업들이 일본 기업들을 공략하기 시작하였고, 성공을 거두었다. 이제 한국의 차례이다. 이것은 정상에 오른 기업은 그 이전의 성장률을 달성하기가 어렵기 때문이다. 그래서 선두에 오르면 그 자체가 위기라고 단언하였다. 이 위기에서 탈피하기 위한 유일한 방법은 가장 밑바닥으로 다시 내려가는 것이다.

신생기업은 지속적으로 탄생하며, 이들은 틈새시장에 진입하여 대기업과 경쟁을 한다. 그런데 대기업들은 이들 신생기업에 잘 대처를 못하고 있다. Xerox의 Allare 회장도 "오늘날 대기업의 경쟁은 중소기업으로부터 온다"고 하였다(Garvin, 1995). Christensen(2009)은 하나의 예로 미국의 통신판매업체인 Sears Roebuck을 들었다. Sears Roebuck은 지난 수십 년 동안 가장 우수한 소매업체였다. 그러나 최근 이러한 호평은 Sears Roebuck에게 적용되지 않는다. 「파괴하는 혁신」은 이들 신생기업에 잘못 대응하는 대기업들의 딜레마를 설명해 주고 있다. Christensen의 연구는 원래 잘 나가고 있는 위대한 기업들조차 왜 실패를 하는지 거기에 의문을 품고 출발하였다.

4.7.2 잘 하는 경영?

Christensen(2009)은 "글로벌 초우량기업들이 실패하는 시점은 가장 잘 나가던 시점에 자신들을 실패로 몰아넣는 결정을 하기 때문"이라고 하였다. "또 경영을 잘 하기 때문에 실패한다"는 역설적인 말을 하였다. 이 기업들의 경영관행은 '고객들의 목소리에 경청하기', '고객들이 원하는 기술에 공격적으로 투자하기', '더 높은 이윤을 추구하기', 그리고 '소규모 시장보다는 대규모 시장을 목표로 공략하기' 등이다. 그러나 여기에서 생각할 것은 '경영을 잘 한다'는 것은 MAPASHI를 깨닫고 있지 못하고 있다는 것을 의미할 수도 있다. 이러한 문제를 극복하기 위하여 Christensen은 파괴하는 네 가지 기술의 원칙을 다음처럼 제시하였다.

① 기업들은 자원을 얻기 위해 고객과 투자자에게 의존한다.
② 소규모 시장은 대기업들의 성장욕구를 해결해 주지 못한다.
③ 존재하지 않는 시장은 분석이 불가능하다.
④ 기술공급이 시장의 수요와 일치하지 않을 수 있다.

그리고 더 나아가 파괴하는 기술에 직면한 기업의 경영자들에게 다음처럼 행동할 것을 조언하였다.

① 파괴하는 기술에 대한 책임은 그 기술을 필요로 하는 고객을 맡고 있는 조직에 전적으로 맡긴다.

② 적은 이익으로도 만족할 정도로 충분히 적은 규모의 별도 조직을 구축한다.

③ 실패 계획을 수립한다. 그리고 모든 자원을 처음부터 옳다고 생각되는 계획에 전부 투자하지 않는다.

④ 획기적 돌파구에 의존하지 않는다. 한 발 앞서 움직이고 현재 기술특성에 맞는 시장을 파악한다.

4.7.3 유지하는 혁신과 파괴하는 혁신

Christensen과 Bower(1995)는 혁신에는 「유지하는 혁신」과 「파괴하는 혁신」의 두 가지 혁신이 있다고 하였다. 대부분의 제품과 서비스에 대한 혁신은 「유지하는 혁신」이다. 즉, 「유지하는(sustaining) 혁신」은 현재의 다수 고객들에게 기존 제품 또는 서비스의 품질을 향상하거나 사양을 추가하여 제공하는 것이다. 「유지하는 혁신」은 대부분 점진적으로 이루어지지만, 가끔 급격하게 이루어지는 경우도 있다. 「유지하는 혁신」의 공통점은 이 혁신이 추구하는 기술이 기존의 주요 고객들의 기대에 맞추어 이루어진다는 것이다. 「유지하는 혁신」에 비해 「파괴하는 혁신」은 기존 고객의 니즈를 충족시키지 않을 뿐 아니라, 기존 제품 및 서비스를 이용하지 않는다. 즉, 「파괴하는 혁신」은 기존 제품과 서비스보다 품질 및 사양은 떨어지지만 값이 싸기 때문에 구매하는 로우엔드의 고객들을 위한 전략이다. 그리고 계속 업엔드 고객까지 공략하여 궁극적으로 기존 기업을 시장에서 대체한다(Diron, 2020). 경쟁력이 약한 제품 및 서비스를 그동안 주목받지 못하였던 고객들에게 제공함으로써 현 산업에서 주도권을 가지고 있는 기업들에게 도전하는 것이다. 이렇게 해서 「파괴하는 혁신」은 기존 제품과 서비스에 포함되어 있는 일부 성능과 사양을 제거하기도 한다. 그래서 「파괴하는 혁신」은 기존 제품이나 서비스보다 단순하지만 더 편리한 그리고 보다 저렴한 것을 창출하여 새로운 고객이나 시장을 창출하게 된다. PC는 「파괴하는 혁신」의 예이다. PC는 메인프레임 컴퓨터(mainframe computer)에 비해 성능이 훨씬 떨어진다. 그러나 저렴하고 꼭 필요한 성능으로 그동안 서비스 받지

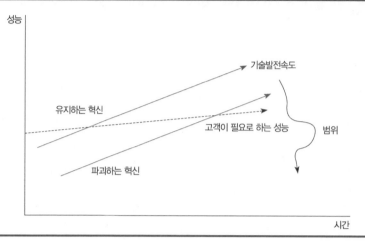

그림 4-2 「파괴하는 혁신 모형」

성능

기술발전속도

유지하는 혁신

고객이 필요로 하는 성능

범위

파괴하는 혁신

시간

출처: Clayton Christensen and Michael Raynor, "The Innovator's Solution: Creating and Sustaining Successful Growth(성장과 혁신), 딜로이트 컨설팅 코리아 옮김, 2005, p.65.

못하였던 고객들을 만족시키기에 충분하였다.

신규업체가 기존업체를 파괴하는 또 다른 예로 Starbucks가 있다. Starbucks는 시장 한가운데 들어와 기존의 레스토랑들을 무너뜨렸다. 이때 사람들이 Starbucks에게 맡긴 역할은 많은 돈이나 시간을 들이지 않고도 사람들이 편하게 앉아서 대화를 하거나 간소한 회의를 하도록 돕는 것이었다.

Christensen과 Raynor(2005)는 파괴를 보다 구체적으로 설명하기 위해 「파괴하는 혁신 모형」을 〈그림 4−3〉처럼 제시하였다. 이들은 파괴를 설명하는 세 가지 중요한 요소들이 있다고 하였다. 첫 번째 요소는 고객들이 필요로 하는 성능의 발전속도가 모든 시장에 존재한다는 것이다. 〈그림 4−3〉에서는 이것이 점선으로 표시되어 있다. 여기에서 볼 수 있듯이, 고객들이 필요로 하는 성능은 기업이 제공하는 최상의 기술을 다 활용하지 못한다는 것이다. 두 번째 요소는 「유지하는 혁신」과 「파괴하는 혁신」이 고객들보다 앞서 발전한다는 것이다. 세 번째 요소는 「유지하는 혁신」과 「파괴하는 혁신」의 차이이다. 「유지하는 혁신」은 기존 고객들을 대상으로 지속적으로 기존 제품과 서비스의 성능을 향상시킨다. 그들은 충분한 자본이 있고 기존 시장에서 이기는 데 익숙하다. 여기에 비해 「파괴하는 혁신」은 기존의 고객을 대상으로 하지 않으며 기존 제품과 서비스의 성능보다 못한 제품과 서비스를 도입하여 새로운 고객을 대상으로 새로운 시장을 창출한다. 다시 말해 기존의 선도기업들은 항상 가장 수익성이 높은 분야를 지키고 있으며, 새로운 시장이나 저가품에 대해 관심을 두지 않는다. Christensen과 Raynor는 이러한 현상을 '비대칭적 동기화(asymmetric motivation)'라고 불렀다.

그리고 이들은 더 나아가 「유지하는 혁신」과 「파괴하는 혁신」에 있어서 새로운 성장을 하기 위한 세 가지 접근법을 제시하였다. 즉, 「파괴하는 혁신」은 저가품을 요구하는 시장과 비소비자들을 대상으로 하는 시장으로 구분된다. 그래서 「유지하는 혁신」은 가장 고가의 제품을 원하는 고객들을 대상으로 지속적으로 성능을 개선하고자 기존 프로세스와 비용구조를 활용한다. 저가품을 대상으로 하는 「파괴하는 혁신」은 기존시장에서 저가품을 요구하는 고객들을 대상으로 새로운 프로세스를 활용하여 가격을 지속적으로 절감한다. 예로, Southwest Airlines를 들 수 있다. 다음으로 비소비자들을 대상으로 하는 '파괴하는 혁신'은 비소비자들의 시선을 끌기 위하여 소량생산으로 수익구조를 창출한다. 예로, 전기자동차를 생산하는 중국의 BYD를 들 수 있다.

그러나 Christensen 등(2015)은 파괴하는 혁신이 모든 상황에 전부 적용이 되지 않는다고 하였다. 하나의 예로 Uber를 들었다. Uber는 저가품을 원하는 시장이 처음부터 존재하지 않았으므로, 파괴하는 혁신의 예가 아니라고 하였다.

앞에서 Christensen 교수는 혁신을 「파괴하는 혁신」과 「유지하는 혁신」으로 구분하였다. Procter & Gamble에서는 혁신을 위의 2가지와 상업적 혁신과 변환/유지 혁신을 합하여 4가지 혁신으로 구분하고 있다(Brown과 Anthony, 2011). 상업적(commercial) 혁신은 창의적인 마케팅, 포장, 또는 판촉 활동을 통하여 고객에게 판매하는 제품과 서비스의 성장을 도모하는 혁신이다. 변환/유지(transformational-sustaining) 혁신은 기존의 제품과 서비스를 변환과 유지의 절충을 통하여 재구성하는 혁신이다. 즉, 기존의 제품과 서비스의 기능을 향상하여 시장점유율, 수익성, 고객인지도 등에 있어 막대한 성과를 거두는 것이다. P&G은 이 4가지 유형의 혁신에 있어서 적정한 포트폴리오를 유지하는 것이 경영자로서 중요한 임무라고 하였다.

4.7.4 과잉충족

여기에서 첫 번째 요소를 생각해 보자. 이것은 기업이 고객에게 과잉충족하는 것이다. 사실 과잉충족은 바람직하지 않으므로 투자를 하지 않아야 한다. 왜냐하면 고객으로부터 과잉충족에 대한 보상을 얻을 수가 없기 때문이다. 그러므로 기업은 소비자들이 정말로 원하는 것에 투자하여야 한다.

당뇨병 환자는 적정의 혈당수치를 유지하기 위해 인슐린이 중요한 약이다. 제약회사들은 인슐린의 순도를 향상하기 위하여 지속적으로 노력하였다. Eli Lilly는 이러한 회사 중 하나이다. 1925년에 5만ppm이었던 불순물 수치를 1980년 Eli Lilly는 10ppm까지 낮추었다. 그리고 10억달러를 투자하여 Genetech과 공동으로 25% 정도 비싼 높은 순도의 Humulin을 출시하였다. 그러나 시장의 반응은 냉담하였다. 왜냐하면 불순물 수치가 과잉충족이었기 때문이다. 대부분의 환자들은 이렇게 비싼 약을 먹지 않아도 그리 큰 부작용이 발생하지 않았다.

반면 덴마크의 작은 규모의 제약회사인 Novo Nordisk는 Eli Lilly와는 다른 전략을 구사하였다. 즉, 소비자들이 불편해하는 인슐린 주입방법 개선에 집중적으로 투자하였다. 과거에는 소비자들이 병에서 원하는 용액을 주사기로 빼낸 후 공기를 제거하기 위해 주사기를 여러 번 흔들어야 했다. 이것은 자주 인슐린 주사를 맞는 환자들에게는 정말로 불편한 반복이었다. 그래서 Novo Nordisk는 원하는 양에 바늘을 맞추기만 하면 되는 인슐린펜을 개발하여, 과거에 2~3분 걸리는 시간을 10초로 단축하였다. 경쟁제품에 비해 가격은 30%나 비쌌지만 성공하였다.

4.7.5 촉매혁신

Christensen, Baumann, Ruggles, 그리고 Sadtler(2006)는 「파괴하는 혁신」의 개념을 사회적인 변화에 있어서 발생하는 문제들을 해결하는 데 적용하였다. 그리고 그 혁신을 「촉매혁신」이라고 하였다. 「촉매혁신(catalytic innovation)」은 「파괴하는 혁신」과는 달리 사회적 변화(가끔 국가적인 규모로)에 초점을 두고 있다. 즉, 적절치 못하게 정의된 사회적 문제에 훌륭한 해결책을 제시함으로써 현재 상태보다 우수한 결과를 가져오는 혁신이다. 사회적 혁신의 예로 공립고등학교에서의 온라인(on-line) 수업을 들었다. 빠듯한 예산 때문에 소그룹 학생들에게 제공하지 못하는 중요한 과목들을 온라인을 통하여 교육시키는 것이다. 또 대학교육에 대해 2년제의 커뮤니티(community) 대학도 「촉매혁신」이라고 하였다. 그래서 사회적인 변화를 추구할 때, 보다 예산을 효율적으로 사용하기 위해서는 「촉매혁신」이 중요하다고 주장하였다.

Anthony, Eyring 그리고 Gibson(2006)은 「파괴하는 혁신」을 직접 수십 개의 기업에 적용하였다. 그리고 기업이 보다 효과적인 혁신전략을 잘 수립하려면 다음과 같은 요소들을 먼저 잘 인지하여야 한다고 하였다. 첫째, 고객이 정말로 원하는 것은 무엇인가? 둘째, 산업에서 최악의 고객은 누구인가? 셋째, 소비를 가로막는 장애물은 무엇인가? 이러한 요소들을 분석한 후 혁신게임 계획을 수립하여야 한다고 하였다. 더 나아가 이들은 세 가지 마인드 세트(mind set)를 제시하였다. 너무 완벽을 추구하지 말고, 도약이 아닌 조금씩 앞으로 나아가고, 그리고 올바른 실패는 성공이라는 것이다.

4.8 비파괴 창조

　　Kim과 Mauborgne(2019)는 '비파괴 창조' 개념을 제시하였다. 최근 사람들은 혁신하면 대부분 파괴적이라고 생각하는 경향이 있다. 그래서 어떻게 하면 파괴적인 혁신가가 되어 성공할 것인가, 그리고 새로운 파괴적 혁신가에 어떻게 대처할 것인가에 대해 고민하고 있다. 그러나 파괴적인 혁신이 새로운 비즈니스 모델과 시장을 창출하지만, 반대로 기존의 기업들을 퇴출하는 역작용도 있다. 예로, 디지털 사진 기술은 새로운 시장을 창출하였지만, Kodak을 시장에서 퇴출시켰다. Kodak의 본사가 있는 뉴욕주 Rochester시에서는 55,000명의 실업자가 발생하였으며, 수많은 협력업체까지 고려하면 그 수는 더 증가하였을 것이다. Uber도 많은 사람들에게 새로운 수송방법을 제시하였지만, 기존의 택시업자들은 직장을 잃어야 했다. 뉴욕시의 택시 기사들은 택시 권리금이 백만 달러에서 175,000달러로 하락하였다.

　　이제 여기서 한 번 생각해 보자. 혁신은 꼭 파괴적이어야 하는가? 이것이 최상의 방법인가? Kim과 Mauborgne는 그렇지 않다고 하면서 '비파괴 창조' 개념을 제시하였다. 비파괴 창조(nondisruptive creation)는 혁신에 대한 새로운 사고방식으로, 과거에 존재하지 않았던 새로운 시장을 창출하는 것이다. 이것은 기존 시장을 파괴하거나 붕괴시키지 않는다. 왜냐하면 기존 시장이 이전에 존재하지 않았기 때문이다. 이들의 이론은 이들이 오래 전에 주장하였던 '블루오션(blue ocean)' 개념과 통하고 있다고 본다. 이들은 기존의 시장을 파괴하지 않고 새로운 시장을 창출하는 혁신을 하여야 한다고 주장하고 있다. 그리고 '비파괴 창조' 개념이 파괴적 창조 개념에 비하여 혁신에 대한 개념을 훨씬 광범위하게 본다고 하였다.

'비파괴 창조' 개념은 시장을 파괴하지 않고 파이의 크기를 확대한다. 그리고 예로, 온라인 데이트(online dating), 비아그라(Viagra), 소액대출(microfinance), 대중펀딩 (crowdfunding), 스마트폰 부속물(smartphone accessories) 등을 들었다. 대중펀딩은 그 동안 투자기업이나 은행이 고려하지 않았던 부문이다. 스마트폰 부속물도 시장을 파괴하지 않고 성장하여 현재 700억 달러로 시장규모가 성장하였다.

Kim과 Mauborgne는 '비파괴 창조' 개념의 장점을 다음처럼 설명하였다. 첫째, 정서적으로 정치적으로 실행하기가 용이하다. 둘째, 기존의 기업들에게 위협을 주지 않는다. 셋째, 파괴에 대한 비호감을 상쇄할 수 있다. 넷째, 스타트업 기업의 입장에서 골리앗과 같은 거대한 경쟁자를 피할 수 있다. 다섯째, 사회 이해관계자와 정부 기관과의 갈등을 감소할 수 있다.

4.9 빅뱅 파괴

4.9.1 빅뱅 파괴의 의미

파괴하는 혁신은 기존 시장의 제품과 서비스에 비해 성능 및 품질이 낮지만, 상대적으로 가격이 낮고 제품구조가 단순한 경우가 대부분이다. 그러나 최근 디지털 기술의 급속한 발전과 공유경제 등의 현상으로 파괴하는 혁신이 더욱 신속하게 이루어지고 공개적으로 진행되고 있다. 그래서 파괴하는 혁신에 비하여 출시되는 시점부터 기존 제품 및 서비스보다 높은 품질과 낮은 가격으로 등장하는 새로운 현상이 발생하고 있다. 이러한 현상은 파괴하는 혁신 개념으로 설명하기가 어렵다.

이러한 현상을 설명하기 위해 Larry Downes와 Paul Nunes(2013)는 「빅뱅 파괴」라는 새로운 개념을 소개하였다. 이들은 "「빅뱅 파괴(Big Bang Disruption)」란 신제품이 비교적 이른 시간 내에 새로운 시장을 형성하고, 기존의 시장을 완전히 대체해 버리는 새로운 형태의 혁신"이라고 설명하였다.

4.9.2 빅뱅 파괴의 순서

「빅뱅 파괴」라고 이름을 붙인 것은 이 개념이 「빅뱅 이론」과 같이 다음처럼 일련의 단계를 거쳐 발생하기 때문이다. 첫째, 특이점 단계이다. 이 단계에서는 새로운 아이디어와 실험들이 계속 실행되면서 새로운 변화를 추구한다. 둘째, 빅뱅 단계이다. 여기에서는 새로운 아이디어와 실험들을 시장이 긍정적으로 받아들이면서 빠르게 새로운 시장이 생성되고 성장한다. 셋째, 빅크런치 단계이다. 여기에서는 이제 성장이 멈추고 시장에서 쇠퇴한다. 마지막으로 엔트로피 단계이다. 여기에서는 쇠퇴한 제품과 서비스가 재도약을 시도한다.

「빅뱅 파괴」의 예로 Uber를 들 수 있다. 첫 번째 특이점 단계이다. 창업자 Travis Kalanick은 '모바일 버튼 하나로 택시를 부를 수 있을까'라는 질문에서 출발하여 '모든 운전자를 운전기사로 만들겠다'는 아이디어를 냈다. 그리고 BMW, 벤츠 등 고급승용차를 사용하여 고객으로 하여금 기존 고급택시와 유사한 요금에 더 좋은 서비스를 받을 수 있도록 설계한 '우버블랙'으로 시장에 진출하였다. 두 번째 빅뱅 단계에서 Uber는 2012년부터 일반 자가용 운전자들과 네트워크를 구축하여 더 넓은 차량의 선택 폭을 제공하는 'UberX'를 출시하여 시장을 확대하였다. 2014년 Uber는 기업가치 18조원을 넘어 AirBnb, Xiomi를 제치며 기업가치가 세계 스타트업 가운데 가장 높은 680억 달러를 기록하였다. 세 번째 빅크런치 단계에서 Uber는 위기에 처하였다. 즉, 기존 택시업계의 거센 반발과 실정법 위반 여부 등의 사유로 논란을 겪었다. 예로 우리나라에서는 UberX 서비스가 중단되었다. 일부 전문가들은 이러한 현상이 빅뱅 단계에서 빅크런치 단계로 들어섰다고 하였다. 마지막 엔트로피 단계를 보면, 우리나라에서 UberX의 서비스 중단 이후 다음카카오의 '카카오 택시', 쓰리라인테크놀로지의 '백기사 등 대기업 및 스타트업의 유사 사업체들이 출현하여 성장을 시도하고 있다.

4.10 혁신의 성공 및 실패

혁신은 성공하기보다 실패하기가 쉽다. 혁신은 자기 자신이 지금까지 행하던 일의 방식을 부정하고 새로운 방법으로 일을 하여야 한다. 이것은 상당히 어려운 일이다. 그러므로 변화와 혁신은 많은 기업에서 도입하고 있지만, 자주 실패한다. 그러면 왜 많은 기업들이 혁신에 실패할까? 여기에 대한 이유는 획일적이지 않고 조직에 따라 다르다. 그러므로 여기에 제시하는 이유들을 조직의 특성에 맞추어 고려하여야 한다.

4.10.1 혁신 성공의 원인

먼저 Peter Drucker(2001)는 "혁신을 하는 데 있어서 가장 큰 장애물은 기존의 사업"이라고 하였다. "특히 기존의 사업이 성공한 사업인 경우에 장애가 더 된다"고 하였다. 이것은 성공한 조직에서 혁신이 가장 어렵다는 말이다. 즉, 성공한 조직일수록 변화를 꾀하기가 더 어렵다는 것이다. 그리고 더 나아가 성공적인 혁신을 위한 세 가지 조건으로 한 가지 혁신에 집중하고, 자신의 강점을 바탕으로 하고, 늘 시장과 밀접한 관계를 맺어야 한다고 하였다.

삼성전자는 2014년 3분기에 경영실적이 전년도에 비하여 절반 이상으로 감소하였다. 이 즈음에 삼성전자는 경기도 평택 산업단지에 15조 6천억원을 투자해 세계 최대 규모의 최첨단 반도체 라인을 건설한다고 발표하였다. 그러나 삼성전자의 분위기는 어두웠다. 한 임원이 이런 이유를 다음처럼 말하였다. "그간의 성공이 안일함과 자만을 불러왔다." Peter Drucker의 지적처럼 과거의 성공이 삼성전자의 자만을 불러와 위기를 초래하였다고 하였다.

Rosabeth Kanter(2006)는 인간관계를 중시하였다. "혁신을 할 때 대부분의 경영자들은 인간관계를 소홀히 하고 오직 기술만을 중시하는 경향이 있는데, 이것이 혁신이 실패하는 중요한 이유"라고 하였다. 기술자들은 고객을 보지 못하고 그들 자신의 기술에만 초점을 두어, 외부와의 대화를 소홀히 한다. 그래서 다른 부서들의 협조를 얻지 못하고, 실패하게 된다. 인간관계는 혁신의 성공에 상당히 중요하다. 조직에 있는 다양한 사람들의 역량을 합하여야 혁신이 성공한다. 연구실에서 혼자 독립적으로 수행하는 혁신은 성공하기 어렵다. 특히 신제품을 개발하는 사람들과 기존 업무에 종사하는 사람들과의 대화도 상당히 중요하다. 그래서 이 두 그룹 간에 알력이나 비협조적인 분위기가 있어서는 안 된다.

1990년대 중반 PC용 디스크 드라이브(disk drive)를 생산하는 Seagate는 7개의 독립적인 연구센터에서 혁신활동을 수행하고 있었다. 그런데 이 연구센터들의 생산성이 경쟁자들에 비해 현저히 낮았다. 그 이유를 조사해 보니, 7개의 연구센터들이 서로 협조하기보다는 서로 경쟁하였기 때문이었다. 여기에 비해 IBM은 기업 가치를 수천 명의 직원들이 웹(web)을 통해 토론하였다. 그리고 전 세계의 9만여 명의 연구진들을 혁신을 추구하는 하나의 집단으로 만들었다. 그러므로 경영자는 부서간에 서로 협조하는 기업문화를 만들어야 한다.

Kanter가 주장한 또 한 가지 이유는 너무 엄격한 예산제도이다. 엄격한 예산제도는 창의적인 혁신 아이디어에 어떤 기회를 주지 않는다. 예산 배정이 안 되었으니, 어떻게 할 도리가 없지 않는가? 이런 점에서 IBM을 벤치마킹하는 것이 바람직하다. IBM은 우수한 혁신 아이디어를 죽이지 않기 위하여 1억 달러의 혁신펀드를 가지고 있다. 이 펀드는 정상적인 계획과 업무 프로세스에 사용되지 않고, 현장에서 나온 완전히 새로운 획기적인 아이디어에만 사용된다. IBM의 혁신 및 기술 부사장인 Nick Donofrio는 이 펀드는 세계에서 유례없는 IBM만의 자랑이라고 하였다. 그래서 이 펀드는 완전히 새로운 시장과 파트너십을 창출하는 금광이라고 하였다.

또 인간의 심리적 관점에서 혁신의 실패를 연구한 사람이 있다. Cynthia Rabe(2010)는 혁신이 실패하는 이유를 인간의 '집단사고'와 '전문가 사고'로 보았다. 이 두 가지 사고로 혁신적인 새로운 아이디어가 묵살된다고 하였다. 이 문제를 해결하기 위해서는 조직 내 관행과 고정관념에 얽매여 있지 않는 '무중력 사고자'인 조직의 외부 또는 외부 부서 사람을 통하여 혁신을 하여야 한다고 하였다. 그리고 무중력 사고자의 세 가지 특성인 심리적 거리, 르네상스적 성향, 근접 전문성 등의 개념을 소개하였다.

또 혁신이 실패하는 원인으로 재무도구를 언급한 사람들이 있다. Christensen, Kaufman, 그리고 Shih(2008)는 기존 재무도구로 인하여 혁신이 이루어지지 않는다고 하였다. 첫째, DCF(Discounted Cash Flow)와 NPV(Net Present Value)가 혁신에 대한 투자를 과소평가한다. 둘째, 고정비와 매몰비용(sunk cost)이 미래에 대한 적극적인 투자를 막는다. 셋째, 주주가치 창출의 가장 중요한 요소로 EPA(Earning Per Share)를 강조한다. 이런 세 가지 요소들이 혁신을 방해하는 재무도구라고 지적하였다.

4.10.2 기업이 범하는 8가지 실수

보다 보편적인 원인은 하버드대학교 교수인 John Kotter(1996)에 의해 연구되었다. Kotter는 혁신을 도입할 때 기업들이 공통적으로 범하는 여덟 가지 실수들을 다음처럼 파악하였다.

첫째, 무사안일주의인 자만심을 방치하였다. 조직원들이 위기의식을 가지고 있지 않은데도 급하게 변화와 혁신을 시작하면 실패한다. 위기의식을 느끼지 않는 사람들은 변하려 하지도 않으며 변화에 저항한다. 자만심이 발생하는 데에는 다음처럼 아홉 가지 이유가 있다고 하였다.

① 눈에 쉽게 띄는 위기 상황이 없다.
② 회의는 '성공'만을 상징하는 회의실에서 진행된다.
③ 경영자들이 스스로를 평가하기 위해 사용하는 기준치들이 너무 낮다.
④ 기업의 조직 구조가 단편적이고 기능적인 목표를 달성하는 데 초점을 두고 있다.
⑤ 계획과 통제를 위한 여러 내부 시스템들이 목표를 쉽게 달성할 수 있도록 엉성하게 구성되어 있다.
⑥ 회사 성과에 대한 정보가 결함이 많은 내부 시스템에 의해 결정된다.
⑦ 회사의 외부 정보에 대한 수집을 회사가 기피한다.
⑧ 듣기 싫은 것은 듣지 않으려 한다.
⑨ 경영진의 무사안일주의적인 발언이다.

둘째, 혁신을 리드하는 강력한 팀이 없다. 최고경영자의 힘도 중요하지만, 최고경영자를 제외하고 혁신을 강력하게 끌고 나갈 혁신지도부가 있어야 한다. 열심히 일하는 지도부가 아닌 강력한 힘을 가지고 있는 책임자가 참여하는 혁신지도부가 필요하다. 성공적인 지도부를 구성하기 위한 네 가지 특성은 힘이 있는 자리, 전문성, 진실성, 그리고 리더십이다. 리더십에서는 관리 능력과 리더십이 동시에 필요하다. 관리 능력은 혁신 전체의 과정을 통제하는 능력이고, 리더십은 혁신을 이끄는 추진력을 말한다.

셋째, 5분 내에 설명할 수 있는 비전을 가지고 있지 않다. 모든 사람들을 이끌고 갈 방향을 명확하게 제시하지 못하는 혁신은 시간을 낭비할 뿐이다. 특히 계획이나 프로그램은 비전이 아니다. 그래서 왜 혁신을 하여야 하는지에 대한 비전을 짧은 시간 내에 명확하게 설명할 수 있어야 한다. 효과적인 비전의 특성은 중·단기에 조직의 위상을 말해주고, 이해관계자들이 기대할 수 있는 이익을 말해주고, 그리고 현실적이라는 것이다.

넷째, 비전을 전사적으로 알리지 못한다. 비전을 커뮤니케이션을 통하여 전사적으로 알려 구성원들의 동의를 얻어야 한다. 사람들은 현재 상태에 불만을 가지고 있지만, 혁신의 결과가 자기에게 유익하지 않거나 또는 혁신이 꼭 성공할 것이라고 확신하지 않으면 혁신에 동참하려 하지 않는다. 그리고 가장 좋은 방법은 말과 행동이 일치하는 것이다. 비전을 성공적으로 전파하기 위한 여덟 가지 원칙은 쉬운 용어 사용하기, 은유법, 다양한 기회 이용, 반복, 솔선수범, 모순에 대한 충분한 설명, 서로 주고받기 등이다.

다섯째, 무사안일주의 관리자를 방치한다. 혁신이 성공하기 위해서는 많은 장애물들을 넘어야 한다. 이 중 가장 큰 장애물은 고위급 경영자의 혁신에 대한 반발이다. 말로는 수긍하면서도 행동은 전혀 혁신을 하지 않는 고위급 경영자들이야말로 최대의 장애물이다. 이들의 행동은 혁신 성공의 최대의 적이다.

여섯째, 짧은 기간 내에 가시적인 성과를 보여주지 못한다. 원래 혁신이 성공하기 위해서는 시간이 걸린다. 그러나 단기간 내에 모든 사람들이 축하해줄 수 있는 단기적인 목표를 가져야 한다. 대부분 6~12개월 이내에 성공의 사례를 보여주지 못하면 혁신이 성공하기 어려워진다.

일곱째, 샴페인을 너무 일찍 터뜨린다. 경영혁신이 조직 내에서 뿌리를 내리고 성공하기까지에는 많은 시간이 소요된다. 그런데 조그만 프로젝트가 성공하였다고 해서 자만하는 것은 장기적인 성공을 가져오지 못한다. 그래서 성공을 너무 일찍 공포하는 것은 바람직하지 않다.

여덟째, 새로운 시스템을 조직의 문화로 정착시키지 못한다. 혁신이 진정으로 성공하였다고 하는 것은 혁신으로 인한 새로운 시스템이 조직의 것으로 완전히 정착되어야 한다. 그렇지 못하면 혁신이 성공하였다고 볼 수 없다. 혁신이 완전히 정착되기 전까지는 말이다.

4.10.3 우리나라의 현상

우리나라에서는 혁신을 수행할 때 어떤 애로사항이 발생하는가? 안영진(2010)의 연구에 의하면, 우리나라 대기업과 중소기업들이 직면하는 애로사항의 순위는 〈표 4-2〉

표 4-2 한국 기업들의 혁신 애로사항

대 기 업	순위	중소기업
모든 사람들을 이끌고 갈 방향을 명확하게 제시하지 못한다	1	혁신을 리드하는 강력한 팀이 없다
위기의식이 없다	2	위기의식이 없다
짧은 기간 내에 가시적인 성과를 보여주지 못한다	3	모든 사람들을 이끌고 갈 방향을 명확하게 제시하지 못한다
무사안일주의 관리자를 방치한다	4	짧은 기간 내에 가시적인 성과를 보여주지 못한다

출처: 안영진, "한국 기업들의 혁신에 대한 실증적 분석," 한국생산관리학회지, 한국생산관리학회, 제21권 제1호, pp.45-61, 2010.

와 같다. 대기업은 '모든 사람들을 이끌고 갈 방향을 명확하게 제시하지 못한다', 중소기업은 '혁신을 리드하는 강력한 팀이 없다'가 가장 큰 애로사항이었다.

사례 | Nokia 혁신의 실패와 재기

이미지 출처:
www.nokia.com

2009년 7월 포브스는 'Nokia's Motorola Moment'라는 제목의 기사에서 "세계 1위 휴대폰업체인 Nokia가 지금까지의 성공에 안주해 혁신에 실패했다"며 경고하였다. 그리고 이 경고는 현실이 되었다. 2010년 Nokia의 시가총액은 320억 달러로 크게 감소하였다. Nokia는 핀란드 회사로, 1865년 제지로 출발하여, 케이블, 종이, 고무, 전자, 카폰, 휴대폰 사업 등으로 계속 사업을 확대하였다. 그런데 어떻게 해서 위기에 처했을까?

가장 핵심적인 이슈는 혁신에 대한 Nokia의 자세이다. Nokia는 저가 스마트폰 시장에서는 경쟁력이 있었지만, 고가 스마트폰 시장에서는 그렇지 못했다. 아직까지 세계 스마트폰 시장에서 40% 상당의 시장점유율을 유지하고 있었지만 대부분 저가 스마트폰이어서 수익성이 낮았다. Nokia는 일종의 문화적 폐쇄성에 걸린 것이다. 전체 휴대폰시장에서의 높은 시장점유율이 Nokia의 판단을 흐리게 하였다. 즉, Nokia는 지속적으로 스마트폰 기술과 서비스를 개발하지 못했다. 특히 스마트폰의 핵심인 OS(Operating System) 개발을 소홀히 하였다. Nokia의 OS는 symbian이지만, 업그레이드를 등한시하였다. Apple의 iOS와 Google의 Android 등은 지속적으로 사용자 위주 환경으로 업그레이드 되었지만, Symbian은 그렇지 못하였다. 또 품질에도 문제가 있었다.

또 다른 이유는 자유로운 기업문화의 쇠퇴이다. 2004년 유능한 개발자들은 대형 컬러 터치스크린을 통해 작동하고, 인터넷도 가능하고, 높은 해상도의 카메라를 장착한 당시 획기적인 전화를 개발하자고 제안하였다. 그런데 최고경영진에서 이 제안을 거절하였다. 노키아에서 자유로운 기업문화가 사라진 것이다.

이런 문제를 해결하기 위하여 Nokia는 2009년 5월 휴대폰 사업부를 스마트폰 부문과 일반폰 부문으로 분리하는 조직개편을 단행하였다. 그러나 한번 실기한 기회를 회복하지 못하고, 휴대폰 사업을 매각하기에 이르렀다. 2013년 9월 세계 최대 소프트웨어업체 Microsoft는 Nokia 휴대전화 부문을 71억 8천만 달러에 인수하였다. 이전에 Microsoft와 Nokia는 스마트폰 시장에서 전략적 제휴를 결성하고 Window 기반 스마트폰을 시장에 출시하였으나 반응

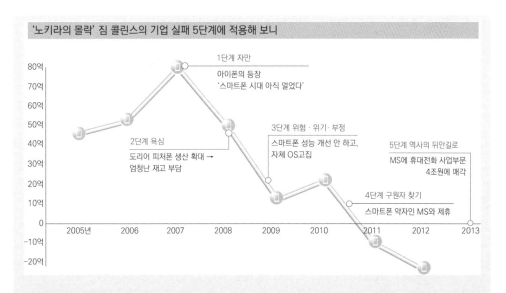

'노키라의 몰락' 짐 콜린스의 기업 실패 5단계에 적용해 보니

1단계 자만
아이폰의 등장
'스마트폰 시대 아직 멀었다'

2단계 욕심
도리어 피처폰 생산 확대 →
엄청난 재고 부담

3단계 위험 · 위기 · 부정
스마트폰 성능 개선 안 하고,
자체 OS고집

4단계 구원자 찾기
스마트폰 약자인 MS와 제휴

5단계 역사의 뒤안길로
MS에 휴대전화 사업부문
4조원에 매각

이 좋지 않았었다. 이렇게 해서 휴대폰의 거인인 Nokia는 휴대폰 시장에서 사라지게 되었다.

그러나 Nokia가 서서히 재기하고 있다. 2013년 휴대폰 사업부를 매각한 후 과감한 구조조정을 단행하고 내부혁신을 실시하였으며, 통신장비에 집중적으로 투자하였다. 2013년 NSN (Nokia Siemens Networks)을 자회사로 편입하였고, 2014년 일본 Panasonic Network 사업부를 인수하였으며, 2015년 프랑스 Alcatel-Lucent를 인수하여 세계 통신장비업계 1위(시장점유율 30.5%)를 차지하였다. 2015년 매출은 약 17조원, 영업이익은 약 2조 7천억원으로 전성기 시대의 영업이익을 달성하였다. Nokia는 또 모바일 사업부는 매각하였지만, 당시 보유하고 있던 센서개발과 통신부문에 대한 특허기술을 팔아 큰 이익을 남기고 있다. 삼성에서 받는 특허료만 2015년 9,200억원이었다. 또 5G 통신기술에 집중하여 미래에 대비하고 있다.

사례 ㅣ 포스코의 혁신경영

이미지 출처: www.posco.co.kr

포스코는 12월 3일 포항 한마당체육관에서 'IF 2013'을 개최했다. 이날 포스코패밀리는 올 한 해 동안 추진해 온 혁신활동의 성과를 돌아보고, 내년도 혁신활동에 대한 방향성을 공유하면서 경쟁력 향상을 위한 노력을 지속적으로 기울여나갈 것을 다짐했다. 12월 3일 열린 'IF 2013'은 올해 포스코패밀리가 일궈낸 혁신성과를 공유하고 앞으로 펼쳐나갈 혁신활동의 방향성에 대한 공감대를 형성하고자 마련된 자리였다. 이번 IF 2013에서는 '손자! 다원을 만나다'라는 주제 아래 혁신경영의 다양한 사례를 영상으로 소개했다. 이는 2천년이 넘는 시공

간을 초월한 손자(孫子)와 다윈의 만남을 통해 《손자병법》의 <모공(謀攻)>편에 나오는 승리하는 조직의 5가지 조건과 다윈의 적자생존을 위한 5가지 조건을 접목한 것으로 현재와 같은 어려운 경영환경에서 생존하고 지속 성장하기 위한 방안을 찾고, 그것을 통해 포스코패밀리가 추진하고 있는 혁신경영의 타당성을 확인할 수 있었다.

❶ **싸워야 할지 말아야 할지 아는 자가 이긴다**　전략의 선택이 결과에 크나큰 영향을 미친다. 고래는 대부분의 동식물이 바다에서 육지로 진화해온 것에 반해 자신이 강자가 될 수 있는 바다를 선택해 천적이 없는 환경에서 지금까지 생존할 수 있었다. 포스코도 차별화된 전략을 마련하기 위한 완전한 혁신(BI; Breakthrough Innovation)을 수행해 성장한계·시장한계·원가한계를 돌파하기 위한 전략을 수립하고 있다. 성장한계를 극복하고자 포스코건설은 획기적인 해수담수화 공정기술 사업화 모델을 개발해 시범적용 단계에 있다. 포스코P&S는 고객가치 향상을 통해 MENA(Middle East and North Africa·중동&북아프리카경제협력기구)향 후판 판매시장을 개척해 시장한계를 극복해나가고 있다.

❷ **상하가 일치단결하는 쪽이 이긴다**　동일한 목표를 위해 모든 구성원이 한 뜻으로 협력해야 한다. 황제 펭귄은 영하 60℃ 이하의 강추위 속에서 무리를 지어 생활하면서 체온을 유지하기 위해 서로의 위치를 바꿔가며 추위를 이겨낸다. 포스코 역시 '비전2020' 달성을 위해 전사 목표가 임원·부서 KPI(Key Performance Indicator)에 반영되고, 이를 개인 MBO(Management By Objective)까지 연결하는 D+체계를 구축함으로써 실행력을 높이고 있다. 광양 하이밀부는 상시성과관리를 통해 리스크 선행관리를 실행하고 있으며, 포스코ICT는 그룹사 간 협업과제를 통해 패밀리사의 에너지비용을 절감하고 스마트 인더스트리 구축 역량을 확보했다.

❸ **군대의 많고 적음을 쓸 줄 아는 자가 이긴다**　상황에 따른 적절한 방법론을 사용해야 한다. 바실리스크 도마뱀은 천적으로부터 도망치기 위해서 1초에 스무 번 이상 발을 움직여 물 위를 달릴 수 있도록 자신의 역량을 개발했다. 포스코도 변화하는 환경에 적응할 수 있도록 혁신전략과제와 프로세스 진단을 통한 개선 기회를 발굴하고 상황에 맞는 적절한 방법론을 통해 성과를 창출하고 있다. 재고 zero화 Mega Y의 경우 드러내기를 통해 최적의 재고 운영으로 유동성을 확보하고 있으며, RIST는 TRIZ를 활용해 비용은 낮추면서 수명을 50%나 개선한 양극 제조기술을 확보했다. 또한 광양 1코크스공장에서는 Best Plant를 통한 전원 참여형 혁신을 통해 돌발호출건수를 83% 감소시켜 수익성을 개선했다.

12월 3일 포항 한마당체육관에서 열린 'IF 2013' 행사에서 정준양 회장과 한 해 동안 우수한 혁신활동으로 모범적인 성과를 낸 포스코패밀리 수상자들이 무대 위에서 기념 촬영을 하고 있다.

❹ **싸울 준비를 끝내고 기다리는 자가 이긴다**   급변하는 환경을 헤쳐나가려면 융합 역량을 갖춰야 한다. 끊임없는 연구로 곤충과 식물을 융합해 전기 없이도 빛을 낼 수 있는 발광식물이 탄생한 것처럼 포스코도 내부 역량을 끊임없이 갈고닦아야 한다. 포스코는 SWP(Smart WorkPlace)를 활용한 프로세스 최적화와 '일당오 인재'를 육성함으로써 직원의 역량을 향상시켜나가고 있다. 광양 압연설비그룹은 SWP를 통한 소통·협업으로 설비장애와 품질부적합률을 낮출 수 있었다. 광양 후판수주공정그룹은 판매-공정-조업 간 협업을 통한 프로세스 개선으로 원가를 절감하고 고객사와 협업을 이뤄 납기준수율을 향상하고 판매를 확대했다. 또 광양 생산기술부는 조직 내 업무순환을 통한 직무 다기능화로 품질 부적합률을 저감했다.

❺ **장수는 유능하고 임금은 개입하지 않는 쪽이 이긴다**   직원 각자가 주인의식 아래 행동하면 이것이 모여 핵심역량으로 발전, 생존할 수 있다. 잠자리의 눈은 낱눈 2만 천개가 모여 하나의 완성된 사물을 볼 수 있을 뿐만 아니라 조그마한 움직임도 탁월하게 감지할 수 있다. 포스코패밀리도 각자가 자신의 역할에 충실할 때 패밀리 전체의 성과로 이어질 수 있다. 포스코TMC는 리더의 솔선활동을 통해 노사화합과 주인의식을 바탕으로 현장의 혁신활동을 뿌리내리고 있으며, 포스코에너지는 감사운동을 통해 긍정의 소통문화를 확산시키고 있다.

<출처> 정진숙, "혁신경영으로 성장·시장·원가 한계 극복… 지속성장 역량 확보," 포스코신문, 2013년 12월 5일.

혁신이야말로
리더와 추종자를
구분하는 기준이다.

- Steve Jobs -

05

기술

기술은 인간의 생활에 엄청난 영향을 끼친다. 이것을 기술혁명(technology innovation)이라 한다. 인류는 수없이 많은 기술혁명을 겪어왔다. 대표적인 기술혁명의 예를 들어 보면, 불, 수차, 프린트, 핵, 컴퓨터 등을 들 수 있다. 불은 인간을 질병으로부터 보호해 줄 뿐만 아니라, 동물들로부터도 안전하게 보호하여 주었다. 원시시대에 불을 만들 수 있는 종족은 그렇지 않은 종족을 지배할 수 있었다. 「불(Fire)」이라는 영화를 본 적이 있다. 외국영화였는데 배경이 원시시대여서 외국어가 전혀 나오지 않아 보기가 상당히 편한 영화였다. 말은 없었고, 오직 몸짓언어(body language)만 나오는 영화였다. 이 영화를 보면 불을 만든 종족이 그렇지 못한 종족을 지배하였고, 동물들도 지배하는 것을 볼 수 있다.

수차는 인간 능력 이상의 물리적인 힘을 활용하여 엄청난 에너지를 이용할 수 있는 지혜를 터득하게 만들었다. 이것은 인간의 문명을 한 발짝 향상시켰다. 프린터는 인간 지식의 전수를 가능하게 하여 많은 지식의 축적을 가능하게 하였다. 핵은 물리학의 개가이며, 컴퓨터는 새로운 정보시대를 열어 인간 생활의 양태를 완전히 바꾸어 놓았다. 이제 인간은 컴퓨터 없이는 아무것도 할 수 없는 시대가 되었다.

기술은 지속적으로 변한다. 최근 4차 산업혁명의 열풍이 불고 있다. 이것은 또 다른 기술을 요하는 혁명이다. 즉, cloud computing, IOT(Internet of things), 빅데이터, 모빌리티(mobility), 인공지능이라는 새로운 기술에 기반한 혁명이다.

제5장은 기술에 대한 장이다. 기술은 변화와 혁신의 중요한 요소이다. 특히 여기에

서는 다음과 같은 주제에 대해 설명하도록 한다.

사례 | DARPA의 연구 혁신

이미지 출처: www.darpa.mil

1957년 10월 4일 소련은 Sputnik 1호를 성공적으로 발사하였다. Sputnik은 지구 저궤도로 발사한 세계 최초의 인공위성이다. 이에 충격을 받은 미국 대통령 Dwight D. Eisenhower는 1958년 2월 7일 DARPA(Defense Advanced Research Projects Agency, www.darpa.mil)를 설립하였다. DARPA의 사명은 미국의 안전을 위해 획기적인 혁신을 창출하는 것이다.

DARPA는 미국 국방부에 속한 연구기관으로서, 지난 60년간 타의 추종을 불허하는 많은 혁신을 이루었다. 인터넷의 기초가 된 ARPANET, MEMS(micro-electro-mechanical systems), 드론(drone), GPS(글로벌 위치확인 위성), 스텔스(stealth) 기술, 수술지원 로봇 다빈치(Davinch), 음성지원 앱 시리(siri) 등은 몇 개의 예이다. 특히 2001년 9·11 사태는 DARPA로 하여금 TIA(Total Information Awareness) 프로젝트를 시작하게 하여, 완전한 정보인지 시스템을 개발하는 계기를 만들었다. 이것은 현재 DARPA로 하여금 슈퍼군인인 인간-기계 프로젝트, 아폴로 계획, 게놈 프로젝트인 BRAIN Initiative 등에 관한 기술을 개발하고 있다.

DARPA는 조직 규모가 크지 않으며, 상당히 신속하고, 예산 규모도 작은 편이다. 한 해에 2백여 개의 프로젝트를 진행하고 있는데, 예산은 매년 약 30억 달러이다. DARPA는 프로젝트를 책임지는 100여 명의 팀장들로 구성되어 있지만, 이들은 전부 임시직이다. 또 프로젝트를 수행하는 팀원들도 외부에서 온다. 즉, 대학교, 실험실, 정부기관, 기업, 비영리조직 등에서 온 사람들로 구성된다. DARPA에는 이들을 도와주는 120명의 스탭들이 있는데, 이들은 재무, 인적자원, 법규, 계약, 안전 등의 직무를 담당하고 있다.

DARPA 모델은 3개의 핵심적인 요소들로 구성되어 있다. 첫째는 높게 설정한 목표이다. DARPA 프로젝트는 GPS처럼 최근의 과학과 엔지니어링을 이용하여 세상의 실제 문제들을 해결하거나 또는 스텔스 기술처럼 새로운 기회를 창출하는 것이다. 그러나 문제는 반드시 도전할 만한 가치가 있어야 한다. 그래야 팀원들을 집중시켜 그들의 천재성을 발휘할 수 있기 때문이다. 둘째는 프로젝트 팀의 임시성이다. DARPA 프로젝트는 외부 전문가들이 모여 단기간 내에 문제를 해결한다. 팀장도 역시 탁월한 전문지식을 구비한 사람으로 임시직이다. 셋째는 독립성이다. DARPA는 프로젝트를 선정하고 운영하는 데 있어서 독립성을 가지고 있다. 이것은 규정에 명시되어 있다.

최근 일부 공기업과 사기업들이 DARPA 모델을 벤치마킹하고 있으나, 전부 성공하고 있지는 않다. 그래서 일부 실패한 기업들은 DARPA 모델이 국방부에서나 적용 가능하다고 말하지만, 그렇지 않다. 그것은 아마도 DARPA 모델의 핵심적인 요소들을 잘 이해하고 있지 않기 때문이다. 이미 Motorola mobility의 ATAP(Advanced Technology and Projects) 그룹에서 DARPA 모델로 성공을 하였다.

기업의 일반적인 연구부서에서 획기적인 혁신이 나오기가 어렵다. 그것은 일반적으로 기업은 기존의 제품에 위협을 주는 프로젝트를 좋아하지 않고, 또 위험을 감수하지 않고 위험을 회피하는 프로젝트를 선호하기 때문이다. 그래서 기업은 기존 경쟁력 있는 제품을 유지하는 전략을 사용하며, 그 부분에 예산을 대폭 배정한다. 또 연구부서에서 제안한 획기적인 아이디어도 협상에 의해 사라지는 것이 보통이다. 이런 환경에서는 획기적인 혁신이 나오기가 거의 불가능하다. 연구개발에 많은 투자를 하고, 그 중 하나가 잘 되기를 바란다. 이런 모델로는 성공하기가 어렵다. 그리고 결국 시장에서 사라질 운명에 처하게 된다. 그러므로 이런 위협에서 벗어나기 위해서는 새로운 획기적인 기술을 먼저 창출하여야 한다. DARPA 모델은 운을 바라지 않고, 분명한 목표를 가지고 세계에서 그 분야에 가장 지식이 있는 사람들을 모아 집중적으로 단기간 내에 성과를 창출하는 모델이다. 이런 점에서 DARPA 모델은 기업들이 벤치마킹할 필요가 있다고 본다.

DARP의 첫 여성국장인 Regina Dugan의 '마하 20 글라이더에서 벌새 무인 비행기까지 (From mach-20 glider to hummingbird drone)'의 TED 동영상을 보기 바란다. 이 사례는 다음의 자료들을 참고하여 저자가 재구성하였다.

(1) Regina E. Dugan and Kaigham J. Gabriel, "Special Forces Innovation: How DARPA Attacks Problems," Harvard Business Review, October 2013, 73-84.

(2) www.darpa.mil

5.1 기술의 정의와 변화

5.1.1 기술의 정의

기술은 우리의 생활에 엄청난 영향을 끼친다고 하였다. 이렇게 기술이 사회의 양식을 결정하는 것을 '기술결정론(technology determinism)'이라고 한다. 즉, 기술의 결정이 인간과 기업의 모든 의사결정에 영향을 끼친다는 것이다. Grove(1999)도 "우리의 직업에 상관없이 기술은 우리의 삶에 영향을 준다"고 하였다.

그러면 기술이란 무엇인가? 기술이란 단어는 Denis Diderot와 Jean d'Alembert가 편집한 『백과전서(Encyclopedia)』에 처음으로 기록되었다. 『Oxford 영어사전』에서는 기술을 '산업적 예술(industrial arts)'이라 하였다.

기술(technology)은 'techne'와 'logy'의 합성어이다. 여기에서 'techne'는 장인(master)이 지닌 비밀스런 기능을 의미하고, 'logy'는 지식을 조직하고 체계화하고 목적지향적으로 정리하는 것을 의미한다. 그래서 기술이란 모든 장인의 기능을 체계적으로 종합하여 도제가 아닌 모든 사람들이 이 기능을 이해하도록 한 체계적인 정리이다. 기술은 또 한자로 技術이다. 여기에서 기(技)는 手(손)와 支(떠받친다)의 복합문자로서, 인간 손을 떠받쳐 손의 활동을 지원하는 것을 말한다. 또 술(術)은 행위, 재주, 계략, 방법, 수단 등을 의미한다. 그래서 기술이란 과학을 실제로 응용함으로써 자연의 사물을 변화 가공하여 인간생활에 응용하는 행위를 말한다.

또 기술에 대한 다른 다양한 정의를 들어보기로 한다. 기술은 일반적으로 단순히 'know-how'라고 하기도 한다. Frances Stewart(1979)는 "기술이란 경제적인 활동에 연계되는 모든 방법"이라고 하였다. Robock(1980)은 "기술이란 경제적 혹은 사회적 수요가 있는 제품이나 서비스를 생산하고, 유통시키고, 유지할 목적으로 생산요소를 이용하고 통제하는 데 필요한 지식, 기법, 그리고 수단을 의미하는 가변적인 자원"이라 하였다. Christensen과 Raynor(2005)는 "기술을 어떤 기업이 노동력, 원자재, 자본, 에너지와 정보를 투입하여 더 많은 가치를 산출하는 과정 전반"이라고 하였다.

여기에서는 기술을 광의와 협의로 분류하여 정의한다. 먼저 광의로 기술은 인간의 문제를 해결하기 위한 지식의 응용, 즉, 제품을 생산하는 데 과학을 적용시키는 것이다. 또 협의로는 유형재화와 무형재화를 산출하는 데 필요한 기구, 과정, 방법, 설비의 집합체, 곧 생산기술을 의미한다.

그러면 기술과 과학은 어떻게 다른가? 과학과 기술은 다음과 같은 차이가 있다. 과학(science)은 이론적인 연관성에 의해 자료와 관찰치(observation)를 정리하고 설명하는 것이다. 여기에 비해 기술은 과학적이고 실증적인 연관성을 실질적인 사용으로 전환하는 것이다.

이제 기술은 현대 문명사회의 핵심요소가 되었다. 그리고 기술은 산업발전의 추진력이며, 생산성 향상의 근원이며, 생활수준 향상의 근원이다. 또 시장점유율의 가장 중요한 요소이며, 때로는 새로운 산업을 창출하거나 또는 파괴한다. 그래서 결론적으로 기술은 국가와 기업경쟁력 향상의 핵심요소이다.

5.1.2 기술의 변화

기술의 변화는 너무나 빠르게 진행되고 있으며, 모든 사람들에게 엄청난 영향을 끼치고 있다. 여기에서는 먼저 기술이 과거에 시대적으로 어떻게 변화하였는지 살펴보기로 한다. 13세기 기술은 종교에 봉사하는 기술이었다. 그래서 기술은 주로 교회나 사찰 등의 건축물에 사용되었다. 14세기 기술은 종교와 관계없는 기술로서, 공공시계, 나침반, 화약 등의 기술을 의미하였다. 16세기 기술은 정치권력에 봉사하는 기술이었다. 이것은 교회의 힘이 쇠퇴하고, 제후의 힘이 태동하여 발생하였다. 17세기 기술은 국가를 위한 기술이 되었으며, 정치중심 국가의 인프라를 구축하는 기술이 되었다. 그래서 도로, 교통, 항만, 도시 등을 건설하는 데 사용되었다. 18세기에는 산업혁명의 여파로 기술이 이제 기업에 봉사하는 기술을 의미하였다.

표 5-1 세기에 따른 기술의 발전

세기	기술
13세기	종교에 봉사하는 기술
14세기	종교와 관계없는 기술
16세기	정치 권력에 봉사하는 기술
17세기	국가를 위한 기술
18세기	기업에 봉사하는 기술

또 기술은 인간의 기능과 감각의 한계를 벗어나기 위하여 발전되었다. 이렇게 볼 때, 기술은 다음처럼 여섯 가지 분야로 구분할 수 있다. 첫째, 시간적 확대이다. 1450년 Gutenberg의 인쇄술과 1839년 Daguerre의 사진술을 들 수 있다. 둘째, 기억과 연산, 그리고 처리능력의 확대이다. 1645년 Pascal의 기계톱니식 계산기와 20세기의 컴퓨터 등을 들 수 있다. 셋째, 식별능력의 확대이다. 1895년 Rontgen의 X선 발명과 적외선 카메라, 그리고 현미경 등을 들 수 있다. 넷째, 공간적 확대이다. 1897년 Marconi의 무선통신과 1876년 Bell의 전화기, 그리고 자동차, 비행기, 철도 등이다. 다섯째, 사고, 판단, 그리고 행동능력의 확대이다. 20세기 database와 인공지능 등이다. 여기에 대해서는 3.10.4와 5.4.5에서 자세히 설명하도록 한다. 마지막으로 생존능력의 확대로, 내시경과 의료기기 등을 들 수 있다. 이것을 표로 보면 〈표 5-2〉와 같다.

또 연대별 주요 기술혁신을 보면 다음과 같다. 1770년대에는 기계방사와 수력 응용기술, 1820년대에는 철강제련, 증기기관, 철도, 1880년대에는 발전, 자동차, 전화, 사진, 축음기, 타이프, 통조림, 철근 콘크리트, 그리고 1930년대에는 나이론, TV, 제트엔진, 계산기, 고속도로, 항생물질, 핵에너지, 제록스복사, 가정용 전기용품 등이다. 2010년대에는 인공지능, 자율자동차, ICT, 로봇기술, 나노기술, 생명과학기술, 3D 프린팅, 빅데이터 등이다. 이렇게 기술혁신은 산업혁명을 기점으로 지속적으로 이루어져 왔다.

표 5-2 인간의 기능과 감각의 한계를 벗어난 기술 발전

분류	예
시간	인쇄술, 사진술
기억, 연산, 처리능력	계산기, 컴퓨터
식별 능력	X선, 현미경
공간	무선통신, 전화기, 자동차, 비행기, 철도
사고, 판단, 행동 능력	데이터베이스, 인공지능
생존능력	내시경, 의료기기

기술은 산업혁명의 본질로서, 기술에 의한 지식의 종합화와 문명 세계의 확산을 가져왔다. 또 기술의 빠른 변화 속도로 생산의 집중화(공장)가 발생하였다. 그래서 생산의 중심이 기능에서 기술로 이전하게 되었으며, 경제 주체도 자본가들로 바뀌게 되었다.

이미지 출처:
www.naisbitt.com

John Naisbitt(1983)는 『제4의 물결』에서 각 50년간을 중요한 기술로 표현하였다. 제1의 물결(1790－1840)은 석탄, 증기, 직물 시대이며, 제2의 물결(1840－1890)은 철도, 기계화 생산 시대이며, 제3의 물결(1890－1940)은 전기 내연기관 시대이며, 제4의 물결(1940－1990)은 전자시대라고 하였다.

과거에는 기술의 보급속도가 상당히 늦었다. 예를 들면, 안경은 1270년경 영국의 Francesco 수도사인 Roger Bacon에 의해 발명되었다. Bacon은 노인용 독서 안경을 개발하였다. 이 안경은 20년 뒤인 1290년 Avignon에서 교황이 재판할 때 사용하였고, 그로부터 10년도 훨씬 지난 1300년경 중국 원나라의 황제가 사용하였다. 그러나 지금은 기술 보급속도가 엄청나게 빨라졌다. 예를 들어, 전 인류의 ¼이 보유하는 시간을 보면, 자동차가 55년, 전화가 35년, TV가 25년, 개인용 컴퓨터가 13년이었다. 이렇게 시간이 지날수록 기술의 보급 속도는 이전과 비교할 수 없을 정도로 빨라졌다. 그래서 Shenkar(2010)는 최근 시대를 '모방의 시대(the age of imitation)'라고 하였다.

5.2 S곡선

Richard Foster(1990)는 어떤 제품 또는 제조방법을 개선하기 위하여 투입된 비용과 그 투자가 가져오는 성과와의 관계를 표시한 도표를 「S곡선」이라 불렀다. 그것은 이 곡선의 형태가 S자 형태를 취하기 때문이다. 〈그림 5－1〉은 「S곡선」을 보여주고 있다.

신제품 개발은 처음에는 큰 가시적인 성과를 주지 않는다. 그러나 어떤 시점에 이르면 급격히 큰 성과를 가져온다. 그러다가 다시 어떤 시점에 가면 성과가 잘 오르지 않는다. 즉, 한계에 다다른다. 이것을 '한계의 법칙'이라 한다. 여기에서는 기술의 한계를 의미한다. 인간의 능력에도 한계가 있듯이 기술에도 한계가 있다. 즉, 어떤 시점에 이르면 그 기술의 성과가 없어진다. 이 시점에 이르면, 시간, 정력, 자금을 낭비하게 되

그림 5-1 S곡선

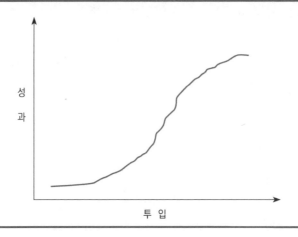

므로 전환점을 모색하여야 한다.

여기에서 우리는 한계에 관심을 가질 필요가 있다. 인간이 하는 모든 일에는 한계가 있다. 그리고 일단 한계에 다다르면 아무리 노력하여도 성과가 오르지 않는다. 그러므로 인간은 하는 일의 한계를 인식하고, 거기에 대처하는 능력이 필요하다. 기업도 마찬가지이다. 그런데 기업은 생각 밖으로 이러한 한계를 잘 인식하지 못하고, 또 잘 대처하지 못하고 있다.

그러면 왜 기술의 한계가 올까? 이것은 '기술의 불연속'이 발생하기 때문이다. '기술의 불연속'이란 어떤 기술이 다른 새로운 기술에 의해 대체되어 전환되는 기간을 말한다. 불연속은 선도 기술 조직이 아닌 다른 조직에 의해서 발생하는 경우가 대부분이다. 이렇게 기술은 항상 새로운 기술에 의해 대체된다. 그러나 새로운 기술은 과거의 기술에 의존해 반드시 진전되는 것이 아니고, 전혀 다른 새로운 지식에 의해 대체된다.

예를 들면, 범선이 증기에 의해, 진공관이 반도체에 의해, 천연섬유가 합성섬유에 의해, 기계식이 전자식에 의해, 레코드(record)가 CD(Compact Disc)에 의해, 프로펠러(propeller)가 제트(jet)에 의해, CT(Computed Tomography)가 MRI(Magnetic Resonance Imaging)에 의해 대체되었다. 이때마다 새로운 기술을 가진 기업이 낡은 기술의 기업을 압도하였다.

James Utterback(1994)은 위의 「S곡선」에 새로운 S곡선을 추가하여 기존기술과 새로운 경쟁기술을 비교하였다. 기존기술은 왼쪽의 「S곡선」이고, 새로운 경쟁기술은 오른

표 5-3 기술의 불연속성의 예

선발기술	후발기술
범선	증기
진공관	반도체
천연섬유	합성섬유
기계식	전자식
propeller	jet
CT	MRI

쪽의 「S곡선」이다. 시간 T_1에서 새로운 기술이 시작한다. 이때 기존기술은 새로운 기술보다 성능이 우수하다. 기존기술은 이미 성숙기 단계에 이르러 개선 속도가 늦어진다. T_1에서 신기술은 기존기술에 위협이 되지 않는다. 그러나 시간이 흘러감에 따라 새로운 기술은 성능이 지속적으로 향상되며 T_2에서는 새로운 기술이 기존기술을 완전히 따라잡게 된다. 그리고 T_2 이후에는 신기술은 지속적으로 개선되지만, 기존기술은 정체되어 시장에서 사라지게 된다.

　　하버드 경영대학원(2004)에서는 위의 두 개의 「S곡선」이 경영자들에게 다음처럼 세 가지 교훈을 주고 있다고 하였다. 첫 번째 교훈은 기존기술을 사용하는 기업은 어려운 선택을 하여야 한다는 것이다. 어려운 선택은 다음의 세 가지 중 한 가지를 선택하는 것이다.

그림 5-2 기존기술과 새로운 기술 비교 'S곡선'

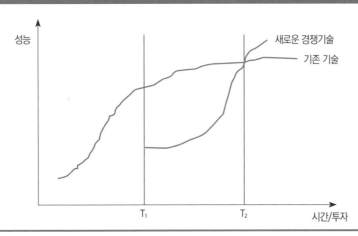

출처: James M. Utterback, Mastering the Dynamics of Innovation, Boston: Harvard Business School Press, 1994, p.158.

(1) 기존기술을 포기하고 새로운 기술을 받아들인다.

(2) 기존기술을 고수하며 개선한다.

(3) 기존기술을 유지하며 동시에 새로운 기술에 투자한다.

이 중에서 가장 어려운 선택이 (1)번이다. (2)번은 가장 쉬운 선택이다. (3)번은 가장 미래지향적인 선택이다. 그러나 (3)번은 회사가 신기술을 개발할 능력이 있어야 하고, 조직의 문화가 신기술을 받아들이는 문화여야 하고, 또 고객들이 기존의 사업을 유지하라고 압력을 넣는 등 현실적인 문제점들을 지니고 있다. 이런 경우 가장 좋은 방법은 새로운 기술을 전담하는 조직을 기존의 조직과 독립적으로 운영하는 것이다.

두 번째 교훈은 한 세대의 기술 리더가 다음 세대의 기술 리더가 되는 경우는 거의 희박하다는 사실이다. 그래서 이런 교훈에 대비하여 현재 기술 리더는 새로운 기술을 가진 경쟁자를 뛰어넘는 기회를 만들어야 한다. 또는 새로운 기술을 개발하는 기업을 인수할 수 있다.

세 번째 교훈은 새로운 기술을 가진 기업은 중요한 강점들을 지니고 있다는 것이다. 새로운 기술 또는 비즈니스 모델에 대한 집중력, 우수한 인재 유치 능력, 관료주의 부재, 그리고 투자의 높은 효과 등이다.

기업은 이 「S곡선」에서 먼저 기업의 위치를 확인하여야 한다. 그리고 거기에 맞는 대처를 하여야 한다. 항상 기존의 기술이 시장을 지배하리라고 생각해서는 안 된다. 새로운 기술은 어떤 때는 천천히 또 어떤 때는 빠르게 나온다. 새로운 기술이 지금은 영향력이 적을 수 있지만, 갑자기 엄청난 파괴력을 가져올 수 있다는 사실을 명심하여야 한다.

그러면 우리나라의 위치는 어떠한가? 안영진(2010)의 연구에 의하면, 우리나라의 절반 이상의 기업들은 기존 기술이면서 위치가 T_2에 몰려 있는 위험한 상황에 처해 있다.

5.3 기술관리

5.3.1 테크놀로지와 경영자

과거 그 어느 때보다 테크놀로지는 정말로 중요해졌다. 왜냐하면, 테크놀로지는 산업분야만 아니라 사회 전체에 엄청난 영향을 끼치기 때문이다. 특히 최근에 나오는 테크놀로지는 다른 테크놀로지와 융합되어 우리의 상상을 뛰어넘는 결과를 보여주고 있다. 이러한 시대에 경영자는 테크놀로지를 두려워하지 말고, 이해하여야 한다. 즉, 기업을 성공적으로 이끌기 위해서 경영자는 일차적으로 새로운 테크놀로지(technology) 또는 테크놀로지의 융합이 기업과 사회 그리고 경쟁력에 미치는 영향을 이해하여야 한다.

이런 시기에 어떤 테크놀로지를 도입할 것인가 하는 것은 경영자가 직면한 중요한 문제 중 하나이다. 이것은 우리가 도입할 수 있는 테크놀로지보다 훨씬 더 많은 테크놀로지가 존재하기 때문이다. 하나의 예로, 1965~2000년 사이에 발생한 정보량이 기원전 3000~1965년에 발생한 정보의 양보다 훨씬 많다. 또 지난 75년간의 변화보다 앞으로의 15년간의 변화가 더 많을 것이다.

그래서 이제 경영자는 테크놀로지를 도입하기 이전에 적정한 전략을 수립하여야 한다. 즉, 스스로에게 맞는 철학과 전략을 수립하여야 한다. 이것은 재정, 인간, 조직구조, 그리고 변하는 다양한 고객의 문제를 폭넓게 다룰 수 있어야 한다. 그래서 분명하고 장기적인 계획이 필요하다. 이렇게 테크놀로지는 기업의 존망을 결정하는 중요한 요소이다.

Peter Drucker(2001)도 "이제 기업은 새로운 테크놀로지를 무작정 선택할 것이 아니라, 그 테크놀로지가 사회와 환경에 끼치는 영향을 고려하고 아울러 경제적인 요인들도 고려해야 한다"고 하였다. 그러므로 기업은 이제 단순히 테크놀로지의 사용자가 아닌 관리자가 되어야 한다.

또 사람들은 다음처럼 테크놀로지에 대해 잘못된 견해를 지니고 있다. 첫째, 기업에 있어서 테크놀로지 개념은 기술적인 것뿐이다. 그렇지 않다. 테크놀로지는 기술도 중요하지만, 보다 더 중요한 것은 경제적인 것이다. 둘째, 대부분 개발되는 기술혁신은 성공할 것이다. 아니다. 성공하는 기술혁신보다 실패하는 기술혁신이 훨씬 더 많다. 셋째, 기존 테크놀로지의 발전보다 새로운 급진적인 테크놀로지가 보다 바람직하다. 그렇지 않다. 기존의 것을 개선하는 테크놀로지가 급진적인 테크놀로지에 비해 훨씬 더 많다.

5.3.2 기술관리의 의미

기술관리(technology management)란 무엇인가? 미국의 NRC(National Research Council)는 기술관리란 "조직의 전략과 전술을 달성하기 위하여 기술역량을 계획하고, 개발하고, 실천에 옮기는 다양한 요소들의 집합체"라고 하였다. 그러므로 기술관리란 "엔지니어링, 과학, 마케팅, 생산운영, 인적자원, 그리고 다른 경영원리들을 통합하여 전략을 수립하고, 기술역량을 개발하고, 그것들을 활용하여 전략적 목표를 달성하는 것"이라 할 수 있다. 또 NRC는 "기술관리가 숨어있는 경쟁무기"라고 하였다.

위의 정의에서 볼 수 있듯이, 기술관리는 시스템적 사고방식을 요구한다. 또 목적을 달성하기 위한 적절한 노하우(know-how)도 필요로 하며, 조직의 모든 부서들이 관여하여야 한다. 그래서 Khail(1993)은 기술관리를 대학교의 공대와 경영대에서 모두 가르쳐야 된다고 하였다. 이렇게 기업이 성공하려면 기술관리에 초점을 두어야 한다. 즉, 설계와 제조의 통합, 제품과 프로세스 연구개발의 균형, 외부개발기술 도입과 통합을 하여야 하며, 기업 전략과 연계하여 기술에 대한 전략을 수립하여야 한다.

그런데 테크놀로지를 회피하는 경영자들이 있다. 이들은 왜 테크놀로지를 회피하는가? 그 이유는 다음과 같다. 첫째, 과거 경력 때문이다. 테크놀로지가 아닌 다른 경력으로 테크놀로지를 기피한다. 둘째, 테크놀로지는 엔지니어에게 이양하는 것이 최선이라는 생각을 가지고 있다. 셋째, 테크놀로지 전문가가 되기 위해서는 수년간의 훈련이 필요하다고 생각한다. 넷째, 엔지니어가 아닌 자신들은 테크놀로지에 적합한 사람이 아니라고 생각한다. 마지막으로, 테크놀로지는 전략적이 아닌 전술적이라고 생각한다. 이것은 전부 잘못된 생각이다. 이렇게 테크놀로지를 기피하는 경영자들은 곧 자신감을 잃게 되고 그 기업은 경쟁력을 상실하게 된다. 그러므로 경영자는 관련된 테크놀로지를 꾸준히 배워야 하며 현명한 선택을 하여야 하고 효과적으로 운영하도록 하여야 한다.

이제 경영자는 테크놀로지를 이해하여야 한다. 그렇게 하기 위해서는 다음과 같은 점들을 고려하여야 한다. 첫째, 테크놀로지가 기업에 어떤 영향을 끼치는가? 둘째, 테크놀로지를 다음과 같은 면에서 이해하여야 한다. 즉, 비용, 무엇을 할 수 있는가? 무엇을 요구하는가? 그리고 위험성과 신뢰성이다. 셋째, 생산기술의 경제성과 장단점을 기업 전략과 연계시켰을 때 어떤 문제점들이 발생하는가?

5.4 정보기술

5.4.1 인터넷의 활용

인터넷(internet)은 기업의 조직뿐 아니라, 전략부터 운영 방식까지 기업의 모든 것을 변화시켰다. 인터넷은 기업들로 하여금 정보를 서로 공유하고, 공개하도록 하였다. 그래서 과거에는 일부 계층만 알고 있었던 정보를 이제는 모든 사람들이 알게 되었다.

또 인터넷은 기업의 비용을 절감시킨다. 비용의 절감은 인사, 구매, 운영, 영업 등 기업의 모든 활동에 영향을 끼친다. 은행의 인터넷 뱅킹(internet banking)은 고객이 은행을 직접 방문하는 경우에 비해 은행의 비용을 엄청나게 절감시킨다. 미국의 FedEx는 고객으로 하여금 웹사이트(web site)에 들어가서 고객의 화물에 대한 진행 상태를 알아보도록 하고 있다. 이것은 고객이 전화를 이용하는 것보다 기업의 비용을 40배가량 절감시킨다. 또 입사원서를 서류로 접수하지 않고 인터넷으로 접수하는 경우에도 기업의 비용을 크게 절감할 수 있다.

인터넷은 기업의 생산을 주문생산화한다. 과거에는 무조건 제품을 먼저 만들고 고객에게 팔았다. 그러나 인터넷은 고객의 주문을 온라인(on-line)으로 신속하게 접수할 수 있다. 그래서 고객이 원하는 제품을 신속하게 생산하여 공급하는 것이 중요해졌다. 이런 예는 자동차 회사들에게서 많이 볼 수 있다. Ford 자동차는 딜러에게 배송하는 시간을 절반으로 감소하여 10억 달러의 재고를 감소시켰다.

또 컴퓨터는 인간이 일을 하는 방법을 크게 변화시켰다. 처음에는 단순히 계산을 효율적으로 하기 위하여 창안되었지만, 지금은 의사결정에까지 이용된다.

5.4.2 정보기술과 데이터기술

정보는 프로세스 설계나 혁신에 있어서 상당히 중요한 요소이다. 그래서 최근 정보기술(Information Technology)이 중요해졌다. 미국도 IT의 중요성을 인지하여 IT와 제조업의 결합을 목표로 2012년 Obama 정부에서 "미국 제조업의 부활(Reindustrialization)'을 선언하였다. 독일도 2012년 말 'Industry 4.0'을 미래의 목표로 제시하였다.

최근 중국의 Xiaomi의 Marwin 회장은 이제 시대가 IT에서 DT로 이전하고 있다고 하였다. 그리고 중국의 DT 기술이 한국보다 수년 앞에 있다고 하였다. DT는 중요하다.

왜냐하면 DT의 발전은 AI로 이어지기 때문이다. 그런데 Marwin의 후계자인 장용은 DT 시대에 이어 DI(Data Intelligence)시대가 오고 있다고 하였다. 즉, 데이터의 지능화이다.

5.4.3 정보기술과 프로세스

과거에 IT는 기업의 성과를 향상시키는 데 그리 효과적이지 못하였다. Steiner와 Teixeira(1991)는 "은행에 있어서 IT에 대한 투자가 기대한 만큼의 성과를 거두지 못하였다"고 하였다. 물론 고객들은 IT로 인한 혜택을 받았지만, 기업들은 투자액에 비해 수익성이 그리 향상되지 않았다고 하였다. 또 Strassman(1990)도 "다양한 분야에 있어서 컴퓨터에 대한 투자와 기업의 수익성 사이에는 별 관련성이 없다"고 하였다.

이렇게 기업들은 IT에 엄청난 투자를 하였지만, 투자한 만큼 성과를 거두지 못하였다. 이것은 기업이 IT를 기업의 프로세스를 변화하는 데 이용하지 않았기 때문이다. 즉, 과업의 업무 수행을 바꾸는 데 IT의 능력을 최대한도로 이용하지 못하였기 때문이었다. 이렇게 프로세스적 관점에서 IT를 이용하지 못하였기 때문에 기업들은 막대한 IT 투자에도 불구하고 기대했던 성과를 전혀 거두지 못하였다. 하나의 예로, 개인이 기업에서 컴퓨터를 가장 많이 사용한 대상은 워드프로세서(word processor)였다. 이렇게 정보기술은 대개 전략적으로 이용되지 않았고, 진부하고 반복적인 업무를 단순화하는 데 이용되었다. 그리고 비즈니스 프로세스(business process)를 혁신하거나 개선하는 데에는 잘 이용되지 않았다.

IT가 기업의 성과에 큰 영향을 끼치지 못한 또 다른 이유는 IT 기업들이 소프트웨어(software)나 새로운 프로세스보다는 하드웨어(hardware)의 개발에 보다 더 치중하였기 때문이었다. 또 프로세스의 개선을 통해 큰 성과를 얻기 위해서는 프로세스적 관점에서 개선을 하여야 하는데, 대부분의 조직이 기능별로 구성되어 있기 때문에 효과를 볼 수 없었다.

또 다른 이유는 IT를 너무 기술적인 관점에서 보았기 때문이다. IT의 기술에 너무 집착하면 실제 경영의 문제를 소홀히 하기 쉽다. 그래서 IT는 기술 자체의 능력보다는 기업의 문제를 해결하는 방향으로 도입하여야 한다.

IT는 비즈니스 프로세스의 복잡성과 다양함으로 인하여 핵심 프로세스는 시스템화하지 않고, 오직 단순한 프로세스만 시스템화하였다. 그러나 사실 프로세스를 IT를 이용하여 시스템화하는 것은 어렵고, 또 어떻게 보면 불가능할 수도 있다. 그래서 프로세스를 IT를 이용하여 시스템화하는 것보다, 프로세스를 직접 운영하는 사람들에게 맡기는 것이 효과적이다. 이것은 이제 기업이 단순히 데이터베이스가 아닌 프로세스를 협력업체 및 고객과 공유하는 것이 중요하다는 것을 의미하게 되었다.

더구나 프로세스를 효과적으로 운영하기 위해서는 이제는 내부 프로세스뿐만 아니라 가치사슬(value-chain)에 있는 모든 정보까지 획득하여야 한다. 그리고 프로세스적 관점에서 IT를 이용하여야 한다. 여기에서 가장 중요한 점은 IT를 프로세스적 관점에서 적용하여야 한다는 것이다. 즉, IT는 반드시 프로세스의 개선을 통하여만 기업의 성과를 향상시킬 수 있다는 것이다.

5.5 연구개발

5.5.1 연구개발의 정의

연구(re-search)는 새로운 사실이나 원리를 체계적으로 탐구하는 행위이다. 연구는 크게 기본연구와 응용연구로 구분할 수 있다. 기본연구(basic research)는 상업적 목적이 없는 지식 그 자체를 위한 연구로서, 일반적으로 자연현상의 인과관계의 원인을 밝힌다. 그러나 기본연구는 비용이 많이 들고, 시간도 많이 소요되며, 불투명한 연구 결과를 가져오기 때문에 국가기관이나 학교연구소에서 많이 이루어지고 있다. 여기에 비해 응용연구(applied research)는 실용적인 문제를 해결하기 위한 연구이며 경제적 가치를 추구하므로, 기업체에 적합한 연구이다. 여기에 비해 개발연구(development research)는 경제적 가치를 추구하기 위해 실제 제품을 창출하는 연구이다.

우리나라는 2005년도 총 연구개발비 중에서 기본연구 15%, 응용연구 21%, 그리고 개발연구 64%였으며, 2010년도에는 기본연구 18%, 응용연구 20%, 그리고 개발연구 62%이었다. 그리고 2015년도에는 기본연구 17.2%, 응용연구 20.8%, 그리고 개발연구 61.9%, 2017년도에는 기본연구 14.5%, 응용연구 21.9%, 그리고 개발연구 63.6%이었다. 2021년도에는 기본연구 14.8%, 응용연구 21.0%, 그리고 개발연구 64.2%이었다(국가과학기술정보통신부, 2022). 2021년 우리나라 기본연구의 비중은 미국(15.1%), 일본(12.3%)과 비슷하나, 프랑스(22.7%)와 영국(18.3%)보다는 낮았다.

그런데 연구개발 프로젝트의 평균 성공률은 약 12~20% 밖에 되지 않는다. 또 성공한다 하더라도 그 과정이 그리 쉽지 않다. Allen-Hoffmann은 심한 화상을 입은 환자가 겪는 수술의 과정을 지켜보면서, 피부를 대체하는 물질을 개발하기로 작정하였다 (Kotha 등, 2014). 왜냐하면, 화상 환자에 대한 수술의 과정이 너무 고통스럽고, 길었기 때문이다. Allen-Hoffmann은 10여 년 동안 천 번 이상의 시행착오를 거쳐 특허를 취득하였다.

연구개발에는 세 가지 위험성이 따른다. 이 세 가지 위험성은 기술적 위험성, 실용적 위험성, 그리고 경제적 위험성이다. 기술적 위험성은 기술의 보유에 대한 것이다. 먼저 어떤 새로운 제품과 서비스를 창출하려면 기술을 지니고 있어야 한다. 실용적 위험성은 시장에 내놓을 수 있는 상품을 만들 수 있는 능력이다. 마지막으로 경제적 위험성은 시장에서의 성공 여부이다. 이 세 가지 위험성을 전부 통과하여야 연구개발이 성공하는 것이다. 예를 들어 DuPont은 인조섬유인 코팜(corfam)을 수십 년간 수천만 달러를 들여 시장에 내놓았으나, 결국 실패하였다. DuPont은 기술적 위험성과 실용적 위험성은 통과하였지만, 마지막 관문인 경제적 위험성은 통과하지 못하였다.

이런 점에서 경영자는 다음과 같은 질문에 대해 스스로 답하여야 한다. 즉, 성공하는 기업의 원천은 기술일까? 아니면 그 기술이 성공한 시장 때문일까? 여기에서 앞에서 언급한 생산기술에 관한 관리자적 견해를 경영자는 소중하게 여겨야 한다. 시장은 지속적으로 변하고 있다. 그리고 경영자는 이 점을 명시하여야 한다. Selden과 MacMillan(2006)은 연구개발이 외부와 단절된 상태가 아닌 고객중심적인 자세를 가져야 진정한 혁신이 이루어진다고 하였다. 연구개발부서 사람들 중심으로 연구개발이 이루어지면 연구개발부서 사람들은 흥분을 느낄지 모르지만 고객과 투자자들은 그렇지 않을 것이라고 하였다. 고객중심적인 연구개발은 지속적으로 고객이 누구인지 그리고 그들의 욕구가 무엇인지를 파악하여 고객의 가치를 만족시키는 것이다.

5.5.2 연구개발의 글로벌 추세

연구개발은 과거에 대부분 연구개발부서 또는 기업 내부 사람들의 아이디어에 의해 유지되어 왔으며, 자체적인 기술을 중시하여 왔다. 그런데 연구개발은 자금도 많이 들고, 시간도 많이 소요된다. 그리고 연구개발이 성공하기보다는 실패할 위험성이 훨씬 크다. 이러한 점에서 기업은 어떻게 하여야 하나? 이러한 질문에 기업들은 변하기 시작하였다. 안영진(2006)은 "기업들이 이제는 수익성이 있는 기술을 중시하고, 누구와도 협력하는 체제를 구축하기 시작하였다"고 하였다. "더 나아가 심지어 경쟁자와도 협력을 하여 수익성을 추구하고 있다"고 하였다. Capozzi, Van Biljon, 그리고 Williams(2013)도 "기업의 미래를 위해서 조직의 연구개발부서는 다른 부서들과 협조하는 문화를 키워야 한다"고 주장하였다. 기업들은 전략을 효과적으로 달성하기 위해서 전통적으로 연구개발부서를 중앙집중적으로 한 장소에서 운영하여 왔다. 그러나 "이제는 연구개발부서를 기업의 각 주요부서로 이전하는 것이 좋다"고 하였다. 즉, "네트워크화하고 서로 협조하여야 한다"고 주장하였다. 실제 이들이 조사한 연구에 의하면, 많은 기업들이 점차적으로 연구개발부서를 분산화시키겠다고 하였다.

최근 한 가지 방법은 기업이 공급업자들과 공동으로 연구개발을 하는 것이다. 이러한 방법은 상호간의 신뢰를 높이며, 서로의 위험성을 감소할 수 있다. 물론 그렇게 하기 위해서는 기존의 신뢰가 구축되어 있어야 한다. 벨기에의 나노(nano)전자 분야의 공공연구기관인 IMEC는 다양한 단계의 공기업과 사기업의 협조를 통하여 연구개발에 있어서 성공적인 혁신을 수행하였다(Leten, Vanhaverbeke, Roijakkers, Clerix, and Helleputte, 2013). 또 다른 방법은 IP(Intellectual Property)를 잘 활용하는 것이다. IP는 점차로 기업의 중요한 자산이 되고 있다. 그래서 기업은 IP 전략과 IP 경영을 잘 하여야 한다. 최근의 세계 IP 보고서는 다음과 같은 언급을 하였다(WIPO, 2011). "IP 소유가 혁신 기업의 전략에 대단히 중요하다는 것이 입증되고 있다."

공개혁신도 기업의 연구개발에 엄청난 영향을 끼쳤다. Procter & Gamble 회장인 Lafley는 2000년 취임한 이래 기업 내부의 연구개발 의존도를 대폭 감소하고, 기업 외부에서 기술을 발굴하는 'connect and develop'라는 실험을 성공적으로 실행하고 있다. 그래서 그는 "누가 기술을 개발하였는가?"보다는 "기업 이익에 얼마나 공헌하였는가?"를 중시하고 있다. Procter & Gamble의 매출액 대비 연구개발 비율은 2000년 4.8%에서 2005년 3.4%로 감소하였다. 하지만 연구개발 부서의 생산성은 오히려 60%나 증가하였다. 그러면 Procter & Gamble과 같은 회사에서 갑자기 왜 사외기술을 집중하게 되었을까? 이것은 경쟁이 치열한 성숙시장에서는 사내기술만으로는 극심한 경쟁에서 이길 수 없기 때문이다.

이렇게 공개혁신은 R&D 분야에 많은 영향을 끼쳤다. 그리고 개인 연구자들에게도 영향을 끼쳤다. 그러나 R&D 분야에 있어서 공개혁신은 주로 조직 차원의 관점에서 다루어지고 있으며, 개인이나 프로젝트 관점에서는 잘 다루어지고 있지 않았다. 그래서 학술연구기관이나 기업에 있어서 공개혁신이 개인에게 끼치는 영향에 대해 잘 인지하지 못하고 있다. 이것은 개인 연구자들에게 심각한 문제를 일으키고 있다. 왜냐하면 공개혁신의 환경 속에서 개별 연구자들이 어떻게 공개혁신에 개별적으로 대처하고 행동하여야 하는지를 잘 모르고 있기 때문이다. 최근 이러한 문제점에 대비하기 위하여 일부 연구가 이루어지고 있다. Salter, Criscuolo, 그리고 Ter Wal(2014)은 다양한 기업과의 면담과 사례연구를 통하여 개인 연구자가 공개혁신에 직면하여 구비하여야 할 전략을 제시하였다.

5.5.3 디지털 연구개발

4차 산업혁명은 연구개발에도 영향을 끼치고 있다. 즉, 연구개발의 디지털화이다. 연구개발의 디지털화는 인공지능 및 빅데이터 등 최근의 디지털 기법을 적용하여 연구개발 생산성을 제고하는 혁신이다(김호인, 2018). 연구개발의 디지털화는 다음과 같은 성과를 제공한다(김호인, 2018). 첫째, 기계학습 기술로 연구하는 주제에 관련이 있는 문헌들을 신속하게 탐색할 수 있다. 둘째, CPS(Cyber Physical System)의 범용화가 가능해 프로젝트의 실행을 신속하게 수행할 수 있다. 셋째, 서로 다른 영역 간 기술융합을 촉진할 수 있다.

BASF는 옥수수의 내성을 개선하기 위한 프로젝트에서 기계학습 기술을 이용하여 신속하게 원하는 답을 찾았다. 총 48,000건의 선행학습 문헌을 빠르게 탐색하여 연구개발 시간을 엄청나게 단축시켰다. Hitachi는 서로 다른 영역의 지식을 융합하여 CPS구축을 지원하는 플랫폼 'H'를 개발하였다. 사실 제약이나 화학산업에서의 CPS 구축은 비교적 용이하지만, 다른 분야에서는 CPS 구축에 상당한 제약이 존재한다. 이런 점에서 Hitachi의 CPS 모델 구축은 상당한 진전이라고 할 수 있다.

5.5.4 우리나라의 연구개발 역량

우리나라의 연구개발 투자비는 외환위기를 겪은 1998년을 제외하고는 매년 지속적으로 증가하였다. 1963년 12억원에 불과하였던 연구개발비는 2007년 31조 3천억원, 2008년 34조 5천억원, 2009년 37조 9천억원, 그리고 2010년에 처음으로 40조원을 넘은 43조 8천억원이었다(국가과학기술위원회, 2016). 실로 놀라운 성장이다. 그리고 2015년 연

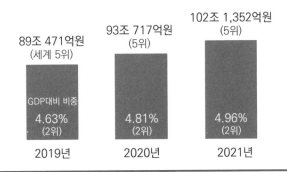

그림 5-3 우리나라 연구개발 투자비 (2019-2021년)

89조 471억원
(세계 5위)

93조 717억원
(5위)

102조 1,352억원
(5위)

GDP대비 비중
4.63%
(2위)

4.81%
(2위)

4.96%
(2위)

2019년   2020년   2021년

출처: 조선일보(2022)

구개발비는 65조 9,594억원이었으며, GDP 대비 4.23%로 세계 1위였다. 2019년 연구개발비는 89조 471억원으로, 세계 5위였다. 2021년 연구개발비는 102조 1,352억원으로, GDP 대비 4.96%로 세계 2위였다. 〈그림 5-3〉은 최근 3년간의 연구개발비를 보여주고 있다.

과학기술지표(2023) 발표에 의하면 2010년 연구개발비 총액 세계 순위는 미국, 중국, 일본, 독일, 한국, 프랑스, 영국, 러시아, 이스라엘, 핀란드 순이었다. 2014년에는 미국, 중국, 일본, 독일, 그리고 우리나라가 6위를 차지하였다. 2015년에는 우리나라 6위, 그리고 2016년부터 2021년까지 계속 5위를 하였다(〈표 5-4〉 참조).

표 5-4 세계 연구개발비 총액 기준 순위 2010, 2014, 2016, 2017, 2018, 2019, 2021

순위	2010	2014 (억 달러)	2016 (억 달러)	2017 (억 달러)	2018 (억 달러)	2019 (억 달러)	2021 (억 달러)
1	미국	미국(4,569)	미국	미국 (5,111)	미국	미국(5,815)	
2	중국	중국(3,687)	중국	중국	중국	중국(2,974)	
3	일본	일본(1,669)	일본	일본	일본	일본(1,622)	
4	독일	독일(1,608)	독일	독일	독일	독일(1,236)	
5	한국	프랑스	한국	한국(787)	한국(857)	한국(764)	한국(790)
6	프랑스	한국(723)			프랑스(611)		
7	영국	영국			영국(495)		
8	러시아	호주			이스라엘 (183)		
9	이스라엘	캐나다					
10	핀란드	이탈리아					

출처: 과학기술지표(2023)

표 5-5 GDP 대비 연구개발비 비중 순위

순위	2010	2014	2016	2018	2019	2021
1	이스라엘 (4.4%)	한국 (4.23%)	이스라엘 (4.25%)	이스라엘	이스라엘 (4.94%)	이스라엘 (5.56%)
2	핀란드 (3.8%)	이스라엘 (4.11%)	한국 (4.23%)	한국 (4.52%)	한국 (4.64%)	한국 (4.93%)
3	한국 (3.74%)	일본 (3.58%)	일본 (3.14%)			대만 (3.78%)
4	일본 (3.26%)	스웨덴 (3.24%)	독일 (2.93%)			미국 (3.46%)
5	미국 (2.9%)	핀란드 (3,21%)	미국 (2.74%)			스웨덴 (3.35%)
6	독일 (2.82%)	덴마크 (3.1%)	프랑스 (2.25%)			일본 (3.29%)
7	프랑스 (2.25%)	독일 (2.90%)	중국 (2.11%)			
8	중국 (1.77%)	미국 (2.74%)	영국 (1.69%)			
9	영국 (1.76%)	프랑스 (2.26%)				
10	러시아 (1.16%)	호주 (2.11%)				

출처: 과학기술지표(2023)

또 2010년 GDP 대비 연구개발비 비중 세계 순위는 이스라엘, 핀란드, 한국, 일본, 미국, 독일, 프랑스, 중국, 영국, 그리고 러시아 순이었다. 2014년에는 우리나라가 4.23%로 1위, 2위 이스라엘, 3위는 일본이 차지하였다. 2016년도에는 이스라엘에 이어 2위를 차지하였다. 2017년도에는 4.55%로 다시 1위를 탈환하였으나, 2018년 4.52%로 2위로 하락하였다. 2019년에도 4.64%로 이스라엘에 이어 2위를 차지하였으며, 2021년에도 이스라엘에 이어 2위를 차지하였다(〈표 5-5〉 참조).

5.6 4차 산업혁명

2016년 세계경제포럼(WEF: World Economic Forum, www.weforum.org)의 주제는 '4차 산업혁명(the Fourth Industrial Revolution)'이었다. WEF는 "미래는 자동화될 것이며, 우리

는 그 미래에 어떻게 준비할 것인가의 시점에 지금 서 있다(The future is automated. Here's how we can prepare for it)"라고 언급하였다. WEF는 지구촌의 삶을 개선하기 위해 존재하며, 공과 사조직이 서로 협조하는 국제적 기구이다.

4차 산업혁명은 사회, 경제, 교육, 경영, 정치, 그리고 우리의 전반적인 삶에 엄청 난 영향을 끼친다. 즉, 인간의 소득수준과 삶의 질은 과거 그 어느 때보다도 획기적으로 향상될 것이다. 그래서 정부, 기업, 공공기관, 학교, 연구소 등의 전략에 큰 변화가 있을 것이다.

5.6.1 산업혁명

1차 산업혁명(1760~1840)은 수력과 증기기관을 활용하여 생산을 기계화한 혁명이다. 2차 산업혁명(1870~1940)은 주로 전기를 활용한 대량생산방식의 혁명으로, 전보, 전화, 전기, 철도 등이 기술이 출현되었다. 3차 산업혁명(1940~1970)은 전자와 IT(information technologies)를 활용한 자동화생산 혁명으로, 항공, 핵, 라디오 등의 기술이 나왔다. 4차 산업혁명(1985~현재)은 시스템간의 연결과 통합기술을 활용하는 디지털 혁명으로 스마트공장, 인터넷, 디지털 미디어 등이 대표적인 기술이다. 3차 산업혁명까지는 이전의 산업혁명을 이어 왔다고 볼 수 있다. 그러나 초지능과 초연결 사회를 추구하는 4차 산업혁명은 속도, 규모, 그리고 해당되는 기술 등에 있어서 그 차이가 너무 커 3차 산업혁명을 계승하였다고 보기가 어렵다. 속도는 이전의 선형에서 기하급수적으로 바뀌었으며, 규모도 파괴적이어서 이전의 기술과는 판이하게 다르다. 이것은 시장의 공급과 수요 모두에게 엄청난 변화를 가져온다.

5.6.2 4차 산업혁명

4차 산업혁명이라는 용어는 독일의 국가전략인 'Industry 4.0'에서 유래되었다. 'Industry 4.0'은 CPS(Cyber Physical System)을 강조한다. 즉, 사이버와 현실의 세계를 상호연결하는 시스템을 중요시한다. 여기에서 현실의 세계는 물리, 화학, 기계 등으로 구성된 피지컬 시스템을 말하며, 사이버 세계는 컴퓨터와 네트워크 시스템 등의 디지털 시스템을 의미한다. WEF 회장인 Klaus Schwab(2016)은 "4차 산업혁명은 디지털과 물리 그리고 생물학 사이의 경계를 파괴하는 기술적 융합"이라고 하였다. 그리고 "4차 산업혁명은 이전의 인류가 경험하였던 산업혁명과는 차원이 다르며, 어느 한 분야에서만 일어나는 혁신이 아니고, 다양한 기술의 융합과 조합에 기반을 두는 혁신"이라고 하였다. 또 1차, 2차, 3차 산업혁명에서는 기계가 인간의 '손'과 '발'을 대체했다면, 4차 산업혁명에서는 인간의 '두뇌'가 기계를 대체한다고 하였다. 구체적으로 디지털 기술은 인공지능, 클라우딩, 사물인터넷, 가상현실, 빅데이터, 5G, 블록체인 등을, 물리적 기술은 3D 프린팅, 로봇, 청정에너지 등을, 그리고 생물학 기술은 뇌과학, 유전체학, 생체바이오닉스 등이 있다.

4차 산업혁명은 지구의 수십억의 사람들을 모바일로 연결하는 혁명을 통하여, 인간의 다양한 분야에 엄청난 영향을 끼치게 될 것이다. 그래서 4차 산업혁명을 "제품, 설비, 인간을 연결하는 사물인터넷 혁명"이라고도 한다. 이렇게 4차 산업혁명은 우리가 일하는 방법과 소통하는 방법이 달라져 조직의 효율성을 크게 향상할 것이다. 생산과 소비, 그리고 유통, 그리고 고객의 주문 형태에도 크게 영향을 끼칠 것이다. 가치사슬의 개념에도 영향을 줘 조직의 변화를 가져올 것이다. 불확실성도 과거에 비하여 크게 증가할 것이다.

그러나 4차 산업혁명의 효과에 대하여 의문을 품는 사람들도 적지 않다. Robert Gordon(2016)은 "1920~1970년 사이 미국 노동자 1인당 생산성 증가가 연 2.82%였는데, 1970~2014년 사이에는 1.62% 밖에 안 되어, 디지털혁명이 경제성장에 끼치는 영향이 미미하다"고 하였다. 더 나아가 "2004~2012년에는 생산성 증가가 고작 1.3%였다"고 하였다. 그래서 현 시대는 전기와 같은 강력한 혁신이 나와 경제성장률을 크게 떨어뜨리는 인구문제와 부의 불평등을 상쇄하는 강력한 혁신이 필요하다고 하였다. 미래학자인 Jeremy Rifkin(2012)도 "현 시점에서 4차 산업혁명을 말하기에는 너무 이르며, 지금은 3차 산업혁명의 연장선에 있다"고 주장하였다. 또 4차 산업혁명이 기존의 일자리를 크게 감소하여 다른 일자리를 창출하지 않는다면 사회에 큰 문제를 창출할 것이다. Schwab은 앞으로 5년간 세계에서 약 700만 개의 일자리가 없어질 것이라고 하였다.

앞에서 4차 산업혁명은 디지털 혁명으로 스마트공장이라는 새로운 형태의 공장을 보여준다고 하였다. 스마트공장은 자동화로 생산성을 크게 향상시키며, 품질수준을 6시그마 수준으로 올린다. 동시에 오퍼레이션의 전통적인 비용, 즉 거래비, 수송비, 재고비, 의사소통비 등을 크게 감소시킨다. 또 거래 기업 간의 통합적인 운영으로 자원을 능률적이고 효과적으로 활용하게 된다. 그러나 자동화로 인간노동력은 크게 감소한다. 물론 여기에서 인간노동력은 육체적인 노동력을 의미한다. 그러나 스마트공장은 인간의 고도화된 지능을 계속 필요로 할 것이다. 그리고 자동화로 발생하는 실업은 사회적인 문제를 야기할 수 있으므로, 여기에 대한 국가적인 대책이 강구되어야 한다.

4차 산업혁명은 빅데이터, IoT, AI(인공지능), 3D 프린팅, 자율자동차, 로봇기술, 소재공학, 나노기술, Pervasive Computing, 생명공학 등과 같은 새로운 기술에 의해 가능하다. 여기에서는 이 중에서 빅데이터, IoT, 인공지능, 3D 프린팅, Pervasive Computing에 대하여 설명하고자 한다.

각 국가의 4차 산업혁명

앞에서 이미 언급하였듯이, 독일에서는 'Industry 4.0'으로 출발하였다. 'Industry 4.0'은 Detlef Zuhlke가 창시자이다. Zuhlke박사는 현재 독일인공지능연구소 소장이며 스마트팩토리KL 대표로 일하고 있다. 'Industry 4.0'은 국가적 플랫폼이고, 산업중심으로는 스마트팩토리를 적극적으로 추진하고 있다.

미국은 2011년에 제조혁신 네트워크, 네트워킹 정보기술 연구개발 등의 스마트 제조 정책을 추진했고, 다음 해인 2012년에는 '산업인터넷'이라는 용어를 쓰며 4차 산업혁명을 강조하였다. 최근 미국은 생명공학, 인공지능, 에너지, 자율주행차 등에 박차를 가하고 있다.

일본은 지난 잃어버린 10년 등으로 경제력이 크게 감소하였다. 거기에다 인구는 계속 감소하고, 경기침체도 지속되는 악조건을 극복하기 위하여 2013년 아베노믹스 경제정책의 일환으로 '재흥전략'을 수립했다. '재흥(再興)'은 '다시 흥하게 하다'이다. 그러한 가운데 4차 산업혁명이 시작되었다. 일본은 4차 산업혁명을 경제부흥의 동력으로 추진하고자 하였다. 그래서 2016년 '재흥전략'의 부제로 '4차 산업혁명을 향해(第4次産業革命に向けて)'를 추가하였다. 4차 산업혁명을 통하여 일본은 'Society 5.0'을 구현하고자 하였다. 일본은 1차 산업혁명으로 수렵사회와 농경사회가 공업사회로, 그리고 2차 산업혁명으로 공업사회 체제가 확고하게 구축되었으며, 3차 산업혁명으로 공업사회가 정보사회로 변하였다고 보았다. 그리고 4차 산업혁명으로 'Society 5.0'를 구현하고자 한다. 'Society 5.0'는 "나이, 언어, 성별, 장소 등의 한계를 뛰어 넘어 모든 사람들에게 필요한 제품 및 서비스를 원하는 시간에 필요한 만큼 공급하여 만족스럽고 편안한 생활을 제공하는 사회, 즉 5번째의 새로운 사회"이다(현석원, 2018). 여기에서 인공지능과 빅데이터와 같은 4차 산업혁명 기술이 'Society 5.0'의 핵심적인 축으로 작용한다. 중요한 기술로

IoT, 빅데이터, 인공지능, 로봇 센서 등의 기술을 언급하였다. 그리고 2020년 목표로 자율주행차의 현실화와 IoT·빅데이터·인공지능·로봇 산업에서 3조엔의 부가가치 창출을 들었다(이다비, 2017).

중국은 4차 산업혁명을 강조하기 위하여 2015년 9월 '중국 제조 2025'라는 정책을 수립하였다. 그리고 다음과 같은 분야에 집중적으로 투자한다고 발표하였다. IT, 신소재, 바이오, 고정밀 수치제어기, 로봇, 항공우주, 해양자원개발 및 첨단기술 선박, 선진형 철도, 에너지 절감 및 신에너지 활용 자동차, 전력, 농업장비, 고성능 의료장비 등이다.

우리나라는 2014년부터 '제조업 혁신 3.0 전략'을 추진하였다, 그리고 핵심은 중소기업 제조공장의 스마트팩토리를 확산하는 것이다. 최근 한국은 반도체, 인공지능, 배터리, 플랫폼, 그리고 스마트 팩토리 기술에 전념하고 있다.

5.6.3 디지털 기술

5.6.3.1 빅데이터와 데이터센터

빅데이터는 이미 3.9.3에서 설명하였으니, 여기를 참조하기 바란다. 여기에서는 4차 산업혁명의 핵심 인프라인 데이터센터에 대해 설명한다. 데이터센터(Data Center)는 클라우드 서비스가 가능하도록 많은 서버들이 한 장소에 모여있는 센터로, 초고속인터넷과 연결하여 데이터를 저장하고 처리한다. 데이터센터가 중요하게 된 것은 데이터의 규모가 매년 기하급수적으로 증가하기 때문이다. 국내 데이터센터 숫자도 2000년에 53개였는데, 2020년에는 156개로 증가하였다. 그런데 데이터센터를 운영하기 위해서는 반드시 전력이 공급되어야 한다. 또 기기에서 발생하는 높은 열기를 식히기 위한 물도 필요하다.

5.6.3.2 IoT

최근 DTE(Digital Twin Engineering)이라는 새로운 용어가 나왔다. IoT는 다양한 제품과 컴퓨터, 그리고 모바일을 연결하여 전체를 통제하고 관리한다. 그렇게 하기 위해서는 주어진 환경에서 발생하는 상호소통과 물리적 요소들을 체크하고 분석하여야 한다. 이러한 업무를 DTE라 한다.

우리는 집 밖에서 집의 조명이나 습도를 자동으로 조정할 수 있다. 또 Google의 무인자동차나 헬쓰케어 등은 우리가 이미 IoT 시대에 들어선 것이라 볼 수 있다. 사물인터넷이라고 불리는 IoT(Internet of Things) 시대는 인터넷에 모든 사물이 지능화되어 연결되는 시대로 IoE(internet of Everything)라고도 한다. Wikipedia는 "IoT란 실생활에 해당하는 오프라인(offline)의 모든 정보를 온라인으로 넘기는 O2O를 통해, AI를 이용한 최적의 해법을 제시하고 시행하여 생산성을 최대한으로 올리는 도구"라고 정의하였다 (www.wikipedia.org). 하나의 예로 병원의 모든 행동이나 사물들을 인터넷에 연결한 뒤 최적화를 한다면, 환자에 대한 의료정보가 지연되거나 없어서 기다리는 시간을 감소한다면, 환자는 빠른 치료를 받아서 좋고, 병원도 생산성이 올라서 좋을 것이다.

이것이 가능하게 된 것은 바로 앞에서 설명한 빅데이터 및 클라우드(cloud)와 같은 플랫폼(platform) 기술, LTE와 같은 네크워크(network) 기술, 3D 프린팅과 같은 제조기술, 점점 작아지는 전자부품기술, 그리고 인공지능 때문이다. 또 공급망과 고객, 그리고 파트너를 연결하는 어플리케이션이 급증하고 있다. IoT 시대에는 사용자가 직접 개입하지 않아도 지능화된 모든 사물이 자동으로 정보를 전달하고, 스스로 업무를 실행하게 된다.

Kevin 에슈턴은 "RFID(전자태그), 센서 등을 사물에 탑재한 사물인터넷 시대가 열린다"고 하였다. Cisco CEO인 John Chambers는 "사물인터넷은 더 이상 비전이 아닌 현재 진행형이며, 사물인터넷이 세상을 변화시키고 있다"고 하였다. 또 하버드 대학교 교수인 Michael Porter도 "이제 사물인터넷이 생산성 향상의 물결을 일으킬 것"이라고 하였다.

IoT가 중요하게 된 이유는 다양하지만, 특히 가치사슬 등 기업의 패러다임에 영향을 크게 끼치기 때문이다. 특히 글로벌화는 기업으로 하여금 해외 바이어, 해외 공급업자 등이 증가하여 가치사슬망에 속한 이해관계자들이 많아지고, 가치사슬망이 복잡해졌다. 또 기업의 의사결정도 복잡해지고, 불확실성이 크게 증가하게 되었다. 또 복잡해진 가치사슬에서 IoT는 고품질의 정보와 데이터를 엄청나게 산출할 것이다. 고객가치도 엄청나게 향상될 것이다. 제품이나 서비스에 내재된 센서를 통하여 고객의 구입시점부터 폐기시점까지 모든 정보가 기업에게 전달되어 고객의 가치향상이 급격하게 실현될 것이다. 그래서 이제 기업은 파트너들과 훨씬 더 긴밀하게 관계를 유지하여야 한다. 즉, 정보를 서로 공유하고, 개방하고 통합하여야 한다.

그러나 IoT의 취약점인 보안에 대해서도 숙고하여야 한다. 특별히 악성 프로그램인 DDOs나 ransomware를 경계하여야 한다. 그래서 컴퓨터, 사물기기, 그리고 모바일까지 모든 기기의 설계단계부터 보안장치를 구축하여야 한다.

최근 삼성 Galaxy Gear, Google glass, iWatch 등 웨어러블(wearable) 기술에 의한 스마트기기가 많이 출시되고 있다. 이러한 기기들은 IoT 시대의 중요한 기기가 될 것이다. IoT에서 경쟁력을 갖기 위해 이미 많은 글로벌기업들이 엄청난 투자를 하고 있다. 그러나 IoT에서 강력한 경쟁력을 구비하기 위해서는 CPND 가치사슬에서 경쟁력을 구축하여야 한다. CPND 가치사슬은 C(Contents), P(Platform), N(Network), D(Device)를 의미한다. 지금 CPND 가치사슬에 있어서 세계 강자는 Apple과 Google이다. 이 회사들은 고성능 단말기기를 통하여 이 분야에서의 막강한 기술력과 역량으로 IoT 시대를 선도하고 있다. 그러나 의료, 건강, 교육, 스마트홈(smart home), 스마트 팩토리(smart factory), 커넥티드카(connected car) 등 새로운 산업의 등장으로 시장의 판도에는 변수가 많다. 오랫동안 적자에 허덕이던 Sony는 2015년 5년 만에 흑자를 기록하였다. 이것은 지속적으로 추구해온 구조조정과 IoT 시장의 확대 때문으로 보인다.

IoT는 미래 가치창출의 엄청난 시장으로 성장할 것으로 예측된다. IDC(International Data Corporation)에 의하면, 2018년 글로벌 시장 규모는 6,460억 달러, 2019년에는 7,260억 달러였다. 그리고 2022년에 1조 달러를 넘었으며, 2025년에는 11조 달러로 예측하고 있다.

국내 IoT 시장규모는 2020년 약 13조 5천억원이었다. 분야별로 살펴보면, 제품기기, 서비스, 네트워크, 플랫폼 순이었다(과학기술정보통신부, 2020). 이렇게 볼 때 우리나라의 IoT 규모는 글로벌 시장에 비교할 때 갈길이 멀다고 볼 수 있다.

5.6.3.3 AI

인공지능

2016년 3월 이세돌과 알파고(AlphaGo)의 역사적인 바둑 대결로 인공지능(AI; Artificial Intelligence)에 대한 관심이 크게 증폭되었다. AI는 '생각하는 기계(thinking machines)'이다. 기계는 1700년대 말 산업혁명이 시작되면서 나왔으며, 그 후 계속 진화하고 있다. 기계는 인간 노동을 대체하여 생산성을 크게 향상시켰다. 그리고 생산성의 향상은 인간의 삶의 질을 엄청나게 높였다. 인간은 이제 인간의 본연의 역할인 생각하는 업무에 몰두하게 되었다. 그런데 21세기에 들어와 이제 기계가 인간의 생각하는 영역에까지 침투하게 되었다. 인간의 육체에서 인간의 뇌까지 침범하게 된 것이다. 즉, 계산하는 기계에서 생각하는 AI로 진화하였다.

AI를 설명하기 전에 먼저 '지능'의 의미를 살펴보기로 한다. '지능(intelligence)'은 배운 것들을 완전하게 이해하는 것을 벗어나 새로운 것들을 스스로 창조하고 문제를 해결하는 능력까지 포함한다. 즉, 인간의 뇌와 같거나, 그 이상의 창조적인 역할을 수행하는 것이다.

인공지능(Artificial Intelligence)의 진화

사실 AI라는 용어가 나온 지는 오래 되었다. 1940년대 영국의 수학자 Alan Turing은 '지능을 소유한 기계'에 대한 개념을 처음으로 제시하였다. 그는 '연산이론(Theory of Computation)'을 통하여 0과 1의 기호로 인간의 수학적 추론 능력을 실현하는 기계, 일명 'Turing 기계'를 개념화하였다.

그러다가 1956년 미국의 컴퓨터 및 인지과학자이며 Dartmouth 대학교 교수인 John McCarthy가 AI 연구의 기본 프레임워크를 구축하는 컴퓨터 사이언스 컨퍼런스에서 AI라는 용어를 처음으로 사용했다(www.wikipidia.org). 그러나 인간의 완전한 지능을 초월하는 기계의 출현이 늦어지면서 1970년대 후반 어떤 특정 분야에서만 인간보다 우수한 전문성을 지닌 '전문가 시스템(Expert System)'이라는 개념이 나왔다. 앞에서 언급한 알파고는 전문가 시스템의 하나이다. 전문가 시스템은 1980년대 초부터 대학교에 강좌가 개설되었다.

그러나 당시 컴퓨터 소프트웨어와 하드웨어의 기술이 엄청난 양의 자료를 다루기에는 역량이 미흡하여 계속 발전이 이루어지지 않다가, 1990년대 후반 IBM에 의해 다시 재조명되었다. 즉, 1997년 IBM의 Deep Blue가 당시 세계 체스 챔피언인 Gary Kasparov를 완벽하게 이긴 것이다. 이어 2011년 IBM의 질문응답시스템인 Watson이 미국의 유명한 퀴즈쇼 '저퍼디(Jeopardy)'에서 전설적인 우승자들을 연이어 격파함으로써, 인공지능이 다시 세간의 조명을 받기 시작하였다. 그러다가 2016년 인공지능은 바둑의 영역에서도 챔피언 자리를 차지하게 되었다.

바둑은 체스와 차원이 다르다. 체스는 논리의 게임이라면, 바둑은 직관적인 게임이다. 또 경우의 수가 엄청나게 차이가 난다. Alphago는 바둑전문 기계로 당시 유럽챔피언인 판후이와 대결하여 5전 전승을 하였다. 그리고 당시 세계 1인자인 이세돌과 대결을 하여 4승 1패를 기록하였다. 바야흐로 인공지능의 시대가 열리게 된 것이다.

최근 인공지능이 다시 추진력을 갖게 된 중요한 이유중 하나는 클라우드 컴퓨팅(cloud computing), 빅데이터(big data) 처리와 같은 AI에 대한 기술이 최근 급격하게 향상하여, 기계학습이 가능해졌기 때문이다. AI의 한 분야인 '기계학습(machine learning)'은 컴퓨터가 사람처럼 배우고, 지식을 쌓아가고, 스스로 배우는 학습법이다. 즉, 3세대 프로그램이다.

딥러닝(deep learning)

'딥러닝'은 기계학습의 하나의 방법이다. 먼저 하나의 질문을 해보자. 컴퓨터는 개와 고양이를 어떻게 구분하는가? 사진만으로는 구분할 수 없다. 그래서 많은 데이터를 컴퓨터에 주입시켜 유사한 것끼리 판독하는 훈련을 컴퓨터가 학습하도록 한다. 딥러닝 기술의 출발은 1943년 미국 Illinois 의대 정신과 Warren McCulloch 교수가 만든 인간의 뇌구조와 비슷한 '인공신경망 ANN(Artificial Neural Network)' 알고리즘이다. 인간의 뇌는 '뉴런(neuron)'이라고 하는 신경세포의 네트워크로 구성되어 있다. 그런데 ANN은 판독하는 능력은 좋은데 속도가 느린 것이 단점이었다. 이 단점을 보완한 이론이 1980년대 개발된 '심화신경망 DNN(Deep Neural Network) 이론'이며, 바로 딥러닝이다.

딥러닝(Deep Learning) 이론은 2006년 캐나다 Toronto 대학교의 Hinton 교수에 의해 수십층으로 구성된 신경망을 과거처럼 한 번에 전부 학습하지 않고 한 층씩 별개로 학습하는 방법을 개발하였고, 이 방법을 딥러닝이라 불렀다. 그리고 2012년 Google과 Stanford 대학교 교수인 Andrew Ng에 의해 더욱더 발전되었다. 딥러닝이 중요한 것은 컴퓨터가 입력된 데이터를 학습하면서 스스로 생각하는 능력을 키워 나간다는 사실이다. 그래서 딥러닝은 복잡한 비선형 관계로부터 특정한 성질을 도출하여 모형화하는데 탁월하다(김종대 등, 2015). 그러나 딥러닝은 융통성과 유연성이 미흡하다는 단점을 지니고 있다. 그래서 학습과정에서 접하지 못하였던 상황에 부딪히면 엄청난 오류가 나올 수 있다. 또 딥러닝은 빅데이터의 양과 품질에 크게 좌우된다. 소위 인공지능의 3대 요소로 알고리즘, 컴퓨팅 파워, 그리고 빅데이터를 드는데, 이 중에서도 빅데이터가 제일 중요하다(류성일, 2017).

이제 사람들은 SF 영화가 현실이 될 수도 있다는 인식을 조금씩 하게 되었다. 사실

Google은 10여 년 전부터 SF 영화처럼 미래에 웹과 뇌가 상호간 연결될 것이라고 예측하였다. 1999년에 출시된 영화 '매트릭스(Matrix)'를 생각해 보자. 이 영화의 배경은 컴퓨터가 인간을 지배하는 사회이다. 사람들의 뇌에는 컴퓨터가 인간을 통제할 수 있는 매트릭스라는 프로그램 칩이 내장되어 있다. 이렇게 하여 Google은 인터넷과 컴퓨터 그리고 사람 간의 경계가 허물어진다고 예측하였다. 여기에서 인간과 외부기술과의 경계가 무너지는 시점, 즉 인공지능이 인간을 뛰어 넘어 새로운 시대를 여는 시점을 '특이점(singularity)'이라고 Google 이사인 Ray Kurzweil(2006)이 언급하였다. 그래서 GNR(Genom, Nano, Robot)에서 인공지능 혁명이 발생하여 인류가 상상할 수 없는 시대가 도래할 수 있다고 예측하였다.

2016년 2월 16일 TED 컨퍼런스에서 "사람과 AI가 서로 협력하는 가장 우수한 방법을 제시하는 팀에게 500만 달러를 주겠다"는 발표가 있었다. 도전팀은 스스로 목표를 설정하고, IBM이 2017년부터 3년간 개최하는 'Watson conference'에서 평가를 받고, 2020년 TED에서 결정을 한다.

2018년 Pedro Domingos 교수는 현재의 인공지능 수준을 초월한 슈퍼 인공지능인 마스터 알고리즘(master algorithm)이 나올 것이라고 하였다(Domingos, 2018). 즉, 마스터 알고리즘은 입력되는 데이터의 유형에 관계없이 최고의 분석으로 새로운 지식을 도출하는 인공지능이다. 그는 시대는 이미 '특이점'을 넘었다고 하면서, 기계의 지능이 인간을 추월하였다고 하였다. 그러면서 이제 인간은 보다 창조적인 일에 몰두하여야 한다고 하였다.

인공지능은 우리 생활의 패턴을 바꾸는 중요한 개념이며 기술이다. 인공지능으로 인하여 인간 삶의 형태가 변하게 된다. 위에서 설명한 IOT, 자율주행차, 로봇, 스마트홈(smart home) 등은 전부 인공지능이 핵심적인 역할을 한다.

AI의 선두 글로벌 기업들

인공지능은 기업의 성공에 대단히 중요한 요소로 부각되었다. 이제는 데이터의 양과 탁월한 알고리즘이 기업의 성패를 좌우하게 되었다. 인공지능 분야에서 세계적으로 앞서고 있는 기업들로 Google, IBM, Apple, Microsoft 등을 들 수 있다. Google은 DNN Research와 Boston Dynamics를 2013년 인수한 이래 지속적으로 AI 관련 기업들을 인수하였다. 2014년 AlphaGo로 유명한 영국의 DeepMind, Jetpac, Dark Blue Labs,

Vision Factory 등을 인수하였다. Google이 적극적으로 추진하고 있는 자율주행차, 로봇 (Boston Dynamics), 생명과학, 자동번역(90여 종의 외국어 번역), 드론(Titan Aero Space)도 AI 가 핵심기술이다. 또 공개혁신에도 앞장서 스스로 개발한 AI algorithm인 TensorFlow를 오픈소스로 개방하였다.

그러나 Google보다 훨씬 빨리 AI에 관심을 가진 기업이 IBM이다. 앞에서 이미 언급하였지만, 1997년 체스 전문가시스템 DeepBlue, 그리고 2011년 2월 Watson을 개발하여 Jeopardy(저퍼디) 퀴즈쇼에서 그 진가를 어김없이 발휘하였다. 2015년에는 AI의 위상을 강화하기 위하여 약 2천명의 전문가들로 이루어진 인지 비즈니스 솔루션 사업부를 조직하였다. 2016년 5월 Watson은 우리나라의 미세먼지에 대한 예보도 하였다.

Apple은 지난 10년간 AI 스타트업 기업들을 가장 많이 인수한 기업이다. 인수하는 테크놀로지는 주로 음성인식, 인공지능 반도체, 기계학습, 안면인식 등이다. Aple의 목표는 완전 맞춤화된 서비스를 개인에게 제공하는 것이다. 인공지능 반도체는 애플 뉴론엔진인데 Apple의 인공지능 반도체가 낮은 전력에서도 기능할 수 있도록 하는 반도체이다. 그리고 Apple은 Steve Jobs때부터 강조해 온 고객경험을 계속 중시하고 있다.

Meta는 딥러닝을 통한 이미지 인식연구를 통하여 2014년 DeepFace라는 소프트웨어를 공개하였다. 이것은 서로 다른 2장의 사진을 놓고 그 사진의 사람이 동일인지를 신속하게 감별할 수 있다. Microsoft도 디지털 개인비서 Cortana를 2015년 공개하였다.

AI 미래

인공지능 시장은 2018년 1.2조 달러, 2019년 1.9조 달러, 2022년에는 13.7조 달러 였으며, 2028년에 40.4조 달러까지 가치가 상승될 것으로 추정된다. 글로벌 기업들은 과거 AI를 주로 고객 경험, 기업 내·외부 의사소통, 의사결정, 그리고 내부 프로세스 개선에 치중하였다. 그러나 점차로 신제품 및 신규 서비스 창출, 비용 절감 등으로 확대되며, 더 나아가 새로운 사업 비즈니스를 창출하는 영역으로 확대될 것이다(김상윤, 2019). Bill Gates는 "AI는 인간의 능력을 초과한 성배이다." Jeff Bezos는 "앞으로 20년간 인류에게 인공지능이 끼칠 영향은 말하기도 어렵다"고 하였다(BCG, 2016). AI는 컴퓨터 비전 기술의 진화와 더불어 미래 시장규모가 크게 확대될 것으로 전문가들은 예측하고 있다. 컴퓨터 비전(Computer Vision)은 비디오나 이미지를 이해하고 분석하는 기술이다.

그러면 지금 인공지능에 대해 기업들은 어떻게 준비하고 있는가? Ransbotham 등 (2018)은 3천여 명의 세계 기업의 임원들을 대상으로 서베이를 하였다. 이들 보고에 의하면, 많은 기업들은 AI에 지대한 관심을 가지고 있으며, 앞으로 AI에 대한 투자를 증가할 것이라고 하였다. 그러나 인공지능에 대해 우려를 표하는 전문가들도 많이 있다. 대표적인 사람이 영국 우주물리학자인 Stephen Hawking 박사로, 인공지능이 핵보다 더 위험하다고 하였다. 그것은 인공지능이 앞으로 인간의 지능을 앞지르기 때문이라고 하였다.

AI와 대학교

대학교도 AI에 대해 관심을 갖게 되었다. 미국의 많은 대학교에는 인공지능을 다루는 과가 이미 설치되어 있다. 그러나 MIT는 2019년 9월 10억 달러를 투입하여 인공지능대학(Computing College)을 개설하였다. 독립건물을 2023년에 준공하는데 3억 5천만 달러를 기부한 사모펀드 Blackstone 회장 이름을 따 대학 명칭도 Stephen A. Schwarzman 대학으로 명명하였다. 하나의 대학교도 아닌 한 단과대학에 1조 이상의 막대한 투자를 하는 것이다. MIT는 앞으로 졸업생 중 40% 이상을 순수 AI 전공자 또는 AI + 타 학문 융복합 전공자로 배출할 것이라고 하였다(김상윤, 2019).

우리나라의 위치

우리나라에서는 2016년 3월 미래창조과학부에 인공지능을 전담하는 '지능정보산업 육성팀' 부서를 신설하였다. 기업으로는 삼성이 AI에 적극적으로 투자를 하고 있다. 하나의 예로, 삼성전자 반도체사업 전영현 사장은 "딥러닝을 통하여 무어의 법칙을 반도체사업에서 넘을 수가 있다"고 하였다(매일경제신문, 2017). 그리고 연구개발 투자액을 증가하고, 개방형 플랫폼 혁신을 강화하고 있다.

그러면 AI분야에서 한국의 위치는 어떠한가? AI에서의 특허를 예로 들어 보기로 한다. UN 산하 세계지식재산권기구(2023)가 발표한 자료에 의하면, 2022년 1위는 29,000건인 중국, 2위는 미국, 3위는 16,700건인 한국, 4위는 일본이 차지하였다.

2016년 4월 미국의 CBInsight에 의하면, 삼성이 AI분야 투자에 있어서 세계 4위를 차지하고 있다고 하였다. LG는 'Intelligence' 연구소를 설립하여 가전에 사용될 인공지능에 투자를 하고 있다. 그러나 전체적으로 보았을 때, 한국은 아직 인공지능 기술이 취약하다고 할 수 있다. 그것은 Google이나 IBM과 같은 세계적인 기업들과 비교하였을 때 인공지능 플랫폼에 대한 투자에 있어서 한국 기업들이 뒤떨어지기 때문이다.

중국의 AI

점점 글로벌 시장의 강자로 부상하는 중국은 AI에서 어떤 경쟁력을 지니고 있는지 궁금하지 않을 수 없다. Goldman Sachs(2017)와 McKinsey 등 많은 기관들은 AI에 있어서 중국의 미래를 낙관적으로 보고 있다. 중국은 2015년 국무원에서 일반산업과 인터넷의 융합을 추구하는 '인터넷 플러스 전략'을 발표하였다. 그리고 2017년 여기에 AI를 추가하였다. 이에 중국의 대표적인 IT 기업인 Alibaba, Tencent, Baidu는 중국 정부의 정책에 적극적으로 호응하고 있다. Alibaba는 AI를 활용한 무인판매기를 개발하였고, Tencent는 이미지와 딥러닝에 막대한 투자를 하고 있으며, Baidu는 오픈 소스 기계학습 플랫폼인 'PaddlePaddle'를 공개하였다(곽배성, 2017).

중국은 인구가 많아 빅데이터 생성에 우위를 점하고 있으며, 초고속 인터넷 보급률도 90%를 상회하고 있다. 또 위에서도 언급하였지만, AI 특허에서도 미국에 이어 세계 2위를 차지하고 있다. 중국은 특히 로봇, 시각/안면/음성 인식 기술, 바이오테크놀로지 등에 집중적인 투자를 하고 있다.

사례 I AlphaGo

DeepMind는 2010년 현 CEO인 Demis Hassabis와 Shane Legg, 그리고 Mustafa Suleyman에 의해 2010년 런던에서 설립되었으며, 2014년 초 Google에 의해 4억 달러에 인수되었다. DeepMind는 신경과학에 기반한 인공지능이 주전공이다. 2016년 3월 총직원이 250명인데 그 중 150여 명이 박사학위를 지니고 있다. 이러한 고학력의 집단지성과 Google의 플랫폼(platform), 그리고 슈퍼컴퓨터(super computer) 등이 DeepMin의 강력한 무기이다.

DeepMind는 AlphaGo와 이세돌이 100만 달러의 상금을 걸고 바둑을 두자고 제안하였다. 이미 Google의 3세대 인공지능 프로그램인 AlphaGo는 2015년 10월 예상을 깨고 영국에서 유럽 바둑선수권을 3차례나 차지한 판후이를 이긴 바 있다. 2016년 3월 이세돌과 5번기를 겨

룬 AlphaGo는 4승1패의 성적을 거두었다.

사실 컴퓨터와 체스의 대결은 1996년에 있었다. IBM의 슈퍼컴퓨터인 Deep Blue는 당시 세계 체스 1위인 러시아의 Gary Kasparov와 시합하여 1승 3패 2무로 졌다. 그러나 1997년 재대결에서 2승 1패 3무로 이겼다. Deep Blue는 1초당 1천억 번의 계산을 한다. 그리고 상 대방의 수에 맞춰 다양한 경우의 수를 찾고, 여기서 승리할 확률이 가장 높은 수를 선택한다. 이렇게 하여 Deep Blue는 12수 앞을 볼 수 있었다.

그러나 바둑은 체스에 비하여 경우의 수가 비교가 되지 않을 정도로 많다. 체스는 경우의 수에 한계가 있지만, 바둑은 그렇지 않다. 그래서 Deep Blue의 프로그램으로는 바둑 고수들을 이기기가 힘들다. Google이 2014년 바둑의 세계에 도전한 것도 바로 이러한 바둑의 무궁한 경우의 수 때문이다. AlphaGo는 약 3천만회의 연습을 하였고, 이에 따른 데이터를 구축했다. 그리고 가장 중요한 것은 스스로 학습하는 접근방식을 채택했다는 것이다. 즉, 비디오 게임을 배우는 AI 프로그램 'DQN'을 통하여 스스로 공략법을 체득하게 되었다. 이러한 개념이 위에서 언급한 기계학습(machine learning) 또는 딥러닝(deep learning)이다.

Google의 목적은 당연히 바둑의 승패에 있는 것이 아니라, 인간의 과학을 더 발전시키겠다 는 것이다. 즉, AI 알고리즘 결과를 의료진단이나 기후 모델링 등 인간의 실제 생활에 적용하 는 것이다.

5.6.3.4 Pervasive Computing

퍼베이스 컴퓨팅(Pervasive Computing)은 시기와 장소에 관계없이 어떤 기기를 통해 서도 컴퓨팅할 수 있는 것을 의미하며, 유비쿼토스 컴퓨팅(ubiquitous computing)이라고 도 한다. 보다 구체적으로 어디에서든 시간에 구애받지 않고 우리에게 정보, 컨텍스트 (context), 미디어, 그리고 프로세싱 역량을 제공한다. 그리고 퍼베이스 컴퓨팅은 서로 연결된 마이크로 프로세서의 방대한 네트워크에 의하여 가능하다. 퍼베이스 컴퓨팅은 위에서 설명한 IOT를 가능하게 하는 가장 핵심적인 기술이다.

퍼베이스 컴퓨팅은 1988년 Mark Weiser에 의하어 시작된 것으로 알려지고 있다. 당시 Xerox의 연구원으로 근무하던 Weiser는 3편의 논문에 기반을 두고 퍼베이스 컴퓨 팅의 기본적인 개념을 제안하였다.

퍼베이스 컴퓨팅은 계속 새로운 정보를 생성하여, 이에 기반한 제품과 서비스를 창출함으로써 기업의 가치 유비쿼터스를 크게 향상시킨다. 예로, Uber는 고객에 대한 정보를 지속적으로 업데이트하여 한 대의 자동차에 목적지가 동일한 1명보다 많은 승객을 태움으로써 서로 혜택을 볼 수 있게 한다(Segars, 2018).

퍼베이스 컴퓨팅은 또 기업내에 만연되어 있는 부서간의 장벽을 제거한다. 연계된 기기들은 새로운 정보를 수시로 전달함으로써 공급사슬 전반에 걸친 모든 부서들의 갈등을 해결하고 통합되고 조정된 해결책을 제시할 수 있게 한다.

퍼베이스 컴퓨팅은 또 환경보호에도 적용된다. 복잡한 데이터를 수집하고 분석하여 계속 변하는 자연환경의 변화에 대한 대책을 신속하게 수립하도록 한다. 예로, 지진, 쓰나미, 홍수, 산불 등을 미리 체크하여 큰 사고를 사전에 예방하거나 폐해를 크게 감소할 수 있다.

5.6.3.5 블록체인

인터넷은 인간에게 엄청난 생활의 편익을 제공하였다. 그러나 단점이 없는 것은 아니다. 그 중 하나는 거래 정보의 위조와 변조이다. 이 문제점을 해결하기 위한 방법으로 나온 기술이 블록체인이다. 블록체인(Blockchain)은 사람들이 생성한 정보를 하나의 블록(block)으로 묶어놓고, 각각의 블록들이 상호연계되어 있다. 그리고 이 블록의 집합이 블록체인이다. 박영숙 등(2019)은 "블록체인은 암호화로 보호되는 직렬 방식의 거래장부로, 정보는 수정할 수 없고 추가만 가능하다"고 하였다. 여기에서 수정할 수 없다는 점이 네트워크의 신뢰를 보장하는 블록체인의 강점이다. 이것이 가능한 것은 정보를 세계의 수많은 컴퓨터에 저장하기 때문이다. 그래서 블록체인은 P2P 네트워크를 이용하여 이중 지불을 원천적으로 차단한다.

사람들 간에 거래를 하려면 거래물이 필요하다. 즉, 블록체인을 바탕으로 거래에 사용될 상품 또는 가상화폐가 필요하다. 비트코인(bitcoin)은 이러한 가상화폐 중 하나이다. 그런데 실상은 비트코인이 블록체인 이전에 나왔다. 즉, 가상화폐를 사용하기 위해 창안된 시스템이다. 블록체인 기술은 주로 금융분야에 적용되지만, 물류와 항만에도 적용될 수 있다. 그러나 2022년 루나와 테라 폭락으로 현실화된 코인시장의 위험성이 있어 투자자들은 조심하여야 한다.

5.6.4 물리적 기술

5.6.4.1 3D 프린팅

2016년 5월 31일 KBS 9시 뉴스에서는 국내에서 처음으로 인공 발뒤꿈치 뼈를 만들어내는 데 성공했다고 방송하였다. 3D 프린팅 기술이 인간의 삶에 변화를 가져온 것이다. 3D 프린팅 기술은 1981년 나고야(Nagoya) 시립연구소의 Hideo Kodama가 처음으로 개발하였으나, 미국의 Chuck Hull이 1984년 이를 가장 먼저 시스템으로 구현하였다.

3D 프린팅

5.6.4.2 적용

3D 프린팅의 적용은 지면이 부족할 정도로 범위가 너무 넓다. 우선, 의료분야의 예를 들겠다. 팔을 잃은 사람들은 의수에 의존할 수밖에 없다. 그러나 너무 비싼 의수의 가격으로 실용성이 없었지만, 3D 프린팅은 이러한 문제점을 제거하였다. 남수단 내전에서 팔을 잃은 아이들에게 '다니엘 프로젝트(Daniel project)'를 통한 의수 제공, 또 의수를 고가의 가격으로 구입한 사람들에게 3D 프린팅은 획기적인 기술이었다(〈그림 5-4〉참조). '다니엘 프로젝트(Daniel project)'는 Mick Ebeling이 2012년 수단의 긴 내전 과정에서 양팔이 잘린 14세 소년 Daniel의 이야기를 접하게 되면서, 전쟁으로 인해 고통받는 남수단의 장애인들에게 희망을 주고자 의수를 만들어 주는 운동이다.

의료분야에 있어서 현재 3D 프린팅 기술은 팔다리에 하는 의족이나 의수의 범위

그림 5-4 3D 프린팅과 의수

출처: http://blog.naver.com/hanwhablog/90191956716:

를 벗어나 핏줄이나 간과 같은 인간의 장기까지도 생산하게 되었다. 특별히 간이식을 할때 흔히 발생하는 면역의 문제가 3D 프린팅으로 만든 간조직 이식에서는 전혀 발생하지 않는다는 것이다. 미래에 이 기술은 전쟁에서도 적용되어 중상자의 생명을 구하게 될 것이다.

3D 프린팅의 미래는 상당히 밝다. 왜냐하면, 3D 프린팅이 처음에는 산업용으로 출발하였으나, 점차로 개인용 시장으로 확대되기 때문이다. 3D 프린팅이 사용되는 분야는 너무 많아 열거하기가 어려울 정도이다. 예를 들어, 나노, 우주항공, 금형, 스포츠, 패션, 의료보조기, 생명의학, 가공 등 다양한 부문에서 인간의 삶에 큰 변화를 가져오고 있다. NASA는 로켓 엔진을 3D 프린팅 기술로 만든다.

또 3D 프린팅의 가격이 계속 하락하여 수십만 원으로 데스크톱 3D 프린팅을 구매할 수 있다. 이것은 이제 개인이 직접 집에서 상당히 다양한 부품이나 제품을 제작할 수 있다는 의미이다. 2018년 3D 프린팅 시장 가치는 128억 달러, 2020년 210억 달러, 2026년에 348억 달러로 예상하고 있다.

우리나라에서는 2014년 산업통상자원부와 미래창조과학부가 공동으로 '3D 프린팅 산업전략'을 추진하고 있으며, '2020년 3D 프린팅 국제적 선도국가로의 도약'을 비전으로 제시하고, 독자기술력 확보를 통한 시계시장점유율 15% 달성을 목표로 하고 있다.

그러나 최근 3D 프린팅의 문제점들이 나오고 있다. 2021년 12월 우리나라 고등학교 3D 프린팅 수업을 가르치는 선생님들이 각종 질병에 시달린다는 보고가 있었다. 프린팅에서 방출되는 작은 입자들이 천식과 암을 유발하는 것이다. 저가의 중국산 필라멘트를 녹이는 과정에서 '자일렌'이라는 1급 발암물질을 배출하였다. 이러한 문제에 대한 시급한 대책이 필요하다(YTN사이언스, 2021).

5.6.4.3 로봇공학

로봇공학은 오래전서부터 이용되어온 기술이다. 전통적으로 로봇공학(robotics)은 로봇에 관련된 모든 기술에 대해 연구하는 공학으로, 기계공학, 전기공학, 컴퓨터과학, 전자공학, 생채공학으로 이루어지는 융합기술이다. 로봇은 주로 제조업체에서 단순반복적인 업무를 자동화하여 비용감소의 도구로 활용되었다. 그러나 최근 인공지능으로 로봇공학의 위치가 중요해졌다. 이제 로봇은 공장이외의 분야에 엄청나게 활용이 되고 있다. 예로, 공항이나 호텔에서 로봇이 고객을 맞이하고, 고객이 원하는 제품이나 서비스를 찾는 데 도움을 주기도 하며, 아침에 일어나면 로봇이 주인의 명령을 수행하기도 한다.

로봇은 공장에서 다양한 혜택을 준다. 복잡한 부품의 정교한 조립, 문제의 파악과 개선, 적절한 스케줄링과 셋업, 비용감소, 인간에게 위험한 작업 수행 등이다. 로봇은 점점 무게가 줄어들며, 인공지능의 강화로 제조업체가 지속적으로 큰 효과를 볼 것으로 기대된다.

서비스업체에서 로봇의 사용도 점차로 증가하고 있다. 싱가포르에서는 Nadine이라는 로봇이 호텔에서 고객을 맞이하고, 웃고, 눈을 마주치고, 악수를 하기도 한다. 또 더 나아가 재방문하는 고객을 알아보고 과거의 대화를 고객과 나누기도 한다.

또 로봇은 병원에서도 그 사용도가 증가되고 있다. 로봇수술로 수술 시간이 단축되고, 환자의 고통이 줄어들고, 입원시간도 단축된다. 더 중요한 것은 수술부위가 축소되며, 수술성공률이 높아진다. 이미 아산병원처럼 우리나라 병원들은 로봇수술에 있어서 세계 권위를 자랑하고 있다.

5.6.5 생명공학

2020년 2월 우리나라에 초청하지 않은 그리고 반갑지도 않은 손님이 찾아왔다. 2019년 12월 중국 우한시에서 처음으로 발생한 COVID 19(corona virus disease 19)였다. 이 바이러스는 아시아를 거쳐 미국과 유럽 등 전 세계에 급속히 퍼져 많은 생명을 앗아간 글로벌 팬데믹(global pandemic)이 되었다. 이러한 바이러스는 앞으로도 심심치 않게 인간을 공격할 것이다. 여기에 생명공학의 중요성이 존재한다.

생명공학(biotechnology)은 인위적 목적에 따라 생명체, 생명체가 가지는 시스템, 또는 생명체가 만들어 내는 생산물(파생물)을 변화시키거나, 이를 응용하여 의학, 농업, 산업 등 다양한 분야에 걸쳐 사용하기 위한 절차를 포함한 기술적 학문분야이다(식물학백과, 2020). 20세기 초부터 사용되기 시작한 생명공학은 다양한 기술들의 융합으로 이루어진다. 즉, 생화학, 미생물학, 분자생물학, 세포생물학, 디지털기술, 정보과학, 유전학과 같은 과학적 지식을 기반으로 하며, 생물학 이외의 분야인 기계공학, 전산학 등과 함께 융합되어 표현되기도 한다.

생명과학은 가장 먼저 인간의 생명을 연장하기 위해 의료시스템에서 가장 많이 적용된다. 유전자변형을 통하여 또는 파손된 유전자를 미리 제거하여 인간의 생활수준을 향상시키고 있다. 또는 인간장기의 대체물을 만들거나 인간의 세포를 이용하여 인간의 상한 세포를 재생시키는 등 생명과학의 발전은 인간의 생각을 넘어서고 있다. 최근에는 영국에서 인간의 상실된 시력을 회복시키는 개가를 이루기도 하였다(Segars, 2018).

다음으로 생명과학은 농업에서 큰 효과를 내고 있다. 유전자 변형으로 생산성이 높아지고, 온실가스를 감소시키고, 해충을 방지하는 기술로 농업의 역사를 바꾸고 있다.

5.6.6 스마트 팩토리

스마트공장(smart factory)은 불량의 발생이나 작업의 중단을 없애고 낭비와 불필요한 대기시간을 사라지게 만들어서 효율성을 극대화시키는 미래형 공장을 말한다. 스마트공장에서는 공장관리자와 정보관리자가 협력하여 IT와 제조시스템에서 끊임없이 발생하는 데이터와 생산흐름을 융합시켜서 고객에게 필요한 제품을 제공하기 위해 필요한 모든 기계의 작업활동을 하나하나 통제하게 된다. 여기에서 LS Electric이 소개하는 스마트 팩토리에 대한 소개를 참조하기 바란다.

LG CNS
스마트
팩토리

지멘스
스마트
팩토리

최근 독일 정부가 주도하는 'Industry 4.0'의 개념도 스마트공장을 구현하기 위한 새로운 제조시스템 혁신의 의미를 담고 있다. 주로 사물인터넷(IOT: internet of things)을 바탕으로 구축한 가상-물리시스템(cyber-physical system)을 통하여 실시간으로 기계와 장비 및 작업자가 서로 정보를 교환하고 협력하게 함으로써 최적의 생산 프로세스 흐름을 구현하는 것을 목표로 하고 있다. Industry 4.0은 4번째 산업혁명의 의미를 담고 있다.

일본도 'Society 5.0'을 실현하기 위하여 스마트공장에 역점을 두고 있다. 이것은 일본이 스스로 일본을 분석해 볼 때, 소프트웨어 분야에서는 미국이나 유럽에 뒤쳐지지만 제조분야에서는 우위를 점하고 있다고 보고 있다. 그래서 스마트공장에서 새로운 비즈니스 모델을 창출하여 경쟁력을 강화하려고 한다.

한편 독일의 Industry 4.0과 유사하게 우리나라에서도 산업통상자원부가 주도하는 '제조업혁신 3.0' 전략을 추진하고 있다. 기본적으로 IT와 SW(software)의 융합에 기반을 둔 융합 신산업창출을 통해 새로운 부가가치를 창출하고, 선진국 추격형 전략에서 선도형 전략으로 전환하여 제조업의 경쟁우위를 확보해 나간다는 전략적 목표를 추구하고 있다.

2017년에 산업통상자원부는 '스마트 제조혁신 비전 2025'를 발표하고, 2025년까지 스마트공장 3만개를 구축한다고 발표하였다.

06 전통적 혁신

자신의 마음을 바꾸는 것은 할 수 있는 일이며,
타인의 마음을 바꾸는 것은 할 수 없는 일이다.
할 수 있는 일에 힘을 쓰는 사람은 지혜로운 사람이며,
할 수 없는 일에 신경 쓰는 사람은 어리석은 사람이다.

- 고대 그리스 철학자 Epicetus -

06 전통적 혁신

혁신은 기업에서 수시로 실행된다. 그런데 혁신은 항상 일정하지 않고 제품의 성장 시기에 따라 달라진다. 대개 초기에는 제품혁신에 치중하다가, 점차 프로세스혁신으로 이전된다. 그리고 제품이 고도로 표준화되면, 일부 프로세스는 외부에 아웃소싱(outsourcing)되기도 한다. 그리고 시장성이 떨어지면 결국 제품을 생산하지 않게 된다.

이것은 또 산업의 변화에 따라 영향을 받기도 한다. 그래서 선진국에 있어서 일부 산업의 경쟁력이 떨어지면, 그 산업 전체를 보다 후진국인 다른 국가로 이전해 버린다. 이렇게 혁신은 기업이 처한 또는 산업이 처한 환경에 따라 달라진다.

제6장에서는 전통적인 혁신을 다룬다. 특히 여기에서는 다음과 같은 주제에 대해 설명하고자 한다.

6.1 혁신의 유형
6.2 점진적 혁신과 급진적 혁신
6.3 제품혁신과 프로세스혁신
6.4 경영혁신
6.5 혁신 포트폴리오

이미지 출처: www.3m.com

이미지 출처: www.3m.com

3M(Minnesota, Mining & Manufacturing)은 1902년 미국 미네소타주 Two Harbors에서 Henry S. Bryan, Hermon W. Cable, John Dwan, William A. McGonagle, 그리고 J. Danley Budd 등 5명에 의해 설립되었다. 설립 취지는 연마기 제조업자에게 필요한 연마제인 강옥을 채취하기 위해 광산을 개발하는 것이었다. 그러나 사업이 여의치 않았다. 그러다가 Lucius Ordway라는 새로운 투자가가 영입되었고, 1910년 St. Paul로 회사를 이전하였다. 그 이후 기술 및 마케팅혁신으로 3M은 성공하였고, 1916년 처음으로 주당 6센트의 배당을 지불하였다.

3M은 초기 사업의 실패를 극복하고 성공한 회사이다. 창업한 이래 11년 동안 CEO에게 월급 한 번 지급하지 못하였다. 그런 3M이 1998년에는 150억 달러 이상의 매출을 올린 대기업으로 성장하였다. 가치 없는 잡석을 금광으로 변형시키는 성공을 한 것이다. 그리고 20세기가 채 끝나기도 전에 이미 세계 80위권의 우량기업으로 성장하였다. 이렇게 실패와 역경의 경험을 통해 3M은 성공은 실패로부터 생겨난다는 가치 있는 교훈을 체득하였고, 이것이 오늘날의 3M을 혁신적인 기업으로 만들었다고 본다.

3M의 역사는 혁신의 역사이다. 1920년대 초 방수 모래주머니, 1925년 마스킹 테이프 (masking tape), 1926년 Scotch cellophane tape, 1940년대 초 고속도로 표지판으로 사용되는 반사 시트 등 많은 군수물자, 1950년대 비디오 테이프(video tape) 등 다양한 전기기계 제품, 1960년대 외과용 멸균 스트립 테이프(strip tape) 등 다양한 의료 및 치과 제품, 1970년대 제약, 방사선, 에너지 분야 제품, 1980년대 포스트잇(Post-it), 1990년대 면역반응 변경 약품 등, 2004년 LCD TV 광학필름 등, 2007년 일회용 화장실 수세미, 2008년 ultra-compact LED-illuminated projection engine 등, 2009년 의료 청진 소프트웨어, 2012년 태양열 필름 등 세계 최초의 많은 기술 및 제품혁신을 이루어 왔다. 특히 포스트잇은 연구원 Art Fry가 찬송가 페이지를 쉽게 표시하기 위해 책갈피에 작은 종잇조각을 끼웠던 데에서 유래하였다. 그때 Art Fry는 '접착되지 않는' 접착제를 생각하게 되었다. 2014년에는 기업사에서 유례없는 10만번째 특허를 획득하였다. 3M은 세계적으로 매년 3천여 개, 미국에서

만 매년 500여 개의 특허를 출원하는 놀라운 기록을 실천하여 왔다. 2017년에는 Scotchlite
™ 재귀반사소재를 개발하였다. 이는 높은 신축성, 세탁가능, 얼룩에 강한 제품으로 다양한 유
형의 믹물에 부착이 가능한 신소재이다.

3M은 Dow Jones Industrial Average 30개 기업 중 하나이며, Standard & Poor's
500 지표에 속한다. 전세계 70개 이상 국가에 진출하고, 약 200여 개 국가에서 제품을 판매
하고 있다. 2014년 초에 3M은 UN 글로벌 컴팩트에 가입했다. 2023년 연구개발투자는 약
19억 달러, 총 특허건수는 3,780개, 그리고 전 세계에 약 8천 명의 과학자와 연구원들이 50
개 국가에서 일하고 있다. 2023년 3분기 3M의 매출액은 전 세계적으로 약 80억 달러, 직원
수는 94,987명이다. 현재 CEO는 2018년에 취임한 Michael Roman이다.

조직은 총 5개 비즈니스 그룹(소비자, 전자 & 에너지, 의료, 산업용, 안전 & 그래픽)에 30
개의 비즈니스 사업부로 구성되었다. 70여 개 국가에 지사가 있으며, 38개 국가에 공장을 운
영하고 있으며, 35개의 실험실을 가지고 있다. 미국에서는 29개 주에 지사를 두고 있다. 전 세
계에 걸쳐 접착, 연마, 전기 & 소프트웨어, 나노 기술 등 46개의 플랫홈(platform)이 있다.

3M은 '10%, 15%, 30% 규칙'을 가지고 있다. '10% 규칙'은 최근 1년 이내 개발된 제품
이 총매출의 10%에 도달해야 한다는 규칙이고, '15% 규칙'은 기술직 직원이 자신의 관심분
야에 근무시간의 15%를 자기만의 시간으로 배정하여 업무와 직접 관련 없는 주제도 연구하
고 토론하는 규칙이다. 기술직 직원은 이 시간을 활용하여 자유롭게 흥미가 있는 연구테마에
도전하여, 새로운 아이디어를 창출할 수 있다. '30% 규칙'은 각 부서가 연간 총매출의 30%를
최근 4년 이내에 내놓은 새로운 제품과 서비스로 달성해야 한다는 규칙이다.

3M은 "어떤 아이디어든지 절대로 죽이면 안 된다"는 원리를 가지고 있다. 이것은 무슨 아이
디어든지 중요하게 생각하고 지원하여 가능하면 많이 살릴 수 있도록 하자는 의도이다. 경험
에 의하면, 아이디어가 많으면 많을수록 상품화에 성공하는 신제품의 수가 증가하기 때문이다.
그래서 새로운 아이디어는 확실한 반대 자료가 없는 한 최고경영진도 무시하면 안 된다. 또
상사 모르게 진행하는 프로젝트인 부트레깅(bootlegging)이 있다. 부트레깅은 '술병을 장화
(Boot) 목(Leg)에 몰래 숨겨서 가지고 다닌다'라는 뜻으로, 미국에서 금주법이 실시되고 있던
1930년대에 밀주를 제조해 판매하던 데에 기원을 두고 있다.

3M의 CEO들은 지속적으로 변화와 혁신을 강조하였다. 1929년부터 1949년까지 CEO인
William L. McKnight는 "가장 훌륭하고 가장 어려운 일은 모험과 도전정신으로 이루어진다.
3M은 사람들에 의하여 운영되며, 우리의 성공여부는 그 사람들의 재능에 의존한다. 경영자가
직원의 실패를 용인하지 못한다면 그들의 창의성은 말살된다. 실수는 누구라도 할 수 있다. 실

수는 언젠가는 더 큰 성장의 원천이 된다"라고 하였다. 1979년부터 1980년까지 CEO인 Lewis Lehr는 "실패하지 않는 것은 앞으로 나아가지 않는다는 것이고, 헛디디지 않는다는 것은 걷지 않는다는 뜻"이라고 하였다. 그리고 1991년부터 2001년까지 CEO인 L. DeSimone은 "혁신은 3M을 살아있는 유기체로 만든다"고 하였다."

이 사례는 다음의 자료들을 참고하여 저자가 재구성하였다.

(1) Ernest Gundling, The 3M Way to Innovation: Balancing People and Profit(나도 3M에서 일하고 싶다), 최종옥 옮김, 세종서적, 2001.

(2) www.3M.com

(3) https://en.wikipedia.org/wiki/3M

6.1 혁신의 유형

혁신은 다양하게 구분될 수 있다. 그래서 혁신의 유형에 대해서는 정해진 규범이 존재하지 않고, 사람마다 다르게 분류되고 있다. Drucker(2001)는 혁신을 제품혁신, 사회적 혁신, 그리고 관리적 혁신의 세 가지로 구분하였다. 특히 "혁신을 너무 기술에 국한시켜 다루어서는 안 된다"고 하였다. 그리고 "경영의 역사를 볼 때 제품혁신만큼 사회적 혁신이 중요한 역할을 한다"고 하였다. 사회적 혁신은 사회에 관련된 문제를 해결하는 것이다. 하버드경영대학원(2004)에서는 혁신을 정의하는 방법에 따라 구분하여, 제품혁신, 프로세스혁신, 그리고 서비스혁신 등 세 가지 혁신으로 분류하였다. 1982년에 사회학자인 Rogers는 혁신이 사회에 보급되어야 한다고 주장하며 보급프로세스혁신을 강조하였다. 또 이미 앞에서 언급한 것처럼 Christensen과 Bower(1995)는 혁신에는 유지하는 혁신과 파괴하는 혁신의 두 가지 혁신이 있다고 하였다.

Moore(2004)는 혁신의 종류는 실제로 상당히 폭이 넓다고 하였다. 그리고 다음처럼 혁신의 유형에 대해 언급하였다. 첫째, 파괴적 혁신이다. 기술적 불연속에 뿌리를 두고 있는 파괴적 혁신은 말 그대로 상당히 파괴적이어서 언론에서 가장 많이 거론되는 혁신이다. 파괴적 혁신은 새로운 제품이나 산업을 갑자기 만들어 천문학적인 부를 쌓게 해 준다. Motorola가 갑자기 초일류기업이 된 것은 바로 휴대폰 기술이 있었기 때문이다. 그런데 여기에서 Moore의 '파괴적 혁신'이 Christensen과 Bower(1995)가 주장한 '파괴하는 혁신'과 다른 점을 주지하기 바란다. 둘째, 응용혁신이다. 응용혁신(application innovation)은 기존 기술을 가지고 새로운 목표를 달성하기 위해 새로운 시장을 창출하는 혁신이다. Tandem이 ATM을 은행에 소개한 것은 바로 응용혁신의 예이다. 셋째, 제품혁신이다. 제품혁신은 기존 시장에서 향상된 제품을 제공하는 혁신이다. Intel이 지속적으로 향상된 CPU를 시장에 내놓는 것은 제품혁신의 예이다. 제품혁신의 초점은 성능 향상(Titleist Pro VI 골프공), 비용감소(HP ink jet printer), 이용성 향상(Palm 컴퓨터) 등이다. 넷째, 프로세스혁신이다. 프로세스혁신은 기존 시장에서 제공되는 프로세스를 보다 효율적이고 능률적으로 만드는 혁신이다. Walmart의 VMIP(Vendor Management Inventory Process)는 하나의 예이다. 다섯째, 경험혁신이다. 경험혁신(experiential innovation)은 고객의 경험을 개선하기 위하여 기존 제품이나 프로세스에 피상적인 변화를 추구한다. FedEx의 패키지 추적은 하나의 예이다. 여섯째, 마케팅혁신이다. 마케팅혁신(marketing innovation)은 고객접점 프로세스를 개선한다. Amazon의 e-commerce 메커니즘은 하나의 예이다. 일곱째, 비즈니스모델 혁신이다. 비즈니스모델 혁신(business model innovation)은 가치사슬 안에서 기업의 역할을 바꾸거나 또는 고객에게 형성된 인식을 바꾼다. Apple의 소매업시장 진출이라든지 또는 IBM의 on-demanding computing은 비즈니스모델 혁신의 예이다. 여덟째, 구조혁신이다. 구조혁신(structural innovation)은 산업관계를 재구축하기 위하여 기회를 활용한다. 예를 들어 Citigroup은 새로운 법의 제정을 이용하여 지방에 진출하였다.

6.2 점진적 혁신과 급진적 혁신

혁신을 추진하는 방법은 기업에게 상당히 중요하다. 혁신을 서서히 추진할 것인가 아니면 급격하게 추진할 것인가?

Foster(2001)는 혁신에는 세 가지 유형이 있다고 하였다. 즉, 구조적, 실질적, 그리고 점진적 혁신이다. 구조적(transformational) 혁신은 Schumpeter가 말한 '일하는 방식 자체를 바꾸는 큰 변화'이다. 구조적 혁신은 최고경영자가 수행하며, 기업의 전략과 통제시스템을 모두 변경하는 대대적인 혁신으로서, 새로운 시장을 창출하고, 기존 질서를 파괴하고 변화시킨다. 그래서 기존 제품과 서비스를 파괴하고, 가끔 신생기업의 존재 이유가 된다. 실질적(substantial) 혁신을 Schumpeter는 '아주 광범위한 혁신은 아니지만 상당 부문에서 기존 질서를 뒤엎는 혁신'이라고 하였다. 실질적 혁신은 구조적 혁신 뒤에 나타나는 혁신이다. 그러나 점진적 혁신이 누적되어 나타나는 혁신은 아니라고 하였다. 점진적(incremental) 혁신은 일상적인 변화를 추구하는 작은 혁신이다. 일선 직원들이 주로 수행하며, 기업의 전략만 바꾼다. 그리고 기업 내에서 바뀐 것보다 바뀌지 않은 것이 더 많다. 그러나 경쟁력을 유지하기 위해 반드시 필요한 혁신이다. 이렇게 Foster는 급진적 혁신과 점진적 혁신 사이에 실질적 혁신을 하나 추가하였다.

렌슬러(Rensselaer) 경영대학원 근본적 혁신 프로젝트팀은 혁신을 크게 점진적 혁신과 근본적 혁신으로 두 가지로 구분하였다(Leifer 등, 2006). 이들이 말하는 근본적 혁신은 Foster의 구조적 혁신을 말한다. 이들은 세계시장에서 선진국의 대기업들이 신흥국가의 기업들에게 경쟁우위를 빼앗기는 주요한 이유 중 하나는 이들이 근본적 혁신을 소홀히 하기 때문이라고 하였다. Kodak의 홈무비(home movie) 사업이 비디오 캠코더(video camcorder)에 밀렸고, Xerox의 복사기사업이 Canon에 밀린 것은 이러한 예이다. 이들은 근본적 혁신을 무시하고 오직 품질관리나 비용절감 등과 같은 점진적 혁신에만 몰두하여 성장을 하지 못하였다. 즉, 혁신과 성장과의 관계를 잘못 이해하였다. 이들은 근본적 혁신을 "성능을 획기적으로 향상하거나 또는 비용을 획기적으로 절감하는 제품, 공정 또는 서비스"라고 정의하였다. 그리고 근본적 혁신을 보다 구체적으로 기존 사업부문의 기술·시장영역 확산, 기업의 기존 사업들 사이의 틈새혁신, 그리고 기업이 현재 갖고 있는 전략범위 외부에서 이루어지는 혁신 등 세 가지로 분류하였다. 이들은 점진적 혁신에 비해 근본적 혁신은 기간이 장기여서, 종종 10년 이상이 되기도 한다고 하였다. 또 불확실성이 너무 커 결과를 예측하기가 상당히 어렵다고 하였다. 또 아이디어 생성과 기회 인식이 직접적이지 않고 산발적이라고 하였다. 그리고 결과가 환경요인에 크게 좌우된다. 이들은 결론적으로 "점진적 혁신과 근본적 혁신이 결합되어 활용되어야 한다"고 주장하였다. 즉, "어느 하나의 혁신에만 몰두하는 것은 궁극적으로 기업의 경쟁력 향상에 도움이 되지 않는다"고 하였다. GE, Hewlett Packard, Motorola, 3M과 같은 기업들이 장기간 높은 경쟁력을 유지하는 이유는 바로 근본적 혁신과 점진적 혁신을 골고루 잘 활용하였기 때문이다. 이어서 "급진적 혁신은 다음 중 하나 이상의 특성을 지니고 있다"고 하였다. 완전히 새로운 성능 특성을 지니고 있다. 기존의 것에 비해 5배 이상의 성능 개선을 달성한다. 30% 이상 원가절감을 한다. 경쟁의 기본을 완전히 바꾼다.

Shapiro(2002)는 혁신을 급진적과 점진적 혁신으로 구분하였다. 급진적 혁신은 기업을 완전히 바꾸는 혁신인 반면에, 점진적 혁신은 능률을 완만하게 향상하는 혁신이라고 하였다. 또 이 두 개 혁신의 차이를 '연구'와 '개발'을 이용하여 비교 설명하였다. 연구는 급진적 혁신으로 새로운 것을 창출하기 때문에 파괴력이 크고, 개발은 점진적 혁신으로 기존의 것을 개선하기 때문에 파괴력이 작다고 하였다.

하버드경영대학원(2004)도 점진적 혁신과 급진적 혁신에 대해 언급하였다. 점진적 혁신이란 "기존의 것을 개선하거나 또는 기존의 형태나 기술을 변형해서 다른 목적에 사용하는 것"이라고 정의하였다. 이에 비해 급진적(radical) 혁신은 "기존 기술이나 방법과는 전혀 새로운 것을 세상에 제시하는 혁신"이라고 정의하였다. 그리고 급진적 혁신은 가끔 신기술혁신(breakthrough innovation) 또는 불연속적 혁신(discontinuous innovation)과 같은 의미로 사용된다고 하였다. 초기에 나온 GPS는 급진적 혁신이지만, 그 이후 GPS를 이용하여 설계된 항법장치 등은 전부 점진적 혁신들이다. 그리고 점진적 혁신에는 그 발전에 한계가 있다고 하였다. 그리고 점진적 혁신을 선호하는 조직에게 HBS(2004)는 "더 많이 출시하고자 하는 욕심과 점진적 혁신에 모든 것을 거는 것을 경계하여야 한다"고 하였다. 급진적 혁신은 산업 자체를 바꾸는 엄청난 파괴력을 지니고 있다. 이것은 이미 위의 구조적 혁신에서 설명하였다. 더 나아가 HBS는 "점진적 혁신과 급진적 혁신은 병행하여 발생한다"고 하였다. 〈그림 6-1〉에서 우리는 조금씩 작은 규모의 혁신이 일어나다가 시간이 흐르면 급격한 혁신이 발생하고 있는 것을 볼 수 있다.

그림 6-1 점진적 혁신과 급진적 혁신에 대한 산업 타임라인

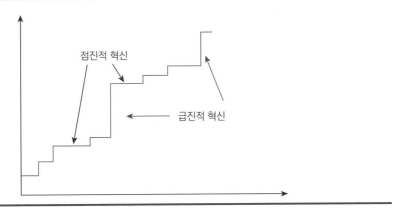

출처: Harvard Business Essentials, Managing Creativity and Innovation(창의와 혁신의 핵심 전략), 현대경제연구원 옮김, 청림출판, 2004, p.28.

이렇게 혁신은 점진적 혁신과 급진적 혁신으로 구분된다. Varadarajan(2008)은 야구의 예를 들어, 급진적 혁신은 홈런이고, 점진적 혁신은 안타라고 하였다. Leifer 등(2006)은 점진적 혁신은 단기간에 있어서 기업 경쟁력을 유지하게 해 주지만, 게임 자체를 바꾸고 장기적인 성장을 하기 위해서는 급진적 혁신이 필요하다고 하였다.

각 혁신이 기업과 그 기업이 속한 산업에 끼치는 영향은 판이하게 다르다. 그러나 기업이 반드시 하나의 혁신 방법만을 추구할 필요는 없다. 기업들은 대부분 이 두 개의 혁신을 동시에 추구한다. 일반적으로 급진적 혁신은 강한 파괴력을 가지고 있지만, 비용이 많이 들고, 위험성이 높으며, 시간이 오래 걸린다. 예를 들어, 컴퓨터가 시장에 나오는 데 걸린 시간은 약 50년쯤 된다. 여기에 비해 일본의 카이젠(kaizen)과 같은 점진적 혁신은 위험성이 낮고, 비용이 적게 소요되며, 시간이 비교적 짧게 걸린다. 이런 이유 때문에 많은 기업들은 급진적보다는 점진적 혁신을 선호한다. Kanter(2006)는 혁신피라미드를 이용하여 점진적과 급진적 혁신을 설명하였다. 즉, 피라미드의 위에는 급진적 혁신이, 그리고 아래에는 점진적 혁신이 존재한다고 하면서, "이 두 개의 혁신이 전부 중요하다"고 하였다. Shapiro와 Leifer도 "급진적 혁신과 점진적 혁신을 적절한 시기에 조화롭게 배합하는 것이 중요하다"고 하였다. 그래서 운영모형을 지속적으로 바꾸고, 때로는 급진적인 혁신을 하는 기업만이 경쟁우위를 유지할 수 있다고 하였다.

그러면 우리나라는 어떠한가? 안영진(2010)의 연구에 의하면, 우리나라 기업들은 점진적 혁신과 급진적 혁신의 배합을 중시하기보다는 점진적 혁신에 훨씬 더 치중하고 있는 것으로 나타났다. 특히 중소기업에 비해 대기업이 더 그렇다. 사실 이러한 현상은 우리나라 기업에게만 적용되는 것이 아니고, 세계적으로 공통된 현상으로 볼 수 있다. Stringer(2000)는 급진적 혁신에 있어서 중소기업의 직원이 대기업의 직원에 비해 약 2.4배 정도 더 많은 아이디어를 제시한다고 하였다. 그리고 대기업에서 급진적 혁신을 보다 활성화하기 위한 9가지 전략을 제시하였다. 이러한 현상은 장기적으로 우리나라의 경쟁력을 저해하는 요소가 될 것이다. 그러므로 우리나라 기업들은 점진적 혁신과 급진적 혁신의 지혜로운 조화를 이루는 것이 중요하다.

또 하나 재미있는 것은 월스트리트(Wall Street)의 분석가들은 급진적 혁신보다는 점진적 혁신에 더 점수를 준다는 사실이다. 월스트리트의 분석가들은 투자에 있어서 단기적인 수익성을 가장 중시하는 경향이 있다. 그리고 위험성이 높은 급진적인 혁신을 기피한다는 것이다(Kirby, 2010).

6.3 제품혁신과 프로세스혁신

제품혁신은 새로운 제품(what)을 만드는 능력이며, 프로세스혁신은 제품을 값싸게 (how) 만드는 능력이다. 그러므로 항상 프로세스혁신보다는 제품혁신이 먼저 발생한다. 이때에는 기능과 성능이 중요시된다. 그런 다음 지배제품이 생기면 프로세스혁신이 뒤따른다. 프로세스혁신은 기능과 성능보다는 생산비용에 초점을 둔다. 최근 비즈니스 환경을 보면 프로세스혁신에 비해 제품혁신이 가지는 파괴력이 훨씬 크다고 할 수 있다.

Abernathy와 Townsend(1975)는 산업의 기술혁신에는 제품혁신과 공정혁신이 있으며, 이 혁신의 특성을 도표를 이용하여 자세하게 설명하였다. Abernathy와 Townsend는 먼저 산업혁신을 다음처럼 세 단계로 구분하였다. 유동기(fluid), 과도기(transitional), 그리고 경화기(specific)이다. 산업혁신의 가장 처음 단계인 유동기에는 제품혁신이 많이 발생한다. 그리고 과도기에 들어가면 급격하게 감소한다. 이와는 대조적으로 공정혁신은 유동기에는 거의 발생하지 않다가 과도기부터 급격하게 발생하고, 점차로 감소한다. 그래서 경화기에는 제품혁신과 공정혁신 전부 급격하게 감소하게 된다. 그리고 산업혁신의 각 단계에 있어서의 특성을 〈표 6-1〉처럼 설명하였다.

표 6-1 산업혁신의 각 단계

	유동기	과도기	경화기
혁 신	크고 빈번한 제품 변화	수요 증가에 따른 큰 생산 공정 변화	생산성과 품질의 점진적 개선
혁신의 원천	산업개척자 제품사용자	제조업자 사용자	공급업자
제품	다양한 설계와 주문 제품	상당한 양을 생산하는 안정된 상태	비차별적이며 표준화
공정	유연 비효율적	보다 체계화되며 큰 생산 공정 변화	효율적 자본집약적
연구개발	기술적인 불확실성으로 비구체적	구체적인 제품 특징에 초점	공정 기술 강조
설비	범용설비 숙련공	부분 자동화	전용설비 대부분이 자동화
공장	소규모	전문화는 되지만 범용공장	대규모의 전용공장
공정변화비용	낮음	중간	높음
경쟁자	적지만 점차로 증가하며 시장점유율의 변화가 심함	많지만 지배제품의 출현으로 감소하기 시작	전형적인 과점 상태로 적음
경쟁 기반	제품의 기능성	제품의 수정 사용의 적합성	가격
조직통제	비공식적 창업가적 통제	프로젝트와 과업 집단을 통한 통제	조직 구조 규칙 목표
산업선두 주자의 취약성	모방기업과 특허에 대한 도전, 획기적인 제품 혁신	보다 효율적이고 고품질을 생산하는 업체	보다 우월한 대체 제품을 제공하는 기술적 혁신

출처: W. J. Abernathy and P. L. Townsend, "Technology, Productivity, and Process Change," Technological Forecasting and Social Change, vol. 7, 1975, pp.379−396.

6.3.1 제품혁신

6.3.1.1 제품혁신의 정의 및 중요성

최근 우리는 시장에서 새로운 제품들을 많이 볼 수 있다. 스마트폰(smart phone), 3D TV, 화상전화기, 무인자동차, 비아그라, 로봇청소기, GPS 등 수없이 많은 새로운 제품들이 시장에 나와 있다. 이런 제품들은 전부 제품혁신의 결과이다. Low와 Kalafut(2004)는 제품혁신을 "정기적으로 새로운 제품을 시장에 내놓을 수 있는 혁신 능력"이라고 정의하였다.

획기적인 제품혁신은 새로운 시장을 창출하며, 기업에게 엄청난 수익을 가져다준다. 그래서 많은 최고경영자들은 불확실성이 높지만 엄청난 수익성을 창출하기 위하여 새로운 제품에 투자를 한다. 신생기업이 기존의 대규모기업을 이길 수 있는 한 가지 주요한 방법은 제품혁신에 의해 나온 신제품이다. 그리고 이 신제품은 장기간 동안 기업의 성장동력이 될 수 있다.

제품혁신의 대표적 기업들로 Apple, Google, Toyota 자동차, 3M, Intel, DuPont, Harley Davidson, Sony 등을 들 수 있다. 1902년에 설립된 3M은 제조업이지만 6만 개 이상의 신제품을 시장에 내놓았다. Toyota 자동차는 일찍부터 하이브리드(hybrid) 차에 투자하였다. DuPont은 지난 5년간 개발된 상품이 전체 매출의 1/3이 되는 목표를 수립하였다. 예로 2010년 매출이 315억 달러인데 35%가 신제품에서 발생하였다. Apple은 2001년 iPod, 2007년 iPhone을 소개하였다. 최근 iWatch도 iTV에 이어 애플의 차기 유력한 신제품으로 주목을 받고 있다. 1979년 7월 출시된 Walkman으로 Sony는 전 세계의 음악문화를 바꾸었다. Google은 최근 무인차와 Google glass를 만들었다. 일찍부터 Brin과 Page는 웹(web)과 뇌를 연결하는 세상을 이루고자 하였다. Google glass는 이러한 세상을 이루고자 하는 도구이다. 클라우딩(Clouding)에 저장한 정보를 필요할 때 검색하여 사용한다. 예를 들면, Google glass로 사람의 사진을 찍어 클라우딩에서 그 사람의 관한 정보를 찾아낸다. 음식 사진을 찍고, 클라우딩에서 자신의 건강상태에 맞춘 음식을 찾는다. 무인차는 9.2.2.5를 참조하기 바란다.

Apple과 Harley Davidson이 제품혁신에 월등한 능력을 지닌 이유로 Cruikshank (2005)는 다음처럼 두 가지를 들고 있다. 첫 번째는 소비자들이 다른 어떤 제품들보다 월등하다고 느끼는 제품에 무한히 헌신하기 때문이다. 두 번째는 사람들이 월등한 제품을 사용하는 것에서 부분적으로 자신의 정체성을 찾아내고 있기 때문이다. '나는 Harley Davidson을 타고 다닌다. 그러므로 나는 존재한다.' '나는 Apple cinema display가 연결된 Power Book G4를 사용한다. 그러므로 나는 존재한다.' 그렇지만 그것은 또한 작은 회사, Apple이 시장점유율을 높이고 전통적으로 부족했던 마케팅과 유통채널을 보강하려고 사용자 기반을 신중히 구축해왔기 때문이다. '컬트(cult) 구축'은 훌륭한 제품의 부산물이었다. 그것은 또한 매우 계획적이고 성공적인 기업전략의 결과였다. 그리고 그것이 오늘날 Apple이 여전히 사업을 계속할 수 있는 중요한 이유이다.

제품혁신은 획기적인 혁신뿐만 아니라, 기존의 제품에 새로운 기능을 첨부하는 것도 포함하고 있다. 예를 들어, Procter & Gamble은 기존의 제품에 새로운 기능을 추가하여 경쟁력을 크게 강화하였다. Apple은 2011년 인공지능(Artificial Intelligence) 기술인 시리(Siri)를 추가한 iPhone 4S를 소개하였다. 시리는 질문을 받고 대답을 해주는 소프트웨어이며, 인간 삶의 질을 향상시키는 획기적인 기술이다.

그러나 앞에서 이미 설명한 것처럼 제품혁신이 성공하기가 그리 쉽지 않다. Microsoft는 2010년 'kin'이라 하는 전화기를 출시하였으나 6개월 만에 2억 4천만 달러의 손해를 보고 시장에서 완전히 철수하였다. 이렇게 지금처럼 경쟁이 심한 환경에서 기업이 장기적으로 성공하는 제품혁신을 달성하기가 점점 어려워지고 있다.

6.3.1.2 지배제품

새로운 제품은 새로운 직업을 만든다. 이것은 새로운 제품을 필요로 하는 사람들이 증가하기 때문이다. 그래서 혁신은 기존의 산업을 폐쇄하고, 새로운 산업을 만들기도 한다. 19세기 말에 등장한 타자기는 타자수와 속기사라는 새로운 직업을 만들었다. 그리고 이 숫자는 상당 기간 동안 급격히 증가하였다. 〈표 6-2〉는 1890년부터 10년 단위로 1920년까지 30년 동안 미국에서의 타자수 및 속기사 숫자를 보여주고 있다. 이 표를 보면 타자수 및 속기사 숫자가 상당히 많이 증가하고 있는 것을 볼 수 있다. 30년 동안에 25배 정도 증가하였다. 이것은 사회 변화를 일으키기에 충분한 숫자인 것을 알 수 있다.

제품혁신이 시장에서 궁극적으로 성공하기는 상당히 어렵다. 먼저 초기에는 수많은 제품들이 시장에서 경쟁한다. 새로운 경쟁자들이 다양한 유형의 제품을 가지고 시장에 진입한다. 이 시기를 Michael Tushman과 Charles O'Reilly는 '기술적 소동의 기간(a period of technological ferment)'이라고 하였다(Harvard Business School, 2004). 초기에는 제품이 실험단계에 있어 생산성이 상대적으로 낮다. 그러면서 점차 기술이 향상된다. 신제품이 시장에서 성공하기 위해서는 소비자들로부터 지배제품으로 인정받아야 한다. 지

표 6-2 미국 타자수 및 속기사 수

연도	타자수 및 속기사 수
1890년	33,000명
1900년	134,000명
1910년	387,000명
1920년	786,000명

배제품(dominant product)은 소비자들이 시장에서 가장 선호하는 제품이다. 예를 들면, 타자기산업에 있어서 언더우드 모델(Underwood Model) 5이거나 OS(Operating System)에 있어서 윈도우(Windows)이다. 지배제품은 소수보다는 다수를 만족시키는 제품이다. 또 지배제품은 설계 자체에 많은 소비자의 요구기능을 포함하고 있기 때문에 새로 충족시켜야 하는 기능과 관련된 요구사항을 급격히 감소시킨다. 예를 들어, PC의 OS 표준 싸움에서 승리한 Microsoft는 세계 최고의 기업이 되었지만, 패배한 Apple은 시장에서 퇴출될 뻔한 위기를 맞았다. 2000년 Microsoft의 이익률이 41%였는데, Apple은 9.8%였다. 처음 PC시장에서는 Apple이 우세를 보였으나, 표준 싸움에서 Microsft와 Intel에게 패배하여 위기에 봉착하게 되었다. 즉, 표준을 주도한 기업은 독점적인 이익을 확보하나, 패배한 기업은 시장에서 퇴출될 수 있다.

그러면 어떤 제품이 지배제품이 되는가? 지배제품에 영향을 주는 요소로는 다음처럼 네 가지를 들 수 있다. 첫째, 브랜드 이미지, 시장 채널, 또는 고객의 교체비용 등과 같은 병렬산업이다. 고객서비스를 강조하는 IBM의 PC는 월등한 브랜드 이미지로 지배제품이 되었다. 둘째, RCA사의 규격과 같은 산업규제와 정부시책이다. 특히 이것은 이동통신산업에서 중요하게 나타나고 있다. 셋째, 기업의 전략적 행동이다. 비디오 규격을 놓고 JVC사와 Sony가 경쟁을 벌였다. JVC는 VHS를 주장하였고, Sony는 베타(Beta) 방식을 주장하였다. 넷째, 생산자와 사용자 간의 의사소통이다.

그러면 지배제품을 사전에 파악하는 것이 가능한가? 여기에 대한 답은 각양각색이다. 지배제품은 우연의 결과로 보는 견해가 있다. 이 견해는 지배제품을 인식의 대상으로 보며, 예측의 대상으로 보지 않는다. 다음으로 지배제품을 결정론적인 관점으로 보는 견해가 있다. 이 견해는 기술에 속해 있는 '어떤 속성' 때문에 필연적으로 지배제품이 결정된다고 보는 견해이다. 또 다른 견해는 사회적 및 조직적 요인이 지배제품을 결정한다는 것이다. 예를 들어 타자기의 QWERTY 자판의 경우이다. 인체공학적인 요소가 지배제품을 결정하였다는 것이다.

이렇게 시장에서 지배제품이 결정되면, 혁신은 급속하게 제품혁신에서 프로세스혁신으로 이동하며, 창업가적인 조직이 안정된 조직으로 변환하며, 실험과 테스트가 감소한다. 그리고 표준규격에 대한 진척이 빨라지며, 기능 및 성능보다는 비용을 중시하게 된다.

그러나 지배제품이 모든 산업에 전부 적용되지는 않는다. 먼저 레이온, 유리, 펄프,

금속, 또는 산업용 가스와 같은 비조립제품 산업, 그리고 집적회로나 사진필름과 같은 산업에도 지배제품의 개념을 적용하기 어렵다. 여기에서 비조립제품은 조립제품보다 적은 수의 재료로 만들어지기 때문에 생산 프로세스에 대한 기술적 노력과 실험이 중요하다. 그래서 촉진기술(enabling technology)이 중요하다. 촉진기술은 기술적 노력의 초점을 프로세스혁신과 설계로부터 프로세스 개선으로 옮긴다.

6.3.1.3 산업의 변화

여기에서는 타자기산업, 자동차산업, 그리고 TV산업을 예로 들어 제품혁신과 프로세스혁신, 그리고 경쟁자와 산업의 변화를 설명하도록 하겠다.

타자기산업

1870~1880년대 타자기시장은 Remington 회사가 거의 독점하고 있었다. 1874년 『Huckleberry Finn의 모험』의 저자인 Mark Twain(본명 Samuel Clemens)은 처음으로 타자기를 소유한 사람 중 한 명으로 Remington 1호기 타자기를 사용하였다. 필명인 Mark Twain은 뱃사람 말로 '물속이 두 길(3.6m)이여서 배가 안전하게 지날 수 있는 깊이'라는 뜻이다. 당시 Remington 1호기 타자기는 대문자만 사용할 수 있었으며, 소음이 많았고, 종이에 쓴 글을 바로 볼 수 없었고, 탭 기능도 없어 사용하기에 상당히 불편하였다. 1878년에 대문자와 소문자 모두를 사용할 수 있는 2호기가 나왔다. 그 후 경쟁으로 인해 타자기 산업이 크게 발달하였다. 1885년 Remington의 일방적인 독점을 저지하기 위하여 4개의 새로운 기업이 시장에 진입하였다. 이러한 경쟁의 와중에서 1888년 Remington은 가장 빠르다고 주장하는 Caligraph사에게 공개적으로 어떤 타자기가 더 빠른지 한 번 시합하자고 제의하였다. 그러나 Caligraph는 이 제안을 거부하였다.

1885년과 1890년의 5년 사이에 타자기 시장에 진입한 기업의 수가 2배로 증가하였다. 그러나 가장 강력한 위협은 Wagner의 가시적 기술혁신이었다. 그리고 이 기술을 탄소리본 사업을 하는 Underwood사가 도입하여 강력한 경쟁체제를 구축하였다. Underwood사는 1895년 Underwood 1호기를 출시하여 성공하였다. 이후 Remington의 Monarch(1901년), Smith & Brothers의 모델8(1903년), Royal(1904년) 등이 나왔다. 그리고 1909년까지 89개 제품이 출시되었지만 대부분 실패하였다. 엄청난 경쟁과 진입, 퇴출을 경험한 끝에 1899년 Underwood사가 출시한 모델 5가 그 후 지배제품이 되었다.

1900년에 미국 타자기시장에는 30개 이상의 기업이 경쟁하고 있었다. 그리고 물론 표준화가 이루어지고 있지 않았다. 1909년에는 기업의 수가 40개로 증가하였다. 그러나 지배제품이 결정되고 난 후인 1940년 단지 5개의 주력 기업만 시장에 존재하였다. 이 5개의 기업은 Remington, Royal, Smith, Underwood, 그리고 IBM이었다. 그리고 타자 기산업에 진입하였던 기업들의 90% 이상이 다른 기업에 합병되거나 파산되었다. 그리고 5개의 기업들은 기업의 초점을 제품개발에서 비용을 감소하기 위한 생산과 마케팅으로 전환하였다.

1933년 IBM이 소기업인 Electrostanic사를 매입하여 전동식 타자기를 개발하였다. 전동식 타자기는 일정한 프린트를 가능케 하여 인쇄의 질을 향상하여 타자수의 육체적 피로를 감소하였다. 그래서 타자기도 수동식에서 전동식으로 바뀌기 시작하였다. 그러나 속도는 그리 빠르게 진행되지 않았다. 1950년 타자기시장에서 전동식 타자기의 비율은 10% 밖에 되지 않았다. 그러나 이 비율은 1965년에 50%, 1970년에는 76%로 향상되었다. 1967년 당시 시장점유율을 보면 IBM(60%), SMC(10%), Royal(10%), 그리고 Olivetti−Underwood(10%)로 4개의 기업이 거의 시장을 지배하고 있었다. 특히 IBM이 60%로 단일 독주체제를 확고하게 하고 있었다.

다음에 나온 신제품이 워드프로세서(word processor)이다. Wang, Xerox, Exxon, ITT, AT&T, Olivetti, 그리고 IBM 등 55개 기업들이 워드프로세서 전용기를 생산하고 있었다. 그 결과 미국에서만 1975년까지 총 20만대, 1986년도에는 총 4백만 대의 워드프로세서가 판매되었다. 그러나 기대와는 달리 워드프로세서는 사무 능률을 크게 향상시키지 못하였고, 단순반복적이었으며, 가격이 비싸 실패하였다. 그 결과 워드프로세서 업체는 막대한 손해를 보게 되었다. 이 와중에 Wang사가 도산하였고, Exxon, ITT, AT&T사도 워드프로세서 산업에서 철수하기에 이르렀다.

워드프로세서는 퍼스널 컴퓨터로 대체되었다. 이것은 퍼스널 컴퓨터(Personal Computer)의 혁신에 의해서 달성되었다. 최초 제품은 MITS가 만든 Altair 8800이다. 1977년 Apple, Commodore, Tandy, 그리고 Healthkit 등 30여 개의 기업이 퍼스널 컴퓨터를 생산하고 있었다. 당시 컴퓨터의 기능은 그리 우수하지 못하였다. 예를 들어 Apple사의 'Apple II'는 16K RAM으로, 대문자만 사용할 수 있었으며, 표를 그릴 수 없었고, 수식도 사용 못하고, 또 화면대로 인쇄가 나오지 않았다. 1981년 나온 IBM의 PC 는 Intel의 8088 microprocessor를 탑재하였고, 상당히 성능이 향상되었다. 그리고 이

제품이 곧 운영체계를 표준화하게 되었다. 1982년부터 1983년까지 2년 동안 약 18개의 기업들이 125개의 모델을 출시하였다. Apple사는 Motorola의 칩에 전적으로 의존함으로써 사용자로부터 외면당하여, 1993년 시장의 13% 밖에 차지하지 못하게 되었다. 1983년 IBM의 시장점유율은 50%가 되었으며, 많은 기업들이 도산하였다. 1984년에는 IBM이 49%의 시장점유율, 그리고 Apple사가 13%의 시장점유를 하게 되었다. 1987년 퍼스널 컴퓨터의 총 판매대수는 워드 프로세서 전용기 총 판매대수의 4.5배에 이르렀다.

자동차산업

자동차산업은 실질적으로 보면 19세기 후반에 형성되었다고 볼 수 있다. 1885년 독일의 Benz와 Daimler에 의해 처음으로 내연기관이 개발되었다. 1894년과 1918년 사이에 60개 기업이 자동차시장에 진입하였다. 그리고 이 기간에 자동차시장에서 철수한 기업은 하나도 없었다. 1923년에는 참여한 기업의 수가 75개로 최대치를 기록하였다. 그리고 그 이후 7년 동안 35개 기업이 철수하였다.

자동차시장에서도 초기에는 제품혁신이 주종이었다. 그러나 다수의 지배제품이 형성되고 난 후에는 제품혁신의 수가 급격하게 감소되었다. 1919년에서 1962년까지 보면, 중요한 제품혁신의 수가 점차로 감소하고 있다. 〈표 6-3〉은 19세기 말부터 20세기 중반까지 미국 자동차산업에서의 주요한 혁신과 기업의 진입·철수를 보여주고 있다. 이 표에 의하면, 혁신이 점차적으로 감소하고 있는 것을 볼 수 있다. 또 초기에는 새로운 기업들이 많이 발생하지만, 점차적으로 진입하는 회사의 수보다 철수하는 회사의 수가 훨씬 많은 것을 알 수 있다.

표 6-3 미국 자동차산업에서의 주요한 혁신과 기업의 신규 진입·철수 1894-1962

기간	주요 혁신의 수	신규 진입	철수
1894-1918	자료 없음	60개	0개
1919-1929	14개	22개	43개
1930-1941	11개	6개	29개
1946-1962	7개	4개	8개

TV산업

TV산업은 20세기 초반에 형상되었다. RCA가 1929년 TV기술을 개발하기 시작하였다. 뒤를 이어 1930년대에 Philo Fansworth, Louis Hazeltine, 그리고 American Television과 같은 회사들이 역시 TV산업에 뛰어들었다. 그리고 1939년에 이 세상에 처음으로 TV가 출시되었다. 1952년에 TV 산업에 속한 기업의 수는 85개였다.

1950년대에는 TV산업에 중요한 사건들이 많이 발생하였다. 첫째, 컬러방송의 기술적 표준이 UHF와 VHF로 결정되었다. 둘째, RCA사의 기술적 표준이 미국 연방통신위원회에 의해 승인되어 지배제품이 되었다. 셋째, RCA사의 기술적 표준에 의해서 화면의 크기가 브라운관의 특성을 결정하게 되었다. 넷째, RCA가 자사의 TV기술을 다른 기업들에게 이전하기 시작하였다.

6.3.1.4 제품(서비스)혁신과 복잡성

제품 및 서비스혁신은 불가피하게 제품 및 서비스의 복잡성을 가져온다. 기업은 고객이 항상 새로운 제품 및 서비스를 원하기 때문에 고객을 만족시키기 위해서는 다양한 제품 및 서비스 라인을 구축하여야 한다고 믿고 있다. 마케팅부서에서는 이러한 전략을 좋아할지 모르지만, 기업 전체 입장에서는 다시 한 번 이 전략을 심각하게 재고하여야 한다. 물론 여기에서 제품혁신을 소홀히 하라는 말은 절대적으로 아니다. 왜냐하면 복잡성의 장점도 있기 때문이다. 즉, 복잡성은 위험을 분산하고, 고객에게 다양한 라인을 제공하고, 능률적인 운영을 할 수 있도록 한다. 그러나 불필요한 복잡성은 재고 증가, 생산계획의 복잡성, 예측의 어려움 등처럼 비용을 증가시켜 오히려 기업에게 득보다는 손실을 끼친다. 그러므로 신제품을 새로 개발하거나 또는 새로운 옵션을 추가할 때 기업은 너무 과도하게 제품 및 서비스의 복잡성을 추구하는 것을 주의하여야 한다.

Steve Jobs는 일찍부터 제품의 단순성을 강조하였다. 1998년 Steve Jobs는 Apple에 너무나도 많은 제품라인을 보고 탄식을 하면서, 제품라인을 최소한으로 감소하라고 지시하였다. 그 이후로 Apple이 판매하는 제품은 데스크톱(desktop)과 모바일(mobile) 컴퓨터의 소비자 및 프로 버전 등 4개에 집중하게 되었다. 한편 경쟁자들은 1990년대의 Apple처럼 수없이 많은 제품라인으로 경쟁하고자 하였다. 그러나 승자는 항상 단순화 전략을 추종하는 Apple이었다. Steve Jobs는 Nike CEO Mark Parker에게 "너절한 것은 다 치우고 좋은 것에만 집중하라"고 충고하였다(Gallo, 2010).

　여기에서 기업에게 가장 유리한 복잡성의 정도를 결정하는 것은 그리 쉽지 않다. 이것을 파악하려면 가장 먼저 고객의 욕구를 정확하게 파악하는 것이 중요하다. 위에서 이미 언급하였지만, 기업은 고객들이 다양한 제품라인을 선호한다고 생각하고 있다. 그러나 실제로 기업들은 고객의 욕구를 너무 과대하게 보고 있다. 그래서 너무 과대한 제품혁신은 기업의 수익성을 낮추는 결과를 가져온다고 Gottredson과 Aspinall(2005)는 주장하였다.

이미지 출처: www.in-n-out.com

　　　　　　　　　고객만족과 운영의 복잡성의 조화를 잘 달성한 기업으로 미국의 IN-N-OUT Burger(www.in-n-out.com)를 들 수 있다. 1948년 Harry와 Esther Snyder 부부에 의해 미국 California주 Bladwin Park에서 설립된 IN-N-OUT Burger는 미국의 캘리포니아, 아리조나, 유타, 텍사스 그리고 네바다 등의 주에 2021년 10월 기준으로 369개의 매장을 운영하고 있으며, 주로 캘리포니아주에 밀집되고 있다. 최초의 'drive-through'로 유명한 IN-N-OUT Burger의 '어느 매장을 가더라도 동일한 맛을 느낀다'라는 원칙으로, IN-N-OUT Burger는 해외는 물론 미국의 서부 밖으로도 거의 진출하지 않는다. 또 모든 식자재를 본사에서 배급하고, 배급이 가능하지 않은 지역에는 매장을 세우지 않는다. 이렇게 하여 신선도를 유지하고, 제조기술을 유지한다. IN-N-OUT Burger는 다른 패스트푸드(fast-food) 기업과는 달리 '4의 혁신'을 추구하고 있다(Gottredson과 Aspinall, 2005). '4의 혁신'은 제품의 복잡성을 감소한 혁신으로서, 모든 것을 네 개로 압축하여 수익성을 향상시킨 단순화 전략이다. IN-N-OUT Burger는 빨강, 하양, 노랑, 회색의 4개의 색, 4개의 계산기에 4명의 캐셔, 그리고 햄버거, 감자튀김, 셰이크, 그리고 소다 등 4개의 메뉴로 고객을 공략하고 있다. '4의 혁신'은 구매, 생산, 그리고 서비스를 단순화시켜 상당히 성공적이었다. 그래서 IN-N-OUT Burger의 수익성을 시장 평균보다 높게 향상시켰고, 고객만족도 역시 크게 향상시켰다. 그리고 각종 햄버거 순위에서 1위로 뽑힌다. 미국 데이터 분석기관인 랭커가 2015년 발표한 '최고의 버거' 순위에서도IN-N-OUT의 'double-double'이 1위를 차지했다.

6.3.2 프로세스혁신

프로세스혁신은 대부분 제품의 표준화가 이루어진 다음에 발생한다. 표준화가 이루어지면 제품의 기능 및 성능보다는 제품의 원가가 중요한 경쟁력으로 부상한다. 그러므로 프로세스혁신은 새로운 공정기술을 개발하여 생산성을 획기적으로 향상하고 생산원가를 절감하는 혁신이다.

그런데 여기에서 제품혁신과 프로세스혁신이 독립적으로 이루어지는 것은 아니다. 새로운 제품도 중요하지만, 이 제품을 소비자가 원하는 가격에 공급하는 것도 중요하다. 그래서 새로운 제품이 시장에서 성공하기 위해서는 제품혁신과 프로세스혁신이 다 시장에서 성공하여야 한다.

최근 산업계에 불어 닥친 중요한 변화 중 하나는 프로세스이다. 조직구조는 수직적 구조에서 수평적 구조로 바뀌었다. 일의 결과보다는 그 일을 수행하는 과정을 중시하게 되었다. 기업의 관점이 아닌 고객의 관점에서 업무를 바라보게 되었다.

프로세스에 대한 견해는 상당히 다양하다. 여기에서는 프로세스를 다음처럼 정의한다. "프로세스란 기업의 목적을 달성하기 위하여 투입물을 고객의 가치를 창출하는 특정의 산출물로 변형시키기 위한 가치 사슬에 있는 모든 기업군의 활동의 집합이다." 그리고 프로세스는 다음과 같은 특성을 지니고 있다.

- 시작과 끝이 있다.
- 투입물과 산출물이 있다.
- 시간과 장소에 따라 활동의 순서가 정해진다.
- 시간 및 비용 등으로 측정이 가능하여야 한다.
- 산출물의 부가가치가 있어야 한다.
- 고객의 가치와 기업의 목적을 달성하는 데 기여하여야 한다.

프로세스혁신에는 CPI, kaizen, BPDR, Process Value Analysis, BPM, out-sourcing, BPR, CMM, X-engineering, 6시그마처럼 다양한 유형의 혁신이 있다. CPI(Continuous Process Improvement)는 기존의 프로세스를 그대로 유지하면서 단순히 프로세스의 변동을 야기하는 원인을 지속적으로 제거함으로써 문제점을 해결하는 방법이다. Kaizen은 일본어로 '개선'이라는 말로서, 일본 경영의 장점을 지지하는 사고방식의 기초이다(Imai, 1988). BPDR(Business Process Design and Redesign)은 기존의 프로세스를 유지하지 않고, 새로운 프로세스를 설계 또는 재설계하는 것이다. PVA(Process Value Analysis)는 1970년대 간접비를 감소하기 위해 개발된 기법으로서, AVA(Activity Value Analysis)라고도 불린다. PVA는 현장에서 프로세스와 관련된 비용과 가치를 체계적으로 분석하여 간접비를 감소하는 방법이다. BPM(Business Process Management)은 개개의 프로세스 개선의 개념을 전사적 프로세스 관리에 적용하는 것이다. 즉, 조직에 있는 각 기능의 프로세스를 개별적으로 관리하는 것이 아니고 전 조직의 프로세스들을 일시에 관리하는 방법이다. Outsourcing은 가치사슬 중에서 경쟁력이 높다고 간주되는 프로세스를 직접 수행하고, 나머지 프로세스를 외부 기업에 할당하는 것이다. 특히 기업의 가치 창출에 큰 영향을 주지 않는 복잡한 프로세스를 아웃소싱하는 것이 바람직하다. Champy(2002)는 "BPR(Business Process Reengineering)의 목적은 과업의 흐름을 근본적으로 설계하고, 현재의 일하는 방식을 점진적으로 바꾸는 것이 아니고 완전히 바꾸는 것"이라고 하였다. BPR은 1776년 Adam Smith가 주창한 '분업의 이론'을 정면으로 반박하고 있다. CMM(Capability Maturity Model)은 미국 Carnegie Mellon 대학교 연구개발센터인 SEI에서 개발한 소프트웨어로 프로세스 능력을 평가하는 모형이다. 특히 CMM은 조직이 보유한 소프트웨어 프로세스 능력에 대한 성숙도를 단계적으로 보여준다. X-engineering은 기업의 내부에서 진행되었던 프로세스를 외부에까지 확대하는 것이다. 그래서 BPR은 기업 내부의 프로세스를 재구축하는 것이고, X-engineering은 기업과 기업 간의 프로세스를 구축하는 것이다. Harry와 Schroeder(2000)는 6시그마를 "자원의 낭비를 극소화하는 동시에 고객만족을 증대시키는 방법으로 일상적인 기업활동을 설계하고 관리하여 수익성을 엄청나게 향상시키는 비즈니스 프로세스"라고 정의하였다.

우리는 앞에서 제품혁신과 프로세스혁신을 설명하였다. 여기에서 한 가지 질문은 기업이 어떤 혁신에 더 치중하여야 하는가에 대한 질문이다. 혁신의 많은 전문가들은 어떤 하나의 혁신에 치중하기보다는 각각의 혁신에 있어서의 조화가 중요하다고 하였다. 하나의 혁신에 과다하게 치중하는 것은 조직의 안전성을 해치고 경쟁력을 상실할 우려가 있다. 예를 들어, 어떤 제품혁신에 많은 투자를 하였는데 실패한다면 기업에게 큰 타격을 줄 수 있다. 이미 앞에서도 언급하였듯이, 제품혁신이 성공할 확률보다 실패할 확률이 높기 때문에 기업은 신중을 기하여야 한다.

그러면 우리나라는 어떠한가? 안영진(2010)의 연구에 의하면, 우리나라 기업들은 제품혁신과 비교할 때 프로세스혁신에 훨씬 더 치중하고 있다고 볼 수 있다. 대기업보다는 중소기업이 제품혁신에 치중하는 비중이 높으나, 역시 프로세스혁신에 훨씬 더 치중하고 있다.

사례 ㅣ RR Donnelley의 X-engineering

RR Donnelley는 제지회사로부터 제지를 구매하여 잡지, 인명록, 광고지, 서적 등 모든 인쇄물을 취급하는 인쇄업자이다. 우선 인터넷의 상용화로 RR Donnelley는 위기에 처하게 되었다. 더구나 전통적인 관행에 따라 RR Donnelley는 상당한 양의 재고를 가지고 있었다. 즉, 평균 60일치의 재고로 약 2억 7천만 달러에 해당하는 재고량을 가지고 있었다. 이것은 높은 기회비용을 유발시켜 RR Donnelley의 경쟁력을 약화시키고 있었다(Champy, 2002).

RR Donnelley는 경쟁력을 강화하기 위해 전반적인 혁신을 단행하였다. 가장 먼저 한 일이 프로세스의 혁신이었다. RR Donnelley는 프로세스를 상당히 폭넓게 보았다. 그래서 숲에서 벌목된 나무가 제지공장을 거쳐 신문 가판대나 소비자의 우편함에 가기까지의 전 과정을 프로세스로 보았다. 이 프로세스 과정에서 RR Donnelley는 인쇄업자와 제지업체 그리고 출판사를 전부 인터넷으로 연결하는 통합된 온라인(on-line) 프로세스를 구축하였다. 그래서 협력업체와의 관계를 개선하여 낭비, 재고를 감소하였고, 또 온라인 프로세스를 통하여 업무를 계획하고 종이를 주문하여 원자재와 정보의 소통을 원활하게 하였다. 또 모든 구성원들은 각자의 프로세스를 공개하고 공유하였다. 그래서 업무의 진행속도가 빨라지고, 유연성이 높아지고, 재고량이 급격히 감소하게 되었다.

4차 산업혁명과 프로세스혁신

제5장에서 설명한 4차 산업혁명은 프로세스에도 엄청난 영향을 끼친다. 인적자원의 역량뿐만 아니라, 생산하는 방식, 생산시간, 비용, 품질, 일정계획 등 모든 분야에 걸쳐 영향을 끼친다. 이제 여기에서는 독일 기업인 Adidas의 'Speed Factory' 사례를 통하여 프로세스가 어떻게 전환되는지 살펴보고자 한다.

독일에 운동화 공장을 세웠던 Adidas는 고임금에 의한 경영난을 견디지 못하고 1993년 중국과 동남아시아로 공장을 이전하였다. 근로자 수는 약 600명 정도 되었다. 생산은 전형적인 소품종 대량생산으로 주로 수작업으로 이루어지며, 필요한 경우 기계를 사용하였다. 운동화 하나를 생산하는 데 소요되는 시간은 평균 3주 정도 걸리며, 신상품을 개발해 시장에 내 놓기까지 걸리는 시간은 평균 18개월 걸렸다. 이 공장의 장점은 싼 임금과 땅값이며, 단점은 운동화 생산에서 운송에 걸리는 시간이 길고, 재고량이 높다는 것이다. 전반적으로 이 공장은 수명주기가 짧은 운동화의 제품특성상 생산시스템이 비효율적이었다.

4차 산업혁명의 등장으로 Adidas도 공장의 혁신을 꾀하였다. 먼저 중국과 동남아시아의 공장을 23년 만인 2016년 독일로 다시 이전하였다. 싼 임금과 땅값이 더 이상 장점이 될 수 없기 때문이다. 그리고 새 공장의 이름을 'Speed Factory'로 지었다. 그런데 이 공장은 과거의 공장과는 판이하게 달랐다. 원단을 사람이 자르지 않고 로봇이 하며, 부속을 만들고, 꿰매고, 부치는 것도 3D 프린터가 한다.

이 공장은 3년 넘게 독일 정부, Adidas, 그리고 아헨 공대의 합작의 결과이며, 공장시스템을 구축하기 위하여 소프트웨어, 프레임 제작업체, 센서 등 20개 이상의 기업이 참여하였다. 생산방식도 수작업에서 완전주문방식으로 바뀌었다. 즉, 인터넷을 통해 고객이 직접 원하는 제품을 설계한 후, 3D 프린팅을 통해 생산되었다. 신상품 개발도 아디다스가 하지 않고, 홈페이지를 통하여 고객이 직접 설계하는 완전맞춤형(customized)으로 전환되었다. 고객주문이 완료되면, 인터넷에 연결된 공장생산라인이 24시간 가동된다. 그래서 신발 한 컬레를 생산하는 데 걸리는 시간이 5시간으로 단축되었으며, 재고감소로 비용이 크게 절감되었다. 또 50만 컬레의 운동화를 생산하는데 필요한 공장근로자가 600명에서 단 10명으로 감소하였다. 또 신상품 개발에서 출시까지 걸리는 시간을 평균 18개월에서 10일로 단축하였다. 또 공장을 저임금의 국가에 세울 필요도 없다. 소비시장에서 바로 생산하면 된다. 그래서 앞으로 동남아시아에 있는 공장을 전부 소비시장으로 이전할 계획을 세우고 있다('근로자 단 10명이 50만 컬레 만드는 신발공장', 아디다스 팩토리).

그런데 2019년 11월 Adidas는 독일 안스바흐와 미국 아틀란타에 있는 최첨단 스마트공장인 '스피드 팩토리'를 2020년 4월까지 폐쇄한다고 발표하였다. 그 이유는 설명하지 않았지만, 아마 선진국에서의 생산성이 투자비용 대비 낮기 때문이라는 전문가들의 분석이 있다. 그리고 로봇팔을 조정하기 위해 소요되는 비교적 긴 시간, 제한된 신발의 종류, 그리 많지 않은 생산물량, 그리고 현실적으로 어려운 완전한 개인맞춤 등의 원인들이 있다고 전문가들은 지적하고 있다(ENZIT, 2019). Adidas는 그 동안 축적한 자료와 경험을 다시 동남아시아 국가로 이전하겠다고 계획을 발표하였다. 여기에서 한 가지 유의할 점은 스피드 팩토리의 실패가 스마트 팩토리의 실패는 아니라는 점이다. 왜냐하면 스피드 팩토리는 스마트 팩토리를 구현하기 위한 과정 중 하나라는 점이다. 스마트 팩토리는 단순한 자동화가 아닌 다양한 기술들의 융합으로 이루어지는 것이다.

기존의 공장은 단순한 IT 기반의 공장이다. 즉, 시키는 일만 잘하는 자동화공장이다. 여기에 비하여 4차 산업혁명에서의 공장은 단순한 공장이 아닌 스스로 생각하고 판단하는 공장으로, ioT와 AI를 기반으로 네트워크로 연결된 공장이다. CIM 기술이 더 확대되고, 인간이 개입이 필요없어 수주에서 납품까지 컴퓨터 스스로 판단하고 생산하는 시스템이다.

6.4 경영혁신

런던경영대학(London Business School) 교수인 Gary Hamel(2006)은 "GE, DuPont, Procter & Gamble, VISA, Linux 등의 기업들이 계속 다른 기업들보다 앞서가는 이유로 이들 기업이 지속적으로 경영혁신을 하고 있기 때문"이라고 하였다. 개방소스(Open source) 개발의 대명사인 Linux는 멀리 이산되어 있는 개개인의 힘을 한데로 몰아 조합하는 경영혁신을 통하여 경쟁력을 강화하였다. Hamel은 "경영혁신이 장기간 지속되는 경쟁우위를 기업에게 제공한다"고 하였다. 그리고 지난 100년간 다른 어떤 혁신보다도 경영혁신이 가장 큰 성과를 기업에게 제공하였다고 하였다.

경영혁신을 하기 위해서는 MAPASHI를 잘 인지하여야 한다. 과거의 고정된 경영개념을 파괴하지 않으면 경영혁신을 잘할 수 없다. 예를 들어 리더는 조직에 오직 한 명만 존재한다는 사고방식은 self−leadership을 어렵게 만든다. 그러므로 변하는 환경에 적합한 새로운 개념을 창출하는 아이디어와 용기가 필요하다.

GE는 "경영혁신은 기본적으로 변화를 추구하는 것"이라고 하였다. 그리고 더 나아가 급격한 경쟁상황에서는 변화뿐 아니라 변화의 속도에 승패가 달려 있다는 것을 직시하여야 한다고 하였다. 이렇게 혁신은 변화이며, 또 누가 더 신속하게 변화하는가가 중요한 문제가 되었다.

기업들은 제품혁신을 위해 공식적인 방법론을 개발하고, 엄청난 돈을 연구개발에 투자한다. 또 위에서 보았듯이, 속도를 빠르게 하고 능률을 향상하기 위해 최근 많은 기업들은 비즈니스 프로세스에도 많은 시간과 투자를 하고 있다. 그러나 이상하게도 경영혁신에는 그런 시간과 돈을 투자하는 기업이 그리 많지 않다.

그러면 경영혁신은 무엇인가? Hamel(2006)은 "경영혁신은 전통적인 경영원리, 프로세스, 실무 또는 관습적인 조직형태로부터 현저하게 다르게 출발하여 경영이 수행되는 방법에 엄청난 영향을 끼치는 것"이라고 정의하였다. 여기에서 몇 가지 예를 들어 보겠다. 1903년 DuPont은 ROI(return on investment)를 활용하여 자금예산이란 방법을 개발하였다. 1930년대 Procter & Gamble은 무형자산의 가치를 측정하는 브랜드 경영 개념을 창안하였다. 역시 1930년대 GM은 제품과 브랜드유형에 의한 사업부제를 도입하여 큰 성과를 거두었다. 1970년대 VISA는 전 세계에 걸쳐 동시에 사용할 수 있는 브랜드를 개발한 조직혁신을 단행하였다.

경영혁신은 다양하게 발생한다. 몇 가지 예를 들어 보겠다. 미국의 기업들이 전문 스태프들의 기술에 집중하고 있을 때, 일본 Toyota 자동차는 현장직원들을 교육과 훈련을 통하여 변화와 혁신의 주체로 만들었다. 이것은 오랫동안 지녀온 Toyota 자동차의 믿음이었다. 즉, Toyota 자동차는 현장의 작업자들에게 관심을 가지고 훈련을 시켰다. 문제를 발견하고, 개선하고, 해결하는 것은 바로 현장에서 일하는 작업자들이라고 하였다. 또 혁신을 주도하는 사람도 바로 현장에 있는 사람들이라고 믿었다. 여기에 비해 디트로이트의 미국 자동차 기업들은 현장 사람들보다는 전문적인 기술을 지닌 스태프에 집중하였다. 그리고 그 스태프가 현장 작업자들을 통제하도록 하였다.

많은 식품 유통업체들이 Walmart에 대항하기 위해 비용을 절감하고 있을 때, Whole Foods Market은 독특한 경영혁신을 단행하여 큰 성과를 거두었다. 가장 대표적인 혁신은 점 단위가 아닌 팀 단위로 일을 하는 것이다. 팀은 소규모로 구성되며, 야채, 생선 등으로 이루어진다. 그리고 그 팀에게는 저장할 품목과 인사권 등 식품 유통업체에서 보기 드문 엄청난 자율권과 권한이 위임되었다. 보너스도 개인이 아닌 팀 단위로 지급되었다. 팀원에게는 회사의 모든 재무보고서를 접할 수 있게 하였다. 또 임원들의 봉급을 기업 평균 연봉의 14배까지 제한하였다. 그래서 '매장 단위 면적당 순익'에서 세계 최고를 자랑하고 있다.

Hamel(2006)은 1900년에서 2000년까지 지난 100년 동안 경영에 엄청난 영향을 끼친 가장 중요한 12개의 경영혁신을 다음처럼 기술하였다. 그 기준으로는 첫째, 기존의 이론과 현격한 차이가 있는가? 둘째, 기업의 경쟁역량을 향상시켰는가? 셋째, 지금도 일부 조직에서 어떤 형태로든 남아 있는가?

① 과학적 관리법(시간과 동작 연구)

② 원가회계 및 분산분석

③ 상업용 연구실험실(과학의 산업화)

④ ROI 분석 및 예산

⑤ 브랜드 경영

⑥ 대규모 프로젝트 경영

⑦ 사업부제

⑧ 리더십 개발

⑨ 산업 컨소시움

⑩ 급격한 분권화(자율 조직)

⑪ 공식 전략 분석

⑫ 구성원에 의한 문제 해결

6.5 혁신 포트폴리오

우리는 앞에서 점진적 혁신과 급진적 혁신, 그리고 제품혁신과 프로세스혁신에 대해 언급하였다. 그리고 이러한 혁신에 있어서의 균형이 중요하다고 하였다. 어느 한 쪽에 치우치는 전략은 그리 달갑지 않다고 하였다. 이와 비슷한 그리고 기업의 미래에 크게 영향을 끼치는 중요한 연구가 있어 소개하고자 한다.

Naghi와 Tuff(2012)는 혁신 포트폴리오(portfolio)를 주장하였다. 이들은 혁신에는 근간을 이루는 혁신, 인접한 혁신 그리고 변혁적 혁신 등 3가지 유형의 혁신이 있다고 하였다. 이 3가지 혁신을 IAM(The Innovation Ambition Matrix)를 통하여 설명하였다. IAM은 x축에 제품과 자산, y축에 시장과 고객을 다루고 있다. 〈그림 6-2〉는 IAM을 보여주고 있다.

근간을 이루는 혁신(core innovation)은 기존 제품을 개선하여 기존 시장을 확대하는 혁신이다. 이와 완전히 다른 변혁혁신(transformational innovation)은 변혁을 통하여 새

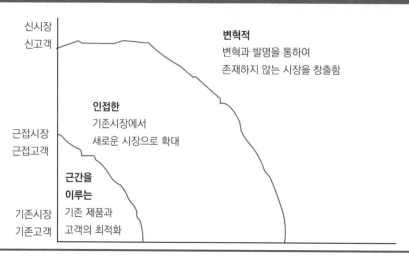

그림 6-2 The Innovation Ambition Matrix

신시장
신고객

변혁적
변혁과 발명을 통하여
존재하지 않는 시장을 창출함

인접한
기존시장에서
새로운 시장으로 확대

근접시장
근접고객

**근간을
이루는**
기존 제품과
고객의 최적화

기존시장
기존고객

출처: Bansi Nagji and Geoff Tuff, "Managing Your Innovation Portfolio," Harvard Business Review, May 2012, p.69.

로운 제품으로 새로운 시장과 고객을 창출하는 혁신이다. 중간이 양 혁신의 중간 형태인 인접한 혁신(adjacent innovation)이다. 그러면 이 3가지 유형의 혁신에 기업은 어떤 비율로 투자하여야 가장 좋을까? 물론 이 비율은 다음처럼 몇 가지 요소에 의해 영향을 받는다. 첫째, 산업의 유형이다. 생산재, IT, 소비재에 따라 비율이 다르다. 일반적으로 근간, 인접, 변혁혁신의 비율을 보면, 생산재는 70−20−10이고, IT는 근간의 비율이 상대적으로 낮으며, 인접은 변혁의 비율이 비교적 낮다. 둘째, 시장에서의 경쟁수준이다. 시장에서 경쟁적 입지가 낮은 기업일수록 변혁에 더 투자하는 경향이 높다. 셋째, 기업성장 단계이다. 초기인 경우에는 변혁에 치중하고, 그리고 안정된 단계에 접어들수록 근간에 치중하게 된다. 그러나 장기적인 관점에서 보면 이야기가 달라진다. 근간혁신에 대한 투자는 장기적인 성과에 대해 10% 정도의 효과가 있으며, 인접혁신은 20%, 그리고 변혁혁신은 70% 정도 효과가 있다. 이것은 기업에게 시사하는 바가 크다고 할 수 있다.

최근의 혁신

아는 것만으로는 충분하지 않다.
적용해야만 한다.
의지만으로는 충분하지 않다.
실행해야 한다.

- Johann Wolfgang von Goethe -

CHAPTER

07

최근의 혁신

혁신도 시대에 따라 환경에 적응하기 위하여 변한다. 기존의 경영이론이 환경에 적응하기 위하여 변하듯이, 혁신도 마찬가지로 변한다. 과거에 효과적이었던 혁신이 변화하는 새로운 시대에서는 효과적이지 못하다. 그러므로 기업은 시대의 변화에 따라 어떤 혁신이 효과적이고 아닌지를 파악하고 분석하여야 한다. 폐쇄적인 혁신모형은 공개적인 모형으로 바뀌었다. 국가경제에서 차지하는 서비스산업의 중요성으로 인하여 서비스혁신에 대한 관심이 증가하고 있다. 인도에서는 무조건 싸게 팔지 않으면 설 자리가 없다. 또 기업과 학계에서 비즈니스모델에 대한 관심이 집중되고 있다.

제7장에서는 최근에 발생하고 있는 혁신들을 다룬다. 혁신이 어떻게 진화되고, 발전되어 가고 있는지를 알아본다. 특히 여기에서는 다음과 같은 주제에 대해 설명한다.

7.1 공개혁신
7.2 서비스혁신
7.3 돌파경영
7.4 간디안혁신
7.5 비즈니스모델 혁신
7.6 시장 창출 혁신
7.7 디지털 전환 혁신

이미지 출처:
www.pgconnectdevelop.com

여기에서는 공개혁신의 가장 대표적 예인 Procter & Gamble의 Connect and Develop 혁신(www.pgconnectdevelop.com)을 설명하고자 한다. 혁신의 공장으로 알려져 있는 Procter & Gamble(www.pg.com)은 신제품에 대한 혁신전략을 바꾸었다. 과거의 혁신전략은 새로운 환경에서 그리 효과적이지 않았다. 연구개발 혁신예산은 날로 증가하는데 성과는 오히려 감소하였다. 2000년도를 보면, 연구개발 프로젝트의 약 15%만이 수익성 목표치를 달성하였다. 또 총매출액 중에서 신제품이 차지하는 비중도 계속 정체하고 있었다. 그래서 P&G은 새로운 공개혁신 전략인 CD(Connect and Develop) 전략을 추구하게 되었다.

이미지 출처: www.pg.com

P&G는 1837년 미국 Cincinnati에서 양초를 파는 William Procter와 비누를 파는 James Gamble에 의해서 설립되었다. 이들은 동서지간이 아니면 아마 만나지 못하였을 것이다. 장인과 파트너가 된 이들은 새로운 기업인 Procter & Gamble을 설립하였다. 이들은 남북전쟁 때 비누와 양초를 북군에 공급하였으며, 남북전쟁 후에는 비누와 쇼트닝, 그리고 세계 최초로 합성세제와 주방용 세제 등을 판매하면서 기업이 크게 성장하였다. P&G는 다양한 제품을 파는 회사로 잘 알려져 있다. 치약, 방취제, 세제, 청소용품, 샴푸, 린스, 화장지 등을 포함한 개인용품, 쇼트닝, 케이크 믹스, 커피 등을 비롯한 식품, 그리고 펄프, 화학제품, 동물 먹이 등과 같은 잡화 등을 판매하고 있다.

2004년 P&G은 신제품인 프링글스(Pringles) 감자칩을 시장에 내놓았다. 이 감자칩은 과거의 감자칩과는 달랐다. 즉, 각 감자칩에 퀴즈게임, 동물형상, 유머 등이 인쇄되어 있었다. 그리고 이 신제품은 시장에서 선풍적인 인기를 끌었다. P&G이 이 신제품을 개념단계에서 인쇄하고 시장에 내놓기까지 걸린 시간은 1년이 채 안 되었다. 만약 과거의 내부지향적인 혁신프로세스를 따랐다면 아마 2년도 더 걸렸을 것이고, 성공도 불투명하였을 것이다.

2002년 P&G은 브레인스토밍(brainstorming)을 통해 스낵(snack)을 보다 고상하고 재미있게 만드는 방법을 강구하고 있었다. 그때 한 사람이 대중문화 이미지를 프링글스에 인쇄하면 좋겠다고 제안하였다. 그 아이디어는 참 좋았는데, 문제는 인쇄하는 방법이었다. 조사해보니 인쇄는 잉크젯 회사에서 할 수 있었다. 그러나 먹을 수 있는 염료는 스스로 개발하여야 했다. 과거의 전통적인 프로세스는 이제 잉크젯회사와 모든 것을 협상하여 계약하고 그에 따르는 프로세스를 결정하는 것이었다. 또 예산을 배정하여 염료를 개발하는 것이었다.

그런데 P&G은 이 방법을 사용하지 않고 새로운 방법인 공개혁신을 사용하기로 하였다. 즉, 먼저 우리가 해결하고자 하는 기술을 명확하게 정의하고, P&G의 글로벌 네트워크를 통하여 이 기술을 이미 개발하였거나 또는 사용하고 있는 기관이나 개인을 찾는 것이었다. 그 결과 이탈리아의 볼로그나(Bologna)시에 있는 조그만 제과점에서 이 기술이 사용되고 있는 것을 발견하였다. 이 제과점은 어떤 대학 교수에 의해 운영되고 있었는데, 이 교수는 제과기계도 가지고 있었다. P&G은 즉시 이 기술을 도입하여 신제품을 북미시장에 내 놓았다. 그리고 신제품 출시 2년 동안 수십 퍼센트의 성장을 하였다.

대부분의 기업들은 지금도 전통적인 연구개발 모형인 「발명모형」을 사용한다. 「발명모형(invention model)」은 대부분의 연구개발과 아이디어가 연구개발실에 의해 주도되며, 특허 신청 및 획득, 협약, 아웃소싱(outsourcing) 등이 주류를 이룬다. 그런데 이 독자적이고 폐쇄적인 「발명모형」은 새로운 환경에 효과적으로 대처하기가 어렵게 되었다. 과거처럼 기업 규모가 작고, 경쟁이 덜 심한 환경에서는 내부적인 연구개발만으로도 어느 정도 성장이 가능하였다. P&G도 마찬가지로 이러한 모형을 사용하여 성장을 하였다.

그런데 상황이 바뀌었다. 과거의 P&G은 250억 달러 기업이었지만, 2000년도에 700억 달러 기업이 되었다. 과거의 모형으로는 규모가 커진 P&G의 성장을 보장할 수가 없게 되었다. 기존의 내부적 모형은 P&G의 성과를 향상시키지 못하였다. 연구개발 생산성은 정체되었고, 재무기준을 충족시키는 신제품 비율인 혁신성공률도 35%에서 더 이상 향상되지 못하였다. 경쟁은 심해지고, 매출은 감소하고, 신제품은 감소하였다. 그래서 주가가 118달러에서 52달러로 추락하였고, 이익도 큰 폭으로 감소하였다.

사실 세계적으로 혁신환경은 바뀌었는데, P&G은 1980년 이래 혁신모형을 바꾸지 않았다. 1980년 P&G은 중앙집권적 방법에서 글로벌 네트워크 내부모형으로 전환을 하였다. 그런데 시대가 바뀌어 중요한 혁신이 중소규모의 기업과 개인들에 의해 점차로 개발되고 있었다. 또 대학과 정부기관도 중요한 혁신의 원천이 되고 있었다. 더구나 인터넷은 이러한 경향에 기름을 부었다. 그래서 이러한 원천들을 활용하기 위한 새로운 개념인 공개혁신이 IBM 등에서 도입되었다. 공개 혁신은 말 그대로 경쟁자의 것까지도 포함하여 제품, 지적 자산, 연구원 등 모든 혁신재산을 활용하는 방법이다.

2000년 P&G의 CEO로 새로 취임한 A. G. Lafley는 P&G의 혁신모델을 새로 바꾸기로 결정하였다. 현재의 문제점을 조사해보니, 내부에서 나온 아이디어도 많지만 점차로 외부에서 나온 아이디어가 중요하다는 사실을 발견하게 되었다. 그래서 Lafley는 "P&G 혁신의 50%를 반드시 외부에서 획득하라"는 목표를 제시하였다. 당시 P&G에는 7천 5백 명의 연구원들이 있었다. 그리고 외부에는 거의 150만 명의 과학자 및 연구원들이 있었다. 그래서 P&G 연구원 1명 당 대략 2백 명의 외부 과학자 및 연구원들이 있는 셈이 된다. 이제 P&G은 외부의 이 많은 사람들을 이용하고자 하는 것이다. 이것은 P&G에서 문화의 변화를 요구하였다. 즉, 폐쇄적이고 독자적인 혁신문화를 개방적이고 외부와 같이하는 협조적인 혁신문화로 탈바꿈하여야 하였다. 그래서 연구개발 조직을 새로 정의하고, 인식하고 바꾸었다. 그래서 과거의 7천5백 명의 내부 연구원들이 이제 7천 5백 더하기 외부 150만 명의 연구원들로 바뀌었다.

이렇게 해서 P&G에서 나온 새로운 혁신전략이 「CD 혁신모형」이다. 「CD 혁신모형」은 고객의 욕구를 명확하게 정의하고, 전 세계를 통하여 고객의 욕구를 충족시킬 확실한 아이디어를 수집하고, 이 아이디어를 P&G 연구개발부, 마케팅, 생산, 구매부서에 적용시켜 가장 저렴하지만 최상의 제품을 가장 빠르게 창출하는 것이다. 「CD 혁신」은 아웃소싱과는 다르다. 아웃소싱은 보다 임금이 낮은 사람에게 과업을 이전하는 것이지만, CD는 좋은 아이디어를 찾아 내부 역량을 활용하는 전략이다. 「CD 혁신」이 성공하기 위해서는 최고경영자의 적극적인 리더십과 공개적인 선포와 연구개발부서와 다른 부서들의 체계적이고 유기적인 협조가 필요하다. 또 CEO가 수시로 CTO(Chief Technology Officer)와 접촉하여야 한다. 그리고 혁신에 대한 고정관념을 바꾸어야 한다.

「CD 혁신」은 외부에서 나오게 된 신제품의 비율을 2000년도의 15%에서 35% 이상 향상시켰다. 또 연구개발 생산성은 60% 향상되었고, 혁신 성공률도 2배 이상 향상되었다. 총 매출액 대비 연구개발비도 2000년의 4.8%에서 2006년에는 3.4%로 감소하였고, 지난 2년간 기업 외부에 의해 나온 신제품의 숫자가 100개 이상이 되었다. 「CD 혁신」에 의해 나온 대표적인 브랜드로는 Olay Regenerist, Swiffer Dusters, 그리고 Crest SpinBrush 등이다.

P&G의 성장에는 혁신이 동반한다. CEO인 Bob McDonald는 다음처럼 혁신의 중요성을 언급하였다. "P&G의 경험에서 볼 때, 승진은 분기의 승리자이지만, 혁신은 십 년의 승리자이다." P&G은 경쟁자들에 비해 연구개발에 투자를 많이 한다. 특히 혁신의 기회를 포착하기 위하여 소비자 연구에 집중한다. 소비자 연구 예산은 독립적으로 시행한다. 소비자 연구는 주로 소비자 집에서 또는 유통현장에서 직접 관찰하는 연구가 많다. P&G은 현재 100개 이상의 국가에서 5백만 이상의 소비자를 대상으로 2만개 정도의 연구를 시행하고 있다.

2023년 현재 P&G의 CEO는 Jon R. Moeller이다. 2023년 11월 현재 매출액은 820억 달러, 순이익은 147억 달러, 직원 수는 107,000명이다.

대표적인 브랜드로는 Crest, Charmin, Pampers, Tide, Downy 등을 들 수 있다. 그러나 이외에 스낵, 음료, 의약품, 로봇, 이미징, 향수, 화장품 등처럼 상당히 다양한 제품들을 생산한다. 그리고 150개 과학분야에 매년 약 20억 달러를 연구개발에 투자하고 있다. 또 현재 살아 있는 특허가 55,000개이다.

이 사례는 다음과 같은 자료를 참조하여 저자가 재구성하였다.

(1) Bruce Brown and Scott D. Anthony, "How P&G Tripled Its Innovation Success Rate," Harvard Business Review, June 2011, 64-72.

(2) Larry Huston and Nabil Sakkab, "Connect and Develop: Inside Procter & Gamble's New Model for Innovation," Harvard Business Review, March 2006, 58-66.

(3) www.pg.com

7.1 공개혁신

연구개발은 규모와 관계없이 모든 기업에서 이루어진다. 그러나 파괴적이고 핵심적인 연구개발은 주로 대기업에서 이루어진다. 이것은 연구개발이 많은 투자를 요구하며, 성과가 극도로 불확실하기 때문이다. 그래서 연구개발에 강한 기업들을 경쟁기업들이 이기기 어려웠다. 그러나 21세기 들어서면서 이러한 추세에 큰 변화가 발생하였다. 바로 공개혁신 때문이다.

7.1.1 공개혁신과 폐쇄혁신

최근 전문적인 연구인력이 급격하게 증가하고 있다. 또 이 연구인력은 과거에 비해 비교적 다른 회사로 이전하기가 쉬워졌다. 또 유망한 중소기업에 대한 벤처투자가 증가하고 있다. 이러한 시대의 흐름은 새로운 개념인 공개혁신을 만들었다. 20세기는 폐쇄의 시대이지만, 21세기는 공개의 시대이다. 공개혁신은 상당히 개방적이며, 엄청난 효과를 가져온다. 폐쇄적인 방법은 말 그대로 조직 내에서 모든 활동이 이루어진다. 모든 발상과 아이디어는 조직 내부로부터 나온다. 그래서 내부성과는 오직 내부자원에 의해서만 이루어진다. 즉, 독창성을 강조한다. 여기에 비해 공개혁신은 내부자원뿐만 아니라 외부자원까지 적극적으로 활용하여 내부성과를 향상시킨다. 어떻게 보면 독창성보다는 수익성을 강조한다고 볼 수 있다. 안영진(2006)의 백신모형의 12가지 요소 중 하나인 글로벌 초일류기업의 특성, 즉 독창성이 있는 기술보다는 수익성이 있는 기술에 중점을 둔다고 볼 수 있는 것이다.

가장 처음으로 공개혁신을 언급한 사람은 미국 버클리(Berkley)대학교의 Henry Chesbrough(2003)이다. Chesbrough는 환경과 지식의 변화로 공개혁신이 나왔다고 하였다. 즉, 지식에 대한 대기업의 독점이 종료되었으며, 벤처캐피탈과 인력 유동성이 증가하였고, 제품사이클의 축소 및 기술개발비용이 증가로 공개혁신이 대두되었다는 것이다.

Chesbrough는 Lucent Technology와 Cisco를 예로 들어 설명하였다. Lucent Technology와 Cisco는 텔레커뮤니케이션(telecommunication) 시장에서 경쟁하고 있었다. 연구개발로 유명한 Bell Labs는 Lucent Technology의 강력한 전략적 무기이었다. Lucent Technology는 내부연구소를 통한 혁신을 하였고, 최고 수준의 시스템과 부품, 재료들을 개발하기 위한 목표를 실행하여 통신장비시장의 선두를 차지하고 있었다. Lucent Technology와 유사한 기업들로 IBM, Motorola, Siemens, Merck, Pfizer, GE, DuPont, Bell Lab 등을 들 수 있다.

여기에 비하여 Cisco는 Lucent Technology처럼 내부 연구개발에 강점이 없었다. 그럼에도 불구하고 Cisco는 Lucent Technology에게 경쟁에서 밀리지 않았다. 그 이유는 무엇일까? Cisco는 Lucent Technology처럼 기술에 많은 투자를 할 수 없었지만, 어떤 기술이 필요하면 그 기술을 외부에서 구입하였다. 외부는 파트너 회사이거나 또는 유망한 신규 벤처기업들이었다. 외부기술을 통하여 Cisco는 막강한 연구개발 역량을 지닌 Lucent Technology와 경쟁을 할 수가 있었던 것이다. Cisco와 유사한 기업들로 Intel, MS, Nokia, Genetech, Amgen, Genzyme 등을 들 수 있다. Cisco에 대해서는 다음에서 다시 자세히 설명하도록 하겠다.

Chesbrough와 Appleyard(2007)는 "공개혁신으로 기업의 리더들은 새로운 리더십과 전략을 수립하여야 한다"고 하였다. 왜냐하면 기존의 전략은 수동적인 데 비해 공개혁신 전략은 능동적이기 때문이다. 특히 "공개혁신은 기업의 지속가능경영을 강화한다"고 하였다. 그리고 "공개성은 다음처럼 두 가지 이점을 제공한다"고 하였다. 첫째, 제품의 품질과 다양성을 향상하기 위해 소비자들이 아이디어를 직접 제공한다. 예로 Linux의 'Linus 법칙'을 들었다. 둘째, '네트워크 효과(network effect)'이다. 사용하는 사람이 많아지면 많아질수록 사용자가 증가한다는 법칙이다.

이렇게 기업의 초점이 '소유권'에서 '공개성'으로 전환한 것은 기존의 '가치창출'과 '가치점령'의 전략에 수정을 요구하게 되었다. 그러면 공개성은 무슨 의미인가? Chesbrogh(2011)는 공개성(openness)을 2가지 유형으로 분류하였다. 'outside in'과 'inside out'이다. 'Outside in'은 외부의 아이디어와 테크놀로지를 내부에서 사용하는 것으로, 'NIH(not invented here) 신드롬'을 극복하는 것이다. 그리고 LEGO를 예로 들었다. LEGO는 '잘 놀다'의 의미인 Denmark 말 'leg godt'의 약어이다(www.lego.com). LEGO는 1932년 목수인 Ole Kirk Kristiansen에 의해 설립되었다. 설립 후 계속 잘 성장하다가 인터넷과 비디오게임의 등장으로 위기에 처하였지만, 이 위기를 잘 극복하였다. 1998년 출시된 LEGO Mindstorms은 LEGO의 핵심사업인 블록조립과 디지털기술을 결합한 결합물이다. 즉, 모터 및 컴퓨터 프로세스와 조립장난감을 결합하였다. 이것은 움직이는 장난감을 만드는 계기가 되었다. 그리고 2003년 'LEGO Design Digital Program'을 도입하였다. 즉, 모든 소비자들이 스스로 온라인에서 LEGO 설계에 자유롭게 참여할 수 있도록 하였다. 이것은 후에 미국 중학교 정규과목으로 선정되는 큰 성공을 거두었다. LEGO에는 약 120명의 디자이너들이 있으며, 'LEGO Design Digital Program'에서 자발적으로 활동하는 디자이너는 약 12만 명쯤 된다. 'Inside out'은 기업 내부의 아이디어, 테크놀로지, 그리고 프로세스를 다른 기업이나 개인이 활용하는 것으로, 'NSH(not sold here) 신드롬'을 극복하는 것이다. 그리고 Amazon을 예로 들었다. Amazon은 web의 전문성을 외부기업들과 공유하여 큰 성공을 거두었다.

또 공개성은 아이디어 제공자가 그 아이디어로 발생하는 혁신의 결과에 대해 권리를 주장하지 않는 것이다. 그래서 공개프로세스를 통하여 창출된 가치는 공공재가 되는 것이다. 대표적인 예가 Linux이다. 최초 제공자인 Linus Torvalds의 프로그램은 수많은 사람들의 참여에 의해 결국은 세계에서 두 번째로 사용이 많은 OS가 되었다. 이렇게 공개혁신은 지식창출의 근본이 된다. 또 하나 중요한 것은 기업체 간의 공개협조이다. 이러한 공개협조로 기업의 생태계가 바뀌게 된다. 대표적인 예로 IBM의 PC architecture, Microsoft의 OS, 그리고 Intel의 마이크로 프로세서(microprocessor)를 들 수 있다. 이것들은 강력한 PC산업을 만들었다. 강력한 PC산업은 "네트워크 효과"를 통하여 또 다시 강력한 소프트웨어산업을 창출하였다.

Pilat(2010)는 〈표 7-1〉에서 볼 수 있는 것처럼 공개혁신과 폐쇄혁신을 다음처럼

표 7-1 공개혁신과 폐쇄혁신

폐쇄혁신	항목	공개혁신
• 여기에서 창조되지 않았다.	접근 방법	• 자랑스럽게 어디서든지 찾는다.
• 전반적 비즈니스 전략과 독립적인 전략 • 사내에서 수행됨 • 내부 풀의 혁신가	혁신	• 비즈니스 전략이 목표 추구 • 협조적 또는 외부에서 구입한 기술 • 많은 혁신가/사용자/고객과 같이 일함
• 기업의 제품과 서비스에 통합 • 수익은 다음 R&D의 원천	성과	• 내부적이면서 동시에 외부적인 성과 (특허, 벤처 등)

출처: Dirk Pilat, "Findings from the OECD InnovationStrategy," STEPI, 2010.

비교하였다.

폐쇄혁신(closed innovation)은 내부에서 발생하지 않은 것은 다루지 않으며, 기업의 비즈니스전략과 연계되지도 않아 독립성이 강하다. 또 혁신가도 내부에 국한되어 있으며, 혁신의 결과는 오직 그 기업의 제품과 서비스가 되며, 다음 연구개발의 원천이 된다. 여기에 비해 공개혁신(open innovation)은 내부 및 외부를 가리지 않으며, 비즈니스전략과 연계하여 필요하면 외부와 협조하여 혁신을 수행한다. 그래서 성과도 내부는 물론이고 외부에도 나타난다.

모든 아이디어는 연구개발의 과정에 있어서 경영자나 연구가들에 의해 평가된다. 그래서 좋은 아이디어는 살아남고, 나쁜 아이디어는 폐기된다. 그런데 여기에서 Chesbrough(2003)는 이 아이디어를 보다 세분화하였다. 즉, '처음에는 좋게 보였지만 후에 좋지 않은 아이디어(false positives)'와 '처음에는 좋지 않게 보였지만 후에 좋은 아이디어(false negatives)'로 구별하였다. 폐쇄혁신과 공개혁신은 전부 'false positives'를 제거한다. 이 점에 있어서 폐쇄혁신과 공개혁신에는 차이가 없다. 그러나 'false negatives'에 있어서 차이가 있다. 폐쇄혁신은 'false negatives'를 처음부터 폐기하지만, 공개혁신은 'false negatives'를 구제한다. 그래서 폐쇄혁신을 추구하는 기업들은 미래의 가치 있는 아이디어를 제거하는 오류를 범한다. Xerox의 연구센터인 PARC(Palo Alto Research Center)는 많은 연구성과를 거두었다. 예로 Ethernet과 GUI(the graphical user interface)이다. 그러나 이러한 기술들은 고속도 복사기와 프린터기업인 Xerox와 관계없는 기술들이었다. 즉, 'false negatives'이었다. 그리고 이 기술들을 폐기하였다. 여기에 비해 Apple과 MS는 GUI를 활용하여 큰 성공을 거두었다.

모든 기업이 반드시 공개혁신을 하여야 하는 것은 아니다. 핵반응산업에서는 기술을 외부에 공개하지 않으며, 외부에서 구입하기도 어렵다. 연구자들도 비교적 이동성이 거의 없으며, 벤처자금도 없다. 그러므로 이런 산업에서는 폐쇄혁신이 주를 이룬다. 그러나 전자, 컴퓨터, 복사기, 제약, 커뮤니케이션, 화학 등의 산업에서는 공개혁신이 적극적으로 활용되고 있다.

7.1.2 기업들의 사례

공개혁신을 실시하고 있는 기업들이 점점 증가하고 있다. 2012년 미국 버클리 대학교와 독일 Fraunhofer 연구소가 미국과 유럽의 2,840개 기업을 조사한 바에 의하면, 응답 기업의 78%가 공개혁신을 추진하고 있으며, 하이테크 기술분야에선 91%가 추진하고 있었다(Daily News, 2016). 또 Chesbrough가 처음으로 공개혁신을 언급한 2003년 4월 구글 검색에서 공개혁신 단어 건수가 7,410건에 불과하였는데, 2015년 11월 8천 6백 2십만 건으로 크게 증가하였다(장성근, 2015).

몇 가지 예를 들어 보겠다. 미국 Ford 자동차 Bill Ford 회장은 일찍부터 공개혁신의 중요성을 인지하고 'Win Team'이라는 글로벌 협력문화 캠페인을 실시하였다. 이 캠페인은 아이디어를 구할 때 미국을 떠나 세계 어디에서든지 구하는 생각이다.

미국 제약회사 Eli Lilly의 온라인 지식포럼 InnoCentive도 Procter & Gamble처럼 공개 혁신을 실행하고 있다(Prahalad와 Krishnan, 2008). 그리고 어떤 특정문제에 대한 해결책을 제시하고 그 해결책이 수락되면 누구든지 그 제안자에게 보상을 하고 있다.

이탈리아의 Fiat 자동차도 공개혁신으로 엔진기술의 선두주자가 되었다. 2009년 3월 미국 Obama 대통령은 미국의 Chrysler 자동차가 Fiat와 파트너십(partnership) 맺기를 희망한다고 하였다. 가장 주된 이유는 Fiat의 연료효율적이고 깨끗한 엔진기술이라고 하였다(Minin et al, 2010). Fiat 자동차의 공개혁신은 1990년대 Fiat의 연구개발과 기술개발을 총괄하는 CRF(Cetro Ricerche Fiat)에 의해 이루어졌다. 1976년에 설립된 CRF는 처음에는 Fiat 자동차와 별개로 독립적으로 운영되었다. 그리고 개발된 기술들은 Fiat의 협력업체들하고만 공유되었고, 필요가 없으면 폐기되었다. 그러다가 자동차산업의 수익성이 떨어지기 시작하자, 당시 CEO이었던 Michellone은 혁신의 패러다임이 바뀌어야 한다는 것을 강하게 느꼈다. 그리고 공개혁신을 하기로 결정하였다. 이렇게 되어 CRF에 들어오는 자금의 양이 크게 증가하게 되었고, 개발된 기술은 자동차산업 이외의 산업으로도 팔았다. 이것은 CRF와 Fiat 자동차의 매출을 크게 향상시켰다.

Intel은 2001년부터 'Lablet'이라는 연구소를 설립하여 많은 대학교와 공동으로 운영하고 있다. 'Lablet'은 약 40명(Intel과 대학교 각 20명) 정도의 규모로 운영되며, 외부에서 온 교수들은 2~3년 동안 대학을 휴직하고 공동연구를 진행한다. 'Lablet'을 하는 주요 대학은 미국의 버클리와 카네기멜론(Carnegie Mellon), 영국의 켐브리지(Cambridge), 그리고 중국의 칭화(Tsinghua) 대학교 등이다.

Google의 안드로이드(Android) OS도 대표적인 공개 혁신이다. 전 세계 스마트폰의 80%에 깔려있는 안드로이드 OS는 철저한 사용자 위주의 공개혁신의 결과로 세계를 지배하고 있다.

Apple은 외부 아이디어를 적극 수용한다. 그리고 이를 내부 아이디어와 조화시키고, 여기에 Apple 특유의 디자인과 소프트웨어를 더하여 혁신제품으로 완성시킨다.

최근 2010년에 설립된 중국의 Xiaomi도 공개혁신을 잘 활용하여 2015년 매출액을 450억 달러로 향상하였다. Xiaom에는 9백만 명의 자발적인 마케터 팬과 SNS를 통하여 7천만 명의 사용자들로부터 의견을 수렴하여 매주 목요일 앱 업데이트에 즉각 반영하고 있다(장성근, 2015). Xiaom는 이것을 Xiaom의 창업정신인 '참여(engagement)'라고 강조한다.

7.1.3 우리나라 기업들의 현실

우리나라 기업들도 공개혁신의 중요성을 인식하고 있다. 대표적인 기업이 한미약품이다. 한미약품은 2010년에 외부연구개발팀을 구축하여 2015년 8조원의 신약기술개발을 수출하였다.

그렇지만 공개혁신을 활용하고 있는 기업은 그리 많지 않다. 안영진(2016)의 서비스기업들에 대한 연구에 의하면, 공개혁신은 통신과 유통분야에서는 조금 활용하고 있었지만, 나머지 대부분의 서비스기업들은 거의 사용하고 있지 않다고 하였다. 아직도 우리나라 대부분 기업들은 스스로의 핵심역량에 의존하여 경쟁을 하고 있다. 장성근(2015)은 우리나라에서 공개혁신이 잘 활용되고 있지 않은 이유를 다음처럼 설명하였다. 첫째, 공개혁신을 활용하려고 하는 의지가 약하다. 둘째, 공개혁신에 투자를 잘 하려고 하지 않는다. 셋째, 내부역량이 부족하다. 넷째, 조직문화가 아직도 폐쇄적이다.

7.1.4 크라우드 소싱

혁신의 영역은 점차로 확대되고 있다. 7.1에서 이미 언급하였듯이 공개혁신은 기업 내부에만 존재하던 연구의 영역을 기업외부로 확대하였다. 이와 마찬가지로 기업에 어떤 문제가 발생하였을 때, 지금까지는 기업 내부에서 이 문제를 해결하고자 하였다. 그러나 공개혁신처럼 문제를 기업의 외부인들을 통하여 해결하는 기법이 나오고 있다. 이역시 기업의 경쟁력을 향상하며, 고객과 같은 기업의 외부인들을 적극적으로 활용하는 혁신이다.

Apple에게 성공을 가져온 요소들은 많이 있다. 그 중 한 가지는 아마도 다양하고도 엄청 많은 앱(apps)과 팟캐스트(podcasts)일 것이다. 팟캐스트는 Apple의 iPod과 방송(broadcasting)의 합성어로서 인터넷 네트워크를 통하여 다양한 컨텐츠를 제공하는 서비스이다. 이러한 것들은 애플의 외부, 즉 크라우드(crowd: 일반 군중)들로부터 생성된 것이다. 이렇게 군중들로부터 소스를 생성하는 것을 크라우드소싱(crowdsourcing)이라한다.

그러므로 기업이 해결할 수 없는 문제에 직면하면, 크라우드소싱을 활용하는 것을 생각해 보아야 한다. 물론 전통적으로 내부혁신을 중시하는 기업에서는 이렇게 하는 것이 쉬운 결정이 아닐 것이다. 조직 내부의 문제를 전혀 상관이 없는 외부인들에게 공개하는 것 자체가 어려울 것이다. 그러나 군중은 막강한 지식과 역량을 보유하고 있다. Boudreau와 Lakhani(2013)도 크라우드소싱의 중요성을 인지하고, 기업들이 크라우드소싱을 사용할 것을 주장하였다.

사례 | Cisco의 I-Prize

2007년 가을 Cisco는 I-Prize를 발표하였다(Jouret, 2009). I-Prize는 Cisco의 미래산업을 이끌 새로운 비즈니스를 창출하는 아이디어를 외부에서 공개적으로 수집하여 가장 우수한 아이디어를 선정하고 상을 주는 (crowdsourcing) 공개혁신이다. 104개 국가에서 2,500여 명의 혁신가들이 1,200개의 아이디어를 제출하였으며, 엄격한 심사 후에 가장 우수한 하나의 아이디어를 선정하여 25만 달러의 상금을 지불하였다. Cisco는 수년 동안 내부에서 크라우드소싱을 실시하여 왔다. 또 창업회

이미지 출처:
www.cisco.com

사에 투자를 하였고, 유망한 테크놀로지 회사들을 인수하였다. 그러나 I-Prize는 새로운 방법론을 Cisco에 가져다주었다. I-Prize는 Cisco의 장기전략의 일환으로 Cisco의 미래를 결정한다.

CEO인 Guido Jouret는 급변하는 비즈니스 환경에서 살아남기 위해서는 외부와의 긴밀한 관계가 중요하다고 생각하였다. 우선 외부의 혁신가들과의 지속적인 소통이 중요하다고 보았다. 그래서 I-Prize에 신청한 수천 명의 혁신가들을 Brightidea라는 회사의 플랫폼(platform)에 등록시켰다. 이 플랫폼에서는 이들의 아이디어를 수집할 뿐만 아니라, 등록한 혁신가들을 서로 연계시켜 상호소통이 가능하게 하였다. 아이디어에 대한 소유권은 25만 달러의 상금을 지불한 가장 우수한 아이디어를 제외하곤 전부 원래의 아이디어 제공자에게 권한을 주었다.

1,200여 개의 아이디어 중에서 가장 우수한 아이디어를 선별하는 과정은 매우 길지만 중요하다. 가장 먼저 1,200여 개의 아이디어 중에서 우수한 40개를 선정하였다. 이 선정 과정은 2개의 프로세스를 통하여 이루어졌다. 먼저 CEO를 포함한 6명의 팀이 3개월 동안 풀타임(full-time)으로 이 작업을 수행하였다. 이때 Brightidea platform을 통하여 등록한 참가자들로부터 비평과 투표를 병행하였다.

다음으로 아이디어를 제출한 사람들과의 심도 있는 면담을 통하여 40개의 아이디어를 10개로 축소하였다. 다음에 최종심사를 하기 위해 6명으로 구성된 팀에 10개의 아이디어에 관련된 임원진들을 합류시켰다. 그리고 전 세계에 산재해 있는 Cisco의 원격 HD 비디오 회의장인 TelePresence에 아이디어 제공자들을 오게 하여 심사를 하였다. 이렇게 하여 최종 아이디어를 선정하였다.

이 사례는 다음 자료들을 참고하여 저자가 재구성하였다.

(1) Guido Jouret, "Inside Cisco's Search for the Next Big Idea," Harvard Business Review, September 2009, pp.43-45.

(2) www.cisco.com

7.2 서비스혁신

7.2.1 서비스혁신의 중요성

국가경제에서 가장 비중을 많이 차지하는 부문이 서비스산업이다. 이것은 『Fortune 500대 기업』이나 OECD 자료를 보면 자연스럽게 알 수 있다. OECD(the Organization of Economic Cooperation and Development) 국가에서는 서비스부문이 GDP와 고용에서 차지하는 비중이 70% 이상 된다(OECD, 2016). 또 미국에서 가장 많은 근로자들을 고용하고 있는 산업이 서비스산업이다. 이것은 최근의 일이 아니라, 약 60년 전인 1956년부터 시작되었다. 산업을 1차(농업/어업/광업), 2차(제조), 3차(서비스)산업으로 분류할 때, 각 산업에 종사하는 근로자 비율을 20년 단위로 보기로 하자. 1970년에는 1차 6%, 2차 30%, 그리고 3차가 64%이었으며, 1990년에는 1차 4%, 2차 20%, 그리고 3차가 76%이었다. 2010년에는 1차가 3%, 2차가 13%, 그리고 3차가 84%이었다(미국 노동통계국 (Bureau of Labor Statistics), 2014). 1차 산업과 제조업은 지속적으로 감소하지만, 서비스산업은 꾸준히 증가하고 있는 것을 볼 수 있다. 이미 2010년에 서비스산업에 종사하는 사람의 숫자가 제조업에 비해 6배 이상 되었다. 2010년 GDP에서 각 산업이 차지하는 비중을 보면, 1차가 3%, 2차가 15%, 그리고 3차가 82%로 근로자 숫자와 별 차이가 없다.

우리나라는 OECD 국가 중에서 GDP 대비 서비스산업의 비중이 상당히 낮다. 2014년 우리나라 GDP 대비 서비스산업의 비중은 59.4%로 60%도 안 되었다. 여기에 비하여 2014년 영국은 89%, 캐나다 88%, 프랑스 88%, 미국 87%, 이탈리아 84%, 일본 81%, 독일 77%, 그리고 스페인 74%이었다. 2016년에는 52.8%로 더 하락하였으며, 고용비중은 70.1%였다.

세계은행이 발표한 자료(2023)에 의하면, 2021년 GDP 대비 서비스산업의 비중은 미국 77.6%, 일본 69.5%, 독일 62.9%, 한국 57%이다. 참고로 OECD 평균은 71%이다.

이렇게 서비스산업의 중요성은 날로 증가하고 있다. 그러나 서비스산업에 있어서 혁신은 그렇게 중요한 요소가 아니었다(Miles, 2000). 혁신은 제조업의 산물이어서, 서비스업체들은 서비스혁신에 대한 정보를 구하기가 어려웠다. 지금도 서비스혁신은 비체계적이며 비창의적이다. 이것은 전통적으로 무형재화인 서비스에서는 가치를 창출할 수 없다고 기업들이 간주하고 있기 때문이다. 또 서비스는 사람에 의해 이루어지므로 서비스를 제공하는 프로세스가 중요하다고 생각하였다(Bitner, Ostrom, 그리고 Morgan, 2008). 그래서 제품혁신에 중요한 요소인 설계나 기술 등이 서비스혁신에 적용이 되지 않는다고 생각하였다.

서비스혁신이라는 용어는 1993년 Miles에 의해서 처음으로 사용되었지만(Business Week, 2007), 기대만큼 관심이 그리 없었다. 그러나 최근 서비스산업이 점차로 중요해짐에 따라 서비스에 대한 인식이 바뀌었다. 우선 프로세스 관점이 고객경험 관점으로 바뀌었다. 고객의 경험이 고객의 가치와 기업의 가치를 향상시킨다는 것을 기업은 인식하게 되었다. 그래서 이제 서비스혁신에 대한 중요성이 인지되고, 점차로 많은 연구가 이루어지고 있다.

7.2.2 서비스혁신의 정의

혁신은 주로 제조업체에서 하는 것이지 서비스업체에서는 거의 무관심의 대상이었다. 서비스분야에서 혁신에 관심을 갖게 된 시기는 최근의 일이다. Tether와 Howells (2007)는 서비스분야에서의 혁신이 무시, 동화, 식별, 그리고 통합의 4가지 단계를 거쳐 진화하였다고 하였다. 무시(Neglect)는 서비스분야에서 혁신에 전혀 관심이 없던 시기이다. 관심이 없을 뿐더러 인지도 잘 못하였던 시기이다. 이 당시 혁신은 기계에 대한 테크놀로지 향상이라고 생각하였다. 1980년대 초 선진국가들의 경제에서 서비스분야가 차지하는 비중이 급격하게 증가하기 시작하였다. 그러자 서비스분야에서의 혁신에 대한 관심이 나오게 되었다. 이 시기를 동화(Assimilation)단계라고 하며, 서비스혁신에 대한 연구개발이 시작되었다. 1990년대 초 테크놀로지혁신에만 집중되었던 관점에서 조직혁신이나 지식기반서비스 분야로 혁신이 확대되기 시작하였다. 이 단계를 식별(Distinction)단계라 하며, 서비스분야의 고유특성을 감지하게 되었다. 그러다가 점차로 테크놀로지혁신과 비테크놀로지혁신을 모두 포함하는 접근방법이 나오게 되었다. 이 단계를 통합(Synthesis)단계라고 부르며, 이 양 혁신의 서로 독립적으로 이루어지는 것이 아니고 상호보완한다는 관점이다.

서비스혁신은 주로 서비스업체에서 행하는 혁신이다. 고객에게 제공하는 서비스에 혁신적인 아이디어를 적용하여 수익성을 극대화하는 혁신이다. 가장 최초의 서비스혁신은 1980년대 American Airlines의 SABRE(Semi-Automated Business Research Environment) 예약시스템이다. SABRE는 새로운 정보에 따라 비행기 운임을 비교적 쉽게 변동하게 하는 시스템이다. 여러분들이 비행기 표를 인터넷에서 구매할 때 가장 싼 가격으로 사고자 할 것이다. 그런데 비행기 운임이 수시로 바뀌는 것을 볼 수 있다. 이것이 전부 SABRE 시스템의 결과이다.

서비스혁신은 물류, 유통, 의료, 항공, 호텔, 놀이공원, 금융, 교육, 컨설팅, 수송, 스포츠 클럽, IT 등 다양한 유형의 서비스 산업에서 발생한다. 무형재화인 서비스는 유형재화인 제품과 다르므로, 서비스혁신도 제품혁신과 달라야 한다. 서비스 분야에서 비즈니스를 하는 사람들은 제품중시 사고방식을 한번 생각해 볼 필요가 있다. 여기에서 제품중심은 고객에게 판매하는 제품중시의 사고이다. Michael Porter(1995)는 유명한 '가치사슬(value chain) 이론'을 제시하였다. Chesbrogh(2011)는 Porter의 '가치사슬 이론'을 제품중시의 관점이라고 하며, 서비스 산업에서는 고객경험을 중시하기 때문에 '가치사슬' 이론을 적용하는 것이 바람직하지 않다고 하였다. 그러므로 서비스혁신도 고객의 경험을 중시하여야 한다.

Walmart는 '크로스도킹(cross docking)'이라는 구매 및 물류혁신을 통하여 경쟁력을 엄청나게 향상시켰다(Hammer, 2004). '크로스도킹'은 공급업체로부터 트럭이나 철도에 의해 유통센터에 공급되는 상품들을 창고에 보관하지 않고, 즉시 회사의 운송차량을 이용하여 매장으로 직접 이동하는 방법이다. 상품은 반드시 창고에 보관한다는 고정관념을 타파한 새로운 생각이다. 이것은 재고비용과 운영비용을 크게 감소하여 Walmart의 저비용전략을 가능하게 하였다. Hammer(2004)는 Dell과 Walmart의 혁신을 「오퍼레이션 혁신(operation innovation)」이라고 불렀다. Hammer는 「오퍼레이션 혁신」이 기업의 성장에 대단히 중요한 요소라고 하였다. 그러나 최고경영자들이 오퍼레이션을 소홀히 하는 경향이 있다고 지적하면서, 기업은 오퍼레이션의 중요성을 심각하게 받아들여야 한다고 하였다. 사실 오퍼레이션은 경영의 대단히 중요한 기능이다. Toyota, Walmart, SIA 등은 전부 「오퍼레이션 혁신」을 잘 실행하여 경쟁력을 향상시킨 기업들이다. 「오퍼레이션 혁신」은 단순히 기존의 오퍼레이션을 개선하는 것이 아니고, 완전히 새로운 방식으로 실행하는 혁신이다.

7.2.3 4차 산업혁명과 서비스혁신

4차 산업혁명은 먼저 사무 자동화를 가져왔다. 스마트 팩토리가 제조업체에서 똑똑한 공장이라면, 사무 자동화는 사무실에서의 프로세스의 자동화를 말한다. 사무 자동화는 과거 인간이 하던 정해진 규칙에 따라 반복적으로 수행되는 지루한 업무들을 소프트웨어 로봇이 대신 수행하게 하는 기술이다. 대표적인 기술이 RPA이다. RPA(Robotic Process Automation)는 정해진 규칙에 따라 반복적으로 행해지는 근로자의 수작업 활동을 반자동 또는 완전자동으로 실행시키는 컴퓨터 소프트웨어 기술의 응용이다(Dikinson과 Roy, 2016). RPA는 많은 효과를 가져온다. 근로자들의 안전을 높이고, 동기부여를 강화하여 생산성이 증가되고, 직원만족도가 향상된다. 기업은 산재 발생이 감소하고, 수익성이 향상된다. RPA는 정해진 규칙에 따라 자동화를 하지만, 인공지능의 발전으로 프로세스를 고차원적으로 분석하고, 의사결정을 지원하는 새로운 단계, 즉 IPA(Intelligence Process Automation) 단계로 다시 이전되고 있다(정제호, 2017).

그런데 최근 빅데이터와 인공지능의 발전으로 서비스 혁신은 급속하게 변화하고 있다. 중국 Alibaba는 2014년 AFSG(Ant Financial Services Group)을 창립하였다. 5년 후 AFSG의 고객 숫자는 10억명을 돌파하였다. 무슨 일이 있었는가? 바로 인공지능을 도입하였기 때문이다. AFSG의 핵심적인 프로세스에는 일하는 사람, 결재하는 경영자, 재무상담하는 상담사, 의료비를 지불하는 사람 등이 없다. 또 의사결정에 제약이 없다. 인공지능이 모든 업무를 하기 때문이다. 인공지능을 활용하는 AFSG처럼 역량을 갖추기 위해서는 다음처럼 4가지가 필요하다(Iansiti와 Lakhani, 2020). 첫 번째는 데이터를 수집, 추출, 통합, 그리고 보호하는 데이터 파이프라인(data pipeline)이다. 두 번째는 미래를 예측하는 알고리즘(algorithm)이다. 세 번째는 새로운 알고리즘을 테스트하는 실험 플랫폼(experimental platform)이다. 마지막으로 소프트웨어를 개발하고 내부 및 외부 사용자를 연결하는 시스템인 인프라스트럭처(infrastructure)이다. 그래서 AFSG는 세계 어떤 금융그룹보다도 낮은 비용으로 높은 수익을 창출하는 기업이 되었다.

7.2.4 서비스혁신 사례

사례 I Southwest Airlines

미국의 Southwest Airlines(www.southwest.com)는 항공산업에서 서비스혁신을 주도하는 대표적인 회사이다. 항공산업은 대규모 투자와 높은 고정비용을 필요로 하는 산업이다. 그래서 '규모의 경제'를 통해 초기의 높은 투자비용을 만회하는 전략이 중요하다. 그동안 항공산업에 있어서 장거리 노선 중심의 회사들은 장기불황과 9.11 테러 등의 여파로 대규모 적자와

파산위기가 몰아닥쳤다. 그러나 단거리 노선 중심의 저가항공사는 높은 성과를 달성하였다.

1966년 변호사이던 Herb Kelleher와 Rollin King은 미국 달라스에서 항공회사를 설립하였다. 그리고 1967년 Air Southwest Company와 합병하였고, 1971년 회사명을 Southwest Airlines로 바꾸었다. 당시 3대의 Boeing 737기로 출발한 Southwest Airlines는 주로 미국 텍사스 남서부 도시들을 중심으로 운행하였다. 1975년에는 텍사스이외의 다른 주로 사업을 확대하였다. 1988년에는 '항공사 3대 측정부문'에서 전부 1위를 하는 영광을 차지하였으며, 2004년에는 미국의 60개 도시로 운항하게 되었다. 2014년에는 미국에서 가장 많은 승객들이 이용한 항공사였다. 2023년 12월 기준으로 직원 수는 55,001명, 보유 항공기 수 730대, 미국의 101개 도시 운항, 그리고 8개의 외국 국가로 운항하고 있다.

Southwest Airlines는 불필요한 서비스를 제거하여 항공료를 대폭 낮추었다. 그래서 새로운 고객들을 창출하는 서비스혁신을 단행하였다. 서비스혁신은 서비스 차별화를 가져왔다. Southwest Airlines의 서비스 차별화는 세 가지로 구분된다. 첫째, 신속함과 편의이다. 신속함은 시간절감을 가져왔고, 시간절감은 낮은 가격을, 낮은 가격은 높은 이익을 가져왔다. Southwest Airlines는 업계 평균의 절반인 20분 이내에 재운항을 하여 비용을 크게 절감하였다. 이것은 저렴한 항공료로 다양한 비행 스케줄을 가능하게 하였다. 둘째, 안전성이다. Southwest Airlines는 안전성을 높이기 위하여 기종을 보잉 737기로 통일하였다. Southwest Airlines는 세계에서 보잉 737을 가장 많이 구매한 기업이다. 기종의 통일은 시간과 비용을 절약하였을 뿐 아니라 안전성도 높였다. 이것은 Southwest Airlines로 하여금 사망사고 없는 놀라운 안전운항을 기록하게 하였고, 9.6년이라는 낮은 항공기 평균 기령을 유지하게 하였다. 이 수치는 미국 주요 10대 항공사 중 가장 낮은 수치이다. 셋째, 발상의 전환을 통한 서비스 제공이다. Southwest Airlines는 기본 포지셔닝 전략에 상응하는 차별화된 서비스를 제공하였다. 즉, 기내식 같은 기내 서비스를 없애고, 항공요금을 낮추었다. 또 선착순 좌석제, 자판기로 항공권 발권, 티켓 없는 탑승, 그리고 더블 마일리지 정책 등 획기적인 경영방침을 시행하였다. 이러한 서비스혁신으로 Southwest Airlines는 급속히 시장을 장악하게 되었다.

Christensen, Baumann, Ruggles, 그리고 Sadtler(2006)는 Southwest Airline의 서비스혁신을 「파괴적 혁신」이라고 하였다. 이렇게 해서 Southwest Airlines는 엄청난 성과를 달성하였다. 수익성은 1973년 이래 매해 흑자를 유지하고 있으며, 무차입경영으로 신용등급이 항공사 중 최고이다. 또 항공사 중 가장 낮은 항공운임을 유지하고 있으며, 시장점유율 1위를 차지하고 있다. 또 비행기 1대당 직원 수도 가장 적지만, 불만건수는 가장 낮으며, 기업에 대한 충성도는 엄청 높다. 그래서 직원 이직률도 업계 최저 수준으로 연간 약 6.4%를 기록하고 있다. 노사분규와 정리해고가 없으며, 가장 높은 고객서비스율(화물취급, 정시운행, 고객 불만건수 −미국 교통부 통계)을 기록하고 있다. 그래서 Southwest Airlines는 세계에서 가장 안전한 항공사 1위로 손꼽히고 있다.

항공사 중에서 서비스혁신을 주도하는 또 하나의 회사로 SIA를 들 수 있다. SIA (Singapore Airlines)는 업계 최초로 돌비 사운드(Dolby sound) 시스템, 기내전화와 침대형 좌석 도입, 이코노미 클래스에 비즈니스 클래스 수준의 기내식 제공, 또 좌석이 뒤로 완전히 젖혀져 평면침대로 전환되는 '공간침대(space bed)'를 제공하였다.

Walt Disney는 놀이기구를 타기 위해 장시간 기다리는 고객들의 지루함을 감소하기 위해 광대놀이 등과 같은 서비스혁신을 개발하였다.

미국의 자동차산업이 부흥하게 된 이면에는 서비스혁신이 있었다. 자동차회사들은 자동차 구매대금을 할부해주는 금융서비스를 창안하여 대량판매의 시대를 열었다. Intel은 반도체회사 중 기술 혁신으로 유명한 회사이다. 그런데 Intel이 성공하게 된 이면에는 역시 마케팅혁신이 있었다. Intel은 직접 소비자들을 상대로 광고를 하였다. 혁신은 연구개발부서 사람들이 하는 과거의 관념을 깨고 마케팅혁신으로 새로운 지평을 열었다. 마케팅혁신은 컴퓨터업자들로 하여금 Intel의 칩을 구매하도록 만들었다.

Meg Whitmam에 이어 2008년 eBay의 CEO가 된 John Donahoe는 정체된 eBay를 다시 성장시켜야만 하였다(Donahoe, 2011). Donahoe는 실험의 혁신 또는 문화를 eBay에 정착시키고자 하였다. 이것은 eBay의 새로운 도전이다. eBay는 RedLaser를 통하여 소비자가 구매하고자 하는 품목에 대한 가격 및 제반 정보를 eBay, Walmart, BestBuy 등 주요 판매업자들과 비교할 수 있게 하였다. 또 16km 이내에 위치한 판매업자들의 재고도 Milo를 통하여 바로 알 수 있도록 하여 소비자의 편익을 극대화시켰다. 또 현재 실시하고 있는 중요한 실험은 경매와 고정가격에 대한 실험이다. eBay는 전통적으로 경매로 출발하였다. 그러나 고정

가격 사업이 점차로 증가하여 경매를 추월하여, 경매가 30%, 고정가격이 70%가 되었다. 이것은 지금까지의 eBay의 비즈니스 구조를 완전히 바꾸도록 만들었다. 이래서 Donahoe는 실험혁신을 추진하게 되었다. Donahoe가 추구하는 2가지 요소는 고객중심과 혁신이다. 하나의 예로 Garden은 혁신에 대한 고객으로부터의 피드백을 강화하였다. Garden은 iPad나 iPhone의 app으로 경매와 고정가격을 한 화면에서 동시에 보게 하여 결정을 하도록 하였다.

병원에서의 혁신은 쉽지는 않지만, 절대적으로 중요하다. 왜냐하면 서비스혁신이야말로 고객과 병원의 가치를 향상시키기 때문이다. 여기에서는 미국 버지니아(Virginia) 대학병원의 서비스혁신을 소개하고자 한다. 이 서비스혁신은 기존 병원들에게 많은 것을 느끼게 할 것으로 기대한다. 여성 심장병 환자들에게 다른 환자들과 같이 의사를 만나 진료를 받는 제도인 클럽 레드(Club Red)가 있다(Ramdas, Teisberg, Tucker, 2012). 대부분의 병원에서 그렇게 하듯이, 버지니아대학병원에서도 환자는 의사와 30분 동안 만나 진료를 받을 수 있다. 그러나 클럽 레드 회원으로 가입하게 되면, 또 다른 선택권이 있다. 다른 환자들과 같이 의사를 만나 진료를 받는데 시간은 1시간 30분이다. 버지니아대학병원의 심장과에서는 90분 동안 최대 12명의 환자를 공동으로 진료를 한다. 클럽 레드 회원은 우선 기다리는 시간이 없다. 그냥 공동진료실에 와 바로 진료를 받는다. 의사는 각 환자를 개인적으로 만나 혼자 진료할 때처럼 동일하게 진료를 한다. 단 다른 점은 다른 환자들이 의사와 환자의 이야기를 들을 수 있다는 것이다. 클럽 레드는 사적인 진료행위를 공적인 진료행위로 전환시켰다. 클럽 레드는 생산성을 크게 향상시켰다. 우선 의사는 90분간 10~12명의 환자를 진료할 수 있다. 이것은 개인적으로 진료를 하였을 때보다 2.4~3배 정도 생산성이 높아진다. 환자만족도도 상당히 향상하였다. 환자들의 대기시간이 없어졌으며, 그룹미팅을 통하여 훨씬 자기 병에 대한 정보를 더 얻을 수 있다. 또 이 병에 대해 어떻게 대처하여야 할 것인지도 알게 된다. 또 환자와 의사와의 관계가 밀접하게 되어 신뢰성이 올라가게 된다.

<출처> www.southwest.com

7.3 돌파경영

「돌파경영(Breakthrough Management)」은 Shiba와 Walden이 제안한 개념이다. 이들은 급격히 변하는 환경에서 이제 기업의 경쟁력을 유지하기 위해서는 돌파경영을 도입하여야 한다고 주장하였다.

이미지 출처: www.kfq.or.kr

지금까지 산업계에서 가장 강력하게 이용되어 왔던 개념은 다음의 두 가지이다. 하나는 1930~1940년대 유행하였던 Shewhart가 개발한 공정관리도이다. 공정관리도는 대량생산시대에 있어서 공정에서 발생하는 변동을 최소화하고자 하는 개념이다. 여기에서는 표준화가 이루어진다. 그러나 공정의 안정화된 변동으로 경쟁에서 이길 수는 없었다. 즉, 관리 이외에 개선이 필요하게 되었다. 그래서 나온 개념이 1970~1980년대 일본에서 개발된 점진적 개선이다. 여기에서는 높은 품질이 이루어진다. 그러나 점진적 개선은 동종 비즈니스에만 적용된다. 그러나 동종 비즈니스에서 기존의 방식을 개선하는 것만으로도 충분하지 않게 되었다. 이제는 새로운 비즈니스로 전환을 하여야 한다. 그래서 기존의 비즈니스에서 새로운 비즈니스로 전환을 하여야 한다. 이것은 「돌파경영」을 필요로 한다. 과거의 공정관리와 높은 품질만으로는 이제 경쟁에서 살아남을 수가 없게 된 것이다. 그래서 이제는 새로운 사업으로의 전환, 새로운 제품의 출시, 공정관리, 높은 품질이 동시에 필요하게 되었다.

기업 생존에 있어서의 이러한 세 가지 중요한 개념을 Shiba와 Walden은 〈그림 7-1〉을 통하여 보여주고 있다.

그리고 이들은 이 세 가지 주요한 개념들의 특성을 일곱 가지 관점에서 비교하였

그림 7-1 기업 생존에 있어서 세 가지 중요한 개념

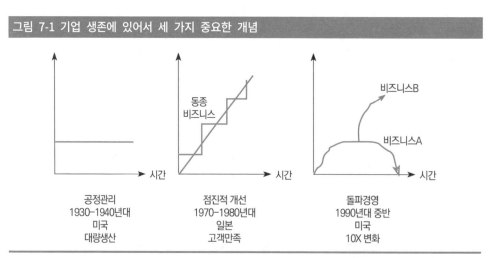

출처: Shoji Shiba and David Walden, Breakthrough Management(돌파경영), 박성현, 김준호, 안영진, 설혜란 옮김, 한국품질재단, 2009.

표 7-2 기업 생존에 있어서 중요한 세 가지 개념의 비교

	공정관리	점진적 개선	돌파경영
비즈니스 논리	공정을 관리한다	고객을 만족시킨다	새로운 시장가치를 창출한다
변함 변하지 않음	공정 표준	표준 비즈니스	비즈니스 가치
인간본성에 대한 가정	X이론	Y이론	Z이론
주요 실행자	중간관리자	현장작업자	임원
경영 초점	원칙지향	기존개선지향	미래지향
데이터	수치	수치 및 언어	언어 및 이미지
도구	통계적 분석	카이젠 기법	다른 방법

출처: Shoji Shiba and David Walden, Breakthrough Management(돌파경영), 박성현, 김준호, 안영진, 설혜란 옮김, 한국품질재단, 2009, p.36.

다. 〈표 7-2〉는 이들을 비교한 표이다.

그러나 이들은 다른 사업으로의 전환은 바람직하지만 조직의 핵심가치를 벗어난 다른 사업으로의 전환은 오히려 위험하다고 하였다.

최근 생존하기 위한 기업들의 동향을 보면 새로운 비즈니스로 이동하는 사례를 많이 볼 수 있다. 이것은 기존의 시장에서 성장동력을 찾기가 쉽지 않기 때문이다. 강한수 등(2013)은 이러한 현상을 '모색(exploration)'이라 부르고, 에너지 및 헬스케어(health care)에 많은 글로벌기업들이 진입하고 있다고 하였다. 예로 GE는 2013년 4월 유전 관련업체인 루푸킨을 인수하였으며, Sony와 Panasonic은 헬스케어 사업에 진입하고 있다. 또 가구업체인 Ikea는 호텔사업에 뛰어들고 있다. 이외에도 Google의 무인차와 로봇도 하나의 예로 볼 수 있다.

7.4 간디안혁신

최근 기업들이 행하는 많은 혁신 프로그램은 높은 가격과 풍요함을 전제로 이루어지고 있다. 그러나 높은 가격은 저개발국가나 개발도상국가에서는 수요를 유도할 수 없다. 이러한 국가들에서는 싼 가격이 아주 중요한 성공요소가 된다. 즉, 적은 자원으로 많은 제품이나 서비스를 만들어 소비자들에게 싸게 공급하여야 한다. 그러므로 이런 국가들에서는 혁신의 목표가 최소한의 자원을 활용하여 최대한의 제품 및 서비스를 생산하는 것이다.

이러한 혁신이 가장 성공적으로 달성되고 있는 국가가 인도이다. 이것은 인도가 역사적으로 다음과 같은 전통을 지니고 있기 때문이다. 첫째, 지난 40여 년간 인도의 정치적 지도자들은 사회주의를 신봉해 왔다. 그래서 외국자본과 기술을 배제하였으며, 자체적으로 혁신을 추구하여 왔다. 그 결과 인도의 기술자들은 정부의 지원아래 핵무기, 이미징기술, 슈퍼컴퓨터, 로켓 등을 스스로의 지식에 의해 개발하였다. 둘째, 인도의 경제는 1990년대까지 성장하지 못하였다. 그래서 대부분의 인도 기업은 규모가 작았지만, 자본의 효율성은 상당히 높았다. 셋째, 인도에도 부자들과 가난한 사람들이 있지만, 인도 기업들은 중산층을 목표로 삼았다. 그래서 가치극대화를 중요시하였다. 넷째, 인도 혁신의 주역인 기업가들은 전통적으로 주어진 지식에 의문을 가지는 경향이 있다. 그래서 지속적으로 새로운 방법론을 개발하였다. 이렇게 인도의 기업가들은 소규모 연구예산, 낮은 판매가격, 높은 야망에 익숙하였다,

그래서 인도의 기업가들은 많은 제품 및 서비스를 싼 가격으로 생산하여 판매하는 혁신을 달성하였다. 이러한 혁신을 Prahalad와 Mashelkar(2010)은 간디안(Gandhian)혁신이라 불렀다. 간디안혁신은 제품의 높은 가격과 예산의 풍요로움 대신 낮은 가격과 절약을 중요시한다. 그래서 보다 적은 자원으로 제품 및 서비스를 창출하여 가급적 많은 소비자들에게 싼 상품을 판매하고자 한다. 간디안혁신은 선진국에서는 달성하기가 어렵다. 인도의 기업가들은 서구의 비즈니스모델을 파괴하거나, 조직역량을 개조하거나, 또는 새로운 조직역량을 창출하여 간디안혁신을 달성한다.

간디안혁신에 의하여 이동통신회사인 Bharti Airtel은 1분 통화당 1센트를 가능하게 하였다. 중국에서는 2센트이고, 미국에서는 8센트나 된다. 응급구조회사인 EMRI(the Emergency Management and Research Institute)는 응급차를 호출할 때 부과하는 가격이 15달러 이하이다. 그러나 미국에서는 600~800달러쯤 된다. 2016년 8월에는 세계에서 가장 저렴한(약 4,500원) 스마트폰 'Freedom 251'을 출시하였다. 이것은 외국기업들이 인도에서 경쟁하는 것을 어렵게 한다. 하나의 예로 미국 Pfizer는 미국에서 2.7달러에 판매하는 Lipitor라는 약을 인도에서는 90센트에 판다. 왜냐하면 인도의 Ranbaxy라는 회사가 비슷한 성분의 약인 Atorvastatin을 90센트에 팔기 때문이다.

여기에서 인도의 병원 사례를 하나 들어보기로 한다. 인도의 의료시설 현황은 그

리 좋은 편이 아니다. 영아사망률은 중국의 3배이며, 미국의 7배 정도 된다. 심장수술을 받아야 할 인도 환자가 약 2백만 명쯤 되는데, 겨우 5% 미만이 수술을 받는다. 75만 명의 의사와 간호사들이 있지만, 대부분 병원들은 너무 낡았고, 가끔 비위생적이기도 하다. 그러나 미국 병원과 비교해도 전혀 질이 떨어지지 않는 서비스를 아주 낮은 가격에 제공하는 탁월한 병원들이 있다. 그렇다고 이 병원들이 수익을 창출하지 않는 것이 아니다. Govindarajan과 Ramamurti(2013)은 인도의 9개 병원을 심도있게 연구하였다. 이 중 7개는 영리, 그리고 2개는 비영리병원이다. 물론 인도의 인건비가 미국보다 상당히 낮다. 그러나 MRI와 같은 의료기기와 도시의 임대료는 인도가 비싸다. 그래서 비용의 우위가 의료기기 및 임대료에 의해 상쇄된다고 볼 수 있다. 그러면 무엇 때문에 인도 병원들이 이런 성과를 가져오는가? 첫 번째는 허브와 스포크(a hub-and-spoke)이다. 즉, 1개의 허브(hub)에 여러 개의 스포크(spoke)가 있다. 중증환자는 허브를, 경중환자는 스포크를 이용한다. 비싸고 정밀한 기계는 허브에, 일상적이며 간단한 기계는 스포크에 있다. 그래서 MRI와 같은 기기의 사용률이 높아진다. 이 전략은 비용을 크게 감소시킨다. 둘째, 과업의 역할을 분명히 하여 전문가들이 사사로운 과업을 하지 않도록 하여 과업의 효율성을 극대화시킨다. 미국에서는 경기가 안 좋으면 기술이 별로 필요 없는 사람들을 해고한다. 이것은 전문가들이 이들의 일을 하여야 하기 때문에 비용이 더 소요된다는 것이다. 그래서 인도에서는 절대로 그렇게 하지 않는다. 셋째, 낭비를 감소한다. 의사들에게는 고정된 봉급을 지불한다. 보너스나 어떤 형태의 보상금이 없다.

간디안혁신은 점차적으로 세계에서 확대될 것으로 보인다. 소비자들은 점차로 값이 싼 제품 및 서비스를 원하기 때문이다. 그러므로 기업들은 이러한 간디안혁신에 대비하여야 할 것으로 보인다.

사례 ㅣ 인도의 다바왈라스

이미지 출처:
www.mumbaidabbawala.in

이 사례는 인도의 「간디안혁신」의 대표적인 사례이다. 어떻게 해서 아주 낮은 비용으로 고객의 욕구를 충족시키는지 이해할 수 있는 좋은 사례이다. 2005년 7월 인도의 경제수도인 뭄바이(Mumbai)에 태풍으로 엄청난 폭우가 왔다. 허리까지 차는 물로 도시가 완전히 마비되었다. 그런데도 불구하고 업무를 지속적으로 수행하는 무리가 있었다. 바로 1890년경 출발한 다바왈라스(dabbawalas)이다. 일백 년 이상 다바왈라스는 수없이 많은 기근, 태풍, 전쟁, 종교분쟁 등을 거치면서 신뢰의 명성을 쌓아 왔다. 다바왈라스는 고객의 집에서 준비한 점심을 고객의 직장까지 배달하고, 다시 빈 도시락을 고객의 집까지 당일에 배달하는 사람들이다. 배달은 출퇴근을 피하는 시간에 하기 때문에 빠르게 이루어질 수 있다. 이것은 뭄바이의 특별한 사정 때문이다. 먼저 출퇴근시간에 기차가 너무 붐벼, 도시락을 가지고 출퇴근하기가 어렵다. 또 인도사람들은 점심시간에 외식을 잘 하지 않는다. 왜냐하면, 외식이 비싸고, 또 가끔 불결하기 때문이다.

5천여 명의 다바왈라스는 매일 6시간 동안 13만여 개의 도시락을 2번, 즉 26만 번 운반한다. 놀라운 사실은 세계에서 4번째로 인구가 많은 도시인 뭄바이에서 배달사고가 거의 발생하지 않는다는 점이다. 더 나아가 비용도 아주 낮다. 고객은 한 달에 400~500루피(7,500~1만 원) 정도 지불한다. 또 이들은 대부분 박식하지 않고, 글을 약간 깨우치는 사람들이 대부분이다. 중학교에 다녀 본 사람이 전체의 약 15% 정도이다. 여자는 그리 많지 않다. 그리고 IT 시스템을 전혀 사용하지도 않는다. 어떻게 해서 변수가 너무도 많은 환경에서 이런 일들이 가능할까?

다바왈라스는 먼저 목표가 단순하며 확실하다. 정확하게 도시락을 고객에게 배달하는 것이다. 다바왈라스는 이 목표를 환자에게 약을 배달하는 것과 동일하게 생각한다. 밥을 먹지 않으면 일을 할 수 없기 때문이다. 그래서 음식을 배달하는 것을 신을 섬기는 것으로 간주하고 있다. 바로 이러한 신념이 이들에게 고도의 집중력과 사명을 만들어 준다고 볼 수 있다.

다바왈라스의 모든 활동은 바로 이 목표를 달성하기 위해 이루어진다. 이렇게 하기 위해서는 확실한 운송수단과 체계적인 조직이 필요하다. 다바왈라스는 정확한 배달을 위하여 교외철도와 자전거 또는 손수레를 이용한다. 짧은 거리에는 자전거나 손수레를 이용하고, 먼 거리는 기차를 이용한다. 뭄바이 다바왈라스에는 200여 개의 팀이 있으며, 각 팀에는 대략 25명 정도의 사람들이 있다. 그리고 각 팀에 강력한 자율권이 있다. 하나의 예로, 각 팀은 고객과 가격을 협상할 수 있다. 물론 정부의 가격규정을 지켜야 하지만. 또 각 팀은 다른 팀의 고객을 절대로 빼앗아 오지 않는다.

그리고 일사분란하고 저비용을 달성하기 위하여는 신뢰, 동기부여 등이 중요하다. 이들의 나이는 대부분 18~65세 사이이지만, 정년이 없다. 그래서 상호간에 깊은 신뢰관계가 형성되어 있다. 예를 들어, 나이가 들어 배달을 못하여 다른 단순한 사무직을 하여도 동일한 봉급을 지불한다. 신입사원은 대부분 기존사원의 가족이거나 친구가 많다. 그래서 다바왈라스는 종교, 언어, 윤리, 관습, 사고방식, 문화가 비슷하다. 이것은 이들의 관계를 돈독하게 만드는 주요한 요소이다. 물론 규정 및 벌칙이 없는 것이 아니다. 이들은 모든 배달이 종료되기 이전에 절대로 식사를 하면 안 된다. 실수에 따라 벌금을 내거나 해고당할 수도 있다. 고객에게도 의무가 있다. 자주 시간을 어기는 고객과는 거래를 하지 않는다.

또 목표를 달성하기 위해서는 단순화가 필요하다. 그래서 다바왈라스는 도시락을 효율적으로 관리하기 위하여 세 개 번호의 단순한 코딩을 사용한다. 그리고 이들은 고객의 회사주소를 명기하지는 않는다. 이것은 오랜 관계로 이미 다 알고 있기 때문이다. 또 작업의 효율화를 향상하기 위하여 다양한 활동을 모든 사람들이 할 수 있도록 도시락 수집, 분류, 수송, 재무, 고객관계 등 다양한 분야에 있어서 다목적 훈련 및 교육을 받는다. 또 오류를 방지하기 위하여 1~2명의 예비인력을 유지하고 있다.

다바왈라스는 시간에 엄격하여야 한다. 너무도 짧은 시간에 많은 일을 하여야 하기 때문이다. 예를 들면, 주요 기차역에서 도시락 더미를 선적하는 데 40초, 간이역에서는 20초이다. 이렇게 짧은 시간은 모든 활동의 동시화(synchronization)를 요구한다. 또 문제가 발생하면 신속하고 확실한 피드백을 하여야 한다.

이 사례는 특별한 인재가 없어도 보통의 사람들이 올바른 시스템으로 탁월한 경영을 할 수 있는 사례를 보여준다. 다바왈라스에게 인도의 각 지역별로 경쟁자들이 많이 있지만, 다바왈라스에게 위협적인 경쟁자들이 아직까지 없다.

이 사례는 다음의 자료들을 참조하여 저자가 재구성하였다.

(1) Stefan Thomke, "Mumbai's Models of Service Excellence," Harvard Business Review, November 2012, pp.121-126.

(2) www.mumbaidabbawala.in

Google, Microsoft, Pepsi, Nokia, Master Card 등은 세계 초일류기업들이다. 이 기업들에는 공통점이 있다. CEO가 전부 인도 출신 사람들이라는 것이다. 그러면 여기에 어떤 공통된 이유가 있는가? 첫째, 이들은 간디안혁신에서 나온 창업가정신이다. 인도에서는 이 정신을 「주가드(Jugaad)」라 부른다. 「주가드」는 인도의 기업가정신으로, 예측하지 못한 위기 속에서 즉시 창의력을 발휘하는 능력이다. 인도정부에서도 창업을 활성화하기 위한 다양한 제도를 구축하였다. 둘째, 다양한 사람들과 일하면서 서로 신뢰하고 포용하는 팀워크이다.

오른쪽 QR코드를 스캔하면 Nirmalya Kumar가 인도에서 지금 발생하고 있는 4가지 유형의 "보이지 않는 혁신"을 상세히 설명하고 생산직을 아웃소싱하는 기업들이 최

보이지 않는 혁신

고경영진을 외국으로 배치하는 이유에 대한 TED 강연을 볼 수 있다..

7.5 비즈니스모델 혁신

이미지 출처:
www.singaporeair.com

왜 SIA(Singapore International Airline)는 세계 항공업계 고객서비스에서 지속적으로 탁월한 명성을 가지고 있는가? 여기에서는 SIA를 예로 들어 고품질 저비용 전략을 설명하고자 한다.

SIA는 Malayan Airways Limited(MAL)와 1947년 공동으로 설립되었다. 1966년 회사명이 Malaysia-Singapore Airlines(MSA)로 바뀌었고, 1972년 MSA에서 분리된 SIA(Singapore Airlines, www.sigaporeair.com)는 그 이후 한 번도 적자를 기록한 적이 없다. 부채도 거의 없으며, 초기 자본을 형성할 때를 제외하곤 돈을 대출하지 않았다. 싱가포르 창이(Changi) 국제공항은 허브공항으로 동남/동/남아시아 루트인 캥거루 루트(Kangaroo Route)의 가장 경쟁력이 강한 기업이다. 스타 얼라이언스 회원사로 A380-800 항공기를 최초로 도입한 항공사이기도 하다.

Heracleous와 Wirtz(2010)는 SIA의 성공을 네 가지 요소로 파악하였다. 저비용으로 탁월한 서비스 제공, 중앙집중 및 분산된 혁신 동시 실행, 테크놀로지 리더와 동시에 추종자, 그리고 프로세스에 있어서 표준화와 개인화이다.

저비용으로 탁월한 서비스를 제공하기 위하여 SIA는 무엇보다도 비행기를 자주 구매한다. 2009년도 세계 항공사 평균이 160개월인 데 비하여 SIA는 비행기 평균연령이 절반인 74개월 밖에 되지 않는다. 비교적 새로운 비행기는 연료효율적이고, 수리비용이 적게 들고, 비행기 지연이 적고, 비행기 운행시간이 길어지고, 무엇보다도 고객들에게 안전한 비행기라는 인식을 강하게 심어줄 수 있다. 수리비용을 예로 들면, United Airline 5.9%, American Airline 4.8%인 데 비해 SIA는 4%이다.

중앙집중식과 분산식 혁신을 동시에 사용하므로 SIA는 항공산업계에서 혁신의 선두주자가 되었다. 여기에서 '4-3-3 투자법칙'을 사용하는데, 40%는 훈련, 30%는 프로세스 개선, 30%는 매년 신제품 및 새로운 서비스에 투자하는 것이다. SIA의 교육훈련에 대한 투자는 상당히 높다. 미국 항공사들의 평균 임직원 교육훈련비는 총 매출액의 1.5% 정도인데 비해 SIA는 총 매출액의 15% 정도이다. 또 보통 항공사는 신입사원의 교육에 8주 정도를 할애하는 데 비해 SIA는 15주를 SWDA(Singapore Workforce Development Agency)에서 교육시킨다. 중앙 집중식 혁신을 주도하는 부서는 PID(the Product Innovation Department)로 고도의 체계화된 과정을 다룬다. 임원은 3년마다 이 부서에서 근무하는 것이 원칙이다. 분산식 혁신은 능률을 향상하기 위함이다.

SIA는 테크놀로지 리더이며 동시에 추종자이다. 이 기준은 고객의 경험이다. 고객에 영향을 많이 끼치는 부문에는 리더가 되고, 그렇지 않은 부문에는 추종자가 되는 것이다.

마지막으로 프로세스에 있어서 표준화(standardization)와 개인화(personalization)이다. 다른 항공사와 마찬가지로 SIA는 예측성, 안전, 저비용을 위하여 모든 기내 서비스를 가장 단순하게 표준화시켰다. 그러나 다른 항공사와는 달리 고객이 기대하지 않았던 서비스를 제공한다. 예로, 접점 직원들에게 권한을 위임함으로써 고객의 만족을 위한 맞춤화된 서비스를 제공한다. 또한 기여도에 따른 성과급과 장학금 등을 지급함에 따라 직원들의 동기를 강화하고 있다. 그래서 SIA는 이 두 가지 목적을 달성하기 위하여 다른 어떤 항공사보다도 기내에 승무원들이 많다.

이 사례는 다음의 자료들을 참조하여 저자가 재구성하였다.

(1) Heracleous, Loizos and Jochen Wirtz, "Singapore Airline's Balancing Act," Harvard Business Review, July-August 2010, pp.145-149.

(2) Jonathan Low and Pam Cohen Kalafut, Invisible Advantage (1등 기업에는 있고 2등 기업에는 없는 것), 한상완과 최승준 옮김, 청림출판, 2004.

(3) www.singaporeair.com

7.5.1 비즈니스모델의 의미 및 중요성

7.5.1.1 비즈니스모델의 의미

다른 경쟁자들과 다르게 경영한다는 것은 대단히 중요하다. 물론 다르게 경영한다는 것이 반드시 성공을 보장하지는 않는다. 그러나 한 가지 중요한 것은 경쟁자들, 특히 막강한 경쟁자와 똑같은 방법으로 경영을 한다는 것은 상당히 위험하므로, 기업은 적정한 비즈니스모델을 구축하여야 한다.

비즈니스모델 혁신(Business Model Innovation)은 최근 경쟁의 심화로 기존 경영방식의 효율성이 감소됨에 따라 새로운 방식의 경영이 필요하므로 나오게 되었다. 그러면 똑같은 방법이란 무엇을 의미하는가? 일반적으로 기업들은 성장을 하고 수익성을 향상하기 위하여 제품혁신과 프로세스혁신에 투자를 많이 한다. 그러나 제품 및 프로세스혁신에 대한 투자는 위험성이 높은 반면, 비용과 시간에 대한 투자를 많이 하여야 한다. 또 이미 이 부문에 많은 투자를 하였기 때문에 성과도 그리 높지 않다. 이것은 기업에게 엄청난 부담이 아닐 수 없다. 그래서 제품 및 프로세스혁신의 대안으로 비즈니스모델 혁신이 대두되었다. 이제 기업은 경쟁자들과 차별화하여, 그들이 하지 않는 것들을 하는 것이 유리하다.

Amit와 Zott(2012)는 비즈니스모델을 "기업이 고객, 파트너, 그리고 협력업체들과 비즈니스를 하는 방법을 결정하는 서로 연결되고 의존적인 활동들의 시스템"이라고 정의하였다. 다시 말하면, 시장의 욕구를 만족시키기 위한 특정한 활동들의 집합체로, 누가 어떤 활동을 하고, 이들이 서로 어떻게 연계되고 있는지를 규정하는 것이다.

비즈니스모델을 설정하는 데 있어서 중요한 요소들 중 한 가지는 조직의 문화이다. Dougherty(2014)는 "비즈니스모델을 구축하는 데 있어서 가장 중요한 요소가 조직문화"라고 하였다. 강력한 조직문화가 구축되어 있는 조직에서는 탁월한 비즈니스모델을 설정할 수가 있다.

7.5.1.2 비즈니스모델의 중요성

소비자는 고품질의 제품 및 서비스를 낮은 가격에 구매하고자 한다. 이것은 생산자의 입장에서도 마찬가지이다. 기업을 운영하는 기본적인 목적이다. Porter(1980)는 차별화전략을 주장하였다. 기업이 모든 것을 잘할 수 없기 때문에 어떤 한 가지 요소에 집중하여야 한다고 주장하였다. 이 주장은 설득력이 있었다. 서로 상반되는 정책을 실시하는 것은 거의 불가능하게 보였기 때문이다. 그러나 Porter의 차별화전략은 점점 힘을 잃고 있다. 힘을 빼는 선두주자는 서구가 아닌 거의 아시아 기업들이다. 우리나라의 삼성전자와 포스코, Toyota 자동차, Haier, 그리고 싱가폴의 SIA 등이 선두주자들이다. 이 기업들은 고품질과 저비용을 서구기업들처럼 상반된 개념으로 보지 않고, 대체되는 개념으로 보고 있다.

비즈니스모델은 다른 혁신에 비하여 활용하기에 그리 큰 기술이나 자금을 필요로 하지 않는다. Girotra와 Netessine(2014)은 "비즈니스모델은 새로운 기술, 새로운 제품이나 서비스, 그리고 새로운 시장을 필요로 하지 않는다"고 하였다. 더 나아가 "비즈니스모델은 경쟁자들이 잘 모르게 진행되기 때문에 효과가 크다"고 하였다.

IBM, eBay, Nike, Apple, Dell, Singapore Air, Google, Amazon, Rakuten, Tetra Pak 등은 다른 기업들과 차별화된 전략으로 성공을 거두고 있는 기업들이다. 이들의 차별은 비즈니스모델의 차별화이다. 2006년 IBM이 실시한 'The Global CEO Study'에서는 향후 혁신활동이 비즈니스모델 혁신으로 전환될 것으로 예측하였다(Pohle과 Chapman, 2006). 즉, 과거의 프로세스혁신에서 비즈니스모델 혁신으로 전환될 것으로 보았다. 이 모임은 한국 CEO 9명을 포함하여 전 세계 765명의 사기업 및 공기업 CEO들이 참여하였다. 실제로 평균 이상의 성장률을 달성하고 있는 글로벌기업들의 32%가 비즈니스모델 혁신에 집중하고 있다.

비즈니스모델 혁신은 사기업에만 국한되지 않고 공기업 또는 NGO에게도 적용되고 있다. 비영리조직인 Valid Nutrition은 영리조직인 기업들과 파트너십을 맺고, 개발도상국가들에서 기아상태에 있는 어린아이들을 치료하고 건강을 유지하도록 하고 있다(Murphy, 2012). 대부분의 NGO들은 영리기업으로부터 후원을 받아 운영을 하여 왔다. 그러나 Valid Nutrition은 이런 비즈니스모델을 바꾸었다. 가능한 경우, 상품을 후원기업들로부터 직접 받아 도와주지 않고, 직접 공장을 설립하여 제품을 생산하였다. 이것은 그 지역에 일자리를 창출하였고, 또 지역 자원을 구매하여 지역경제를 활성화시키는 효과를 가져왔다. 다음으로 제품의 성분을 개선하였다. 제품의 주요 요소는 땅콩과 우유이다. 땅콩은 지역에서 구입하기가 용이하지만, 우유는 어렵다. 그래서 우유의 대체품을 찾기 위해 연구를 하고 있다. 또 NGO는 대기업으로부터 후원을 받아 도와주는데, 이때의 가정은 대기업이 수익 없이 사회적 책임의 일환으로 도와준다고 생각하는 것이 일반적이었다. 그러나 Valid Nutrition은 이러한 가정을 바꾸었다. 기업도 수익을 창출하여야 한다는 것이다. 그래야 기업들도 보다 적극적으로 참여할 수 있다. 그래서 Valid Nutrition은 이디오피아에 소재한 Pepsi와 파트너십을 맺고 있다. 이러한 비즈니스모델은 NGO를 장기적인 관점에서 훨씬 효율적으로 운영할 수 있다.

7.5.2 소매유통시장과 전자상거래시장

이제 소매유통시장과 전자상거래(e-commerce)시장을 예로 들어 비즈니스모델을 설명하기로 한다. 소매유통시장과 전자상거래시장에서 소비자들에게 상품을 판매하기 위해 기업은 다양한 방법을 선택할 수 있다. 첫 번째는 다른 기업으로부터 상품을 구매한 다음 소비자들에게 상품을 직접 판매하는 것이다. 두 번째는 단순히 판매자와 소비자를 연결해 주는 장을 만들어 주는 것이다. 세 번째는 첫 번째와 두 번째의 중간 형태를 취하는 것이다(Hagui와 Wright, 2013). 첫 번째 모델을 PR(pure reseller)이라 한다. PR은 상품을 직접 구매하여 보관하기 때문에 많은 자금이 소요되며, 운영비, 재고비용, 그리고 위험성도 높다. 또 오프라인으로 판매하기 때문에 설비비용도 만만치 않다. 그러나 PR은 가격에 대한 통제권을 가지고 있다. 대표적인 기업으로 이마트, 홈플러스, 롯데마트, Walmart, Costco, Home Depot, Sears 등을 들 수 있다. 두 번째 모델을 MSP(multisided-platform)이라고 한다. MSP는 PR처럼 많은 자금을 필요로 하지 않아, 운영비도 낮고, 재고도 필요로 하지도 않는다. 그러나 상품에 대한 소유권이 없으며, 판매자와 소비자의 거래에 관여를 거의 하지 않는다. 대표적인 기업으로 G market, eBay, Taobao 등을 들 수 있다. Amazon은 상당히 복잡하다. 상품에 따라 PR이나 MSP가 된다. 또 그 중간에 속하기도 한다. 여기에서 소개한 기업들은 경쟁력이 강한 기업들이다. 그러므로 기업이 이 세 가지 비즈니스모델 중 무엇을 택하여야 할지는 그 기업의 전략과 처한 환경에 의해 결정된다고 볼 수 있다.

전자상거래시장은 본연적으로 온라인시장이다. 온라인 기업으로 출발하여 성공을 한 기업들이 많이 있다. 그리고 오프라인시장에서 경쟁하다가 온라인 기업들에게 경쟁력을 빼앗긴 기업들도 많이 있다. 하나의 예로, 세계 최대 장난감회사인 토이저러스이다. 그러나 이 현상이 모든 시장에서 온라인으로 경쟁하는 것이 유리하다고 말하는 것은 아니다. 예로, 식료품시장은 전통적으로 오프라인 시장이다. 고객들은 야채 같은 식료품의 품질을 직접 눈으로 확인하고 구매하는 것을 선호한다. 온라인으로는 잘 사지 않는다는 말이다.

그런데 최근 온라인 기업들과 오프라인 기업들의 시장영역이 중복되는 현상이 나타나고 있다. 이것은 COVID-19 펜데믹으로 심화되고 있다. 온라인 기업이 오프라인 시장으로 그리고 오프라인 기업이 온라인시장으로 영역을 확대하고 있다. 가장 대표적인 사례가 2017년 Amazon의 Whole Food Market 인수이다. 이것은 온라인에서 Amazon이 지니고 있는 강점과 식료품시장에서 온라인 판매의 한계를 극복하기 위한 Amazon의 전략에서 나왔다(김나경, 2018). 또 아마존은 2021년 백화점사업에 직접 뛰어들었다. 이에 비해 유통사업 세계 1위인 월마트(Wal Mart)는 온라인쇼핑몰을 열고 자율주행배송을 개시하였다. 시장의 영역이 불분명해졌다.

중국 Alibaba의 Marwin 회장은 2017년부터 전자상거래라는 용어를 사용하지 않겠다고 하였다. 즉, 미래의 신유통을 선언한 것으로, 오프라인의 체험과 온라인 서비스, 그리고 물류를 결합한 새로운 유통시대를 의미한다.

사례 Ⅰ Rakuten

Rakuten Global Market

이미지 출처:
www.global.rakuten.com

Rakuten은 PR과 MSP의 중간에 속한 기업이라고 볼 수 있다. 세계 전자상거래 시장에 있어서 1위는 Amazon, 2위는 eBay, 그리고 3위가 Rakuten이다. 일본 온라인(on-line) 최대기업인 Rakuten은 직원이 약 일만 명이며, 13개 국가에서 영업을 하고 있는 다국적기업이다. Rakuten이 판매하는 상품은 자동차에서부터 달걀까지 그 범위가 상당히 다양하고 넓다. 심지어 골프장 소개까지 한다. Rakuten의 목표는 Rakuten의 웹(web)에서 중소상인들이 쉽게 그들의 상점을 열게 하는 것이다. 그리고 그들의 원하는 대로 웹의 환경을 바꿀 수도 있다. Rakuten은 이들로부터 매월 650달러의 고정비를 받으며, 광고나 홍보를 하는 경우에 추가비용을 받는다. 이 고정비는 다른 기업들의 인터넷몰(internet mall)에 비하면 상당히 적은 금액이다.

그런데 전자상거래에 있어서 Rakuten의 비즈니스모델은 Amazon 및 다른 기업들과 다르다(Mikitani, 2013). Amazon 등의 기업들은 자판기와 기능이 유사하다. 즉, 단순히 표준화된 상품을 소비자들에게 파는 것이다. 그러나 Rakuten은 판매자와 구매자들의 관계를 중요시한다. Rakuten의 CEO인 Mikitani는 "사람에게는 소통과 관계가 중요하다. 그래서 쇼핑도 반드시 풍부한 경험이 되어야 한다"고 믿고 있다. 이런 관점의 차이가 Rakuten을 Amazon과 다르게 하였다. 사실 서구시장은 속도와 편의성을 강조하지만, 일본 시장은 고객서비스와 경험을 중요시한다. 그래서 Rakuten은 온라인이지만 판매자와 소비자를 단순히 연결시키는 데 그치지 않고, 판매자들로 하여금 상품에 대한 상세한 설명을 구매자들에게 하도록 유도한다. 그래서 좋은 경험을 서로 갖도록 한다. 다른 많은 기업들은 데이터 분석에 의해 권유를 주로 한다. 그러나 이러한 방법은 너무나 기계적이라고 Rakuten은 생각한다. 그래서 무엇보다도 파는 사람들의 접촉에 의한 설명이 가장 중요하다고 믿고 있다. 이러한 긴밀한 관계는 이후의 거래에 상당한 영향을 끼친다.

판매자의 신뢰를 보증하기 위하여 Rakuten은 지속적으로 판매자들을 추적하고, 분석한다. 모든 거래를 기록하고, 고객들의 피드백을 분석하고, 평가한다. 그래서 좋지 않은 평가를 받은 기업과는 거래를 하지 않는다.

사례 | Amazon

amazon

이미지 출처:
www.amazon.com

1994년 7월 미국 시애틀(Seattle)의 한 지하창고에서 프린스턴(Prinston) 대학을 졸업한 Jeffry Presto Bezos에 의해 종합유통 사업인 인터넷서점으로 출발한 Amazon(초기 회사 이름은 Cadabra로 시작)은 1997년 상장되었다. 그러나 Amazon은 초기 비즈니스모델에 만족하지 않았고, 계속 인터넷과 웹서비스의 잠재력을 인지하고 있었다. 그래서 온라인 쇼핑몰, 물류 인프라, 클라우드 컴퓨팅, 디지털 컨텐츠, 그리고 디지털 디바이스 등 지속적으로 사업을 확장하여, 세계 최대 전자상거래 기업으로 성장하였다.

온라인으로 출발한 Amazon은 이전에 볼 수 없었던 새로운 시도를 하였으며, 차별화에 성공하였다. 즉, 상품에 대한 평가, 원클릭 쇼핑, 빠른 배송 등으로 경쟁기업들을 압도하였다.

또 다른 기업들과 달리 Amazon은 기업의 핵심자산에 계속 투자하였다. 예를 들어, 많은 온라인 쇼핑몰 회사들은 물류인프라에 직접 투자하지 않고 아웃소싱을 하였다. 여기에 비해 Amazon은 물류인프라를 직접 소유하는 전략을 택하였다. 그리고 물류센터와 상품의 범위를 지속적으로 확대하였다. 초기에는 책만 판매하였지만, 점차로 음반, 의류, 장난감, 식품 등으로 품목을 확대하였다.

또 폭주하는 서버정보를 처리하기 위해 2002년 AWS(Amazon Web Services)를 시작하였고, 후에 AWS는 세계 최대의 클라우드(cloud) 시스템으로 발전하였다. 또 2010년에는 Amazon Studio를 개설하여 영화나 TV 시리즈를 직접 제작하였다. 더 나아가 IT 분야에서도 AI 서비스인 Echo에서 Microsoft와 Google과 경쟁하면서 경쟁력을 키우고 있다.

그리고 점차로 오프라인 시장으로 사업 범위를 확대하였다. 2015년 Amazon Books 서점, 2016년 계산대에 줄서지 않고 상품을 구입하는 편의점 Amazon Go, 2017년 유기농식품판매업체인 Whole Food Market 인수, 2022년에는 백화점을 개장하겠다고 발표하였다.

Amazon 성장 속도는 정말 놀랍다. 1997년부터 2018년까지 매년 매출액이 42%, 시가총액은 35% 증가하였다(김호인, 2019). 그러나 영업이익률은 1~2%로 상대적으로 낮다. 이유는 Amazon이 혁신과 고객가치 향상에 계속 재투자하고 있기 때문이다. 예로, 2018년 Amazon의 투자금액은 226억 달러이다. 여기에 비하여 2018년 Google의 투자금액은 162억 달러, 삼성전자는 153억 달러, Intel은 131억 달러이다. 이런 노력으로 Amazon은 2019년 1월 Apple과 Google을 제치고 세계 시가총액 1위 기업으로 발돋움하였다. 참고로 2020년 세계 전자상거래 시장점유율은 시장점유율은 1위 Amazon(40.4%), 2위 Walmart(7.1%), 3위 Apple(3.7%), 4위 Best Buy(2.2%), 5위 Target(2.2%), 그리고 6위 Home Depot(2.2%)이다.

참고로, CEO인 Bezos는 기업의 미래를 설계하는데 도움이 되는 3권의 책을 추천하였다. 이스라엘 사람인 Eliyahu Goldratt(2014)가 지은 「더골(The Goal)」은 문제해결의 원칙을 주장한 책으로, 특히 애로작업장에서의 문제들을 해결한다. Clayton Christensen(2014)이 지은 「혁신가의 해결」은 모든 혁신기업들이 당면하는 성장에 대한 책이다. Peter Drucker (2006)가 지은 「효과적인 경영자」는 성공한 최고경영자들의 경영비밀에 관한 책이다.

사례 I Wal Mart

이미지 출처: www.walmart.com

Walmart는 유통업계의 공룡이다. COVID-19로 온라인시장이 소매시장에서 급격하게 성장하였으나, 2020년 온라인시장은 오프라인시장의 1/4도 안 되었다. 유통업계의 경쟁자인 Amazon이 오프라인시장으로 들어오자 Walmart는 사명에서 Store를 뺀 디지털기업을 천명하였다.

Walmart는 1962년 7월 미국 Arkansa주 Bentonville에서 Sam Walton의 작은 잡화점으로 출발하였다. 1969년에 기업으로 설립되었고, 1972년에 상장되었다. 수년간 전 세계 기업 중에서 매출액 1위인 Walmart는 전 세계적으로 종업원수만 약 230만명이나 된다. 2020년 전 세계 소매시장 시장점유율은 1위 월마트(15.9), 2위 Amazon(8.81%), 3위 Apple(7.97%), 4위 Costco(4.71%), 5위 Kroger(3.64%), 6위 Home Depot(3.33%), 7위 JinDong.com (2.55%), 8위 Target(2.37%), 9위 Lowe's(2.2%), 그리고 10위 Alibaba(2.1%)이다.

우리나라에는 1996년 인천에 첫 번째 점포를 열었고, 2006년 5월에 사업부진으로 철수하였다.

7.5.3 다른 사례들

이미지 출처:
ko.wikipedia.org

Dell은 전통적인 BTS(built-to-stock) 모델을 BTO(built-to-order) 모델로 전환시켰다. 미국 텍사스대학교 의과대학 학생이었던 Michael Dell 은 1984년 19세에 새로운 아이디어를 창안하였다. 즉, 기존의 컴퓨터를 판 매하는 방법을 획기적으로 바꾸는 것이었다. 컴퓨터업자로부터 재고를 구매 하여 업그레이드(up-grade)를 하고, 전화주문을 통하여 컴퓨터를 싼 값에 판매하는 것이었다. 그리고 1천 달러를 투자한 후 13년 후인 1997년 Dell은 『Fortune 500 명단』에 최연소 CEO로 이름을 등록하였다. 이것이 '고객에게 직접 물건을 판매한다'는 '직접 마케팅(Direct Marketing)'이다. 이 아이디어는 당시 획기적인 비즈니스모델이었다. Dell은 어린 시절부터 파는 것에 재능이 있었다. 12살 때 다른 사람들이 소장하고 있는 우표를 중개 상을 거치지 않고 직접 팔아 2천 달러를 남겼다. '직접마케팅' 아이디어도 이미 고등학교 때 구상한 것이다. IBM PC를 중간상인들이 2천 달러에 사서 3천 달러에 파는 것을 보고 판매자 와 소비자를 직접 연결하면 좋을 것 같다는 생각을 하였다.

사례 | IMAX

IMAX도 비즈니스모델을 지속적으로 바꿔 성공한 회사이다. IMAX는 1967년 캐나다 사람 네 명이 영화를 대형화면에 투영하는 시스템을 개발하여 탄생되었다. 1967년 캐나다 몬트리 올 엑스포에서 처음으로 대중에게 공개되었고, 그 이후 자연 다큐멘터리로 하여 주로 박물관 등에서 상영되었다. 이것은 당시 IMAX가 자금도 없었고, 자연 다큐멘터리에 집중함으로써 국 가나 기관으로부터 자금을 조달 받기가 용이하였기 때문이다. 그래서 IMAX는 거의 비영리기 업처럼 운영되었다. 그러다가 1994년 Gelfond가 IMAX를 인수한 이후부터 변화가 시작되었 다. Gelfond는 IMAX의 영역을 확대하고자 하였다. 그러나 많은 장애가 있었다. IMAX 영화 관도 별로 없었고, IMAX 필름도 없었다. IMAX 영화관을 만들려면 약 5백만 달러의 자금이 소요되었고, IMAX 영화를 찍기 위해서도 많은 자금이 필요하였다. 더구나 IMAX 영화를 보기 위하여는 극장을 개조하고 극장이 IMAX 기술을 도입하여야 하였다. 그러나 비용이 많이 소요 되어 부진하였다. 이에 IMAX는 비즈니스모델을 바꿔야 한다는 것을 인식하였다. 그래서 IMAX

기술의 도입비용을 대폭 낮추었고, 개조비용을 IMAX가 내는 대신 극장 수입료의 일정 부분을 받는 것으로 하였다. 또 하나의 획기적 기술은 보통 영화를 IMAX 영화로 전환할 수 있는 기술이 개발되었다. 즉, IMAX 사진기로 영화를 만들지 않아도 된다는 것이다. 이것은 비용을 크게 낮추었다. 또 2009년에 나온 「아바타(AVATAR)」 영화는 IMAX의 가치를 다시 생각하게 하였다. 지난 날을 회상하며, Gelfond는 환경에 따라 비즈니스모델을 바꾸어야 한다고 하였다 (Gelfond, 2013).

사례 ┃ United Way

이미지 출처:
unitedwayswv.org

비영리조직인 United Way는 1880년대 미국 콜로라도(Colorado) 에서 설립되었으며, 주 수입원은 기부였다. 크게 성장하게 된 하나의 계기는 1950년대 미국 UAW(United Auto Workers)에서 조합원들의 봉급에서 일정분을 United Way에 기부한다는 약정이었다. 그리고 기업들은 기부금을 총괄적으로 United Way에 보냈다. 그러나 기부하는 사람들의 이름은 사생활 보호 차원에서 공개되지 않았다. 이 모델은 B2B(Business to Business) 모델이었다. 즉, United Way와 기부하는 기업 간의 관계였다. 그러나 최근 환경이 바뀌고 기술이 향상됨에 따라 United Way는 기부를 하는 개인들과 직접 소통하는 관계로 전환하는 B2B2C 모델을 선택하였다. 물론 봉급에서 일괄 지급하는 형식은 이전과 동일하지만 새로운 테크놀로지에 의한 플랫폼(platform)을 이용하기로 하였다. 이 새로운 비즈니스모델은 기부하는 개인과 직접 소통할 뿐만 아니라 United Way의 사명과 목적을 직접 기부자 개인들과 공유할 수 있다는 강점을 지니고 있다.

이러한 새로운 비즈니스모델로 전환하게 된 데에는 이유가 있었다. 1990년대 당시 CEO가 기부금을 횡령하는 사건이 발생하였다. 이것은 United Way에 대한 신뢰상실로 기업의 존속에 큰 위협이 되었다. 이 위기에서 벗어나기 위하여 United Way는 경영진 교체와 경영운영방침을 새로 수립하였고, 윤리강령을 통하여 도덕성을 강조하였다. 그리고 또 하나의 전략이 주 수입원을 개인과 직접 소통하는 모델로 전환하는 것이었다. 그 결과 현재 25,000명 이상이 각각 일만 달러 이상을 United Way에 기부하고, 600명 이상이 각 1백만 달러를 기부하고 있다. 더구나 천만 달러를 기부하는 사람은 35명이나 되었다.

여기에서 얻은 결론 중 하나는 가급적 많은 사람들과 직접 소통하면 할수록 기부금이 증가한다는 것이다. 기부자들은 단지 기부만 하는 것을 원하지 않고, 더 나아가 United Way의 사명과 전략을 이해하고, United Way를 홍보하고, 기부하는 돈들이 어떻게 사용되고 있는지 알고 싶어한다는 사실이다.

이런 성공을 가져온 또 하나의 동인은 디지털 전환(digital transformation)이었다. 2002년에 CEO가 된 Gallagher는 Starbucks를 벤치마킹하여 2015년 DSO(Digatal Service Operation) 부서를 만들었다. 그리고 기부자들에게 재미를 주고, 중요한 정보를 제공하고, United Way와 상호소통할 수 있는 웹사이트를 개설하였다. 그래서 지금은 백만명 이상이 기부자들이 참여하는 데이터베이스를 구축하였다. 그리고 소통을 United Way와 많이 하는 기부자들이 기부를 더 한다는 사실을 파악하였다. 그러나 United Way의 목적은 기부금을 많이 획득하는 것이 아니고, 사회를 변화시키는 데 있다는 것을 기부자들에게 알리고 있다. 이것은 United Way가 추구하는 사업들을 기부자들에게 지속적으로 알리는 것이다.

7.5.4 공유경제

7.5.4.1 공유경제 개념

2008년 미국에서 두 번째로 큰 모기지기업인 New Century Financial의 파산으로 금융위기가 발생하였다. 2000년 미국 정부는 경기회복을 위해 저금리정책을 실시하였다. 이것은 부동산가격을 올렸고, 모기지론(mortgage loan) 기업들의 주택담보대출 비중을 증가시켰고, 따라서 서브프라임 등급에 대한 대출비중도 올라갔다. 서브프라임 모기지론(subprime mortgage loan)은 미국에서 신용등급이 낮은 저소득층에게 주택구입 자금을 대출해 주는 주택담보대출 상품이다. 그런데 2005년 미국정부는 과열된 부동산경기를 식히기 위해 금리인상을 단행하였다. 이것은 부동산가격을 하락시켰으며 서브프라임 연체율도 2006년 1분기를 최저점으로 계속 증가시켰다. 이렇게 해서 2008년 서브프라임 모기지론 위기가 발생하게 된 것이다.

이후로 미국에서는 과소비를 줄이고, 합리적인 소비를 하자는 인식이 사회에 광범위하게 퍼졌다. 즉, 20세기 자본주의의 특징인 대량생산과 대량소비시대의 소유하는 문화에서 탈피하여 공동으로 생산된 물품을 나누어 사용하자는 공유소비의 새로운 주장이 2008년 나왔다. 이 개념이 공유경제(Sharing Economy)이다. 이 개념을 최초로 사용한 하버드대학교 Lawrence Lessig 교수는 "공유경제는 제품이나 서비스를 소유하는 것이 아니라, 필요에 의해 서로 공유하는 활동"이라고 하였다. 그러나 공유경제에서 근본적

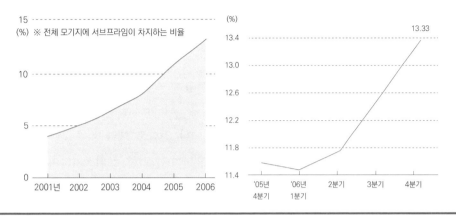

그림 7-2 미국 서브프라임 비중/서브프라임 모기지 연체율 추이

출처: FRB; 미국 모기지은행협회.

으로 공급자와 이용자 간에 신뢰가 구축되어야 공유플랫폼이 작동된다.

Lessig 교수는 공유경제 개념을 다음처럼 3가지 유형으로 구분하였다. 첫째, 분배 (sharing)로 사용자들이 제품 혹은 서비스를 소유하지 않고 사용하는 것이다. 둘째, 물물 교환(exchange)으로 필요하지 않은 제품을 필요한 사람에게 재분배하는 것이다. 셋째, 협력적 커뮤니티로 특정한 커뮤니티 내부의 사용자 사이의 협력이다.

공유개념은 서브프라임 모기지론과 같은 경제적인 위기를 극복하게 하며, 사회 전체적으로 이익이 되는 윈윈(win–win)구조를 지향한다. 2011년 미국 타임지는 '세상을 바꿀 수 있는 10가지 아이디어' 중 하나로 공유경제를 선정하였다.

7.5.4.2 공유경제 비즈니스모델

최근 인터넷과 SNS 등 정보기술의 발전에 따라 공유경제 개념이 점차로 확대되고 있으며, 새로운 비즈니스모델로 주목받고 있다. 즉, 공유경제 비즈니스모델은 제품이나 서비스, 또는 공간 등을 함께 나누어 쓰는 '공유경제'의 개념을 IT 플랫폼을 기반으로 하여 사업화한 모델이라 할 수 있다. 이 모델이 가능하게 된 것은 적은 비용으로도 인프라를 이용할 수 있기 때문이다.

공유경제 비즈니스모델에는 B2P와 P2P의 2가지 유형이 있다. B2P(Business to Person) 모델은 사업자의 소유자산을 공유하는 모델로 기존의 렌탈서비스를 예로 들 수 있다. P2P(Person to Person) 모델은 이용자와 소유자를 연계해 주는 플랫폼을 제공하는 모델이다.

7.5.4.2.1 B2P 모델

VistaJet(www.vistajet.com)은 비행기를 임대하고자 하는 상위 극소수의 사람들에게 원하는 때에 합리적인 가격으로 항공기를 대여해 주는 개인 항공기 공유모델(B2P)이다. 여기에서 극소수의 사람들은 스스로 전용비행기를 소유하기엔 자금이 부족한 일부 부호들이다. 이 사업의 핵심은 시간이어서 인터넷이나 전화로 예약한 후 24시간 이내에 탑승이 가능하다. VistaJet은 2004년 Thomas Flohr가 설립한 스위스기업이다. 보유한 항공기 대수는 70대이며, 182개 국가에서 영업을 하고 있다. Flohr는 어떤 유럽항공기의 일등석을 타고 여행한 적이 있었는데 서비스가 너무 안 좋아 진정으로 서비스다운 서비스를 제공하는 항공회사를 설립하기로 마음먹고 차린 회사가 VistaJet이다. VistaJet은 일반대중을 상대로 하지 않고 소유한 항공기를 고객이 원하는 시간에 비교적 낮은 가격으로 임대해주는 공유모델을 비즈니스모델로 선정하였다.

2011년 Davide Dattoli에 의해 설립된 Talent Garden은 이탈리아의 공유오피스 및 네트워크 서비스기업이다(www.talentgarden.org). Dattoli는 Uber와 Airbnb의 혁신을 보고 자란 세대로, 파괴(disruption)의 의미를 어떤 불편함을 해결하거나 기업의 경쟁력을 향상시키는 것을 넘어 기존의 법칙을 완벽하게 깨는 것으로 결론을 내렸다(윤선영, 2020). 그리고 주위에 열정이 많은 젊은 디지털 전문가들이 많은데 이들이 함께 모여 서로의 생각을 공유하고 창의적인 아이디어를 창출할 수 있는 공간이 필요하다고 느꼈다. 즉, 단순히 일하는 것이 아니고, 서로 생각을 교류하는 네트워크의 필요성을 인지하고 Talent Garden을 설립한 것이다. Talent Garden의 목적은 캠퍼스를 만들어 디지털 및 기술 커뮤니티를 전 세계적으로 연결하여 역량을 강화하는 것이다. Talent Garden는 공유오피스(co-working space), 혁신관련 교육기관인 Talent Innovation School, 그리고 디지털 기술이 제공하는 기회를 최대한 수용하는 기업 프로그램 등 3개의 사업부로 구성되어 있다.

7.5.4.2.2 P2P 모델

Uber(www.uber.com)는 모바일 앱을 통하여 차량을 예약하는 서비스업체로 고객과 일반 승용차를 연결시켜주는 P2P 공유모델이다. 승용차는 영업용 택시가 아닌 일반인들이 소유한 차량이다. 요금은 일기, 요일, 시간에 따라 차등적으로 결제된다. 우버(Uber)는 2009년 3월 Travis Kalanick와 Garrett Camp가 설립하였으며, 본사는 미국 샌프란시스코(San Francisco)에 있다. 2021년 현재 세계 72개 국가 10,000여 개 도시에서 영업을 하고 있으며, 2020년 매출이 111억 달러였다. 우버도 VistaJet과 마찬가지로 서비스에 실망하여 창업된 회사이다. Travis Kalanick은 택시를 잡는 데 시간이 너무 걸려 항상 짜증이 났다. 그래서 어떻게 하면 손쉽게 택시를 탈 수 있을까 생각하다가 전화 한 통에 택시를 호출하여 타면 좋겠다는 생각을 하게 되었다. 더 나아가 택시로는 안 되고 모든 개인이 소유한 승용차를 대상으로 하면 문제가 없겠다는 생각을 하게 되었다. 그래서 우버가 탄생하였다. 이렇게 우버는 고객과 일반승용차를 앱으로 연결시켜 주고 수수료로 수익을 창출한다. 그러나 우버의 영업에 대해 논란이 많다. 우선 승객의 안전, 무면허 등이 문제이다. 또 지역 택시업자들의 반발이다. 이러한 반발로 한국에서는 우버가 정착되지 못하였고, 중국에서는 중국기업인 Didi Chuxing에 흡수되었다.

Airbnb(Airbed and Breakfast)는 2008년 8월 Brian Chesky, Nathan Blecharczyk, Joe Gabbia가 설립하였으며, 본사는 미국 샌프란시스코에 있다. Airbnb는 전 세계의 숙소들을 온라인 및 모바일로 예약하는 커뮤니티 플랫폼이다. 즉, 개인의 주거지 일부를 여행객들에게 빌려주는 서비스를 제공하는 대표적인 온라인 사이트 기업으로, 공간의 공유를 통해 비용을 감소하여 기존의 숙박업체들과 차별화된 서비스를 제공한다. Airbnb가 성장한 주요 요인은 전 세계에서 통용이 가능한 결제시스템과 저렴한 숙박비로 현지인과 함께 문화체험을 할 수 있다는 점이다. 즉, Airbnb의 경영철학은 '여행은 살아보는 것'이다. 그래서 단순히 숙박공유사업에 머무르지 않고, 이용자에게 잊지 못할 추억과 경험을 제공하고, 감동을 주는 것이다. 그러나 우버와 마찬가지로 Airbnb도 지역 주택임대업자 등과의 갈등, 지역사회에 대한 세금 문제, 그리고 안전 등 문제점들이 많이 있다. Airbnb는 우리나라에 2013년 1월 29일 진출하였다.

2020년 COVID-19 팬데믹은 모든 숙박업소를 강타하였고, Airbnb도 예외는 아니었다. 기업공개를 취소하였고, 환불신청이 쇄도하였다. 그런데 Airbnb는 2021년 3분기 매출이 창립이래 사상 최대를 기록하였다(신수지, 2021). 무슨 일이 일어난 것인가? 먼저 Airbnb는 구조조정을 단행하였다. 비싼 숙박업체 계획을 포기하고, 전통적인 싼 숙박업체 공유에 치중하였다. 또 비용을 감소하기 위해 상당한 수의 직원들을 해고하였다. 둘째, 팬데믹으로 사람들이 장거리 여행을 하지 못하게 되자, 근처의 장소로 여행하자는 캠페인을 벌였다. 그리고 고객들에게 주거지 주변의 여행지를 적극적으로 추천하는 전략을 택하였다. 셋째, 재택근무의 증가로 사람들이 현재 주거지가 아닌 다른 장소에서도 근무가 가능하게 되었다. 그래서 주거공간을 이동하여 여행과 업무를 동시에 체험하는 새로운 비즈니스모델로 바꾸었다. 이러한 전략이 통하여 Airbnb는 사상 최대의 실적을 달성하였다. 그래서 2021년 11월 Airbnb의 시가는 Marriott 호텔과 Hilton 호텔의 시가 총액을 합한 것보다도 높다.

7.6 시장 창출 혁신

수십년 전에 새롭게 각광받는 글로벌 시장으로 BRICS가 주목받았다. BRICS는 브라질, 러시아, 인도, 그리고 중국을 말한다. 그러나 최근 BRICS에 대한 관심이 감소하고 있다. 이것은 이 시장들이 더 이상 성장의 가능성이 작아졌기 때문이다. 이제 많은 투자자들은 그들의 눈을 저소득국가로 돌리고 있다. 이 새로운 시장을 프런티어 경제(frontier economies)라 하는데, 나이지리아, 파키스탄 등이 대표적인 국가들이다. 그러나 이 프런티어 경제에 대한 기대도 큰 만큼 두려움도 크다. 그러면 이러한 저소득국가에 투자할 만한 가치가 있을까?

대답은 '그렇다' 이다. 나이지리아의 예를 들어 보겠다. 나이지리아에서의 영화산업은 전통적으로 수익성을 창출할 수 없는 침체된 시장이었다. 그래서 누구도 나이지리아에서 영화에 투자를 하지 않았다. 그러나 전자기기 판매업을 하는 Kenneth Nnebue는 1992년 나이지리아에서 'Living in Bondage'라는 비디오 영화를 만들어 대박을 터뜨렸다.

과거 어느 날 내용이 없는 빈 VHS 카세트 박스가 매장에 판매용으로 입고되었다. 카세트를 수령한 Nnebue가 잘 생각해 보니, 이 빈 카세트를 구매할 나이지리아 사람들은 거의 없을 것 같았다. 그리고 갑자기 하나의 아이디어가 떠올랐다. 직접 영화를 만들어 이 빈 카세트에 입력해 판매해 보는 것이었다. 그래서 나이지리아 사람들이 좋아할 각본을 스스로 쓰고, 감독과 제작자를 섭외하고, 남녀 배우들을 캐스팅하였다. 그래서 나온 영화가 2부작 스릴러 'Living in Bondage'이다.

Nnebue는 그 동안 나온 영화들이 소비자들의 니즈를 충족시키지 못한 것을 알고,

그러한 니즈를 충족시키는 영화를 만든 것이다. 당시 나이지리아에는 영화관도 별로 없었다. 그런데 Nnebue는 나이지리아인들이 관심을 가질 내용의 1만 2천 달러의 비디오 영화를 만들어 큰 흥행을 하여, 나이지리아 비디오 영화 산업의 시작을 알리는 역사가 되었다. 이후 비디오 영화 시장은 계속 성장하여 미국의 홀리우드를 본따 놀리우드(Nollywood)라 부르게 되었다. 그래서 2017년 놀리우드에서는 일 년에 1,500개의 영화가 출시되고, 1백만 명 이상의 나이지리아 사람들이 비디오 영화 시장에 고용되었다. 영화시장의 규모는 약 30억 달러로 성장하였다. 금융기관에서는 영화전문데스크를 두고 투자자들에게 자문과 대출을 하고 있다. 또 나이지리아에는 지금 50개 이상의 필름학교가 있다. 정부에서도 영화에 대한 투자를 법적으로 보호하고 장려하고 있다. 2018년에는 뉴욕과 토론토에서 놀리우드 영화 페스티벌을 하였다. Netflix도 놀리우드에 관심을 가지고 'Lionheart'라는 영화를 구매하였다.

Christensen 등은 이러한 현상을 '시장 창출 혁신'이라 불렀다. '시장 창출 혁신(market-creating innovation)'은 기업의 성장은 물론이고 프런티어 경제 성장을 촉진시켜 국가의 지속가능한 경제를 만들어간다. 이들은 '시장 창출 혁신'의 힘을 다음처럼 5가지로 요약하였다. 첫째, 국가 경제의 굳건한 토대를 이룩한다. 둘째, 새로운 비즈니스 모델과 가치사슬의 균형을 이루게 하여, 성장 이전에 수익성을 추구한다. 위의 놀리우드 사례에서 만약 Nnebue가 선진국의 예를 따라 비디오 대신 극장을 만들려고 하였다면 아마 실패하였을 것이다. 셋째, 지역시장을 최우선으로 중시한다. 그러므로 그 지역에 적합한 비즈니스 모델을 적용하여야 한다. 넷째, 지역사회에서 직업을 창출하고 근로자들의 수입을 향상시킨다. 마지막으로, 규모가 계속 확대될 가능성이 높다. 즉, 지역사회에서 국가경제로 크게 성장할 수 있다.

7.7 디지털 전환 혁신

디지털 전환(digital transformation)은 21세기로 들어서면서 급속하게 발전되었다. 제조업은 물론이고 서비스업체에도 디지털전환 혁신의 효과는 놀라웠다. Nike는 단순한 스포츠웨어 시장에 속한 기업이지만 디지털 혁신으로 강력한 경쟁력을 구비하여 신시장을 창출하고 새로운 라이프스타일을 만들었다. 여기에서는 제조업을 대표하여 Tesla,

그리고 서비스업체를 대표하여 Starbucks를 사례로 소개하면서 디지털전환 혁신의 효과를 설명하고자 한다.

이미지 출처:
www.teslamotors.com

전기차의 Apple로 불리는 Tesla는 Elon Musk에 의해 실리컨 밸리(Silicon Valley)에서 2003년 설립되었으며, 현재 약 10만 여 명의 직원들이 있다. 그러나 그 아이디어는 Martin Eberhard에 의해 나왔다. 2008년부터 전기차를 판매한 Tesla는 2012년 말 고급전기차 '모델S'를 출시하여 9만여 대를 판매하였다(www.teslamotors.com). 미국의 Consumer Report는 Tesla의 '모델S'에 사상 최고의 99점을 주었다. 참고로 Nissan Leaf는 69점, GM Volt는 68점을 받았다. 또 2012년 말 Motor Trend는 '올해의 자동차'로 Tesla의 모델S를 선정하였다. 2019년 11월 21일 Tesla는 일명 '사이버 트럭'이라 불리는 전기 '픽업트럭'을 LA 인근 스페이스X에서 공개하여 세상을 놀라게 하였다.

Tesla 전기차는 태양광을 이용할 수 있거나 또는 가정에서 충전할 수 있는 전기차로 배기가스와 소음이 없다. Tesla는 다른 전기차 회사들과는 달리 경제성이나 실용성에 초점을 두지 않고, 혁신성과 디자인 등 고객의 즐거움에 초점을 두어 성공하였다(김재문, 2013). 그래서 Tesla는 공공연하게 경쟁자는 다른 전기차들이 아니고 기존의 고급사양을 지닌 일반차라고 하였다. 그래서 동종의 고급자동차와 유사한 편의사양을 갖추고, 한번 충전에 400km 이상의 주행거리로 전기차 시장의 돌풍을 일으켰다.

Tesla는 공개혁신을 중요시한다. 2014년 Tesla는 소지하고 있는 핵심기술 특허들을 공개하였다. 관련기업들이 이 특허를 토대로 전기차시장을 활성화 할것으로 기대하였기 때문이다. 그리고 Tesla는 딜러를 이용하는 전통적인 시장과는 달리 쇼핑몰에서도 판매된다. Tesla는 전기차 배터리 협력업체로 일본의 Panasonic과 협조를 하고 있다.

Tesla는 또 인터넷과 연결된다. 2014년 세계적 시장분석회사인 IHS가 1억원이 넘는 Tesla S'를 완전히 분해해 보았다. 그리고 "차가 아니다"라고 결론을 내렸으며, Apple이나 삼성의 스마트폰을 보는 것 같았다"고 하였다. 그래서 Tesla는 외부에서 소프트웨어 업데이트를 통하여 기능이 향상된다. 이렇게 Tesla는 디지털기술을 적용하여 소비자의 마음을 잡았다. 자율주행과 커넥티비티(connectivity), 그리고 모빌리티 기술을 융합하였다. 그래서 Musk는 전기차의 상용화를 앞당겼고, 우주여행 시대를 SpaceX로 현실화하였다.

Tesla의 성공은 Musk의 영향이 절대적이다. Musk는 1971년 남아프리카공화국 행정수도 Pretoria에서 태어났다. 아버지 Errol은 남아공으로 이주한 영국인이고 어머니 Maye는 캐나다 국적이지만 독일인 아버지를 두었다. Musk는 어릴 적부터 책을 많이 읽었으며, 탁월한 기억력을 소유하였다. 또 컴퓨터에도 관심이 많아 12세에 이미 게임을 설계하기도 하였다. 그러나 학교생활은 불행하였다. 따돌림 받고, 폭력 피해자이었다. 그래서 고등학교 졸업 후 캐나다 Queens대학교 물리학과에 입학하였다. 3학년이 되자 미국 Pennsylvania대로 편입하여 경제학과 물리학을 2중전공하였다. 석사과정을 이수한 다음에 1995년 Stanford대 박사과정에 입학하였지만, Zip2를 창업하였다. 이렇게 성장하면서 겪은 다양한 체험이 Musk를 오늘날의 혁신가로 만들었다. 2022년 6월 세계 최대의 부자는 Musk이다.

이렇게 하여 Tesla는 〈표 9−17〉에서 볼 수 있듯이, 2018년부터 세계 전기차 시장에서 판매량 1위를 유지하고 있다.

사례 ㅣ Chipotle

이미지 출처:
www.chipotle.com

Chipotle는 1993년 7월 Steve Ells가 콜로라도(Colorado)주 덴버(Denver)에서 설립하였다. 1998년에는 처음으로 미주리주의 캔사스시티에도 매장을 오픈하였고, 1999년에는 미네소타주에도 매장을 열었다. 당시 최대 주주인 McDonald's의 힘으로 매장수는 기하급수적으로 증가하였다. 2006년에는 기업공개를 하였으며, 공개 후 McDonald's는 Chipotle를 매각하였다. 2008년에는 처음으로 외국인 캐나다에 매장을 열었다. 2018년에 타코벨(Taco Bell) CEO였던 Brian Niccol이 새로운 CEO가 되었다. 2018년에는 본사를 캘리포니아 New Port Beach로 이전하였다. 2021년 말 총매장수는 2,966개였으며, 수익은 76억 달러, 순이익은 6억 5천만 달러, 직원수는 97,660명이었다.

Niccol이 Chipotle CEO가 되었을 때 Chipotle는 성장 중이었다. 그러나 성장에 제동이 걸렸다. 고객의 주문시간은 점점 길어지고, 미숙한 직원들이 점점 늘어나고 있으며, 마케팅도 점차로 효과가 떨어지고 있었다. Chipotle는 뭔가 새로운 전기가 필요하였다. 그래서 Niccole과 임원들은 Chipotle의 전통적인 음식문화를 강화시키고, 모바일앱 등 디지털을 강화하였다. 특히, 온라인주문과 오프라인 주문을 전담하는 직원들을 배치하였고, 키친도 분리하였다. 또 과거의 수동적이며, 비싸고, 홍보위주인 마케팅도 훨씬 공감적인 SNS와 TV로 전환하였다. 이러한 디지털 전환은 코로나 시기에 효과적이어 2020년 매출이 46.2% 증가하였다.

  <출처> Brian Niccol, Harvard Business Review, 2021.

CHAPTER

08 창의성

창조성의 가장
큰 적은 상식적인 감각이다.

- Pablo Ruiz Picasso -

CHAPTER

08

창의성

혁신은 모든 조직에게 필수적이다. 많은 조직들은 혁신을 하기 위해 엄청난 노력을 하고 있지만, 성공한 조직보다 실패한 조직이 더 많다. 이것은 창의성이 부족하기 때문이다. 단순히 남이 하니까 따라하는 식으로는 혁신이 성공할 수 없다. 그래서 조직은 창의력을 향상하는 조직문화를 구축하여야 한다. 그래서 조직 자체가 창의성을 향상하는 분위기를 조성하여야 하며, 모든 구성원들이 혁신문화에 체질화되도록 하여야 한다.

이것은 기업뿐만 아니라 국가에도 동일하게 적용된다. 국가도 창의성이 강하게 일어날 수 있는 분위기를 조성하여야 한다. Friedman(2010)은 뉴욕타임즈(New York Times)를 통하여 미국의 Barak Obama 대통령에게 "미국의 일자리를 창출하기 위해서는 잡(Jobs)을 창출하는 문화를 국가적으로 조성하여야 한다"고 공개적으로 질문하였다. 여기에서 잡은 Steve Jobs를 말한다. "천재가 아니라 혁신과 창업에 관심을 가진 사람들을 만들어야 한다"고 주장하였다.

제8장에서는 창의성에 대해 설명하고자 한다. 특히 다음과 같은 주제에 대해 설명하고자 한다.

8.1 혁신문화
8.2 실패
8.3 창의성
8.4 문화적 폐쇄성
8.5 질문

이미지 출처: www.pixar.com

Pixar는 1979년 Lucasfilm의 컴퓨터 부문인 그래픽그룹(Graphics Group)으로 출발하였으며, 창업자는 Edwin Catmull과 Alby Ray Smith이다. 1986년 Steve Jobs가 George Lucas로부터 컴퓨터 사업부를 인수하여 그룹을 독립회사인 Pixar로 설립하였다. Pixar는 1990년대 컴퓨터 애니메이션(computer animation) 분야에서 기술의 선구자였다. 1995년 11월 22일 세계 최초의 컴퓨터 애니메이션 장편 영화인 토이스토리(Toy Story)가 개봉되었다. 토이스토리는 선풍적인 인기를 끌면서, 3개 부문에서 아카데미상 후보로 지명되었으며, 애니메이션 영화가 시나리오 작성으로 처음 인정받는 쾌거를 이루었다. 그 이후, 1998년 '벅스라이프(A Bug's Life)', 1999년 '토이스토리2', 2001년 '몬스터주식회사', 2004년 'The Incredibles', 2006년 'Cars', 2007년 '라따뚜이(Ratatouliie)', 2008년 '월-E', 2009년 'Up', 2010년 '토이스토리3', 2011년 'Cars2', 2013년 'Monsters University', 2017년 'Car3', 2018년 'The Incredibles2', 2019년 '토이스토리4', 2020년 'Loop' 등 수많은 블록버스터(blockbusters)를 출시하였다. 그리고 2006년 픽사는 Walt Disney와 합병하였다.

한 번 영화를 만든다고 생각해 보자. 그러면 창의력이 단순하게 정의할 수 있는 용어가 아니라는 사실을 인지할 것이다. 영화산업에서는 200~250명 정도의 프로덕션 그룹(production group)이 있는데, 이들 각자가 모두 아이디어를 제공하는 사람들이다. 이들은 각색부터, 세팅(setting), 배경, 카메라, 조명, 색상, 음악 등 수없이 많은 요소들을 창의적으로 조합하여야 한다. 또 영화 한 편 만드는 데 보통 3년 또는 그 이상의 장기적인 기간을 필요로 한다. 이들로부터 나온 아이디어들 중 가장 좋은 아이디어가 경영자들에 의해 선정된다. 이 작업도 상당히 어려운 과업이다.

고객들은 상당히 까다롭다. 매번 새로운 영화가 출시될 때마다 고객들은 새로운 것을 원한다. 이전 영화에 비해 내용, 기술 등 참신한 것을 원하기 때문이다. 이것은 영화산업에게 창의력을 요구한다. 그러나 사실 고객의 이러한 요구는 영화산업에게 있어서는 하나의 위험이다.

언제나 새로운 것을 만드는 것은 위험을 수반한다. 그래서 대부분의 영화가 비슷한 것은 이러한 위험에서 벗어나고자 하는 이유 때문이다. 그러나 Pixar는 이러한 위험을 감수하고, 고객의 새로운 요구에 부응하고자 노력하였다.

Pixar의 핵심가치는 '협력'과 '창의'이다. 창업자 중 한명인 Edwin Catmull은 창의적인 기업문화의 중요성을 수시로 강조하였다. 이러한 핵심가치가 오늘날의 Pixar를 만들었다고 할 수 있다. 그리고 이 핵심가치는 다음처럼 탁월한 조직문화를 창출하였다. 첫째, 실패 속에서 완벽을 추구하는 문화이다. 예로, 토이스토리2는 처음에 작품의 완성도가 기대에 못미쳤다. 그래서 개봉하기 9개월 전에 다시 제작하기로 결정하고 총력을 기울여 영화를 완성하여 4억 9천만 달러의 수익을 올렸다. 둘째, 창의력을 발휘할 수 있는 좋은 환경을 조성한다. 즉, 즐겁게 일할 수 있는 환경 제공, 유연한 근무시간 배려, 개인에게 단독적인 독립 공간 제공, 그리고 모든 사람들이 자주 접촉할 수 있는 공간을 건물 중앙에 배치하는 것 등이다. 셋째, Pixar는 서로 협조하는 강력한 문화를 가지고 있다. 모든 사람은 한 사람을 위해서 존재하고, 또 한 사람은 모든 사람을 위해서 존재한다. Pixar에는 'Brain Trust'라는 그룹이 있다. 이 그룹은 9명의 간부들로 구성되어 있는데, 협조를 요구하는 어떤 프로덕션이든 가서 도와준다. 물론 이 그룹은 제안을 하지만 결정권은 그 그룹에게 있다. 넷째, 영화산업에도 유능한 인재들이 많이 있다. 좋은 아이디어가 유능한 인재들보다 더 중요하다고 Pixar는 생각하지 않는다. 유능한 인재가 좋은 아이디어보다 훨씬 중요하다고 믿는다. 좋은 아이디어를 보통의 팀에게 맡기면 대부분 실패하지만, 훌륭한 팀에게 맡기면 성공한다. 여기에서 중요한 것은 유능한 인재들을 어떻게 하나로 만드는가이다. 이것은 신뢰와 상호존경을 요구한다. 신뢰와 상호존경은 최고경영자가 강요해서 되는 것이 아니고, 오랜 기간 동안 이들 가운데에 형성되어야 한다. 최고경영자는 단지 그러한 것이 잘 형성될 수 있도록 환경을 조성해 주는 것이다. 그래서 Pixar의 인재들은 서로를 존경하고, 신뢰로 결집된 집단으로 움직일 수 있게 되었다. 다섯째, 대부분의 영화 스튜디오와는 달리 Pixar는 이러한 블록버스터 전부에 대한 대본 및 아이디어가 전부 Pixar 내부에서 나왔다. 또 애니메이션 기술에 있어서도 외부의 도움을 받지 않고, 수십개의 특허를 등록하여 자체기술에 의해 영화를 만들었다.

Pixar는 2006년 Walt Disney와 합병하였다. 이러한 Pixar의 성공에 행운이 결코 없다고 말할 수는 없지만, Pixar의 성공은 지속적인 노력과 창의적인 인재들을 관리하기 위한 원칙과 실천에 기인하고 있다고 볼 수 있다.

Pixar는 다음처럼 3개의 운영원칙을 가지고 있다. 첫째, 모든 사람은 다른 사람들과 의사소통할 수 있는 자유를 가진다. 둘째, 모든 사람은 안전하게 아이디어를 제공한다. 셋째, 항상 연구기관에서 발생하는 혁신에 관심을 갖는다.

이 사례는 다음과 같은 자료를 참고하여 저자가 재구성하였다.

(1) Ed Catmull, "How Pixar Fosters Collective Creativity," Harvard Business Review, September 2008, 64-72.

(2) www.pixar.com

8.1 혁신문화

8.1.1 문화

문화(culture)는 우리의 일상적인 사고방식과 행동을 알게 모르게 지배한다. 문화란 인간이 만든 생활방법의 총체이며, 어떤 세대에서 다음 세대로 계속 이전된다. 그런데 문화는 상당히 추상적인 용어이며, 다양한 의미를 지니고 있다. Mallinger(1993)는 문화를 '공통된 가치관과 믿음, 신용과 상호존경, 그리고 지속적인 개선을 위한 권한이양과 태도'라고 정의하였다. Schein(2005)은 문화가 '개별 집단의 자산'이라고 하였으며, "집단이 공통의 경험을 가지게 되면 문화가 형성된다"고 하였다. Groysberg 등(2018)은 "문화는 조직에 있어서 관습의 사회적 질서"라고 하였다. 그리고 문화의 4가지 특성으로 '기록되지 않은 법칙'으로 모든 사람들이 공유하며, 조직 전반에 스며들어 있으며, 장기적으로 모든 구성원들에게 생각과 행동을 인도하며, 그리고 조직에 내재되어 있다고 하였다.

이렇게 문화는 경쟁력을 결정하는 기업의 중요한 요소이다. 그래서 IBM의 전 회장인 Louis Gerstner(2003)는 "기업문화는 승부를 결정하는 하나의 요소가 아니라, 문화 자체가 승부"라고 하였다. 그래서 "문화적 요소들이 그 조직의 DNA가 되지 않고서는 성공을 거둘 수 없다"고 주장하였다. 또 Dougherty(2014)는 "기업이 성공하기 위한 가장 중요한 요소는 기업문화"라고 강조하였다. "특히 기업이 어려울 때 기업문화는 상당히 중요하다"고 하였다. 또 "기업의 창립 초기에 있어서도 고객만족 및 비즈니스모델 등도 중요하지만, 더 중요한 것은 확고한 기업문화"라고 하였다.

또 문화가 적용되는 범위도 상당히 다양하다. 국가에 따라 문화가 다르다. 한국의 문화가 있고, 미국의 문화가 있고, 일본의 문화가 있다. 또 더 크게 보면 동양의 문화가 있고, 서양의 문화가 있다. 어떤 한 국가 내에서도 지역에 따라 문화가 다르다. 우리 나라를 보면, 영남문화가 있고, 수도권문화가 있고, 호남문화가 있다. 또 국가시스템을 구성하는 요소에 따른 문화가 있다. 우리나라 특유의 교통문화가 있고, 교육문화가 있고, 결혼문화가 있다.

이런 다양한 문화를 보다 체계적으로 정리하기 위해 여기에서 Schein(2010)의 문화에 대한 분류를 이용하고자 한다. Schein은 문화를 거시문화, 조직문화, 하위문화 그리고 미시문화 등 4가지로 분류하였다. 거시문화(macro-cultures)는 국가, 민족, 종교 또는 글로벌 직업처럼 상당히 거시적인 영역에 있어서의 문화이다. 조직문화(organizational cultures)는 사기업, 공기업, 정부 또는 비영리조직과 같은 어떤 조직에서의 문화이다. 하위문화(subcultures)는 조직 내에 있어서 하위조직의 문화이다. 그리고 미시문화(micro-cultures)는 조직 내 또는 조직 밖에 존재하는 소집단(microsystem)에서의 문화이다. 이렇게 볼 때 우리가 관심을 가지는 문화는 조직문화이다. 그러므로 앞으로 다음에서 언급하는 문화는 조직문화 또는 기업문화를 말한다.

8.1.2 조직문화

그러면 조직문화가 왜 승부가 되는가? 이미 7.6에서 비즈니스모델을 설정하는 데 있어서 기업문화의 중요성을 언급하였다. Kotter와 Heskett(2011)은 『기업문화와 성과』라는 저서에서 "조직의 구성원들이 가치를 공유하고, 가치관에 의한 강력한 조직문화를 지니고 있는 조직이 이윤추구를 목적으로 삼았던 회사보다 성과가 엄청 높다"고 주장하였다. 총수입은 4배가 많았고, 일자리 수는 7배가 증가하였으며, 주식가격은 12배, 이윤은 750배가 높았다.

문화는 단기간 내에 달성되지 않고 서서히 이루어진다. Peters와 Waterman(1982)은 "낡은 습관은 하루아침에 바뀌는 것은 아니다"라고 하였다. Drucker(1993)도 "새로운 프로그램에 의해서 문화가 갑자기 바뀌어지지 않는다"고 하였다. 그렇다. 문화는 최고경영자가 외친다고 즉각 바뀌는 것도 아니고, 경영자가 미리 예측하고 관리할 수도 없다. 이것은 문화에 대해 최고경영자의 역할이 중요하지 않다는 말은 아니다. 문화를 창출하고 유지하는 데 가장 중요한 사람은 역시 최고경영자이다. 그러나 최고경영자만이 혼자 열심히 한다고 해서 문화가 정착되지는 않는다.

문화는 모든 조직원들 속에 이미 상당히 뿌리 깊게 박혀 있다. 그래서 문화를 바꾸는 데에는 시간이 걸린다. 문화는 모든 조직원들이 전부 공유하여야 하고, 서서히 장기간에 걸쳐 조직 내에 침투한다. 문화는 어느 한 사람 또는 한 부서가 지니고 있는 것이 아니고, 모든 사람들이 공유하는 것이다. 문화는 가치관에 변화가 발생할 때 변한다. 또 문화는 조직을 평가하는 방법이 변하면 따라서 변한다.

마찬가지로 다른 조직의 문화를 모방하는 것은 상당히 어렵다. 글로벌 초일류기업들은 각자 나름대로 독특한 문화를 지니고 있다. 그런데 이들의 문화를 모방하는 것은 대단히 어렵다(안영진, 2006). 이것은 이미 위에서 설명한 것처럼 문화는 장기간 동안 걸쳐 서서히 형성되기 때문이다. Toyota 자동차의 JIT(Just-in Time) 시스템은 상당히 효과적인 시스템이다. 그동안 수없이 많은 세계의 기업들이 Toyota 자동차를 현지 방문하고 JIT 시스템을 도입하려고 하였지만, 완전히 성공한 회사는 거의 없었다. 이것은 JIT 시스템이 단순히 하나의 기법이 아니고, Toyota 문화에서 나온 시스템이기 때문이다.

특히 Covey(1992)는 고도로 높은 신뢰의 문화를 주장하였다. 그리고 "높은 신뢰의 문화는 원칙으로부터 나온다"고 하였다. 예로서, Ritz Carlton 호텔은 높은 신뢰성을 구축한 문화를 지니고 있다. 높은 신뢰 문화의 강점은 이상과 현실을 절묘하게 조화시키는 것이다.

이렇게 문화는 바뀌기가 쉽지 않다. 특히, 기업과 기업이 서로 합할 때, 조직문화가 다른 조직에서 온 사람이 CEO가 되었을 때, 또는 조직이 변화를 꾀하지 않으면 안 될 때, 그 기업은 문화적인 갈등을 겪게 된다. 이 갈등을 어떻게 해결하는가 하는 것은 그 조직의 성과에 지대한 영향을 끼치게 된다. 2000년 Home Depot의 CEO로 취임한 GE 출신 Robert Nadelli가 Home Depot의 문화를 어떻게 바꾸었는지 그리고 어떤 성과를 달성하였는지 8.1.5를 참조하기 바란다.

그런데 시대의 변화는 조직문화의 변화를 요구한다. 그래서 조직문화는 고정되어 있지 않고 시대의 흐름에 적응하여야 한다. 말은 쉽지만, 이것은 상당히 실천하기 어렵다. 앞에서도 언급하였지만, 문화는 변화에 시간이 걸린다. 좋든 좋지 않든 문화가 변하기 위해서는 시간이 필요하다.

이렇게 문화의 충돌 속에서 기업이 변화와 혁신에 성공하기 위해서는 몇 가지 고려하여야 할 점들이 있다. Katzenbach 등(2012)의 연구는 여기에 도움을 준다. 이들은 5가지 점을 제안하였다. 첫째, 전략과 문화를 일치시킨다. 조직의 가치관과 문화가 위에서 내려온 전략과 맞지 않을 때 직원들은 혼란에 빠지게 된다. 그래서 기업의 리더들은 조직문화를 바꾸고자 할 때 반드시 "우리는 왜 조직문화를 바꾸고자 하는가?"에 대해 생각해 보아야 한다고 하였다. 둘째, 행동의 변화를 수반하는 핵심적인 소수의 요소에 집중한다. 셋째, 기존 문화를 존중한다. 기존 문화를 무조건 홀대하는 것은 구성원들의 사기를 저하시킨다. 넷째, 공식적 접근방법과 비공식적 방법을 통합한다. 이 방법들의 분리는 효율성과 효과를 저하시킨다. 다섯째, 문화의 진화를 측정하고 추적한다. 즉, 기업 성과, 핵심적인 행동, 기본적인 믿음, 느낌, 마인드 등에 대해 측정하고 추적한다.

지금은 글로벌시대이다. 그래서 국가 간의 문화가 충돌할 수가 있다. 우리나라가 해외에 법인을 설립하면, 우리나라 문화와 그 국가 간의 문화가 충돌할 수가 있다. 이런 경우에 문화의 충돌을 어떻게 지혜롭게 조화하느냐 하는 것도 글로벌 기업들이 해결하여야 할 큰 과제이다. 이런 점에서 Xin과 Wang(2011)은 독일 글로벌기업이 중국에서 기업을 운영할 때 수당과 선물에 관련된 양국 간의 문화 갈등의 사례를 보여주고 있다.

8.1.3 혁신문화

기업의 혁신문화는 중요하다. 왜냐하면, 기업이 관심을 가지고 있는 혁신방법이 기업의 조직문화와 일치하여야 한다. 그렇지 않으면 혁신이 성공할 확률이 낮아진다. 왜냐하면, 조직 내에서 갈등이 발생할 확률이 높기 때문이다. 그래서 새로운 혁신방법이 조직문화와 일치하지 않는 기업에서는 조직의 문화를 바꿔야 한다.

글로벌 혁신기업들은 그 조직만의 혁신문화를 지니고 있다. IT 분야에서 Google은 가장 혁신적인 기업이라 할 수 있다. IT 분야의 절대강자인 Google은 신제품 개발, IT 인프라, 아이디어 창출, 개방성 등에서 탁월한 위치를 유지하고 있다. 이것은 Google이 강력한 혁신문화를 지니고 있기 때문이다(Bala와 Davenport, 2008). Apple의 전 CEO인 Steve Jobs와 Tim Cook도 혁신적인 문화를 강조하였다. 그는 혁신적인 문화는 매우 계획적이고 성공적인 기업전략의 결과로 보았으며, 오늘날 Apple이 여전히 사업을 계속할 수 있는 중요한 이유로 보았다.

글로벌 초일류기업이 되기 위해서는 이렇게 조직의 모든 사람들이 혁신적 사고를 유지하고 실천하는 혁신문화가 조직 내에 정착되어 있어야 한다. 혁신은 더 이상 폐쇄적이고 독립적인 단위에 의해서 이루어지지 않는다. 혁신은 이제 조직의 모든 부서에서 일어날 수 있으며, 또 일어나야 한다. 그래서 창의력을 중시하고, 실패를 용납하는 혁신적인 사고가 조직의 모든 부문에 침투하여 일상화될 때 그 조직에 혁신적인 문화가 정착되었다고 할 수 있다. 3M의 전 CEO James McNerney는 "혁신은 지식에서 오는 게 아니라 문화에서 온다. 무엇이든 공유하는 개방된 조직문화를 만들면 회사 내에 아이디어가 빠르게 흐르고 이는 곧 혁신으로 이어진다"고 하였다.

그런데 사실 문화를 바꾸는 것은 생각만큼 쉽지 않다. 이것은 최고경영자의 업무 중 아마 가장 어려운 업무 중 하나일 것이다. 그럼에도 불구하고, 최근 문화를 바꾸는 것은 최고경영자에게 과거보다 그 중요성이 훨씬 더해졌다. 컨설팅기업인 Gatner는 기업문화를 바꾸기 위해 기업들이 직원 1인당 평균 2,200달러를 사용한다고 하였다(Idea Watch, 2019).

8.1.4 혁신문화의 요소

그러면 혁신문화가 어떻게 조직 내에 정착되어야 하는가? 물론 앞에서도 언급하였듯이 문화는 단시간 내에 정착되는 것이 아니고, 시간을 요구한다. 그래서 이러한 요소들이 장기간 동안 조직 내에 침투되어 조직의 것으로 동화되어야 한다. 어떤 조직에서는 새로운 것을 일시적으로 시도하고 그것을 그 조직의 문화로 생각하는데, 이것은 바람직하지 않다. 여기에서는 다음처럼 6가지 요소들을 제시한다.

첫째, 혁신적인 문화가 정착되기 위해서는 새로운 창의력과 활력이 요구된다. 창의력은 특정한 사람에게 유전적으로 생기는 것이 아니고, 교육과 학습을 통하여 습득할 수 있는 프로세스이다. 창의력에 대해서는 8.4를 참조하기 바란다.

둘째, 실패를 두려워하지 말아야 한다. 실패에 대해서는 8.2에서 설명한다. 1983년 Apple은 2백여 명의 기술자들이 3년 동안 5천만 달러를 투자하여 신형 컴퓨터 'LISA'를 개발하였다. 그러나 높은 가격과 느린 속도, 그리고 호환불가능으로 인하여 완전히 실패하였다. 이것은 내부역량인 기술에만 의존하고 외부환경인 고객을 보지 않은 Apple의 전략 미스였다. 그러나 Jobs는 이러한 실패를 바탕으로 18년 뒤인 2001년 우아한 설계에 우수한 성능을 가진 iPod을 시장에 내놓아 폭발적인 인기를 끌었다. 그리고 그 후속인 MP3 Player, 휴대폰, 그리고 인터넷의 기능을 지닌 iPhone은 digital music player 시장을 석권하였다.

셋째, 혁신이 일종의 일시적인 유행이 되어서는 안 되고, 조직 내에 안주되어야 한다. FedEx에서는 혁신을 일상적인 업무로 여기는 기업문화를 지니고 있다(Birla, 2007).

그래서 자신의 아이디어를 다른 사람들과 공유하고, 항상 상상력의 날개를 편다. FedEx 는 설립자인 Frederick Smith의 아이디어에 의해 출발하였다. 비록 이 아이디어는 당시 담당교수에 의해 C학점밖에 받지 못하였지만, 후에 'hub and spoke' 방식으로 세계에 널리 알려지게 되었다. 'Hub and spoke' 방식은 낮에 고객들로부터 접수한 화물을 밤에 항공기를 이용해 허브 공항으로 집결시키고, 밤사이에 다시 항공기를 이용해 목적지로 화물을 운송하는 방식이다.

또 하나의 기업으로 Procter & Gamble을 들 수 있다. P&G은 창업 때부터 Thomas Edison의 열정적인 창의력과 Henry Ford의 빠른 속도와 신뢰성을 기반으로 성장하였다(Brown과 Anthony, 2011). 즉, P&G은 창의력과 대량생산이라는 서로 융합하기 힘든 상이한 두 개의 개념을 성공적으로 조합한 회사이다. 최근 P&G의 '신성장공장'이라는 전략은 CD 전략을 완성하는, 즉 P&G의 지속적인 성장을 보장하는 전략이다. '신성장공장' 전략은 P&G의 지속적인 혁신을 주도한다. 즉, P&G의 지속적인 성장은 혁신을 통하여 이루어졌다. 여기에서의 '성장(growth)'은 경쟁자들보다 동일한 일을 단순히 더 많이 하는 것이 아니고, 새로운 시장을 창출하는 완전히 변혁적인 혁신을 통하여 이루어진다. 이것은 Christensen 교수의 '파괴하는 혁신'을 말한다. CEO인 Bob McDonald는 P&G의 혁신에 대해 다음처럼 말하였다. "대부분 사람들은 수익성이나 경쟁력을 강화하기 위하여 혁신을 한다. 그러나 P&G은 여기에다가 사람들의 동기를 부여하는 원동력으로 혁신을 한다." 이것은 상당히 중요한 의미를 지니고 있다고 생각한다. 왜냐하면 사람들의 감성을 자극하여 혁신을 수행하기 때문이다.

넷째, 열린 문화를 구축하여야 한다. 열린 문화는 모든 사람들이 자유롭게 자기 의사를 표현할 수 있는 문화를 말한다. 이것은 각 부서와 부서간의 원활한 의사소통을 필요로 한다. 그래서 부서와 부서가 서로 대화하고 협력하는 분위기를 조성하여 부서와 부서간의 상호 혁신이 이루어져야 한다. 이것은 혁신이 어느 한 부서에 국한된 것이 아니라, 모든 사람들과 부서가 전부 혁신에 동참하여야 한다는 것을 말한다. 또 모든 구성원들간에 정보가 공유되어야 한다. Wilson과 Doz(2011)는 '유연한 혁신'을 설명하면서 정보 공유가 이러한 혁신의 핵심이라고 하였다.

이렇게 되어야 혁신이 진정으로 그 기업이 핵심역량이 될 수 있다. '핵심역량(core competence)'이란 최근 경영분야에서 많이 사용되고 있는 전문적인 용어로서, 경쟁자가 쉽게 모방할 수 없는 기업의 독자적인 독특한 강점을 말한다. Hamel과 Prahalad(1994)

는 핵심역량을 "문서화된 또는 문서화되지 않은 가능성과 기술"이라고 정의하였다. 그리고 "기업이 장기적으로 지속적인 성장을 하기 위해서는 그 기업만이 전문화된 어떤 핵심역량이 반드시 있어야 한다"고 주장하였다. Steve Jobs는 핵심역량을 "놀랍고도 기쁜 고객경험의 창출"이라고 하였다(Cruikshank, 2005). Toyota 자동차가 어떤 환경에서도 지속적으로 성장할 수 있었던 것은 Toyota 자동차만의 핵심역량이 있기 때문이라고 Hino(2003)는 말하였다.

더 나아가 기업 외부의견에도 개방되어야 한다. 가장 대표적인 예가 P & G의 공개혁신이다. P&G은 CD혁신으로 매출액과 수익성을 엄청나게 향상시켰으며, 정체된 조직의 분위기를 완전히 바꾸었다. 이것은 이제 혁신이 조직 내부부서의 아이디어에 의해서만 유지되는 시대가 아님을 분명하게 보여주고 있다. 그래서 조직이 내적으로 그리고 외적으로 얼마나 개방되어 있는지는 상당히 중요한 요소가 되고 있다.

다섯째, 경직되고 정형화된 조직구조이다. 모든 것이 서열화되어 있는 조직에서는 상사의 의중을 알기에 바쁘지, 창의적인 생각을 하기가 쉽지 않다. 그래서 상사의 마음을 기쁘게 하고자 하는 사람들로 가득 차 있다. 이런 조직은 죽은 조직이며 혁신적인 조직이 될 수 없다. 중소기업에 비해 대기업에서의 혁신, 특히 급진적 혁신에 대한 열정이 낮은 것도 대기업의 경직화된 조직구조 때문이다. GE는 열린 조직문화를 지향하고 있다. GE는 매년 1월 초에 전 세계의 GE 최고경영자와 임원 6백여 명이 미국 Florida에 모여 회의를 한다. 이 때 회장의 새해 경영방침과 전략이 전해지면, 부문별로 사장단이 모여 이 방침과 전략을 논의하고, 각 회사에 돌아가 그 회사의 임원들과 구체적인 실천계획을 세운다(양재천, 2007). 여기에 비해 우리나라의 기업들은 대개 일방적인 전달로 그쳐 직원들 간에 공유가 적다.

GE Korea 이채욱 전 회장은 1996년 GE Medical 동남아 · 태평양 지역 사장으로 부임하여 싱가포르 사무실에 들어섰을 때 이상한 현상을 목격하였다. 회의실에 들어가니 어떤 여직원이 제일 중앙 자리에 앉아 있었다. 그 자리는 회장인 자기 자리인데 직원이 허락도 없이 앉아 있어 기분이 나빴지만 그냥 참고 회의를 하였다. 다음 회의에 회의실에 들어 가보니, 이번에는 다른 사람이 제일 중앙 자리에 앉아 있었다. 그때 이회장은 먼저 온 사람부터 아무 자리에 앉는다는 사실을 알게 되었다. 이것은 우리나라 기업에서는 도입하기 힘든 문화이다. 우리나라에서는 그렇게 한다 하더라도 실천에 옮기기가 어려울 것이다.

마지막으로, 혁신이 주장하는 구체적인 태도와 행동이 업무성과에 어떤 영향을 끼치고 있는지를 구체적으로 구성원들에게 홍보하여야 한다(Kotter, 1996). 이것은 혁신의 성공이 어떤 요소에 의해서 발생하였는지를 확실하게 보여줘야 하기 때문이다. 그렇지 않으면 잘못된 요소들이 성공의 요인으로 착각되어 혁신의 본질이 왜곡된다.

사례 Ⅰ Dyson의 혁신문화

dyson

이미지 출처:
www.dyson.com

1993년 영국의James Dyson이 설립한 Dyson은 청소기와 선풍기 등 생활가전제품을 생산하는 기업이다. 이 시장은 경쟁이 치열하여 수익률도 대체적으로 낮은 편이다. 그런데 Dyson은 업계에서 잘 나가는 기업들에 비하여 2~3배 정도의 수익률을 매년 창출하고 있다. 2020년도 매출은 57억 파운드, 영업이익은 7.1억 파운드이며, 2022년 현재 직원수는 14,000명이며, 그 중 절반이 과학자 및 엔지니어이다. 이것은 기술자들의 분석역량이 새로운 기술과 제품을 창출한다는 Dyson의 경영철학이기 때문이다. 그러면 어떻게 하여 이런 놀라운 성과를 Dyson은 매년 달성하고 있는가 궁금하지 않을 수 없다.

'먼지봉투 없는 진공청소기'와 '날개 없는 선풍기'로 유명한 Dyson은 무심코 지나치기 쉬운 일상의 문제를 발견하고 해결하면서 글로벌기업으로 성장하였다. 그래서 산업 디자이너 출신인 James Dyson은 '영국의 Steve Jobs'라 불리며 상식을 파괴한 혁신적인 제품을 많이 선보였다.

Dyson에서는 실험정신을 강조한다. 그래서 입사 첫날 신입사원들은 청소기를 분해하는 업무를 받는다. 즉, Dyson에서는 기업의 역사 소개 대신 기업의 대표 제품을 직접 경험하게 한다. 이것은 기존 제품의 공식에 의존하지 말고 직접 제품을 봐야 한다는 Dyson의 철학에 기인한다.

또 Dyson은 사무공간을 전향적인 기업처럼 독립적인 공간이 아니라, 하나의 거대한 우주선처럼 개방하여 서로 상의할 필요가 있으면 팀에 상관없이 서로 아이디어를 공유한다. 그리고 본사에 생산이 중단된 비행기 1대(세계 최초로 바닥에서 수직으로 뜨는 비행기)와 40년 전에 영국 디자이너가 개발한 미니카(그 당시 아무도 생각하지 못한 미니카)도 전시되어 있다. 이렇게 이전과는 다른 아이디어로 생산된 제품을 전시함으로써 직원들에게 동기를 부여하고 있다.

최근 Dyson은 사업의 영역을 확대하고 있다. 4차 산업혁명의 영향으로 인공지능, 로봇, 고체 배터리셀, 고속 전기모터 등 새로운 기술에 투자를 많이 하고 있다. Dyson기술공과대학과 Dyson재단을 운영하면서, 과학자들을 양성하고 있다.

8.1.5 가치관

가치관은 기업의 문화, 행동을 결정하는 중요한 요소이다. Robbins(2002)는 "가치관은 결정을 이끌어내고 운명을 인도한다"고 하였다. 그리고 "사람들은 중간 가치관을 추구하기에 바빠서 자신이 진정으로 원하는 최종 가치관을 이루지 못한다"고 하였다.

가치는 최고경영자를 비롯한 조직의 모든 구성원들에게 부여하는 어떤 공통된 의미인 동시에, 기업의 철학이며, 이상이며, 원칙이다. 가치는 조직의 행동과 투자를 결정한다. 가치는 모든 조직원의 의사결정의 우선순위를 결정한다. 그리고 가치는 조직원의 몸과 마음에 배어 있어야 한다. 그래서 가치는 말로써 하는 것이 아니라 행동으로써 실천하여야 한다. 사실 어떤 사람의 말이나 행동을 보면 그 사람의 가치관을 알 수가 있다. 특히 말보다는 행동에 의해 그 사람이 어떤 가치관을 가지고 있는지 알 수 있다. 그런데 가치관은 도덕성처럼 고정되어 있지 않고 수시로 바뀌어질 수 있다. 또 가치관을 상대방에게 강요하는 것은 상당히 어렵다. 왜냐하면 가치관은 대개 개인적인 관점에서 형성되기 때문이다.

조직의 가치는 보상, 벌, 승진, 칭찬 등에 의하여 알 수 있다. 그래서 조직원은 이런 요인들에 의하여 자기의 행동을 결정한다. 그러나 조직의 가치와 개인의 가치관이 서로 일치하지 않을 때 갈등이 발생한다. 특히 조직이 어떤 하나의 가치만을 강요할 때 갈등은 심해진다. 그러나 가치에 대해서는 다양한 해결책이 서로 상존한다. 왜냐하면 가치는 사람과 환경에 따라 상대적으로 변하기 때문이다. 그래서 기업은 지속적으로 변하는 환경에 맞도록 새로운 가치관을 지속적으로 개발하여야 한다.

사례 I Pfizer의 혁신과 가치관

이미지 출처: www.pfizermediinfo.co.kr

2019년 중국 우한에서 발생한 COVID-19는 전 세계적인 유행병인 팬데믹(pandemic)이 되어 지구촌을 공포에 떨게 하였다. 변종에 변종을 거듭하다가 2022년 여름 소강상태로 접어들었으나, 세계보건기구 WHO (World Health Organization)에서는 아직 종식된 것이 아니니 계속 경계하여야 한다고 경고하였다.

COVID-19는 갑자기 발생한 감염병으로 모든 국가들은 전혀 대비가 없었다. 대부분의 감염병은 몇 개월 이내에 사라지지만, COVID-19는 현재 3년 정도 지속되고 있다. 그러나 다행인 것은 상승세가 멈추었다는 것이다. 이렇게 된 것에는 다양한 이유들이 있겠지만, 가장 중요한 요인은 백신이다. 만약 백신이 없었다면 어떻게 되었을까? 물론 백신의 부작용이 있는 것도 사실이다. 그러나 시기적으로 부작용을 엄밀하게 조사하고 결정을 내리기에는 상황이 너무 위급하였다. 단 백신 부작용에 대한 보상과 치료를 각 국가는 하였어야 했다. 단기간에 인증을 받은 백신을 만든 주요 기업들은 Pfizer, Moderna, AstraZeneca 등이 있다.

2020년 3월 19일 Pfizer CEO Albert Bourla는 백신을 신속하게 개발하자고 하면서, "불가능을 가능으로 만들자"는 구호를 외쳤다(Bourla, 2021). 인류 역사상 가장 신속하게 백신을 만들어야 한다면서, 빠르면 6개월 이내에 늦어도 2020년 안에 만들 것을 공포하였다. 그리고 독일의 면역요법 회사인 BioNTech과 공동으로 연구하기로 하였다. 연구의 신뢰성을 강화하기 위하여 시약에 대한 실험은 Pfizer와 BioNTech이 독립적으로 실시하였고, 실험대상인 사람들도 누가 백신을 맞았는지 가약을 맞았는지 전부 비밀로 하였다. 8개월에 좀 안 된 11월 8일 드디어 실험결과에 대한 회의를 열었다. 이제 결정은 실패, 보류, 성공 3가지 중 하나가 될 것이다. 오후 2시 Pearl River 연구소에서 결과가 나왔다고 Webex를 통한 화상회의가 열렸다. 결과는 대성공이었으며, 효과는 95.6%로 나왔다. 12월까지 7,400만 도즈(dose)를 생산하였고, 4,600만 도즈를 판매하였다.

이 프로젝트는 정말 '미션 임파서블'이었으며, 기존 틀을 깨는 사고가 필요하였고, 기업간의 협조, 관료주의로부터의 이탈, 그리고 무엇보다도 모든 직원들의 전적인 헌신이 필요하였다. 이러한 조건들을 충족하면서, 이 프로젝트가 성공한 다른 이유들을 설명하고자 한다. 첫째, 환자 중심의 사고방식(a patient-first mentality)이다. 화이자가 장기적으로 성공하기 위해서는 주주가 아닌 모든 이해관계자들을 중시하여야 한다. 특별히 환자를 가장 중요시하여야 한다. 그래서 Pfizer는 복도에 환자들의 사진을 많이 걸어 놓는다. 항상 환자를 생각하라는 의미이다. 이렇게 하기 위해서는 전문가들이 중요하다. 그래서 Pfizer는 전문가들을 채용하는 것을 중요시한다. 둘째, 팬데믹 공격이다. 중국 우한에서 호흡기 중증 환자들의 소식을 2020년 1월에 처음 접하였다. 곧 감염병에 지식이 깊은 Pfizer는 이 병이 팬데믹이 될 것으로 예측하고, 이 감염병을 Pfizer가 중단하여야 한다고 생각하였다. 다행인 것은 BioNTech는 mRNA(messenger RNA)에 대한 연구를 계속 진행한 기업이었다. 대부분의 백신은 약화된 바이러스를 주입하기 때문에, 결과를 얻기 위해서는 수개월이 소요된다. 예로, 1960년대 볼거리 백신을 만드는데 4년이 소요되었는데, 4년은 가장 빠르게 백신을 개발한 기간이었다.

mRNA는 오랫동안 개발된 방법으로 우리 몸안에서 세포가 면역 반응을 일으키는 단백질을 만들도록 한다. 백신개발에 소요되는 예산은 약 30억 달러로 추정되었다. 관례적으로 보통 백신을 개발하기 위해서는 10년 이상 기간과 10~20억 달러가 소요된다. 그러나 Pfizer 경영진은 지금 중요한 것은 어떻게든 백신을 개발하여 인류를 구하는 것이지, 예산 규모가 아니라고 결정하였다. 정말 중요한 가치관이다. 어떤 비용이 소요되더라도 반드시 목표를 달성하여야 한다는 결정은 기업에서는 매우 이례적이다. Pfizer는 새로운 모델을 세상에 보여 주었다. 셋째, 시간제약이다. 지금까지 해 오던 방식으로는 이 프로젝트를 완수할 수 없었다. 그래서 창의적인 방법들이 도출되어야 했다. 그래서 다양한 유형의 실험대상들을 동시에 테스트하였다. 4월 23일 독일에서 처음으로 4명의 자원자에 대한 테스트가 있었고, 면역반응, 부작용 등을 조사하였다. mRNA를 처음으로 생산하는 Pfizer는 새로운 설비와 기계를 설치하여야 하였다. 또 개발하는 백신은 영하 이하에서 보관하여야 하므로 다른 추가적인 예산도 필요하였다.

Pfizer가 이 프로젝트로 얻은 교훈은 다음과 같다. 첫째, 팀 노력이 중요하다. 둘째, 예산보다 목적을 중시하였다. ROI(Return on Investment)를 고려하지 않았다. 오직 목표달성만 보고 달렸다. 셋째, 목표가 올바르면 불가능한 목표도 이룰 수 있다. 넷째, 불가능한 목표를 설정하면 반드시 기존의 틀을 바꾸는 사고방식이 필요하다. 다섯째, 과학자들과 연구자들을 독립적으로 연구하게 만들었다. 예산의 제약도 없고 간섭하지도 않았다. 그래서 정부의 보조도 받지 않았다. 마지막으로 모든 구성원들의 협조가 필요하다. 특히, 긴급한 상황에서는 정말로 중요한 요소이다.

1849년에 설립된 Pfizer의 본사는 미국 뉴욕주 뉴욕시에 있으며, 2021년 현재 78,525의 직원들이 근무하고 있다.

Pfizer 회장인 Bourla는 백신을 개발하게 된 이유와 과정을 『Moonshot(2022)』이라는 책에서 상세하게 설명하고 있다. 이 책은 한 회사의 불가능을 가능으로 만드는 집념과 성공하게 된 다양한 요소들을 피력하였다.

8.1.6 디지털 마인드셋

지금은 디지털시대이다. 그러므로 기업은 디지털시대에 적합한 사고방식과 시스템을 구축하여야 한다. 그렇지 않으면 시장에서 제거될 가능성이 높다. 이렇게 하기 위해서 Neeley와 Leonardi(2022)는 디지털 마인드셋을 조직 내에 구축하여야 한다고 주장하였다. 디지털 마인드셋(digital mindset)이란 데이터와 알고리즘, 그리고 인공지능이 새로운 가능성을 열어 기업의 성공을 보증한다는 것을 인적자원과 조직으로 하여금 보게 하는 태도와 행동을 말한다. 디지털 마인드셋을 구축하기 위해서는 많은 노력이 필요하다. 그러나 이러한 노력은 큰 성과를 조직에 제공한다.

대부분의 변화관리에서 보듯이, 디지털 마인드셋을 구축하는 데 조직의 저항과 반발이 발생한다. 그래서 기업은 이러한 저항에 대비하여야 하고, 또 시스템과 프로세스를 설계하고 조정하여야 한다.

8.2 실패

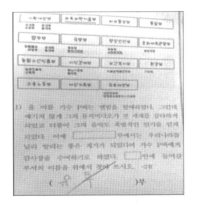

한 초등학교 시험 질문이다. '올 여름 우리나라 가수 A씨가 발매한 앨범이 세계적으로 큰 인기를 얻게 되었다. 이에 (   )부에서는 우리나라를 알리는 좋은 계기가 되었다며 가수 A씨에게 감사장을 수여하기로 하였다. (   )안에 들어갈 단어는 무엇인가? 아래에서 볼 수 있듯이 한 학생의 답은 '유튜브'였다. 그런데 선생님은 틀렸다고 하였다. 여러분은 어떻게 생각하는가?

실패를 하면 안 되는가? 성공의 반대는 실패인가? 글로벌 초일류기업들은 실패를 하지 않는가? 이러한 질문에 대하여 우리는 어떻게 대답할 것인가?

Google의 전 CEO인 Eric Schmidt는 "Google은 늘 실패를 거쳐 성장하였다"고 하였다. Amazon 창업자인 Jeff Bezos는 "Amazon의 최대 성공은 늘 실패로부터 왔다"고 하였다. 이제 여기에서 실패에 대해 생각해 보기로 한다.

8.2.1 실패에 대한 개념

변화를 원하는 사람과 기업은 실패에 대해 다시 한 번 생각해 보아야 한다. 실패를 좋아하는 사람과 기업은 아마 없을 것이다. 이것은 대부분의 사람들과 기업이 실패 자체를 부정적으로 보기 때문이다. 다시 말하면, 실패 그 자체를 좋지 않게 보는 것이다. 이러한 관점은 실패 자체를 하면 안 되는 것으로 보게 만든다.

그러나 실패를 두려워하는 사람이나 조직은 성공하지 못한다. 실패하기 위해서 일하는 사람이나 조직은 없다. 성공하기 위해서 사람이나 조직은 일을 한다. 그러나 성공하기 위해서 실패는 필수불가결이다. 왜냐하면 실패는 누구나 할 수 있기 때문이다. 그런 점에서 실패는 병가지상사이다. 또 변화와 혁신은 창의적이다. 그런데 창의적인 것은 당연히 실패를 많이 동반한다. 그러므로 창조적인 실패를 사람이나 조직은 기피하고 두려워하면 안 된다. 창조적인 실패는 긍정적인 실패이며 성공에 이르는 실패이다. 그래서 올바른 실패는 성공인 것이다.

『147/805』라는 실패의 법칙이 있다. 여기에서 『147』은 Thomas Alva Edison이 전구를 발명하기까지 실패한 횟수이며, 『805』는 Wright 형제가 비행기를 발명하기까지 실패한 횟수이다. 그러므로 성공하기 위해서 실패는 필연적이며, 또 무수히 많은 실패가 동반될 수도 있다. 그래서 실패한 사람들은 진짜 실패한 것이 아니라, 중도에 포기한 사람이다. 실패하는 것이 나쁜 것이 아니고, 포기하는 사람이 진짜로 실패하는 것이다. 그래서 성공이란 포기하지 않고 꾸준히 성공할 때까지 노력하는 사람이 가져갈 수 있다.

Procter & Gamble의 전 CEO인 Lafley는 P&G를 많이 성장시켰다. 그는 "교훈은 성공보다는 실패에서 더 많이 얻는다"고 하였다(Lafley, 2011). "조직이나 개인이 어떤 시련을 겪을 때, 성공하였을 때보다 훨씬 더 많이 배운다"고 하였다. 그리고 실패는 배우는 과정이라고 하였다. 그래서 우리나라에도 '젊었을 때 고생은 사서 하라'는 속담이 있는가 보다. 그러나 실패가 단순히 실패로 끝나면 성공을 보장해 주지 않는다. 우리는 실패로부터 반드시 무엇인가 교훈을 얻어야 한다. 다시는 동일한 실패를 반복해서는 안 된다. 즉, 일보후퇴 이보전진이 되어야 한다. 그러면 어떻게 하면 동일한 실패를 반복하지 않을 수 있을까? 이것은 철저한 분석과 대책을 필요로 한다. 실패를 철저하게 분석하는 프로세스를 정립하여 다시는 이러한 문제가 나오지 않도록 하여야 한다. Lafley도 1970년부터 2000년도까지 시행한 P&G의 혁신과 M&A의 실패를 상세하게 분석하였다. 그 결과 2001~2010년까지 10년 동안 발생한 성공률을 지난 30년간의 30% 미만에서 60% 이상으로 향상시켰다. 오랜 경험에 의해 Lafley는 다음처럼 말하였다. "성공의 반대는 실패가 아니다."

이제 기업은 실패에 대해 다시 생각해 보아야 한다. 실패가 발생하였을 때 누가 잘못을 하였는지 거기에 대해 집중하는 것은 실패의 가치를 폄하하는 것이다. "누가 하였지?" 이 질문도 물론 필요하겠지만, 실패의 책임만을 강조하는 것은 실패에 대한 공포를 구성원들에게 제공하여 창의력을 말살하는 문화를 키우게 된다. 그래서 실패를 하나의 배우는 프로세스로 만들고 지속적인 개선을 추구하는 문화를 만드는 것이 중요하다.

8.2.2 실패의 유형

8.2.1에서 언급하였듯이 대부분의 사람들은 실패를 부정적으로 보고 있다. 즉, '실패는 나쁜 것'이라는 것이다. 이런 가정을 가진 사람과 조직은 실패는 무조건 해서는 안 되는 것으로 본다. 이런 조직에서는 실패를 하면 문책을 받게 된다. 사람은 자라면서 많은 실수를 저지르게 된다. 그리고 대부분 그때마다 꾸중 듣거나 벌을 받게 된다. 이러한 경험은 사람을 실수하였을 때 본능적으로 자기 자신을 보호하게 만든다.

그런데 모든 실수나 실패가 전부 나쁜 것인가? 엄밀히 따져 보면, 그렇지 않다는 것을 알 수 있다. 해서는 안 되는 실패가 있는 반면에 유익한 실패도 있는 것이다. 앞에서 우리는 이러한 실패를 '창의적 실패'라 하였다.

Edmondson(2011)은 "실패를 유형별로 분류하여 관리하여야 한다"고 주장한 사람 중 하나이다. 그리고 실패를 다음처럼 9가지 유형으로 분류하였다. 정해진 프로세스를 일탈한 편차(deviance), 부주의(inattention), 역량 부족(lack of ability), 부적절한 프로세스 (process inadequacy), 개인의 역량을 초과하는 직무(task challenge), 복잡한 프로세스 (process complexity), 불확실성(uncertainty), 가설검정(hypothesis testing), 그리고 탐구 실험(exploratory testing) 등이다.

편차는 개인적인 잘못으로 개인에게 전적인 책임이 있다. 여기에 비해 부주의는 개인의 책임 또는 조직의 책임일 수도 있다. 또 나머지 유형의 실패나 실수도 누구의 책임인지 명확하지가 않다. 그래서 Edmondson은 "모든 실패나 실수를 동일하게 취급해서는 안 된다"고 하였다. "실패나 실수가 발생하였을 때 개인 또는 부서를 무조건 비난하는 것은 바람직한 행동이 아니다"라고 하였다. 왜냐하면 그 개인이나 부서가 실질적으로 잘못을 저지르지 않았기 때문이다. 그리고 유익한 실패를 '지적 실패(intelligent failure)'라고 불렀다.

우리는 실패나 실수가 있을 때 무조건 타인을 비난하곤 한다. 그런데 이러한 습관은 창의력을 말살하고, 부서 간의 화합을 깨뜨리고, 구성원의 사기를 크게 저하시킨다. 그러므로 실패나 실수의 유형을 잘 파악하여 처리하도록 하여야 한다. 또 가설검정이나 탐구 실험처럼 유익하고 창의적인 실패 또는 지적 실패도 있다. 모든 실수나 실패가 전부 가치가 없거나 나쁜 것만은 아닌 것이다.

그러므로 여기에서 언급하는 실패는 '창조적 실패', '지적 실패', 또는 '올바른 실패'를 의미한다. 즉, 지금은 실패했지만, 밝은 미래로 안내하는 실패로 가치가 있는 실패이다.

그런데 현실을 생각하면, 타인의 실패를 용인하는 것은 그리 쉬운 일이 아니다. 이것은 사실 기업의 문화와 관련성이 있다. 다시 말하면, 실패를 용인한다는 것은 인내를 필요로 한다. 또 실패가 창조적인 실패인지 아닌지를 판가름하는 것도 항상 쉬운 일이 아니다. 그래서 Pisano(2019)는 "실패를 용인하는 인내심이 구성원 마음속에 내재되려면, 구성원들이 상당히 능력 있는 사람들로 구성되어야 한다"고 하였다. 다시 말하면, "저 사람은 능력 있는 사람인데 실패한 것은 무슨 의미가 있겠지"라는 것이다. 그런데 무능력한 사람의 실패에 대해서 사람들은 인내심을 갖기가 어렵다. "또야!" 예를 들어, 구글의 구성원들은 높은 역량을 지니고 있다. 그래서 구글에서는 실패하라고 권유한다. 위험성이 있지만 도전하라고 한다.

또 실패의 유형에 관계없이 실패를 용인하는 조직, 즉 평등성을 강조하는 조직에서 실패는 용인하지만 혁신이 성공하기는 어려울 것이다. 즉, 실패를 용인한다고 해서 다 좋은 것은 아니라는 것이다.

그러면 왜 창조적 실패를 용인할까? 그것은 실패를 통하여 배우기 때문이다. 목표를 달성할 수 있는 다리를 제공하기 때문이다.

8.2.3 실패에 대한 사례

사례 | NVIDIA

1993년 설립되었고, 최초의 그래픽카드(graphic card) 'NV1'을 출시하였던 NVIDIA에서는 5개의 핵심가치를 지니고 있다. 즉, 혁신(innovation), 지적 솔직함(intellectual honesty), 속도와 유연성(speed and agility), 탁월함과 결단력(excellence and determination), 그리고 원팀(one team)이다(NVIDIA, 2020).

'지적 솔직함'이란 진실을 추구하고, 실패로부터 배우고, 학습을 공유하는 것이다. NVIDIA는 최고의 윤리기준을 설정하고 있다. 그리고 자기 자신과 역량을 확실하게 인지하도록 한다. 즉, 자기의 단점을 인지하고, 실패로부터 학습하는 것이다. 이렇게 현실을 분명하게 직시함으로써 발전이 나타난다.

즉, '지적 솔직함'은 스스로의 실패를 솔직하게 인정하고, 타인의 실패를 비난하지 않고, 실패를 자산으로 만들어가는 것이다. 이것은 서로 비난하게 되면 결국은 모두 망하게 된다는 경험에서 나왔다. 그래서 NVIDIA는 잘못한 사람을 찾지 않고, 잘못한 원인을 파악하는 데 주력하였다.

신입사원들은 NVIDIA에 입사하면 실수를 두려워하지 말고 잘못을 저질러도 좋다고 교육을 받는다. 단 실패로부터 무엇인가 배워야 한다는 것 이외에는 아무 조건이 없다. 이런 결과로 NVIDIA는 Graphic Chip Design 시장에서 세계 최고의 기업이 되었다. 그리고 2008년 1월 7일 Forbes에 의해 '올해의 기업'이 되는 영예를 안았다.

NVIDIA에서 우리는 다음과 같은 교훈을 얻을 수 있다. 대부분 기업에서는 실패가 있으면, 누가 왜 어떤 실수를 하였는지 분석하고 보고한다. 그리고 이어서 인적 및 금전적 책임이 뒤따르게 된다. 그러므로 실수나 실패가 발생하면 대부분 숨기거나 축소하여 보고한다. 이것은 악의 사이클을 만들어 후에 조직을 큰 어려움에 처하게 만든다.

사례 | Dyson

dyson

이미지 출처:
www.dyson.com

앞에서 Dyson의 조직혁신문화를 설명하였다. 여기에서는 이어서 실패에 대한 Dyson의 문화를 소개하고자 한다. Dyson에서는 『'5126』번의 숫자'를 중시한다. 이 숫자는 Dyson이 '먼지봉투 없는 진공청소기'를 개발하기까지 실패한 숫자이다. 이렇게 대부분 어떤 제품이 성공하기까지에는 냉소, 자금문제, 두려움 등이 항상 있었다. Dyson은 "말하는 사람들은 많지만 대부분 실패의 관문을 넘지 못한다"고 하면서, "혁신은 단거리 경주가 아니고 장거리 경주인 마라톤"이라고 하였다. 그래서 Dyson은 실패가 두렵고 겁이 나 용이한 길만 선택하는 기업의 문화를 비판하였다. 이렇게 혁신은 장거리 경주이므로 실패를 거쳐 성공에 다다를 수 있다.

대부분 회사들은 '실패작'을 쓸모 없다고 버리지만, Dyson은 실패를 통해 또 다른 아이디어를 추구한다. 그래서 Dyson은 어떤 제품을 만들다가도 이 아이디어를 다른 제품에 적용하기도 한다.

사례 I Pepsi

1898년 약사인 Caleb Bradham에 의해 Pepsi가 설립되었다. 그런데 항상 선두주자인 Coca-Cola에 밀린 Pepsi는 성장에 제약이 많았다. 그래서 늘 Coca-Cola를 이기기 위한 차별화 전략을 구사하였다. 즉, 다이어트 콜라, 체리콜라, 무설탕 콜라, 무카페인 콜라, 카페인을 두 배로 늘린 콜라 등 틈새시장을 공략했고, 어느 정도 성공을 하고 있었다.

여기에 대한 하나의 예를 들고자 한다. 1990년대 Evian이나 Perrier같은 투명한 생수에 대한 소비자들의 관심이 높았다. 그래서 1992년 Pepsi도 투명성에 대한 새로운 틈새시장을 활용하기 위해 'Crystal Pepsi'를 출시했다. 하지만 실패하였다. 이유는 투명함은 좋았지만 'Crystal Pepsi'의 맛이 전통적인 Pepsi의 맛과 완전히 달랐기 때문이다. 그래서 출시 1년 만에 중단되었다.

실패를 분석한 다음 1994년 Pepsi는 전통적인 Pepsi 맛과 투명함을 모두 구비한 'Crystal'이라는 콜라를 재출시 했다. 하지만 또 실패하였다. 이유는 기존의 'Crystal Pepsi'의 이미지가 너무 안 좋았기 때문이었다.

그러나 Pepsi는 포기하지 않았다. 또 실패를 기반으로 투명함을 원하는 소비자들을 계속 연구하였다. 그래서 'Aquafina'라는 생수회사를 인수하여 시장을 공략하였고, 결국 성공하였다.

사례 I Kellogg's

1906년 Kellogg's는 William Keith Kellogg에 의해 설립되었다. 1922년 기업명을 Kellogg Company로 바꾸고 영국, 호주, 아프리카 등으로 성장하였다. 대공황 기간에도 Kellogg's는 영양에 대한 끊임없는 연구로 계속 성장하였으며, 1999년부터 Worthington Foods, Kashi Company, Keebler Foods 등을 인수하면서 규모를 확장하였다.

그러다가 미국이나 영국 등 핵심시장은 이미 포화상태에 이르렀다고 판단하고, 새로운 시장인 인도를 공략하기로 결정하였다. 당시 인도의 인구는 약 9억 5천만 명이었으며, 중산층이 약 2억 5천만 명이었다. 특히 인도는 씨리얼시장이 전무했기 때문에 잠재성이 높다고 판단했다.

1994년 Kellogg's는 'corn flake'를 인도에서 판매하기 위해 6천 5백만 달러를 투자하였다. 그러나 실패하였다. 이유는 인도사람들이 아침에 씨리얼을 잘 먹지 않고, 가격이 비쌌기 때문이었다. 그럼에도 불구하고 Kellogg's는 가격을 인하하지 않은채, 제품의 종류를 더 다양화하였다. 그리고 또 실패하였다.

이에 Kellogg's는 제품을 인도화하기로 하였다. 그래서 '퓨전 마짜 시리즈'를 출시하고, 가격도 절반으로 감소하였다. 그런데 또 실패하였다. 그 후 Kellogg's는 어린아이들을 대상으로 비스킷 제품을 출시하여 잘 팔렸지만, 가격이 너무 낮아 수익성은 높지 않았다.

하지만 Kellogg's는 포기하지 않았다. 인도고유의 향신료인 푸디나(Pudina) 향료가 곁들여진 콘플레이크와 매콤한 살사(Salsa) 등을 개발하여, 인도 사람들의 입맛에 맞는 제품을 출시하였다. 높은 가격도 반절로 줄였다. 또 레시피 공모전(GreatStart GreatDay)을 통하여 아침에 시리얼은 건강에도 좋다는 홍보를 하였다. 그 결과, 매출이 급격하게 올라갔다. 2013년에 50억 루피(약 1억 달러)를 넘었다.

사례 ㅣ 농심

1965년에 설립된 농심은 1975년부터 농심라면을 통해 소비자들과 친숙해졌다. 그리고 1985년 국내라면 시장점유율 1위를 차지하였다. 1986년에 신라면과 새우깡을 출시하여 자리를 더 공고히 하였으며, 라면 시장점유율 70%대를 유지하였다. 2011년 기존 신라면의 가격의 2배가 넘는 신라면블랙을 출시했다. 그러나 신라면블랙은 소비자의 욕구가 영양이라고 판단하는 오류를 범하였다.

한편 라면시장은 한국야쿠르트의 꼬꼬면과 삼양의 나가사키짬뽕 같은 하얀 라면이 잇달아 출시되면서 하얀 라면의 새로운 트렌드를 만들었다. 소비자들은 새로운 라면에 관심을 가졌다. 이 시기에 농심의 신라면블랙의 허위과장광고가 밝혀졌다. 소비자단체들은 농심이 포장만 바꾼 신라면블랙으로 가격만 올렸다고 혹평하였다. 결국 신라면블랙은 시장에서 실패했다.

한편 하얀 라면에 대한 소비자들의 수요가 급격히 감소하였다. 이것은 라면에 대한 소비자들의 입맛이 크게 변하지 않았다는 것을 입증하였다. 결국 소비자들은 원래의 빨간 라면을 선호하였다.

사례 ㅣ 삼성자동차

삼성그룹은 한때 자동차 사업이 숙원이었다. 그래서 1992년 당시 현대자동차, 기아자동차, 대우자동차로 포화상태인 자동차시장에서 삼성자동차 기업을 설립하였다. 1994년 일본 Nissan과 기술협약을 체결하였다. 그러나 이 기술은 이미 1980년대에 현대자동차와 기아자동차에 이전된 기술들이었다. 그리고 1998년 3월 첫 모델인 중형 세단 SM5를 선보였다.

1997년 외환위기가 발생하자, 위기에 빠진 삼성은 자동차를 포기하고자 하였다. 그리고 2000년 4월 Renault-Nissan Alliance에 6,200억 원을 받고 삼성자동차를 매각하였다. 그리고 9월 회사 이름을 삼성자동차가 아닌 르노삼성자동차로 바꾸었다. 르노는 삼성차를 인수하면서 일방적으로 유리한 계약을 체결하였다. 인수대금에 대한 이자가 없으며, 인수대금도 르노삼성이 이익이 있어야 지불하도록 하였다. 2010년 르노삼성은 역대 최다 판매 기록을 달성했지만, 영업이익률은 0.06%퍼센트였다. 공장은 계속 가동하지만, 이익은 나지 않도록 하는 전략을 실천함 셈이다.

기타

iPod으로 유명한 Apple은 이 제품을 개발하기 이전에 수없이 많은 실패를 경험하였다. 1983년에 출시한 LISA는 대표적인 예이다. LISA는 Motorola 프로세서를 장착한 GUI(Graphic User Interface)를 최초로 실용화한 컴퓨터이다. 1990년대 Time Incorporated는 100개 이상의 잡지를 창간하거나 합병하였다. 그리고 이 기간 동안에 수익성을 많이 향상시켰다. 그리고 이 기업이 얻은 교훈은 "성공을 더 많이 하기 위해서는 더 많은 실수를 해야 한다"는 것이었다(Kanter, 2006). 그래서 최고경영자는 실패를 두려워하는 조직문화를 과감하게 타파하고, 창의적인 조직문화를 창출하여야 한다.

암기식 위주의 교육시스템과 획일적인 시스템은 창의성을 가져오지 않는다. 기존 질서에 안주하려는 자세와 실패를 두려워하는 조직의 분위기는 절대로 창의성을 가져오지 않는다. 그래서 창의성을 강조하는 조직에서는 실패를 탓하지 않는 분위기를 조성하고 있다.

일본 Toyota 자동차는 '실패를 두려워하지 말라'고 가르친다. 그리고 '실패하면 손해'라는 사고방식을 금지하고 있다. 왜냐하면 이것은 창의성을 죽인다고 보기 때문이다. 그러나 일본 Honda 자동차는 '실패하라'고 한 발 더 나아가고 있다.

3M은 모험을 장려하는 가치관을 지니고 있다(Gundling, 2001). 그래서 3M의 CEO인 McKnight는 "경영자가 직원의 실패를 용인하지 못한다면 직원의 창의성도 말살된다. 실수는 나타날 수 있다. 그리고 실수는 언젠가는 더 큰 성장의 원천이 된다"고 강조하였다. 그래서 "아이디어를 죽이지 말라"라는 것을 철칙으로 하고 있다. 또 직원의 창의성을 북돋우기 위하여 모든 과정에서 발생하는 정직한 실수의 실패를 용인하고, 열렬

한 실험정신과 도전정신을 장려하고 있다. 그래서 제품개발 과정의 정직한 실패를 인정하고 있다.

8.2.4 실패에 관한 우리나라 실정

그러면 실패에 대한 우리나라 기업들의 현실은 어떠한가? 안영진(2010)의 연구에 의하면, 우리나라 대부분의 기업들은 실패에 대한 규정을 두고 있지 않았다. 대기업들에서는 실패를 장려하기보다는 실패를 징계하는 규정이 더 많았다. 즉, 금전적인 손실이 클 경우 보상이나 징계를 하였다. 또 실패를 공개적으로 토론하는 경우도 거의 없었다. 그러나 희소하지만 일부 기업에서는 일부 제도를 통하여 실패 사유를 분석하고 차기 제품이나 프로세스에 반영하고 있었다.

통제를 중시하는 조직과 규율에 의해 움직이는 조직에서의 창의성은 높지 않다. 이런 점에서 이제 미래의 조직은 개방적이어야 하며, 실패를 용인하고, 자율권을 촉진하고, 활발한 논의를 통해 새로운 아이디어를 자유롭게 창출할 수 있는 기업의 분위기를 조성하도록 하여야 한다. 폐쇄적이고, 관료주의적이며 통제 위주의 조직에서는 창의력이 절대로 나올 수 없다.

그러면 이런 이유는 무엇이라고 생각하나? 우리나라의 전통적인 교육방식이 생각하기보다는 'OX'이고, 주입식이기 때문이라고 본다. 위의 초등학교 시험 사례처럼 기발한 아이디어로 보기보다는 틀렸다고 하기 때문에 어린이들의 무궁무진한 상상력이 성장할 수록 우물안 개구리처럼 변신하게 되는 것이다. 학생이 학교에서 집에 오면 우리나라 부모들은 "너 오늘 시험 몇 점 맞았니?" 물어보는데, 유대인들은 '너 오늘 무슨 질문을 하였니?"하고 물어본다고 한다. 우리나라 교육열은 세계 어떤 국가에도 떨어지지 않는다. 그리고 세계에서 큰 성공을 거둔 것도 사실이다. 그러나 한계가 왔다. 지금처럼 창의력이 중요한 시기에 우리나라에서 실패를 두려워하는 문화가 사라지지 않는 한, 그리고 교육시스템이 바뀌지지 않는 한 과거의 높은 성장을 기대하는 것은 무리라고 본다. 세계 10대 무역국에 속하면서 왜 우리나라에서는 노벨상 수상자가 안 나오는지 이역시 유사한 문제라고 본다.

8.2.5 평가시스템과 실패공유시스템

창의적인 사고방식을 장려하기 위해서는 조직의 평가시스템이 바뀌어야 한다. 우선 평가는 단기적이 아니고 장기적으로 이루어져야 한다. 단기적으로 평가하면, 사람이나 조직은 가시적인 효과를 원하며 또 실패를 하지 않으려고 하는 경향이 발생한다. 이것은 단기적인 목적을 추구하게 되며, 장기적인 관점에서는 상당히 바람직하지 않다. 그래서 이제 기업은 단기적인 평가방법만 사용해서는 안 되고, 장기적인 평가방법을 동시에 사용하는 지혜가 필요하다. 예를 들어, IBM 연구센터는 연구원들을 1년의 단기와 3년의 장기 단위로 분류하여 평가한다. 1년 단위 평가는 그 해 실적에 포함되어 보너스에 반영된다. 하지만 3년 단위 평가는 장기적인 성과로 간주되어 승진과 연봉에 영향을 끼친다. 그래서 연구원들은 단기보다 장기에 훨씬 더 비중을 두고 일을 한다.

GE도 직원들이 자유롭게 혁신적 아이디어를 경영진에 아무 때나 건의할 수 있는 제도를 도입했다. 아이디어가 있는 직원에게 실패의 두려움을 주지 않고 도전해 볼 기회를 제공하는 것이다. 더불어 2015년부터 직원이 제출한 아이디어를 사업으로 직접 연계하는 제도도 시작했다. 직원들은 아이디어를 제출한 해와 그 다음 해 말까지 회사의 지원으로 신규사업을 시도할 수 있고, 만약 실패하더라도 인사평가에는 반영하지 않는다.

인간은 동일한 실패를 반복하면 안 된다. 또 조직에서 다른 사람이 범한 실수를 또다른 사람이 범하여서도 안 된다. 이렇게 하기 위해서는 실패를 공유하는 시스템이 필요하다. 그래서 조직의 모든 사람이 어떤 실패가 발생하였고, 왜 발생하였는지를 알아야한다. 그래서 모든 유형의 실패를 분류하고, 게재하고, 모든 사람들에게 공표하고 인지하도록 하는 시스템이 필요하다. 그래서 동일한 실수나 실패가 반복되지 않도록 하여야한다. 예를 들어, GE는 실패를 정형화하고 공유하기 위하여 IB(Imagination Breakthrough)라는 컨퍼런스(conference)를 정례화하고 있다. 이 컨퍼런스는 GE의 실패 사례들을 열거하고, 분석하고, 토론하며, 공유하는 실패 포럼이다. 그래서 모두 귀중한 경험을 인지하고, 공유하고 있다. Alcatel−Lucent에는 조직의 실패와 성공을 기록하고 분석하는 6~8명으로 구성된 팀이 있다. 이 팀은 지속적으로 경향을 분석하여 새로운 프로젝트를 파악한다. 이 팀은 독립성을 보장하기 위하여 조직 밖에 구성한다.

미국의 Business Week는 2006년 7월 1일 실패에 대한 기사를 실었다. 여기에서 "일류기업은 실패를 두려워하지 않는다"고 하였다. 예를 들어, Apple Computer, McDonald's, Pfizer, Sony, Xerox, Coca-Cola는 전부 실패를 성공의 사례로 만든 기업들이라고 소개하였다. 최근 Pfizer는 발기부전치료제인 Viagra를 개발하여 엄청난 성공을 거두었다. 그러나 Viagra는 처음부터 의도적으로 개발한 약이 아니고, 심장병 약인 Sildenafil을 개발하는 과정에서 우연히 개발된 약이다. Sildenafil이라는 약은 실패하였다. 그러나 이 약을 복용한 사람들의 이야기를 듣고 Viagra를 개발하는 데 성공하였다.

표 8-1 실패를 성공으로 이끈 사례들

기업	실패 사례	원인	성공 사례	결과
Apple 컴퓨터	1983년의 LISA	최초 graphic PC지만 비싸고 느림	Macintosh 및 iPod	고객욕구에 맞춰 iPod까지 이어감
Coca-Cola	1985년의 New Coke	소비자 불만으로 79일 만에 판매 중단	Coke Classic	소비자 만족시킴
Ford	1957년의 Edsel 자동차	크고 너무 비쌈	1964년의 Mustang	고객들의 니즈 반영
McDonald's	1962년의 Fraburg	채식자 위해 고기 대신 파인애플 사용	1963년의 Filet O Fish	고기 대신 생선 사용
Pfizer	1991년의 Sildenafil	심장약인데 효능 없음	1989년의 Viagra	발기부전제 치료에 효능
Xerox	1949년의 모델 A 복사기	사용하기 불편	1959년의 모델 914	완전자동복사기 탄생

출처: Business Week, 2006년 7월 1일.

8.3 창의성

Steve Jobs는 혁신의 원동력으로 창의성을 언급하였다(Galo, 2010). 즉, 창의성이 혁신적인 아이디어를 창출한다고 하였다.

최근 TV에서 개그프로그램들을 몇 번 본 적이 있다. 그런데 이전과 다른 점을 발견할 수 있었다. 그것은 각 개그프로그램 코너의 수명이 상당히 짧아졌다는 것이다. 즉, 방청객과 네티즌, 그리고 시청자들로부터 호응이 좋지 않으면 즉시 그 코너는 방영되지 않는 것이다. 방청객과 시청자들로부터 웃음을 자아내기 위해 개그맨들은 보이지 않는 엄청난 노력을 한다. 즉, 창의력 싸움이다. 예전에는 스크립터가 대본을 써 주었지만, 이제는 개그하는 배우들이 직접 대본을 만들어야 한다. 그들은 새로운 아이디어를 짜내기 위해 엄청난 노력을 한다. 진정 이들이야말로 창의성을 중요시하는 프로라고 생각한다.

기업이 직면한 환경은 이전과는 판이하게 다르다. 과거의 영속성이 점차로 없어지고 있다. 이것은 조직의 구성원들은 날마다 새로운 문제에 직면하게 된다는 사실을 말해 주고 있다. 이러한 환경에서는 점차로 새로운 문제를 해결하는 창조적인 대응이 중요하게 된다. 그래서 창의성을 개발하여 새로운 문제를 해결하여야 한다. 그러므로 미래 기업의 경쟁력은 창의성에 의하여 결정된다고 하여도 과장은 아니다. Bill Gates(2010)도 창의성 없이는 앞으로 10년 후 인간의 미래는 상당히 어둡다고 하였다.

국가도 마찬가지다. 후진국이 개발도상국이 되고, 다시 선진국이 되려면 반드시 창의성 역량을 키워야 한다. 중국과 홍콩에서도 기업의 경쟁력을 강화하기 위해 창의력의 중요성을 절실히 느끼고 있다. 왜냐하면 창의력이 신제품 개발과 발명에 결정적인 영향을 끼친다고 그들은 굳게 믿고 있기 때문이다(Ko와 Butler, 2007). 이런 점에서 우리나라 기업을 생각해 보아야 한다. 우리나라는 많이 성장하였지만, 아직도 창의력이 부족하다고 볼 수 있다.

8.3.1 창의성의 의미

창의성이라는 용어는 1875년 웹스터(Webster) 사전에서 처음 사용되었다. 혁신의 가장 기본이 되는 개념인 창의성은 기존의 것을 새롭게 조화하는 것이다. Harvard Business School(2004)에서는 창의성을 "참신한 아이디어를 개발하고 표현하여 문제를 해결하고 니즈(needs)를 만족시키는 프로세스"라고 정의하였다. 그래서 창의성은 어떤 재능이 아니고 혁신을 창조하기 위한 목표 지향적 프로세스라고 하였다. 이렇게 창의성을 프로세스라고 규정하였다. 즉, 창의성은 주어진 것이 아니고 개발될 수 있는 요소로 보았다. Drucker는 "창의성이란 기존의 것을 새롭게 조화하는 것"이라고 하였다 (Kobayashi, 2002). 그래서 항상 오래된 것 중에서 새로운 것을 얻기 위해 노력하는 행위를 말한다. Root-Bernstein(2001)은 창의성을 "아무도 생각하지 못하였던 문제를 독자적으로 생각해 내고, 해결하는 능력"이라고 하였다. Steve Jobs는 "창의성은 연결 지을 수 있는 능력"이라고 정의하였다(Galo, 2010). 그리고 다양성을 중요시하였다. 그래서

"다양한 경험이 창의성을 만든다"고 하였으며, 다양한 사람들이 필요하다고 하였다. 예로 Jobs는 컴퓨터 과학자 이외에 예술가, 동물학자, 시인들도 고용하였다. 또 상식적인 아닌 차별화된 사고를 요구한다고 하였다.

그런데 여기에서 한 가지 질문을 할 수 있다. 창의성은 타고나는 것인가? 유전적인 것인가? 창의성이 유전적이라고 말하는 일부 심리학자들도 있다. 그러면 창의성은 타고난 일부 사람들에게 맡기면 된다. 그런데 정말 그럴까? 각 분야에서 성공한 사람들을 보면 창의성이 유전적이라고 결론을 내릴 수 있을까? HBS(2004)는 그렇지 않다고 주장한다. Root-Bernstein(2001)도 HBS의 주장에 동조하고 있다. 그래서 창의성이 일부 천재들에게만 있는 것이 아니고, 연습을 통하여 모든 사람들이 가질 수 있다고 하였다. 왜냐하면 모든 사람들은 태어날 때부터 창의성을 가지고 태어나기 때문이다. 우리가 잘 아는 악성 Beethoven은 어린 시절에 음악 선생으로부터 작곡가로서의 재질이 전혀 없다고 혹평 받았다. 디즈니랜드(Disney Land)의 창시자인 Walt Disney도 어렸을 때 만화가로서의 자질이 없다고 역시 혹평 받았다.

이미지 출처: www.twylatharp.org

미국의 유명한 안무가인 Twyla Tharp도 이 주장에 동의하고 있다(Coutu, 2008). Twyla Tharp는 창의적인 예술가로 유명하다(www.twylatharp.org). 1980년 브로드웨이(Broadway)에서 '우리가 매우 젊었을 때(When we were young)'의 작품으로 시작한 그녀의 무용은 재치와 기술적 정밀성 그리고 창의로 가득 차 있었다. 그녀의 작품은 재즈, 발레, 권투 등의 다양한 동작들을 조합하여, 발레와 현대 무용의 경지를 초월하고 있다. 이런 탁월한 재능으로 그녀는 1개의 Tony상, 2개의 Emmy상, 그리고 19개의 명예박사 학위를 취득하였다. Tharp는 "창의성은 누구나 갖고 있지만, 열정과 훈련이 필요하다"고 하였다. 그리고 "훈련에 의해서 창조력을 일상적인 활동으로 만들어야 한다"고 하였다.

물론 어릴 적부터 타고난 재능을 가진 사람들이 있는 것은 확실하다. 우리는 주위에서 그런 사람들을 가끔 본다. 그러나 이것이 자기의 게으름이나 회피를 정당화시킬 수는 없다. 뚜렷한 목표와 강한 훈련은 창의성이 있는 사람으로 만든다. 실패를 거듭 반복하면서 그리고 경험하면서 체득하는 것들이 창의성을 만들며, 궁극적으로 성공하는 사람을 만드는 것이다. 그러므로 창의성은 일부 유전적인 것도 있지만, 궁극적으로 열심히 훈련하고 노력하는 사람이 소유하는 것이라 할 수 있다.

이런 점에서 Harvard Business School(2004)이 제시한 창의성에 대한 잘못된 통념은 음미할 가치가 있다. 첫째, 똑똑할수록 창의성이 높다. 실제로 지능과 창의성에는 그리 큰 상관관계가 존재하지 않는다. 단 업무를 수행하는 기본적인 지능은 필요하지만, 그 이상의 수준에서는 지능과 창의성과는 아무런 관계가 없다. 그래서 머리 좋은 사람이 창의력이 높다는 것은 맞지 않다. 둘째, 신세대가 구세대보다 창의력이 높다. 창의력과 나이는 상관관계가 없다. 셋째, 극소수의 위험을 선호하는 사람들만 창의성을 가지고 있다. 창의성은 위험을 감수하는 사람들의 전유물이 절대로 아니다. 넷째, 창의성은 외로운 행동이다. 놀랍게도 창의성은 독립적이기보다는 다른 사람들과 같이 이야기할 때 많이 나온다. 다섯째, 창의성은 관리가 불가능하다. 경영자는 창의성을 잘 발휘하는 환경을 조장할 수 있다. 그래서 창의성을 많이 나오게 하는 경영이 중요하게 된다.

창의성이 있는 사람은 조직에서 상당히 중요하다. Florida와 Goodnight(2005)는 조직에 있어서 원자재나 물류시스템이 중요한 것이 아니고, 정말로 중요한 자원은 창의적인 사람들이라고 하였다. 또 이들은 창의성이 있는 사람들의 동기는 외적인 보상보다 내적인 보상에 의해 부여가 된다고 하였다. 왜냐하면 이들은 도전과 성취를 중요시하기 때문이다.

창조경영의 대가인 Root-Bernstein(2001)도 아무리 우수한 창의적인 시스템이 있어도 가장 중요한 것은 창의적인 인재라고 하였다. 이들이 없으면 아무것도 필요 없다고 강조하였다. 창의적인 인재란 누구를 말하는가? 창의적인 인재란 많이 해 본 사람을 의미한다. 즉, 예상하지 못한 문제를 해결하는 사람을 말한다. 또 창의적인 인재는 비전이 있는 사람이다.

그러나 한 가지 명심할 것은 창의성이 기업의 목적이 아니라는 사실이다. 즉 다양한 창의성을 많이 내는 것도 중요하지만, 더 중요한 것은 고객에게 팔리는 창의성이 되어야 한다는 것이다. 고객에게 배척당하는 창의성은 아무 소용이 없다. 그래서 창의성은 반드시 혁신으로 전환되어야 하고, 기업의 전략과 일체성을 가져야 하며, 궁극적으로 기업의 성과로 창출되어야 한다(Sinfield 등, 2014).

8.3.2 창의성의 구성 요소

그러면 창의성은 무엇으로 구성되어 있나? 하버드대학교 교수인 Amabile(1998)은

그림 8-1 창의성의 세 가지 요소

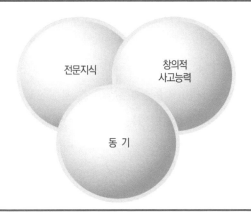

출처: Teresa Amabile, "How to Kill Creativity?" Harvard Business Review, September–October, 1998, pp.77–87.

창의성은 전문지식, 창의적인 사고능력, 동기 등 3가지 요소로 구성되어 있다고 하였다 (〈그림 8–1〉참조). 전문지식(expertise)은 과정이나 기술 등 지식과 경험에 의한 지적인 능력을 의미한다. 창의적인 사고능력(creative–thinking skill)은 문제를 해결하는 다양한 방법론을 의미한다. 동기(motivation)는 보너스나 승진과 같은 외부동기와 열정과 같은 내부동기로 되어 있다.

여기에 비해 시카고(Chicago)대학교의 심리학 교수였던 Csikszentmihalyi(2009)는 창의적인 사람의 세 가지 요건으로 전문지식과 창의적 사고 그리고 몰입을 말하였다. Amabile의 동기 대신 몰입을 넣었다. 창조력은 지식이 있어야 하며, 사물을 다르게 보는 창의적 사고, 그리고 일에 대한 몰입이 있어야 한다고 하였다.

이들에 비해 창의성의 요소를 훨씬 다양하게 분석한 사람이 있다. 미국 Michigan 주립대학교 생리학 교수인 Robert Root–Bernstein은 오래전부터 상상력과 창의력이

이미지 출처: www.amazon.com

어떤 과정을 통하여 이루어지는지 의문을 가졌다. 왜냐하면 창조 경영이나 혁신은 결국 창의력과 상상력을 지닌 사람들로부터 나온다고 믿었기 때문이다. 그래서 Albert Einstein, Leonardo da Vinci, Picasso처럼 인류 역사상 가장 창조적인 사람들의 사고구조를 분석하여 보았다. 그리고 이들로 하여금 창의적인 생각이 나오도록 하는 환경과 과정을 13가지 생각도구로 정리하여 책을 펴냈다(Root–Bernstein, 2001).

첫 번째는 관찰이다. 단순히 보는 것이 아닌 적극적인 관찰이다. 두 번째는 형상화이다. 형상화는 세계를 재창조한다. Einstein은 물리학을 형상화하였다. 세 번째는 추상화이다. 추상화는 단순화를 의미하며, 본질은 한 가지 특징만 잡아내는 것이다. 이렇게 추상화는 중대하고 놀라운 사물의 본질을 드러낸다. 네 번째는 패턴 인식이다. 다섯 번째는 패턴 형성이다. 가장 단순한 요소들이 결합하여 복잡한 것을 만든다. 또 패턴은 정답이 하나가 아님을 말해 준다. 여섯 번째는 유추이다. 예술은 유추와 은유에 기반을 둔다. 유추하는 능력이 없으면 세계를 창조할 수 없다. 일곱 번째는 몸으로 생각하기이다. 왜냐하면 몸의 움직임이 곧 생각이고, 몸은 답을 알고 있기 때문이다. 여덟 번째는 감정이입이다. 감정이입의 본질은 다른 사람이 한 번 되어 보는 것이다. 그래서 다른 사람의 입장에서 생각해 보는 것이다. 아홉 번째는 차원적 사고이다. 열 번째는 모형 만들기이다. 세계를 이해하기 위해서는 모형을 만들어 보아야 한다. 왜냐하면 모형은 본질을 구현하기 때문이다. 열한 번째는 놀이이다. 창조적인 통찰은 놀이에서 나온다. 열두 번째는 변형이다. 변형적 사고가 서로 다른 분야를 연결한다. 마지막은 통합이다. 생각의 본질은 감각의 지평을 넓히는 것이다. 창조적인 사람은 취미와 일을 통합시킨다.

8.3.3 창의성과 시간 압박

가끔 경영자들은 창의성을 향상시키기 위하여 직원들에게 시간을 압박하는 방법을 사용하곤 한다. 그런데 시간 압박이 창의성을 향상시킬까? 다시 말하면, 스트레스(stress)를 야기하는 환경에서 창의적 사고력이 증가하는지를 증명하기 위하여 Amabile, Hadley 그리고 Kramer(2009)는 미국 내의 3개 업종 7개 회사의 22개 프로젝트 팀에서 근무하는 177명의 지식근로자들이 작성한 업무일지 9천여 개를 3년간 면밀히 조사하였다. 결론부터 말하면, "시간 압박이 존재하면 창의성이 증가하지 않고 오히려 말살한다"고 하였다. 즉, 시간 압박이 크면 클수록 사람들은 창의성이 감소하는 사실을 발견하였다. 특히 시간 압박이 가장 클 때 창의성이 가장 크게 떨어졌다. 그런데 연구결과와는 다르게 사람들은 거꾸로 생각하고 있었다.

그러면 그 이유는 무엇일까? 이들은 심리학자들의 연구와 창의력의 발생에 대한 연구를 인용하여 다음처럼 설명하였다. 즉, "인간의 정신 속에는 여러 개의 개념들이 있는데, 창의성은 이러한 개념들이 흥미롭고 유용하게 결합할 때 발생한다"고 하였다. 이 과정은 재미있는 게임과 유사하여 Albert Einstein은 창의성을 '조합놀이'라고 하였다.

표 8-2 시간 압박 – 창의성 비교표

		시 간 압 박	
		낮음	높음
창의적 사고 발휘 가능성	높음	시간 압박감이 낮은 환경에서 창의적 사고가 나타나는 것은 구성원들이 다음과 같이 탐구적일 때다. • 문제점을 파악하는 것보다 새로운 아이디어를 생각해 내거나 그것을 탐구하는 방향에서 창의적 사고를 한다. • 집단적으로 협업을 하지 않고 한 사람과 협동한다.	시간 압박감이 극심한 환경에서 창의적 사고가 나타나는 것은 구성원들이 다음과 같이 자신이 특수한 임무를 수행한다고 느낄 때다. • 다른 일로 방해받지 않고 보호를 받으며 하루 중 중요한 시간을 한 가지 일에 쏟을 수 있다. • 스스로 중요한 일을 한다고 믿으며, 무엇인가 해볼 만한 도전의식이 생기고 그 업무에 대해 연관성을 느낀다. • 문제를 파악하면서 새로운 아이디어를 내고, 그것을 탐구하는 방향에서 창의적 사고를 한다.
	낮음	시간 압박감이 낮은 환경에서 창의적 사고가 발현되지 않는 것은 구성원들이 다음과 같이 아무 생각 없이 저절로 흘러가는 태도를 보일 때다. • 상사에서 '창의적이 되어라'는 격려를 거의 받지 않는다. • 개인 간 회의 및 토론을 하지 않고 단체회의와 단체토론을 한다. • 전체적으로 협업해야 할 성질이 덜한 일에 종사한다.	시간 압박감이 높은 환경에서 창의적 사고가 발현되지 않는 것은 구성원들이 다음과 같이 단순하고 피곤한 업무에 종사한다는 생각을 가질 때다. • 집중력을 잃는다. • 여러 가지 활동을 하며 하루가 조각조각 나는 경험을 한다. • 자기가 하는 일이 중요하다는 생각을 하지 않는다. • 임무를 맡으면 업무시간이 같아도 시간적으로 더 큰 압박을 받는다고 느낀다. • 개인간 회의 및 토론을 하지 않고 단체회의와 단체토론을 한다. • 마지막 순간에 업무 일정과 계획이 갑자기 바뀌는 일을 많이 겪는다.

출처: Teresa M. Amabile, Constance N. Hadley and Steven J. Kramer, "창의적 사고와 시간 압박", Harvard Business Review on the Innovative Enterprise(혁신기업의 조건), 21세기 북스, 2009, p.40.

그런데 이러한 결합과정이 효과적이기 위해서는 개념들을 조사하고 유용한 사실들을 파악하는 시간이 길어야 하고, 또 집중력이 있어야 된다고 하였다. 즉, 인지하는 과정은 단순하지 않고 복잡하여 시간을 필요로 한다. 그래서 시간이 없는 경우에는 대부분 창의성이 발휘되기가 상당히 어렵다.

그런데 이 결과에는 예외가 있다. 다시 말하면, 시간 압박이 크다고 해서 창의성이 언제나 감소하는 것도 아니고, 반대로 시간이 넉넉하다고 해서 창의성이 반드시 증가하는 것도 아니다. 그러나 이 예외적인 현상에는 조건이 있다.

그러면 어떤 조건에서 시간 압박이 큰데도 창의성이 증가하는가? 먼저 하나의 업무에만 전념할 수 있는 근무 환경을 만들어 줘야 한다. 즉, 다른 업무로 방해받지 않고 자기 업무에 집중할 수 있어야 한다. 그리고 시간 압박에 대해 일리가 있고 시급하다고 인정하여야 한다. 또 시간 낭비의 인상을 주는 단체회의를 가급적 열지 말아야 한다.

시간이 넉넉해도 창의성은 상당히 미미하게 발생한다. 연구자들은 9천여 건이 넘는 업무일지 보고 중에서 약 5% 정도만 창의적 사고로 보았다. 이것은 사람들의 자세에 달렸다. 즉, 새로운 발상을 탐구하려고 노력하는 자세가 중요하다. 앞에서도 언급하였지만, 3M은 '15% 규칙'을 활용하여 직원들의 창의적 사고력을 크게 증가시키고 있다.

이들은 시간 압박과 창의성의 상관관계를 나타내는 표를 〈표 8-2〉처럼 작성하였다. 이 표는 시간 압박이 다양하게 창의적 사고력에 영향을 끼친다는 사실을 보여주고 있다.

8.3.4 창의성과 통제

경영자들이 당면한 경영의 문제 중 하나는 창의성과 통제이다. 통제를 강화하면 창의성은 낮아진다는 논리이다. 그렇다고 통제를 없애기는 현실적으로 어렵다. 이 문제에 대해 Gulati(2018)는 다음처럼 말하였다. "창의성을 강화하기 위해서는 직원들에게 자유를 줘야 한다." 그러면 자유란 무엇인가? 자유라는 단어는 상당히 추상적이며 포괄적이다. 그러므로 자유의 의미를 명백하게 정의하여야 한다고 하였다. Gulati는 "자유는 기준(baseline)이다. 즉, 조직을 대표하여 독립적으로 생각하고 행동하는 직원을 신뢰하는 기준이다."

그리고 이 개념을 실행하는 대표적인 기업으로 Netflix를 들었다. Netflix의 자유에 대한 최고경영진의 기본적인 철학은 "사람들이 의사결정할 때마다 일일이 상사의 허락을 받지 않고 일할 때 일을 가장 잘 한다는 것"이다. 그래서 Netflix의 문화는 '자유와 책임의 공존'이라고 할 수 있다. 그러나 여기에서 자유는 앞에서 언급한 기본적인 원칙과 전략적인 우선순위에 의하여 결정된다. 그러므로 모든 구성원들은 기업의 기본적인 가치관과 전략적인 우선순위를 반드시 인지하여야 한다. 즉, 회사에서는 무엇을 가장 중시하고, 무엇을 나에게 요구하고 있는지 그 점을 확실하게 인지하고 있어야 한다. 이 기본적인 틀 안에서 자유가 용인되는 것이다. 실제로 Netflix에서는 이 자유가 남용되는 경우는 드물다고 한다.

8.3.5 비판의 힘

다양한 아이디어의 창출은 기업에게 중요하다. 그러나 아무리 아이디어가 많아도 이 아이디어들이 성과를 내지 못하면 무용지물이다. 또 성과를 내도 작은 성과는 기업에게 그리 유용하지 못하다. 이런 점에서 기업의 방향을 바꾸는 큰 성과를 창출하는 혁신을 이루기 위해서는 단순한 아이디어 창출에서 탈피하여 아이디어의 가치를 크게 향상하여야 한다. Verganti(2016)는 이런 점에서 '비판(criticism)'의 예술을 제안하였다. 그는 기업들이 아이디어는 많은데 이 아이디어들의 가치에 대한 평가를 잘못하고 있다고 하였다. 그래서 큰 성과를 창출한 24개 기업들을 수년 간 연구하여, 아이디어의 가치를 잘 평가하는 프로세스를 제시하였다. 그리고 이러한 프로세스를 시작하기 전에 중요한 한 가지를 지적하였다. 즉, 아이디어는 고객처럼 외부가 아닌 기업 내부 직원들로부터 창출하여야 한다는 것이다. 이유는 직원 개인의 비전에서 출발하여 지속적으로 비판을 거쳐 완성되어야 하기 때문이다. 그리고 외부의 견해는 가장 마지막 단계에서 필요하다.

다음은 4단계 프로세스이다. 첫 번째 단계는 개인의 심사숙고(Individual Reflection)이다. 개인은 고객 등 외부가 아닌 순순히 자기로부터 아이디어를 창출한다. 다른 사람 또는 팀원들과도 같이 상의해서도 안 된다. 순전히 자기 주관으로부터 출발한다. 이것은 다양한 생각을 창출하려고 하기 때문이다. 두 번째 단계는 스파링 파트너(Sparring Partners)이다. 즉, 자기의 비전을 비판대에 세우는 것이다. 이것은 다른 사람들의 비판을 통하여 비전의 문제점을 제거하려고 하기 때문이다. 세 번째 단계는 급진적인 서클(Radical Circles)이다. 스파링 파트너 단계를 통과한 비전은 10~20명 정도의 집단에 의해 보다 깊은 비판의 장에 세우는 것이다. 그러나 이 단계는 파괴적인 아닌 건설적이 되어야 한다. 마지막 단계는 외부자(Outsiders)이다. 즉, 이 단계의 목적은 외부로부터 새로운 아이디어를 획득하는 것이 아니고, 비전을 더욱더 강하게 만드는 것이다.

이 개념을 적용하여 큰 성과를 달성한 기업들로 Nest, Microsoft 등을 들 수 있다.

8.3.6 창의성 개발

그러면 창의성은 어떻게 개발되는가? 창의성을 개발하는 방법은 상당히 다양하다. 여기에서는 여러 가지 다양한 방법을 소개하고자 한다.

8.3.6.1 상식 파괴

이미지 출처: www.toyota.com

첫 번째로는 상식을 파괴하는 것이다. 이 예로, Toyota 자동차를 들 수 있다. Toyota 자동차의 창의력 개발은 일반 사람들의 상식을 뒤엎는다. Toyota 자동차는 일반적인 「push 시스템」을 「pull 시스템」으로 전환하였다. 「Push 시스템」은 생산계획에 맞춰 생산을 하는 시스템이고, 「pull 시스템」은 고객의 수요에 맞춰 생산을 하는 시스템이다. 이것은 Toyota 자동차가 가동률이 아닌 부가가치 창출에 중요성을 두기 때문이다. 1970년 당시에는 높은 가동률 확보가 제조업체의 중요한 성과 지표였다. 그래서 고객의 수요에 관계없이 무조건 가동률을 높이기 위해 기계를 돌리고, 작업자들에게 일을 시켰다. 이것은 궁극적으로 불필요한 재고를 유발하여 기업의 자원을 낭비하게 되었다. 또 Toyota 자동차의 개발센터제도는 인간의 창의력을 키우기 위한 조직이다. 분업은 인간의 창의력을 저하시키는 제도이다. 그래서 Toyota 자동차에서는 창의성이 중요시되는 기술부문에 담당차종 범위를 한정하여 '담당업무 범위의 총괄화'를 적용하였다. 이것이 Toyota 자동차의 개발센터제도이다.

8.3.6.2 창의성을 발휘하는 자유

이미지 출처:
www.3m.com

두 번째로는 창의성을 발휘할 수 있는 자유를 주는 것이다. 이 세상에 나쁜 아이디어는 없다고 본다. 어떤 아이디어든 일단은 유익하다고 본다. 3M은 "아이디어를 죽이지 말라"는 기업문화를 가지고 있다. 이것은 어떠한 아이디어라도 소홀히 하지 않고 적극적으로 지원하여 가능한 한 많이 살리자는 취지이다. 일반적으로 아이디어가 많으면 많을수록 상품화에 성공하는 신제품의 수가 증가한다. 그래서 새로운 아이디어는 확실한 반대 증거가 없는 한 임원이더라도 무시하면 안 된다. 이렇게 아이디어를 중시하는 3M에서는 아이디어를 '상식'이라는 흉기로 죽이지 않도록 여러 종류의 보안장치를 설치하고 있다. 그 중 한 가지가 앞의 사례에서 언급한 '15% 규칙'이다. '15% 규칙'은 자신의 일과 시간의 15%를 자신의 업무와 무관하더라도 자신의 꿈을 키우는 일에 활용하여 아이디어를 창출하라는 것이다. '15% 규칙'에 의해 채택된 아이디어를 살리기 위하여 3M은 아이디어에 대한 인큐베이션(incubation) 시스템을 가지고 있다. 또 3M에는 '스컹크팀(skunk team)'이 있다. 이 팀에게는 엄청난 자유가 주어지며, 하루 종일 오로지 생각만 한다.

미국 캘리포니아(California)주 마운틴뷰(Mountain View)에 소재한 Google은 다양성을 존중하고 협동을 중시하는 기업문화로 창의성을 향상시키고 있다. 기업문화를 중시하는 Google에는 최고문화경영자인 CCO(Chief Culture Officer)가 있다. CCO의 역할은 다양한 구성원들이 서로 협력하고 경험과 정보를 공유하도록 하는 조직문화를 만드는 것이다. Google은 다양성을 존중한다. 그래서 의사부터 대학을 갓 졸업한 사람까지, 또 인종, 기술, 재능 등 배경이 서로 다른 다양한 사람들을 채용한다. 이것은 다양한 사람들이 더 많은 에너지와 아이디어를 가지고 있다고 믿기 때문이다. 그리고 구성원들이 다양한 아이디어를 낼 수 있도록 환상적인 근무환경을 제공하고 있다. Google은 3M처럼 근무시간의 20%를 본인이 하고 싶은 일을 하도록 하는 '20% 규칙'을 가지고 있다. 그런데 3M과 다른 점은 Google에서는 개인보다는 팀의 창의성을 중요시한다는 것이다. 그래서 '20% 규칙'도 팀 단위의 프로젝트 중심으로 이루어진다. 팀은 복도 게시판에 아이디어를 내고 동조하는 사람이 생기면 구성된다. 그래서 지금 Google에는 수백 개의 '20% 프로젝트 팀'이 있다. 또 아이디어 창출에 있어서 직급을 중요시하지 않는다. 높은 직급의 아이디어가 낮은 직급의 아이디어보다 좋다는 보장이 없기 때문이다. 이런 결과로 지금 Google은 세계 최대의 web site로 성장하였으며, 사전에도 Google이 실리게 되었다. 사전에서는 'Googol'로 1에 0을 100개 붙인 수학적 용어로 되어 있다. 이것은 인터넷에 있는 엄청난 정보를 모두 포함하겠다는 Google의 의지가 담긴 것이다.

Google은 이러한 혁신문화의 바탕 속에 지속적으로 새로운 기술에 도전하고 있다. 예로, 무인차, 로봇 및 Google glass를 들 수 있다. 무인차에 대해서는 9.2.2.5를 참조하기 바란다. 그런데 여기에서 한 가지 의문이 든다. 검색창(Search engine)으로 출발한 Google이 왜 그것과 상관이 없는 자동차와 로봇에 관심을 가지고 있는가? 이것은 Google의 공동창업자인 Larry Page와 Serge Brin에 기인한다. 이들은 미래 프로젝트에 지대한 관심을 가지고 있으며, Google에서는 이를 'moon shot'이라 부른다(Kopytoff, 2013). 물론 미래 프로젝트는 당연히 수익성과 깊은 연관이 있다. 즉, 높은 수익성을 창출하는 분야이다. 현재 로봇시장의 연 성장률은 10.5%으로 상당히

이미지 출처: www.google.com

높은 수치이다. 그러나 여기에서 말하는 Google의 로봇은 산업로봇이 아니고 서비스로 봇이다. 서비스로봇은 필요한 장소로 쉽게 이동될 수 있고, 사람과 함께 옆에서 안전하게 작업할 수 있다. 서비스로봇은 의학, 군사, 제조에서 사용되긴 하지만 비용이 높아 아직은 초기단계이다. 물론 Google의 연구가 꼭 성과를 가지고 오리라는 보장은 없다. 왜냐하면 이미 Microsoft, GE, IBM 등이 실패하였기 때문이다. Google glass는 음악산업에 지대한 영향을 미칠 것이다.

Hewlett Packard는 미국 캘리포니아주 팔로알토(Palo Alto)시에 소재한 연구소를 24시간 개방하는 'Open Lab' 정책을 가지고 있다. 이것은 창의적인 아이디어를 항상 추구하기 위한 정책이다.

GE는 '상상력 돌파(imagination breakthrough)'를 기업의 문화로 정착시키고 있다. 2001년도에 시작된 '상상력 돌파'는 각 사업부가 1억 달러 이상의 가치를 창출하는 3개의 혁신을 구상하여야 한다는 목표를 제시하고 있다. GE의 로고는 과거 'We Bring Good Things to Life'이었는데, 이제 'Imagination at Work'로 바뀌었다. 이것은 상상력을 기업의 핵심 문화로 구축하고자 하는 GE의 전략이다. 또 2013년 'fastworks' 기법을 도입했다. 이 기법은 기업가정신을 고취하고 신생기업의 민첩성을 구축하여 시장과 소비자에게 신속히 대응하고 사업의 성공 가능성을 높이는 혁신적인 업무방식이다. 절차를 간소화하고 소비자와의 지속적인 소통으로 제품개발부터 고객만족도와 제품의 성공 가능성을 높이겠다는 것이다. 그래서 어떤 직원이든 사업 아이디어를 제안할 수 있고, 이 아이디어를 바탕으로 2~3명의 소그룹을 구축하고, 팀의 규모를 키운다.

Nike는 모든 유형의 아이디어를 수용한다. 그래서 직원들의 아이디어가 비상식적이고 엉뚱하다 하더라도 일단 비판하지 않고 전부 받아들인다.

유한킴벌리는 유연하고 창의적인 문화를 조성하기 위하여 본사 이외에 죽전 이노베이션센터와 군포에 스마트워크센터(smart work center)를 개설했다. 그래서 임원실을 없애고, 전체 직원이 자신의 업무에 따라 가장 편한 자리에 앉을 수 있는 개방좌석 시스템을 구축했다. 이 외에도 수평적 호칭, 복장 전면 자율화, 탄력 점심시간제 등을 시행하였다.

8.3.6.3 혁신 네트워크

세 번째는 혁신적인 네트워크이다. Outback Steakhouse는 매장 직원들로부터 아이디어를 수집하여 모든 매장에 전파하는 시스템이 상당히 신속하게 잘 이루어지고 있다(Sullivan, 2005). Outback 매장 직원이 점장인 MP(Managing Partner)에게 제출한 아이디어는 심사를 거친다. 대개 아이디어는 새로운 메뉴이거나 또는 프로세스에 대한 변화이다. 채택된 아이디어는 지역책임자인 JVP(Joint Venture Partner)에게 보내진다. 그리고 다시 관련된 부서로 보내져 엄밀한 분석이 행해진다. 예를 들어, 음식에 관련된 아이디어는 본사의 음식 테크놀로지부서로 보내져 분석된다.

2007년 출시된 Apple의 iPhone은 Apple을 다시 혁신의 대명사로 만들었다. 이것은 Apple에 조직의 내부와 외부를 연결하는 강력한 혁신네트워크가 있기 때문이다. Apple은 세계 곳곳에 산재해 있는 협력업체뿐만 아니라 대학과도 긴밀한 협력 네트워크 체제를 구축하고 있다. 이들과의 이런 긴밀한 협력관계로 인해 Apple은 이제 설계와 연구개발, 그리고 마케팅만 하고 있다. 마케팅에 있어서도 'Floating Office' 제도를 도입하였다. 'Floating Office' 제도는 마케팅 담당자가 원하는 세계 어느 지역에서도 근무할 수 있게 하는 제도이다.

Procter & Gamble은 강력한 혁신네트워크를 이용한 CD전략을 효과적으로 활용하고 있다고 이미 7장의 핵심사례에서 설명한 바 있다. Procter & Gamble의 홈페이지(www.pg.com)에 들어가면 '혁신 니즈'와 '혁신 자산'이라는 항목이 있는데, 세계의 모든 사람들이 이 사이트를 통하여 Procter & Gamble의 연구개발부에 아이디어를 수시로 제안한다. '혁신 니즈' 항목을 클릭하면 Procter & Gamble이 신상품을 개발하면서 부족하다고 느꼈던 기술이나 아이디어를 표시하고 있다. 그러면 여기에 관련된 기술이나 아이디어를 가지고 있는 세계 모든 사람들이 정보를 제공한다. 그리고 '혁신 자산' 항목을 클릭하면 Procter & Gamble이 받은 특허를 볼 수 있다.

8.3.6.4 창의력 중시 프레임워크

이미지 출처: www.sas.com

네 번째로 창의력을 중시하는 프레임워크(framework)를 개발하는 것이다. 예로 미국 North Carolina의 Cary시에 위치한 SAS도 창의력 있는 사람들을 잘 개발하고 관리하는 회사로 유명하다(Florida와 Goodnight, 2005). 지난 30년간 SAS는 창의성을 개발하는 독창적인 프레임워크를 개발하였다. 이 프레임워크는 다음처럼 세 개의 원칙으로 이루어져 있다. 첫째, 직원들이 항상 지적이고, 집중력을 갖기 위해 최선을 다하게 도와줘라. 둘째, 경영자들이 창의성에 불을 붙이도록 책임을 지게 하고, '창의'와 '흉내'를 인위적으로 구별하지 말도록 하라. 셋째, 우수한 제품을 생산하기 위하여 창의적인 파트너로 고객들을 참여시켜라. 이 세 가지 원칙은 창의적인 자산은 개인의 아이디어의 단순한 합이 아니고, 이것들의 상호작용의 산물이라는 전제하에 운용되고 있다.

일을 많이 한다고 해서 창의력이 향상되는 것이 아니다. 지금도 직원들이 무조건 일을 오랫동안 하여야 안심하는 경영자들이 있다. 이것은 잘못된 인식이며, 중요한 것은 집중력과 환경이다. Elsbach와 Hargadon(2006)은 "창의성을 결정하는 것은 일하는 시간이 아니고, 결과의 질이 중요하다"고 하였다. 그래서 "직원들에게 자기 업무를 통제할 수 있는 자유를 주어야 한다"고 주장하였다. "통제력은 일의 예측력과 통제력을 향상하여 창의성을 향상시킨다"고 하였다. 이 주장에 동조하는 또 다른 연구가 있다. Virtanen 등(2009)은 5년간 영국 공무원들을 대상으로 조사한 결과, "일주일 동안 40시간 이내 일하는 사람들이 55시간 이상 일하는 사람들보다 단어를 기억하고 추론하는 인지능력이 현저하게 높았다"고 하였다. 또 근무시간이 길면 길수록 건강도 악화된다. 건강이 좋지 않으면 당연히 창의력이 떨어지게 된다.

8.3.6.5 개인 창의성의 집단 창의성으로의 전환

다섯 번째는 개인의 창의성을 집단의 창의성으로 변환하는 것이다. 지금까지 나온 많은 혁신을 보면 집단 창의성에 의해 나온 것들이 많다. 그러므로 조직은 개인의 창의성을 집단의 창의성으로 전환할 수 있도록 제도적으로 뒷받침을 해줘야 한다. 즉, 개인의 지식을 조직의 모든 사람들이 공유할 수 있는 프로세스를 개발하거나 또는 공동으로 새로운 아이디어를 창출할 수 있는 기업문화를 구축하여야 한다.

유명한 만화영화 토이스토리(Toy Story)를 제작한 Pixar에는 Pixar대학이 있다. 이 대학의 건물에는 다음과 같은 라틴어 문구가 적혀 있다. "나는 더 이상 혼자가 아니다(Alienus Non Diutius)." 이것은 집단의 창의성을 중시하는 말이다. Pixar는 컴퓨터의 화소를 뜻하는 'Pixel'과 예술인 'Art'의 합성어이다.

집단적
창의성

왼쪽의 QR코드를 스캔하면 '집단적 지성'의 저자 중 한 분인 하버드대학교의

Linda Hill 교수의 '집단적 창의성을 어떻게 관리할 것인가?'에 대한 TED 강의를 들을 수 있다. 여기에서 Hill은 '우리의 일상생활에 숨겨진 창의성을 어떻게 도출하는가?' 라는 문제에 대해 설명하고 있다. 그래서 모든 사람들이 창의성을 갖도록 하게 해 주고, Pixar에 대해서도 설명한다.

8.3.6.6 문화적 폐쇄성 극복

여섯 번째로 8.4에서 설명할 「문화적 폐쇄성」을 극복하여야 한다. 「문화적 폐쇄성」은 창의성을 죽인다. 또 연속성의 가정도 창의성을 죽인다. 그러므로 창의성은 불연속성의 가정을 지닌 조직에서 활발하게 나온다. 다음에서 설명할 '수렴적 사고'는 연속성의 가정하에서 나오는 사고방식이다. 불연속성의 가정에서는 '확산적 사고'를 지향한다. '확산적 사고(divergent thinking)'는 마음을 열어 사고의 영역에 제한을 두지 않으며, 해답보다는 질문에 초점을 맞추어 사고의 영역을 확장하고 의문을 조장하는 사고방식이다. Foster(2001)는 '확산적 사고'는 현재의 이론과 새로운 자료 사이의 차이를 정의하는 탐색 단계, 결정을 하기 전의 잠복 단계, 그리고 서로 다른 정보나 관점이 상이한 충돌 단계의 세 단계를 거쳐 발생한다고 하였다. 또 '확산적 사고'를 잘 하기 위한 'COR 기술'을 소개하였다. 즉, 대화, 관찰, 그리고 심사숙고이다. 대화(conversation) 기술은 다른 사람에게 아이디어를 올바르게 전달하는 능력이다. 관찰(observation) 기술은 산업과 문화에 대한 적절한 정보를 수집하는 능력이다. 심사숙고(reflective) 기술은 자료를 숙지하고 종합화하는 능력이다. Toyota 자동차의 '타도 Toyota', 그리고 다음에서 설명할 Intel은 「문화적 폐쇄성」을 잘 극복한 대표적인 회사들이다.

8.3.6.7 예술적 감각

일곱 번째는 예술적인 감각을 키우는 것이다. 이것은 Root−bernstein의 주장이다. Root−bernstein(2001)은 창의성을 연습할 수 있는 중요한 세 가지 방법으로 예술, 놀이, 그리고 감정이입을 들었다. 예술은 창조적 사고에 상당히 좋은 도구이다. 왜냐하면 예술은 독특한 경험을 하게 만들기 때문이다. Root−bernstein은 놀이의 예로 페니실린을 발견한 Alexander Fleming을 들었다. Fleming은 게임을 즐기는 게임광이었다. 그래서 미생물연구도 박테리아와 함께 하는 놀이로 생각하였다. 이것이 페니실린을 발견한 계기가 되었다. 감정이입의 예로는 역사학자인 Michael Cohen을 들었다. Cohen은 상상력을 극대화하기 위해 직접 조그만 상자 속에 몸을 넣고 열차를 타며 19세기 흑인 노예들의 공포를 체험하였다. 포스코는 범포스코 경영층을 대상으로 토요학습 체험 프로그램인 '예감창'을 2008년 4월에 시작하였다. 예감창(藝感創)은 '예술, 감동, 새로운 창조'를 의미하는 말로, 회사 강의실에서 벗어나 사외에서 영화·미술 등 다양한 예술문화 체험과 감동을 통해 글로벌 포스코웨이 비전과 핵심가치를 실천할 수 있는 유연한 사고와 감성역량을 개발하기 위해 만들어진 프로그램이다(포스코신문, 2008.4.10).

8.3.6.8 현장사람 중시

여덟 번째는 현장사람들을 중요시하는 것이다. 어떤 일을 가장 잘 아는 사람은 바로 현장에 있는 사람이다. 그리고 그 일에 대한 문제점을 가장 잘 알고 있는 사람도 현장에 있는 사람들이다. 제조업체는 생산부문이고, 서비스업체는 영업직일 수도 있다. 그러므로 이들에 관심을 가지고 이들의 아이디어를 구할 수 있도록 기업은 노력을 하여야 한다. Toyota 자동차가 막강한 미국의 자동차회사들을 앞지르는 이유 중에는 여러 가지가 있겠지만, 그 중 한 가지는 미국회사들에 비해 Toyota 자동차가 생산현장의 사람들을 통해 혁신을 많이 하였다는 것이다.

또 Stewart와 Champion(2006)도 Schering-Plough의 전 CEO인 Hassan이 비용감소보다는 매출을 증진하기 위해 영업사원을 통한 경영혁신에 치중하여 큰 성공을 거두었다고 하였다(참고로 Schering-Plough는 2009년 11월 4일 Merck와 합병하여 Merck & Co.로 이름이 바뀌었다). Hassan은 Schering-Plough의 문제점들을 극복하고 장기적인 가치를 추구하기 위해서는 단순히 비용을 통제하기보다는 영업사원들이 핵심적이라고 보았다. 그래서 영업사원들로 하여금 고객과의 관계를 강화하도록 하였다. 특히 제약산업에서는 제약회사의 영업사원과 고객인 의사들과의 신뢰가 상당히 중요하다. 고객과의 신뢰를 강화하기 위해 Hassan은 먼저 조직을 재편하였다. 과거에는 각 지역을 하나의 부서가 전담하였다. 그러나 이제는 의사들의 니즈에 맞춰 영업조직을 재편하였다. 즉, 이제는 영업사원이 다양한 약을 가지고 하나 이상의 지역을 방문하는 것이다. 이렇게 하여 Schering-Plough은 마케팅의 유연성을 향상할 수 있었고, 또 의사들의 욕구를 훨씬 더 충족시킬 수 있게 되었다. 두 번째로는 올바른 태도와 행동을 지닌 사람들을 선발하였다. 즉, 판매를 좋아하는 사람들을 선발하였다. 세 번째로는 영업인센티브를 강화하여 높은 실적을 달성한 사람에게는 높은 봉급을 지급하였다. 그렇게 해서 동기부여를 강화하였다. 네 번째로 의사들과의 인간적인 접촉을 강화하여 인간관계를 강화하였다.

2007년 소프트웨어 개발회사 Intuit의 CEO인 Scott Cook은 Steve Jobs의 모형을 따라가려고 하였지만, 현실적으로 어렵다는 것을 깨달았다. 그래서 다양한 부서에서 골고루 한 사람씩 선발하여 '혁신을 촉진하는 코치팀(innovation catalyst)'을 구성하였다 (Martin, 2011). 이 팀원들은 대부분 조직의 낮은 단계, 주로 현장에서 근무하는 사람들이었다. 이들의 목표는 혁신적인 설계 사고방식을 조직에 전파하는 것이었다. 이들은 먼저 사용자(user)들과 대화를 하였고, 문제를 해결하기 위하여 독단적인 자기들의 의견 대신 동료들의 의견을 청취하였다.

8.3.6.9 일상적 불편 해결

아홉 번째는 일상적인 불편함을 해결하기 위한 노력이다. 우리의 일상생활을 불편하게 만드는 것들을 제거하는 사고방식은 큰 성공을 가져다준다. 창의력은 깊게 고민한다고 반드시 나오는 것은 아니다. 예를 들어, 3M의 유명한 혁신인 'Post-it'은 Arthur Fry가 교회에서 예배를 드릴 때 우연히 나온 아이디어이다. 즉, 찬송가 페이지를 표시하기 위해 꽂아둔 메모지가 자주 바닥에 떨어지는 불편함을 없애기 위해 보다 간편한 방법을 구상한 결과 나왔다. 3M의 3중 양면수세미도 평범한 주부의 아이디어에서 나왔다. 이것은 그릇 재질에 따라 수세미를 따로 사용하여야 하는 불편을 제거하였다. 또 Gillette의 날 없는 면도기도 자주 피부를 베는 일상적인 불편함을 제거하기 위해 나왔다. 이처럼 창의력은 가끔 일상의 불편함을 제거하기 위한 방편에서 나온다.

Intuit의 '혁신을 촉진하는 코치팀(innovation catalyst)'은 고객의 불편함을 해결하기 위하여 'painstorm'이라는 프로세스를 개발하였다(Martin, 2011). 이것은 '비즈니스를 성장시켜라(grow your business)'라는 목표가 고객의 입장에서는 상당히 모호하였다고 생각하였다. 그래서 '고객을 끌어들여라(get customers)'로 목표를 바꾸고, 고객의 아픔을 해결하는 'painstorm' 방향으로 전략을 바꾸었다. 'Painstorm'은 사무실에서 고객의 행동을 상상하는 대신 고객과 직접 대화하거나 관찰하는 것이다.

일부 자동차에는 선루프(sun roof)가 있다. 무더운 여름에 선루프는 정차된 자동차의 실내 온도를 급격하게 증가시킨다. 이러한 불편함을 방지하기 위하여 Toyota는 Prius S 모델에 솔라패널을 설치하였다. 솔라패널(solar panel)은 자동으로 생산한 전기를 공조장치에 보내어 실내 온도를 낮춘다. 이렇게 하여 고객의 불편함을 감소시킬 뿐 아니라 에너지 비용도 감소하였다.

8.3.6.10 통합적 사고

열 번째는 통합적 사고를 하는 것이다. Martin(2008)에 의해 제시된 통합적 사고는 상반된 아이디어 중에서 하나를 버리고 다른 하나를 선택하지 않고 상반되는 아이디어를 뛰어넘는 전혀 새로운 차원의 아이디어를 합성하는 개념이다. 이것은 인간이 원래 모순되는 두 가지 아이디어를 통합하는 사고능력인 상반되는 정신(opposable mind)을 가지고 있기 때문이다. 그래서 통합적 사고는 이분법적인 양자택일의 한계를 초월하고 여러 장점을 통합할 수 있다. 그래서 두 개 중 하나가 아닌 둘 모두를 선택하게 한다.

통합적 사고는 Four Seasons Hotel을 창립한 Isardore Sharp, 가격정책의 딜레마를 해결한 P&G의 A. G. Lafley 사장 등의 성공의 원천이기도 하다. Sharp는 작은 모텔의 편안/친밀함과 큰 호텔의 우수한 편의시설 중 하나를 택하지 않고 모두를 택하였다. 직원의 동기부여를 강조하였으며, 조직 전체가 지속적인 서비스를 제공하도록 환경을 창출하는 데 노력하였다. 포시즌호텔은 Steve Jobs가 아이디어를 얻기 위해 방문한 회사이기도 하다. 이유는 이 호텔이 고객 경험에 가장 정통한 기업이기 때문이다.

Lafley는 비용절감을 통한 가격인하와 혁신에 대한 집중적인 투자를 통한 브랜드 차별화의 방안 중에서 하나를 선택하여야 했다. 그러나 Lafley는 두 개 다 선택했다. 이것은 경직된 계층적 관리구조의 일소, 전사적 차원에서의 기능 단위 축소, 과감한 아웃소싱(outsourcing) 실시, 능력 개발 중시, 현금창출과 비용절감 중시 등을 통하여 이루어졌다. 그래서 취임한지 4년이 채 되기도 전에 주가는 2배로 상승하였고, 매출은 지속적으로 증가하였다. 통합적인 사고는 차선책을 받아들이는 기술인 전통적인 사고방식에 비해 다음과 같은 차이가 있다(Martin, 2008). 첫째, 통합적 사고는 돌출요소에 대하여 보다 폭넓게 생각한다. 둘째, 통합적인 사고는 여러 방향의 비선형적인 인과관계를 기꺼이 받아들인다. 셋째, 의사결정 구조 과정에 차이가 있다. 즉, 통합적인 사고는 문제를 다양하게 구분해서 세부적으로 독립된 별개로 생각하지 않는다. 넷째, 통합적 사고는 tradeoff를 억지로 받아들이지 않는다. 즉, 하나를 위해 다른 하나를 희생시키지 않는다.

사례 | Marvel Studios의 성공

이미지 출처: www.marvel.com

영화제작사 시장에서 Marvel Studios보다 성공적인 회사는 없다. Marvel Studios는 1993년 미국 캘리포니아주 버뱅크(Burbank)에서 설립되었으며, 2015년 Walt Disney와 통합하였다. Marvel Studios의 영화는 인기가 많다. 특별히 속편영화는 성공률이 대단히 낮은데, Marvel Studios의 대부분의 속편영화는 1편 못지 않은 인기를 누리고 있다. 속편영화에서 중요한 것은 전편과 달리 혁신적이어야 하며 동시에 전편과의 연계성을 살려야 한다는 것이다. 이것은 말로는 쉽지만 현실에서는 상당히 어렵다. 그런데 Marvel Studios는 이 시장에서 계속 대박을 터뜨리고 있다. 과연 그 이유는 무엇일까?

Harrison 등(2019)은 그 이유를 파악하기 위해 Marvel에서 출품된 20개의 영화 전부를 집중 분석하였다. 그리고 다음처럼 4가지 성공 원인을 찾았다. 첫째, 새로운 영화의 감독을 구할 때, Marvel은 Marvel이 경험이 없는 분야에서 경험이 풍부한 사람들을 감독으로 주로 선임하였다. 이것은 Marvel 영화의 깊이를 새로운 관점에서 창출하여, 고객들의 호응도를 높이는 계기가 되었다. 예로, Thor의 감독은 세익스피어 전문가이다. 그래서 Thor 영화의 분위기는 세익스피어 풍이 강하게 배어있다. 둘째, 전편과의 연계성을 유지하기 위하여 Marvel Studios는 소수지만 전편의 핵심적 배우들을 다시 기용한다. 그래서 다수의 새로운 배우들과 소수의 전편의 배우들로 구성한다. 20개 영화를 분석하니 약 25% 정도가 중복되었다. 셋째, 대부분의 영화제작사들은 전편에서 흥행의 핵심적인 요소들을 다시 사용하려고 하지만, Marvel Studios에서는 과감히 버리고 새로운 요소를 창출한다. 고객들은 전편과 다른 영화를 기대하지, 전편과 유사한 영화를 보려고 하지 않는다. 마지막으로, Marvel Studios는 고객들이 가지고 있는 호기심을 충족시키고자 노력한다. Marvel Studios는 팬클럽을 중요시한다. 그리고 팬들과의 소통을 통하여 고객들의 호기심을 파악하고, 그 호기심을 충족시킨다.

사례 | TI의 집적회로의 발명

이미지 출처: www.ti.com

기술혁신은 단순한 아이디어에 의해서도 나온다. 대표적인 예가 집적회로(Integrated Circuit)이다. 1951년 트랜지스터(transistor)(20세기 3대 발명 중의 하나로 미국 Bell 연구소의 Showclay, Bralin, Badin에 의해 발명)는 진공관을 대체하는 새로운 기술이었다. 트랜지스터는 진공 중에서 전자를 다루는 진공관시대(1859년 독일에서 발명)에 있어서 결정(結晶) 속에서 전자를 다루는 기술이다. 그런데 서로 마주보고 대화할 수 있는 시스템이 필요하여 증폭기나 스위치가 필요하였다. 그러나 트랜지스터를 사용하기 위해서는 트랜지스터를 도선으로 연결하여야 했다. 그런데 접속기술의 한계로 여의치 않았다. 이때 TI의 Jack Kilby(1959)는 새로운 발상을 하였다. 즉, 트랜지스터에 사용되는 실리콘을 여러 개의 트랜지스터에 접속시키지 않고 하나의 결합된 시스템으로 생각하였다. 그래서 도선 자체를 제거하였다. 이렇게 해서 나온 기술이 집적회로이다.

8.3.7 창의성 기법

8.3.7.1 TRIZ

TRIZ(러시아어인 Teoriya Resheniya Izobretatelskikh Zadatch의 약자)는 러시아의 기술자이며 발명가인 Genrich Altschuller(1926~1998)가 지난 1940년대 개발한 체계적인 발명 방법론이다. Altshuller(1999)는 4만 건의 특허 신청서를 분석하여 창의력을 키우는 요인들을 찾아내어 일련의 원칙들을 개발하였다. 특히 기업 내에서 발생하는 갈등과 문제점 등을 해결하는 40개의 창조적인 원리들을 개발하였다. 이 원리는 모든 분야의 설계와 창의적인 해결책을 추구하는 데 전부 적용될 수 있다. TRIZ의 T(Teoriya)는 이론(theory), R(Resheniya)은 해결(solving), I(Izobretatelskikh)는 발명(inventive), 그리고 Z(Zadatch)는 문제(problem)이다.

Genrich Altschuller(1926-1998)
이미지 출처: www.aitriz.org

TRIZ는 또 현 기업의 안정성을 파괴하지 않고, 창의적인 해결책을 제시할 수 있다. TRIZ가 효과적인 이유는 다음과 같은 사실에 기인한다. 대부분의 설계자들이 직면하는 일반적인 문제들의 90% 이상은 이미 다른 기업체나 산업에서 발생하여 해결된 문제들이다.

TRIZ는 다음처럼 세 가지 전제조건을 지니고 있다고 Chowdhury(2002)는 설명하였다. 첫째, '이상적'인 설계는 시스템 없이도 원하는 기능을 가져다준다. 둘째, 혁신적인 설계는 상충되는 문제점들을 해결한다. 셋째, 시스템 설계의 과거, 현재, 그리고 미래를 보는 것이 중요하다.

TRIZ는 먼저 ISQ(Innovative Situation Questionnaire)라고 하는 설문서로부터 시작한

다. ISQ는 문제를 해결하기 위해 모든 정보를 수집하도록 설계된 설문서이다. 기업의 문제가 정의되면 이것을 일반적인 문제로 전환시킨다. 그리고 일반적인 문제에 대한 해결책을 찾은 후 이것을 다시 원래 기업 문제의 해결책으로 전환한다. TRIZ는 상세한 설계 해결책을 제공하지는 않는다. 그러나 팀으로 하여금 혁신에 집중하도록 만든다.

Dew(2008)는 TRIZ 프로세스를 다음처럼 네 단계로 소개하였다. 첫째, 알고 있는 문제점을 기술한다. 둘째, 이해를 확대하고, 문제에 대해 알고 있는 모든 속성을 파악하고 평가한다. 셋째, 가장 이상적인 해결책이 무엇인지를 정의한다. 넷째, 40개의 창조적인 원리를 활용하여 다양한 아이디어를 창출한다.

1990년대 초 미국에 이 이론이 소개된 이후 기업들은 설계, 연구개발, 제조, 안전 부문 등에서 주로 이를 활용하고 있다. 우리나라에서는 LG생산기술원이 지난 1996년 가장 먼저 TRIZ를 도입하였고, 그 후 삼성전자 등 삼성 계열사와 포스코, LG 계열사들이 TRIZ에 많은 관심을 보이고 있다. 미국에서도 Southwest Airline, Procter & Gamble, Ford Motor, Siemens, Delphi, Intel, Motorola, Microsoft 등 많은 기업들이 TRIZ를 도입하여 많은 성과를 거두고 있다. 또 Wayne State 대학교와 같은 미국의 일부 대학교에서도 TRIZ를 공대의 과목으로 가르치고 있다. TRIZ에 관심이 있는 사람은 www.aitriz.org를 참조하기 바란다.

8.3.7.2 ASIT

ASIT(Advanced Systematic Inventive Thinking)는 1980년대 이스라엘에서 개발한 창의력 사고기법이다. ASIT는 TRIZ에서 파생한 기법으로서, TRIZ의 40개 원리 중에서 가장 많이 사용되는 원리들을 5가지, 즉 용도변경, 복제, 분할, 제거, 그리고 대칭파괴로 정리하였다.

8.3.7.3 공감형 설계

공감형 설계(empathetic design)는 아이디어를 창출하는 기법으로서, 기존 제품 또는 서비스를 사람들이 어떻게 하여 자기 욕구에 맞도록 혁신하는지 그 방법을 직접 조사하는 방법이다. 그래서 기업은 직원을 소비자들에게 직접 파견하여 소비자가 제품을 사용하면서 개선하는 방법을 직접 관찰하도록 한다.

8.3.7.4 브레인스토밍

Alex F. Osborn
이미지 출처:
www.russellawheeler.com

미국의 광고회사 BBDO(Batten, Barton, Durstine and Osborn)의 부사장이었던 Alex F. Osborn이 1939년 개발한 브레인스토밍(brainstorming)은 아이디어의 질보다는 양을 중시하는 기법으로서, 최대의 아이디어를 타인의 간섭 없이 도출하기 위해 많은 기업에서 사용되는 아주 익숙한 방법이다. Osborn은 항상 부정적인 회의에 실망하여 이 기법을 창안하였다고 한다. 즉, 두뇌(brain)에 폭풍(storming)이 칠 정도로 생각을 많이 하여야 한다는 의미이다.

최근 Gregersen(2018)은 브레인스토밍을 효과적으로 사용하기 위해서는 문제의 정답을 구하기보다는 질문하는 방식으로 하는 것이 창의적인 아이디어가 훨씬 많이 발생한다고 주장하였다. 여기에 대해서는 8.5를 참조하기 바란다.

8.3.7.5 브레인라이팅

독일 프랑크푸르트(Frankfurt)시에 있는 Batel 연구소에서 개발한 브레인라이팅(brainwriting)은 브레인스토밍에서 파생된 기법으로서, 브레인스토밍의 규칙을 따르지만 브레인스토밍과는 달리 아이디어를 글로 기록하여 제출하는 기법이다.

8.3.7.6 캐치볼

캐치볼(Catchball)은 아이디어를 개선하기 위해 일본에서 개발된 방법으로서, 참가자가 제시한 개선 아이디어를 참가집단이 캐치(catch)하여 다시 개선하고, 이 개선된 아이디어를 또 다른 참가자가 캐치하여 개선하고, 다시 참가집단이 캐치하여 개선하는 일련의 과정을 되풀이하는 방법이다.

8.3.7.7 마인드맵핑

1983년 Tony Buzan에 의해 개발된 마인드맵핑(mind mapping)은 어떤 주제에 관한 다양한 생각들을 도표로 연계하여 아이디어를 도출하는 기법이다(www.imindmap.com). 일반적으로 큰 종이나 칠판을 사용하며, 주제를 가장 중앙에 적고, 다양한 생각들을 가지 치면서 진행한다.

8.3.8 애자일 혁신팀

기업을 둘러싼 환경은 급격하게 변한다. 또 기존의 경쟁업체는 물론이고, 작지만 강력한 경쟁력을 지닌 새로운 스타트업(start-up) 기업들이 수시로 시장에 진출한다. 이렇게 급속히 변하는 환경에서 기업은 경쟁력을 유지하기 위한 고민을 하지 않을 수 없다. 유지하기 위한 방법 중 하나가 창의력이다. 창의력은 아이디어에 의해 나온다. 그리고 창의력은 기업의 성과로 전환되어야 한다. 그렇지 않으면 아이디어는 무용지물이 된다. 그러면 창의력을 어떻게 기업의 높은 성과로 전환할 수 있을까? 이러한 방법 중 하나가 최근 많은 연구의 대상이 되고 있는 애자일 혁신팀이다.

애자일 혁신팀(Agile Innovation Team)은 용어 그대로 혁신을 위한 팀이다. 구체적으로, 제품, 서비스, 프로세스, 그리고 비즈니스모델을 개선하기 위해 수집된 창의력을 적용하여 높은 수익성을 창출하는 혁신팀이다(Rigby, Sutherland and Noble, 2018). 혁신팀은 규모는 작지만 전문성이 다양한 사람들로 구성된다. 복잡하고 큰 문제는 기본단위인 모듈(module)로 세분화하고, 래피드 프로토타입핑(rapid prototyping)과 빡빡한 피드백루프(feedback loop)를 통하여 각 모듈에 대해 해결책을 구하고, 이 해결책은 조직 전체에 통합시킨다. 계획은 수립하지만, 계획의 철저한 집행보다는 실제 상황을 더 중요시한다. 그리고 성장률, 수익성, 고객충성도와 같은 지표향상에 중점을 둔다.

애자일 혁신팀은 전통적인 조직의 '명령-통제(command-control)의 법칙'을 거부한다. 이런 구시대의 법칙으로는 아이디어를 효과적으로 사용하기가 어렵기 때문이다. 그래서 애자일 혁신팀은 자율적으로 움직이고, 팀원들이 독립적으로 결정한다. 또 애자일 혁신팀은 고객과 긴밀히 접촉하여 고객중심적으로 움직인다. 여기에서 고객은 내부고객과 외부고객 전부를 포함한다. 그래서 고객과 가장 가까이 일하는 사람들이 팀원의 멤버로 참여한다. 또 팀 멤버의 구성은 다양한 부서의 전문가들로 이루어져, 수평적인 소통이 원활하게 이루어져 부서간의 갈등이 해소된다.

애자일 혁신은 기업의 모든 부문에 동일하게 적용되지 않을 수 있다. 그러므로 기업은 적용이 되는 부문과 적용되지 않는 부문을 잘 구분하여 실시하여야 한다.

애자일 혁신팀은 기업에게 많은 성과를 가져다준다. 계급구조가 단순화하여 실행이 신속하게 이루어진다. 고객 서비스가 향상된다. 다양한 사람들로 구성되어 갈등이 감소되어 팀원들의 사기가 향상된다. 경영자들은 경영자들의 본분인 장기계획과 전략에 보다 집중화할 수 있다.

애자일 혁신팀을 도입하여 큰 성과를 달성한 기업으로는 Bosch, USAA, ING, Amazon, 3M, SAP, Tesla, Riot Games, Netflix 등을 들 수 있다.

8.4 문화적 폐쇄성

기업의 수명은 이전에 비해 점차로 단축되고 있다. 한때는 세계 시장을 호령하던 기업도 얼마 못 가 시장에서 사라지는 것을 자주 보아 왔다. 이것은 왜 그럴까? 여기에는 다양한 원인이 있을 것이다. 그 중 중요한 한 가지 원인이 시장의 변화된 패러다임에 적응하지 못하고 스스로 도태되는 것이다. 즉, 시장의 위협이 분명히 존재하는데도 불구하고 기업의 문화를 바꾸지 못하는 것이다. 이것을 Foster(2001)는 「문화적 폐쇄성」이라 불렀다.

인간이든, 조직이든 잘 변하려고 하지 않는다. 특히 과거에 잘 나갔던 개인이나 조직은 그 정도가 더욱더 심하다. 그래서 과거만 생각하며 절대로 변하지 않으려고 한다. "옛날에 잘 했는데, 절대로 이렇게 될 수 없다. 아마 무엇이 잘못되었을 거야. 곧 잘 될 거야." 이런 마음을 계속 품고 있다. 그러나 과거의 영광은 오지 않고, 전혀 맛보지 않았던, 또 기대하지 않았던 패배를 맞이하게 된다. 이런 사람이나 기업은 무수히 많다. 이것은 「문화적 폐쇄성」이 이 사람이나 조직을 지배하고 있기 때문이다.

사례 ┃ Michelin

이미지 출처: www.michelin.com

Firestone, Goodyear 등 세계 5대 타이어 메이커 본사들이 한때 미국 오하이오주 애크론(Akron)시에 있었다. 이들은 상당한 기간 동안 승승장구하였다. 그러다가 강력한 도전자가 유럽에서 나왔다. 바로 래디얼 (radial) 타이어를 개발한 프랑스의 Michelin(www.michelin.com)이었다. Michelin의 타이어는 애크론 회사들의 타이어들보다 주행거리가 훨씬 길었다. 그러나 위기의식을 느끼는 대신 애크론 회사들은 그런 새로운 기술 자체를 부정하였다. 그리고 시간이 조금 지나자 Michelin의 타이어가 유럽의 도로에서나 적합하다고 하였다. 그리고 끝이었다.

조직이 처음 탄생할 때, 인원은 그리 많지 않다. 그래서 모든 사람들이 조직의 목표와 목적을 분명히 알고, 서로 힘을 합하여 열심히 일을 하게 된다. 어떤 문제점이 있으면, 모든 사람들이 전부 알고 그 문제를 해결하기 위해 중지를 모은다. 대화도 많이 하고, 의견교환도 빈번하게 하여 최선의 방법을 찾는다. 의사소통도 신속하게 이루어지고, 의사결정도 빠르게 이루어진다. 조직도 유연성이 높아, 환경의 변화에 신속하게 대처해 나간다. 그런데 매출이 증가하고, 업무가 늘어나게 되면, 조직의 규모도 커지게 된다. 그러면 일을 분담하기 위해 부서가 생기고, 사람들은 각자의 부서에서 자기의 일만 하게 된다. 이제 전체를 보지 못하게 되고, 부서와 부서 간 벽이 생겨 의사소통이 어려워지게 된다. 자기 할 일만 하게 되고, 자기 일 이외에는 책임을 지지 않으려고 하며, 또 책임을 다른 사람 또는 부서에게 전가한다. 조직의 목표가 점차로 희미해지며, 조직의 목표 달성보다는 자기 부서의 목표 달성을 우선시하게 된다. 이제 자기 분야의 전문가가 되기 위해 노력하고, 다른 쪽은 보지 않게 된다. 다른 사람들의 말에 귀를 기울이지 않고, 심지어는 고객의 소리에도 귀를 기울이지 않게 된다. 이래서「문화적 폐쇄성」이 생기게 된다. Pablo Picasso는 다음처럼 말하였다. "성공은 위험하다. 성공과 함께 다른 사람을 모방하기보다 자기 모방이 시작된다. 그리고 마침내 볼모의 상태에 이르게 된다."

Foster(2001)는「문화적 폐쇄성」이 발생하는 네 가지 단계를 산업에서 기업들이 어떻게 생기고 퇴출되고 있는가를 예로 들면서 설명하였다. 이 네 가지 단계는 다음과 같다. 설립, 성장, 지배 그리고「문화적 폐쇄성」이다. 첫 번째 단계는 설립이다. 이 단계에서는 열정을 가지고 새로운 기업을 창업하는 단계이기 때문에 공식적인 통제시스템이나 보고시스템이 존재하지 않으며, 의사결정도 매우 신속하게 이루어지고 너무 바빠 회사 운영에만 치중하게 된다. 많은 기업들은 설립단계에서 퇴출된다. 두 번째 단계는 성장이다. 이 단계에서는 공식적인 시스템들이 생기기 시작하고, 분석적인 통제시스템이 가동되며, 성과급 제도가 도입된다. 열정이 사라지고, 합리적인 의사결정시스템이 자리를 잡으며, 높은 기술력 때문에 위기감을 잘 느끼지 않는다. 세 번째 단계는 지배이다. 두 번째 단계에서 살아남은 기업은 지배단계에 들어간다. 이 단계에서는 말 그대로 시장을 지배하는 위치에 오게 된다. 다른 기업들의 벤치마킹 대상이 되며, 시스템이 안정되어 간다. 그러나 점차로 의사결정이 늦어지고, 조직이 거대화된다. 그러나 1단계의 새로운 기업들이 나오지만 두려움을 갖지 않는다. 네 번째 단계는「문화적 폐쇄성」이다. 이 단계에서는 다음에서 설명하는 세 가지 두려움이 등장하게 되며, 생존의 위험을 받지만, 과거에 안주하게 된다.

Foster(2001)는「문화적 폐쇄성」은 다음처럼 세 가지 두려움을 동반한다고 하였다. 자기잠식, 중요한 고객과의 마찰, 그리고 전략적 인수에 수반되는 순익희석화에 대한 두려움이다. 자기잠식(cannibalization)이란 해당 회사의 제품 및 서비스라인과 경쟁하는 제품 및 서비스를 출시하는 행위를 말한다. 고객과의 마찰은 핵심고객과의 관계를 해하는 행위를 하지 않는 것이다. 마지막 순익희석화는 수익성이 있는데도 불구하고 신생기업을 인수하지 않는 행위이다. 이러한 두려움은 기업의「문화적 폐쇄성」을 옹호한다. 그러나 이 두려움은 궁극적으로 도전정신을 상실하게 하여 기업을 파멸의 길로 인도하게 된다.

「문화적 폐쇄성」을 과감하게 돌파한 기업으로 글로벌 초일류기업인 Intel을 들 수 있다. 인텔은 반도체산업에서 과감하게 나왔고, 또 자기 제품을 수시로 죽이는 전략을 실행하여 왔다. 여기에서 우리는 Intel이 왜 혁신적인 기업인지를 알 수 있다. 2006년 Intel은 Intel 이제는 반도체기업이 아니고 가전업체기업이라고 천명하였다. 새로운 창조적 파괴가 다시 시작된 것이다. 여기에 비해 Byer aspirin을 생산하였던 Sterling Drug는「문화적 폐쇄성」으로 인하여 Kodak에 인수되고 말았다. 비아스피린 진통제인 Panadol을 보유하고 있음에도 불구하고, Byer aspirin의 매출에 영향을 줄까 봐 Panadol을 미국시장에 소개하지 않았다. 즉, 자기잠식에 대한 두려움을 가지고 있었다.

그러면 이런「문화적 폐쇄성」이 왜 일어나는가? Foster(2001)는 한 번 형성되면 잘 바뀌지 않는「정신모델」때문이라고 하였다. Foster는「정신모델」을 기업의 핵심개념, 신념과 가정, 인과관계, 언어와 신호를 해석하는 방식, 그리고 기업 내에서 반복되는 이야기라고 하였다.「정신모델(mental model)」의 개념은 1943년 Kenneth Craik라는 스코틀랜드의 심리학자에 의해 처음으로 제시되었다.「정신모델」의 장점은 상당히 복잡한 상황을 단순화하고, 여러 명의 의사결정을 조정 없이 할 수 있다는 점이다. 그러나「정신모델」은 그 자체로 문제점이 존재하고, 또 계속 변화한다.

「문화적 폐쇄성」은 관료주의와 병행한다. 그래서 이 둘은 사람과 조직의 창의성을 죽여, 혁신을 방해한다. 현상에 안주하며, 변화를 꾀하지 않는 풍토가 자리 잡는다. 창업 시의 열정이 사라지고, 무사안일주의가 판을 치게 된다. 그래서 잘하려고 하는 것보다는 잘못하지 않으려는 풍토가 자리 잡는다. 오히려 잘하려고 시도하는 것은 남의 눈총을 받게 된다. 그래서 변화를 시도하는 사람은 조직의 걸림돌이 되어 외톨이가 되거나 조직에서 이탈하게 된다. 이것이 일종의 대기업병이다. Toyota 자동차는 대기업병을 '삶은 개구리 현상'이라고 불렀다(Katayama, 2002). 이것은 따뜻한 물 속에 있는 개구리는 기분이 좋아 생각하는 능력을 상실하여 뜨거운 물이 들어와도 빠져나가지 못하고 그냥 죽는다는 것이다. 그래서 대기업병은 조직을 경직화시킨다고 하였다. 그런데 Toyota 자동차가 바로 대기업병에 걸렸다. 가속페달에 문제가 있다고 많은 불만이 고객들로부터 접수되었는데도 절대 그럴리 없다고 자만한 Toyota 자동차는 큰 위기에 처하게 되었다. IBM도 1980년대 말에 「문화적 폐쇄성」이라는 병에 걸렸다. 대기업병에 걸려 절대 죽지 않는다는 확신에 차 있었다. IBM의 강점이 사라지고, 창업자인 Watson의 창업 철학이 매몰되어 버렸다. 고객을 무시하고, 스스로 자기만의 왕국을 만들어 갔다.

「문화적 폐쇄성」은 '수렴적 사고'를 유발한다. '수렴적 사고(convergent thinking)'는 분석적인 사고로서, 새로운 것에 대한 의문을 갖지 않고, 틀에 박힌 답만 추구하는, 즉, 답이 정해져 있는 문제에만 초점을 맞춘다. 그래서 창의력을 죽이는 사고방식이다.

「문화적 폐쇄성」과 유사한 용어로 '활동적 타성'이 있다. '활동적 타성(active inertia)'은 London Business School의 Donald Sull 교수가 제안한 용어로 시장 상황이 변하였는데도 불구하고 오히려 이전에 수행하였던 활동들을 더 가속화하는 성향이라고 하였다. 그 예로 스마트폰에 늦게 대응한 Nokia를 들었다.

8.5 질문

문제를 해결할 때 질문은 상당히 중요하다. 이런 말이 있다. 우리나라에서는 자식이 학교에서 집에 오면 "오늘 시험 점수 몇 점 맞았어?" 하고 부모가 물어보는 데 비해, 유대인들은 "오늘 학교에서 무슨 질문을 하였니?" 하고 물어본다는 것이다. 유대인들이 질문을 대단히 중요하게 여긴다는 것을 우리는 알 수 있다. 일본에서는 문제를 해결하기 위해서 자주 사용하는 기법으로 '5왜(5 why)'라는 개념이 있다. 문제의 원인을 파악하기 위해 계속 '왜, 왜, 왜' 하고 질문을 하여야 한다는 것이다. '5왜' 기법은 우리나라의 많은 기업들이 사용하는 익숙한 개념이다.

이렇게 질문은 상당히 중요하다. 그러므로 창의성을 향상하기 위한 하나의 도구로 질문을 이용하는 혁신 문화를 조직에 정착시켜야 한다. 모든 조직의 구성원들이 자유롭게 질문을 하고, 질문을 받는 사람은 또 자유롭게 그 질문에 대해 응답을 하는 문화가 조직 내에 구축되어야 한다. 이런 기업에서는 창의력이 샘솟듯이 나올 것이며, 모든 구성원들이 자기의 생각을 질문을 통하여 공개적으로 도출함으로써 구성원들의 동기부여가 강화되고, 생산성이 향상될 것이다.

HCL 전 CEO인 비니트 나야르는 "리더는 모든 질문에 답해야 하고, 모든 문제에 해결책을 제시해야 한다는 강박관념에서 벗어나야 한다. 리더는 질문에 답하기보다는 질문하는 것에 익숙해져야 한다'고 하면서 질문의 중요성을 강조하였다.

하나의 예로 MonkeySurvey를 들어 보겠다. 2015년 MonkeySurvey의 CEO인 Lurie는 경쟁에서 이기고 기업의 새로운 역량을 강화하기 위하여 새로운 조직문화를 구축하고자 하였다(Lurie, 2019). 먼저 MonkeySurvey는 고객과 구성원들에게 서베이를 하였다. 고객들에게는 MonkeySurvey가 제공하는 서비스 중에서 가장 가치있다고 생각하는 것은 무엇인지, 그리고 구성원들에게는 무엇이 그들로 하여금 직장에 오게 하는지를 물었다. 서베이를 하면서 양부문에서 공통적인 용어를 발견하였는데, 그것은 호기심이었다. 고객들은 다른 고객들이 어떻게 생각하고 있는지 호기심을 가지고 있었다. 또 직원들은 MonkeySurvey의 혁신이 생각이 다양한 사람들의 질문에 의한 산물이라는 것을 인식하고 있었다. 이렇게 호기심은 MonkeySurvey의 핵심 용어라는 것을 발견하게 되었다. 그래서 그때부터 MonkeySurvey의 사명은 직원과 조직에 호기심을 강화하는 것이 되었다. MonkeySurvey는 호기심과 질문에 대한 문화, 즉 좋은 질문하기, 상대방 말 잘 경청하기, 열린 마음 갖기, 새로운 경험 중시하기, 기존 현상에 도전하기, 모든 것을 다 아는 사람은 없다는 사실 인지하기 등이다. 2016년 신사옥에 입주할 때 호기심을 높이고 질문을 가장 잘 할 수 있도록 사무실의 배치를 구성원의 서베이에 의해 결정하였다. 그리고 매주 가장 좋은 질문을 하는 직원에게 축하 메시지를 주고 칭찬하였다. CEO인 Lurie도 직급에 상관없이 솔직하고 장벽 없이 모든 직원들의 질문을 경청하고 상의하였다. 이렇게 하여 MonkeySurvey는 수익성이 향상되어 2018년 주식을 상장하게 되었다.

Gregersen(2018)도 질문의 중요성을 언급하였다. Gregersen(2018)은 브레인스토밍으로 아이디어를 창출하는 연구자이다. 그런데 다양한 경험을 통하여 느낀 점은 참여자들로 하여금 해답을 도출하는 데에 상당히 애로상항들이 많다고 하였다. 애로사항은 다른 사람들을 의식하거나, 솔직하게 말하지 않으며, 열정이 적다는 것이다. 그런데 방향을 해답에서 질문으로 돌렸더니 생각하지 못했던 현상이 발생하였다. 즉, 열정이 살아나고, 솔직해졌다는 것이다. 내 의견에 대해 남들이 비판하면 어쩌나 하는 부정적인 심리학이 솔직히 말해도 되는 환경이 생성되는 긍정적인 심리학으로 바뀌었다. 그리고 사람들의 인지적인 편견이 없어졌다. 그래서 오히려 문제를 해결하는 데 훨씬 효과적이라는 사실을 알게 되었다. 그리고 브레인스토밍은 전통적으로 집단보다는 개인의 성과가 높다고 한다. 이것은 그룹 다이나믹스(Group Dynamics)의 부정적인 영향 때문이다. 그런데 Gregersen의 방법은 개인보다는 3~4명의 소수집단이 더 효과가 높다고 하였다. 즉, 부정적인 그룹 다이나믹스의 영향을 사람의 다양성을 인정하고, 솔직함으로 전환시켰다. 이것은 해답을 제시하기 보다는 질문을 던지는 것이 훨씬 부담이 적으며, 또 궁극적으로 문제를 근본부터 해결할 수 있게 한다. 부담이 적다는 것은 참여 의욕을 높인다는 것이다.

CHAPTER

09 우리나라 핵심산업

성공의 반대는
실패가 아니다.

- Procter & Gamble 전 CEO Lafley -

CHAPTER

09

우리나라 핵심산업

우리나라는 변화와 혁신을 통하여 세계 역사상 유래 없는 발전을 하여 왔다. 제9장의 목적은 우리나라가 어떻게 강한 경쟁력을 구축하여 세계 7대 무역대국으로 성장하였는지, 핵심산업별 분석을 통하여 알아보고자 한다. 이것은 우리나라 산업의 과거 역사를 살펴봄으로써 우리나라가 어떻게 발전하여 왔고, 앞으로 어디로 가야 하는지를 보여주는 중요한 자료라고 본다.

제9장에서는 우리나라가 이 핵심산업 분야에서 어떻게 변화와 혁신을 하여 큰 성공을 하게 되었는지, 특히 우리나라의 현 위치 그리고 다음과 같은 핵심산업에 대해 설명하고자 한다.

9.1 우리나라의 현 위치
9.2 핵심 산업 분석
9.3 한국의 미래 창조

9.1 우리나라의 현 위치

1960년 우리나라는 1인당 GNI(Gross National Income)가 79달러로 세계 125개 국가 중 101위를 차지하였고, 수출은 3천 3백만 달러, 수입은 3억 4천만 달러로 완전히 적자국이었다. 외환보유액은 1억 6천만 달러였다. 산업구조는 농업 및 어업이 36.8%, 광업이 2.1%, 제조업이 13.8%, 그리고 서비스업이 47.3%였다. 그러나 당시 서비스업은 지금과는 완전히 다른 영세성 서비스업이었다. 이런 적자재정을 충당하기 위하여 외국 선진국의 원조가 필수적이었다. 그래서 당시 국가예산의 50% 이상을 미국에 의존하였다. 여기에서 GNI는 한 나라의 국민이 생산활동에 참여한 대가로 받은 소득의 합계를 말하며, 해외에 거주하는 국민이 벌어들인 소득은 포함하되, 국내에 거주하는 외국인이 벌어들인 소득은 제외한다(한국은행, 2024).

1965년 한국의 1인당 GNI는 105달러, 북한이 162달러였다(〈표 9-1〉 참조). 또 철강 생산능력은 북한의 20%, 발전시설 용량은 30%였다. 이렇게 1960년대 중반까지 한국보다 북한의 경제력이 앞섰다. 그러나 그 이후 우리나라는 엄청난 발전을 하였다. 1995년 1인당 GNI는 11,735달러로, 처음으로 1만 달러를 넘어섰다. 2006년에는 19,691달러로 비교대상 세계 209개국 가운데 51위였다. 2007년에 1인당 GNI가 21,632달러로 처음으

표 9-1 1인당 GNI

연도	1인당 GNI(달러)	비고
1965	105	북한 162달러
1995	11,735	처음으로 1만 달러 상회
2000	11,292	
2005	17,531	
2006	19,691	세계 51위/209개 국가
2007	21,632	처음으로 2만 달러 상회
2008	19,161	세계 금융위기
2009	17,041	
2010	20,562	다시 2만 달러 상회
2011	22,451	
2012	22,708	
2013	26,205	
2014	28,180	
2015	27,340	
2016	27,561	
2017	31,734	10년만에 3만 달러 상회
2018	33,434	
2019	32,115	
2020	31,755	2년 연속 하락
2021	35,168	처음으로 3만5천 달러 상회
2022	32,661	

출처: 한국은행, 2024.

표 9-2 1인당 GNI가 1만 달러에서 2만 달러까지 가는 데 걸린 기간

순 위	국 가	기 간
1	일본	4년
2	홍콩	5년
	싱가포르	5년
4	아일랜드	8년
5	영국	9년
6	미국	10년
7	프랑스	11년
8	대한민국	12년

로 2만 달러를 넘어섰다. 1995년 1만 달러를 넘어선 뒤 12년 만에 2만 달러를 넘어서게 된 것이다. 참고로 국민소득이 1만 달러에서 2만 달러까지 가는 데 걸린 기간은 일본 4년, 홍콩과 싱가포르 5년, 아일랜드 8년, 영국 9년, 미국 10년, 그리고 프랑스가 11년이었다(〈표 9-2〉 참조). 그러나 국제금융위기와 환율의 영향 등으로 2008년 우리나라의 1인당 GNI는 19,161달러로 하락하였으며, 2009년 17,041달러로 더 감소하였다. 그러나 2010년 20,562달러로 2007년 이후 다시 2만 달러를 넘어섰다. 2011년에는 22,451달러가 되었으며, 2013년 26,205달러, 2014년 28,180달러, 2015년 27,340달러, 그리고 2016년에는 27,561달러였다. 이렇게 2만 달러에서 3만 달러에 진입하지 못한 것은 성장률 둔화와 원화의 약세 때문이었다. 2만 달러에서 3만 달러에 진입하는 선진국들의 평균기간은 10년이었다. 우리나라는 2017년에 31,734달러로 10년만에 3만 달러를 상회하였고, 인구 5천만 명 이상으로 '30-50 클럽'에 세계 7번째로 가입하였다. 2018년에는 33,434달러로 오름세를 이어 갔다. 그러나 2019년에는 32,115달러로 하락하였고, 2020년에는 31,755달러로 더 내려갔다. 하지만 2021년 35,168달러로 처음으로 3만 5천 달러를 상회하였으며, 2022년에는 32,661달러이었다. 30,000달러를 달성한지 5년이 지났는데, 아직도 4만 달러에 도착하지 못하였다.

UNIDO(United Nations Industrial Development Organization)가 2020년에 발표한 「세계 제조업 경쟁력 지수」에서 2018년 우리나라는 전 세계 152개 국가 중 독일, 중국에 이어 3위를 차지하였다(www.unido.org). 이 조사는 1990년부터 시작되었는데, 우리나라는 1990년 17위, 1998년 14위, 2000년 11위, 2006년 5위, 2010년 4위, 그리고 2018년 처음으로 3위가 되었다. 1위는 2014년 일본, 2016년 중국, 그리고 2018년 독일이 하였

표 9-3 세계 제조업 경쟁력 지수

순위	1990년	2000년	2010년	2014년	2016년	2018년
1	독일	일본	일본	독일	중국	독일
2	일본	미국	독일	미국	미국	중국
3	미국	독일	미국	중국	독일	한국
4		영국	한국	한국	일본	미국
5		프랑스	대만	일본	한국	일본
	한국17	한국11	싱가포르 6		영국 6	
	중국32	중국21	중국 7		대만 7	

출처: www.unido.org

다. 점차로 유럽 국가들이 빠지고, 아시아 국가들이 많이 진입하였다. 세계 제조업 경쟁력 지수, 즉 CIP(competitive Industrial Performance) index는 유엔산업개발기구(UNIDO)가 국가별로 총체적인 제조업 경쟁력을 격년으로 보여주는 정량지표이다. 지난 몇 년간의 순위는 〈표 9-3〉과 같다.

이렇게 우리나라 경제는 급격하게 성장하였다. 그러면 우리나라 수출입 상품은 지난 반세기 동안 어떤 변화를 하였을까? 〈표 9-4〉는 1961년부터 2022년까지 우리나라의 지난 60여 년간 「연도별 10대 수출입 상품」을 보여주고 있다.

1961년과 2022년 우리나라의 10대 수출상품과 수입상품을 비교하면, 우리나라가 지난 60여 년간 얼마나 급격하게 성장하였는지 짐작할 수 있다. 이것은 진정 한민족의 자랑이며, 우리의 저력인 것이다. 1960년대에는 자연적인 것들을 채취하여 팔았다. 기술과 자금이 없는 상황에서 어쩔 수 없는 현상이었다. 가발과 오징어를 팔아가며 연명하던 시기였다. 그러나 2007년에는 완전히 뒤바뀌었다. 새로운 첨단기술과 장치산업에 의한 제품이 주종을 이루게 되었다. 반도체, 자동차, 무선통신기기 등 기술력 없이는 들어갈 수 없는 새로운 분야로 우리나라가 들어간 것이다. 부가가치가 훨씬 높고, 경쟁이 심한 분야에서 한민족의 우수성이 나타나게 된 것이다. 우리는 이제 우리 선배들이 만든 성과를 솔직하게 인정하여야 한다. 이 기적은 아무 민족이나 만들 수 있는 것이 아니다.

우리나라의 주요 수출국도 과거에 비해 많이 변하였다. 〈표 9-5〉는 이 사실을 보여주고 있다.

표 9-4 한국 10대 수출입 상품(1961-2022)

번호	1961 수출	1961 수입	1980 수출	1980 수입	2000 수출	2000 수입	2010 수출	2010 수입	2015 수출	2015 수입	2016 수출	2016 수입	2017 수출	2017 수입	2018 수출	2018 수입	2019 수출	2019 수입	2020 수출	2020 수입	2021 수출	2021 수입	2022 수출	2022 수입
1	철광석	양모	의류	원유	반도체	반도체	반도체	원유	반도체	원유	반도체	원유	반도체	원유	반도체	원유	반도체	원유	반도체	반도체	반도체	원유	반도체	원유
2	중석	어패류	철강판	곡류	컴퓨터	원유	선박해양	반도체	자동차	반도체	자동차	반도체	선박해양	반도체	석유제품	반도체	자동차	반도체	자동차	원유	석유화학	반도체	석유제품	반도체
3	생사	곡물	선박	기계	자동차	귀금속	자동차	석유제품	선박해양	천연가스	선박해양	무선통신기기	자동차	반제장	자동차	천연가스	석유제품	천연가스	석유제품	반제장	일반기계	천연가스	석유화학	천연가스
4	무연탄	식물	인조섬유	천연	석유화학	기계	평판	천연가스	무선통신	석유제품	무선통신기기	천연가스	석유제품	천연가스	평판	석유제품	선박	석유제품	선박해양	천연가스	자동차	석유제품	자동차	석탄
5	오징어	목재	음향기기	목재	조선	유화제품	석유제품	석탄	석유제품	무선통신	석유제품	석유제품	평판	석탄	석유제품	반제장	평판	석유제품	합성수지	석유제품	석유제품	석유제품	석유제품	석유제품
6	활선어	대두	타이어	유화제품	무선통신	곡류	무선통신	철강판	평판	자동차	평판	자동차	자부	석유제품	자부	자동차	자부	무선통신	자부	무선통신	철강제품	컴퓨터	철강	정밀
7	흑연	목재	목재	기호식품	철강판	기타화학	자부	자부	자부	반제장	자부	컴퓨터	무선통신	무선통신	선박	정밀	무선통신	자동차	평판	자동차	선박	석탄	자동차부품	반제장
8	합판	생고무	합판제품	철강판	의류	철강	합성수지	반제장	합성수지	의류	합성수지	석탄	합성수지	컴퓨터	철강판	무선통신	합성수지	컴퓨터	철강판	석유제품	자동차부품	반제장	디스플레이	컴퓨터
9	이극	설탕류	반도체	유황류	섬유제품	유류	철강판	정밀	철강판	정밀	철강판	반제장	철강판	자동차	무선통신	석탄	철강판	정밀	컴퓨터	정밀	디스플레이	반제장	선박	무선통신
10	돈모	펌프	영상기기	선박	전자부품	철강	컴퓨터	철강	플라스틱	철강	컴퓨터	의류	플라스틱	정밀	플라스틱	자동차	플라스틱	의류	무선통신	의류	무선통신	의류	무선통신	무선통신

• 선박해양 = 선박해양구조물 및 부품, 무선통신 = 무선통신기기, 플라스틱 = 플라스틱제품, 평판 = 평판디스플레이 및 센서, 식물 = 식물성원료, 천연 = 천연식물원료, 반제장 = 반도체제조용장비, 자부 = 자동차부품, 정밀 = 정밀화학원료, 플라스틱 = 플라스틱제품

출처: stat.kita.net/stat/wc

표 9-5 주요 수출국가 1964-2022

연도	1964	1971	1977	1995	2005	2012	2015	2018	2019	2020	2021	2022
1	일본	미국	미국	미국	중국	중국	중국	중국	중국	중국	중국	중국
2	미국	일본	일본	일본	미국	미국	미국	미국	미국	미국	미국	미국
3	홍콩	홍콩	SA	홍콩	일본	일본	홍콩	베트남	베트남	베트남	베트남	베트남
4	영국	독일	독일	중국	홍콩	홍콩	베트남	홍콩	홍콩	홍콩	홍콩	일본
5	베트남	캐나다	홍콩	싱가포르	대만	베트남	일본	일본	일본	일본	일본	홍콩
6								대만	인도	대만	대만	대만
7								인도	대만	인도	인도	싱가포르
8								필리핀	싱가포르	싱가포르	싱가포르	인도
9								싱가포르	멕시코	독일	멕시코	호주
10								멕시코	말레이시아	말레이시아	독일	멕시코

출처: stat.kita.net/stat/wc

1964년 우리나라 주요 수출국은 일본, 미국, 홍콩, 영국, 베트남 순이었다. 1971년에는 미국이 1위였으며, 일본이 2위였다. 또 순위뿐만 아니라, 비중도 크게 차이가 났다. 이어 홍콩, 독일, 캐나다 순이었다. 영국이 빠지고 독일과 캐나다가 들어왔다. 1977년에는 미국과 일본의 순위는 여전하고, 사우디아라비아가 3위로 들어왔으며, 독일과 홍콩의 순이 되었다. 2005년에는 그동안 줄곧 1위를 지켜오던 미국이 2위로 쳐지고 중국이 1위가 되었다. 그리고 나머지를 일본, 홍콩, 대만이 차지하였다. 중화민족 국가가 3개를 차지하였다. 2015년과 2016년 2년 연속 중국과 미국은 계속 1위와 2위를 차지하였으며, 홍콩과 베트남이 일본을 제치고 3위와 4위를 차지하였으며, 일본이 5위를 차지하였다. 2018년도부터 2021년까지는 중국, 미국, 베트남, 홍콩, 그리고 일본이 1-5위를 차지하였다. 전체적으로 볼 때, 유럽국가 비중이 크게 하락하고, 아시아 국가들이 우리나라 주요 수출국가로 부상하게 되었다.

세계무역기구인 WTO(World Trade Organization) 발표에 의하면, 우리나라는 2012년과 2014년 세계 8대 무역국, 그리고 2018년 7대 무역국, 그리고 2022년에 6대 무역국에 속하였다(www.wto.org,www.kita.net). 〈표 9-6〉은 세계 10대 무역국가를 보여주고 있다.

2013년부터 중국이 1위를 그리고 미국이 2위를 차지하였다. 중국은 2001년 WTO

표 9-6 세계 10대 무역국가

순위	2005년	2012년	2014년	2015년	2018년	2020년	2021년	2022년
1	미국	미국	중국	중국	중국	중국	중국	중국
2	독일	중국	미국	미국	미국	미국	미국	미국
3	중국	독일	독일	독일	독일	독일	독일	독일
4	일본	일본	일본	일본	네덜란드	일본	네덜란드	네덜란드
5	프랑스	네덜란드	네덜란드	프랑스	일본	네덜란드	일본	일본
6	영국	프랑스	프랑스	네덜란드	프랑스	홍콩	홍콩	한국
7	네덜란드	영국	영국	영국	한국	프랑스	프랑스	이탈리아
8	캐나다	한국	한국	홍콩	이탈리아	영국	한국	벨기에
9	벨기에	이탈리아	홍콩	한국	홍콩	한국	이탈리아	홍콩
10	이탈리아	홍콩	캐나다	캐나다	러시아	이탈리아	영국	프랑스

출처: www.wto.org, www.kita.net

에 가입한 이래 2004년 일본, 2009년 독일을 추월한 데 이어 계속 2위를 유지하다가, 드디어 2013년 미국을 추월하였다. 미국은 제2차 세계대전 이후 계속 1위를 차지하였으나, 2013년 2위로 밀렸다. 이어서 독일이 3위, 일본이 4위이었다. 우리나라는 2012년 1조 674억 달러로 세계 8위를 차지하였고, 2013년과 2014년에도 8위를 유지하였다. 그리고 2015년 9위로 추락하였으나, 2018년 7위로 상승하였고, 2022년에는 처음으로 6위를 하였다.

대한민국은 연평균 수출증가율이 21%로 세계 1위이다. 1964년의 1억 1,910만 달러에서 1971년 10억 6,760만 달러까지 가는 데 7년이 걸렸다. 또 10억 달러에서 1977년 100억 4,600만 달러, 즉 1백억 달러로 가는 데 6년이 걸렸다. 이것은 전부 세계 신기록이다. 또 1백억 달러에서 1995년 1,250억 달러로 가는 데 18년이 걸렸다. 2006년 우리나라의 수출액은 3,260억 달러였으며, 2008년에 드디어 4천억 달러를 달성하였다. 즉, 1964년 1억 달러 수출 후 44년 만에 약 4천 배 증가하였다. 세계시장점유율은 0.07%에서 2003년 2.6%로 증가하였다. 그래서 우리나라는 40년 전 절대빈곤국가에서 빈곤을 탈출한 유일한 국가로 인정받게 되었다. 2015년에는 수출액이 5,267억 달러로 세계 7위를 기록하였으며, 2018년에는 6,012억 달러로 5위를 하였다.

또 우리나라는 2011－2013년 3년 동안 무역규모 계속 1조 달러를 달성했다. 지난 2011년 처음으로 1조 달러를 달성한 이래 3년 연속 1조 달러를 돌파했다. 그래서 이제 우리나라는 많은 외국 국가들의 벤치마킹 대상이 되고 있다. 2006년에는 아프리카 알제리의 벤치마킹 대상이 되었다.

우리나라는 국내총생산 규모로 2004년 세계 11위를 기록하였다. 2005년 세계 12위, 2006년 13위, 2007년도에는 15위로 다시 추락하였다. 2008년에는 13위로 올라섰으나, 2009년 15위로 다시 떨어졌으며, 2010년과 2012년에도 15위를 차지하였다. 그리고 2015년과 2016년 연속 11위로 올라갔으나, 2018년 다시 12위로 떨어졌다. 2020년 12위로 올라갔으나, 2021년 11위, 그리고 2022년 13위로 추락하였다. 참고로 한국의 GDP는 1970년 81억 달러, 1980년 640억 달러, 1986년 1,113억 달러로 처음으로 천억 달러를 넘었다. 1990년에는 2,460억 달러였으며, 2018년 1조 6,194억 달러, 그리고 2022년에는 1조 6,652억 달러를 달성하였다(〈표 9-7〉 참조).

표 9-7 세계 GDP 2005-2022년(단위: 억 달러)

	2005	2010	2015	2016	2018	2020	2021	2022
1	미국 13조 2,446	미국 14조 6,242	미국 18조 1,247	미국 18조 6,979	미국 20조 4,941	미국 20조 8,073	미국 23조 3,151	미국 25조 4,645
2	일본 4조 3,675	중국 5조 7,451	중국 11조 2,119	중국 12조 2,540	중국 13조 6,081	중국 14조 8,608	중국 17조 7,593	중국 18조 1,000
3	독일 2조 8,970	일본 5조 3,909	일본 4조 2,103	일본 4조 1,706	일본 4조 9,709	일본 4조 9,106	일본 5조 55	일본 4조 2,335
4	중국 2조 6,301	독일 3조 3,059	독일 3조 4,134	독일 3조 4,725	독일 3조 9,967	독일 3조 7,806	독일 4조 2,628	독일 4조 754
5	영국 2조 3,737	프랑스 2조 5,554	영국 2조 8,534	영국 3조 548	영국 2조 8,252	영국 2조 6,383	인도 3조 1,503	인도 3조 3,864
6	프랑스 2조 2,316	영국 2조 2,586	프랑스 2조 4,695	프랑스 2조 884	프랑스 2조 7,775	인도 2조 5,926	영국 3조 1,232	영국 3조 706
7	이탈리아 1조 8,526	이탈리아 2조 367	인도 2조 3,080	인도 2조 3,847	인도 2조 7,263	프랑스 2조 5,515	프랑스 2조9,574	프랑스 2조 7,830
8	캐나다 1조 2,691	브라질 2조 235	브라질 1조 9,039	이탈리아 1조 8,676	이탈리아 2조 739	이탈리아 1조 8,482	이탈리아 2조1,158	러시아 2조 2,404
9	스페인 1조 2,258	캐나다 1조 5,637	이탈리아 1조 8,428	브라질 1조 6,729	브라질 1조 8,686	캐나다 1조 6,003	캐나다 2조15	캐나다 2조 1,398
10	브라질 1조 677	러시아 1조 4,769	캐나다 1조 6,155	캐나다 1조 5,923	캐나다 1조 7,093	한국 1조 5,868	러시아 1조8,366	이탈리아 2조 120
11	러시아 9,790	인도 1조 4,300	한국 1조 4,351	한국 1조 4,501	러시아 1조 6,575	러시아 1조 4,641	한국 1조 8,109	브라질 1조 9,241
12	한국 8,883	스페인 1조 3,748	호주 1조 2,523	호주 1조 2,530	한국 1조 6,194	브라질 1조 3,634	브라질 1조 6,458	호주 1조 7,019

	2005	2010	2015	2016	2018	2020	2021	2022
13	인도 8,869	호주 1조 2197	멕시코 1조 2,319	러시아 1조 1,789	호주 1조 4,321	호주 1조 3,347	호주 1조 6,106	한국 1조 6,652
14	멕시코 8,400	멕시코 1조 40	스페인 1조 2,302	스페인 1조 2,651	스페인 1조 4,261	스페인 1조 2,475	스페인 1조4,399	멕시코 1조 4,245
15	호주 7,548	한국 9,863	러시아 1조 1,760	멕시코 1조 1,871	멕시코 1조 2,238	인도네시아 1조 888	멕시코 1조2,855	스페인 1조 3,899
16		네덜란드 7,703	인도네시아 8,957	인도네시아 8,758	인도네시아 1조 421	멕시코 1조4 04	인도네시아 1조 1,150	인도네시아 1조 1,894
17		터키 7,291	터키 7,525	네덜란드 7,829	네덜란드 9,128	네덜란드 8,863	이란 1조 814	사우디 아라비아 1조 106
18		인도네시아 6,951	네덜란드 7,497	터키 7,212	사우디 아라비아 7,824	스위스 7,079	네덜란드 1조 76	네덜란드 9,906
19		스위스 5,224	스위스 6,884	스위스 6,876	터키 7,665	사우디 아라비아 6,809	사우디 아라비아 8,426	튀르키예 8,535
20		벨기에 4,613	사우디 아라비아 6,489	사우디 아라비아 6,432	스위스 7,055	터키 6,494	스위스 8,108	스위스 8,072

자료: www.imf.org

지난 수년간 1위 미국, 2위 중국, 3위 일본, 4위 독일, 그리고 5위 영국이 굳건하게 그 위치를 유지하고 있다.

우리나라는 자원이 상당히 빈약하다. 특히 천연자원이 거의 없다. 이것은 우리나라의 경제 발전에 장애가 된다. 특별히 2010년부터 시작된 탈세계화, 2019년 COVID-19 팬데믹, 2022년 우크라이나와 러시아 전쟁, 그리고 2023년 이스라엘과 하마스 전쟁으로 글로벌 공급망이 파괴되어 자원부족국이며 수출형 국가인 우리나라는 경제적으로 상당히 위험에 처해 있다.

우리나라 필수 자원 수입 의존도는 〈표 9-8〉과 같다. 이 표에 의하면, 희토류, 원유, 유연탄, 원면, 그리고 양모는 100% 수입에 의존하고 있다. 이것은 우리나라가 이런 자원의 사용을 어떻게 인지하고 대처해야 하는지를 보여주고 있다.

또 우리나라 문제점 중 하나는 낮은 생산성과 높은 국가채무이다. 생산성은 제조업체에 비하여 서비스업체가 상당히 낮다. 1997년에 60조원이었던 국가채무는 계속 증가하였다. 2008년에 300조원, 2012년에는 439조원, 2016년에 627조원, 2019년 723조, 2020년 847조, 2021년 971조, 2022년 1,067조, 그리고 2023년 1,134조로 계속 증가하

표 9-8 필수 자원의 수입 의존도

품목	수입 의존도(%)	품목	수입 의존도(%)	품목	수입 의존도(%)
원유	100	양모	100	망간제품	99
희토류	100	밀	99	흑연	87.7
유연탄	100	금속광물	98	아연도강판	93.8
원면	100	잡곡	94	광물	90

고 있다(〈표 9-9〉 참조).

표 9-9 국가채무(1997~2023)

연도	1997	2008	2012	2015	2019	2020	2021	2022	2023
원	60조	300조	439조	592조	723조	847조	971조	1,067조	1,134조

이제 우리나라는 경제성장모델을 바꿔야 한다. 중국은 철저하게 우리나라를 벤치마킹하여 우리나라를 추월하고 있다. 일본도 고품질고가 전략에서 중저가 시장으로 진입을 시도하고 있다. 세계 시장은 2020년 들어 점차로 블록화되어 가고 있다. 이런 환경에서 우리나라는 점차로 대처하기가 난처한 상황에 처해 있다.

9.2 핵심산업 분석

이미 앞에서 보았듯이, 우리나라는 지난 40여년 동안 시대별로 그 시대를 이끄는 산업이 출현하였다. 보다 구체적으로 1960년대는 노동집약적인 경공업, 1970년대는 자본집약적인 중화학공업, 1980년대와 1990년대는 전기, 전자, 자동차 등 조립공업, 그리고 1990년대 후반부터는 IT가 한국의 산업을 주도하여 왔다.

여기에서는 우리나라의 경쟁력을 산업별로 살펴보기로 한다. 이것은 우리나라 기업들의 변화와 혁신이 실제로 응집된 결과이며, 중요한 실물 자료이다. 산업별 분석은 우리나라가 어떻게 발전해 왔으며, 앞으로 어디로 가야 하는가를 보여줄 것이다. 그러나 여기에서는 기술적인 부문은 가급적 생략하고, 전략적인 관점에서 변화와 혁신을 살펴보기로 한다. 특히 우리나라의 대표적인 주력산업에 대해서 설명하고자 한다. 즉, 반도체, 자동차, 무선통신기기, 조선, 디스플레이, 그리고 철강 등이다.

그러면 우리나라 기업들의 브랜드가치는 세계시장에서 어떠한가? 브랜드가치는 국가 또는 기업의 가치를 가늠할 수 있는 좋은 척도이다. Interbrand는 1999년부터 「세계 100대 브랜드」를 공개하고 있다(www.interbrand.com). 〈표 9−10〉에서 2006~2022년까지 글로벌 브랜드 순위를 보여주고 있다. 이 표에 의하면, 지난 7년간 부동의 1위(사실 13년 연속 1위)를 계속 유지한 Coca−Cola가 2013년 3위로 하락하였다. 2013년 새로운 1위는 Apple이고, 그 이후 9년 연속 계속 1위를 유지하고 있다. 2022년 순위를 보면, MS가 2위, Amazon이 3위, 2010년 처음으로 5위 안에 진입한 Google이 4위, 2012년 처음으로 10위권에 진입한 삼성이 5위를 하였다. 이어 Toyota 자동차가 6위, 2018년에 3위로 오른 Coca−Cola가 7위, Benz가 8위, Walt Disney가 9위, 그리고 Nike가 10위를 차지하였다. 그리고 2010년에 리콜(recall)로 시끄러웠던 현대자동차도 조금씩 상승하며 2012년 53위에서 2013년 43위, 그리고 2017년 35위, 그리고 2018년과 2019년 36위, 그리고 2022년 45위를 하였다. 2012년 87위로 처음으로 100위 안에 진입한 기아자동차는 2013년 83위, 2016년에는 69위, 2019년 78위, 그리고 2022년 87위를 하였다. LG는 2005년과 2006년에 100위권에 이름을 올린 후 2007년부터 100위권 밖으로 탈락하였다. 그래서 2022년에 우리나라는 「글로벌 브랜드 100」 명단에 3개 기업만 포함되었다.

표 9-10 글로벌 브랜드 순위(2006-2022), 가치=1억 달러

	2006	2010	2015	2017	2018	2019	2020	2021	2022
1	Coca	Coca	Apple	Apple	Apple	Apple	Apple	Apple	Apple
2	MS	IBM	Google	Google	Google	Google	Amazon	Amazon	MS
3	IBM	MS	Coca	MS	Amazon	Amazon	MS	MS	Amazon
4	GE	Google	MS	Coca	MS	MS	Google	Google	Google
5	Intel	GE	IBM	Amazon	Coca	Coca	삼성	삼성	삼성
6	Nokia	McD	Toyota	삼성	삼성	삼성	Coca	Coca	Toyota
7	Toyota	Intel	삼성	Toyota	Toyota	Toyota	Toyota	Toyota	Coca
8	Disney	Nokia	GE	Face	MBenz	MBenz	MBenz	MBenz	MBenz
9	McD	Disney	McD	MBenz	Face	McD	McD	McD	Disney
10	MBenz	HP	Amazon	!BM	McD	Disney	Disney	Disney	Nike
11		Toyota	BMW	GE	Intel	BMW	BMW	Nike	McD
12		MBenz	MBenz	McD	IBM	IBM	Intel	BMW	Tesla

	2006	2010	2015	2017	2018	2019	2020	2021	2022
13		Gillette	Disney	BMW	BMW	Intel	Face	LV	BMW
14		Cisco	Intel	Disney	Disney	Face	IBM	Tesla	LV
15		BMW	Cisco	Intel	Cisco	Cisco	Nike	Facebook	Cisco
16		LV	Oracle	CIsco	GE	Nike	Cisco	Cisco	
17		Apple	Nike	Oracle	Nike	LV	LV	Intel	Facebook
18		Malboro	HP	Nike	LV	Oracle	SAP	IBM	IBM
19		삼성	Honda	HP	Oracle	GE	Insta	Instagram	Intel
20	삼성	Honda	LV	Honda	Honda	SAP	Honda	SAP	Instagram
	75 현대	65 현대	22 H&M	35 현대	36 현대	36 현대	36 현대	35 현대	45 현대
	94 LG		39 현대	69 기아	71 기아	78 기아		86 기아	87 기아
			74 기아						

출처: www.interbrand.com

9.2.1 반도체산업

9.2.1.1 반도체 역사

반도체 역사는 1958년에 시작되었다. 즉, TI의 Jack Kilby가 최초로 집적회로를 개발한 것이 반도체산업의 시작이다. 1959년에는 Fairchild에서 실리콘을 이용한 상업용 트랜지스터를 최초로 사용하였다. 그리고 1990년대에 들어와 트랜지스터 400만개 정도가 집적된 IC(Integrated Circuit)가 개발되었다.

우리나라에서는 1965년 고미반도체가 미국업체와 합작으로 트랜지스터를 조립생산한 것이 반도체산업의 시작이라 할 수 있고, 같은 해에 LG전자와 아남산업이 반도체산업에 뛰어들었다. 1974년 한국반도체를 인수한 삼성전자가 반도체시장에 뛰어들었고, 1983년 DRAM 생산을 시작하면서 첨단반도체 생산을 위한 기반을 구축하였다. 1988년에는 자체기술에 의해 4M DRAM을 개발하였고, 1991년에는 반도체를 자체 기술로 생산하여 수출하게 되었다. 1994년에는 국제경쟁력을 갖춘 메모리 양산단계에 들어갔고, 1996년에는 첨단메모리 생산기술을 활용한 대규모집적회로인 LSI(Large Scale Integration) 생산체제를 구축하였다. 이후 메모리분야의 선도국으로 부상하게 되었다.

우리나라의 반도체기술은 조립기술(1965–1973), 웨이퍼(wafer) 가공기술(1974–1982), 공정 및 설계기술(1983–1987), 자체개발(1988–1997), 생산시스템의 고도화(1998–2000), 그리고 system LSI 기술시대(2001년 이후)로 들어갔다.

표 9-11 정보의 단위

단위	영어표기	용량	비고
비트	bit(b)	1 또는 0	binary digit
바이트	byte(B)	8비트	
킬로바이트	kilobyte (KB)	1000B	
키비바이트	kibibyte (KiB)	1024B	
메가바이트	megabyte MB)	1000KB	500페이지 소설 한 권
메비바이트	Mebibyte MiB)	1024KB	
기가바이트	Gigabyte (GB)	1000MB	베토벤 5번 운명교향곡 MP3
기비바이트	Gibibyte (GiB)	1024MiB	
테라바이트	Terabyte (TB)	1000GB	대형병원 1곳의 모든 X-ray 정보
테비바이트	tebibyte (TiB)	1024Gib	
페타바이트	petabyte (PB)	1000TB	한국 국민 개개인에 대한 정보의 절반
페비바이트	pebibyte (PiB)	1024TiB	
엑사바이트	exabyte (EB)	1000PB	5EB=유사 이래 세상 사람들이 한 모든 말
엑비바이트	exbibyte (EiB)	1024PiB	
제타바이트	zettabyte (ZB)	1000EB	전 세계 바닷가에 있는 모든 모래알 수로 꿈의 단위
제비바이트	zebibyte (ZiB)	1024EiB	
요타바이트	yottabyte (YB)	1000ZB	미국 Delaware와 Rhode Island주를 다 채울 수 있는 100만개의 데이터센터
요비바이트	yobibyte	1024ZiB	

출처: 위키백과(2023)

〈표 9−11〉은 급변하는 시대의 정보의 단위를 나타낸 표이다.

9.2.1.2 반도체

반도체(半導體, semiconductor)란 말 그대로 백금, 구리 등 전기가 통하는 물질(도체)과 나무, 바위 등 전기가 통하지 않는 물질(부도체)의 중간 물질이다. 이런 물질로 실리콘, 갈륨비소, 그리고 게르마늄 등이 있다. 그러나 이 반도체 물질에 열이나 전기를 가하면 전기가 약간 통하게 된다.

이 중 대표적인 물질이 실리콘이다. 실리콘(silicon)은 모래에 있는 규소 성분으로 지구상에 무한대로 존재한다. 실리콘을 정제해서 만든 원통형 결정체(8인치 또는 12인치)가 잉고트(ingot)이다. 또 잉고트를 수백 마이크로 밀리미터 두께로 잘라 한 쪽 면을 거울같이 마름질한 것이 웨이퍼(wafer)이다. 즉, 웨이퍼는 잉고트 기판에 빛을 쬐거나 또는 불순물 가스를 확산시키는 공법이다.

반도체의 경쟁력은 지름이 큰 잉코트와 고집적의 회로, 그리고 수율에 의해 결정된다. 즉, 1개의 웨이퍼에 얼마나 많은 칩을 찍는가? 또 수율은 어떤가? 이것이 반도체 회사의 경쟁력을 결정한다. 수율(收率, yields)이란 대량생산 과정에서 결함 없는 완제품이 생산되는 비율이다.

이렇게 반도체는 자연적인 상태에서는 전기가 통하지 않으나 전기 또는 열 등을 가하면 전기가 통한다. 그래서 정보를 저장하고 제어하는 등의 기능을 수행한다.

반도체 산업의 특성은 다음과 같다.

① 제품의 수명이 상당히 짧다. 그래서 선발주자가 상당히 유리하다.

② 경험곡선의 효과가 존재한다. 일명 「무어의 법칙(Moore's Law)」이 적용된다. 여기에서 Moore는 인텔 공동창업자인 Gordon Moore이다. '무어의 법칙'이란 1965년에 나왔는데 18개월마다 반도체 칩 1개당 트랜지스터 수가 2배로 향상되는 현상을 말한다. 그런데 「무어의 법칙」을 넘어선 「황의 법칙」이 2002년에 나왔다. 「황의 법칙」은 삼성전자 황창규 사장의 황을 딴 법칙인데 18개월을 12개월로 감소하였다. 그러나 2016년 인텔이 반도체산업의 집적도 제일주의에서 칩수요 다변화라는 마파시로 「무어의 법칙」을 폐기하였다. 그리고 이제 「무어의 법칙」의 빈자리를 소프트웨어, 클라우드, 맞춤형 반도체가 채우고 있다.

③ 대량설비에 의한 장치산업으로, 막대한 설비투자비가 소요된다.

④ 진입 장벽이 상당히 높다.

⑤ 표준화가 잘 되어 있어 고객이 비교적 손쉽게 거래선을 바꿀 수 있다.

⑥ 연구개발에 막대한 투자가 필요하다.

⑦ 디지털 제품 수요에 영향을 많이 받는다.

⑧ 수급에 따른 가격 변동이 심하여 위험도가 높다.

반도체는 기능에 따라 〈그림 9-1〉에서 볼 수 있듯이, 다시 메모리 반도체와 비메모리 반도체로 구분된다.

메모리

메모리(memory)는 데이터를 저장하는 기능을 가진 반도체를 총칭하는 용어이다.

그림 9-1 반도체

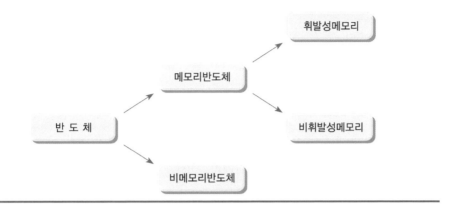

메모리 반도체는 디지털 TV, 스마트폰, 프린터 등 많은 제품에 사용된다. 메모리 반도체는 다시 휘발성 메모리와 비휘발성 메모리로 구분된다.

RAM(Random Access Memory)은 전원이 꺼지면 기록된 정보가 끊기기 때문에 휘발성 메모리라고 부른다. RAM은 저장방식에 따라 SRAM과 DRAM으로 구별된다. SRAM (Static Random Access Memory)은 전원이 있는 한 정보가 유지되는 메모리이어서 정적 (Static)이란 명칭을 부여하였다. 여기에 비해 1970년 미국 Intel이 개발한 DRAM (Dynamic Random Access Memory)은 시간이 흘러감에 따라 정보가 소멸되는 반도체로, 컴퓨터에서 정보나 명령을 판독하고 기록할 수 있는 기억 장치이다. 그러나 단시간 내에 주기적으로 재충전시켜 주면 기억이 유지되기 때문에 컴퓨터의 기억장치로 가장 많이 쓰인다. 또 DRAM 중 Rambus가 개발한 Rambus DRAM이 있다. Rambus DRAM은 일반 DRAM보다 처리속도가 약 7배 정도 빨라 주로 고속게임기에 장착된다. 가장 처음으로 게임기에 장착된 것은 1996년 Nintendo 64이다. DRAM은 막대한 설비를 필요로 한다. 그래서 진입장벽이 상당히 높다. 그리고 시장이 2~4년을 주기로 호황과 불황을 반복하는 특성을 지니고 있다. 이것은 사실 모든 반도체 시장에 존재하지만, 엄청난 투자비용이 요구되는 DRAM에 적용된다. 이것을 silicon cycle이라 부른다.

ROM(Read Only Memory)은 기억된 정보를 읽어내기만 하는 메모리로, 전력이 없어도 정보가 사라지지 않아 비휘발성(non-volatile) 메모리라고 부른다. 여기에는 Flash, MASK ROM, MRAM, PRAM, FeRAM 등이 있다. DRAM과 함께 메모리 반도체의 양대 축인 Flash 메모리는 전원 없이도 오랜 기간 동안 정보를 유지할 수 있고, 정보를 고속으로 쓰고 지울 수 있는 장점을 동시에 지니고 있다. 주로 3D 동영상, 스마트폰, 디지털 카메라, MP3, USB 등에 사용된다. 1990년대에는 PC 수요의 폭발로 DRAM이 각광을 받았으나, PC 수요가 감소함에 따라 Flash 메모리가 중요하게 되었다. Flash 메모리는 다시 반도체 내부의 전자회로 형태에 따라 데이터 저장형인 NAND형과 코드 저장형인 NOR형으로 구분된다. NAND형은 저장 단위인 셀을 수직으로 배열해 좁은 면에 많은 셀을 만들 수 있도록 설정되어 있어 대용량의 저장이 가능하다. NAND형은 NOR형에 비해 제조단가가 싸고, 대용량이 가능하다는 장점이 있으나, 임의접근이 지연되는 단점을 지니고 있다. 주 용도는 디지털 카메라, MP3, 전자사전 등이다. NOR형은 NAND형과는 달리 수평으로 배열되어 있어 대용량 처리에는 미흡하나 데이터를 저장하고 읽는 속도가 빨라 동작 중심의 핵심 데이터를 저장하는 데 주로 사용된다. 그리고 NAND형에 비해 데이터의 접근시간이 짧고, 데이터의 안정성이 높다. 주 용도는 휴대전화, 게임기, PDA 등이다. 최근 빅데이터, 인공지능, 그리고 IOT의 성장으로 Flash 메모리의 수요가 급증하고 있다.

MRAM은 자석과 유사하게 N극과 S극을 띠는 물질의 방향에 따라 컴퓨터 정보 단위인 '0'과 '1'을 인식하는 메모리로서, Flash 메모리보다 데이터 처리 속도가 1천 배 이상 빠르다.

비메모리

위에서 설명한 메모리를 제외한 모든 반도체를 비메모리라 한다. 정보 처리를 목적으로 하는 비메모리 반도체는 제어, 연산, 논리 등의 기능을 수행하며, 시스템 반도체(삼성전자에서 주로 사용하며 외국기업들은 사용 안 함)라고도 부른다. 사용하는 분야는 상당히 다양하다. 예로, 컴퓨터 중앙처리장치인 CPU(Central Process Unit), 모바일기기 중앙처리장치인 AP(Applicatio Processor), 디지털 신호를 처리하는 DSP(Digital Signal Processor), 배터리 전력을 균형 있게 관리하는 전력관리칩인 PMIC(Power Management IC), 주문형 반도체 ASIC(Applicatio Specific Integrated Circuit) 등이 있다.

비메모리 반도체는 메모리에 비해 일반적으로 가격이 엄청나게 비싸다. 비메모리 반도체의 시장규모는 메모리 반도체의 약 4배에 달하며, 경기에 의한 영향도 덜 받는다.

9.2.1.3 세계 반도체시장

글로벌 반도체 시장은 국가별로 분업이 잘 되어있다. 미국은 설계 지식재산권, 로직, 제조장비 등에서, 동아시아는 메모리 반도체, 반도체 원료, 웨이퍼 제조, 후공정 등에서 우위를 보이고 있다. 즉, 반도체 개발과 설계만 하는 팹리스(Fabless)는 미국이, 제조인 파운드리(Foundary)는 한국, 일본, 대만과 같은 동아시아 국가들이 경쟁력이 강하다. 그리고 설계와 제조를 동시에 하는 IDM(Integrated Device Manufacturer)에서는 한국(특별히 메모리 반도체 분야)이 잘 하고 있다.

그런데 2022년 반도체 전쟁이 발생하였다. 많은 제품 생산에 필수인 반도체 부족으로 자동차 등 생산이 지연되고 있다. 그래서 반도체 동맹국가들이 결성되고 있다. 특별히 미국은 한국과 일본, 그리고 대만 4개국가를 Fab4로 묶으려고 하고 있다. 이것은 미국과 중국 간의 패권전쟁의 결과로 나왔다.

2020년 세계 반도체시장 규모는 4,404억 달러, 2021년 5,950억 달러, 2022년에는 6,017억 달러였다. 2005년부터 2022년까지 세계반도체시장 기업 순위는 〈표 9-12〉와 같다. Intel은 2017년, 2018년, 2021년을 제외하고 연속 1위, 삼성전자는 연속 2위를 하다가 2017년과 2018년, 2021년과 2022년에 1위를 하였다. 2022년 3위는 SK Hynix,

표 9-12 세계 반도체시장 기업 순위(2005-2022)

순위	2005	2015	2016	2017	2018	2019	2020	2021	2022
1	Intel	Intel	Intel	삼성	삼성	Intel	Intel	삼성	삼성
2	삼성	삼성	삼성	Intel	Intel	삼성	삼성	Intel	Intel
3	TI	Hynix	Qual	Hynix	Hynix	TSMC	TSMC	TSMC	Hynix
4	Toshiba	Qual	Hynix	Micron	TSMC	Hynix	Hynix	Hynix	Qual
5	ST M/E	Micron	Broad	Qual	Micron	Micron	Micron	Micron	Micron
6	Infinion	TI	Micron	Broad	Broad	Broad	Qual	Qual	Broad
7	Renesas	NXP	TI	TI	Qual	Qual	Broad	Nvidia	AMD
8		Toshiba	Toshiba	Toshiba	TI	TI	Nvidia	Broad	TI
9		Broad	NXP	Western	Toshiba	Toshiba	TI	Media	Media
10		Avago	Media	NXP	Nvidia	Nvidia	Infinion	TI	Apple
11		Renesas			ST	Sony	Media	AMD	
12	Hynix	ST			NXP	ST	Kioxia		

- 삼성전자=삼성, Qualcom=Qual, SK Hynix=Hynix, Micro Tech=Micron, Broadcom=Broad, Western Digital=Western, Avago Tech=Avago, Media Tech=Media

출처: www.gartner.com

TSMC, 4위는 Qualcom, 5위는 Micron이었다. Intel은 CPU시장 1위이고, 삼성전자는 메모리반도체 분야 1위이다. 그리고 미국의 Qualcom은 통신칩 시장 1위이다. 여기에서 마이크론(Micron)과 SK Hynix의 약진이 돋보인다. Micron Technology는 Elpida와의 합병으로 2012년 10위에서 2013년 5위로 급상승하였다. SK Hynix는 2015년 처음으로 3위에 올랐다. TSMC는 파운드리 분야 세계 1위이다.

그러나 최근 삼성전자와 Intel이 상대방 기업의 독주에 제동을 걸고 있다. 즉, 삼성전자는 비메모리 반도체인 시스템 반도체에 진출하고 있다. 다양한 기능을 집약한 시스템을 하나의 칩으로 만든 반도체이다. 데이터를 저장하는 메모리 반도체와 달리 데이터를 해석하고 처리하는 반도체로, 모바일 기기, 디지털 가전, 자동차 등에서 광범위하게 이용된다. 삼성전자가 양산하고 있는 시스템 반도체는 세계 최초로 개발한 14나노대 미세공정 AP(Application Processor)이다. Apple 아이폰의 'A9'과 세계 주요업체들의 스마트폰에 탑재된 Qualcom '스냅드래곤 820'이 모두 삼성전자에서 위탁생산된다. 여기에 비해 Intel은 2015년 중국 Dairen에 55억 달러 규모의 메모리반도체 전용공장을 새로 건설하였고, 2021년 파운드리 공장을 미국 아리조나주에 건설하기로 하였다.

개별기업으로는 1992년부터 2022년까지 31년간 삼성전자가 메모리분야 시장점유율 1위를 계속 유지하고 있으며, 2위는 한국의 SK Hynix이다. 또 〈표 9-13〉에서 볼 수 있듯이, 삼성전자가 세계 DRAM 시장에서 1998년 이후 압도적으로 계속 1위를 유지하고 있다. 다만, 시장점유율이 2016년에 정점을 찍은 이후 서서히 하락하고 있다. 독일의 Kimonda는 2009년 초 파산하였다. 2013년 미국의 Micron이 일본의 ELPIDA를 인수하여 한국과 미국의 3개 회사가 최근 상위를 차지하고 있다.

여기에서의 핵심경쟁력은 생산성이다. 즉, 한 장의 웨이퍼에서 생산되는 칩의 수를 결정하는 미세회로 공정이 중요하다. 이렇게 우리나라는 메모리분야에서는 세계적인 경쟁력을 구축하고 있다. 그러나 너무 DRAM에 편중하여 경기변동에 상당히 취약한 약점을 지니고 있다.

그런데 2019년 11월 Intel은 DRAM과 NAND를 합친 PRAM을 출시한다고 밝혔다. PRAM은 가격이 싸고, 전력이 끊겨져도 데이터가 손상되지 않는 장점을 지니고 있다. 또 DRAM보다는 속도가 늦지만, SSD(Solid State Drive)처럼 저장할 수 있다. 이것은 비메모리 반도체의 선두인 Intel이 메모리 반도체 시장에 뛰어든 것이라 할 수 있다.

표 9-13 DRAM 세계시장점유율 2006-2022(단위: %)

순위	2006	2012	2016	2017	2019	2020	2021	2022
1	삼성 26.1	삼성	삼성 46.6	삼성 45.8	삼성 42.7	삼성 41.7	삼성 44	삼성 45
2	Hynix 22.2	Hynix 24.0	Hynix 25.5	Hynix 27.3	Hynix 28.8	Hynix 29.4	Hynix 28	Hynix 28
3	Kimonda (독) 13.0	ELPIDA	Micron 20.4	Micron 23.0	Micron 23.4	Micron 23.5	Micron 23	Micron 23
4	ELPIDA (일) 12.4	Micron	Nanya					Nanya
5	Micron (미) 9.1		Winbond					Winbond
6	Nanya (대만)							Powerchip
7	Powerchip (대만)							Elpida
8	ProMOS (대만)							

출처: IDC(2023)

9.2.1.4 우리나라의 반도체산업 경쟁력

반도체를 생산한지 30년 만인 2013년 우리나라는 사상 처음으로 일본을 제치고 세계 반도체시장 점유율 2위로 올라섰다. 2013년 우리나라 반도체 판매액은 515억 1,600만 달러(시장점유율 16.2%)로, 일본의 434억 3,200만 달러(13.7%)를 밀어내고 2위를 차지했다.

우리나라 반도체산업은 1990년대부터 국내 대표수출산업으로 자리 잡았다. 1992년 이후 메모리가격이 하락한 2008년과 2009년을 제외하곤 단일품목 수출 1위이다. 특히 메모리 분야에서는 세계 최고의 경쟁력을 지니고 있다. 그러면 우리나라의 강점은 무엇일까? 첫째, 우리나라 인력자원의 우수성이다. 한국의 교육열과 해외의 우수한 인재로 인한 높은 기술력이다. 둘째, 공격적인 투자이다. 삼성전자는 외국의 경쟁업체에 비해 투자에 있어 상당히 공격적이다. 셋째, 수익성이 높은 생산라인으로 전환하는 신속성이다. 그래서 공급 증가와 수요 감소로 수익성이 악화된 DRAM에서 보다 수익성이 좋은 NAND Flash 메모리로 신속하게 전환하였다. 참고로 2016년에는 삼성전자 1위(34.9%), Toshiba 2위(20.4%), Western Digital 3위(15%), Micron 4위(11.4%), 그리고 SK

하이닉스가 5위(10.7%)를 차지하였다. 2017년에는 삼성전자 1위(37.1%), Toshiba 2위(18.3%), Western Digital 3위(17.7%), Micron 4위(10.6%), SK 하이닉스 5위(9.6%), 그리고 Intel이 6위(6.8%)를 차지하였다. 2018년에는 삼성전자 1위(40.3%), Toshiba 2위, Western Digital 3위(13.2%), SK하이닉스 4위(11.0%), 그리고 Micron이 5위(10.3%)를 차지하였다. 넷째, 경쟁자들에 비해 빠른 개발능력이다. 다섯째, 높은 생산성이다. 우리나라 기업들은 대만 등 해외기업들에 비해 생산성이 2배 이상 높으며, 공정기술이 1년 이상 앞서 있다. 여섯째, 2011년 대지진으로 일본의 기업들이 설비확장을 하지 못하였다. 그러나 중국과 일본, 타이완의 추격이 거세지고 있다. 이렇게 우리나라의 메모리 반도체 경쟁력은 비교적 우수하나, 시스템 반도체 경쟁력은 그렇지 못하다.

9.2.1.5 나노기술

나노기술(Nano Technology: NT)은 첨단산업의 핵심기반 기술이다. 나노(nano)는 1미터의 10억분의 1로서, 머리카락 굵기(60-95마이크로미터)의 10만분의 1 정도 크기이다. 나노라는 말은 난쟁이를 뜻하는 그리스어인 나노스에서 유래하였다. 초극미세 물질을 가공하는 기술인 NT는 나노 크기의 분자 단위를 조절하는 분자과학에 의해 탄생되었다. NT는 기존 마이크로 영역에서 발생하는 소형화의 한계를 극복할 수 있는 획기적인 기술로서, IT 및 BT와 함께 21세기의 3대 주요기술로 인식되고 있다.

NT의 특성으로는 높은 기술집약도, 경제성, 그리고 환경친화성을 들 수 있다. 첫 번째로, NT는 나노 구조물을 분석하고, 제어하고, 합성하는 전 과정이 극미세 수준에서 이루어지기 때문에 높은 기술집약도가 필요하다. 두 번째로, 자원의 손실을 최소화하고, 최고의 성능을 구현하여야 하는 경제성이 필요하다. 세 번째로, 에너지 효율의 극대화와 오염발생을 방지하고, 효과적 오염제거 등이 가능하여 환경친화적이다.

우리나라 반도체회사에서는 나노기술을 초고집적, 초저소비 전력, 고속 단전자 메모리 개발에 응용하고, MRAM에도 응용하고 있다.

9.2.1.6 포스트실리콘 기술

최근 포스트실리콘(post silicon)에 대한 말이 나오고 있다. 이유는 실리콘에 기반한 반도체기술이 한계에 다다른다는 것이다. 하나의 예로, Intel과 Micron Technology는 2015년 '3D XPoint'라는 차세대 메모리기술을 공개하였다. 이 기술은 Nand Flash와 기존 DRAM 기술의 장점을 결합한 기술이다. 우리나라도 삼성전자와 SK 하이닉스 등 포스트실리콘 시대에 대비한 준비가 이루어지고 있다.

이미지 출처: www.samsung.com

1992년도부터 지금까지 DRAM 반도체분야 세계 1위, 2005년부터 지금까지 TV부문에서 세계시장점유율 1위를 차지하고 있다. 또 NAND Flash 메모리, SRAM, DDI, LCD TV, LED TV, 스마트폰 등에서도 2014년 현재 세계 1위를 차지하고 있다. 이렇게 삼성전자는 지속적인 혁신과 기술개발로 인하여 현재 미국의 Intel에 이어 세계 2위의 반도체회사가 되었다.

1969년 창립한 삼성전자는 글로벌 초우량기업으로서 우리나라의 대표적인 간판기업이다. 삼성은 1938년 대구시 수동(현 인교동)에서 '삼성상회'라는 이름으로 이병철 회장에 의하여 3만원의 자본금으로 설립되었다. 1969년 1월에는 삼성전자공업이 설립되었으며, 1984년에 삼성전자로 이름이 바뀌었다. 1987년에 이건희 회장이 2대 회장으로 취임하였다. 1980년대 삼성전자는 64KD 램 VLSI의 개발을 성공으로 세계 최초라는 꼬리표가 붙은 각종 반도체 제품을 개발하였다. 이건희 회장이 2020년 10월 사망하였고, 2022년 10월 3대 회장으로 아들인 이재용이 삼성그룹을 총괄지휘하고 있다.

다음은 연도별로 분류한 삼성전자의 세계 최초의 제품이다.

- 1990: 16M DRAM 개발
- 1992: 16M DRAM 시제품 개발, 10.4인치 TFT-LCD 개발, 64메가 DRAM 개발
- 1993: 100그램대 초경량 휴대폰 SH-700 독자 개발
- 1994: 256 M DRAM 개발
- 1996: 1기가 DRAM 개발, 최고속 CPU 알파칩 개발
- 1998: 128메가 싱크로너스 DRAM 개발, 128메가 SRAM 개발
- 1999: 1기가 DRAM 상용화, 세계 최고속 222MHz 그래픽 전용32M SGRAM 출시, MP3 플레이어 휴대폰 개발
- 2003: 세계에서 가장 작은 1기가 DRAM 개발, 70나노 4기가 NAND 플래시 개발
- 2004: 70나노 DRAM 공정기술 개발, 세계 최소 MP3 플레이어 개발, 세계최대용량

2.5GB MCP 출시, HDD(하드디스크) 내장 카메라폰 출시, 500만 화소 카메라폰 출시

- 2005: 세계 최소 두께 디지털 슬림 TV 출시, 세계 최대 82인치 TFT-LCD 개발
- 2006: 1,000만 화소 카메라폰 출시
- 2009: 40나노 DDR3 DRAM 양산
- 2011: 세계 최대 규모 메모리 반도체 생산라인 16라인 가술 개발
- 2012: 20나노급 64Gb 낸드 기반 초고속 eMMC 양산
- 2013: 5G 이통 핵심기술 세계 첫 개발, 3차원 수직구조 NAND Flash 메모리 양산, terabyte 미니 SSD 글로벌 런칭
- 2015: 12GB LPDDR4 DRAM 양산
- 2016: 세계 최소 크기 10나노급 8Gb DRAM 양산
- 2017: 세계 최초 '2세대 10나노급 D램' 본격 양산, 세계 최초로 극장전용 LED '시네마 스크린' 공개
- 2018: 세계 최초 '5세대 V낸드' 양산, 세계 최초 '8Gb LPDDR5 D램 개발'
- 2019: 75형 마이크로 LED 세계 최초 공개, 업계 최초 5나노 EUV 공정기술 개발
- 2020: 반도체 솔루션의 환경지속 가능성에 대해 업계최초로 세계적 인정

1980년대 삼성의 목표는 일본기업들과 경쟁하는 것이었다. 그러나 지금은 일본기업들보다 훨씬 경쟁력이 강해졌다. 미국시장에서 가장 고품질 TV는 삼성이다. 스마트폰도 Apple과 대등한 경쟁을 하고 있다.

그러면 어떻게 해서 삼성전자가 이런 비약적인 발전을 하였을까?

첫째, 반도체 산업에 뛰어든 창업주 이병철 회장의 결단, 이건희 회장의 '신경영,' 그리고 이재용 회장의 뉴삼성이다. '신경영'은 "마누라와 자식만 빼고 전부 바꿔라"는 강력한 혁신이다. 이 신경영으로 삼성제품의 품질이 세계 수준으로 접근하게 되었다. 창립 50주년을 맞은 2019년 삼성맨들은 "다들 죽어라 일해서 기적의 역사를 만들었다"라고 입을 모아 말하였다.

둘째, 지속적인 변화에 꾸준히 대처하는 혁신을 추구하였다. 물론 선발 주자로서의 이점도 십분 활용하였다. 그러나 보다 더 중요한 것은 생산비용을 절감하기 위한 공정혁신을 강력하게 추진하였던 것이다. 메모리반도체는 수급의 변화가 심하여 잘못하면 수익성이 크게 저하될 수 있다. 그러나 삼성전자는 수요가 급감하여도 원가의 우위를 항상 유지하는 저력을 발휘하는 강력한 경쟁력을 유지하고 있다. 이것은 삼성전자의 비용절감에 대한 지속적인 혁신이다. 비용을 감소하기 위해 삼성전자는 다음과 같은 방법을 이용하였다. 첫째, 구 생산라인에서 신제품

을 만들어내는 방법을 도입하였다. 둘째, 1980년대 후반부터 한 생산라인에서 차세대 제품까지 양산할 수 있도록 라인을 설계하였다. 그리고 조직을 혁신하지 않고는 이런 성과를 거둘 수가 없다. 혁신은 조직의 혁신이 동반되어야 한다. 그래서 모든 부서들이 협력하는 조직을 구성하여야 한다. 그리고 문제가 발생하였을 때 신속하게 해결하는 시스템이 구축되어야 한다. 이렇게 하기 위해서 삼성전자는 TFT를 활용하였고, 개발, 설계부터 생산에 이르기까지 모든 엔지니어들이 공통으로 참여하는 시스템을 구축하였다.

셋째, 삼성전자의 과감한 투자와 대량생산체제 구축이다. 하나의 예로, 삼성전자는 1990년대 초반 메모리 반도체분야에 과감한 투자를 하기로 결정하였다. 그러나 삼성전자의 경쟁자들은 무리한 투자로 인해 메모리 반도체산업 전체가 「1차 상품 함정」에 빠질 수 있다고 생각하여 투자를 하지 않았다. 「1차 상품 함정」이란 DRAM 관련 기술이 성숙해지면 DRAM이 천연자원처럼 일상적인 상품이 되어, 결국 1차 상품에서 볼 수 있는 것처럼 가격이 급격하게 내려가는 현상을 말한다.

넷째, 삼성전자는 우수한 인적자원을 바탕으로 세계 기술혁신을 선도하였다. 그래서 「무어의 법칙」을 초월하는 「황의 법칙」을 만들어낸 것이다. 앞에서도 설명하였지만, 「황의 법칙」은 「무어의 법칙」을 초과하였다. 「무어의 법칙」은 1965년 인텔의 Gordon Moore의 이름을 따 만든 법칙이다. 「무어의 법칙」은 Electronics 잡지에 기고되었는데, "반도체 집적도는 18개월마다 2배로 된다"는 법칙이다. 그러나 삼성전자의 황창규사장은 18개월을 12개월로 단축시킨 「황의 법칙」을 만들었다. 그리고 실제로 삼성전자는 1999년 256Mb, 2000년 512메가, 2001년 1기가, 2002년 2기가, 2003년 4기가, 2004년 8기가, 2005년 16기가에 이어 2006년에는 32기가 개발에 성공하여 「황의 법칙」을 계속 입증하였다.

다섯째, 삼성전자는 'total solution creator'가 되자는 목적을 지니고 있었다. 그래서 하나의 기술에 얽매이지 않고, 다양한 기술을 개발하였다. 하나의 예로, 삼성전자는 Flash 메모리뿐만 아니라, 모바일 관련 반도체에도 관심을 가졌다. 그래서 하나의 칩 안에 다양한 기능을 구현하는 복합 메모리 칩(fusion memories chip)과 다른 여러 기능을 동시에 하거나 또는 기능이 다른 여러 반도체들을 하나로 묶을 수 있으면 부품이 들어가는 공간을 줄일 수 있는 MCP 기술 등을 개발하였다.

이렇게 해서 삼성전자는 2001년 글로벌 브랜드 가치가 세계 42위(63억 7천만 달러), 2004년 Fortune 선정 '존경받는 기업' 전자업계 4위 선정, 2004년 아시아 최우수 IR 기업 선정(IR매거진), 2004년 러시아 올해의 브랜드상 수상, 2005년 이건희 회장 Time지 세계 100대 인물 선정, 2007년 TV 사상 최고 점유율로 세계 1위 (디스플레이서치 2분기) , 2009

년 글로벌 100대 브랜드 조사에서 세계 19위, 2011년 '중국 기업브랜드 연구중심' 선정 중국 TV 브랜드 파워 1위, 2012년 MWC 2012에서 최고의 스마트폰상, 최고의 휴대폰 기업상 수상, 2012년 삼성 브랜드가치 329억 달러로 글로벌 100대 브랜드 9위(인터브랜드), 2013년 삼성 브랜드가치 글로벌 100대 브랜드 8위(인터브랜드), 2014년 독일 'iF 디자인 Award' 2년 연속 최고상 수상을 하였다. 2016년 업계 최초 10나노 로직 공정을 양산하였다. 2017년에는 브랜드가치 세계 6위로 선정되었는데, 2021년부터 2023년까지 연속 5위를 하였다.

삼성전자는 2022년 기준 매출 302조, 영업이익 약 43조원을 달성하였다. 2022년 스마트폰 11년 연속 1위, DRAM 반도체 30년 연속 1위, 냉장고 10년 연속 1위, TV 16년 연속 1위를 달성하고 있다. 삼성전자는 12개 분야에서 세계 1위를 기록하고 있다.

삼성은 대한민국을 대표하는 기업으로 세계 Top5 브랜드 기업으로 선정된 바 있고, 대한민국 전체수출의 21%를 담당하며, 국가 경제에 크게 기여하고 있다. 우리나라의 자랑이며, 세계에 한국을 알리는 최고의 외교관이기도 하다.

이 사례는 다음의 자료를 참고하여 저자가 재구성하였다.

(1) www.samsung.co.kr

(2) www.samsung.com

(3) 한국경제신문, "이병철 반도체, 이건희 신경영, 이재용 뉴삼성" 2019년 10월31일.

9.2.2 자동차산업

자동차산업은 현대산업 중에서 상당히 중요한 산업이다. 왜냐하면 자동차산업은 산업 발달의 기간사업이며, 또 종합적인 조립산업이기 때문이다. 자동차를 만들려면 약 2만여 개의 부품이 필요하다. 예를 들면, 엔진, 차륜, 차체, 프레임, 샤프트, 스프링, 펌프, 타이어, 배터리, 창유리, 전자부품, 조명기기, 에어컨, 라디오, 스테레오, 광화이버, 전선, 배기가스 정화장치, 윤활제 등과 같은 부품들이 필요하다.

이렇게 자동차산업은 연관된 산업의 경쟁력과 직결된다. 또 자동차는 상당히 다양한 성능을 요구한다. 즉, 안전성, 경제성, 쾌적성, 용이성, 속도, 환경, 정보 등과 같은 성능을 요구한다. 이러한 성능은 역시 다양한 기술을 요구한다. 그래서 자동차산업은 국민경제적 산업이라 부른다. 왜냐하면 자동차산업이 생산액, 고용, 수출 등 국민경제에서 차지하는 비중이 크기 때문이다. 또 자동차의 보유 대수는 그 나라의 경제수준 등을 가늠하는 척도로서의 역할을 하고 있다.

특히 21세기 들어와 자동차가 기계중심에서 전자중심으로 이동하였다. 더 나아가 2013년 이후에는 자동차와 인터넷 및 정보기술과의 연계가 중요해지고 있다. 예를 들면, Google과 Audi는 Android에 기반을 둔 첨단정보시스템을 공동개발하고 있다. 이러한 시스템을 infotainment 시스템이라 하는데, 이것은 information과 entertainment 시스템을 융합한 시스템이다. 이 시스템은 자동차 속에서 음악, navigation, 동영상 등을 제공한다. Apple 역시 iOS시스템을 자동차에서 구현하려는 노력을 하고 있으며, 이미 BMW, Benz, GM, 그리고 Honda와 공동개발하고 있다. Honda는 Siri와 연계하여 자동차 속에서 이메일을 조작할 수 있다. 또 2010년 이후 Google, Apple 등을 위시한 IT 기업들이 자율주행차를 개발하였고, 이미 현실화되고 있다. 이렇게 자동차는 100여년에 걸쳐 기계산업에서 전자산업으로, 그리고 다시 ICT와 인공지능산업으로 전환하고 있다. 또 지구환경을 보호하기 위해 화석연료시대를 마감하고 친환경적인 수소나 전기시대로 전환하고 있다.

9.2.2.1 자동차산업의 역사

우리나라 최초 자동차

우리나라 자동차 1호는 1955년 서울에서 자동차 정비업을 하던 최무성씨 3형제가 지프의 모양을 따라 만든 시발자동차이다. 초기에는 값이 너무 비싸 인기가 없었으나, 그 해 10월 산업박람회에서 이승만 대통령으로부터 상을 받으면서 인기를 얻게 되어 1962년 차량생산이 끝날 때까지 총 2,700여 대가 팔렸다.

우리나라 자동차산업의 역사도 파란만장하다. 자동차 역사는 1962년도에 시작되었다. 1967년에는 현대자동차가 Ford 자동차를 조립하였고, 1969년에는 아시아자동차가 이탈리아의 Fiat를, 그리고 1974년에는 기아자동차가 일본의 Mazda를 조립하였다. 1980년에는 현대자동차가 비록 물량은 적었지만, 미국 시장에 포니(Pony)를 가지고 진입하는 쾌거를 이루었다. 1982년에는 대우자동차가 GM으로부터 경영권을 인수하여 독립적인 경영체제를 구축하기 시작하였다. 그래서 10년 후인 1992년에 GM의 OEM 체제를 벗어나 독자적 경영을 시작하였다. 1995년 삼성그룹이 숙원인 삼성자동차를 설립하였다. 그러나 1997년의 극심한 불황은 우리나라 자동차회사들에게도 큰 영향을 끼쳤다. 1999년에 현대자동차가 기아자동차를 인수하였고, 2000년에는 프랑스의 Renault가 삼성자동차를, 그리고 2002년에는 GM이 대우자동차를 14억 달러에 인수하였다. 마지막까지 잘 버티던 쌍용자동차도 자금난을 견디지 못하고 2004년도에 중국의 상하이자동차에, 다시 2009년에 인도의 Mahindra & Mahindra 그룹에 인수되었으며, 2021년 에디슨모터스가 쌍용자동차를 인수하기 위한 계약을 체결하였다. 그러나 결국 쌍용자동차는 2022년 11월 KG 그룹에 편입되어 KG Mobility로 기업명을 바꾸었다. 그래서 지금 우리나라 국적의 자동차회사로는 현대자동차가 유일하다. 또 GM대우는 2011년 1월 20일부터 기존 대우 브랜드를 Chevrolet로 완전히 바꾸었다.

또 우리나라 시장에서 수입차의 증가세가 점차로 가속화되고 있다. 1987년부터 수입차를 개방하였지만, 그 성장은 상당히 미미하였다. 그러나 2007년 들어서면서 상황이 달라지기 시작하였다. 수입차들이 명성을 가지고는 있었지만 가격이 비싸 성장에 한계가 있었는데, 가격을 대폭 내리면서 또 수입차에 대한 소비자들의 인식에 변화가 오면서 변화가 일어났다. 2000년에 0.4%에도 미치지 못하였던 시장점유율이 2007년에는 사상 처음으로 5만대를 넘어섰고, 시장점유율 6.1%를 점유하였다. 시장점유율은 2008년 7.2%, 2009년 5.6%, 2010년 7.7%, 그리고 2012년에 10.1%로 사상 처음 10%를 넘어섰고, 2013년 12.1%, 2014년 13.3%, 2015년 15.3%로 처음으로 15%를 초과하였고, 2016년 14.36%, 2017년 15.23%, 2018년 16.73%(26만 705대), 이렇게 지속적으로 상승하였는데 2019년 15.26%(24만 4,780대)로 소폭 감소하였고, 2020년에는 16.8%로 역대 최고치를 기록하였다. 이어 2022년에는 처음으로 20.1%(29만 34대)를 달성하였다(www.kaida.co.kr).

9.2.2.2 우리나라 자동차산업 경쟁력

우리나라는 자동차산업에 상당히 뒤늦게 뛰어든 국가이다. 비록 후발주자지만 세계 시장에서는 엄청난 성장을 하여 왔다. 2005년부터 2015년까지 11년 연속 우리나라의 생산실적은 세계 5위였다. 그러나 2016년부터 경쟁력이 저하되어 6위로 추락하였으며, 2018년 다시 7위로 하락하였다. 그러나 2020년에 5위를 회복하였다.

우리나라 자동차산업은 1995년 이전에는 내수 주도였고, 1996년 이후에 수출 주도로 바뀌었다(www.kama.or.kr). 1982년에는 소규모 내수 중심이었고, 1986년부터 본격적으로 양산단계에 접어들었다. 1987년에 자동차 대중화가 이루어져 수요가 급격하게 증가하기 시작하였으며, 수출도 증가하기 시작하였다. 1980년부터 1997년까지 18년 동안 내수와 수출이 연평균 20.2% 성장하였다.

그리고 그 이후 우리나라 자동차산업은 우여곡절을 겪지만, 현대자동차그룹을 중심으로 세계에 이름을 알리기 시작하였다. 이제 미국이나 유럽을 가보면 현대나 기아자동차를 손쉽게 볼 수 있다. 이것은 몇 년 전만 하더라도 그렇지가 않았다.

9.2.2.3 세계 자동차시장

세계 자동차시장은 정말로 급격하게 변하고 있다. 먼저 생산국 순위의 변화이다. 〈표 9-14〉는 2005년부터 2022년까지 세계 자동차 생산국 순위를 보여주고 있다 (www.oica.net). 먼저 중국의 상승이다. 중국은 점진적으로 상승하여 2008년 세계 2위, 2009년 일본을 제치고 1위로 등극하여 지금까지 세계 1위를 유지하고 있다. 세계 자동차산업에 가장 마지막으로 들어온 중국은 거대한 시장을 바탕으로 급속도로 성장하고

표 9-14 세계 자동차 생산 국가 순위 2005-2022(단위: 만대)

순위	2005	2008	2009	2013	2018	2019	2020	2021	2022
1	미국 1,197	일본 1,156	중국 1,379	중국 2,212	중국 2,781	중국 2,571	중국 2,523	중국 2,608	중국 2,701
2	일본 1,080	중국 930	일본 794	미국 1,105	미국 1,131	미국 1,088	미국 880	미국 917	미국 1,002
3	독일 576	미국 867	미국 570	일본 963	일본 973	일본 968	일본 807	일본 785	일본 783
4	중국 571	독일 604	독일 521	독일 587	독일 564	독일 511	독일 379	인도 440	인도 546
5	한국 370	한국 383	한국 351	한국 452	인도 517	인도 452	한국 351	한국 346	한국 376
6	프랑스 355	브라질 322	브라질 318	인도 390	멕시코 411	멕시코 397	인도 339	독일 331	독일 374
7	스페인 275	프랑스 257	인도 263	브라질 374	한국 403	한국 395	멕시코 314	멕시코 315	멕시코 347
8	캐나다 269	스페인 254	스페인 217	멕시코 305	브라질 288	브라질 294	스페인 227	브라질 225	브라질 237
9	브라질 253	인도 233	프랑스 194	태국 246	스페인 282	스페인 282	브라질 201	스페인 210	스페인 222
10	영국 180	멕시코 4217	멕시코 156	캐나다 238	프랑스 233	프랑스 223	러시아 143	태국 169	태국 188
계	6,647	7,073	6,176	8,738	9,738	9,220	7,772	6,346	6,776

출처: www.oica.net

있다. 미국은 2003년부터 2009년까지 7년 연속 생산량이 감소하고 있지만, 2011년부터 다시 상승하여 일본을 제치고 2위를 12년 연속 차지하고 있다. 일본은 2006년 미국을 제치고 1993년 이후 세계 1위로 다시 올라갔지만, 2009년에 중국에 1위 자리를 빼앗겼다. 그리고 2011년에는 미국에 뒤이어 지금까지 세계 3위를 유지하고 있다. 인도는 2021년부터 4위를 하고 있다. 우리나라는 11년간 계속 5위를 유지하다가, 2016년 인도에 뒤이어 6위, 2018년에는 멕시코에도 추월 당하여 7위로 하락하였다. 그러나 2020년 다시 5위로 상승하는 저력을 보여주었다. 독일은 계속 4위를 유지하였으나, 2021년도에 인도와 한국에 뒤쳐져 6위에 머물렀다. 2022년에는 한국의 뒤를 이어 독일, 멕시코, 브라질, 스페인, 그리고 태국이 뒤를 이었다.

　　다음으로는 경쟁의 심화로 많은 기업들이 통폐합되었다. 미국의 Ford는 Jaguar, Volvo, Landrover 등을 인수하였지만, 전부 다시 매각하였다. Renault는 Nissan과 협력하고 있다. 미국의 GM은 Saab, 대우, Holden 등을 인수하였으나, 2009년 파산신청을 하였다. 역시 미국의 Chrysler도 2009년 파산하였고, 이탈리아의 Fiat가 Chrysler를 인수하였다. 2010년 중국 Geely 자동차는 Volvo를 인수하였다. Volkswagen은 2011년 독일의 최고급 스포츠카인 Porche를, 그리고 2021년 미국의 Navistar International Corporation를 인수하였다. 2020년 FCA 그룹과 PSA 그룹이 합병하여 Stellantis를 설립하였다. 〈표 9−15〉는 국가별 세계 주요 자동차업계 분포를 보여주고 있다.

표 9-15 세계 자동차업계 2023

번호	국가	기업명	비고
1	미국	GM	2000년 SAAB 인수 2005년 한국 대우자동차, 호주 HOLDEN 인수 2009년 독일 OPEL 인수
		Ford	1989년 JAGUAR 인수 그러나 2008년 매각 1996년 일본 MAZDA 자동차 지분 33.9% 1999년 VOLVO 인수 그러나 2010년 매각 2000년 LANDROVER 인수 그러나 2008년 매각
		Chrysler	2009년 파산
2	독일	Daimler	1998년 CHRYSLER 인수 2007년 CHRYSLER 지분 Cerberus에 매각
		Volkswagen	1964년 AUDI 인수 1991년 체코 SKODA 인수

번호	국가	기업명	비고
			1998년 영국 Bentley, 프랑스 Bugatti 인수 2008년 스웨덴 Scania 인수 2009년 Porshe 인수 2011년 독일 상용차 MAN 인수 2021년 미국 Navistar International Corporation 인수
		Audi	1990년 스페인 SEAT 인수 1998년 이탈리아 Lamborghini 인수 2010년 이탈리아 Italdesign Giugiaro 인수 2012년 이탈리아 Ducati 인수
		BMW	1994년 MINI 인수 1998년 Rolls-Royce 인수
3	프랑스	Renault Nissan Alliance	1999년 일본 Nissan 자동차 지분 44.3% 2016년 Mitsubishi 인수
		Stellantis	2020년 FCA 그룹과 PSA 그룹이 합병하여 Stellantis 설립
4	이탈리아	Fiat	1969년 LANCIA 인수 1971년 ABARTH 인수 1986년 ALFA ROMEO 인수 1993년 MASERATI 인수
		Fiat Chrysler Automobiles	2009년 Chrysler와 전략적 제휴 2014년 FERARI 인수
5	중국	Shnaghai 자동차	2004년 영국의 MG Rover 인수 2007년 난징 자동차 인수
		Geely 자동차	2010년 Volvo 인수
6	인도	Tata그룹	2004년 한국 대우상용차 인수 2008년 Ford로부터 JAGUAR와 LANDROVER인수
		Mahindra&Mahindra	2010년 한국 쌍용자동차 인수하였으나 2021년 매각
7	한국	KG 모빌리티	2022년 11월 쌍용자동차 인수

Bloomberg, Toyota City의 Motomachi공장 Crown 라인에서 최종검사하고 있는 작업자
이미지 출처: www.bloomberg.com

세 번째는 자동차 판매량 기업의 순위 변화이다(〈표 9-16〉 참조). Toyota 자동차는 2012년부터 2015년까지 4년 연속 1위를 차지하였다. Toyoya는 한때 세계적인 리콜, 일본의 국가적 재난, 엔화의 상승, 중국의 일본 차 불매운동 등으로 힘든 시기를 겪었다. 2016년에는 생산량이 0.2% 증가하였지만, VW에 이어 2위를 달성하였고, 2018년에는 3위로 추락하였다. 그러나 2020년 953만대로 2015년 이후 5년 만에 1위를 다시 탈환하였다.

2016년 세계 자동차시장에서 Volkswagen이 4년 연속 1위를 달리던 Toyota를 제치고 1위를 차지하였다. 이것은 2년 빨리 목표를 달성한 것이다. VW은 2018년 Toyota

표 9-16 세계 자동차 판매량 기업 순위 2006-2022(만대)

순위	2006	2008	2016	2017	2018	2019	2020	2021	2022
1	GM	Toyota	VW 1,031	VW 1038	VW 1,083	VW 1,033	Toyota 953	Toyota 1,020	Toyota 1,048
2	DC	GM	Toyota 1,021	Toyota 1018	RN 1,076	Toyota 970	VW 931	VW 885	VW 848
3	Toyota	VW	GM 997	RN 1008	Toyota 1,060	RN 922	RN 795	현대 698	현대 685
4	Ford	RN	RN 996	현기 725	GM 840	GM 774	Stellantis 681	GM 629	Stellantis 630
5	VW	Ford	현기 788	GM 686	현기 740	현기 719	현기 652	Stellantis 624	Tesla 500
6	Honda	현대		Ford 624	Ford 432	Ford 490	GM 626	Honda 446	Honda 460
7	Nissan	Honda		Honda 532	Honda 385	Honda 482	Honda	Nissan 406	Honda 470
8	PC	PC		FC 479	FC 370	FCA 436	Ford	Ford 394	Nissan 440
9	현대	Suzuki		PC 411	PC 321	PSA 318		Renault 269	
10	Chrysler 부문	Fiat		Suzuki 356	Suzuki 243	Daimler 262		Suzuki	

출처:DC: Daimler Chrysler, RN: Renault— Nissan, PC: Peugeot—Citroen, FC: Fiat—Chrysler

를 잡고 세계 1위 기업이 되고자 하는 '전략 2018'을 수립하였다. 특히 VW이 추진하고 있는 'Modular Tookkit 전략'은 자동차산업의 새로운 제조방식으로 업계의 관심을 끌고 있었다. 'Modular Tookkit 전략'은 기존의 'modul화/platform화'와 다르다. 기존의 'module화/platform화'는 특정 차종을 먼저 선정한 후 부품을 표준화하는 것이다. 여기에 비해 'Modular Tookkit 전략'은 모듈(module)을 먼저 기획한 후 제품을 기획하는 것이다(감덕식, 2013). VW은 2014년 자동차 브랜드를 11개로 확대하였다. 그러나 2015년 9월 VW은 배출가스 소프트웨어를 조작함으로써 도덕성을 완전히 상실하여 그 후폭풍이 당분간 지속될 것으로 보였으나, 2016년에 부활하였다. VW의 주요 브랜드는 다음과 같다. VW, Audi, Bentley, Porche, Lamborghini, Skoda 등이다. 그러나 VW은 2020년 중국에서 판매량이 급감하여 Toyota에게 1위 자리를 내주었다.

　　Renault— Nissan은 2012년 4위, 2017년 3위, 그리고 2018년 2위로 상승하였다. 그러나 2020년 가장 많이 매출이 감소하여 3위를 차지하였다. GM은 2012년에 2위를 하였지만, 2013년부터 Toyota와 Volkswagen에 밀려 3위로 하락하였다. 2017년에는 5위를 하였다가 2018년에 4위로 상승하였다. 현대기아자동차는 2010년부터 계속 5위를 유지하고 있다.

2020년 4위는 Stellantis가 차지하였다. Stellantis는 2020년 FCA그룹과 PCA그룹이 합병하여 탄생된 회사이다. 현대/기아자동차는 GM을 물리치고 5위를 차지하였다. GM은 계속 하락하여 2020년 6위까지 추락하였다. 판매량보다는 수익성을 강조하겠다고 하였지만, 하락세가 어디에서 그칠지 주목된다. 7위는 혼다로 계속 7위를 유지하고 있다. 8위는 수년간 6위를 차지하였던 Ford가 하였다.

네 번째는 치열한 자동차시장의 경쟁이다. 이미 중국은 미국을 제치고 세계 제1의 자동차시장이 되었다. 일본은 중국시장에서 그리 큰 경쟁력을 지니고 있지 않았다. 그러나 최근 중국에 많은 투자를 하고 있어 시장 판도에 변화가 일어나고 있다. 이것은 현대자동차에게 큰 위협이 되고 있다. 일본은 그동안 미국시장에 치중하였다. 그러나 고유가로 미국시장의 판매가 약해지면서 일본은 중국으로 눈을 돌리기 시작하였다.

다섯 번째 변화는 저가차이다. 자동차 값이 너무 비싸 가난한 국가에서는 일반적인 자동차를 구매하기 어렵다. 특히 선진국에서는 자동차시장이 포화가 되었다. 하지만 생산능력은 수요를 초과하기 때문에 이제 자동차기업들은 새로운 시장으로 눈을 돌려야 한다. 그 새로운 시장이 중국, 인도, 동유럽, 남미국가들이다. 이런 전략이 이제 현실화되고 있다.

여섯 번째 변화는 신기술개발 경쟁이다. 이제 자동차는 IT와의 관계가 중요하다. Volvo, Benz, Ferrari는 Apple의 차량 내 통신시스템인 'Car Play'를 장착하였다. 'Car Play'는 Apple의 iOS7에서만 이용이 가능하다. 그러나 Benz는 Apple 이외에도 Google의 안드로이드(Android) 시스템과도 협상을 하고 있다. 이렇게 Apple과 Google은 자동차 이동통신에 중요한 기업들이다.

일곱 번째 변화는 자동차 생태계의 변화이다. 즉, 소프트웨어 기업의 수가 점차로 증가하고 있다는 점이다. 예를 들어, 2019년 도요타자동차의 경우 엔진 등 주요 부품업체의 수보다 소프트웨어 기업의 수가 더 많았다.

마지막으로. 가솔린의 부족과 환경보호 차원에서 불붙은 환경친화적 엔진의 개발이다. 물론 내연기관도 퇴출되지 않기 위하여 엔진규모 축소와 터보차징 등 엔진효율을 향상시키는 기술을 개발하였다. 특히 환경을 가장 크게 오염시키는 디젤도 오염물질 배출을 저감시키는 기술을 개발하고 있다(박형근, 2018). 그러나 내연기관의 자체의 한계 때문에 세계 자동차 시장은 친환경차로 이동할 것이다.

9.2.2.4 친환경자동차

앞으로의 자동차는 내연기관차에서 연료소모량이 적은 친환경차로 이동할 것이다. 2015년 VW 디젤차의 연료조작 사건으로 내연기관의 퇴출이 급속도로 이루어지는 대신에 친환경차에 대한 관심이 증가하였다. 환경을 보호하는 글로벌 관심이 내연기관의 퇴출을 공식화하였다. 친환경자동차는 크게 하이브리드차와 연료전지차, 그리고 전기차로 구분할 수 있다.

9.2.2.4.1 하이브리드

하이브리드(hybrid)차는 내연기관에 휘발유엔진과 전기모터를 동시에 장착하여 엔진의 배기가스를 감소시킨 자동차로서, 저속에는 전기를 이용하고, 고속에는 휘발유를 사용한다. 하이브리드차의 장점은 다음과 같다.

- 소음이 적다.
- 가속력이 좋다.
- 우수한 연비로 주행거리가 길다.
- 적은 유해 배출가스로 환경을 보호한다
- 석유 소모량이 적다.

단점은 다음과 같다.

- 화석연료를 사용하여야 한다.
- 배터리가 커서 트렁크 공간이 좁다.
- 구조가 복잡하여 가격이 비싸다.
- 일반적인 기계식 브레이크에 비해 민감하다.
- 배터리의 불안정으로 인하여 위험하다.
- 전기가 흘러 감전의 위험이 있어 정비시 주의하여야 한다.

2005년 미국시장에서 하이브리드차가 차지하는 비중은 1.6% 밖에 되지 않았다. 그러나 높은 유가로 수요가 급증하였다. 2006년에는 10대 자동차기업 중 7개 기업이 하이 브리드카를 생산하였다. 2010년에는 약 2백만대가 판매되어 10조원의 시장이 형성되었다. 그리고 2018년에는 417만대가 판매되었다. 우리나라의 경우, 2020년 약 82만 329대의 친환경차가 판매되었는데 그 중 82.2%인 67만 4,461대가 하이브리드 자동차였다.

하이브리드차는 세계에서 일본의 Toyota자동차가 선두주자이며, 세계 최고수준을 자랑하고 있다. Toyota 자동차는 오래전부터 지속적으로 이산화탄소 배출량을 감소하는 기술을 개발하였다. 그리고 1997년 세계 최초로 하이브리드 자동차인 프리우스(Prius)를 생산하였다. 2004년에는 미국에서 4만 7천대의 하이브리드 자동차를 판매하였으며, 세계시장의 90%를 점유하였다. 2005년에는 하이브리드 차종을 확대하였으며, 2008년에는 하이브리드차 기술이 장착된 4,700cc급 픽업트럭 '탄드라'를 미국 텍사스 공장에서 생산하였다. 2010년에는 약 100만 대의 하이브리드차를 판매하였다. 2013년 미국 하이브리드 자동차시장의 약 절반이 Toyota 프리우스였다. 그러나 이 기술에 대한 투자가 막대한 자본을 요하여 경쟁자들끼리 협조하고 있다. 그래서 Toyota는 Nissan과 합작하여 협조하고 있다. 즉, Toyota의 저공해 '하이브리드 자동차'기술과 Nissan의 부품기술과의 합작이다. 또 하이브리드 시스템을 Mazda에 공급하고 있다. 이것은 Toyota의 시스템을 업계표준으로 만들려는 전략의 일환이다.

9.2.2.4.2 연료전지

여기에 비해 연료전지차는 미국과 유럽을 중심으로 활발하게 기술이 개발되고 있다. 연료전지는 지난 1960년대 미국 항공우주국이 제미니 5호 우주선에 전기와 물을 공급하기 위해 처음으로 개발하였다. 당시 연료전지 개발에만 약 10억 달러가 소요되었다. 연료전지(fuel cell)란 물을 전기분해하면 수소와 산소가 나오는 원리를 역이용하는 것이다. 즉, 수소를 공기 중 산소와 반응시키면 전기와 물이 나오는데, 이때 발생하는 전기로 자동차와 모터를 움직이는 원리이다.

최근 연료전지차(FCEV: Fuel Cell Electric Vehicle)를 수소연료전지차라 부르는데, 이 것은 연료전지에 수소를 직접 투입하기 때문이다. 그래서 수소연료전지차를 '물로 가는 차'라고 부른다. 연료전지는 기존 가솔린엔진에 비해 열손실이 없고, 에너지 효율이 2배나 높고, 또 부산물로 물만 나오지 오염물질이 배출되지 않는 친환경자동차이다. 또 배터리 전기자동차에 비해 주행거리가 길고, 충전시간도 짧다. 연료전지차는 수소가 자동차동력의 주요 연료로 사용되는 '수소경제'시대를 열었다. 즉, 수소는 오염물질을 배출하는 화석연료를 대체한다는 점에서 의미가 크다. '수소경제'라는 용어는 GM이 처음으로 사용하였다.

연료전지차는 Daimler가 1994년 처음으로 연구를 시작하여 Necari를 선보였다. 2001년에는 유럽과 미국에서 시험운영하였고, 2002년에는 세계 최초로 상용연료전지 자동차가 시판되었다. BMW는 2006년 독일에서 'Hydrogen 7'을 발표하였고, Volkswagen 도 2006년 고열 연료전지를 개발하였다. 2006년 미국의 Ford는 P2000-Prodigy를, 그리고 GM은 중국에서 시퀄을 발표하였다. 그리고 AUTONOMY를 2010년에 시판하였다.

Toyota는 2014년 3분 충전으로 약 650km 주행이 가능한 Mirai를 출시하였다. 그리고 2015년 10월 Lexus는 수소차 컨셉트카 'Lexus LF-FC'를 발표하였다. 이 차는 수소연료전지에서 나오는 전력을 활용해 바퀴 4개에 달린 모터를 움직여 구동하는 방식이다. Honda는 2015년 10월 가격을 대폭 낮춘 양산형 수소차 클라러티 퓨얼셀을 선보였다. 이 차량은 발전장치를 기존 수소차보다 33% 작게 해 공간을 확대하였다.

현대자동차도 친환경자동차에 대한 비중을 높이고 있다. 현대자동차는 2000년 미국 UTC Power 회사와 공동으로 연료전지차를 처음으로 개발하였으며, 2005년에는 독자적으로 80kw급 연료전지를 성공적으로 만들었다. 용인시에 소재한 환경기술연구소에서는 수소연료전지차를 독자적으로 개발하고 있으며, 가스충전소 관계로 연구소 구내와 인근도로에서 주행테스트를 하였다. 이 수소차는 최고 시속 152㎞를 낼 수 있으며, 한 번 충전으로 300㎞를 주행할 수 있다. 그리고 2013년 세계 최초로 수소연료전지차 투싼iX를 양산하고 시판하였다. 투싼 수소연료전지차는 미국 자동차 전문 조사기관인 워즈오토에서 발표하는 '2015 10대 엔진'에 수소차 엔진으로는 최초 선정되는 등 기술력을 인정받은 차다. 이렇게 현대자동차는 세계 최초로 수소연료전지차 양산화를 진행하였고, 지금은 주행거리 및 대중화를 위한 사업을 추진중이다. 또 미국 에너지부와 한미 수소차 인프라 구축을 위한 협력 강화에도 나섰다.

수소차 보급률은 우리나라가 선두이다. 2021년 3월 전 세계 수소차 37,400대 중 우리나라에 약 1/3인 12,439대가 있다.

9.2.2.4.3 에탄올

하이브리드차와 연료전지차의 싸움에서 또 하나 개발되는 기술이 에탄올차이다. 에탄올차는 E85를 쓰는 자동차이다. E85는 옥수수 등에서 추출한 85%의 에탄올과 15%의 휘발유를 섞은 연료로서, 가솔린에 비해 배출가스가 30% 감소된다. 그러나 연비는 가솔린에 비해 20~30% 떨어진다. 에탄올차는 미국이 일본을 이기기 위한 카드이지만, 아직 그 결과를 예측할 수 없다.

9.2.2.4.4 전기차

전기차는 다음과 같은 장점을 지니고 있다.
- 동력이 배터리로 화석연료를 필요로 하지 않아 친환경적이다.
- 주행 및 대기 중 소음이 거의 없다.
- 실내가 넓다.
- 힘이 강하다.
- 내연기관에 비해 유지비가 저렴하다.
- 내연기관 자동차에 비하여 부품의 수가 상당히 적다.

전기차의 단점은 다음과 같다.
- 내연기관에 비하여 초기 구매비용이 상당히 높다.
- 충전 인프라가 미흡하다.
- 충전시간이 비교적 길다.
- 높은 부품 단가로 수리비용이 높다.
- 배터리 열폭주로 화재 위험성이 있다.

사실 전기차의 역사는 내연기관 자동차보다 10여 년 앞서 있다. 그러나 비싼 배터리와 차량 값, 긴 충전시간, 짧은 주행거리로 실용화되지 못하였다. 그러나 기후변화로 환경보호의 목소리가 거세지면서 전기차에 대한 관심이 증폭되었다. 그래서 많은 기업들이 전기차에 투자를 많이 하게 되었다.

하이브리드차 경쟁에서 기선을 빼앗긴 일본의 Nissan, Mitsubishi 등은 전기차에 올인하고 있다. 즉, 1세대 전기차 시대를 열었다. 미국, 유럽 그리고 중국 기업들도 하이브리드차보다는 전기차 개발에 더 집중하고 있다. GM은 2016년 합리적 가격의 장거리 주행 전기차인 차세대 볼트(Bolt)로 전기차시장에 도전하였다. Tesla는 2017년 1회 충전으로 326㎞ 주행이 가능한 모델3를 출시하였다. 유럽에서도 전기차가 확산되고 있다. 노르웨이에서 신차 판매의 30% 이상은 전기차다. 독일에서도 전기차에 대한 관심이 급증하고 있다. 특히 주목할 만한 점은 Siemens, Infinion, ESG와 같은 전기, IT, 그리고 반도체업체들이 참여하고 있다는 점이다. BMW는 2013년 플러그인 하이브리드 자동차 'i8'을 처음 공개했다. i8은 가솔린 연료를 동시에 사용하기는 하지만, 전기힘만으로도 35㎞를 이동할 수 있는 친환경 자동차다. Volkswagen은 2014년 'Frankfurt Motor Show'를 통해 연비가 탁월하고 수리비가 저렴한 'e-up'과 'e-golf'를 내놨다. 한 번 충전으로 160km를 갈 수 있고, 수리비가 낮은 e-up은 '3유로 car'라 불린다. 즉, 100km 주행에 드는 비용이 3유로라는 것이다. e-골프는 한 번 충전으로 190km를 주행한다. Mercedes Benz의 'S클래스' 플러그인 하이브리드 모델 역시 전기힘으로만 30㎞를 달릴 수 있게 설계됐다.

중국도 전기차에 막대한 투자를 하며, 생산과 매출 그리고 등록대수에서 세계 1위를 하고 있다. 중국 정부는 2010년 중국의 16개 국영기업을 차세대 전기차 개발에 진력하겠다고 하였으며, 2015년 중국에서 20만대 이상의 전기차가 생산되었다. 중국 3대 자동차 회사 중 하나인 BYD는 Volkswagen과 기술개발 및 생산협약을 체결하였으며, 2015년 Tesla를 뒤로 하고 세계 1위가 되었다. 2022년 상반기 글로벌 시장에서 전기차 판매량은 1위 BYD(65만대), 2위 Tesla(58만대), 3위 상하이자동차(37만대), 4위 Volkswagen(32만대), 5위 현대기아차(25만대), 6위 Geely(23만대), 7위 Stellantis(23만대), 8위 RN(19만대), 9위 BMW(17만대), 그리고 10위 Daimler(13만대)이었다. 그러나 중국제품에 대한 소비자들의 불신은 중국차의 해외수출을 어렵게 하고 있다.

기후변화에 대한 경각심으로 전기차의 전망은 밝다. 노르웨이 정부는 2025년부터 아예 무공해차량만 판매하도록 법을 바꿨다. 매연을 조금이라도 내뿜는 내연기관 자동차에 종지부를 찍겠다는 의지가 읽힌다. 그래서 2025년부터 플러그인 전기차만 판매하여야 한다. 프랑스는 올림픽이 열리는 2024년부터 디젤엔진의 판매를 금지한다고 하였다. 네덜란드도 2025년부터 내연기관 자동차 판매를 금지하는 법안을 의회에 상정했다. 이 외에도 독일, 영국 등 많은 국가들이 내연기관의 판매를 금하는 정책을 공지하고 있

표 9-17 세계 전기자동차 판매량 기업 순위(2015-2022)

	2015	2016	2017	2018	2019	2020	2021	2022
1	RN	RN	RN	Tesla	Tesla	Tesla	Tesla	Tesla
2	Zotye	Tesla	BYD	BYD	BYD	VW	VW	BYD
3	Tesla	Zotye	BAIC	RN	RN	GM	BYD	SAIC
4	Geely	BAIC	Chery	BAIC	BMW	RN	GM	VW
5	VW	BYD	Tesla	BMW	Geely	BYD	현대기아	Geely
6	BAIC	Geely	BMW	SAIC	현대기아	현대기아	Stellantis	RN
7	BMW	Jianghuai	VW	Geely	VW	BMW	BMW	현대기아
8	Jianghuai	Chery	SAIC	현대기아	GM	Daimler	Geeley	
9	Chery	Jiangling		VW	Daimler	Geely	RN	
10	Jiangling	VW		Chery	PSA	PSA	Daimler	

* Renault/Nissan=RN
출처: IEA(2022)

다. 국제에너지기구가 발표한 자료에 의하면, 글로벌 판매량 기준으로 2016년 230만대, 2017년 370만대, 2018년 580만대, 2019년 710만대, 그리고 2020년 1,130만대로 계속 증가하고 있다. 그리고 2030년에는 2억 3천만대로 추정하였다(서울경제, 2021).

그러면 어떤 기업들이 전기차 생산을 많이 할까? 지난 6년간의 IEA 통계를 보면, Tesla가 지난 3년간 연속 1위를 점하고 있다. Volkswagen은 부침을 하다가 2020년 처음으로 2위를 하였다. 그동안 경쟁력이 없었던 GM이 2020년에 3위에 올랐고, 현대기아가 처음으로 4위를 차지하였다. 3년간 1위였던 Renault/Nissan은 계속 하락하여 2020년에 5위로 떨어졌다. 전기차 시장에서 강세였던 BYD는 6위로 추락하였고, 그 뒤를 이어 BMW가 7위, Daimler가 8위, Geely가 9위, 그리고 PSA가 10위를 차지하였다.

중국의 BAIC(Beijing Automotive Industry Corporation), SAIC(Shanghai Automotive Industry Corporation), 그리고 Chery는 2019년부터 10위에서 탈락하였다.

플러그인 하이브리드(plug-in hybrid)는 전기차에 속한다. 이 차는 하이브리드카에 충전기능을 집어넣어 단거리를 전기만으로 작동하는 차이며, 배터리 충전은 필요할 때 하면 되고, 가솔린을 넣을 수도 있다. 세계 최초로 플러그인 하이브리드차를 양산한 기업은 2008년 중국의 BYD이다. 2017년 플러그인 하이브리드 세계 시장은 122만대로 신차 시장의 1.3%를 차지하였다. 그러나 2030년 플러그인 하이브리드 자동차는 신차 시장의 20% 정도 차지할 것으로 예측하고 있다. 세계 최대시장은 미국, 중국, 네덜란드, 일본 순이다.

전기차 생산에 있어 중요한 또 하나의 분야가 배터리이다. 세계 전기차 배터리시장에서는 한국과 일본이 선두를 달리고 있다. 그러나 최근 BYD와 CATL을 중심으로 중국의 추격세가 거세다. 그래서 이 3개 국가가 2022년 현재 글로벌 시장의 약 77%를 점유하고 있다. 2차 전지를 생산하는 우리나라 주요 기업으로는 LG 에너지 솔루션, SK 이노베이션, 삼성 SDI, 그리고 포스코 케미칼 등이 있다. 그리고 세계 배터리 시장은 2030년까지 연평균 30% 성장할 것으로 예측하고 있다. 참고로 2021년 글로벌 전기차용 배터리 점유율은 1위 CATL(33.9%), 2위 LGES(14.4%), 3위 BYD(12.1%), 4위 Panasonic(10.5%), 5위 SK온(6.8%), 6위 삼성SDI(4.4%), 그리고 7위는 CALB(4.3%)이다(www.sneresearch.com).

우리나라는 전기차 보급에 있어서 미흡한 편이다. 충전인프라 시설도 미흡하고, 아직은 가솔린 저동차들이 주류를 이루고 있다. 그러나 세계의 흐름이 친환경자동차로 가고 있어 시급한 대책이 필요하다고 본다. 2021년 주요국 전기차 등록대수는 다음과 같다(www.sneresearch.com). 중국 1위(784만대), 미국 2위(206만대), 독일 3위(131만대), 영국 4위(75만대), 프랑스 5위(72만대), 노르웨이 6위(64만대), 네덜란드 7위(39만대), 그리고 일본이 8위(34만대)이다.

9.2.2.5 자율주행차

자율주행차는 영화에서나 보던 꿈의 자동차이다. 그런데 2022년 6월 22일 미국 San Francisco에서 세계 최초로 완전 무인 자율주행 택시의 서비스가 개시되었다. 이 차는 GM의 Chevolet Bolt EV로 시의 인가를 받고 공식적으로 일반시민들을 대상으로 영업을 시작하였다. 미흡한 점도 있었지만, 요금이나 안전도 면에서 합격점수를 받았다. 이제 자율주행차 시대가 도래한 것이다.

자율주행차의 선두주자는 Google이었다. 여기에 대한 이유는 4.7.4를 참조하기 바란다. Google 자율주행차는 이미 2012년 미국 네바다주에서 운행이 처음으로 허가되었으며, 이어 4개 주에서 계속 허가가 났다. 자율주행차의 기술은 기계나 전자 이외에 빅데이터, GPS, 그리고 인공지능 기술이 절대적으로 중요하다. 주위 환경의 모든 정보를 종합하여 분석하는 인공지능 기술과 길을 알려주는 GPS 기술이 핵심이다. Google은 실패를 통하여 계속 정확도를 향상하고 있다. Google이 자율주행차를 처음 개발하였을 때 Toyota의 Prius에 센서를 장착하여 시작하였다. Google은 자동차 생산보다는 자율주행시스템에 관심이 더 많았다. 2017년 1월 Google의 자율주행차 개발회사인 Waymo

의 CEO인 John Krafcik는 "자율주행차의 소프트웨어는 물론 하드웨어인 주요 센서를 자체 개발하는 데도 성공했다"고 밝혔다.

또 하나 주목할 만한 기업은 Apple이다. Apple은 CEO인 Tim Cook의 지휘 아래 2014년부터 'Titan 프로젝트'를 통하여 자율주행차를 개발하고 있다. 프로젝트를 위해 이미 Benz, Tesla, Ford 등의 기업으로부터 인재들을 스카우트하였다. 실제로 '타이탄 프로젝트' 책임자로 테슬라에서 Doug Field를 영입하였다. 그러나 Field는 2021년 Ford 자동차로 이직하였다. 그래서 지금은 AI 책임자인 John Giannandrea가 지휘하고 있다. 2017년에는 미국 캘리포니아주로부터 자율주행차 실험 허가를 받았다. Apple은 차세대 배터리를 장착한 Apple 자율주행차를 2024년에 선보일 계획으로 알려져 있다.

독일의 자동차 부품 기업인 Bosch에는 무인차 개발 연구원만 약 2천여 명이 된다. 이렇게 Bosch는 무인차 개발에 많은 투자를 하고 있다. 2017년 1월에 Bosch와 Nvidia 는 자율주행차를 양산하기 위해 AI 자율주행시스템 개발에 상호 협력하기로 하였다. 2020년 1월 Bosch는 자율주행 전용 장거리 라이더를 완성했다고 발표하였다. 그리고 2025년에 완전자율주행이 가능할 것으로 보고 있다.

그러나 최근 딥러닝(deep learning) 기술이 발전함에 따라 자율주행차의 개발 속도 도 빨라지고 있다. 2016년 comma.ai는 딥러닝 기술을 이용한 자율주행차를 소개하였 다. 이 방법은 기존의 Google 등 자율주행차를 만드는 기업들의 방법과 차이가 있다. 기존의 기업들은 기존의 완성차 회사의 전문가들과 고가의 특화 센서에 무게를 두었다. 그러나 comma.ai는 학습을 통하여 스스로 주행하는 방법을 깨닫는 딥러닝 기술에 중점 을 두고 있다. 이것은 획기적인 혁신이며, 시간, 비용 등을 엄청나게 감소시켰다. 그래 서 현재 실리콘밸리에 있는 대부분의 자율주행차 스타트업 회사들은 딥러닝 기술에 기 반을 둔 기업들이다.

자율주행자동차의 핵심기술은 시각인식지능, 학습지능, 강화학습, 그리고 인간처럼 생각하는 능력이다(이승훈, 2017). 이러한 모든 핵심기술에 딥러닝 기술이 있다. 딥러닝 기술을 적용한 시각인식지능은 이미 인간보다 정확하다. Nvidia, AutoX, SAIPS 그리고 DeepScale이 대표적인 회사들이다. 학습지능에 있어서도 딥러닝은 사람들이 운전을 배 우는 것과 비슷하다. 스스로 판단하고 통제한다. 대표적인 회사로 comma.ai와 GM의 Cruise가 있다. 강화학습(reinforcement learning)에서도 딥러닝기술은 탁월하다. 강화학습 은 인간의 개입 없이 기계가 스스로 어떻게 하여야 하는가를 깨닫는 과정이다. Tesla가 대표적인 기업이다.

무인자동차의 장점은 많이 있다. 첫째, 운전하는 시간을 제거하여 사람들의 생산성을 엄청나게 향상시킨다. 둘째, 자동차 사고율이 크게 감소한다. Bosch그룹은 무인차 개발의 핵심으로 안전을 꼽는다.

사례 | 현대자동차의 변화와 혁신

이미지 출처: www.hyundai.com

이미지 출처:
www.hyundai.com

현대자동차는 삼성전자와 함께 우리나라의 자랑이다. 상당히 늦게 세계 자동차시장에 진입한 우리나라는 세계에서 5위의 저력을 과시하고 있다. 유럽이나 미국에 가보면 고속도로나 일반도로에서 현대와 기아자동차를 쉽게 볼 수 있다. 자동차시장의 경쟁자들을 보면 막강한 기업들이 즐비하다. 이러한 환경에서 현대자동차는 우리의 자랑이 아닐 수 없다.

저자는 현대자동차의 후원으로 2013년 여름에 체코와 슬로바키아의 현대자동차와 기아자동차를 방문한 적이 있다. 최신식의 설비와 현지 노동자들로 유럽에서 경쟁력 있는 자동차를 생산하는 것을 보고 마음이 흡족하였다. 핵심가치를 중심으로 기술이 미흡한 현지노동자들을 잘 경영하여 유럽 최고의 차를 목표로 열심히 뛰고 있었다.

현대자동차는 글로벌기업이다. 미국, 브라질, 터키, 체코, 러시아, 인도, 중국 등 7개 국가에 현지 생산공장을 운영하여, 현지 국가와 현지 지역사회에도 큰 도움을 주고 있다. 우리나라 1차 협력사 239개가 이 지역에 동반진출하고 있다. 또 미국, 독일, 프랑스, 영국, 캐나다, 이탈리아, 스페인, 네덜란드, 폴란드, 체코, 터키, 인도, 호주, 브라질, 멕세코, 일본, 러시아, 중국 등 18개 국가에 판매망을 구축하고 있다. 또 각 지역에서도 성공을 하고 있다. 중국의 예를 들어 보겠다. 2002년 중국 베이징에서 처음으로 설립된 베이징현대자동차는 10년 후인 2012년에 연간생산량 100만 대, 판매량 순위 4위를 달성하였다. 중국 진출 10년 만에 달성한 이 기록은 다른 어떤 기업도 이루지 못한 대기록이다.

현대자동차 성공의 중심에는 가장 먼저 정몽구 회장의 품질에 대한 각별한 관심과 리더십이 주효하였다. 현대자동차는 미국 진입 처음에는 많은 어려움을 겪었다. 1986년 미국시장에 처음으로 진출한 현대자동차는 그 해 엑셀(현재 단종된 소형차량)을 16만 8,882대 팔았고, 이듬해에는 26만 3,610대까지 팔면서 급성장세를 보였다. 그러나 '엑셀 신화'는 2년 만에 무너졌다. 판매는 급증했지만, 정비망이 따라가지 못했고, 품질도 엉망이었다. 1998년에는 현대자동차 판매가 10만 대 이하로 떨어졌다. 그러다가 현대자동차가 전환기를 맞이한 것은 정몽구 회장 취임 이후다. 1999년 취임한 정 회장은 "첫째도 품질, 둘째도 품질"이라고 강조했다. 품질에 문제가 있는 경우에는 가차없이 생산라인 가동을 중단시켰고, 신차 출시도 품질 검증을 이유로 당초 발표했던 일정까지 미룬 적이 여러 차례였다. 항상 품질을 강조하며, 직접 작업복 차림으로 현장을 누비던 정회장은 결국 세계 자동차시장에서 현대차가 품질이 우수하다는 인정을 받게 되었다. 2002년에는 품질총괄본부를 회장 직속 조직으로 전환하였다. 2005년 미국 알라바마(Alabama) 공장을 준공한 이후 연평균 6%대 높은 성장을 이루었으며, 미국시장에서도 현대자동차의 품질이 우수하다는 많은 보고가 나왔다. 2008년에는 제네시스를 출시하였다. 2013년 독일의 자동차 전문지 Autobil가 실시한 '2013 품질만족도 조사'에서도 당당히 2위를 차지하였다. 2014년에는 신차가 출시될 때마다 수십 명의 전문가가 차량을 재점검하는 '품질 특공대'를 창설하였다. 또 J.D. Power가 33개 차종을 조사하여 발표한 '2016 신차품질조사(IQS)'에서 기아자동차가 1위, 현대자동차가 3위를 하였다. 이 조사는 신차 구입후 3개월이 지난 후 233개 항목에 대한 품질만족도를 조사하여 100대당 불만건수로 표시한다. 또 '2017 내구품질조사(VDS)에서 조사한 31개 브랜드 중 현대자동차가 6위를 기록하였다.

현대자동차는 또 생산성을 향상하기 위하여 2013년 2월부터 주간 2교대를 실시하였다. 이것은 근로자들의 장시간 근로 문제로 야기되는 문제들을 제거하여 동기부여를 강화하고자 한 데서 시작되었다. 2교대는 노사 모두 긍정적이어서 근로자들의 삶의 질을 크게 향상하였다.

현대자동차는 친환경차에도 관심을 가져 2013년 세계 최초로 수소연료전지차를 양산하고 시판하였다. 또 같은 해에 준대형 승용차 그랜저 하이브리드 모델도 출시하였다. 그랜저 하이브리드는 현대자동차의 순수한 독자 기술로 개발되었다.

또 하나는 적극적인 마케팅 전략이다. '10년 10만 마일 보증'이라는 획기적인 마케팅으로 현대자동차는 자동차시장을 놀라게 하였다. 이것은 확고한 품질에 대한 자신 없이는 할 수 없는 전략이다. 앞에서 언급하였듯이, 품질에 대한 수십년간의 노력 끝에 나온 산물이다. 또 하버드대학교 John Cotter 교수는 "현대자동차는 경제위기가 발생하자 assurance program (차량 구입자가 1년 안에 실직하면 차를 되사주는 제도)을 도입하는 등 공격적인 마케팅으로 시장점유율을 끌어올렸다"고 평가했다.

이런 결과로 전반적인 세계 불경기에도 불구하고 현대자동차는 2013년 전년에 비해 7% 상승한 473만 대의 자동차를 생산하였다. 특히 미국과 중국시장에서 시장점유율이 상승하였다. 또 Interbrand가 조사하는 'Best Global Brands 2013'에서 43위를 하여 2012년도에 비해 10단계 상승하였다. 브랜드 가치는 90억 달러였다.

현대자동차는 2015년 10월 미국 누적판매 1천만대를 돌파했다. 이것은 어려운 여건 가운데서 올린 기록이다. 그리고 소형 중심에서 고급차 중심으로 이미지를 강화하고 있으며, 2008년 진출한 제네시스(Genesis)로 승부수를 던졌다.

현대자동차는 최근 세계 시장에서 매출액 기준 3위를 하고 있다(<표 9-16> 참조). 특히 중국에서 현대자동차의 부진이 계속되고 있다. 여기에 현대자동차는 고임금에 저생산성, 잦은 노사분규 등으로 인하여 계속 경쟁력이 약화되고 있다. 그러나 2019년에는 SUV(Sports Utility Vehicle)가 잘 팔려 사상 처음으로 매출 106조 원을 달성하였다.

그러다가 2020년 10월 정의선이 회장으로 취임하였다. 2018년 수석부회장으로 선임된지 2년만이다. 취임사에서 정회장은 "고객의 다양한 목소리에 귀기울여 소통하고 고객을 배려하는 마음이 기본이며, 친환경 에너지 솔루션 기업이 되겠다"고 하였다. 이어 "그룹 체질을 창의적이고 열린 조직문화로 바꾸겠다"고 하였다. 그리고 2021년 6월 일본 Softbank로부터 미국 로봇전문기업인 Boston Dynamics를 1조원에 인수하였다. 이것은 현대자동차가 미래에 모빌리티 사업을 강화하겠다는 표현이다.

이 사례는 다음과 같은 자료를 참고하여 저자가 재구성하였다.

(1) 현대자동차 지속가능경영보고서 2014

(2) www.hyundai.com

(3) 매일경제신문, "현대차 미국 판매 1000만대 돌파," 2015.10.30

(5) https://www.hyundai.com/worldwide/ko/brand/hyundai-boston-dynamics

9.2.3 이동통신기기산업

9.2.3.1 이동통신 세대

이동통신은 1세대부터 5세대로 구분한다. 음성기능에 치중하는 1세대(1G) 이동통신은 아날로그 셀루라(Analog Cellular)로 미국의 AMPS, 영국의 TACS, 북유럽의 NMT, 일본의 Celluar 카폰 등을 일컫는다. 1세대는 호환성이 없으며, 전송속도가 느리고, 용량도 부족하고, 품질도 떨어지고, 음성만 가능하고, 휴대폰 크기도 크다. 아날로그(Analog)는 소리의 파형을 전압변화로 전환하는 기술이다.

2세대(2G) 이동통신은 디지털 셀루라(Digital Cellular)로 일본의 PDC, 유럽의 GSM, 미국의 US-TDMA, cdmaOne, 한국의 CDMA 등을 일컫는다. 2세대는 1세대보다 훨씬 기능과 품질이 우수해졌으며, 음성 이외의 데이터 통신이 가능하다. 디지털(Digital)은 소리의 파형을 전압이 아닌 0과 1의 부호로 전환하는 기술로서, 음성을 디지털 신호로 제어함으로써 잡음을 제거하는 기술이다.

3세대 이동통신(3G)은 IMT 2000, WCDMA, 그리고 HSDPA(High Speed Downlink Packet Access)로, 데이터 전송속도가 2G보다 월등히 빠르고, 국제 로밍이 가능하고, 영상전화를 할 수 있으며, 통화품질이 상당히 우수하다. 음성중심인 2G와 비교하였을 때 3G의 가장 큰 특징은 영상통화이다. 그리고 3G는 2G의 통신망의 용량문제를 해결하고, 세계표준규격을 제시한다. 3G 이동통신은 다시 동기식과 비동기식으로 구분된다. 3G 이동통신은 2001년 일본에서 처음 시작되었다.

4G 이동통신은 UN의 ITU(International Telecommunication Union) 중심으로 개발되었으며, 3G에 비해 전송속도가 10배 이상 빠르고, 서비스 영역이 크게 확대된다. 예를 들어, 4G 이동통신은 이동 중 초당 다운로드 용량이 100Mbit로 MP3 10곡을 다운로드하는 데 걸리는 시간이 5초, 신문 36면은 0.14초가 걸린다. 그래서 ADSL보다 10배 정도 빠르다. 또 100km 속도로 달리는 차에서도 수신이 가능하다. 기술은 LTE와 Wibro이다.

5G 이동통신은 가상현실(VR), 증강현실(AR), IoT 등 첨단기술이 구현된다. 속도는 4G의 LTE보다 최대 100백 정도 빠르다. 그래서 50GB UHD 영화를 약 20초면 다운로드할 수 있다. 〈표 9-18〉은 각 세대의 특성을 전송속도, 도입시기, 특징별로 구분하였다.

표 9-18 이동통신 세대

구분	1G	2G	3G	4G	5G
최고 전송속도	14.4KB	144KB	14.4MB	75MB	1GB
특징	Analog, 음성통화	Digital, 음성통화, 텍스트문자	고속, multimedia, 영상통화, 글로벌로밍	데이터전송, 고화질 동영상, 3차원 입체영상, 실시간 동영상	데이터전송, 가상현실, IoT, 홀로그램
상용화시기	1984년	2000년	2006년	2011년	2020년

우리나라는 2002년 말에 일부 도시에 3G 이동통신망을 설치하였으나 휴대전화기가 없어 사용을 못하였다. 본격적인 3G 서비스는 2007년 3월 1일부터 시작되었다. KTF가 고속하향패킷접속(HSDPA)을 선보임으로써 우리나라가 세계 최초로 국가 규모의 영상통화 시대를 연 것이다. 4G 이동통신은 2011년 말부터 서비스가 시작되었으며, 가입자가 빠르게 증가하였다. 또 우리나라의 삼성전자와 LG전자도 2012년부터 LTE 휴대폰을 주력 제품으로 출시하고 있다. 우리나라는 2019년 4월 세계 최초로 5G서비스를 실시하였다. KT, SKT, LG유플러스 등 우리나라의 이동통신회사들도 5G에 적극적으로 대비하고 있다. KT는 2018년 평창동계올림픽에서 세계 최초로 5G 시범서비스를 하였으며, SKT는 신규네트워크 퀀텀을 중심으로 사업을 추진하고, LG유플러스는 2018년 하반기 5G 시험망을 구축하였다.

9.2.3.2 휴대폰

이동통신기기의 대표적인 제품은 휴대폰(cellular phone)이다. 휴대폰은 무선으로 음성 및 동영상 등 정보를 주고받는 기기이다. 이동통신시스템의 경로는 휴대전화-무선-기지국-유선-기지국-무선-상대방 휴대전화로 이어진다. 즉, 휴대전화와 기지국, 그리고 기지국과 상대방 휴대전화는 무선 네트워크, 기지국과 기지국은 유선 네트워크로 연결되어 있다. 그리고 기지국과 휴대전화와의 무선방식을 무선 인터페이스라 한다. 그리고 기지국은 일정한 범위 안인 셀(cell)에서만 설치되어 있다. 그래서 휴대전화를 셀룰라(cellular)라고 부른다. 통신인프라는 휴대전화, 기지국, 디지털교환기로 구성된다. 휴대폰에 필요한 부품은 배터리, 액정화면, LSI, 메모리, 세라믹 콘덴서 등 수백 개 부품으로 구성되어 있다.

1960년대 휴대전화 가격은 당시 소형차 한 대 가격이었다. 그런데 1993년 미국 부통령이었던 Albert Gore가 'Information Highway'라는 용어를 사용한 뒤로 휴대폰에 대한 발전이 급진전되었다. '정보 고속도로(Information Highway)'는 미국 전역에 고속 디지털 통신망을 구축하여 모든 기관을 연결하겠다는 야심 찬 계획이었다.

휴대전화는 기술의 발전과 가격의 하락으로 점차로 보급이 확대되었다. 1994년 세계 휴대전화 판매대수는 2천 6백만대였다. 그리고 그로부터 5년 후인 1999년에는 2억 7천 8만대로 10배 이상 증가되었다. 그러나 선진국 시장은 이제 거의 성숙기가 되어, 시장이 인도, 중국, 러시아 등 신흥국가로 이전되고 있다. 이렇게 신흥국가에서의 성장은 엄청나고, 앞으로도 계속 확대될 것으로 본다. 특히 인도에서의 엄청난 성장은 분당 1센트 밖에 되지 않는 세계에서 가장 낮은 통화료와 중산층의 소득수준에 의해서 이루어졌다.

9.2.3.3 스마트폰

2007년 출시된 Apple의 iPhone은 8−32GB의 Flash 메모리를 장착한 MP3와 휴대폰, 그리고 인터넷의 기능을 합성한 뮤직폰으로 스마트폰 시대를 열었다. 스마트폰(smart phone)은 모바일(mobile) OS가 탑재된 휴대전화이다. 휴대폰에 사용되는 OS(Operating System)는 Apple의 iOS, Google의 Android, MS의 Windows Mobile, 그리고 Linux 등 다양하다. Android 폰은 Google의 모바일 OS를 탑재한 스마트폰이다. Android는 '인간을 닮은 기계, 인공적 존재'란 의미를 지니고 있으며, 검색, 이메일 등 모든 것들이 Google의 제품들로 구성되어 있으며, Android가 압도적으로 시장점유율이 높다. 2021년 10월 OS 시장은 Android가 71.09%, iOS가 28.21%, 삼성 0.38%, KaiOS가 0.11%, Nokia가 0.02%를 차지하고 있다. 그리고 2023년 1분기 OS 시장은 Android 78%, iOS 20%, 그리고 Harmony 2%를 차지하고 있다. 이렇게 OS 시장은 Android와 iOS가 시장을 완전 장악하고 있다. Apple의 점유율은 낮지만, 고객의 충성도는 상당히 높다. 그러면 iPhone이 어떻게 해서 기존 이동통신업체들에게 큰 위협이 되었을까? 이것은 iPhone의 어플리케이션 때문이다. 어플리케이션(Application)은 스마트폰에서 사용되는 응용프로그램이다.

9.2.3.4 휴대폰 다중접속기술

휴대폰 다중접속기술로는 다음과 같은 기술이 있다.

FDMA

FDMA(Frequency Division Multiple Access)는 주파수 대역을 몇 개로 분할하여, 한 채널에 정보를 제공하는 기술로서, 아날로그(analog) 휴대전화가 그 예이다.

TDMA

TDMA(Time Division Multiple Access)는 주파수 대역이 아니고 시간을 분할하여 정보를 제공하는 기술로서, 유럽의 GSM이 그 예이다.

CDMA

CDMA 방식은 2세대 미국식 기술로 우리나라가 1996년 세계 최초로 상용화한 방식이다. 그래서 우리나라가 CDMA에 있어서 세계 최고의 운용능력을 확보하고 있다. 그 이후 우리나라는 지속적으로 CDMA 기술을 개발하고 있으며, 1996년부터 매년 국제 컨퍼런스인 CIC(CDMA International Conference)를 개최하고 있다.

CDMA는 코드 분할 다중접속기술이다. 미국의 퀄컴(Qualcomm)이 주파수 대역 확산 기술을 응용하여 개발한 부호분할 다중접속방식의 디지털 셀룰라 시스템(digital cellular system)이다. 즉, 여러 통화가 하나의 채널에 겹쳐지게 되며, 각 통화는 차례를 나타내는 고유한 코드가 부여되고, 한정된 전파자원으로 서로 다른 코드를 갖는 다수의 이용자가 동시에 통신하는 방식이다. 주파수 대역이란 어떤 폭을 지닌 고속도로와 같다고 보면 된다. CDMA는 원래 군사 기술로 개발되었는데 퀄컴이 민간용 휴대전화 기술로 개발하였다.

CDMA의 특징은 대용량이고, 고품질의 서비스를 제공하며, 보안이 뛰어나고, 고품질의 데이터 서비스를 제공하고, 또 기지국의 전력 소비가 작다는 점이다. 장점은 통화 절단이 없고, 통화 품질이 우수하고, 보안이 좋아 통화 비밀이 유지되고, 단말기의 경량화가 가능하다는 점이다.

CDMA에는 WCDMA와 CDMA2000의 2종류가 있다. 비동기 방식인 광대역 코드분할 다중접속인 WCDMA(Wideband Code Division Multiple Access)는 일본과 유럽이 제안하였으며, CDMA2000보다 대량의 정보를 송신할 수 있는 장점을 지니고 있다. Goldman과 Myers의 자료에 따르면 WCDMA 방식의 경우 노키아(Nokia)가 원천 특허의 25%, 에릭슨(Ericsson)이 22%, 그리고 퀄컴이 19%를 소유하고 있다. 우리나라에서는 KTF와 SKT가 2004년 12월부터 WCDMA를 시작하였다. 동기 방식인 CDMA2000은 북미가 제안하였으며, WCDMA에 비해 정보 전송 속도를 자유롭게 할 수 있다는 장점을 지니고 있다. 역시 Goldman과 Myers의 자료에 의하면, CDMA2000 방식의 경우에 퀄컴이 원천 특허의 48%, 노키아가 14%를 가지고 있다. 처음에 WCDMA와 CDMA2000가 서로 호환성이 없었다. 그러나 1999년 3월 25일 에릭슨과 퀄컴이 서로 만나 역사적 합의를 이루었다. 그래서 복수의 표준화를 지향하기로 하였다.

GSM

GSM(Global System for Mobile Communication)은 2세대 유럽식 기술로 처음에는 Groupe Speciale Mobile의 약자였다. 즉, 디지털 표준 규격 작업 집단을 의미하였다. 그러다가 1987년 ETSI(유럽 전기 통신 표준화 기구)에 의해 규격화된 유럽 공통의 디지털 휴대전화 규격으로 바뀌었다.

LTE

LTE(Long Term Evolution)는 기존 HSDPA보다 훨씬 많은 데이터를 처리할 수 있으며, 많은 국가가 이동통신 표준으로 채택하고 있다. 이것은 해외로밍에 큰 강점이 있다는 것을 의미한다. 또 스마트폰 소유자는 Wibro 서비스 없이도 이용할 수 있다. 그러나 LTE는 기존의 기술과 달라 특허 전쟁이 치열하다. 우리나라, 미국, 일본, 대만, 중국 등이 주도 국가이다. 우리나라에서는 LG전자가 2009년 12월에 세계 최초로 단말기용 LTE 칩을 공개하였다. 우리나라의 3대 이동통신사는 전부 LTE 서비스를 2011년부터 시작하였다.

9.2.3.5 우리나라의 휴대폰 역사

우리나라의 휴대폰 역사는 1961년 극소수의 일반시민들에게 제공한 차량이동통신에서 출발하였다. 이어 1973년 IMTS(Improved Mobile Telephone Service), 1975년

NMRS(New Mobile Radio System), 그리고 1976년 반전자식 IMTS를 도입하였다. 그리고 1984년 4월 아날로그 방식에 의한 차량용 이동통신 서비스가, 1988년 5월 아날로그 방식의 휴대용 이동통신 서비스가 처음으로 시작되었으며, 일명 '벽돌폰'인 국내 최초의 휴대폰이 나왔다. 1993년에는 체신부 고시를 통해 디지털(digital) 이동전화방식 표준이 CDMA로 공식화되었다. 1995년에는 CDMA 시스템을 개발하였고, 1996년 1월 세계 최초로 CDMA 방식을 상용화하였다. 가입자 수는 1998년 6월 천만 명, 1999년 8월 2천만 명을 돌파하였다. 그리고 1999년 11월 모바일 은행 서비스를 개시하였다. 2000년 11월에는 컬러 동영상 휴대전화가 처음으로 나왔다. 2002년 3월에 가입자 수가 3천만 명을 돌파하였고, 2005년 5월에 위성이동 multimedia 방송(DMB) 서비스를 개시하였다. 2006년 5월에는 3세대 동영상 휴대전화 상용 서비스를 개시하였다. 그리고 2006년 11월에 가입자 수가 4천만 명을 돌파하였다. 2010년부터는 스마트폰의 시대가 열렸다. 휴대폰 가입자 수는 계속 증가하여 2015년 5,894만명, 2018년 6,636만명, 2020년 7,200만명, 그리고 2023년 9월 7,000만명이었다. 구체적으로 2G 61만명, 3G 620만명, LTE 5,454만명, 5G 866만명이다. 가입자수가 총인구수를 초과하는 것은 IoT 기술 발전으로 인한 기업들의 사업용회선 때문이다.

9.2.3.6 우리나라의 휴대폰 경쟁력

우리나라의 휴대폰 경쟁력은 상당히 단기간 내에 강해졌다. 유럽과 인도를 비롯한 새로운 시장에서 큰 인기를 모으면서 세계 시장점유율도 높아졌다. 특히 독일과 이탈리아 등 유럽 지역에서는 WCDMA폰, DMB폰 등 프리미엄 마케팅 전략이 크게 효과를 내면서 수출 성장세가 크게 증가하였다.

우리나라 휴대폰은 수출 효자 품목이다. 2005년 휴대폰은 186억 6천만 달러의 흑자를 기록하여 우리나라 최대 무역수지 흑자상품이 되었다. 그러나 2006년도에는 경쟁력이 약화되었다. LG전자의 출하량 성장률은 17.3%, 삼성전자는 14.7%였다. 이 수치는 일견 높은 것 같지만, 시장 평균 24.2%를 감안하면 좋지 않은 수치이다. 2005년부터 시작된 노키아와 모토롤라(Motorola) 등의 저가 휴대폰 중심의 신흥시장이 세계 휴대폰시장의 성장을 주도하면서 고성능 휴대폰시장이 상대적으로 위축되었기 때문이다. 특히 Motorola의 레이저(Laser) 폰에서 유발된 휴대폰 슬림화 경향도 한국의 경쟁력에 영향을 끼쳤다. 하지만 2007년도에는 신흥시장의 신규 수요 성장세가 다소 진정되고 선진국 교체수요가 살아나면서 고성능 휴대폰의 인기가 다시금 되살아났다. 그래서 2009년에는 30%, 2010년에는 29%를 차지하였다. 그러나 2012년 삼성전자가 단일기업으로는 사상 최초로 Nokia를 제치고 세계 휴대전화 시장점유율 1위(29%)를 기록했다(www.iSuppli.com). 반면 Nokia는 2011년 30%에서 2012년 24%로 떨어져 세계 휴대전화 점유율에서 14년 만에 처음으로 1위를 빼앗겼다. 이는 2012년 세계 전체 휴대전화 출하량이 단지 1% 증가한 반면, 스마트폰 출하량은 35.5% 증가하였기 때문이다. 삼성전자는 2013년에도 Nokia와 Apple을 제치고 1위를 유지하였다. 그러나 2014년 하반기에 이르러 삼성전자의 실적이 곤두박질하기 시작하였다. 중국의 중저가폰이 무섭게 치고 올라오고, Apple의 대화면 '아이폰 6'로 고가폰에서도 삼성전자가 위기에 처하게 된 것이다. 특히 삼성전자는 소프트웨어에 있어서 경쟁력이 많이 떨어져 있는 것이 큰 문제이다.

오랫동안 세계 휴대폰시장을 석권하였던 Nokia는 2014년 4월에 휴대폰사업부를 Microsoft에 매각하였다. 그리고 Microsoft는 앞으로 휴대폰에 Nokia 이름을 사용하지 않아, Nokia 휴대폰은 역사 속으로 사라졌다. 그러나 Nokia는 특허의 강자로 변신하였다. Microsoft에 특허권을 주지 않았기 때문이다. 그리고 매년 약 6,700억원의 특허료를 삼성 등으로부터 챙기고 있다.

그러나 무선인터넷의 활성화로 인한 스마트폰의 출현으로 휴대폰시장에 큰 변화가 발생하였다. 2011년 상반기 휴대폰시장에서 스마트폰의 비중이 30%를 넘어섰다. 스마트폰의 전쟁시대가 바야흐로 열린 것이다. 스마트폰시장은 삼성전자와 애플(Apple)이 선두주자이다. 2010년도 스마트폰 세계시장점유율 1위였던 Nokia는 계속 추락하여 사라졌다. 2010년 4위이었던 삼성전자는 2011년부터 1위를 유지하고 있다가, 2014년 애플에 밀렸다. 그리고 2015년 다시 1위를 회복하였다. 2010년 5위 안에 들었던 RIM(Research In Motion)과 HTC는 2013년도 '톱(Top)5' 명단에서 사라졌다. RIM은 사명을 Blackberry로 2012년에 바꾸었지만, 계속 실적이 안 좋아 곤경에 빠졌다. 2010년 8위였던 LG전자도 계속 상승하여 2012년과 2013년에 4위, 그리고 2014년 3위로 부상하였지만, 2015년 6위로 밀렸다. 2010년도 LG전자는 뒤늦게 시장에 진입하여 점유율이 낮았다. 2014년 1월 Lenovo는 Goolge로부터 Motorola Mobility를 29억 1천만 달러에 인수하여, 큰 지각변동이 발생하였다. 2020년도 세계 시장점유율은 1위 삼성전자, 2위 Apple, 3위 Huawei, 4위 Xiaomi, 그리고 5위 Oppo였다. 2021년과 2022년에는 삼성, Apple, Xiaomi, Oppo, Vivo 순이다. 삼성은 2015년부터 8년간 1위를 계속 차지하고 있

표 9-19 스마트폰 세계 시장점유율 2010-2022

	2010	2011	2014	2015	2018	2019	2020	2021	2022
1	Nokia 33.1	삼성 20	Apple 37.6	삼성 24.8	삼성 19	삼성 19.2	삼성 19	삼성 20	삼성 22
2	RIM 16.1	Apple 19.1	삼성 25.1	Apple 17.5	Apple 13.4	Huawei 15.6	Apple 15	Apple 17	Apple 19
3	Apple 15.7	Nokia 16.0	LG전자 4.3	Huawei 8.4	Huawei 13	Apple 12.6	Huawei 14	Xiaomi 14	Xiaomi 13
4	삼성 7.6	HTC 7.2	Huawei 3.8	Xiaomi 5.6	Xiaomi 7.9	Xiaomi 8.2	Xiaomi 14	Oppo 11	Oppo 9
5	HTC 7.1	RIM 11.1	Sony 3.7	Lenovo 5.4	Oppo 7.6	Oppo 7.7	Oppo 8	Vivo 10	Vivo 9
기타	8LG 4.2			6LG 5.3			9LG 8		

출처: www.isuppli.com

으며, Apple은 2위에 포진하고 있다. 으며, 뒤를 이어 중국의 Xiaomi, Oppo, Vivo가 뒤를 잇고 있다. 단, LG가 스마트폰 사업을 포기하였고, Huawei가 5위내에서 탈락하였다(〈표 9-19〉 참조).

중국시장은 세계 수요량의 1/3을 차지하는 스마트폰 세계 최대시장이다. 2013년 이미 판매량이 3억대를 돌파하였으며, Huawei, Cool Pad, Lenovo, ZTE 등이 세계 3위에서 8위 이내로 경쟁력을 갖추고 있다. 더구나 Xiaomi, Vivo, Oppo 등 중국 2세대 기업들의 등장은 세계 스마트폰시장에 변화를 가져오고 있다. 특히 Xiaomi의 약진은 주목할 만 하다. 2020년 중국시장 스마트폰 점유율을 보면, Huawei가 37%로 1위, Vivo가 17%로 2위, 그리고 Oppo가 15.6%로 3위를 하였다. 4위는 Xiaomi로 12.3%, 5위는 12.2%를 달성한 Apple이었다. 삼성은 부진하여 1%를 약간 넘는 점유율을 차지하고 있다.

9.2.4 디스플레이산업

디스플레이(display)산업은 IT산업과 함께 주목받는 최첨단산업으로, 미국에서 출발하였으나 주도권이 아시아로 넘어왔다. 디스플레이 유형에 따라 차이는 있으나, 한국, 타이완, 그리고 일본이 디스플레이산업의 최강국이라 할 수 있다.

세계시장의 선두주자는 RCA이었다. 그러나 1980년대 들어 전 세계에서 2억 8천만 대나 팔린 Sony의 트리니트론(Trinitron) 방식의 브라운관 개발로 RCA는 시장에서 사라졌다. 일본의 Fujitsu는 1992년 세계 최초로 21인치 풀칼러 PDP TV 양산을 하였다. Sony는 1996년 평면 브라운관도 개발하였다. Sharp는 디스플레이의 표준기술인 LCD 기술에서 두각을 보였다. 그래서 1998년 일본기업의 디스플레이 세계 시장점유율은 무려 80%에 달했다.

그러나 1990년대 중반부터 한국과 대만의 기업들은 LCD 기술에 집중적으로 투자하면서 시장을 잠식하기 시작하였다. 여기에 비해 일본은 브라운관 기술에 집착하였다. 삼성전자는 1998년 세계 최초로 디지털 TV를 개발하였고, 2006년에는 세계 최대 TV 제조사가 되었다. 그래서 2006년 일본의 시장점유율은 16%로 크게 하락하였다. 2009년에는 우리나라가 일본을 제치고 세계 최대 TV 제조국가가 되었으며, 2010년에는 삼성전자가 세계 최초로 3D LED TV를 출시하였다. 2012년에 들어서면서 일본의 전자회사들은 쇠퇴하였다. Sony, Sharp, Panasonic 등의 회사들이 공장을 폐쇄하거나 축소하였다. 그러나 2013년 들어 일본은 차세대 디스플레이 제품인 UHD와 OLED 시장에서 재기를 노렸고, 중국은 범용시장에서 기반을 확대하고 있다. 특히 중국은 넓은 내수시장을 바탕으로 무섭게 경쟁력을 향상시키고 있다.

9.2.4.1 디스플레이란 무엇인가?

지금은 디지털과 네트워크 시대이다. 디지털기술은 문자, 음성, 그래픽, 그리고 동영상을 자유롭게 송수신할 수 있고, 무한한 정보를 시간 및 공간의 제약 없이 주고받게 해준다. 이때 이러한 정보를 보여주는 다양한 시각적 정보의 인터페이스가 필요하다. 즉, 디스플레이가 중요하다. 디스플레이는 디지털 정보세계로 들어가는 창이며 출입구로서, 영상신호를 화상신호로 표시해 주는 시각표시 장치이다. 디지털시대의 많은 정보는 과거의 CRT로는 미흡하다. 이제는 선명한 영상, 높은 해상도, 큰 화면이 필요하다.

디스플레이산업은 시스템산업과 부품산업으로 구성되어 있다. 시스템산업은 유리기판, 드라이버 IC, 컬러 필터 등 원자재를 가공하고 조립하는 산업이며, 부품산업은 컴퓨터, 모니터, 가전 등의 전방산업에 납품하는 산업이다.

9.2.4.2 디스플레이의 유형

디스플레이는 크게 다음처럼 네 종류로 구분할 수 있다. CRT, LCD, PDP, 그리고 LED이다. CRT를 제외한 나머지 세 개는 지금까지 디스플레이의 기술적 특성에 따라 시장이 분화되었다. 즉, 대형은 PDP, 중소형은 LCD, 그리고 소형은 LED로 되어 있었다. 그러나 최근 디스플레이 기술의 발전으로 각 유형의 단점이 극복되면서 변화가 생겼다. 이것은 각 유형의 기술적 한계를 극복하고, 응용분야가 확대되면서 영역이 파괴되었기 때문이다. 또 디지털 TV와 IMT-2000이 등장하면서 디스플레이간 영역 파괴가 계속 가속화되고 있다. 이때 영역 파괴의 가장 큰 주체는 LED이다.

CRT

CRT(Cathode Ray Tube)는 전압을 올리면 전자가 형광체로 날아가는 전자총을 사용하는 일반 TV이다. 이때 전자총이 새도우마스크를 통하여 형광체로 날아간다. 새도우마스크(shadow mask)는 전자총이 형광점에 정확하게 조사되도록 미세 구멍을 규칙적으로 배열한 것이다. 일반 TV는 응답속도가 빠르고, 색 재현성이 높고, 밝기가 좋으며, 시야각이 넓고, 가격이 저렴하다는 특징을 가지고 있다. CRT의 일종으로서 일정 거리의 스크린에 화면을 투사하는 프로젝션 TV(projection TV)가 있는데, 이는 일반 CRT에 비해 피로감이 적으며, 화면이 크고, 무게가 가볍고, 슬림 설계가 가능하다는 장점을 지니고 있다.

PDP

PDP(Plasma Display Panel)는 1966년 미국의 일리노이(Illinois) 대학교에서 처음으로 개발되었다. PDP는 유리와 유리 사이에 RGB(Red, Green, Blue) 색상을 칠하고, 플리즈마에 의한 색발광으로 색상을 나타낸다. 그래서 PDP는 광원이 필요하지 않아 TFT-LCD에 비해 큰 화면을 생산하는 데 유리하다. 또 PDP는 화면이 크고, 시야각이 넓고, 수명이 길다. 또 프로젝션에 비해 두께가 약 5분의 1, 무게도 절반밖에 되지 않는다. 그래서 벽걸이 TV에 가장 적합하다. 그러나 에너지 효율이 낮고, 화질이 LCD에 비해 선명하지 않으며, 가격이 높다는 문제점을 지니고 있다.

LCD

앞에서 설명한 CRT는 두껍고, 무거우며, 소비전력이 많다. 이러한 CRT의 단점을 보완한 평판 디스플레이가 액정 디스플레이인 LCD이다. LCD(Liquid Crystal Display)는 TFT(박막 트랜지스터)를 LCD의 구동소자로 활용하는 평판 디스플레이로서, TFT 기판과 칼라 필터 사이에 액정을 투입하는 것이다. 그래서 TFT가 전기 신호를 처리하면 LCD가 신호를 받아 문자 및 영상 등을 내보낸다. LCD는 1968년 미국 RCA의 G. H. 헤이마이어 그룹에 의해 실용가능성이 처음으로 제기되었다. 액정(liquid crystal)은 고체와 액체의 중간에 있는 물질의 상태로, 1888년 오스트리아 식물학자인 F. Reinitzer가 발견하였다. 액정은 보통 분자가 규칙적으로 나란히 서 있지만, 전압을 통하게 하면 그 형태가 비뚤어지는 특성을 지니고 있다.

TFT-LCD는 가볍고, 화질이 선명하고, 전자파가 적고, 두께가 얇으며, 전력 소비가 적다. 그래서 노트북, 의료기기, 벽걸이 TV에 적합하다. LCD는 기술의 발달로 PDP와의 경계가 사라져 시장 성장률이 높았다. 그리고 점차로 의료, 항공기, 또는 은행에 확대 적용되었다. 그러나 시야각이 좁고, 휘도가 낮으며, 응답 속도가 느려, TV 응용이나 동화상 구현에 어려움이 있다. 또 화면이 너무 선명하여 눈이 쉽게 피로해질 수 있다.

LCD는 공정에 투입되는 유리 기판의 크기로 세대를 구분한다. 그래서 세대가 커질수록 기판과 공장 규모가 커진다. LCD 시장은 대략 2년 주기로 호황과 불황을 반복한다. 즉, 공급과잉→가격하락→수요증가→공급부족→가격상승→공급확대의 순환이 반복된다. LCD 시장의 사이클을 반도체의 '실리콘 사이클'에 대응하여 '크리스탈 사이클(crystal cycle)'이라 부른다.

OLED

2003년 말 국제표준회의에 의해 국제표준용어로 확정된 유기발광 다이오드인 OLED(Organic Light Emitting Diode)는 형광성 유기화합물에 전류를 흘려주면 빛이 독자적으로 발광하는 특성을 이용하는 광원 디스플레이다. 여기에서 유기는 유기물로 '탄소를 기본으로 산소, 수소, 질소로 구성되는 물체'를 말한다. 다이오드는 전기가 흐르면 빛을 발하는 초소형 반도체 칩으로, 머리카락보다 가늘며, 3가지 색(빨강, 녹색, 청색)을 낸다. OLED는 LCD 대비 13,000배나 명암비가 높아 선명한 화질을 구현하고, 1.3배 넓은 색역대로 물체의 색을 정확히 표현하고, LCD보다 응답속도가 천 배나 빨라 동영상 구현 능력이 뛰어나다. 또 배터리와 전력 사용량이 적고, 수은을 사용하지 않아 환경친화적이고, 작게 만들 수 있는 디스플레이로서 장점을 많이 갖고 있는 표시 소자로 주목받고 있다. OLED는 현재 휴대폰과 TV에 주로 사용되고 있으나, 점차로 LCD 패널 백라이트, 일반 조명 또는 자동차용 조명 등으로 확대되고 있다.

3D TV

입체영상으로 볼 수 있는 TV로, 2010년에 등장하였다. 2011년에는 수요가 있었으나, 2013년부터는 수요가 감소하였다. 이것은 소비자들이 그리 큰 혁신이 없다고 생각하였기 때문이다.

스마트 TV

스마트 TV는 스마트폰의 기능을 TV에 옮겨 놓은 것이다. TV를 인터넷에 연결하여 각종 애플리케이션을 다운로드받아, 게임, 오락, 정보 등을 즐길 수 있다. 스마트 TV는 점차로 증가할 것이기 때문에 경쟁이 심하다. TV 제조업체는 물론이고, 인터넷 검색업체 그리고 인터넷 서점까지 가세 중이다.

9.2.4.3 우리나라의 디스플레이 경쟁력

전반적으로 우리나라는 일본에 비해 늦게 진입하였지만, 세계 TV 시장을 석권하고 있다. WitsView(2023)에 의하면, 2022년 삼성전자가 29.7%로 1위, LG전자 2위(16.7%)로 세계 시장의 절반 가량을 차지하고 있다. 이어 TCL 3위(8.7%), Hisense 4위(8.2%) 그리고 Sony가 5위(7.4%)를 차지하였다. 삼성전자는 QLED와 초대형 TV를 앞세워 17년 연속 세계 1위를 확고하게 지키고 있으며, LG전자 역시 OLED TV로 삼성전자에 이어 2009년부터 Sony를 제치고 2위를 차지하고 있다. 일본 기업들은 계속 하향추세를 보이고 있으며, 이들 대신 Hisense, TCL, Skyworth 등이 상승세를 타고 있다. 특히 한동안 5위였던 TCL은 2022년 Hisense를 제치고 3위를 차지하였다.

TFT-LCD는 미국에서 개발되었으나 일본이 30년간 연구하여 세계 최초로 상품화에 성공하였다. 그래서 1990년대 중반까지 일본의 독무대였으며, 선두주자는 Sharp이었다. Sharp는 1995년 11월에 세계 최초로 11.3인치를 시장에 처음으로 출시하였다. 그러나 한국의 진출로 서서히 시장의 판도가 변하였다. 삼성전자와 LG전자가 처음으로 양산을 개시한 것은 1995년이었다. 당시 우리나라의 세계 시장점유율은 5% 정도에 불과하였다.

1998년 삼성전자는 세계 최초로 디지털 TV 개발에 성공하였다. TFT-LCD 시장에 있어서 2001년 우리나라의 세계시장 점유율이 1위(40.7%)로 부상하였다. 한국의 강력한

표 9-20 TV 세계 시장점유율 2015-2022(단위: %)

	2015	2016	2017	2018	2019	2020	2021	2022
1	삼성 27.5	삼성 28.0	삼성 26.5	삼성 29.0	삼성 30.9	삼성 31.9	삼성 29.5	삼성 29.7
2	LG 14.0	LG 13.6	LG 14.6	LG 16.4	LG 16.3	LG 16.5	LG 18.5	LG 16.7
3	Sony 8.0	Sony 8.5	Sony 10.2	Sony 10.1	Sony 9.4	Sony 9.1	Sony 9.5	TCL 8.7
4	Hisense 5.8	Hisense 6.5	Hisense 6.1	Hisense 6.0	TCL 6.4	TCL 7.4	TCL 8.0	Hisense 8.2
5	Skyworth 5.0	TCL 5.3	TCL 6.0	TCL 5.6	Hisense 6.4	Hisense 7.1	Hisense 6.8	Sony 7.4

출처: www.witsview

경쟁력에 두려움을 느낀 일본은 타이완을 시장에 끌어들였다. 그래서 아시아 삼국시대 경쟁체제가 형성되었다. 그러나 2004년 삼성과 Sony와의 7세대 LCD 패널 합작투자는 삼성전자를 LCD 시장 1위로 만드는 결정적인 계기가 되었다. 이렇게 해서 우리나라는 세계 1위 자리를 지키고 있다(〈표 9-20〉 참조). 그러나 2008년 큰 변화가 발생하였다. Sony가 삼성과의 8세대 LCD 패널 합작을 포기하고 Sharp와 손을 잡게 된 것이다. 또 PDP만 생산해 오던 Panasonic도 Hitachi와 Toshiba와 함께 LCD 공장을 신설하였다. 그래서 2009년에는 대만업체들이 뒤로 쳐지고 일본업체들이 3~5위까지 차지하게 되었다. LCD TV 시장은 2004년부터 2012년까지 9년 동안 연평균 23.7%의 성장을 했지만 2013년에는 10년 만에 감소세로 전환했다. 이는 TV 시장이 정체되었기 때문이다.

Sharp는 2015년 중국의 Hisense에게 멕시코 TV 공장을 매각하였고, 2016년 타이완의 Hon Hai(www.foxconn.com.tw)에게 7조원에 Sharp를 매각하였다. Sharp는 1912년 하야가와 도쿠지에 의해 창업되었다. 그리고 3년 후 기계식 연필 샤프를 생산하였으며, 1925년 일본 최초로 라디오를 개발하였고, 1952년 일본 최초로 TV를 생산하였으며, 1987년 세계 최초로 LCD TV를 만들었다. 그러나 2000년대 초 자기기술에 너무 안주한 나머지 삼성과 LG에 밀리면서 쇠퇴하기 시작하였다. 2015년 구조조정을 실시하였지만, 결국 2016년 혼하이에 매각되었다.

OLED 현상은 프랑스에서 1950년 처음으로 발견되었다. 그리고 지금은 한국이 압도적으로 시장을 지배하고 있다. OLED 시장은 점차로 성장하고 있다. OLED TV는

2006년 일본 Sony에 의해 처음으로 개발되었다. 2007년 세계 최초로 11인치 AMOLED (능동형 유기발광다이오드) TV를 출시하였던 Sony는 최근 AMOLED에 집중 투자하고 있다. 그러나 최근 한국의 삼성전자가 Sony를 앞질렀다. LCD TV는 점차로 수요가 감소하고, 반대로 AMOLED TV는 계속 성장할 것으로 보인다. 2010년 이후로 한국의 경쟁력이 강해져 2015년부터 우리나라가 세계시장을 석권하고 있다. 하지만 중국과 우리나라와의 기술격차가 그리 심하지 않아 추후 경쟁이 격화될 것으로 보인다.

2010년 「아바타(Avatar)」 영화 이후 3D에 대한 관심이 증폭되고 있다. 삼성전자는 2008년 3D PDP TV를 출시하였고, 2010년에는 세계 최초로 3D TV를 양산하였다. 2010년 3D TV의 시장규모는 233만대였으며, 삼성전자가 1위(36.1%, 84만), Sony가 2위 (33.5%, 78만), Panasonic이 3위(9.9%, 23만), LG전자가 4위(5.6%, 13만), 그리고 Philips가 5위(3.7%, 8만 6천)였다. 그러나 부문별로 3D LCD TV에서는 Sony가 1위, 3D PDP TV에서는 Panasonic이 1위였다. 2012년도에는 삼성전자가 1위, LG전자가 2위로 뛰어올랐고, Sony가 3위로 추락하였다.

한국 디스플레이산업은 최신설비를 도입하고, 생산기술에 대해 집중적으로 투자하여 최고 수준의 원가경쟁력을 보유하고 있다. 특히 삼성전자와 LG전자는 전방산업을 함께 보유하고 있어 외국 경쟁자들과의 경쟁에서 유리한 위치를 점유하고 있다. 특히 지금 시대는 'Display Everywhere' 시대이다. 이러한 시대의 핵심은 OLED이다. 우리나라의 삼성과 LG는 OLED 세계 시장의 95%를 점유하는 강자이다.

9.2.5 조선산업

조선업은 우리나라가 강력한 경쟁력을 유지하고 있는 산업 중 하나이다. 다른 업종과는 달리 조선업은 노동집약적인 산업이다. 그래서 우수한 능력을 지닌 숙련공이 경쟁력에 상당히 중요하다. 21세기 들어 세계경제와 중국경제의 호조로 조선산업도 호황시기를 맞았다. 그러나 2008년 미국에서 시작한 금융위기는 조선산업을 극심한 침체기로 몰아넣었다. 2009년 세계 선박 발주량은 Clarkson(www.clarkson.com) 발표기준 약 790만 CGT로 전년대비 83.5%나 감소하여 17년 만에 최저치를 기록하였다. 여기에서 CGT(Compensated Gross Tonnage)는 표준화물선 환산톤수이다. 또 선가도 급속히 하락하였다. 그러나 2011년부터 서서히 회복세를 보이고 있지만, 아직도 불황에서 벗어나지 못하고 있다.

9.2.5.1 세계 조선산업

세계 조선시장은 1950년대까지 서유럽의 독무대였다. 최강자는 리벳(rivet)기술을 개발한 영국이었다. 리벳기술은 철판 2개의 끝을 겹치게 하여 구멍을 낸 뒤 불에 달군 쇠못을 때려넣는 기술이다. 그러나 1960년대에 들어서면서 '용접·블록공법'이라는 신공법을 창안한 일본이 서유럽을 제치고 세계 정상이 되었다. 이 공법은 여러 블록으로 선체를 나눠 만든 뒤 이를 용접으로 조립하는 기술이었다. 1980년대에 들어서면서 한국이 서서히 세계시장에 얼굴을 내밀기 시작하였다. 이것은 한국 조선기업들이 막대한 투자와 육상에서 배를 건조하는 도크기술 덕분이었다. 드디어 1999년 우리나라가 일본을 제치고 처음으로 수주량 기준에서 세계 1위를 차지하게 되었다. 2003년에는 선박수주량, 수주잔량, 건조량 등 3대 지표에서 우리나라가 일본을 모두 앞질렀다. 이후에는 중국이 조선시장에 들어와 한국과 일본, 그리고 중국이 경합하게 되었다.

중국이 처음으로 선박을 수주한 해는 1998년이다. 초기에는 부가가치가 낮은 벌크(bulk)선에 대부분 치중하였으나, 건조량에서 2006년 일본을 제치고 세계 2위가 되었다. 또 2009년 한국을 제치고 처음으로 수주 세계 1위(350만 CGT)를 차지하였다. 또 2010년 3대 지표에서 우리나라를 모두 앞질렀다. 무서운 성장속도이다. 이것은 낮은 인건비를 가지고 시장을 공략한 중국의 전략, 그리고 철저히 우리나라의 성공방식을 답습한 전략이 유효하였기 때문이다.

2000년대 말 미국에서 시작한 금융위기는 조선산업에 큰 위기를 불러왔다. 호황이 끝나고 긴 침체기에 들어가게 된 것이다. 2008년에 비해 2010년에 들어서 우리나라 조선소의 수주는 증가하였지만, 차입금은 감소하였다.

영국의 조선·해운 분석기관 Clarkson의 발표에 의하면, 2012년 우리나라가 33%로 2위를 기록하였고, 1위는 1천 991만 CGT를 수주한 중국(40.9%)이었다. 3위는 일본으로 14.8%였다. 그러나 수주금액으로 따지면 우리나라가 411억 달러로 1위를 유지하였고, 중국이 327억 달러로 2위를 하였다. 이것은 국내조선사들이 LNG선이나 초대형 컨테이너선 등 고부가가치 선박을 주로 수주하면서 저가선박 물량이 많은 중국업체들보다 금액상으로는 더 큰 실적을 거둔 것으로, 기술에 있어서는 우리나라가 중국에 비해 앞서 있다고 할 수 있다. 2015년에도 조선산업의 불황은 지속되었다. 또 중국과 일본이 자국의 조선산업을 보호하기 위해 정책적 지원을 강화하고 있다. 그리고 우리나라의 수주

	2015	2016	2017	2018	2019	2020	2021	2022
1	중국	중국	중국 41.8	한국 44.2	한국 37.3	한국 43.0	중국 52.0	중국 49.0
2	한국	한국 16.0	한국 26.3	중국 33.2	중국 34.0	중국 41.2	한국 31.0	한국 38.0
3	일본	일본	일본	일본 12.6	일본 17.0	일본 7.1	일본 7.0	일본
4					이탈리아	러시아 4.9		

표 9-21 세계 선박 발주량 2015-2022(단위: %)

출처: www.clarkson.com

실적이 곤두박질하고 있다. 범용선박 시장은 이미 중국에 내주었고, 희망이었던 고부가
가치 선박에서도 중국과 일본에 점차로 수주를 빼앗기고 있는 실정이다. 그리고 세계
총발주량이 2018년부터 급격하게 하락하고 있다. 그러나 우리나라는 2018년 7년 만에
다시 세계 수주 1위를 탈환하였다. Clarkson의 발표에 의하면, 2018년 전세계 선박 발
주량 2,860만 CGT에서 우리나라가 1,263만 CGT(44.2%)를 수주하여 세계 1위를 하였다.
40%를 넘은 것은 2011년 이후 7년만이다. 이어서 중국이 2위(33.2%), 일본이 3위(12.6%)
를 하였다. 가장 중요한 원인은 환경보호를 위한 LNG 사용의 급격한 상승이다. 2020년
우리나라 선박 발주량은 전세계 1,924만 CGT에서 819만 CGT(43%)로 3년 연속 세계 1
위를 차지하였으며, 지난 10년간 최고치의 실적을 올렸다. 이어 중국이 793만 CGT
(41.2%)로 2위, 일본이 137만 CGT(7.1%)로 3위, 그리고 러시아가 95만 CGT(4.9%)로 4위
를 하였다. 2022년 우리나라 선박 발주량은 2년 연속 세계 2위를 차지하였다. 중국이 1
위, 일본이 3위를 하였다.

9.2.5.2 선박의 유형

한국조선협회는 선박을 사용 목적에 따라 분류하고 있다. 즉, 상선, 함정, 어선, 그
리고 특수작업선으로 구분하고 있다. 상선은 여객 또는 화물을 운반하여 운임수입을 얻
는 것을 목적으로 하는 선박이며, 상선은 다시 화물선, 화객선, 여객선으로 구분된다.
화물선은 화물의 운송을 목적으로 하는 선박으로, 거주 설비를 간소화하고 선창을 크게
하여 하역설비에 중점을 두고 있다. 그래서 일시에 대량의 화물을 안전하고 신속하게
운반할 수 있도록 설계되어 있다. 객선은 주로 여객만을 운송하는 상선으로, 여객 이외

에 부수적으로 우편물과 신속한 운송을 요하는 소량의 고급화물을 적재할 수 있는 설비도 갖추고 있다. 화객선은 여객과 화물을 함께 운송하는 선박으로 선박의 대부분은 화물을 적재하고 수선 이상의 갑판간이나 상갑판상에 증설한 선루에는 선실 또는 접객설비를 하여 여객을 운송한다.

다음에서는 주요한 선박에 대해 설명하도록 한다.

벌크(Bulk)

일반화물선으로 광석, 석탄, 곡물 등 비포장된 건화물을 운반하는 산적 화물선이다. 단순하게 칸막이로 화물 적재함을 막는 정도로 그리 큰 기술이 필요하지 않는 가장 기본적인 선박이다.

LNG

LNG(Liquefied Natural Gas)는 최고 기술이 필요하며, 가격도 상당히 비싸 '선박의 꽃'으로 알려져 있다. LNG에는 외부에 화물창을 두는 Moss와 내부에 화물창을 두는 멤브레인(Membrane) 등 두 종류가 있다. 우리나라에서는 현대중공업이 이 두 개의 기술을 모두 보유하고 있으며, 대우조선해양과 삼성중공업은 멤브레인에서 세계 최고의 기술을 보유하고 있다.

VLCC

VLCC(Very Large Crude oil Carrier)는 대형 컨테이너선이다. VLCC는 1970년 중동 전쟁의 부산물로 개발되었다. 하역 작업을 보다 편리하고 신속하게 하기 위하여 화물을 컨테이너에 넣어 운송하는 추세여서 컨테이너선이 점차 증가하고 있다. 처음에는 20만 톤급으로 시작하였지만, 지금은 44만톤으로 되었다. 크기를 알아보기 위하여 원유 30만 톤급은 체중 60kg 사람 500만명을 수용할 수 있는 무게를 지니고 있다.

시추선(drill ship)

시추선으로 한국이 세계 최고 수준의 기술력을 지니고 있다. 시추선은 수심 1,000m 이상에서 석유를 시추하는 배이다. 우리나라 시추선은 수면 3,600m까지 들어간다. 배의 가격도 상당히 고가이다. 시추선의 핵심기술은 배가 움직이지 않고 시추기를 내려 보내는 것이다.

Cruise

유람선으로 척당 가격이 1조원 이상으로 상당히 고가이다. 세계 최고의 기술력은 유럽의 선박들이 가지고 있다. 한때 일본의 선박회사들이 유람선 시장에 뛰어들었다가 실패한 경험을 지니고 있다. 한국에서는 STX그룹이 유럽의 아커야즈를 2008년 인수하여 유람선 시장에 진입하였다. 유람선 가격은 일반 화물선의 5~20배 정도 되며, 부가가치는 일반 선박의 2~3배 정도 된다. 유람선 시장은 앞으로 지속적으로 성장할 것으로 예측하고 있다.

9.2.5.3 우리나라의 경쟁력

우리나라 조선산업의 역사는 약 70년쯤 된다. 현재 우리나라의 선박산업은 대형 7사(현대중공업, 대우조선해양, 삼성중공업, 한진중공업, STX조선, 현대미포조선, 현대삼호중공업) 등 약 250개 기업들로 구성되어 있다.

우리나라에서는 1937년 조선중공업(현재 한진중공업 영도 조선소)이 처음으로 선박산업에 들어간 것이 효시였다. 1969년에는 한진중공업이 국내 최초로 선박을 외국에 수출하였다. 1972년에는 우리나라 조선 삼총사인 현대중공업, 대우조선, 그리고 삼성중공업이 설립되었다. 1990년 우리나라 조선업 총 매출액은 1조 4천 8백억 원이었다. 그러나 1990년대 중반까지 세계 조선시장은 일본의 아성이었다. 그리고 1990년대 후반부터 우리나라가 세계 조선 시장에서 강세를 보이기 시작하였다. 즉, 1990년대 후반부터 LNG나 특수다목적선처럼 고부가 및 고가 선박으로 전환하기 시작하였다. 그래서 2001년에는 LNG 시장에서 전 세계 발주량의 70% 이상을 수주하였으며, 2002년에는 초대형 컨테이너 시장 세계 1위(60%)를 차지하였으며, 일본에 이어 세계 시장점유율 2위(28%)를 차지하였다. 2003년에는 역대 최고 수주를 달성하여 2006년까지 일감을 미리 확보하였다. 2005년에는 국내 조선업 총 매출액이 28조 2천 6백억원이 되었다. 1990년에 비해 15년 만에 무려 19배 이상 성장하였다. 그러나 2008년 세계의 금융위기는 한국의 조선산업에도 치명타를 가하였다. 2009년 국내선박수주는 320만 CGT를 달성하여 전년대비 무려 82% 감소하였다. 그러나 앞에서 이미 언급하였듯이, 2012년에 중국에 1위 자리를 빼앗겼다. 이는 중국에 비해 우리나라 조선업이 금융 지원이 미흡한 것이 가장 큰 원인

표 9-22 세계 10대 조선소

순위	2006	2010	2013	2016	2018	2019	2021	2022
1	현대 중공업	삼성 중공업	현대 중공업	대우조선	현대 중공업	현대 중공업	삼성 중공업	삼성 중공업
2	삼성 중공업	현대 중공업	대우조선	삼성 중공업	대우조선	중국 선박집단	대우조선	현대 중공업
3	대우조선	대우조선	삼성 중공업	현대 중공업	이마바리 조선	대우조선	현대 중공업	대우조선
4	현대 미포조선	STX 조선해양	현대 미포조선	현대삼호 중공업	핀킨 티에리	이마바리 조선	현대삼호 중공업	현대삼호 중공업
5	현대삼호 중공업	현대미포	현대삼호 중공업	Shanghai Waigaoqiao	삼성 중공업	삼성 중공업		
6	STX 조선해양	현대삼 호중공업	장쑤 New YZJ	현대 미포조선	양쯔장 조선	양쯔장 조선	현대 미포조선	
7	Dalian 조선	Dalian 조선	Shanghai Waigaoqiao	장쑤 New YZJ	메이어 넵튠	JMU		
8	Waigaoqiao S/Y(중)	장쑤룽성 조선	후동중화 조선	후동중화 조선		가와사키 중공업		현대 미포조선
9	한진 중공업	Jangnan Changxing	Dalian 조선g	이마바리조선 SB 마루가메	CSSC			
10	후동중화조선	SPP조선(한)	Subic	이마바리조선	JMU			

출처: www.clarksons.com

으로 보인다. 특히 중소기업의 경우 선수금 보증 등의 문제로 재정적인 문제가 많은 실정이다.

2019년도 세계 10대 조선소를 보면 2010년과 많이 다른 점을 볼 수 있다(〈표 9-22〉 참조). 2010년에는 세계 10위 안에 한국 기업이 7개였는데, 2016년에는 5개로 감소하였고, 2022년에도 5개를 유지하고 있다.

우리나라의 조선업은 강한 경쟁력을 갖추었다. 이것은 지난 수십 년 동안 지속적으로 혁신한 결과라고 볼 수 있다. 1990년대 초부터 설비투자를 게을리하지 않았고, 또 공정혁신에 많은 투자를 하였다. 그래서 새로운 공법이 많이 개발되었다. 이런 결과로 생산성이 15년 만에 약 2.5배 정도 향상되었다. 현대중공업, 삼성중공업, 대우조선해양 등 국내 조선 3대 메이커가 선박 1CGT를 건조하는 데 소요되는 공수(工數: 근로자 한 사람이 1시간 동안 일한 작업량)가 계속해서 감소하고 있다. 이렇게 우리나라의 최대 강점 중 하나는 세계 최고의 가격경쟁력이다. 여기에서 총톤수(Gross Tonnage: GT)란 선체 총 용적으로부터 상갑판 상부에 있는 추진, 항해, 안전, 위생에 관계되는 공간을 차감한 전용적이다. 또 하나 조선업계가 지니고 있는 강점 중 하나는 협조적인 노사관계이다. 이것은 한국에서 보기 드문 현상이다. 지난 10년간 조선산업에서 노동분규가 발생하지 않았다. 또 하나의 강점은 품질이 좋은 철강을 지속적으로 공급하고 있다는 것이다. 즉, 선박용 철판인 후판의 70% 정도를 국내에서 공급받고 있다. 그리고 한국의 높은 조선기술은 말할 것도 없다. 사례에서 볼 수 있듯이, 현대중공업의 육상건조공법, 삼성중공업의 플로팅 도크 공법, 대우조선해양의 LNG-RV선, 그리고 한진중공업의 물속에서 용접하는 댐공법 등은 전부 한국의 우수한 조선기술이다.

특히 우리나라는 시추선에서 강하다. 세계 최고의 시추선 제작기술을 보유하고 있다. 그래서 매년 세계에서 발주한 시추선에서 우리나라가 대부분을 발주하고 있다. 중국이 추격하고 있지만, 아직은 역부족인 상태이다.

그러나 우리나라의 최대 취약점 중 하나는 국내의 취약한 수요이다. 내수가 없어 수출에 의존하여야만 하는 실정이다. 여기에 비해 일본과 중국은 강한 내수 기반을 가지고 있다. 또 국산화율이 다른 산업에 비해 비교적 높지만, 설계와 표준화 기술에 있어서는 아직도 일본에 비해 열세이다. 해외수요의 급격한 감소로 우리나라 조선업은 큰 위기를 맞았다. 대우조선은 구조조정에 들어 갔고, 현대중공업과 삼성중공업도 수조원의 적자에 시달리고 있다.

그리고 핵심기자재를 아직까지도 상당 부분 수입에 의존하는 취약점을 지니고 있다. 특히 LNG선과 여객선 등에서 수입이 많은 편이다. 조선 기자재 국산 탑재율은 우리나라가 85%, 일본이 97%, 그리고 중국이 40% 정도이다. 1990년대 들어 국산화율과 기술이 많이 높아졌으나, 대외 신뢰도는 아직도 낮은 편이다. 그래서 기자재 핵심부품에 대한 기술개발이 시급하다.

또 하나의 취약점은 현장 사원들의 고령화이다. 현대중공업, 대우조선해양, 삼성중공업 전부 근로자들의 연령이 다른 업종에 비해 훨씬 높다. 이것은 많은 학생들이 이공계를 기피하는 사회적 현상과 조선산업이 3D 업종이라는 선입견 때문으로 볼 수 있다.

또 중국이 한국보다 낮은 인건비를 가지고 우리나라를 지속적으로 따라오고 있다는 것도 고려하여야 한다. 또 하나 취약점은 조선산업에서의 공급과잉 현상이다. Clarkson은 2012년 조선산업의 설비과잉률이 91.7%라고 하였다(www.clarkson.com).

9.2.6 철강산업

9.2.6.1 세계 시장

철강산업은 대규모의 자본집약적 장치산업이다. 그래서 규모의 경제와 설비의 효율성이 중요하다. 세계 철강산업은 우선 경기가 상당히 불확실하다. 먼저 수요에 비해 생산능력이 많다. Ernst & Young의 보고에 따르면, 2012년 중국을 제외한 세계 각국에서 유휴생산설비 5천만 톤을 폐기하였는데도 불구하고, 아직도 2014년 3.34억 톤의 과잉생산설비가 있었다. 이것은 세계 철강 시장의 경쟁을 말해준다. 이렇게 공급의 초과는 극심한 경쟁으로 가격을 떨어뜨려 철강기업들의 채산성을 나쁘게 하고 있다. 그래서 2015년 세계 철강업계는 공장 폐쇄 및 인원 감소 등 구조조정을 하였으며, 중국에서는 전체 철강기업 중 절반가량이 2015년에 적자를 기록하였다.

또 최근에 중국을 비롯한 BRICs의 등장은 세계 판도에 큰 영향을 주고 있다. 중국은 세계 최대 철강 소비국이며, 지속적으로 생산량을 확장하고 있다. 이것은 과다한 생산능력과 함께 철강 시장에 큰 변수가 되고 있다. 또 하나 큰 변수는 대대적인 철강업체들의 인수와 합병이다. 이제까지 소수 대형 철강기업 주도에서 타타철강과 CSN 등 원료보유국의 중소형 철강기업들이 인수합병에 가세하면서 인수합병 시장이 변수가 많아졌다. 또 새로운 자원 민족주의로 원료확보에 대한 경쟁이 심화되고 있다.

2020년에는 미중 무역전쟁이 가열화되고, COVID-19로 세계경제가 침체의 길을 걷고 있어 철강산업에도 먹구름이 끼어 있다. 중국의 경우, 경제성장률이 계속 낮아지고, 제조업의 부진과 환경규제로 철강 수요가 정체되어 있다. 일본도 올림픽 특수로 잠시 기대를 하였지만, COVID-19로 하계 올림픽이 연기되고, 제조업도 부진하여 어려움을 겪고 있다. 우리나라는 자동차산업과 건설산업의 부진으로 철강경기가 좋지 않다.

9.2.6.2 철강산업

철강산업은 국가기간산업인 산업의 쌀로서, 자동차·조선·전자·기계·건설 등의 기초 소재를 생산하는 중요한 산업이다. 철강산업은 자본집약적인 장치산업이자 공해유발 가능성이 높은 자원 다소비산업으로, 규모의 경제가 상당히 중요하다. 철강제품의 원가 구성은 원재료비가 71%로 가장 높으며, 노무비는 약 5%밖에 되지 않는다.

또 철강산업은 전체 산업 중에서 전방 연관 효과가 가장 큰 산업이다. 또 후방 연관 효과도 상대적으로 크다. 철강산업은 철광석에서 철강재를 생산하는 제선, 제강, 그리고 압연 등 3개의 과정으로 이루어져 있다. 제선은 철광석, 석회석, 유연탄 등을 말하며, 제강은 용선, 고철, 기타 부원료를, 압연은 강반제품 공정을 말한다. 철강재는 순철, 선철, 강, 철합금 등이 있다. 선철은 탄소함유량이 1.7% 이상이며, 단단하고, 압연·단조 작업으로 가공할 수 없고, 녹는점이 낮아 주물로 적합하다. 강은 선철을 다시 정련한 것으로, 탄소함유량이 1.7% 이하이고, 전성·연성이 있어 압연 및 단조가 가능하며, 주물을 만들기가 쉽다.

9.2.6.3 철 생산 공법

철을 생산하는 공법으로는 다음처럼 네 가지 방법이 있다.

高爐(용광로)

가장 대표적인 철 생산공법이지만, 환경오염이 심하고, 원료가공비용이 비싸다. 또 철 함유량이 많은 고품질 철광석을 사용하여야 한다. 그래서 용광로가 경제성이 있으려면 연간 생산량 3백만 톤 이상이 되어야 한다. 또 용광로를 건립하는 비용이 3조원 정도로 엄청나게 비싸 진입 장벽이 높다. 그러나 용광로는 다양한 용도의 철강과 높은 품질의 철강을 생산할 수 있는 장점이 있다.

전로 또는 平爐

전로(轉爐)는 철광석을 주원료로 하는 조강 생산 방법이다.

전기로

전기로(電氣爐)는 전기로 고철을 녹여 쇳물을 생산하는 고로로, 건축용 철근을 생산한다. 용광로에 비해 규모가 작다. 장점으로는 용광로에 비해 건설비용이 낮고, 전기를 사용함으로 친환경적이다. 단점으로는 전기비용이 많이 소요되고, 용광로에 비해 품질이 낮다. 대표적인 회사로 현대제철, 동국제강, 한국철강, 대한제강 등을 들 수 있다.

파이넥스(FINEX) 공법

철광석과 유연탄에 열을 가해 덩어리 형태로 만드는 용광로의 중간처리 과정을 생략한 포스코의 독자적인 공법이다. 일반적으로 중간처리 과정에서는 황산화물(SOx)이나 질소산화물(NOx) 같은 오염물질이 발생한다. 그러나 파이넥스 공법을 사용하면 황산화물 및 질소산화물 등 오염 물질이 1~3%에 불과하다. 또 가루 철광석을 사용하기 때문에 덩어리 철광석보다 20% 이상 싸게 생산할 수 있다. 이렇게 해서 파이넥스 공법은 시설투자비와 원가를 10~20%가량 감소할 수 있다. 포스코는 2007년 5월 30일 이 공법 상용화에 성공하였으며, 연산 150만 톤을 생산할 수 있다. 파이넥스 공법은 한국과학기술단체총연합회가 주관하는 '2007 올해의 10대 과학 기술'에 선정되었다.

9.2.6.4 우리나라의 철강 경쟁력

우리나라에는 세계적인 철강기업 포스코가 있다. 1968년에 설립된 포항제철은 1973년 포항제철소 제1기를 건설하였다. 그 이후 한국 철강산업의 생산능력은 지속적으로 증가하였다. 1962년에는 13만톤, 2002년에는 4,539만톤으로 40년 동안 약 350배가 증가하였다. 2004년에는 4,752만톤으로 1973년에 비해 약 366배가 증가하였으며, 2012년에는 6,210만 톤으로 증가하였다. 그리고 2018년 7,250만톤, 2019년 7,142만톤으로 약간 감소하였으며, 2022년에는 6,590만톤이었다.

〈표 9－23〉에 의하면, 중국이 계속 압도적인 1위이고, 인도가 2위로 올라갔고, 일본이 3위로 추락하였다. 인도는 2015년에 처음으로 3위로 올라갔다가, 2018년에는 2위로 올라갔다. 우리나라는 2014년에 5위, 2015년에 6위, 2018년 5위, 2019년과 2020년부터 2022년까지 6위를 하였다.

또 2021년 기업별로 본 세계 철강사의 조강 생산량 순위는 〈표 9－24〉와 같다. 1위는 중국의 Baowu그룹이 2020년에 이어 연속 유럽의 Arcelor Mittal을 제치고 1위를 차지하였다. Arcelor Mittal은 14년 연속 1위를 하다가 1단계 하락하였다. Baowu 그룹은 2016년 중국 2위 Baosteel과 6위 Wusteel이 합병한 기업이다. 3위는 중국의 Ansteel 그룹이며, 2012년 10월 일본의 최대 철강업체인 Nippon Steel이 Sumitomo 금속공업과 합병하여 생긴 Nippon Steel & Sumitomo Metal Corporation이 4위를 차지하였다. 5위는 중국 사강그룹, 6위는 한국의 포스코가 2019년에 이어 3년 연속 6위를 차지하였다.

표 9-23 각 국가별 철강 생산량 순위 2005-2022

	2005	2009	2012	2014	2015	2016	2017	2018	2019	2020	2022
1	중국	중국	중국	중국	중국	중국	중국	중국	중국	중국	중국
2	일본	일본	일본	일본	일본	일본	일본	인도	인도	인도	인도
3	미국	러시	미국	미국	인도	미국	인도	일본	일본	일본	일본
4	러시아	미국	인도	인도	미국	인도	미국	미국	미국	미국	미국
5	한국	인도	러시아	한국	러시아	한국	러시	한국	러시아	러시아	러시아
6	독일	한국	한국	러시아	한국	러시아	한국	러시아	한국	한국	한국
7	우크라이나	독일	독일	독일	독일	독일	독일	독일	멕시코	터키	독일
8	인도	우크라이나	터키	터키	브라질	터키	터키	터키	독일	독일	튀르키에
9	브라질	브라질	브라질	브라질	터키	브라질	브라질	브라질	터키	브라질	브라질
10			우크라이나	우크라이나	우크라이나	이탈리아	이탈리아	파키스탄	이란	이란	

출처: www.worldsteel.org

표 9-24 세계 기업별 철강사 조강 생산량 순위

	2009	2015	2016	2017	2018	2019	2020	2021
1	Arcelor	Arcelor	Arcelor	Arcelor	Arcelor	Arcelor	Baowu	Baowu
2	Hebei	Hebei	Baosteel+Wusteel	Baosteel+Wusteel	Baosteel+Wusteel	Baowu	Arcelor	Arcelor
3	Baosteel	Nippon Steel	Nippon Steel	Nippon Steel	Nippon Steel	HBIS	HBIS	Ansteel
4	Wuhan	Posco	Hebei	Hebei	Hebei	Nippon Steel	Shagang	Nippon Steel
5	Posco	Baoteel	Posco	Posco	Posco	Shagang	Nippon Steel	Shagang
		13 현대제철	13 현대제철			6 Posco 16 현대제철	6 Posco 16 현대제철	6 Posco 17 현대제철

출처: www.worldsteel.org

철강산업의 각 부문에 있어 우리나라의 경쟁력은 다음과 같다. 먼저 가격은 개발도상국가들과 비교할 때 비슷하거나 또는 약간 열세에 있다. 그러나 선진국과 비교할 때에는 경쟁우위를 지니고 있다. 기술 및 품질수준에 있어서 보통강의 경우 선진국과 거의 대등하지만, 특수강의 경우에는 자동차 및 전자 제품용 강판 등에서 일본에 약간 떨어진다고 볼 수 있다. 다음으로 우리나라는 설비의 우수한 효율성을 바탕으로 경쟁력을 확보하고 있다. 또 철강산업은 전통적으로 원만한 노사관계를 유지하고 있는 것도 한국의 강점 중 하나이다. 또 우리나라의 1인당 생산량은 세계 최고이다. 이제 우리나라는 고부가가치 제품 비율을 서서히 증가하고 있다. 우리나라는 전체 생산량의 30%를 수출하고 있다.

우리나라의 취약점은 다음과 같다. 첫째, 원자재 및 원료에 대한 수입 의존도가 높다. 포스크는 약 50% 정도를 수입하고 있으며, 전기로 생산의 경우 고철은 약 30% 정도를 수입하고 있다. 특히 철광석은 브라질과 호주 등 3개 업체가 독점하고 있어, 부르는 것이 값이다. 또 고철 가격이 과거에 비해 지속적으로 상승하고 있어 문제가 되고 있다. 둘째, 용광로로 인한 환경 문제가 심각하다. 셋째, 특수강 기술은 아직도 일본에 비해 열세이다. 넷째, 철강산업에서는 규모의 경제가 중요하다. 그런데 포스코는 이 점에서 취약하다고 할 수 있다. 마지막 문제는 철강산업에 있어서 공급이 과잉되었다는 것이다. 공급과잉과 더불어 장기적인 불황은 한국 철강산업에 직격탄을 날렸다. 그래서 포스코는 1968년 포스코 창사 이래 47년 만인 2015년 처음으로 적자를 기록하였고, 경영난을 겪고 있는 업계 5위 동부제철은 2019년 KG그룹에 매각되었다.

사례 ㅣ 포스코의 변화와 혁신

posco

이미지 출처: www.posco.co.kr

포스코는 자본도 기술도 없는 상태에서 1968년 4월 1일 포항 영일만에서 회사 창립식을 갖고 일관제철소 건설을 시작했다. 1973년 6월 우리나라 최초로 조강 103만 톤의 '포항 1고로' 설비가 준공된 이래, 네 번의 확장사업을 통해 1983년 조강 910만 톤 체제의 포항제철소를 완공했다. 광양제철소1기 설비를 착공하였고, 1988년 6월에 기업공개를 하였으며, 포스코는 지속적인 설비효율화와 생산성 향상을 통해 1998년 조강생산 기준으로 세계 1위의 철강회사로 발돋움했다. 또 1998년 프로세스혁신을 통해 구매, 생산, 판매 등 전 부문의 업무 프로세스를 재정립하고 디지털통합 시스템을 구축했다. 2000년 민영화된 포스코는 인도네시아, 인도에 해외 생산기지를 확대하였고, 사명을 포항제철주식회사에서 지금의 포스코로 변경하였다. FINEX, poStrip과 같은 혁신적인 독자기술 개발로 글로벌 기술 리더십을 강화했으며, 안정적인 원료 확보를 위해 해외 투자를 확대하고, 고부가가치 전략제품의 판매 비중 또한 획기적으로 높여 가고 있다.

포스코는 디지털화와 민영화라는 외부환경과 포스코의 선순환 변화를 이끌어내기 위한 경영혁신의 일환으로 1998년 12월 31일 PI를 시작하였다. PI(Process Innovation)는 시스템,

유네스코 회관 앞에서 현판식
이미지 출처: www.posco.co.kr

제도, 관행 등 기업 활동의 전 부문에 걸쳐 불필요한 요소들을 제거하고, 효과적인 업무 프로세스를 구축함으로써 기업가치를 극대화하는 작업이다. PI는 국내 프로젝트 중 가장 규모가 크고, 세계 철강업계에서도 유례가 없는 경영혁신 프로젝트이다.

오랫동안의 공기업 생활로 포스코에는 생산자 중심의 사고, 관료주의적 업무 관행, 감사에 대비한 근거주의 등이 남아 있었다. 제품과 원가경쟁력은 세계적인 수준이지만, 프로세스는 그렇지 못했다. 당시의 메인프레임(mainframe) 중심의 시스템은 IT 신기술과 e-비즈니스를 구현하기에 역부족이었다. 또 부서마다 품종과 강종의 분류 기준이 달랐고, 제철소마다 물품분류체계도 달라 구매능률이 현저하게 떨어졌다. 이런 문제점들을 전사적으로 제거하기 위하여 포스코는 PI를 도입하기로 결정하였다.

1999년 4월부터 PwC의 지원을 받으며 포스코의 실체를 파악하는 현상 분석 작업을 시작하였다. 이를 토대로 개선과제 우선순위를 정하고 KPI(Key Performance Indicator)를 선정하였다. 7월에는 포스코가 반드시 바꿔야 하는 36대 중점 혁신과제를 선정하고, 담당부문 임원에게 오너십(owner-ship)을 부여하였다. 36대 과제선정은 목표를 명확히 설정하여 한정된 자원의 분산을 막고 임직원들의 역량을 집중하기 위함이다. 11월에는 마스터플랜을 달성할 세부설계를 위한 준비작업을 하였다. 2000년 1월에는 ERP의 세부설계를 완료하였고, 7월에는 전사물품분류체계를 표준화하고 단순화하였다. 8월에는 e-비즈니스를 위해 스틸앤닷컴(steel-N.com)을 개설하였다. 그리고 9월에 4월부터 추진한 시스템구축 작업을 완료하였고, 12월에는 결합테스트를 완료하였다. 그리고 2001년 1월에 모든 부문을 프로세스형 조직으로 개편하였으며, 2월에는 회사의 모든 용어와 데이터를 표준화한 데이터 딕셔너리(Data Dictionary) 시스템을 가동하였다. 3월에 1차 시스템 테스트를 완료하고, 5월에 2차 테스트 시스템을 완료하였다. 그리고 2001년 7월 2일 30개월에 걸친 여정을 마치고 시스템을 전면 가동하였다.

PI를 가동하여 포스코는 다음과 같은 성과를 얻었다. 첫째, 고객중심의 내부와 외부를 연결하는 통합프로세스를 구축하여 디지털경영을 실현하였다. 둘째, 새로운 통합시스템인 포스피아(POSPIA)를 설치하여 글로벌정보 시스템을 구축하였다. 포스피아는 포스코의 이상향을 의미하는 유토피아의 합성어이며, PI로 구축한 고객 지향의 새로운 전사통합시스템의 명칭이다. 셋째, 연공주의를 성과중시, 평생직장의 고용유연성, 집단중시의 일률적 처리과정을 개인중시의 개별관리방식으로 전환하여 선진기업문화를 정착시켰다. 넷째, 고객만족을 향상시키고, 스피드

경영을 정착시켰다. 다섯째, 고객과 공급업자를 하나로 연결하는 e-비즈니스를 정착시켜, 공급사슬(supply chain)의 효율을 극대화하였다.

포스코는 아주 짧은 기간 내에 PI를 성공적으로 정착시켰다. 이렇게 할 수 있었던 이유를 네 가지로 보고 있다. 첫째, 전사적 변화의 관점에서 프로세스를 먼저 혁신하고 시스템을 도입하였다. 둘째, 목표를 명확히 하기 위해 36대 혁신과제를 먼저 설정하였고, 각 과제에 책임자를 임명하였다. 셋째, 모든 요소들을 일시에 변화시키는 빅뱅전략을 실시하였다. 넷째, 최고경영자의 의지가 확고하였다.

포스코의 이러한 변화와 혁신으로 포스코는 2011년 미국경제지 Fortune이 발표한 '세계에서 가장 존경받는 철강기업 순위'에서 1위를 차지하였다. 글로벌지속가능 100대 기업'에 선정되었고, 5월에는 '가장 존경받는 한국 기업 1위'에 선정되었다.

그러나 철강업계에 몰아친 불황을 포스코도 피해가지 못하였다. 2010년부터 계속 당기순이익과 영업이익이 감소하였다. 그리고 2015년 드디어 창사 이래 처음으로 적자를 기록하였다. 물론 여기에는 부실계열사들의 실적이 한 몫을 하였다.

위기에서 벗어나기 위한 일환으로 포스코는 지속적으로 고로의 자동화와 스마트화에 집중하였다. 대표적인 예가 포스코 광양제철소 1고로이다. 광양은 단일 제철소로 세계에서 가장 큰 공장이다. 세계 최고의 자동화공장인 1고로는 모든 과정이 CCTV로 중계되며, 하루 1만 5천톤의 쇳물을 8명이 담당하고 있다. 2017년에는 자동화에서 스마트 제철소로 변신하였다. 즉, iOT를 각 설비에 장착하고, 실시간으로 데이터를 수집하여 분석시간을 획기적으로 감소하였다. 이것은 원가를 절감하고 설비의 수명을 연장하는 효과를 주었다. 2018년에는 AI 기반 초정밀 도금기술이 철강부문 국가핵심기술로 지정되었다. 2019년에는 수요의 지속적인 정체와 가격 하락에 대비하기 위하여 프리미엄 제품을 확대하고, 원가를 감소하여 철강경쟁력을 강화하였고, 비철강사업의 경쟁력을 강화하기 위하여 계속 혁신을 하고 있다. 또 같은 해에 조강생산 누계 10억톤을 달성하였다.

포스코는 지속적으로 경쟁력을 강화하고 있다. 전 세계 철강사 중 유일하게 3년 연속 '글로벌 지속가능경영 100대 기업'에 선정되는 쾌거를 이뤘다. 또 샘 다우존스 지속가능경영지수(SAM-Dow Jones Sustainability Indexes)평가에서 철강업계 최초로 2005년부터 2016년까지 12년 연속 우수기업 및 철강산업 최우수기업으로 선정되었으며, 세계적인 철강전문 분석기관인 WSD(World Steel Dynamics) 평가에서 '세계에서 가장 경쟁력 있는 철강사'에 2010년부터 2018년까지 8년 연속 1위를 차지했다.

포스코를 말할 때 창업자인 박태준 회장을 빼 놓을 수 없다. 자본도 없고 기술도 없는 포스코가 오늘날 세계적인 기업으로 성장하게 된 것은 박태준 회장의 리더십과 열정이 있었기 때문이다. 영일만 기적을 달성한 박태준(1927-2011)의 '우향우'와 제철보국 정신은 우리가 배워야 할 불굴의 정신이다. 이 정신으로 그는 모든 사람들이 불가능하다고 말한 영일만에서 세계 최고의 제철을 생산하는 기적을 만들었다. 제철보국(製鐵保國)은 산업의 쌀인 철강을 생산하여 국가의 보은에 보답하여야 한다는 정신이고, '우향우'는 우리 조상의 핏값으로 일본에서 빌린 돈으로 일관제철소를 반드시 성공시켜야 하며, 그렇지 못한 경우에는 전부 우향우하여 영일만에 빠져 죽어야 한다는 정신을 말한다.

이 사례는 다음과 같은 자료를 참고하여 저자가 재구성하였다.

(1) 포스코 PI 프로젝트 추진팀, 포스코 멈추지 않는 진화, 21세기 북스, 2002.

(2) www.posco.co.kr

(3) 조지원, "포스코, 창사 47년 만에 첫 적자 전망," 조선비즈, 2016.1.19.

(4) 이진우, 이만용, 2019년 한·중·일 주요 철강사 전략 방향, POSRI 이슈리포트, 포스코경영연구원, 2019.01.17.

9.3 한국의 미래 창조

9.3.1 산업구조의 변화

우리나라는 제조중심국가로, 이제 산업구조가 고도화되어야 한다. 즉, 점차로 차세대 정보산업과 같은 고부가가치 산업으로 이동하여야 한다. 기계와 설비중심의 산업으로는 경쟁력에 한계가 있다. 또 서비스산업으로 빠르게 경제의 축을 이동하여야 한다. 그런데 그렇지 못하고 있다. G7 국가들은 전부 다 서비스산업의 비중이 커지고 있다. 그런데 우리나라는 거꾸로 가고 있다.

총부가가치 대비 제조업 비중 추이를 보면, G7 국가들은 예외 없이 전부 제조업 비중이 지속적으로 감소하는 것을 볼 수 있다(그림 9-2 참조). 현대경제연구원이 2016년 5월에 발표한 'G7 국가와 한국의 산업구조 변화와 시사점' 보고서에서 우리나라의 총부가가치 대비 제조업 비중이 1970년 17.5%에서 2014년 30.3%로 증가하였는데, 같은 기간 세계 총부가가치 대비 제조업 비중은 25.7%에서 16.5%로 축소됐다고 하였다. 이것

그림 9-2 총부가가치 대비 제조업 비중 추이(우리나라, 세계, G7)

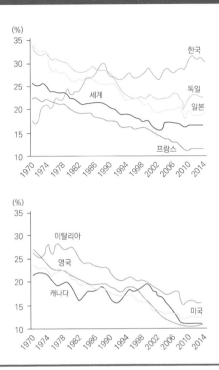

출처: UN Statistics Division － National Accounts

은 우리나라에 큰 시사점을 주고 있다. 우리나라의 경쟁력을 강화하기 위해서는 고강도의 산업 구조조정이 필요하다. 제조업에서는 중국과 인도를 비롯한 많은 신흥국가들의 도전이 무섭다. 우리나라는 신속하게 이러한 상황에 대비하여야 한다.

9.3.2 중소기업 경쟁력 향상

우리나라는 중소기업의 경쟁력이 비교적 약하다. 대만은 중소기업이 강한 국가로 알려져 있다. 우리나라 중소기업은 대부분 대기업의 하청 역할을 한다. 즉, 대기업에 대한 의존도가 높아 자립도가 취약하다. 그래서 독일의 슈뢰더 전 총리는 독자적으로 연구개발을 하는 혁신적인 중소기업이 한국에 필요하다고 조언하였다(매일경제신문사, 2017).

찾아보기(사항)

찾아보기(기업)

저자소개

연세대학교 경영학과에서 학사를, 미국 Michigan State University에서 경영학 석사와 박사를 수여받았습니다. 현재 단국대학교 경영학부 명예교수로서, 한국생산관리학회와 한국구매조달학회의 회장 등을 역임하였으며, CPIM(Certified Production and Inventory Manager) 자격증을 소지하고 있습니다.
이 책에 대해 의문점이 있거나 또는 상의할 용건이 있으신 분은 저의 이메일 주소인 yjahn@dankook.ac.kr로 연락 주시기 바랍니다.

제6판
변화와 혁신

초판발행	2007년 9월 10일
개정판발행	2011년 8월 20일
제3판발행	2014년 8월 30일
제4판발행	2018년 1월 30일
제5판발행	2020년 3월 10일
제6판발행	2024년 2월 10일

지은이	안영진
펴낸이	안종만 · 안상준
편 집	전채린
기획/마케팅	장규식
표지디자인	Ben Story
제 작	고철민 · 조영환
펴낸곳	(주) 박영사
	서울특별시 금천구 가산디지털2로 53, 210호(가산동, 한라시그마밸리)
	등록 1959. 3. 11. 제300-1959-1호(倫)
전 화	02)733-6771
f a x	02)736-4818
e-mail	pys@pybook.co.kr
homepage	www.pybook.co.kr
ISBN	979-11-303-1946-9 93320

copyright©안영진, 2024, Printed in Korea

정 가   29,000원